财智睿读

张 涛 著

财务问题研究：
理论分析与经验证据

Research on Financial Issues:
Theoretical Analysis and Empirical Evidence

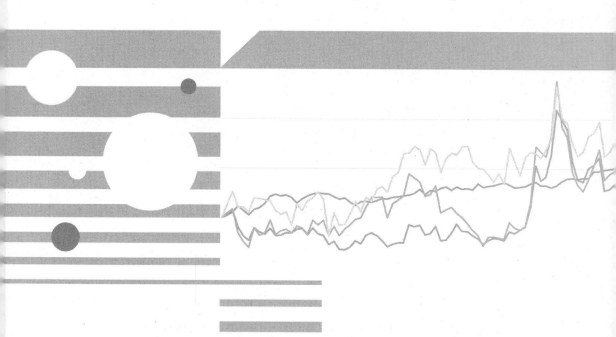

中国财经出版传媒集团

经济科学出版社
Economic Science Press

图书在版编目（CIP）数据

财务问题研究：理论分析与经验证据/张涛著. —北京：
经济科学出版社，2019.7
ISBN 978 - 7 - 5218 - 0608 - 3

Ⅰ. ①财…　Ⅱ. ①张…　Ⅲ. ①企业管理 - 财务管理 -
研究 - 中国　Ⅳ. ①F279.23

中国版本图书馆 CIP 数据核字（2019）第 114197 号

责任编辑：于海汛
责任校对：杨　海
责任印制：李　鹏

财务问题研究：理论分析与经验证据
张　涛　著
经济科学出版社出版、发行　新华书店经销
社址：北京市海淀区阜成路甲 28 号　邮编：100142
总编部电话：010 - 88191217　发行部电话：010 - 88191522
网址：www. esp. com. cn
电子邮件：esp@ esp. com. cn
天猫网店：经济科学出版社旗舰店
网址：http://jjkxcbs. tmall. com
北京季蜂印刷有限公司印装
787×1092　16 开　31.75 印张　610000 字
2019 年 7 月第 1 版　2019 年 7 月第 1 次印刷
ISBN 978 - 7 - 5218 - 0608 - 3　定价：89.00 元
（图书出现印装问题，本社负责调换。电话：010 - 88191510）
（版权所有　侵权必究　打击盗版　举报热线：010 - 88191661
QQ：2242791300　营销中心电话：010 - 88191537
电子邮箱：dbts@ esp. com. cn）

前　言

现代财务理论的形成与发展均是以经济学理论为基础的。作为经济学的一个分支，应用经济学在过去的 20 世纪得到全面发展，最终从应用微观经济学中分离，形成现代财务理论。现代财务理论与应用微观经济学的历史分界线一般认为是 1958 年。其标志主要是哈里·马科维茨（Harry M. Markowitz）的投资组合理论、莫迪利安尼与米勒（Modigliani & Miller）的资本结构理论的诞生。

1952 年，哈里·马科维茨发表的《资产组合选择——投资的有效分散化》，标志着现代投资组合理论研究的开端。马科维茨提出的"均值—方差"模型，通过均值—方差分析来确定最有效的证券组合，解决了在某些限定的约定条件下确定并求解决策过程中资金在投资对象中的最优分配比例问题。马科维茨的理论贡献在于，论证了当某项资产在投资组合中的比重降低时，该项资产报酬的变动（非系统风险）对投资组合的影响变得微乎其微。当投资组合中资产分散到一定程度后，唯一的风险就是系统风险。由于没有有效的方法能够消除系统风险，投资者必须承担该风险并获得相应的投资回报。因此，马科维茨投资组合的基本原则是：选择那些在一定风险水平下报酬最高的资产，然后将其作为有效投资组合——在一定报酬条件下风险水平最低，或者在一定风险水平下报酬最高。

1958 年 6 月、9 月及 1963 年，莫迪利安尼和米勒（Modigliani & Miller，以下简称 MM）连续在《美国经济评论》发表系列文章。MM 首次以科学、严谨的方法研究资本结构与企业价值的关系，形成了著名的"MM 资本结构理论"。在现代财务理论的发展过程中，MM 的无关理论（资本结构无关论与股利无关论）具有极其核心的作用。其基本观点绝非仅仅是对企业资本结构决策、股利政策等所做的政策性分析，而是在理论上对企业价值、资本成本、资本结构、现金流量、风险等重要的财务概念所做的深入、系统的分析，从而奠定了现代财务学大厦的基石。

随后，正是由于 1964 年夏普（Sharp）提出资本资产定价模型（Capital Asset Pricing Model，CAPM），才使得财务学真正成为一门成熟且缜密的学科。这一模型具有革命性意义，因为它第一次使财务学家能够描述和量化资本市场的风险程度，并能够对之进行具体定价（即在一定的风险水平下，测算投资者的期望报酬是多少），即研究人员能够具体描绘出资本市场均衡的条件（资本供给与需求达到平衡，市场利率趋于稳定）。这一理论连同 MM 理论共同构成了现代财务学的基本理论框架体系。

夏普的理论激起了学术界的广泛争论，人们试图检验资本资产定价模型能否准确地描述市场实际情况。尽管该模型很快暴露出许多明显的问题（有些问题至今还困扰着学术界），比如如何测量系统风险，如何依据历史数据计算期望报酬等，但是早期学者们对资本资产定价模型大多持肯定态度。由于夏普在财务领域中的贡献，他与马科维茨、米勒一起获得了 1990 年度诺贝尔经济学奖。

1970 年，尤金·法玛（Eugene F. Fama）从统计上和概念上定义了有效资本市场（Efficient Capital Market），在一个信息有效的市场中，证券价格反映了与公司生产、利润、管理水平及发展前景等有关的全部公开信息。依据法玛的有效市场理论，将资本市场分为：（1）弱式有效市场；（2）半强式有效市场；（3）强式有效市场。法玛强调有效的界定是金融市场如何对信息做出反应，而不是怎样在经济中分配资本，或者使投入的经济产出最大。

1976 年，詹森和麦克林（Jensen & Meckling）提出了代理成本理论。该理论认为，企业只是一种契约关系的法律主体，这种契约关系包括企业经理、股东、供应商、顾客、雇员及其他关系人。所有关系人都是理性人，其行为以维护自身利益为出发点，同时十分期望别人的行为也能维护自己的利益。换句话说，该模型的前提是，追求自身利益的经济代理人在做出理性行为时，知悉所有其他合约关系人的动机，并能采取措施，防止其他关系人对契约的可能违背，以保护自身利益。

转眼之间，已经到了 20 世纪 70 年代末。中国，这个曾被拿破仑称为东方睡狮的巨人开始苏醒，国门渐渐对外开放，西方发达国家的大量先进技术（产品）、管理经验（理念）等涌入这个位于地球东方的古老国家：敞开胸怀面向世界迎接新时代的到来。

20 世纪 70 年代末开始迄今的 40 年，是新中国历史上最为辉煌的 40 年。时至今日，中国已经成为世界第二大经济体，许多企业（如华为、海尔、格力等）早已成为世界上知名的一流跨国公司，产品技术、经营业绩与管理水平也得到全面提高和改善，甚至已经领先于世界。与此同时，财务学领域也发生了翻天覆地的变化。新经济时代，伴随物联网、云计算、大数据、人工智能等新技术的涌现，作为市场经济主体的企业有许多财务问题需要解决。如应该如何选择财务目标？是传统的利润最大化，还是股东财富最大化或者企业价值最大化？如果选择企业价值为企业目标，又应该如何对其进行衡量？再如，如何保护股东的最终收益索取权？股东与其他利益相关者的关系怎样处理？当今的企业环境发生了巨大变化，在此条件下企业如何进行融投资活动？融资成本与融资结构如何优化？面对各种利益诱惑，企业股东又怎样满足高管层的利益需求？等等问题都存在于当今中国经济发展之中。

从西方财务理论发展脉络看，其财务目标定位恰当、科学，理论体系健全、清晰，实践应用客观、符合需要。中国改革开放至今已经有 40 余年，市场经济体系已经确立，经济发展成就非凡，企业管理水平大为提高。在此背景下，西方的财务理论能否适应中国经济发展？如何借鉴西方财务理论并有所创新？中国实务界如何合理运用西方财务政策为中国经济服务？基于对上述种种问题的困惑和不解，本书在对西方经典财务理论进行梳理和财务基本原理介绍的基础上，从中国市场经济环境出发，针对中国企业改革实践，重点对以下财务问题进行实证研究。

（1）公司治理与控制权争夺研究。公司治理结构的核心是控制权问题。股东、高管层和其他利益相关者（Stakeholder）等对企业实际控制权的影响最终表现为对其利益实现程度的影响，而企业财务活动的结果，直接影响企业价值的创造和决定各利益相关主体利益的分配。随着我国经济体制市场化程度的不断深化，利益相关主体对公司控制权越来越重视，从而发生诸多控制权争夺事件。这些事件的背后实际上涉及企业未来发展规划与战略、财务目标的选择、公司治理结构调整及委托代理关系处理等。为此，本书以一家本土公司为典型案例，从公司创立、成长和发展的过程，到利益相关者各方围绕股权而发生的融资纠纷、控制权争斗等问题进行剖析，进而揭示公司利益相关者之间的权力争夺、利益分配等现象背后所隐藏的深层原因。

（2）信息披露质量与企业融资约束问题研究。信息披露质量的高低对中小企业债务融资有着直接影响，高质量的信息披露可以减轻中小企业和利益相关者之间的信息不对称程度，而信息不对称程度的降低有利于中小企业融资，缓解中小企业融资难的问题。本书以 2011～2014 年深市中小企业板上市公司为研究样本，实证检验了信息披露质量对银行债务融资约束和商业信用融资约束的影响，并引入市场风险因素进一步探讨。研究发现：①提高信息披露质量能显著降低企业的债务融资约束，信息披露质量越高的企业越容易获得银行借款和商业信用。②相比面临市场风险小的企业而言，信息披露质量对市场风险大的企业债务融资约束影响更为显著。

（3）终极控制权与民营企业融资结构研究。经济转型背景下的民营经济已成为推动中国经济发展与技术创新的重要力量。而我国民营上市公司普遍存在终极控股股东现象，为此，本书基于终极控股股东视角，选取 2012～2014 年间沪深两市 A 股市场民营上市公司样本数据，实证检验了终极控股股东对民营上市公司融资结构的影响。研究发现，终极控股股东拥有的终极控制权比例、现金流权比例与资产负债率负相关，两权分离度与资产负债率正相关，基于终极控制权框架下的股权制衡度与资产负债率负相关，管理层激励同样与债务融资负相关。

（4）融资约束对企业 R&D 投资影响研究。通过对融资约束、政治关联与企业 R&D 投资之间关系的微观机理解释，本书选取 2011～2015 年中小板上市高新技术企业研究样本，实证检验了融资约束对企业 R&D 投资的影响，以及政治关联对两者关系的作用。研究发现，融资约束对企业 R&D 投资具有显著的抑制作用，企业通过与政府建立政治关联缓解了融资约束对企业 R&D 投资的消极影响。进一步对政治关联分类发现，与较高层级的政治关联相比，企业政治关联层级越低，融资约束对 R&D 投资的消极影响的缓解作用越弱。

（5）高管增减持行为、市场效应与经济后果研究。高管增减持行为的根本动机在于通过二级市场的股票买卖交易行为获取自身利益最大化，由于高管本身具有信息优势，使得增减持行为受到外部投资者的普遍关注。为此，本书以 2013～2016 年所有发生高管增减持行为的 A 股上市公司为样本数据，实证检验了不同动机下的高管增减持行为所带来的市场效应和对公司绩效的影响。研究发现，高管减持会使市场出现消极反应，高管增持会引起市场积极的反应。进而采用多元回归方法，检验高管增减持行为对财务绩效变动影响的原因及因素。

（6）股权激励与非效率投资研究。所有者与经营者之间的利益冲突是影响上市公司投资效率的重要原因之一，为缓解所有者和经营者之间的委托代理问题，实施股权激励是解决两者矛盾的有效方法之一。为此，本书选取 2011～2015 年沪、深两市 A 股上市公司为研究样本，实证检验了股权激励对上市公司非效率投资的影响，并比较了限制性股票和股票期权的不同效果。同时，考虑到国有上市公司的特殊性，结合股权性质检验了股权激励对国有上市公司和非国有上市公司影响的不同。研究表明，股权激励能够有效缓解上市公司所有者与管理层间的委托代理问题，抑制上市公司的过度投资和投资不足，限制性股票激励的效果要优于股票期权激励，且这种效果在非国有上市公司中更加显著。

（7）混合所有制改革与治理效率关系研究。混合所有制是我国经济制度改革与发展的重要实现形式，同时也是我国国有企业改革的主要方向。围绕混合所有制改革与企业治理效率，本书以 2010～2017 年我国规模以上工业企业为研究对象，重点比较不同类型规模以上工业企业的财务绩效，并对工业企业国有资本在混合所有制改革中的问题及原因进行全面评析。研究发现，混合所有制企业在实现规模效应、提升财务绩效、优化资源配置等方面比其他性质的企业具有一定的优势。

中国改革开放 40 年所取得的成就令世界关注，在中国企业中发生的一些财务问题，既带有共性，也有其特点。本书运用实证分析方法，选择沪深两市 A 股上市公司的样本数据，来检验或者验证上市公司的财务问题，为理论界和实务界提供必要的数据经验，以更好地提升中国企业财务核心竞争力与引导力。

　　本书在写作过程中参阅了中外大量参考文献，在此，向那些未曾谋面的学者、同仁一并表示感谢。

　　企业财务既令人生畏、望而却步，又使人流连忘返，有许多谜底需要我们大家共同去破解。本书体系上可能不甚严谨，内容上可能挂一漏万，但它却是本人多年从事财务研究的一些积累和思考，与大家共享的同时也接受同仁的批评和建议。

张　涛

2019 年 4 月

目　　录

第二部分　证据检验

第一部分 财 务 理 论

第 *1* 章
引言：资本市场、交易成本与效率

任何一位投资者要进行融资或者投资，都离不开资本市场。资本市场连接起资金供需双方，满足资金双方的需求，同时为社会创造财富。为了充分解释和说明资本市场是否为社会创造财富这一问题，首先从一般消费与投资行为入手，比较分析在不存在资本市场条件下的消费和投资行为，进而验证存在资本市场的条件下，市场参与者不会处于劣势地位，甚至至少有一个市场参与者的状况会因资本市场的存在而得到改善。

1.1 不存在资本市场：消费和投资

为了便于分析，现在假设所有的投资收益都是已知并且是确定的，不存在交易成本和税收。同时，所有决策都是在一个期间内作出的。

现在赋予个人期初收益为 Y_0，期末收益为 Y_1。个人必须决定多少收益应用于当前的实际消费（C_0），多少投资于生产机会以产生期末的消费（C_1）。假定每个个人都更愿意消费（即消费的边际效用总是正数，同时假定消费的边际效用是递减的）。当假设期末（即第二期）的消费水平保持稳定时，则决策者期初的总效用可以用图 1 - 1 表示。

图 1 - 1 所示的总效用曲线说明了期初的消费效用。图中将消费的增长变化沿着横轴划分成相等的等份。此时注意到，相等的消费增量引起了总效用的增长（边际效用为正），但是效用的增量越来越小（边际效用递减）。同样地，大家可以很容易地作出类似的图像来描述期末的效用 $U(C_1)$。将图 1 - 1 与三维空间图 1 - 2 结合起来考虑，图 1 - 2 的结果描述了期初消费量 C_0 和期末消费量 C_1 的权衡关系。

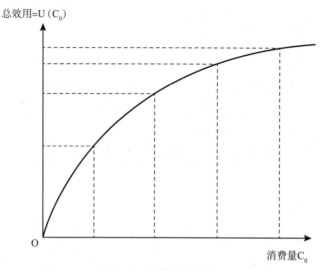

图 1-1　消费的总效用

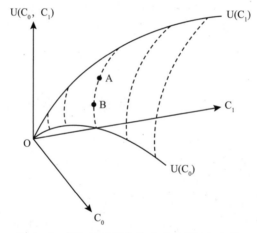

图 1-2　期初消费量与期末消费量之间权衡

　　图 1-2 中的虚线表示沿着效用面的等高线，在等高线上，不同的 C_0 和 C_1 的组合将产生相同的总效用（沿纵轴划分）。因为沿着同一条等高线的所有点（如点 A 和点 B）均具有相等的效用，任何个人之间并不存在任何差异。故而，人们将这些等高线称为无差异曲线（Indifference Culves）。

　　从上往下俯视图 1-2，人们可以将这些无差异曲线设想为消费自变量的平面（即在图 1-3 中由 C_0 轴和 C_1 轴所形成的平面）。在此，特别注意，落在同一条无差异曲线上的当前消费和未来消费的所有组合均具有相同的总效用。

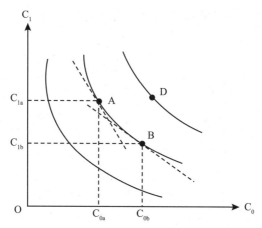

图 1 – 3　消费量时间偏好的无差异曲线

如图 1 – 3 所示，在决策者的无差异曲线中，具有消费量（C_{0a}，C_{1a}）的点 A 和具有消费量（C_{0b}，C_{1b}）的点 B 是无差别的。点 A 在期末比点 B 具有更多的消费量，但在期初则比点 B 具有较少的消费量。点 D 在期初和期末消费量均超过点 A 或者点 B，因为点 D 落在一条比点 A 和点 B 具有更高效用的无差异曲线上，因此，朝右上方向的无差异曲线具有更大的总效用。

在 B 点与无差异曲线相切的直线的斜率可以作为在 B 点 C_0 和 C_1 的交换率，即当前消费和未来消费的边际替代率（Marginal Rate of Substitution，MRS）。这一利率同样揭示出在点 B 处决策者的目标时间偏好率 r_i（Subjective Rate of Time Preference）。因为目标时间偏好率能够衡量出不同时期各种消费的替代率，所以可以将目标时间偏好率视为一种利率。它揭示了为保持相同的总效用，放弃当前一个单位的消费量必须额外获得多少单位的未来消费量。用数学公式表述如下：[1]

$$MRS_{c_1}^{c_0} = \left. \frac{\partial C_1}{\partial C_0} \right|_{U = const.} = -(1 + r_i) \qquad (1-1)$$

值得注意的是，在点 A 处的目标时间偏好率会高于点 B。处于 A 点的个人当前消费量较少，为了获得与点 B 相同的总效用，则要求在未来获得更多的消费量。

到目前为止，本书已经介绍了有关偏好函数的内容。这一部分的内容告诉大家，个人在整个期间内的各种消费中应当如何作出决策。如果引入生产机会，即允许一个单位的当前储蓄，投资转化为更多单位的未来消费量，那么会发生怎样的情况呢？现在假设在当前的经济环境下，每个个人都可以绘制出一张从最高的

---

① 公式（1 – 1）表述为：当前消费和期末消费的边际替代率 $MRS_{c_1}^{c_0}$ 等于与具有恒定的总效用为 $\partial C_1 / \partial C_0 \big|_{U = const.}$ 的无差异曲线相切的切线的斜率。它依次又等于个人的目标时间偏好率：$-(1 + r_i)$。

报酬率到最低的报酬率的生产投资机会曲线（见图1-4）。

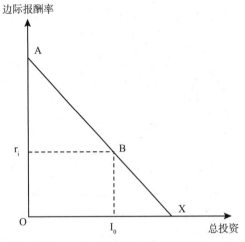

图1-4　个人的生产投资机会曲线

虽然在图1-4中选用一条直线来描绘投资机会集，但是亦可以采用其他的递减函数来表示该投资机会集。由此可见，投资的边际报酬率逐渐减少。这主要是因为个人投资得越多，其边际投资报酬率越小。同时，还可以假设所有的投资均相互独立，并且可以完全被分割。

个人会选择对所有那些比他（或她）的目标时间偏好率 r_i 具有更高的报酬率的生产机会进行投资。当投资者将生产投资机会曲线转化为消费自变量平面时，可以很清楚地说明这一点，如图1-5所示。

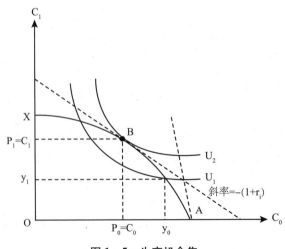

图1-5　生产机会集

图 1 –5 中相切于曲线 ABX 的切线的斜率即为通过生产投资放弃的当前每 1 元消费量可转化为未来 1 元消费量的转换比率。这就是由生产/投资机会集产生的边际转换率（Marginal Rate of Transfonnation，MRT）。图 1 –5 中，通过点 A 的切线的斜率最大，故而在图 1 –4 中，点 A 的报酬率也达到最大。个人在点（y_0，y_1）处具有效用 U_1。它可以沿着生产机会集移动到点 B，此时通过点 B 的无差异曲线与生产机会集相切于 B 点，他（或她）将在点 B 处获得最大的效用 U_2。因为目前的消费量 C_0 小于期初的财产 y_0，所以该个人会选择进行投资。投资的金额为 $y_0 - C_0$；当然，如果 $C_0 > y_0$，则他（或她）会选择收回投资。

特别说明的是，最后一次投资的边际报酬率（即 MRT，与投资机会集相切于点 B 的直线的斜率）完全等于投资者的目标时间偏好率（即 MRS，与投资者的无差异曲线相切于点 B 的切线的斜率）。换句话说，投资者的边际替代率就等于生产机会集产生的边际转换率，即：

$$MRS = MRT$$

这一原则在无资本市场的经济中总是成立的。在那种条件下，没有资本市场即没有交易的机会，个人决策者以初始财产（y_0，y_1）开始，并且将 1 元的生产投资（或者撤资）的边际报酬率与他（或她）的目标时间偏好率进行比较。如果投资报酬率更高一些（如图 1 –5 所示），那么他（或她）会因为进行了投资而获得效用。这一过程将持续到生产投资的最后 1 元的报酬率刚好等于目标时间偏好率（即点 B）。大家可以注意到，在点 B 处，每一时间段里，个人的消费量完全等于生产的产出量，即 $P_0 = C_0$ 和 $P_1 = C_1$。

假使资本市场不存在，那么，个人即使拥有同样金额的财产，并且具有同样的投资机会集，人们可能也会选择完全不同的投资项目。这主要是因为人们具有不同的无差异曲线。这一点可以用图 1 –6 来加以说明。图 1 –6 中，个人 2 具有较低的时间偏好率，他会选择比个人 1 进行更多的投资。

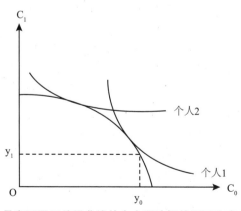

图 1 –6　具有不同无差异曲线的个人所选择的不同生产/消费模式

1.2 存在资本市场：消费和投资

在不存在资本市场的条件下，其经济特征是：在该经济环境下，个人间的消费量没有机会相互进行交换。假设在某种经济环境下——不只是存在一个个人，而是存在许多个人，那么会发生怎样的情况呢？借贷者可以采用以由市场确定的利率 r 不受限制地借入或者贷出资金的机会来加以表述消费群间的相互交换。

金融市场可以促使资金在贷款人和借款人之间互相转移。假设利率为正，现在借出的任何资金在期末可收回的金额为利息加上本金。在暂时忽略生产的情况下，则可以在资本市场线（Capital Market Line）上画出借款和贷款的机会，如图1-7（直线 W_0ABW_1）所示。

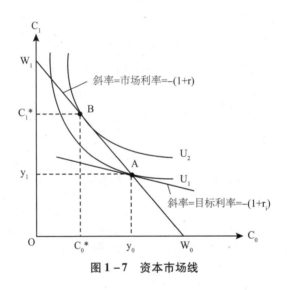

图 1-7 资本市场线

通过最初财产（y_0，y_1）效用为 U_1 的点，借贷者便可以采用以市场利率借入或者贷出资金，再加上到期应偿还的本金 X_0 的办法，到达资本市场线上的任意一点。如果假定本金的终值为 X_1，则可以将本金的终值表述为本金再加上所产生的利息，即：

$$X = X_0 + rX_0, \quad X_1 = (1 + r)X_0$$

以此类推，期初财产（y_0，y_1）的现值 W_0，其金额为当前的收益 y_0 和期末收益的现值 $y_1(1 + r)^{-1}$ 的总和，即：

$$W_0 = y_0 + \frac{y_1}{1 + r} \tag{1-2}$$

从图 1-7 可以看出，沿着资本市场线将初始财产（y_0，y_1）移至目标时间偏好等于市场利率的那一点，可以得到最大的效用。点 B 表示在最高的无差异曲线上的消费群（C_0^*，C_1^*）。在初始出资时（即点 A），出借者的目标时间偏好，即图 1-7 中与无差异曲线相切于点 A 的切线的斜率，明显低于市场报酬率。此时，出借者愿意将资金贷出，因为资本市场的报酬率高于出借者的目标要求报酬率。最后，出借者实现了效用最大化的消费决策（C_0^*，C_1^*）。在点 B 处的效用 U_2 高于在点 A 处具有初始财产的效用 U_1，此时，消费群的现值依然等于出借者拥有的财富 W_0，即：

$$W_0 = C_0^* + \frac{C_1^*}{1+r} \qquad (1-3)$$

按照资本市场线，可以将方程式改写为：

$$C_1^* = W_0(1+r) - (1+r)C_0^* \qquad (1-4)$$

而且，因为 $W_0(1+r) = W_1$，所以有：

$$C_1^* = W_1 - (1+r)C_0^* \qquad (1-5)$$

因此，在图 1-7 中，资本市场线的截距为 W_1，斜率为 $-(1+r)$。同时，观察方程式（1-2）和方程式（1-3），可以看出初始出资现值等于消费现值，且二者均等于出借者拥有的财富 W_0。沿着资本市场线移动不会改变个人财富，但可以提供获得最高效用的消费模式。

如果生产/消费决策发生在这样一个资本市场，即能促使资金以市场利率相互交换，那么会发生怎样的情况呢？（见图 1-8）

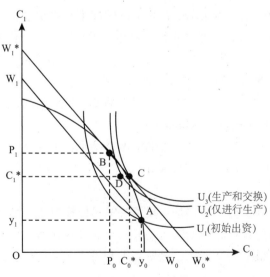

图 1-8　资本市场下的消费和投资

图 1 – 8 将生产的可能性与市场交换的可能性结合起来，对于无差异曲线族 U_1，U_2 和 U_3，以及在点 A 的财产（y_0，y_1），应选用哪种策略以增加投资者的效用呢？从点 A 开始，或者沿着生产机会集移动，或者沿着资本市场线移动，两种选择都可以获得高于投资者目标时间偏好率的报酬率，但沿着生产机会集移动可以为投资者获得更高的报酬，即其斜率更陡。因此，投资者选择进行投资且将生产机会向前移动。在没有借、贷机会时，如果沿着资本市场线移动，则会在点 D 处停止投资。在此处，生产投资边际报酬率等于目标时间偏好率。这就是已在图 1 – 5 中所描绘的没有资本市场的消费和投资的结果。在点 D，效用水平从 U_1 升至 U_2。然而，实际上，如果存在借款的机会，则可以做得更好。特别值得注意的是，在点 D 处的借款利率（图 1 – 8 中用资本市场线的斜率表示），低于边际投资报酬率（图 1 – 8 中用生产机会集在点 D 处的斜率表示）。既然继续投资的回报率大于借入资金的成本，投资者便可以继续进行投资直到投资的边际报酬率等于借款利率，也即到达点 B 处。投资者在点 B 处可以获得来自生产的产出量（P_0，P_1），其财富的现值为 W_0^*，取代了先前的 W_0。进一步讲，投资者现在可以到达资本市场线上的任意一点。因为在点 B 处的目标时间偏好率高于市场报酬率，投资者的消费将比当前的生产产出 P_0 更多。利用借款的方式，投资者可以到达资本市场线上的点 C_0，由此可知，点 C 处存在最优的消费量。和以前一样，在点 C 处，投资者的主观时间偏好率刚好等于市场报酬率。效用将从 A 点（初始财产）的 U_1 升至 D 点（鲁宾逊·克鲁索经济的结论）的 U_2，再到 C 点（经济交换下的结论）的 U_3。很明显，投资者在有资本市场存在的条件下的处境更为优越，因为此时 $U_3 > U_2$。

在具有生产机会和资本市场交换机会的情况下，决策过程包括以下两个独立且互异的步骤：（1）首先，通过实行一些生产项目来选择最优的生产决策直至投资的边际报酬率等于实际市场利率；（2）然后，通过沿着资本市场线上借款或者贷款的方式来选择最优的消费模式，使投资者的目标时间偏好率等于市场报酬率。将投资决策（步骤 1）与消费决策（步骤 2）相分离的理论就是著名的费雪分离理论（Fisher Seperation Theorem）。

费雪分离理论的原理是指在完善的资本市场中，生产决策严格地遵循客观的市场标准（表述为可获得的财富最大化），它与导致作出个人消费决策的个人主观偏好无关。

厂商政策中一项重要的内容是：投资决策可以授权于厂商的管理者。在相同的投资机会下，每位投资者不论其无差异曲线的形状如何，均会作出相同的生产决策（P_0，P_1）。如图 1 – 9 所示，投资者 1 和投资者 2 均会引导厂商的管理者选择生产组合（P_0，P_1）。

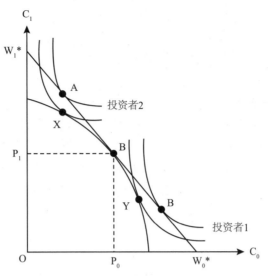

图 1 − 9　投资决策独立于个人偏好

　　这样，投资者可以在资本市场采用借款或者贷款的方式，决定厂商的产出，以适合他们自身的目标时间偏好。投资者 1 会选择比其当前的生产份额（点 A）更多的消费。他会在资本市场中借入资金而用其未来的生产份额来偿付。类似地，投资者 2 会选择贷出资金，因为他（或她）的消费量低于其目前的生产量。无论采用哪一种方法，投资者在具有资本市场的情况下均较为优越。最优生产决策与个人的效用偏好是相分离的。如果没有资本市场，也没有借款或者贷款的机会，那么，投资者 1 会选择在 Y 点进行生产，此时的效用较小。同样，投资者 2 亦会在处于劣势状态的 X 点进行生产。

　　在均衡条件下，全部的投资者边际替代率会等于市场利率，又会等于边际生产/投资转换率。用数学公式表示投资者 i 和投资者 j 的边际替代率如下：

$$MRS_i = MRS_j = -(1+r) = MRT \qquad (1-6)$$

　　此时，所有的投资者均采用相同的时间价值（采用相同的目标市场利率）来进行他们的生产投资决策。

　　当然，投资者也不能够高估资本市场的作用。资本市场允许资金在借款人和贷款人之间有效地转移。对于那些未能拥有足够的财富以投资于其所有的可产生高于市场利率的投资报酬率的项目而获益的个人而言，他们可以通过借入资金，再投资于在没有资本市场条件下无法进行的投资项目。以这种方式，资金可以从那些拥有较少生产机会但拥有更多财富的个人手中有效地配置到那些拥有许多投资机会但缺乏财富的个人手中。最终，所有的个人（不论是借款人还是贷款人）均比在没有资本市场条件下获益更多。

1.3 交易成本与运行效率

1. 市场和交易成本

上述关于对资本市场有助于资金有效配置的讨论均是基于没有交易成本的条件下而进行的。在这种情况下，并不需要存在一个提供交换的场所，换句话说，本质上，此时并不需要有市场。但是，大家设想一下，在早期的经济环境下，有 N 个生产者，每位生产者都生产一种特殊的产品，并且消费 N 种消费品中的一组产品。在没有市场的情况下，双边交易（Bilateral Exchange）是必需的。在规定的时间内，每位生产者为了交换货物必须访问另一位生产者。假设每趟行程所花费的成本为 T 元。如果在当时的经济环境下，有 5 位生产者和 5 种消费品，那么，个人 1 必须出访 4 趟，才能到其他各位生产者处访问 1 次。而个人 2 必须出访 3 趟。以此类推，总的来说，整个经济活动共需 ［N（N－1）］/2＝10 次的访问，总耗资达 10T 元。这一过程可以用图 1－10 表示。

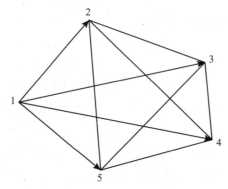

图 1－10　无中心市场下的早期经济交易

如果有中间商从 N 种产品中各取出一种存货，成立一个中心市场（Central Marketplace），如图 1－11 所示，则总的访问次数可以降为 5 次，而总的成本仅为 5T 元。

因此，如果中间商所花费的总成本（包括生活费用）低于 10T－5T 元，则他（或她）就会愿意成立这样一个市场，使每个人都可以从中获益。

这一实例简要地解释了市场的生产能力。这样的一个中心市场有效地降低了交易成本。人们将此现象称为资本市场的运行效率（Operational Effciency）。交易成本越低，则说明市场的运行效率越高。

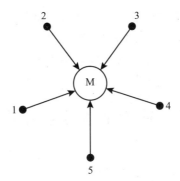

图 1－11　中心市场的生产力

2. 交易成本和分离失效

　　如果市场的交易成本金额较大，则此时金融中介以及市场均会提供十分有益的服务。在这种情况下，借款利率会高于贷款利率。金融机构会以贷款利率支付给存款人利息，然后将募集到的资金以更高的利率贷给借款人。借款利率与贷款利率的差额代表他们（由竞争决定）提供经济服务而获得的酬金。借款利率与贷款利率不同将导致费雪分离理论的失效。如图 1－12 所示，具有不同的无差异曲线的个人会选择不同的投资水平。

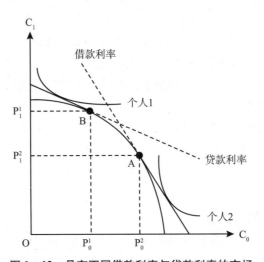

图 1－12　具有不同借款利率与贷款利率的市场

　　如果没有一个单一的市场利率，投资者就无法将投资决策授权于厂商的管理者。个人 1 会引导管理者使用贷款利率投资于点 B；个人 2 则会使用借款利率而投资于点 A；个人 3 可能会选择介于点 A 和点 B 的投资项目，此时他（或她）的无差异曲线刚好与生产机会集相切。

如果假设资本市场是完善且有效的，那么，财务理论将得到极大的简化。但是，完善的资本市场是不存在的。所以，投资者必须考虑诸如税收、信息不对称等因素对资本市场所造成的影响，因为这些因素会影响财务决策的制定。

1.4　资本市场与信息传递

在市场经济条件下，可以说所有的个人与企业都在不同程度上存在于金融体系之中。企业销售一种产品或提供一项服务时，或是收到一笔现金资产，或是形成一项应收账款方式的金融资产，此外，个人或企业暂时闲置的资金往往会投资于短期证券，这样，个人或企业与资本市场就发生了某种经济关系。更为重要的是，企业大多都利用资本市场筹措所需资金，并且，企业在资本市场上筹措资金的数量和质量，往往还是检验企业经营绩效的重要标准之一。各企业一方面要在市场中展开面对面的产品竞争，另一方面又要在资本市场上进行较量。所以，资本市场对企业财务管理活动的作用不言而喻。

当资本市场有效，并能利用可得信息对风险和未来的现金流量进行衡量和无偏估计时，市场价格反映实际价值，在这种情形下，度量者和被度量者都会认为市场价格是判断成功与失败的恰当机制。但是，有两种情形使人们难以接受市场价格度量标准：第一，信息是市场有效的润滑剂，但是当信息被隐藏、延误时，即使在有效市场中，市场价格也会偏离实际价值。第二，许多人认为市场是无效的，即使在信息可以免费取得的情形下，仍然认为市场是无效的。

1. 信息真实问题

市场价格基于企业公共信息和私人信息。传统理论假设信息被及时地、真实地传递到金融市场。实际上，企业有时会压制或延缓信息，特别是延迟不利信息的公布；有时又会向资本市场传达一些误导或欺骗性的信息。这些问题的严重程度因不同市场而异，因不同企业而异。

2. 公共信息和私人信息

公共信息是指投资大众都可以获得的任何信息，而私人信息是指仅有少许投资者或企业当局内部人知晓的信息。企业可能采取以下手段来影响对企业价值的衡量：

第一，压制信息。有证据表明企业有时确实遏制有关其业绩和前景的坏信息进入资本市场。问题的严重程度在企业间差异很大，规模较小的企业比较大的企业更容易隐瞒坏信息而不被发现或不因此而付出代价。由于许多分析者对大企业跟踪分析，因而大企业较难对市场隐瞒信息，而且这样做可能会危及企业的前途。

第二，延缓信息。试图控制不利消息的公布是人类的本性。经理试图控制企业信息的公布通常有两个理由：一是总有部分经理认为资本市场不能恰当地对新信息做出反应，并且恐慌性交易会导致不应有的价格变动；二是经理总存在着这样的希望：只要信息拖延的时间足够长，坏消息就有可能不了了之或与好消息一齐发布以抵消其影响。

大量经验表明经理确实会延期不利消息的公布。例如，国内及国外的许多研究均表明：星期五公布的有关收益与股利的信息比该周其他日期公布的信息包含更多的不利信息，逾期公布的收益信息与提前公布的信息相比，前者更可能包含更多的坏信息。

延缓信息本身是否使价格严重偏离价值仍然难以准确证明。大多数企业延误信息的时间并不长（只是几天而不是几周或几个月），实际上，这对以更长时期来度量成功与失败的投资者无多大影响，而且市场一般以最大程度对坏信息做出反应，从而使股票价格下跌。当然，如果财务人员跟踪企业并挖掘和向资本市场公开企业信息，那么企业经理延缓信息的努力将徒然无效。

第三，误导信息。一些企业总乐于使投资者兴奋，并热心于哄抬市场价格，蓄意向金融市场发出有关企业现状和前景的误导性信息，这些错误信息会使股价严重偏离价值。回顾中国证券市场所发生的种种信息欺诈现象（像琼民源、亿安科技、东方电子等），例如，亿安科技的股票价格从 1999 年最高的 126 元跌至 2003 年 3 月 20 日的 8.83 元，这些欺骗行为给投资者的教训是深刻的，因为投资者通常用股票业绩来分析评价经理的成功与失败。

即使信息自由流动，并且没有造成资本市场的扭曲，也不能保证市场价格是实际价值的无偏估计。许多分析者认为，造成这种状况的原因是深层次的，投资者太不理性以至于不能对实际价值做出恰当估计。有关资本市场的意见有一些是合理的，有些过于夸大，另一些则完全错误，对所有这些观点都应该谨慎地加以辨别。

任何曾经观察过资本市场某一交易运行情况的人都知道，资本市场变化万千，无论有没有信息，市场价格也大幅波动。市场太过于变幻莫测吗？一种观点认为，市场确实是变幻莫测的，这是因非理性投资者的观念和情绪变化造成的，短期价格的波动与信息无关。资本市场上有许多人支持这种流行的观点。另一种是理论家的观点，他们认为市场可由信息完全解释，如果特别地考虑到每一交易活动都会给其他人带来信息这一事实，情况更是如此。

企业向资本市场发送的信息是带有"噪音"的，有时甚至是误导性的。资本市场形成的价格通常是有偏差的，部分原因是市场的无效，部分原因是信息的错误。对这些问题至今仍然没有简单快捷而又确切的解决方法。然而，从长期来看，可以采取某些改善信息质量和减少价格与价值偏离程度的行动。

（1）改善信息质量。虽然一些诸如证券交易委员会的管理机构可以要求企业披露额外信息，并对提供误导和欺骗性信息的企业进行惩罚，然而，只依靠信息披露法律本身还不能改善信息质量。尤其对于何时向市场披露何种信息等问题，企业都有其既定利益。因而，为平衡起见，必须存在一个活跃的信息市场，在那里，分析人员收集和传播信息，而且，跟踪企业的分析人员不会被该企业雇用和辞退。虽然分析人员也可能出错，但他们有很大的激情为其客户挖掘有关企业的负面信息，并传播这些信息。

（2）提高市场效率。就像立法不能很好地改善信息质量一样，颁布法律条文也不能使市场更有效率。事实上，在如何使市场更有效方面存在广泛的争议。至少，以下条件（虽然并不全面）是使市场更有效的必要条件：

第一，交易应是便宜和容易的。交易成本越高，交易就越困难，越有可能导致无效市场。

第二，市场中至少有部分投资者可以取得被交易股票和资源的有关信息。交易的限制条款虽然有其良好用意，但它也可能导致市场无效率。例如，限制短期交易似乎是一项很好的公共政策，但它使负面信息不能通过价格得到正确的反映。

第 *2* 章
所有权、财务目标与代理问题

2.1　财务目标：评价与选择

2.1.1　财务目标性质

现代企业的组织形式主要有三种：独资企业、合伙企业和公司。无论什么性质的企业都有其经营目标，不同企业的经营目标可能不尽相同，但是，在市场经济条件下，任何企业的经营目标中最根本、最一致的就是实现盈利。"一个企业倘若获得不了盈利，那么，它本身就没有存在的理由。"[①] 财务活动是企业经济活动的组成部分，显然，财务目标不等同于企业目标，财务目标是企业进行财务管理活动所期望达到的目的。近年来，关于财务目标的争议较多，并引发了许多有意义的话题。那么，企业合理的财务目标到底是什么呢？严格而论，财务目标问题并不是一个实证性的命题，在研讨过程中，极有可能陷入"公说公有理，婆说婆有理"的研究困局。但一个简单而且明确的标准是不容忽视的，那就是，财务目标的界定应当与财务决策的取舍准绳、与财务行为的优劣判断标准相互协调[②]。

---

① 彼得·F. 德鲁克，孙耀君等译：《管理——任务·责任·实践》，中国社会科学出版社 1987 年版，第 96 页。

② 人们在讨论财务目标的时候，往往是以规范的、价值判断式的方法予以界定和分析，将感觉上的、道德上的所谓"合理性"放在一个极为核心的位置上。这种分析方法无疑是不科学的，无助于财务目标问题的解决。财务目标的科学性与合理性，必须满足如下两个标准：（1）财务目标应当与企业的本质、与企业经营的本质属性相一致，没有冲突。企业存在的本质使命乃是为投资者，尤其是股权资本投资者创造足够多的财富，这是企业这一经济实体存在的基本价值。实现这一价值正是企业财务的要旨所在。（2）财务目标不仅仅是一个理念，尤为重要的是，财务目标应当是进行各种财务决策的基本准绳。换言之，能够实现财务目标的财务决策是好的财务决策，而不能实现财务目标的财务决策是不好的财务决策，必须予以摒弃。考察学界许多财务目标的提法，除了道德层面的振振有词之外，对于财务决策不能有丝毫的约束力和影响力。财务目标不是政治口号，而是优化财务决策、完善理财行为的基本准绳。

　　财务目标是企业财务理论与实践研究的起点。财务目标，又称理财目标，是企业优化理财行为结果的理论化描述，是企业未来发展的蓝图；同时，财务目标还是对企业财务行为的理性化引导，恰当的财务目标有助于财务决策的科学性与合理性。对于企业财务人员而言，确立明确合理的财务目标是极为紧要的，它能够帮助财务人员建立科学的财务理念，有助于科学的财务决策，有助于保持日常理财行为的高效与规范化。

　　在西方企业界，关于目标设定一般有如下三个层次[①]：

　　（1）企业宗旨。例如，"致力于人类的幸福""为社会创造价值"等提法均可以归入企业宗旨之列，申明了企业经营的远大志向，代表着企业文化。

　　（2）财务目标。例如，"股东财富最大化""价值最大化"等。

　　（3）战略目标。战略目标往往具有时效性，例如，"在未来10年之内，跨入业内前十名"。

　　值得一提的是，不同性质甚至不同规模的企业，在企业宗旨的提法上，会有着重大的差异。毕竟，企业文化的差异直接决定了企业宗旨的不同提法。

2.1.2　有关财务目标的争论

1. 利润最大化

　　从传统上看，当经济学家和企业界人士论及企业的经营目标时，一般认为就是利润最大化。所谓利润最大化，一般是指企业利润总量最大化。正是由于这一原因，第二次世界大战以后，财务会计将计量的中心转向了收益计量的方法上。在微观经济学中，尽管有人对将利润最大化作为厂商的唯一目标提出了质疑，但不容否认的是，利润最大化仍然是进行微观经济分析时所采用的目标函数假设。例如，在进行厂商生产决策分析时，认为最佳产量水平是能够使企业获得最大利润或最小损失的那个产量水平。许多经济学家坚持认为，将追求最大利润作为分析的基本假设或出发点是合乎情理的，因为如果企业没有任何利润，其结果只能是趋于破产。

---

　　① 英国董事协会在《董事会标准：改善你的董事会效果》的报告中，将企业目标体系分为如下四种：（1）愿景（vision），在愿望和理想中对公司未来状态的描绘以及公司通过努力将取得的成就；（2）使命（mission），对必须要做的事的陈述，以达到最好是可以测量的设想的状态；（3）目标（goals），与实现使命相关的可测量的指标（target）；（4）目的（objectives），与实现公司战略相关的可测量的指标。其中的所谓目标就是这里的理财目标。参见英国董事会协会，李兆熙、杨威译：《董事会标准：改善你的董事会效果》，中国财政经济出版社2004年版，第10页。

我国企业界对于追求利润更是有着极端的偏好，将利润视为企业经营的根本目标，甚至是唯一目标。这与我国历史上曾经出现的政策偏差有关。在一段很长的时期里，我国企业不重视经济核算，更谈不上追求利润等经济目标。进入 20 世纪 80 年代以后，随着改革开放的不断深入，讲核算、讲利润逐渐成为人们经营企业的法宝，从而利润表也成为我国企业界人士最为关注的一张财务报表。然而，人们在追求利润的同时，往往只注意到了追求利润的正向一面，而忽略了早已被西方企业界认识到的追求利润的负向作用，即容易导致短期行为、数据失真，等等。20 世纪 80 年代我国的"承包制"已经证明，单纯追求利润势必会严重伤害企业长远的可持续发展。只有改变了对企业财务目标的认识，才能够从根本上改善我国企业的管理行为，提升我国企业的管理质量和水平。

利润最大化是一个着眼于管理者的目标假设，是一种极具技术性的目标假设。

利润最大化并没有被财务学家确定为是合理的财务目标，其原因大致包括以下几点：

（1）利润的追求与企业投资者报酬的满足之间没有直接的关联。企业利润是所得大于所费的余额，是对企业某一特定时期内生产经营绩效水平的一种直接度量。如果有理论上的约束或者法律上的约束，企业利润必须全额、没有阻碍地分配给企业的投资者。换言之，在利润分配方面，没有股东的要求报酬率（资本成本）问题，没有股利政策问题，那么，利润最大化就适合于作为财务目标；否则，就不适于作为财务目标。因为，在这个目标假设中，没有投资者对于企业未来报酬的期望，而这恰恰是企业发展的一个根本动力。

作为对企业经营活动绩效水平评价的一种应用历史极为悠久的工具，利润在绩效评价系统中的地位是极为重要的。尤其是在以生产技术为导向的企业管理时期（始自美国的大工业生产时期，或者说是在所谓的科学管理时期），由于人们——也包括股权资本投资者都高度关注企业的生产经营情况，生产能力、设备运行能力往往决定了这个企业的实力以及在市场上的地位。在这种情况下，生产经营利润也就成为人们考察一家企业时所使用的主要评价工具。在这种状态下，无论是投资者还是管理者，对于自己在企业运营中所应当具有的权利和义务等，并没有一个完全清醒的、科学的认识。必须承认，单向的追求利润的行为的确反映了人们对企业性质、对企业运营的性质尚停留在一个较低的水平。

（2）利润最大化作为财务目标，很难与财务决策的标准相吻合。财务目标的认可与确定绝非仅仅是表明企业理财的一种态度，更为重要的是，这种目标假设的确定将从根本上制约企业所有的财务决策。能够实现财务目标的财务决策是好的决策，应当被采纳；而不能够实现财务目标的财务决策则是不好的决策，应当被否决。如果采纳了利润最大化作为企业的财务目标假设，那么，在企业的投资决策、融资决策、股利政策和营运资本政策中均应当以能否实现利润最大化为判断准绳，这在现实中很难适用，更谈不上其科学性了。利润是对企业某一特定时期内生产经营绩效水平的一种度量和评价。但财务决策的做出，在很多情况下往往并不是以整个企业作为评判的单位，而是着眼于对于某一特定财务行为的分析和研究。很难想象，在股利政策制定过程中，如何将利润因素作为一个决定取舍的标准。因此，财务目标的确定不能脱离具体的财务决策技术。

（3）利润是一个极具财务会计（Financial Accounting）技术含量的指标，受到会计政策选择的重大影响，而会计政策的选择权利又归属于企业的管理当局。例如，在通货膨胀时期，存货计价选用先进先出法要比后进先出法使得当期利润更高，甚至差异很大。再如，固定资产折旧选用加速折旧法要比选用直线折旧法使得利润更低。这样，利润额的变化可能并非由于经营状况出现了变化，而仅仅是源于会计政策的选择和调整。如果这种对于会计政策的选择被纳入了更多的、有利于管理层私利的因素的时候，利润指标便会被管理意志所扭曲，难以发挥一个评判标准的功能。无疑，一个合理的、可以作为对管理层工作进行优劣评判的目标追求，其实现与否无论如何也不能掺杂有管理层的私利因素在内。

（4）利润没有考虑与风险的内在关系。利润是一个单指向的会计指标，如果不与风险程度相权衡，单纯地追求利润额往往是没有意义的，甚至是危险的。如何处理风险问题，如何权衡报酬与风险之间的关系，是现代财务理论中高度关注的问题之一，当然也是财务目标假设中不容忽视的一个方面。利润指标恰恰在处理风险的问题上无计可施。

由于利润概念的性质及其会计技术问题，利润最大化可能只适宜用作单期目标而非多期或长期目标。以利润最大化为财务目标势必会形成大量的短期行为，也就是说，这一目标很难实现当期绩效与未来发展之间的良好沟通，当期利润极大并不意味着企业可以维持一个持续发展的态势。必须明确的一点是，一切短期行为的本质都是以未来企业综合实力的下降或丧失为代价来换取当前的利益，它必将严重影响企业的未来发展，给企业投资者造成难以弥补的损失。杜绝短期行为是企业财务管理过程中必须坚持的一个基本原则。

一个科学的财务目标，应当有助于财务行为的科学化与高效化。如果将利润最大化作为企业的财务目标，管理当局势必将很大一部分精力用在对企业盈余的操纵上以及利润表的管理上，而这种行为无论是对优化企业的财务状况、还是增加企业价值，都终将于事无补。在我国企业界，管理人员普遍关注利润表的编制以及对利润表有关数据的分析，说明利润最大化观念已经深入人心。但客观事实已经证明，片面地、孤立地追求利润，尤其是短期利润，将给企业的可持续发展造成非常不利的影响。

利润最大化不宜作为企业财务目标，并不意味着利润指标在企业财务活动中的作用完全丧失。在财务管理活动中，利润额以及多种形式的利润率仍然是判断企业获利水平的重要指标。

2. 股东财富最大化

"股东财富最大化"是目前国际上被众多大型企业（集团）普遍采用的财务目标，经历了近一个世纪的历史检验，证明确实有助于企业的发展，甚至有助于整个社会的富裕。

股东财富最大化是指企业通过合法经营，采取科学的财务管理策略，在考虑货币时间价值与风险价值的基础上，为股东增加尽可能多的财富。以股东财富最大化为财务目标，首先要求管理当局尤其是高层财务人员如 CFO 高度关注股东财富的变化，在进行各种财务决策时，始终将股东财富的增加放在第一位。也就是说，能够实现最大化股东财富的财务决策是好的财务决策；反之，不能够实现最大化股东财富甚至毁损股东财富的财务决策是不好的财务决策。以此为财务工作的基本准绳，既可以确保股东财富最大化目标的实现，又可以确保企业的长远可持续发展。

信守并强调企业以"股东财富最大化"为财务目标，有助于培养企业对于股东即广大投资者的亲和力，以求得投资者的认可。股票投资者可以通过股票的买卖行为，来表达自己对于企业管理和发展的意见，向企业管理层传递相关信息。近年来，国外学界对于不同环境下的不同财务目标对企业与经济发展的影响进行了大量的研究，其中有证据表明，追求股东财富最大化目标有助于企业的长远发展，有助于社会的共同富裕，同时，也有助于协调各方面之间的利益关系，是一个较为理想的财务目标。

一个企业要想增加股东的财富，途径主要有两种：一是支付给股东股利；二是提高股票的市场价格。在任一时点上，股东财富可计算如下：①将当期每股股利乘以持有的股份数；②将当期股票价格乘以持有的股份数；③就上面计算的股利额与股票市场价值加总即可得股东财富的价值。

所谓的"股东财富最大化"，具体言之，就是股利越多越好，股票价格越高越好。股东财富最大化这一财务目标是通过满足股东的最低报酬率要求来实现的，即：

$$股东财富最大化 = 股东最低报酬率要求的满足$$

"最大"与"最低"，在这里实现了绝妙的统一。

以一个完全股权资本结构的公司为例，假如其股东必要报酬率是 15%。按照"股东财富最大化"的财务目标，财务人员进行财务管理工作的基本要求便是实现股东的必要报酬率15%。而这15%，就是该公司的资本成本，是该公司进行投资的最低盈利水平。为了实现这一目标，公司管理人员必须找到能够带来超过15%报酬率的投资项目，使得项目报酬率大于股东的必要报酬率。只有这样，股东财富才能得以增加。

在财务活动中，以股东财富最大化为财务目标，要求财务人员：

（1）关注企业的财务决策、财务行为对企业股价进而对股东财富的影响。股东作为投资者，理应成为企业发展的最大受益者，这在财务管理活动中应当得到充分的体现。

（2）合理确定企业的股利政策。股利政策的制定直接决定了股东收益的一部分，对于财务目标的实现具有极为重要的作用。从某种意义上说，不关注股利政策，不制定有助于企业可持续发展的股利政策，就等同于无视股东财富的增加。

（3）关注企业的社会形象。企业的社会形象直接关系到股票投资者对于企业的了解，以及对于企业股票的要求报酬率的高低。

正如阿兰·C. 夏皮罗教授所说的，在运行良好的资本市场中，投资者可以自由地以最低的交易成本购买和销售金融证券，股东财富最大化目标可以理解为最大限度地提高现在的股票价格。

"公司的目标是为股东增加价值，公司制企业力图通过采取行动提高现有企业股票的价值，以使股东财富最大化"。[①]

美国著名财务学家詹姆斯·范霍恩也持同一观点。

3. 企业价值最大化

企业价值最大化是指企业合理有效地配置资源，采取恰当的财务政策，树立货币时间价值、风险与报酬均衡观念，以企业可持续发展为基础实现企业未来价值最大。简单讲，企业价值最大化是指企业预期的未来现金流量现值最大化。这一概念的核心是将企业可持续发展摆在首位，强调在企业价值增长中满足各方利益关系。

企业价值概念已经成为现代财务学的核心概念之一，对它的理解与运用在很大程度上决定着一个企业财务管理水平的高低。1958年"MM"理论的提出，奠定了现代企业价值理论的基础。从财务学研究的角度讲，进行各种深入的财务分析的前提和基础便是证明了企业价值的性质。事实上，企业管理当局与投资者可以从不同的角度来认识和理解企业价值。正因为如此，投资者可以运用不同的方法来估算持续经营状态下的企业价值。

按照微观经济学的观点，所谓价值，是指未来现金流量的现值。随着折现技

---

① 斯蒂芬·A. 罗斯：《公司理财》（第5版），机械工业出版社2000年版，第13页。

术在资本预算决策中的应用，财务学家们也接受了关于价值的这一定义。具体言之，企业价值就是企业未来现金流量的现值。这一定义意味着：

（1）从财务意义上讲，企业是由不同收益索偿权持有人即不同性质的投资者构成的，如普通股股东、债权人等。因此，企业未来现金流可以细分为收益索偿权持有人的未来现金流量之和，尽管不同的持有人获得未来现金流量的风险是各不相同的。从本质上讲，企业价值就是属于其投资者——股权资本投资者与债务资本投资者的财富。

（2）企业价值是企业在其未来经营期间内所获得的现金流量的函数。未来经营期间内的现金流量越多，企业价值越大；现金流量越少，企业价值越小。与销售额、利润额等表明企业绩效的会计数据相比，现金流量具有所指明确、计量单一的特征。因为销售额、利润额等是以权责发生制与历史成本制度为基础确认和计量的，在许多情况下，并不表明企业可支配资源的真实增加，它们的性质不符合财务决策对目标函数的要求。对于财务人员而言，现金流量是至关重要的。

（3）企业价值大小受必要报酬率（折现率）的影响。除了现金流量以外，影响企业价值的另一个重要因素是对未来现金流量进行折现的必要报酬率（折现率）。这一折现率的高低，取决于各收益索偿权持有人投资于企业而提出的报酬率要求，如股权资本要求报酬率、债权资本要求报酬率。它们在实质上是由企业投资决策所承担的风险大小而决定的。企业的投资风险越大，折现率越高；投资风险越小，折现率越低。

"企业价值就是指企业未来现金流量的现值"这一定义表明，企业价值最大化是一个具有前瞻性、复合性和实在性的企业目标函数。所谓前瞻性，是指企业价值及其最大化是着眼于未来时期的财富生成与分配的一个概念，而不是一个历史的概念。这种前瞻性一方面延续了企业截止到目前所拥有的有助于可持续发展的一切特征，同时，或者更重要的是，也隐含着企业管理当局对于未来发展的控制实力。这种控制实力越雄厚，企业价值最大化实现的可能性也就越大。所谓复合性，是指企业价值概念涵盖了一些极其重要的概念，比如现金流量、风险、可持续发展，等等。追求企业价值最大化，必须科学地协调与权衡这些因素。例如，如果不顾及风险程度，单纯地追求现金流量的最大，势必会带来一些极其严重的问题，其结果不仅无法实现企业价值最大化（折现率过高会降低企业价值），严重者甚至会造成企业的破产倒闭。所谓实在性，是指企业价值对于企业的各类投资者而言，是实实在在的现金流量，而不是观念上的什么东西。而现金流量的变化代表着实际的、可控制财富的变化。

企业价值是未来时期内期望现金流量按照加权平均资本成本进行折现之和，即：

$$PV = \sum_{t=1}^{\infty} \frac{FCF_t}{(1 + WACC)^t} \qquad (2-1)$$

式中，PV 为企业价值；FCF 为企业自由现金流量；WACC 为企业加权平均资本成本。

从形式上看，这一企业价值等式将反映未来收益的自由现金流量、反映风险程度的折现率与企业价值有机地联系在了一起。更深一步讲，这一价值等式很好地体现了企业价值的性质，即企业价值从本质上讲所反映的是企业投资者对企业现金流量索偿权的大小。企业之所以存在是由于它对其投资者有价值，而这种价值正好体现在企业能够向其投资者提供足够多的现金流量。现金流量是企业价值的根源，这是一种客观存在；但现金流量的量，换言之，是企业价值的量，在很多情况下，尤其是在投资者必须做出投资选择的时候，却是一个充满了主观因素的数据。

在财务管理活动中，追求企业价值最大化，意味着：

（1）在企业管理中，尤其是在财务管理中，要关注现金流量，通过科学的管理行为，力争实现经营活动现金流量的可持续发展。"现金为王"（Cash Flow is King）这一提法充分反映了企业界对于现金流量重要性的认识。对于财务人员而言，一个基本的观念就是：实现企业可持续发展的重要基础是现金流入必须大于现金流出。

（2）加强风险管理，将经营风险与财务风险纳入可控制范围之内。这里的可控制范围是指承担一定程度的风险可以获得足够的风险补偿，有助于企业绩效的提高。如何权衡风险与报酬之间的关系，是财务人员在追求企业价值最大化的过程中所必须慎重对待、科学解决的问题。在现代经济社会中，任何经营都必然要承担一定的风险。回避风险或盲目地承担高风险都不是科学的管理经营的途径。

（3）注重企业的可持续发展，这是实现企业价值最大化的前提条件之一。没有企业的可持续发展，便无法实现企业价值的最大化。

"企业价值最大化"与"股东财富最大化"两种提法，虽然用词不同，但其内涵是基本一致的。财务理论中所谓的"馅饼理论"，是把企业看成一个馅饼，这个馅饼的大小就是企业价值。而有权力分享这一馅饼的只有两类人：一类在前，即受到法律保护的债权人投资者；另一类在后，即企业剩余收益的分享者（股东）。由于债权人的报酬是既定的，因此，馅饼做得越大，企业价值越大，股东的财富也就越大。

4. 财务目标与社会责任及商业道德

当今，人们将企业价值最大化定为财务目标，并不意味着可以忽视社会责任和商业道德问题。大家知道，企业存在的目标之一就是取得利润，实现企业价值

（股东价值）最大化。除此之外，企业是否还有其他目标要求？答案是肯定的。例如，企业在道义上有责任为员工提供安全的工作环境（避免空气或水污染、生产防护设备等），为社会提供符合国家标准的商品、公平竞争，等等。社会责任是指企业对于超出法律和公司治理规定的对利益相关者最低限度义务之外的、属于道德范畴的责任。社会责任一般可以分为两类：

（1）企业与合同利益相关者的社会责任，主要包括劳动合同之外的员工福利、改善工作条件、尊重员工的个人利益、人格和习俗、设计人性化的工作方式、友善对待供应商、合理的就业政策，等等。

（2）企业与非合同利益相关者的社会责任，如环境保护、产品安全、市场营销、公益活动，等等。

一般认为，从伦理上讲，企业应当承担相应的社会责任并遵守商业道德（business ethics）。许多企业制定有履行社会责任和遵守商业道德的政策或者声明。但是，绝大多数企业的实际行动与社会公众的期望存在较大差距，企业在自觉履行社会责任方面还无法满足人们的要求。由此产生一个问题，企业如何才能满足社会公众对于社会责任的要求？企业如何合理地处理财务目标与社会责任之间的关系？由于承担社会责任的行动要花费企业的成本，并不是所有企业都自愿主动地支付这种成本。如果某些企业承担了部分社会责任，而另外一些企业不承担社会责任，那么，承担社会责任的企业在吸引资本方面就处于不利地位。例如，假设在一个给定的行业里，所有的公司都接近于"正常"的利润和投资回报率，也就是说，所有的公司都接近于平均的盈利水平，都恰好足以吸引资本。如果一家公司尝试承担社会责任，为了补偿追加的成本，就要提高其产品的价格，而该行业其他的公司不这样做，就可以保持较低的成本和价格优势，如此，肩负社会责任的公司就没有办法在市场上与其他公司进行竞争，最终这样的公司也将不得不放弃在社会责任方面的努力。因此，任何主动承担社会责任的公司都将面临成本的上升，导致其经营发生困难，在竞争激烈的行业尤其如此。

那么为何寡头垄断企业可以获得超过正常水平的利润呢？这样的企业为什么不能将资源贡献给社会项目呢？无疑，它们可以贡献，而许多大型的企业和成功的企业的确已经致力于社区项目、员工福利项目、环境治理项目以及其他类似的项目，与单纯地追求利润或者财富最大化的目标相比，它们在这些项目上的投入要大得多。此外，许多此类企业还大量地向公益慈善机构捐赠。然而，上市公司却受制于资本市场的力量。例如，假设有投资者想进行投资，正在考虑两个公司之间的选择。一家公司将自己的大量资源贡献给社会公益活动，而另一家公司则专注于利润和股票价格的上升。许多投资者都不会选择从社会责任出发进行决策的公司，从而使此类公司在资本市场上处于不利地位。可是，为什么一家公司的股东要比另外公司的股东给予社会更大的补偿呢？究其原因，即使是获利丰厚的公司（除非公司股权集中，而不是分散地由公众持股），在开展促进社会福利的行为方面通常也是受到限制的，这些行为会引起公司成本的上升。

那么，这些是否意味着企业不应该承担社会责任呢？答案恰恰相反。但这的确意味着绝大多数的代价高昂的社会公益行动不能通过自觉自愿的倡导来实现，而必须通过强制命令，让所有的企业均衡地分担费用。因此，这些社会公益项目，比如公平招聘、最低培训、产品安全、消除污染以及反垄断法案等，如果建立起可行的规则，并通过政府机构强制执行，是最为有效的方法。当然，在建立有关企业的行为规则时，准确估计和考虑有关行动的成本和收益，政府与行业之间进行密切配合是至关重要的。

尽管事实上许多的社会责任必须通过政府来强制执行和承担，但近些年来，越来越多的企业开始主动采取行动，特别是在环保领域，因为这样的行动有助于促进企业产品的销售。比如，许多清洁剂的生产厂商现在已经采用可回收纸作为它们产品的包装；食品公司越来越多地采用消费者可以回收或者可以被微生物分解的材料作为包装材料。还有些企业认为，企业的职责是促进公众福利，而不仅仅是企业股东的福利，将企业从社会责任中分离开来是不可能的。对某些企业而言，社会公益活动也未必是需要付出高昂代价的——企业可能会强力宣传其社会公益活动，许多的消费者也更愿意从对社会负责的企业购买产品，而不是从回避社会责任的企业购买产品。

企业价值最大化还与伦理道德相关。在韦氏大词典中，伦理一词被定义为"行为和道德标准"。企业伦理可以看作是企业对于其员工、客户、社区以及股东的态度和行为。伦理行为的高标准要求企业对待任何一方都采取公正和诚实的态度及方式。企业对于伦理的追求可以通过各种方式来检验，包括企业及其员工遵纪守法的情况与态度，而应遵守的法律法规涉及这样一些方面，比如产品安全和质量、公平聘用、公平营销和销售、运用机密信息谋取个人利益、社区参与、贿赂以及通过非法支付而赢得业务等。

如今，绝大多数企业都制定了严格的伦理行为规范，许多企业还开设了行为培训项目，以确保在各种业务领域的员工理解企业的行为规范。然而，对于最高管理层——包括董事长、总裁以及副总裁来说，公开地追求伦理行为，并将这种追求通过他们的个人行动以及通过企业的政策、行动指引和奖惩机制传达给员工是非常必要的。

企业出现利润与伦理相冲突的时候，有时伦理方面的考虑更为重要，以至于其显然应该被优先考虑。然而，在许多情况下，伦理和利润之间的轻重并不是那么一清二楚。比如，假设一家煤炭公司的经理知道其运煤货车将会对线路周围造成污染，而同时，这种污染没有超出法律许可的范围，而防治这种污染的行为将耗费巨额成本。那么，经理应该遵从伦理的考虑减少污染吗？类似地，假设一家医药产品公司内部的研究表明，公司的一种新产品有可能会引起问题。然而，这些方面的证据相对不足，而其他有利于病人的证据又相对充分，而政府机构的检测并没有得出存在不利影响的结论。公司是否应该将这种潜在的问题公之于众？如果公司的确公布了不利的信息（有可能会出问题），这将会影响公司的销售和利润，病人也会拒绝使用公司的药品，而其中某些病人本来可以通过使用公司的药品受益。在这种情况下，究竟应该作何选择？对于这类问题，似乎没有明确的答案，但是公司必须经常处理这些问题，如果不能够成功地处理这些问题，有可能导致巨大的产品责任诉讼，甚至有可能会因此受罚而导致公司破产。

2.2　代理冲突、道德自律与管理激励

2.2.1　财务契约的形成

企业实际上是一个契约的集合体，人们把企业与其利益关系人之间的经济利益关系视为财务契约。图 2 - 1 列示了企业与其主要的利益关系人，他们与企业均订有契约。

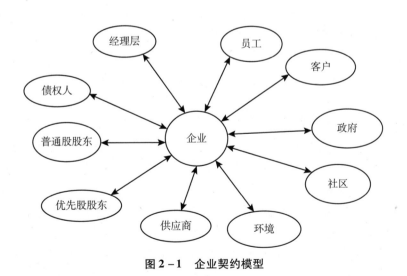

图 2 - 1　企业契约模型

企业契约模型中包括明确的和模糊的契约。企业与投资者诸如股东或债权人之间订有明确的契约，企业保证在未来特定日期向他们支付特定的报酬（股利或利息）。其他类似的明确契约还有产品售后担保合约、辞退员工的解雇金和员工养老金，等等。

企业也有模糊的契约合同。员工与企业间的模糊契约，如员工对企业的承诺诚实和努力工作。经理层与股东之间的模糊契约，如经理层承诺按股东的意愿去从事活动，按股东的最大利益做事。

政府行政监管和法律强制方面的契约，如工作场所安全标准和产品赔偿责任，既包括明确的也包括模糊的内容。必要时法庭可以就模糊性契约的内容规定特定的义务。

许多契约有赖于未来特定结果的发生，譬如，当企业利润达到某一既定水平时员工才能获得奖金。这种奖金依利润水平而定，有许多类似的或有契约。政府节假日的法律规定，参与退休计划可能根据为企业工作的最低年限而定。此类契约亦称"或有求偿"，其结果取决于某项资产的价值或特定事件的发生。

企业存在许多或有求偿，一项贷款可能成为或有求偿，债权人对企业资产的求偿取决于企业的行为。如果企业不偿还贷款，债权人可以要求抵押。从而，如果企业无法履行其义务，债权人将对企业的行为施加某种控制。当然，行使控制的权利取决于企业履约失败。没有这种失败，债权人就无权控制企业的行为。

2.2.2 代理冲突与协调

1. 代理冲突与公司治理

现代企业都存在利益冲突，其中有做决策的经理人的利益可能偏离于股东的利益。简单来说，公司治理（corporate covernance）作为财务的一个领域考察了如下问题：怎样才能更好地约束和激励经理人按照企业股东的利益行事？从一般意义上讲，指导企业行为的程序、政策、法律和制度都属于广义的公司治理。公司治理也包括股东、董事会、管理层、员工、供应商、社区等不同利益相关者之间的关系。正因为如此，公司治理是个很宽泛的话题。

大家知道，财务经理通过采取增加股票价值的行动，最大限度地保护股东的利益。然而，在大型企业中，所有权分散在大量的投资者手中，所有权的分散意味着管理层实质上控制了企业。在这种情况下，管理层必然会最大限度地保护股东的利益吗？换句话说，管理层是否会牺牲股东的利益而追求自身的目标？

在世界各地，公司治理各不相同。例如，在美国和英国之外的大多数国家，公众上市公司通常被一个或多个大股东所控制。而且，与美国、英国这些股东保护较好的国家相比，在股东保护较差的国家中，大股东侵害小股东利益的机会更多。

在基本的公司治理架构下，股东选举董事会，董事会随后任命公司高层管理者，如首席执行官。首席执行官通常也是董事会成员，公司治理中的董事长问题近年来引起了关注。在大多数美国公司中，首席执行官和董事长是同一人。反对者认为，首席执行官和董事长两职合一会导致公司治理较差。当人们比较美国和英国的公司治理时，英国公司的治理通常评价较高，这部分归因于90%以上英国公司的董事长是外部董事而不是首席执行官兼任。

对现代公司制企业而言，股东、债权人作为投资者，以不同方式向企业提供了财务资源，但他们却不直接参与企业的经营管理，而是将其资源委托给经营者代理从事各种财务管理及其他经营活动。由此在委托人（股东、债权人）与受托人（经营者）之间产生各种各样的代理关系。

代理关系（agency）是指委托人雇用并授权给被委托人（代理人）代其行使某些特定的权利、彼此之间所形成的契约关系。在现代企业中，代理关系虽然错综复杂，但最主要的代理关系包括：（1）股东（所有者）与经营者之间的代理关系；（2）股东与债权人之间的代理关系。由于各方在利益上的不一致牲，从而使股东（所有者）、债权人、经营者之间产生矛盾冲突，进而影响到企业财务目标的实现。从我国企业改革的实践来看，这种矛盾的冲突也日渐明显。

2. 股东与经营者之间的代理冲突与协调

股东—经营者关系之所以产生，是由于所有权和控制权的分离。在组织结构简单的企业里，所有者就是经营者。在更复杂一些的企业里，许多股东与企业的日常经营没有任何关系。在理论上，经营者是为所有股东工作的，如果经营者干得不好，股东们可将其解雇并雇用新经营者。虽然如此，但你可以想象出，在实际中这样做既麻烦又困难，难以实现。

只要管理者持有公司普通股的比例小于100%，就会产生潜在的代理问题。严格地说，一家公开发行股份的股份有限公司的普通股股东甚至并不拥有公司，他们只是拥有普通股股票，使他们有投票权和某些其他权利。这类股份有限公司是由专门的经营者经营的，经营者们自己可以拥有也可以不拥有股票。公司的董事会雇用经营者。虽然董事们是由股东选出的代表，并对股东负有法律责任，但他们通常是由最高管理层提名参选的。你立刻就会发现问题：如果忽略掉董事对股东的义务，这一过程几乎是循环的。

因此，经营者是主要的决策者，他们对企业及其财产有相当大的控制权。在某些情况下，人们甚至指责经营者们使用企业财产来反对股东。于是出现了两个重要问题：经营者的利益与处在非管理层的股东的利益是不同的吗？如果不同，那么经营者实际上在促进谁的利益？

对股东（所有者）来说，其财务目标是实现股东（所有者）财富最大化（即所有者权益最大化），所以，股东（所有者）就会想方设法要求经营者尽最大可能去实现这一目标。企业的经营者尽管也是最大合理效用的追求者，但是，由于自身利益的不同，其追求目标与股东（所有者）要求的目标并不完全一致。经营者要求股东（所有者）能给予较高的报酬（包括物质和非物质的）；安逸舒适的工作条件；较小的劳动强度，不愿意为了股东财富最大化而冒决策风险；等等。因此，委托人与代理人之间开始产生利益上的冲突。因为经营者所得到的利益正是股东（所有者）所失去的利益（即经营者的享受成本），一方的多得必然是另一方的所失，经营者享受成本必然影响到股东（所有者）财富的增加。

根据自利行为原则，财务理论允许经营者的目标不同于股东财富最大化的目标。由于种种原因经营者会偏好企业的发展速度和追求较大规模。经营者看重薪金、权力和地位，而这些与企业的规模都是正相关的。规模较大会提供给经营者更稳固的就业保证和更高的报酬。较快的发展会为低层和中层经理创造更多的内部提升机会。经理层其他的潜在目标包括更高的声誉和公务消费。由于股东和经营者之间目标的不同，产生的矛盾冲突表现为多个方面。例如，经营者不尽心尽力工作，不愿为股东（所有者）的利益而冒必要的风险，欺上瞒下，向政府提供不真实的信息；由于我国目前法制尚不健全，监督不得力，经营者的消极可能导致经营者权责分离、责利不清的局面，并最终导致企业资产大量流失。这种不利于股东（所有者）的表现很难构成法律上的责任，一般只能从道德上予以谴责。再如经营者为了实现自己的目标，可能会违背股东的意愿而乱花股东的钱财；为追求享受而装修豪华办公室，购置高档小汽车、办公用品，进行职位消费等；气派的公务旅行；或者故意压低公司股票价格，以自己的名义购回，从中渔利，致使股东（所有者）的利益受损。

为了确保经营者的所作所为均能保证股东（所有者）的利益不受侵害，缓和二者之间的矛盾冲突，股东（所有者）可能会设计一套激励、约束和惩罚机制，以便促使管理层的行为能够满足股东利益最大化。然而，为减少代理冲突，激励管理层努力实现股东的意愿而非以其个人利益为目标，股东需要为此承担相应的成本即代理成本。代理成本一般包括：①监督管理层行为的成本（如审计费用）；②建立合适的组织机构以限制管理层的不当行为而发生的费用（如在董事会中设置外部董事）；③由于管理层受到组织机构限制，以致无法适时进行决策而丧失提高股东财富的机会成本。

如果股东不采取任何影响管理层行为的措施，当然也不会产生任何代理成本，然而，管理层不恰当的管理行为几乎一定会导致股东财富的损失。相反，如果股东希望确保所有的管理行为都与其利益完全一致，代理成本会高得无法想象。因而，在处理股东与管理层代理冲突的问题上存在两个极端：一是若在确定管理层薪酬时仅以长期股票价格为基础，这样，管理层所得到的报酬高低将完全视企业的股价而定——股价越高，其报酬越高，反之，亦然。因此，在上述做法下，可避免管理层享受过量的闲暇与特权，管理层就会有强烈的动机来实现股东财富最大化，从而代理成本会相当低。但是，由于企业的利润、现金流、股票价格、管理层薪酬等会受到许多管理层无法控制的因素影响，几乎不可能以此薪酬条件雇用到有能力的管理层。同时，确定管理行为的长期效果需要花费很长时间，在此期间也需要向管理层支付薪酬。二是由企业的股东（所有者）密切监视管理者的每一项管理行为。但这种做法不但毫无效率可言，而且企业要承担昂贵的代理成本。所以，解决问题最好的方法应该是介于上述二者之间的做法——一方面让管理者的报酬与其业绩结合，另一方面则花费必要的成本以监督管理层的行动。其常用方法有：

（1）管理层薪酬计划。企业设计一套科学合理的薪酬计划以满足管理层的需求。薪酬计划结构的设计要体现以下两个基本目标：一是吸引并能留住有能力的管理层；二是使管理层的行为尽可能与股东利益即财富最大化保持一致。不同企业的薪酬计划各不相同，但是一般要包括以下三部分：①固定年薪，用以满足管理层基本的生活支出；②年终分红（现金或股票红利），这主要取决于企业当年的盈利状况；③股票购买期权或者实际发放的股份，这是对管理层关注长期绩效的奖励。

从现代企业实践来看，激励已成为一种被企业广泛接受的管理工具。企业应根据自身的实际情况，选择恰当的激励方式，使经营者愿意采取可以提高企业股票价值的行动。激励的方式主要有：①股票期权。股票期权是指企业授予其管理层在一定的期限内（如10年），按照固定的期权价格购买一定份额的公司股票的权利。行使期权时，享有期权的员工只需支付期权价格，而不管当日股票的交易价是多少，就可得到期权项下的股票。因此，为了获取高额报酬，管理层必须竭尽全力为提高股价而工作。②绩效股票。即运用财务评价指标体系（如每股收益、资产报酬率、净资产收益率等）来评价经营者的业绩，并视其业绩优劣给予一定的股票作为报酬的一种激励行为，从而将管理层个人收益与企业利益结合在一起。

（2）股东直接干预。现在股份有限公司的大多数股票持有者为机构投资者——如保险公司、各种基金会机构等。这些机构投资者有能力对大多数企业的经营施加影响：第一，他们能够与企业管理层直接对话，并就如何运营企业进行提议。第二，股东只要持有公司股票，就可以直接或者联合其他股东就年度股东大会表决内容发起提议，从而影响到公司高层管理者。第三，机构投资者在一定条件下可能还拥有更换业绩不佳管理团队的投票权。

（3）解雇威胁。股东（所有者）通过对管理层的监督，若发现管理层未能使股东财富（企业价值）达到最大，则解雇管理层。管理层因害怕解雇不仅要考虑自身利益，而且也要考虑股东的利益。尽管从实践上来看，这一措施的效果难尽人意（主要原因是由于企业股权比较分散，企业股东解雇管理层的难度很大），但是，对股权比较集中的大股东而言是相对容易做到的。

（4）接管威胁。如果由于管理层决策失误、经营不力，未能采取有效措施使股东财富（企业价值）最大，导致企业股价被低估，那么，企业可能会被其他企业并购，并购方通常会解雇被并购企业的管理层。如果在被并购企业中，有任何一管理者侥幸被留下来，他也会丧失其在企业购并前所享有的各项权力。因此，为了避免企业被其他企业强行并购，企业管理层就会采取相应措施以提高其股价。站在股东（所有者）的立场上，他们采取的各项监督措施固然有利，但是这种监督有时也很难奏效，其原因之一就是股东（所有者）对管理层实行全面有效的监督其代价是昂贵的，甚至有时可能超过监督所带来的收益。例如，股东（所有者）可以聘请注册会计师对企业进行审计，以审核其信息的准确性与真实性，这种审查仅仅是针对财务报表而非全部管理活动。管理层比股东（所有者）在管理上具有更直接的优势，他们知道怎么做对企业更有利或更不利。股东（所有者）通过监督可以减少经营者背离股东（所有者）意愿的行为，但是却无法完全消除。

实践中股东通常是将上述方法综合起来使用，来协调自身与管理层的矛盾。尽管如此，管理层仍然可能采取一些对自己有利而不符合股东目标的决策，从而给股东带来一定的损失。增加监督成本和激励成本可以减少偏离股东目标的损失，而减少监督成本和激励成本可能会增加偏离股东目标的损失。因此，股东应在监督成本、激励成本和偏离股东目标的损失之间进行权衡，力求找出使三者之和最小的方法。

一些学者认为，没有必要将代理问题看得如此严重。管理层的兴趣在于企业的增长和规模，因为管理层的薪水和其他福利是与销售额或全部资产相关的，这就刺激管理层增加企业普通股的价值；并且，股东实际上拥有更换管理层的最终权力。这种"胡萝卜加大棒"的方法足够使代理问题得到控制。对于上市公司来说，可以将金融市场看作公司状况的监视器。如果管理层对在其管辖之下的资产潜力没有有效地利用的话，不用多久，便会在较低的股票价格上得到反映，形成价格保护。此外，还有两种机制来控制经理行为。第一种控制是经理市场，这种市场以潜在的或协议的业绩与实际业绩相对照为基础，不断对管理者的人力资本进行再评估。如果评估结果是不利的话，管理层的竞争会使更换势在必行。第二种控制机制是接管企业的市场。蹩脚的管理会导致企业股票价格下跌，致使企业被另一个企业所接管。

3. 股东与债权人之间的矛盾冲突与协调

当债权人将资金借给企业后，二者之间的委托代理关系随之产生。债权人出借资金的目的在于到期收回本金并获得约定的利息收入；而企业借款的目的是用它扩大投资，期望能给企业带来杠杆效益。债权人对企业贷款时已将其风险纳入借款利率中，因此，借款利率应考虑的因素包括：①企业现有资产的风险；②对企业未来增添新资产风险的预期；③企业的负债比例，即企业资本结构；④对企业未来资本结构变动预期，等等。

债权人的资金一旦出借，债权人则失去对其直接的控制权，股东（所有者）就有可能借助于经营者之手，为了自身利益而损害债权人的利益，其常用方式有：

（1）进行投机活动。例如，股东（所有者）未经债权人同意，就促使经营者投资于比债权人原先预期风险高的项目。由于新项目的风险较原先预期的高，负债的必要报酬率随之提高，以致使得已流通在外的负债价值降低。如果高风险的项目获得成功，由于债权人只能得到固定的报酬，所有额外的收益均归股东（所有者）所有；如果新项目失败，债权人必须和股东共同负担由此而产生的损失。

（2）提高财务杠杆比率。提高企业财务杠杆比率会使现有债权人的境况变差，尤其是在财务杠杆比率增幅加大并影响企业的违约风险、债权人利益得不到保护时，情况更是如此。例如，股东（所有者）为了提高企业的利润，在未征得债权人同意的前提下，就会迫使管理当局举借新债，从而改变资本结构。风险的变化导致债权人的求偿权也随之变动，可能会使债权人的价值发生损失，并使得原债权人蒙受损失，企业破产的可能性增大；如果企业破产，原债权人必须同新债权人共同分配企业破产后的财产价值。

（3）增加股利支付。股利政策是导致股东与债权人发生利益冲突的又一表现。较高的股利会导致股票价格上升还是下降，在理论上还存在很大争议，但是实践经验证明：股利增加一般导致股价上升，股利降低会导致股价下跌。相反，股利增加会使债券价格下跌，股利的减少会使债券价格上升。这一变动关系影响到股东和债权人之间的利益平衡。

基于上述问题，债权人为了防止其自身利益受到侵害，就会在向企业发放贷款时采取一系列防护性措施。

（1）寻求立法保护，企业破产时优先接管分配剩余财产；

（2）在借款契约中加入各种限制性条款（如规定资金用途），以保护自己的合法利益；

（3）如果债权人认为企业确有剥夺其财富以扩大股东（所有者）财富的意图时，就应拒绝进一步合作，不再向企业提供新的借款，或者提前收回贷款，或者向企业要求高于正常水平的报酬率，以作为其财富可能被剥夺的补偿。

2.2.3 管理激励对财务决策影响的深层讨论

1. 所有权与控制权分离

众所周知，大多数大企业都是由管理者进行有效经营管理的，但他们拥有的股份一般都比较少。由于大企业的所有权和经营权是彼此分离的，因此，这种二权分离带来了一系列问题，主要表现为：

（1）管理者代表谁的利益。股东通常都希望股票的价值尽可能地最大化，但管理者一般认为股东只是众多潜在利益相关人之一。唐纳德森和洛尔施（Donaldson & Lorsch，1983）提出，企业的高层管理人员一般都认为自己是三种不同利益相关人的代表，其中包括财务和非财务的利益相关人：①投资者（如企业的股东和债权人）；②顾客和供应商；③雇员。

管理者在决策时，倾向于权衡所有这三个群体的利益，而不是简单地使股东价值最大化。当然在企业的决策不影响顾客、供应商和雇员利益的时候，就不会存在任何冲突。然而实际情况却很少如此。

管理者一般倾向于考虑企业所有利益相关人的利益，这在一定程度上也是正常的，因为高层管理人员的大部分时间都是用来处理与顾客、供应商和雇员的关系，并与这些人建立良好的关系。他们与股东联系的时间则要少得多。

（2）管理激励的影响因素。管理者以股东利益作为目标的程度到底有多大呢？这需要考虑许多因素的影响。例如，随着首席执行官在任时间的延长，他与日常沟通较多的个人之间的关系也更为紧密，这样一来，要让他做出以损害顾客和雇员的利益为代价来提高公司股票价格的痛苦决策就非常困难。

设想一下有机会通过改善组织结构而提高企业价值的高层管理人员可能要面对的困境，他是应该更多关注利益相关机构的利益，还是雇员的利益？对于利益相关机构来说，可能刚于上个月买入了该公司的股票，但重组后就不得不出售股票；而对于雇员来说，这位经理可能与他们已经同事多年，重组可能迫使他们不得不提前退休。

管理者所拥有的股份数量同样会影响他偏离股东利益的程度。詹森和麦克林

（Jensen & Meckling，1976）对拥有较多股份的管理者为什么可能会更多倾向于股东利益的问题做出了比较直观的解释。如果管理者只拥有该企业 5% 的股份，那么他个人每多获得 1 元的额外津贴或其他收入，其中自己只需要承担 0.05 元，而股东则需要承担剩余的 0.95 元。例如，企业购买一台价值 100 万元的设备，那么管理者自己实际上只需要承担其中的 5 万元。因此，他就可能不会有效地利用企业的资源，而如果由管理者自己来支付这些费用的话，就可能不会出现这种情况。

显然，管理者可能会以多种方式偏离股东的利益。这种偏离的程度可能与管理者的工作时间以及所拥有的股份数量有关。可见股东实际上并不能控制管理者，不能把企业股票价格最大化的目标强加给管理者，或迫使他们提前辞职。作为投资者，企业的外部股东一般都不能迫使管理者以股价最大化为目标，因为他们对企业的控制权过于分散，容易出现"搭便车"问题。在这种情况下，采取措施来约束不以股东价值最大化为目标的管理者，并不代表着任何个别股东的利益，因此也就导致了"搭便车"问题的产生，即使撤销这样一位管理者的职务代表着所有股东的群体利益时也同样如此。

希望挑战管理者政策的股东必须采用委托人收购的方式，需要组织股东选举一个支持相对政策的新董事会来取代原有的不称职的董事会。委托人收购的成本非常高，而试图组织企业外部股东通过投票方式来取代当前管理者的人一般都很难获得成功。而这种委托人收购给所有股东带来的总收益可能比他们的成本要大得多，承担成本的个别股东可能只能获得很少一部分的收益，但其他受益股东都是"搭便车"者。因此，委托人收购的情况很少出现。

一位个人投资者如果希望收购足够多的股份来控制企业管理层，通常都不能分散投资。尽管投资者可能会从管理层作出股东价值最大化的决策中获取收益，但他持有单一投资组合的成本可能会相当高。因此，投资者必须在投资组合多元化与企业控制权之间做出选择。然而投资组合单一的投资者必须与其他股东分享企业控制权所带来的收益（即较高的股票价格），而他还必须一个人来承担单一投资组合的成本。

由此可见，企业的所有权越集中，股东的控制力就越强，经营效率就会更高。但持有大量股份的股东可能就无法实现投资的分散化。更好的管理将给所有股东带来收益，但投资组合分散化程度较低的成本则完全由大股东来承担。由于需要承担企业的非系统风险，因此如果只考虑管理效率，那么所有权的集中程度可能要高得多。

2. 经营权对投资决策的扭曲

现在主要就两种不同环境中的投资政策进行分析：第一，当企业的大部分投资决策权掌握在自利的管理者手中时；第二，外部大股东能对企业的投资战略施加重大影响，但只能间接地影响具体的投资决策。

（1）管理者投资决策的偏好。一般而言，正常情况下如果掌握大企业的控制权就可能带来巨大的收益，而高层管理者的投资决策就是希望能提高并保持这种收益。企业的投资决策可能从以下几个方面来影响掌握企业控制权的收益。

①符合管理者经验的投资决策。如果控制企业带来的收益足够大，首席执行官继续任职的可能性也非常大，从而促使首席执行官作出那些使自己将来难以被取代的融资与投资决策（施莱弗和维施尼，1989）。为了巩固自己的地位，管理者可能会选择难以更改的项目进行投资，而且这些项目需要特别的经验，这样他们在将来就不会成为牺牲品。因此，在20世纪80年代，尽管石油价格持续下降，但石油公司依然继续增加对石油开采的投资。

管理者可能还希望通过一些含糊的合约以及经营中建立的个人关系使自己将来被取代的可能性降低。例如，美国著名导演斯蒂芬·斯皮尔伯格（Steven Spielberg）在20世纪80年代末就曾威胁华纳兄弟公司（Warner Brothers），称如果首席执行官斯蒂芬·罗斯（Stephen Ross）被解职的话，他将不再为该公司导演影片。这当然使得罗斯的职位更加稳固，并得以获得以前所不能获得的更多收益。

②投资于见效快的项目。投资者需要考虑的是管理者可能希望投资于能迅速提高目前股价的项目，即使这些项目在长期内对企业是不利的。短期的财务成果可能促使企业以更优惠的利率借款，因而既能增加自己的报酬，又降低了被解职的可能性。

③尽量降低管理者的风险，而扩大企业经营范围的投资决策。企业破产所带来的个人成本很高，这也是影响管理者投资与融资决策的又一个重要因素。吉尔森（Gilson，1990）指出，企业破产后只有43%的高级管理者和46%的董事能马上找到工作。

对破产的担心也许能解释管理者为什么愿意管理一个更大的"帝国"，而不是一个"小地区"，因而尽可能地迅速扩张企业，将更多的利润用于投资，并且尽可能少地分配股利，而不是根据价值最大化的要求进行投资与股利分配的决策。管理者可能也倾向于降低投资决策风险，特别是那些股东可以通过分散投资来消除的风险。但从管理者的角度来看，非系统风险与系统风险可能同样重要，因为这两种风险都会使得企业出现财务困难，最终导致管理者保住或失去职位的可能性。同样的逻辑意味着管理者可能希望保持低于价值最大化条件下的负债率。

当然，风险的降低并不是解释管理者希望扩大企业规模的唯一原因，企业规模的扩大还能给管理者带来更多的荣誉。此外，管理组织规模更大的管理者一般都能获得更高的薪金报酬。实际上经理报酬协议将管理者管理组织的规模作为决定报酬的一个关键因素。

（2）外部股东与经营决策权。以上讨论的问题都是建立在投资决策完全由管理者决定的基础之上的。但是由于意识到管理者倾向于作出对个人有利的决策，因此许多外部股东都会有限制管理者经营决策权的动机。例如，外部股东通过投资项目的选择来限制管理者的经营决策权。

3. 管理者报酬与业绩

（1）代理问题。最早讨论代理问题的可能是佃农（代理人）和农场主（委托人）之间的关系问题。其中佃农的行为就难以直接观察到。为了促使佃农更为积极地工作，佃农的报酬就必须与农场的产出相联系。但由于庄稼的收成是由无法直接观察的土壤状况、难以预计的天气状况以及佃农的工作情况所决定，因而将佃农的报酬过于与农场的产出相挂钩可能并非最优的选择。这样可能迫使佃农承担不可抗拒的风险，而这些风险由农场主来承担可能更为有效，因为他能通过多样化的方式将这些风险分散。结果就出现了佃农报酬和产出相联系的激励收益与迫使佃农承担无法控制的风险之间的权衡问题。

前面对佃农问题的讨论说明代理问题有两个本质特点：代理人所无法控制的不确定性以及委托人缺乏足够的信息。如果委托人能对代理人的行为进行观察，而且不存在"搭便车"问题，也就不可能出现激励问题。委托人可以简单地迫使代理人为其利益获取而工作，代理人如果拒绝，就将被解雇。此外，如果代理人不反对承担某个特别项目的风险，或者如果代理人能控制所有的风险，委托人将通过迫使代理人承担所有与他的活动有关的风险来促使代理人作出价值最大化的决策。

如果委托人能直接观察代理人的行为，就能在很大程度上缓解代理问题。委托人可采用以下两种方式来实现这个目标：①对代理人进行严格监督，以保证其工作时间与工作强度，也就是衡量代理人的劳动投入；②通过检查代理人的产出来衡量代理人的行为。

在 20 世纪 70 年代中期以前，大多数美国大公司都试图通过评价投入来解决代理问题。为此，这些公司建立了管理者监督体系，促使他们努力工作。然而，尽管要量化管理者的工作几乎是不可能的，但要衡量这种工作的质量也相当困难，换句话说，就是难以衡量管理者的工作给企业带来了多少价值。而且即使管理者工作的数量和质量都能评估，要在合约中将这些概念与报酬联系起来也是非常困难的。因此，70 年代中期以后，根据产出（如利润大小）来衡量管理者的工作情况，从而制定相应的报酬计划在全世界都已经成为了一种趋势。换句话说，企业将雇员报酬与其表现联系起来的趋势日益明显。

企业的利润大小取决于多种因素，其中有些因素是管理者能控制的，而有些则是管理者所不能控制的。一般来说，完善的报酬合约能使管理者因不可控因素而受到惩罚的可能性降到最低。例如，不能因为干旱年份，降雨量太少导致的低产出而过多地惩罚佃农。因此，降雨量的信息就可以用来降低代理人的风险，而改善佃农与农场主之间的关系。

在运用这一理论分析管理者报酬合约时，可以得出这样的结论：一位管理者的报酬不能简单地与企业的股价或报酬情况联系起来，而应该与企业的股票报酬率或利润率超过市场总体收益率的大小，或者与同行业中其他企业的业绩进行比较再确定管理者的报酬。

（2）管理者的报酬应该与经营业绩挂钩吗？管理者获得报酬的方式很多，其中一部分是固定的，一部分是由企业的盈利情况决定的，一部分则是由企业股票价格的情况决定的。不少事实表明，在 20 世纪八九十年代，管理者的报酬更多的是由企业的利润情况所决定的，但对首席执行官的报酬与业绩之间到底有多大的关系则存在着不同的观点。

迈克尔·詹森与凯文·墨菲（Michael Jensen & Kevin Murphy，1990）指出，管理者的报酬并没有像我们想象中的那样与经营业绩存在着很强的相关性。他们对 1974～1988 年之间 2 505 位首席执行官的报酬和拥有的股份情况进行了分析，并计算了所管理的公司价值每增加 1 000 美元，首席执行官的报酬能增加多少。他们得出了一个令人惊讶的结论，那就是大多数首席执行官的报酬与经营业绩的相关程度都非常低，即大多数首席执行官都没有足够金钱上的动力去缩减成本，增加股东的价值。例如，詹森与墨菲的估计表明，如果一家美国大公司的执行官花费 1 000 万美元购买一架飞机作为私人用途，那么他所失去的报酬只有 3 万美元左右。

后来博斯岑和史密斯（Boschen & Smith，1995）以及霍尔和利布曼（Hall & Liebman，1998）的研究表明，詹森与墨菲可能低估了管理者报酬与经营业绩的平均相关度，因为这一相关度正逐年上升。博斯岑和史密斯对公司的股票收益对首席执行官当前及未来报酬的影响进行了分析。他们的研究表明詹森与墨菲大大低估了首席执行官的报酬与经营业绩的相关度。

现在通过一个例子来说明考虑首席执行官未来报酬的重要性。假设以后 5 年中，一位首席执行官能使公司的利润超过规定水平，那么他就将获得超过部分的 30% 作为奖金。如果这位首席执行官在第一年就使公司的利润翻了一番，那么股票的价格可能会在宣布高利润之时飙升，这不但是当年高利润的反应，也是未来高利润的反应。在这种情况下，某一特定年份首席执行官的报酬与当年的股票收益率之间可能就看不出有多大的联系。在合约的第一年，公司的股票价格飙升，那么首席执行官就将获得当年高利润所带来的奖金。但接下来几年中，由于股票价格在第一年底就反映了投资者对该公司未来获得高利润的预期，所以公司的高利润可能并不会导致股票价格的上升，但首席执行官仍将获得与第一年一样的奖金，因此，某一特定年份公司股票的收益率与首席执行官当年的报酬就不会有特别强的相关性。但如果观察公司连续几年的情况，那么股票收益率可能就与累积的报酬水平有很大的相关性。博斯岑与史密斯发现，累积报酬与经营业绩之间的相关性是只计算某一年度管理者报酬水平与股票收益率相关性的近 10 倍。

詹森与墨菲的研究以及随后墨菲（1999）再次进行的研究表明，不同企业管理者的报酬与经营业绩之间的相关程度也不同。例如，媒体公司首席执行官的报酬合约一般与经营业绩具有很大的相关性，而正规的公共事业公司首席执行官的报酬合约与经营业绩的相关性则很低。这种差别可能反映了这样一个事实，就是媒体公司的首席执行官"职务消费"的机会更多，更难以被监督。

小企业首席执行官的报酬对业绩的敏感性比大企业要高得多。如果根据詹森与墨菲的方法来计算报酬对业绩的敏感度，那么这就不会令人感到惊讶了。例如，假设管理一个总资产达到 1 000 亿元的公司，如公司的首席执行官的报酬对业绩的敏感性为 1%，也就意味着企业的价值每增加 1 000 元，他就将额外获得 10 元的报酬。在这样一个报酬合约下，这位首席执行官只要使企业的价值增加 10%，他就将获得 1 亿元以上的奖金。而 1% 的报酬对业绩的敏感性对于像华为这样的大公司来说，并不一定切实可行，但在规模小得多的公司中经常都可以看到比这高得多的报酬对业绩敏感度。此外，由于处于成长阶段的公司首席执行官拥有比成熟公司更多的经营决策权，因而他们的报酬必须与公司的经营业绩更紧密地联系在一起。然而对以上观点进行的实证分析的结果却有所不同。[①]

发展中企业首席执行官的报酬对业绩的敏感度可能不会太高的一个原因就是这些企业一般都具有很高的风险。前面分析可知，对于管理者来说，与经营业绩挂钩的报酬部分比重越高，他需要承担的风险就越高。这就意味着在其他条件相同的情况下，预计高风险企业会采用与业绩联系不太紧密的报酬合约。阿加瓦和萨姆维克（Aggarwal & Samwick, 1999）对美国大公司高层管理人员的报酬对业绩敏感度的研究表明，事实的确如此。一般来说，如果公司股票的价格越稳定，执行官的报酬与经营业绩的敏感度就越高。

---

① 克林奇（Clinch, 1991）、史密斯和瓦茨（Smith & Watts, 1992）以及加瓦和加瓦（Gaver and Gaver, 1993）发现，股票和期权是发展中企业管理者报酬的主要部分，然而，比贾克、布里克利和科勒斯（Bizjak, Brickley & Coles, 1993）以及加瓦和加瓦（1995）发现，在他们所选取的样本企业中，发展机会与报酬之间并没有显著的相关性。

（3）企业价值与绩效工资的联系。如果绩效工资对管理者能起到激励作用，那么实行激励报酬的企业就应该实现更高的价值。实证分析已经证明股票价格与企业执行官绩效工资计划的采用存在着正相关的关系，这在一定程度上也能支持这一假设。例如，特兰尼安和维格莱因（Tehranian & Waegelein，1985）对20世纪70年代42家公司采用绩效工资后的股票收益率进行了分析。他们发现在报酬计划宣布采用前到实际实行期间的7个月内，股票价格平均上涨了近20%。梅伦（Mehran，1995）对公司股票的市场价值与账面价值比率与高级管理者绩效工资采用范围的关系进行了横断性测试。他发现这两个变量之间是正相关的，也就是说，一般来说，企业采用绩效工资的范围越广，股票价格也会越高。

不过人们从这些研究中很难推断出因果关系。绩效工资与股票价格的上涨有关，但并不一定就能断定是这种工资安排导致股票价格上涨的，或者管理者在观察到股票价格上涨后就会更加愿意采用绩效工资的合约。如果早点采用绩效工资能给管理者带来更多报酬的话，可能就容易让管理者接受绩效工资的合约。此外，当管理者掌握特别信息表明企业的价值被低估时，他们就更希望将自己的报酬与经营业绩联系起来。

2.3 财务原则：行为引导准则

世界上每一个研究领域都存在有助于引导你理解该领域的基本规律或原则，财务也不例外。在财务中也存在着重要的、基本的原则帮助投资者认识未知的、神秘的领域。

假如你是一家公司的老板，你现在想出售你所拥有的一项资产，你是否希望得到可能的最高价格？你是否认为想买你资产的人希望支付尽可能低的价格？结果毋庸置疑。假如你想对外投资一笔资金，你是否愿意在下一年让它成倍增长？回答当然是肯定的。但是你是否愿意冒失去你所有资金的风险？这就不一定了。你可曾想过你为了得到较高的报酬就不得不冒一定的风险？如果有人保证在完全没有风险的情况下，6个月内使你的钱变为两倍，当然希望如此，可是你会相信他们吗？如果有人欠你1 000元，你宁愿今天收回呢还是3年以后？答案当然是今天。

上述这些问题的答案是显而易见的，因为它们来源于你已经发展起来的直觉，建立在你对现实世界理解的基础之上。而在比较复杂的情况下，答案并不总是如此容易就能得出，因此就需要有一定的原则来帮助你。

了解和掌握财务原则，是进行财务决策的前提。这些原则将帮助你理解它们在财务活动中的应用，以提高你的分析和决策能力。美国财务学家道格拉斯·R. 爱默瑞和约翰·D. 芬尼特关于财务原则的论述①具有一定的代表性。

2.3.1　竞争环境原则

1. 自利行为原则：人们按照自己的财务利益做事

一项科学的财务决策合乎情理地要求对人们的行为作出正确的判断。尽管可能存在例外情况，但还是假定人们的行动遵循一种经济而理智的方式。也就是说，人们是按照他们自己的财务利益行事的，这正是自利行为原则的内涵。

自利行为原则的依据是来自理性经济人假设。理性经济人假设认为，人们对每一项交易都会衡量其代价和利益，并且会选择对自己最有利的行动方案。自利行为原则是假设决策者对决策目标和决策过程都有一个理智的认知，并对如何实现其行动方案、达到其目标有充分的了解。因此，决策者在决策中会采取对他自己最有利的行动方案。当然自利原则并不认为资本或收益代表所有一切，但具体到企业行为问题上，必须明确，企业进行交易的目标是获取收益，在考虑决策时首先要看方案能否给投资者带来一定的经济利益。否则他们不可能与对方开展交易活动。

自利行为是指当其他条件都相同时，对于财务交易，所有组织都会选择使自己经济利益最大的行动方案。利用自利行为原则可以很好地解释现实生活中的企业行为，因为大部分企业互相影响的是"公平"交易。在这些非人格化的交易中，能否以可供使用的资源获得最大利益是首要的考虑。

自利行为原则在财务中的一个重要应用，就是有竞争力且值得投资的方案经常地被采纳。当某投资者采取了某一方案时，就取消了其他可能的方案。一个方案的价值和最佳选择的价值之间的差异构成机会成本。机会成本是指由中选方案所承担的、按照所放弃的次优方案的潜在收益计算的资源损失。当机会成本小时，作出错误选择的成本就小，相反，当机会成本大时，不能作出最佳选择的成本就大。

自利行为原则在财务上的另一个重要应用是代理理论。代理理论诠释了委托代理关系中利益和行为的矛盾。在委托代理关系中，一个人（代理人）作出的决策必然影响另外一个人（委托人）。企业是各种契约的集合体，组建企业的许多契约都可以看作委托代理关系。企业与其利益相关者之间存在着重要的委托代理

---

① 本部分主要根据以下文献整理：道格拉斯·R. 爱默瑞和约翰·D. 芬尼特著，王化成等译：《公司财务管理》，中国人民大学出版社 1999 年版。

关系。

2. 双方交易原则：每一项财务交易都至少存在两方

双方交易原则的含义比较易于理解，但是当交易情况变得复杂时，它可能就会被人们所遗忘。理解双方交易原则就是要求决策双方在交易过程中不要总是以我为中心。要知道，当决策者遵循自利行为原则并且根据自身的经济利益作决策时，交易的对方也在按照他们自己的经济利益行动，可能对方更加明智，做出的决策更加科学合理。

例如，在证券市场中进行证券（如股票）买卖时，每一笔交易都有买卖双方。如果你想到自利原则，那么，说那些处于买方的人们有意购买价值将要下跌的股票就是毫无意义的。事实上，这些人是认为这种股票将会保值或升值。结果证明，可能购买者判断错了。道理非常简单，正是因为人们对股价的不同预期导致在一开始就产生了金融证券的买方和卖方。

投资者可以把这种情形描述为是对股票价值高估的人多于对股票价值低估的人。这种认识上的差别可能导致销售订单多于购买订单。然而，尽管买卖双方不平衡，但是卖出一股股票就一定恰好有人买入一股。在这种情况下，人们或买或卖直到市场价格达到他们所认为的股票的实际价值时为止。

实践中，大部分财务交易是零和博弈。零和博弈是指一个人获利只能建立在另外一个人付出的基础之上。一方的所得与另一方的所失是相同的，从总体上讲双方的收益之和等于零，所以最终构成零和博弈。这正是投资者遇到的大部分交易关系所体现的情形。

在零和博弈中，交易双方都各自按照自利行为做事，双方都想获利而不想亏损。那么，为什么交易还会成功呢？这主要是信息不对称所导致的。买卖双方由于信息不一致，因而对证券产生不同的预期；不同的预期导致了高估证券价值的人买进，低估证券价值的人卖出，直到市场价格达到他们的预期时交易才停止。因此，在决策时不仅要考虑自利行为原则，还要考虑能否使对方有利，否则任何交易都无法实现。

双方交易原则要求决策者在从事财务交易时不要"以我为中心"，不要总是"自以为是"。过分自私的投资者经常忽视双方交易原则。例如，企业并购业务中的接管者，并购企业的经理对要收购的目标企业经常支付超额的款项。他们判断出如此高价是因为他们说现行市场价格太低或声称他们能够更好地管理目标企业，比目标企业当前的管理更具获利能力，从而提高它的价值。这些经理们是在暗示说市场对这家企业估值偏低，或者目标企业的管理不具有竞争力。然而这种判断并不一定正确，在许多情况下，只有根据事实才可能作出准确的估计。

双方交易原则还要求企业进行财务活动时要注意税收的影响。由于税收的存在，使得一些交易表现为"非零和博弈"（如利息的抵税作用）。政府是不请自到的第三者，在市场经济中发生的各种交易，政府均要从中收取税金。政府对税收的调整，可能会使交易双方均受益或受损，避税是寻求减少政府税收的合法交易方式。避税的结果使得交易双方受益但会使其他纳税人承担更重的税收负担，从整个社会角度来看仍然没有改变"零和博弈"的性质。

3. 信号传递原则：行动传递信息

信号传递原则是自利行为原则的延伸。由于自利行为，一项资产买卖决策能暗示出这项资产的状况或有关决策者对未来预期的信息。同样地，一个企业决定进入一个新的行业反映出管理者对企业实力的信赖和对未来的前景充满信心。同理，当企业宣告股利、进行股票分割，或者发行新的证券时，人们经常可以根据企业未来的收益状况解释这些行为。事实上，当行动和企业的宣告不一致时，行动通常比语言更具有说服力。

信号传递原则要求依据决策者行为活动判断它未来的收益状况。例如，一个企业决定进入一个新领域，反映出管理者对自己企业的实力以及新领域的未来前景充满信心；一个盈利能力较强但又经常用配股进行融资的企业，很可能自身产生现金能力较差；一个大量支付现金股利的企业，很可能是缺少良好的投资机会；内部持股人出售股份，常常是企业盈利能力恶化的重要信号。

信号传递原则还要求企业在决策时不仅要考虑行动方案本身，还要考虑该方案的实施可能给人们传达的信息。在资本市场上，每个投资者都在利用他人交易的信息，自己交易的信息也会被其他投资者所利用，因此应考虑交易的信息效应。例如，当把一件商品的价格降至难以置信的程度时，人们就会认为它的质量不好，它本来就不值钱。如果一个会计师事务所从简陋的办公室迁入豪华的写字楼，会向客户传达收费高、服务质量高、值得信赖等信息。因此，在决定降价或迁址时，不仅要考虑决策本身的收益和成本，还要考虑信息效应的收益和成本。

4. 行为原则：当所有的方法都失败时，寻求其他的解决途径

行为原则是信号传递原则的直接运用。信号传递原则是说行动传递信息，而行为原则，简言之即"让我们试图使用这些信息"。

为帮助你理解行为原则的内涵，让我们作一假设：如果现在你已经获得会计学或相关专业毕业证书并拿到学士学位或硕士学位证书，目前已经在一家知名跨国公司任职 5 年。最近，你务实的工作态度和工作才华已经得到你的老板认可。为了对你的工作成绩表示肯定，公司老板邀请你参加一个由公司客户、企业界精英、知名学者组成的年末答谢豪华宴会。

当你如约来到一家五星级酒店进入宴会厅时，你为能有幸参加一个非常正式的宴会而无比高兴。这个宴会厅豪华无比（你以前从未参加过如此高档的宴会）。当你在指定的位置上落座时，你才发现餐桌上摆满了各式各样的餐具，你一时弄不清楚哪件是在吃什么时使用。此时，你应该如何是好？

你可能有多种可行的办法供选择，想一想。例如，去问一问你的公司老板。但这是不现实的——因为你的老板在另一餐桌前正与其他人交谈正欢，你将怎么办？你只能尽快地在你周围选择一位，看别人是如何使用这些样式各异的餐具的。如果没有我们特殊信赖的人，我们中的大部分都将会随大流。

现在让我们从上述假设中回到企业财务问题上。假如你是一家公司的财务经理，你正面对一项重大决策，这项决策看上去似乎没有唯一、明显正确的方案。例如，假定董事会要你估计企业目前的资金筹集情况如何并且可能要你提出改进建议，但是现在你没有现成的答案供你选择，你该怎么办呢？

一种可行的办法就是从和你的企业类似的其他企业中寻找答案，看他们目前和近来是如何做的，或者你可以模仿你认为最有可能作为最好的向导的那些企业的做法，或者你也可以模仿绝大多数企业的做法。这种行为方式有时被称为"行业效应"。这正是我们通过财务的行为原则所要说明的：当所有的方法都失败时，寻求其他的解决途径。

在运用行为原则时，要注意不要将该原则混同于"简单（或盲目）模仿"。行为原则不会帮助决策者找到最佳的行动方案，但它可以使决策者避免采取最差的行动，它是一个次优化方案的选择标准。行动原则经常是在决策者遇到理解力、成本或信息受到一定限制，而无法找到最优方案的情况下所采用的原则。在企业实践中，行为原则一个重要的应用就是行业标准的选择，例如，资本结构的选择，理论上很难对这个问题提供一个明确的解决方法。有时理论上也能够提供明确的解决办法，但收集必要信息的成本超过了潜在的利益，在这种情况下，决策者就只能利用行为原则以较低的代价获得正确答案的近似值。

行为原则如果能被明智地运用，你必须判定什么时候不存在唯一的、明显正确的、最好的行动方案。进一步讲，一旦已经得出没有最好的行动方案，你必须判定是否能够找到其他"最好"的或一组其他的方案可供遵循。最后，你必须从他们的行动方案中制定出你的最佳方案是什么。实际上，行为原则是一个次优原则，它最好的结果就是得出近似的结论，最糟的情况就是模仿了别人的错误。尽管行为原则有潜在的不足，但是在某些情况下它仍然是有用的。

行为原则在财务上另一个重要应用就是"自由跟庄"概念。一个"领头人"花费资源得出一个最佳的行动方案，其他"追随者"通过模仿节约了信息处理成本。领头人资助追随者，有时领头人甚至成了"革命烈士"，而追随者却成了"成功人士"。专利法和著作权法是在知识产权领域中保护领头人的法律，强制追随者向领头人付费，以避免自由跟庄问题的影响。在财务领域中并不存在这种限制。许多小股民经常跟随"庄家"或机构投资者，以节约信息成本。当然，"庄家"也会利用自由跟庄现象，进行恶意炒作，掠夺小股民的资金。因此，各国的证券监管机构都禁止操纵股价的恶意炒作，以维持证券市场的公平性。

2.3.2　价值与经济效率原则

1. 有价值的创意原则：新创意能获得额外报酬

有价值的创意原则是指一个好主意、好想法或好方案可以给你带来超额回报。一个新产品或一项新技术能给企业创造价值，因此，如果你有一个新的创意，那么你有可能将它转化为生产力从而获得超额报酬。竞争理论认为，企业的竞争优势可以分为经营独特和成本领先两方面。经营独特，是指产品本身、销售方式、营销渠道等客户广泛重视的方面在产业内独树一帜。任何独树一帜都来源于新创意。创造和保持经营独特性的企业，如果其产品溢价超过了为产品的独特性而附加的成本，它就能获得高于平均水平的利润。正是许多新产品的发明，使得发明人和生产企业变得非常富有。

大多数有价值的新创意发生在实物资产市场上。实物资产比金融资产更可能是唯一的，例如，苹果公司（Apple Inc.）的联合创始人史蒂夫·乔布斯（Steve Jobs）等人设计并全新打造了 iPod 和 Mac 笔记本电脑（台式电脑）、ios 操作系统，以及革命性的 iPhone 和 iPad。苹果公司已连续六年成为全球市值最大的公司，2018 年度苹果市值突破万亿（10 017 亿美元）。

实物资产可以在多方面显示其唯一性，如专利权。托马斯·爱迪生由于发明了大量的唯一产品，如灯泡、电影、动画以及其他许多东西而变成一个非常富有的人。如果不存在专利权的保护，他就不可能变得如此富有。拥有生产唯一产品的特殊权利的能力增强了实物资产的价值。即使没有专利权保护，一些企业在建立信誉品牌上也已经获得成功，它们以其是唯一能生产特殊种类产品的企业而使消费者信服，这种信服产生了更多的重复购买和对相关产品的购买。像中国的海尔公司、华为公司，它们在短短的几十年中就迅速成长为世界上著名的企业，创造了一个个超越历史的神话。

有价值的创意原则还应用于经营和销售活动。例如，连锁经营方式的创意使得国美电器的创始人黄光裕、美国的肯德基和麦当劳的投资人变得非常富有。

由此可见，任何企业只有不断地创新产品、创新技术、创新管理，才能在激烈的竞争中取得优势，才能立于不败之地，从而领先对手，获得可持续发展的机会，最终才有可能实现企业价值最大化的财务目标。

2. 比较优势原则：专长能创造价值

比较优势原则是指专长能创造价值。在市场上要想赚钱，必须发挥你的专长。每个企业都想获利、都想赚钱，但怎样才能获利、赚钱？你必须在某一方面比别人强，并依靠你的优势来赚钱。例如，美国的著名球星迈克尔·乔丹无可争议的是所有时候最好的篮球运动员，但是出于个人原因，他曾经离开了篮球而为一个棒球队参加预赛。迈克尔·乔丹在"承认失败"之前只打过棒球联赛的一个小赛季。他把棒球留给比他打得好的人，然后又回来打篮球，因为在这个项目上他比任何人都优秀。迈克尔·乔丹的专长是打篮球，当他改行去打棒球时就违背了比较优势原则。同样，如果让姚明放弃在 NBA 打篮球，而让他去搞艺术，结果不言而喻，至少他无法在世界篮坛上取得这样辉煌的成就。比较优势原则的依据是社会分工理论，让每一个人去做最适合他做的工作，让每一个企业生产最适合它生产的产品，这样社会的经济效率才会提高。

比较优势原则的一个应用是"人尽其才、物尽其用"。在有效的市场中，你不必要求自己什么都能做得最好，但要知道谁能做得最好。对于某一件事情，如果有人比你自己做得更好，就支付报酬让他代你去做。同时，你去做比别人做得更好的事情，让别人给你支付报酬。如果每个人都去做能够做得最好的事情，每项工作就找到了最称职的人，就会产生经济效率。每个企业要做自己能做的最好的事情，一个国家的效率就提高了。国际贸易的基础，就是每个国家生产它最能有效生产的产品和劳务，这样可以使每个国家都受益。中国在改革开放初期，就充分利用了比较优势原则，"借鸡生蛋"，迅速得到成长，40 年间已经成为世界第二大经济体。

比较优势原则的另一个应用是优势互补。合资、合并、收购等，都是出于优势互补原则。一方有某种优势，如独特的生产技术，另一方有其他优势，如杰出的销售网络，两者结合可以使各自的优势快速融合，并形成新的优势。

比较优势原则要求企业把主要精力放在自己的比较优势上，而不是日常的运行上。建立和维持自己的比较优势，是企业长期获利、并具有可持续竞争力的根本。

3. 期权原则：期权是有价值的

期权是做某种事情的权利，没有任何义务。期权是有经济价值的，期权原则是指在估价时要考虑期权的价值。

期权概念最初产生于金融期权交易，它是指所有者（期权购买人）能够要求出票人（期权出售者）履行期权合同上载明的交易，而出票人不能要求所有者去做任何事情。在财务上，一个明确的期权合约经常是指按照预先约定的价格买卖一项资产的权利。

广义的期权不限于财务合约，任何不附带义务的权利都属于期权。许多资产都存在隐含的期权。例如，一个企业可以决定某项资产出售或者不出售，如果价格不令人满意就拒绝出售，如果价格令人满意就出售。这种选择权是广泛存在的。一个投资项目，预期可以获取满意的投资回报，因此项目被采纳并实施了，但项目实施后发现它并没有原来设想的那么好，此时，决策者一般不会让事情按原计划发展下去，而会决定下马或者修改方案，使损失减少到最低。这种后续的选择权是有价值的，它增加了项目的净现值。

4. 净增效益原则：财务决策建立在净增效益基础上

净增效益原则是指财务决策建立在净增效益的基础上，一项决策的价值取决于它和替代方案相比所增加的净收益。

一项决策的优劣，是与其他可替代方案（包括维持现状而不采取行动）相比较而言的。如果一个方案的净收益大于替代方案，投资者就认为它是一个比替代方案好的决策，其价值是增加的净收益。在财务决策中净收益通常用现金流量计量，一个方案的净收益是指该方案现金流入量减去现金流出量的差额，也称为现金流量净额。一个方案的现金流入量是指该方案引起的现金流入量的增加额；一个方案的现金流出量是指该方案引起的现金流出量的增加额。"方案引起的增加额"，是指这些现金流量依存于特定方案，如果不采纳该方案就不会发生这些现金流入和现金流出。

净增效益原则的应用领域之一是差额分析，也就是在分析投资方案时只分析它们有区别的部分，而省略其相同的部分。净增效益原则初看似乎很容易理解，但实际贯彻起来需要非常清醒的头脑，需要周密地考察方案对企业现金流量总额的直接和间接影响。例如，一项新产品投产的决策引起的现金流量，不仅包括新设备投资，还包括动用企业现有非货币资源对现金流量的影响；不仅包括固定资产投资，还包括需要追加的营运资金；不仅包括新产品的销售收入，还包括对现有产品销售积极或消极的影响；不仅包括产品直接引起的现金流入和现金流出，还包括对企业税务负担的影响等。

净增效益原则的另一个应用是沉没成本概念。沉没成本是指已经发生、不会被以后的决策改变或影响的成本。沉没成本与将要采纳的决策无关，因此在分析决策方案时应将其排除。有些决策者不顾净增效益原则，总是觉得不考虑沉没成本会对决策结果产生影响。尽管他们知道能卖掉这项资产，把资金再投资在其他更有利的地方，但这些决策者还是要继续持有这项资产。明显地，他们并没有运用净增效益原则，他们在继续持有蒙受机会成本的损失。

2.3.3 财务交易原则

1. 风险报酬权衡原则：二者关系对等

风险报酬权衡原则是指风险和报酬之间存在一个对等关系，投资人必须对报酬和风险作出权衡，为追求较高报酬而承担较大风险，或者为减少风险而接受较低的报酬。所谓"对等关系"，是指高报酬的投资机会必然伴随着巨大的风险，风险小的投资机会必然只有较低的报酬。

在财务交易中，当其他一切条件相同时人们倾向于高报酬和低风险。如果两个投资机会除了报酬不同以外，其他条件（包括风险）都相同，人们会选择报酬较高的投资机会，这是自利原则所决定的。如果两个投资机会除了风险不同以外，其他条件（包括报酬）都相同，人们会选择风险小的投资机会，这是风险反感决定的。

如果人们都倾向于高报酬和低风险，而且都在按照他们自己的经济利益行事，那么竞争结果就产生了风险和报酬之间的权衡。你不可能在低风险的同时获取高报酬，因为这是每个人都想得到的。即使你最先发现了这样的机会并率先行动，别人也会迅速跟进，竞争会使报酬率降至与风险相当的水平。因此，现实的市场中只存在高风险同时伴随高报酬和低风险同时低报酬的投资机会。

如果你想有一个获得巨大收益的机会，你就必须冒可能遭受巨大损失的风险，每一个市场参与者都在他的风险和报酬之间作权衡。有的人偏好高风险、高报酬，有的人偏好低风险、低报酬，但是每个人都要求风险与报酬对等，不会去冒没有价值的风险。

2. 分散化原则：分散可以降低风险

分散化原则，是指不要把全部财富都投资于一个项目，而要分散投资。

分散化原则的理论依据是投资组合理论。马克维茨的投资组合理论认为，若干种股票组成的投资组合，其收益是这些股票收益的加权平均数，但其风险要小于这些股票的加权平均风险，所以投资组合能降低风险。

如果一个投资者把他的全部财富投资于一个企业，这个企业破产了，他就失去了全部财富。如果他投资于8个企业，只有8个企业全部破产，他才会失去全部财富。8个企业全部破产的概率，比一个企业破产的概率要小得多，所以投资分散化可以降低风险。

分散化原则不仅仅适用于证券投资，企业各项决策都应注意分散化原则。不应当把企业的全部投资集中于个别项目、个别产品和个别行业；不应当把销售集中于少数客户；不应当使资源供应集中于个别供应商；重要的事情不要依赖一个人完成；重要的决策不要由一个人做出。凡是有风险的事项，都要贯彻分散化原则，以降低风险。

当然，分散化要适度。分散投资如果超过一定范围，其风险不但不会降低，可能还会增加。

3. 资本市场效率原则：资本市场能迅速反映所有信息

资本市场效率原则，是指在资本市场上频繁交易的金融资产的市场价格反映了所有可获得的信息，而且面对新信息完全能迅速地做出调整。

资本市场效率原则要求理财时重视市场对企业的估价。资本市场是企业的一面镜子，又是企业行为的校正器，股价可以综合反映企业的业绩，弄虚作假、人为地改变会计方法对于企业价值的提高毫无用处。一些企业把巨大的精力和智慧放在报告信息的操纵上，通过"创造性会计处理"来提高报告利润，企图用财务报表给使用人制造幻觉，这在有效市场中是无济于事的。用资产置换、关联交易操纵利润，只能得逞于一时，最终会付出代价，甚至导致企业破产。市场对企业的评价降低时，应分析企业的行为是否出了问题并设法改进，而不应设法欺骗市场。妄图欺骗市场的人，最终会被市场所抛弃。

市场有效性原则要求企业理财时慎重使用金融工具。如果资本市场是有效的，购买或出售金融工具的交易的净现值就为零。企业作为从资本市场上取得资金的一方，不要期望通过筹资增加股东财富。因为资本市场与商品市场不同，其竞争程度高、交易规模大、交易费用低、资产具有同质性，使得其有效性比商品市场要高得多。所有需要资本的企业都在寻找资本成本低的资金来源，大家都平起平坐。机会均等的竞争，使财务交易基本上是公平交易。在资本市场上，只获得与投资风险相称的报酬，也就是与资本成本相同的报酬，不会增加股东财富。在资本市场上获取超额收益，靠的是能力而不是运气，这就如同企业不能靠买彩票增加股东财富一样。有些经理人员过高地估计自己，以为可以发现被市场低估的金融资产，结果付出了惨重代价。

4. 货币时间价值原则：今天的钱比明天的钱更值钱

货币时间价值原则，是指在进行财务计量时要考虑货币时间价值因素。货币的时间价值是指货币在经过一定时间的投资和再投资所增加的价值。

货币具有时间价值的依据是货币投入市场后其数额会随着时间的延续而不断增加。这是一种普遍的客观经济现象。要想让投资人把钱拿出来，市场必须给他们一定的报酬。这种报酬包括两部分：一部分是时间价值即无风险投资的投资报酬；另一部分是风险价值即因为有风险而附加的投资报酬。

货币时间价值原则的首要应用是现值概念。由于现在的 1 元货币比将来的 1 元货币经济价值大，因此，不同时间的货币价值不能直接加减运算，需要进行折算。通常，要把不同时间的货币价值折算到"现在"时点，然后进行运算或比较。把不同时点的货币折算为"现在"时点的过程，称为"折现"，折现使用的百分率称为"折现率"，折现后的价值称为"现值"。财务估值中，广泛使用现值计量资产的价值。

货币时间价值的另一个重要应用是"早收晚付"观念。对于不附带利息的货币收支，与其晚收不如早收，与其早付不如晚付。货币在自己手上，可以立即用于消费而不必等待将来消费，可以投资获利而无损于原来的价值，可以用于预料不到的支付，因此早收、晚付在经济上是有利的。

货币时间价值原则可能是在财务管理中应用最为广泛的概念，它甚至可以影响投资者的理财观念。

第3章
有效资本市场：理论框架

3.1　市场效率与财务决策

3.1.1　资本市场与市场效率

1. 资本市场有效基本假设

一个有效的资本市场，意味着证券的价格能够随着新信息的注入迅速进行调整和及时反应，因此，当前的证券价格全面反映所有可获得的信息。更确切地说，有效市场即指信息有效市场（informationally efficient market）。尽管有效资本市场这一概念是相对直观的，但是人们却很少考虑资本市场为什么应该是有效的。

有效资本市场所隐含的假设包括：

（1）市场存在大量竞争的、追求利润最大化的投资者，他们对证券的分析和评价是相互独立、互不影响的。

（2）证券的新信息以随机方式进入市场，而且信息公布的时间通常是相互独立的。

（3）相互竞争的投资者试图迅速调整证券价格以反映新信息的影响程度。

上述假设共同作用的结果是：人们预期价格变化将是独立和随机的。这种价格调整过程要求有大量的投资者跟踪证券价格运动，分析新信息对证券价格的影响，并买入或卖出证券直到证券价格调整到足以反映新信息为止。这意味着：①信息有效市场对分析新信息并进行交易的竞争投资者的数量有最小要求；②大量竞争的投资者所进行的更多的交易应该会使价格调整更加迅速，从而使市场更加有效。

因为证券价格根据所有的新信息进行调整，所以这些证券价格应该反映任何时候可公开获得的所有信息。这样，在任何时候流通中的证券价格应该无偏差地反映所有当前可获得的信息，包括持有证券的风险。因此，在一个有效市场中，当前证券价格中隐含着的预期收益能反映该证券的风险。

2. 市场效率

对于证券市场效率的认识要把握两点：一是要正确认识各种证券市场效率的经济内涵，二是要正确认识并理解各种证券市场的相互关系，才能较科学地解释实证研究结论。

证券市场效率一般是指证券市场调节和分配资金的效率，即证券市场能否将资金分配到最能有效使用资金的企业。威斯特和惕尼克（West & Tinic，1976）将证券市场效率划分为两类：一是"外在效率"；二是"内在效率"。

（1）外在效率，是指证券市场的资金分配效率，即市场上证券的价格是否能根据有关的信息做出及时、快速的反应，它反映了证券市场调节和分配资金的效率。一个富有效率的证券市场，证券的价格能充分地反映所有的有关信息，并根据新的信息做出迅速地调整，因此，证券的市场价格成为证券交易的准确信号。反之，可以说证券市场的外在效率低。

实际上，有两个衡量证券市场是否具有外在效率的直接标志：一是价格是否能自由地根据有关信息而变动；二是证券的有关信息是否能充分地披露和均匀地分布，使每个投资者在同一时间内得到等量等质的信息。显然，价格的变动方式和信息的完整性、时效性影响着证券市场的资金调节和分配效率。若证券价格被人为地操纵和控制、或证券的有关信息没有充分地披露和均匀地分布，或二者兼有，则证券市场就会误导资金流向，阻碍资金流向最急需资金且资金使用效益最好的企业。

（2）内在效率，是指证券市场的交易营运效率，即证券市场能否在最短时间和以最低的交易费用为交易者完成一笔交易，它反映了证券市场的组织功能和服务功能的效率。若证券市场的内在效率高，则买卖双方能在最短的时间内完成交易，并支付最低的交易费用；反之，可以说证券市场的内在效率不高。

由此可见，实际上有两个主要的显著标志可衡量证券市场内在效率的高低：一是每笔交易所需要的时间；二是每笔交易所需要的费用。显然，交易时间和交易费用决定了证券的市场流动性。若每笔交易所需时间太长或所需费用较高，或二者兼有，则证券在市场上的流动（交易次数、量和速度）就会受阻，从而影响到投资者根据市场信息改变投资组合的速度和能力，进而影响到市场的外在效率。

有效市场对投资者和企业而言具有重要的意义。

第一，因为信息能够立即反映在价格中，投资者应该只能预期获得正常的回报率。掌握已经发布的信息并不会使投资者从中受益，因为在投资者交易之前股价就已经做出了调整。

第二，企业应该预期它们出售的证券只能获得公允价值。公允价值是企业发行证券所收到的价格等于现值。因此，在有效资本市场中，通过愚弄投资者来获得有价值的融资机会是不可能的。

图 3-1 展示了几种可能的股票价格调整。

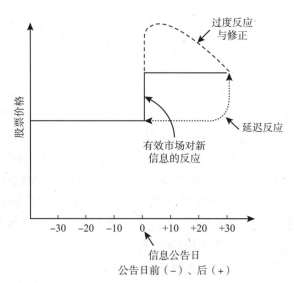

注：有效市场反应：价格对新信息立即做出调整并完全反应；随后还会有上升或下降的趋势。
延迟的反应：价格对新信息做出缓慢的调整；30 天后价格才完全反映了新信息。
过度的反应：价格对新信息做出过度的调整；价格出现泡沫。

图 3-1 有效市场和无效市场中股价对新信息的反应

图 3-1 中的实线表示在一个有效市场中股价变动的路径。在这种情况下，股价会根据新信息立即做出调整，此后价格保持不变。点线描述了一种延迟反应。在这里，市场花了 30 天时间来充分消化信息。最后，虚线说明了一种过度反应以及随后向真实价格的修正。虚线和点线显示的是无效市场中股价变动可能的路径。如果股票价格需要多日才能做出调整，那么投资者适时买卖股票即可获得交易利润。①

---

① 现在，你应该会理解下面这个简短故事了。一名学生与他的财务学教授走过大厅时，同时看到了地上有一张 20 元的钞票。当学生弯下腰把它捡起来时，教授满脸失望地摇了摇头，耐心地对学生说："别麻烦了，如果 20 元真的在那里，别人早把它捡走了。"这个故事的寓意反映了有效市场假说的逻辑：如果你认为已经找到了股票价格的运行模式或者成为赢家的简单策略，那么你很可能一无所获。如果真有这样一种简单的方法来赚钱，别人可能早就发现了。此外，如果人们试图利用这些信息，他们的努力终将弄巧成拙，因为规律将会消失。

3.1.2 有效市场假说

美国芝加哥大学著名教授尤金·法玛（Eugene F. Fama，1965）指出有关证券市场效率研究的两个关键问题：一是关于信息和证券价格之间的关系，即信息的变化如何引起价格的变动；二是与证券价格相关的信息的种类，即不同的信息对证券价格的影响程度不同。

第一，在证券市场上，信息和价格关系如何呢？理论上，大家设想一个证券市场上投资者的行为。市场上的投资者总是不断地在搜集有关证券的信息，包括国内外的政治形势、经济动态、行业发展状况、公司的经营和财务状况及发展前景，等等。紧接着，投资者将采用各种各样的方法迅速地处理这些信息，从而比较准确地判断有关证券的价位、收益率和风险程度。虽然不同的投资者可能采用不同的分析方法处理信息，对同样的信息也可能存在不同的意见，从而做出不同的投资决策，有人高估价位，有人低估价位，但是，由于任何人都不能操纵市场，因此，如果所有投资者都是理性的，他们信息处理方法和分析意见的差异就不可能影响证券价格的系统性发展趋势，而只能引起证券价格的随机波动。所以，在一个有效的证券市场上，由于信息对每个投资者都是均等的，因此任何投资者都不可能通过信息处理获取超额收益。

第二，在证券市场上，不同的信息对价格的影响程度不同，从而反映了证券市场效率的程度因信息种类不同而异。为此，法玛将证券的有关信息分为三类：一是"历史信息"，二是"公开信息"，三是"内部信息"，从而定义了三种不同程度的市场效率。

（1）弱式有效市场。弱式有效是证券市场效率的最低程度。如果有关证券的历史资料（如价格、交易量等）对证券的价格变动没有任何影响，则证券市场达到弱式效率。反之，如果有关证券的历史资料对证券的价格变动仍有影响，则证券市场尚未达到弱式效率。原因在于：如果有关证券的历史信息与现在和未来的证券价格或收益无关，说明这些历史信息的价值已经在过去为投资者所用，从而说明有关证券的历史信息已经被充分披露、均匀分布和完全使用，任何投资者都不可能通过使用任何方法来分析这些历史信息以获取超额收益。

需要指出的是，在一个达到弱式效率的证券市场上，并不意味着投资者不能获取一定的收益，而是表明，平均而言，任何利用历史信息的投资策略所获取的收益都不可能获得超过"简单的购买—持有"策略所获取的收益。

（2）半强式有效市场。半强式有效是证券市场效率的中等程度。如果有关证券公开发布的资料（如企业公布盈利报告或投资专业机构公开发布资料等）对证券的价格变动没有任何影响，或者说，证券价格已经充分、及时地反映了公开发表的资料，则证券市场达到半强式效率。反之，如果有关证券的公开发布的信息对证券的价格变动仍有影响，说明证券价格对公开发布的资料尚未做出及时、充分的反映，则证券市场尚未达到半强式效率。不难理解，在一个完全自由竞争的市场上，价格的调整取决于供需关系的变化。在新的资料尚未公布前，证券价格基本上处于均衡状态。一旦新的信息出现，价格将根据新的信息而变化。公开信息的速度越快、越均匀，证券价格调整越迅速；反之越慢。如果每个投资者都同时掌握和使用有关公开信息进行投资决策，则任何投资者都不可能通过使用任何方法来分析这些公开信息以获取超额收益。

（3）强式有效市场。强式有效是证券市场效率的最高程度。如果有关证券的所有相关信息，包括公开发布的资料和内部信息对证券的价格变动没有任何影响，即证券价格已经充分、及时地反映了所有有关的公开和内部信息，则证券市场达到强式效率。在证券市场上，总是有少数人（如公司高管理层）掌握未公开发布的信息。如果有人利用内部信息买卖证券而获利，则说明证券市场尚未达到强式效率。

3.1.3　理性预期和市场有效

显然，在不同类型的有效市场中，信息对于不同的决策者具有不同的价值，这主要取决于获得信息的人们是否可以根据这条信息采取行动，以及从他们的行动中可以获取多少收益（效用的利用）。需要指出的是：信息的价值是由其成本大小决定的，这一成本内容包括：执行某行为过程的成本以及传递和评估信息的成本。在证券市场中的成本包括交易成本，如经纪人费用、买卖价差、寻求最优价格的成本、税收以及数据成本和分析师费用等。资本市场的有效性与既定的信息采集密切相关，该信息的采集必须考虑获取信息的成本以及依据一个特定的信息结构所采取行动的成本。

信息效用价值包括三个部分：（1）当行为既定时的支付效应；（2）获得的消息一定时的最优行为；（3）消息所产生的各种自然状态的概率。尤其关心的是在获得信息时个人的决策过程是如何反映在资产的市场价格中的。这是一个难以解决的问题，因为人们很难观测信息的数量和质量，或者现实生活中获得该信息的时限。学者们对投资者所使用的信息内容更是各持己见。例如，福辛思、帕尔福雷以及普洛特（Forsythe，Palfrey & Plott，1982）提出四种不同的假设。每个假设均假定投资者十分明确地获悉自己在整个期间内的支付情况，但是，他们也明白，因为每个人的偏好不同，所以不同的个人会支付不同的价格。

第一个假设称为幼稚假设。该假设认为资产的价格是任意的，其价格与它们未来的支付数量和各种不支付的概率不相关，所以第一个假设尤其不具有任何意义。第二个假设是投机均衡假设。凯恩斯（John Maynard Keynes，1936）指出，职业投资就像目前报业的竞争一样，在报业竞争中，竞争者总是不得不从上百张照片中挑选出具有最好的长相的六张，那些被选择的最接近于整体竞争者的平均偏好的竞争者将最终获得奖励；因此，每位竞争者不得不选择那些不是自己认为最佳效果的照片，而是那些他认为其他竞争者认可的最喜欢的照片，所有的竞争者均采用相同的看法对待这一问题。其实，人们并不是依据个人自身判断选择最漂亮的相片，亦不是选择平均一致认同的最佳照片。实际上是在做第三层次的判断，即人们运用大脑的智力去预测大家对众人观点的预期。从而相信，还有人在做第四层、第五层次甚至更高。尽管人们对凯恩斯上述论断的实际含义有所争论，但是有一种观点认为，即所有投资者完全根据他们对其他投资者行为的预测所作出的投资决策，其实与资产期望可以获得的实际支付没有任何必然的联系。第三个假设是指资产的价格很有规律地与未来支出相关，称之为内在价值假设。它是指资产的价格由每一位个人在不考虑资产再出售给其他个人时所估计的资产支付额所决定。第四个假设称为理性预期假设。该假设预测出价格的形成是以资产的未来支付的期望值为基础的，该资产的期望值包括再出售给第三方的价值。因此，理性预期市场是一个有效市场，因为在该市场中，价格可以反映所有的信息。

人们很难了解到现实的资本市场是完全信息集或者仅是一种平均状况。然而，充分综合市场与法玛（Fama，1970）所定义的强式市场有效是一致的。在充分综合市场中，即便是内部人员已拥有了非公开的信息亦无法从中获利。格罗斯曼和斯蒂格利茨（Grossman & Stiglitz，1976）曾对综合机制进行过解释。在一个具有"获得信息"和"没有获得信息"的两类交易者的市场中，获得信息的交易者将会更好地估计未来自然状态，从而基于这条信息而进行交易。当所有获得信息的交易者都这样做时，则当前的市场价格将会遭受影响。没有获得信息的交易者从未在收集信息上投资任何资金，但是他们可以通过观察价格的变动情况推测出获得信息的交易者所拥有的信息。因此，市场价格可以综合信息，从而使所有交易者（包括获得信息的和没有获得信息的）均获得信息。

3.2　有效市场假说：检验及结果

3.2.1　弱式有效市场假说：检验及结果

有关弱式有效市场假说，研究者进行了两类检验：一类是对一定时期证券的投资报酬率之间的独立性进行统计检验；另一类是对两种类型交易规则的检验。

1. 投资报酬率独立性统计检验

有效市场假说认为，新信息随机地、独立地进入市场，并且证券价格对这一新信息调整迅速，因此，一定时期的报酬率应独立于另一个阶段的证券报酬率。一般可用两种统计方法检验这一独立性。

（1）自相关检验。独立性的自相关检验衡量不同时期报酬率（如第 t 天的报酬率与第 $t-1$ 天、$t-2$ 天的报酬率）正相关或负相关的显著性。支持有效市场的学者将期望所有这些组合的相关性不显著。

研究者检验了股票报酬率在几个相对短的时间范围内（包括 1 天、5 天、10 天和 15 天）的序列相关性。这些研究结果大多证明各个期间股票报酬率的相关性不显著。一些考虑由不同市场价值（规模）公司的股票构成的投资组合的研究证明：小公司股票构成的投资组合的自相关性更强。

因此，虽然多数研究的结果倾向于支持有效市场假说，但是也有部分研究证明因为小公司的股票组合而对这一假设产生了怀疑。

（2）游程检验。所谓游程，是指若干个具有相同特征的股价变动连在一起的观察值序列。这里所说的股价变动有三种情况：正的（股价上涨）、负的（股价下跌）和零（股价不变）。考虑这一系列的价格变化，如果价格上升，就用"＋"代表这一价格变化；如果价格下降，就用"－"代表这一价格变化；如果价格不变，就用"0"表示。当两个连续的变化是相同的时候，一个游程就发生了；两个或者更多的连续的正价格变化或者负价格变化构成了一个游程。当价格往不同的方向发生变化时，如一个负的价格变化后随之而来的是正的价格变化时该游程就结束了，并且一个新的游程可能就开始了。为了检验独立性，应该将某一给定序列游程的数目与在一个随机序列中应该发生的游程数目期望表中的数目进行比较。

序列自相关系数值容易受一些异常值或者极端值的影响，因此研究各期股价变化是否相关时，通常要消除异常值的影响。游程检验的最大好处是不考虑观察值的数值大小，而仅对观察值的正负号趋势进行检验。游程检验是一种研究一个序列中非随机趋势常用的统计工具，它要求观察值服从正态分布。

游程检验的研究证明了在一定期间股票价格变化的独立性，股票价格序列中游程的实际数目一致地落在随机期望范围内。

短期的股票报酬率一般支持弱式有效市场假说。美国一些对纽约证券交易所每项交易的价格变化检验的研究发现股票报酬率存在显著的序列相关。各项交易报酬率的显著相关性可能是因为专业人员的造市活动。但是如果考虑到交易规则巨大的交易成本，投资者可能无法利用这一小市场的不完善来获得超额利润。

2. 交易规则检验

有些研究者认为，由于以往独立性统计检验太僵化，以至无法识别技术分析师所诊断的复杂的价格模式。为了对此做出反应，开发了第二组检验弱式有效市场假说的检验方法。技术分析师不是将一套价格正向或者反向价格变化作为价格移向新市场均衡的信号——他们通常在寻找一段期间价格和交易量趋势中的普遍的一致性。这一趋势可能同时包括正的或者负的变化。正因如此，技术分析师认为，他们的交易规则是如此复杂和老练，以至于用僵化的统计检验无法模拟。

为了对这一异议做出反应，研究者试图通过模拟来检验不同的交易技术规则。有效市场的支持者假设：投资者利用任何仅仅依赖于有关诸如价格、交易量、零星交易或者专业人员活动的过去的市场信息建立的交易规则不能获得超过购入并持有策略所获得的回报，即不能获得超额回报。

最流行的交易规则之一是"过滤"规则，即当股票价格的变化超过了为其设置的"过滤价值"时，投资者就买进或者卖出股票。例如，一个使用5%过滤器规则的投资者，如果股票将从某某基准上涨5%，投资者将预想一个正的突破，暗示该股票的价格将继续上升，技术人员将购入该股票以利用期望继续上升的机会；反之，如果股票从某一顶峰价格下跌5%，将被认为是一个下降的突破，技术人员将期望价格会进一步下降，投资者将出售所持有的股票，甚至可能卖空股票。

对这一交易规则的研究使用了5%～50%的过滤范围。研究结果表明：小幅度的过滤范围在考虑交易佣金前能够获得高于平均利润水平的回报；然而，小幅度的过滤范围产生了大量的交易，因此导致了巨额的交易成本，而在考虑交易成本后，所有的交易利润变成了损失。另一种情况是：较大幅度的过滤范围不产生高于简单的购买并持有交易政策下的收益。

研究者除了使用股票价格外，还使用了过去的市场数据来模拟其他交易规则。如果采用零星交易数据、卖空和专业人员的活动来设计交易规则，这些模拟测试产生了混合的结果。大多数早期的研究表明：在调整风险和考虑了佣金之后，这些交易规则比购买并持有的政策的业绩相对较差，这些研究支持了弱式有效市场假说。然而，另外一些研究表明，特定交易规则能够获得超额报酬率。

3.2.2 半强式有效市场假说：检验及结果

1. 研究类型

法玛将半强式有效市场假说有效检验分为两类：

第一类研究除了使用诸如价格和交易量等单纯的市场信息外，还使用可获得的公开信息预测未来报酬率。这些研究可能涉及或者是各只股票投资报酬率的时间序列分析或者是报酬率的典型分布或者是各只股票的其他特征（如市盈率、市净率等）。支持有效市场假说的研究者认为，利用过去的报酬率不可能预测未来回报率的分布。

第二类研究是事件研究，即检验股票价格对特定重大经济事件反映调整的迅速程度。方法是检验重大事件公告后投入某一证券是否能获得显著的非正常报酬率。有效市场假说的支持者将期望证券价格作出非常迅速地调整，以至于在任何重大信息公告后，投资者在扣除正常的交易成本后，不可能获得超过风险的报酬率的回报。

20 世纪 70 年代以前，研究者普遍认识到根据市场运动调整的必要性。他们认为，单只股票应当获得与整个股票市场相同的回报。这一假设意味着市场调整的过程仅仅需要从各只证券报酬率中扣除市场报酬率，来获得它的非正常报酬率。即：

$$AR_{it} = R_{it} - R_{mt} \qquad (3-1)$$

其中，AR_{it}——证券 i 在期间 t 的非正常报酬率；

R_{it}——证券 i 在期间 t 的实际报酬率；

R_{mt}——在期间内市场指数的报酬率。

20 世纪 70 年代后，研究者逐渐意识到，各只股票价格的变动不会与整个股票市场一样发生相同幅度的变动。也就是说，可以通过计算该只股票的实际报酬率和它的期望报酬率之间的差异来确定非正常报酬率。即：

$$AR_{it} = R_{it} - \bar{R}_{it} \qquad (3-2)$$

其中，$\bar{R}_{it}$——根据市场报酬率和系统风险 β 为股票 i 在期间 t 的期望报酬率。

因此，两类半强式有效市场假说的检验方法可表述为：

在第一类检验中，研究者利用的股利收益或者相对于债券的风险溢价等公开信息试图预测各只股票或者整个市场，或者投资分析师寻找有关各只股票的公开信息，以便使他们能够预测风险调整报酬率的典型分布。例如，检验是否有可能使用市盈率、市场价值规模、市净率或者股利收益率等信息预测哪些股票的报酬率会高于还是低于风险调整报酬率。

在第二类检验（事件研究）中，研究者检验重大经济事件公告后短暂时期内的非正常报酬率，从而来确定在公开信息释放后即刻进行投资能否获得超过平均风险调整报酬率的收益。

2. 报酬率预测研究

（1）长期报酬率与短期报酬率预测研究。时间序列检验假设在有效市场中未来报酬率的最好估计是长期的历史报酬率。检验的目标是确定是否存在任何公开的信息能够对短期（1~6个月）或者长期（1~5年）的报酬率作出超水平的估计。研究结果表明：在预测短期报酬率方面成功的可能性是有限的，但在分析长期报酬率方面是十分成功的，股票价格不一定随机游走。

某些研究考虑了股利报酬率和两个与利率的期限结构相关的变量：①违约风险溢价，即低等级和 AAA 级长期公司债券收益之间的差异；②期限结构或期限利差，它是指长期 AAA 级债券的收益与 1 个月政府债券收益之差。这些研究发现这些变量能被用于预测股票报酬率和债券报酬率，甚至发现在预测普通股报酬率方面也是有用的。这些实证研究结果的推理是：当这两个最重要的变量（股利报酬率和违约利差）较高时，意味着投资者期望或要求一个高的股票报酬率和债券报酬率。当经济环境不好时，这种情形就发生了，而经济不景气反映在产出的增长率上。这种不景气的经济环境表明财富水平较低，在这种环境中，投资者会设想较高的投资风险，这意味着投资和将当前消费转向未来消费的投资者将要求一个较高的报酬率。

帕思安和蒂默曼（Pesaran & Timmermann，1995）的一项研究考虑了许多商业周期变量，发现与股票报酬率变化相关联的各种经济因素的预测能力随着时间的变化而变化，并且随着报酬率的易变程度而不同。特别是在 20 世纪 60 年代市场比较平静的时期，报酬率的预测能力较低；在 70 年代易变的市场中，即使考虑交易成本，也能比较成功地进行预测。

（2）季度盈余研究。根据公开获得的季度盈余报告能够预测股票的未来报酬率吗？相关研究表明，季度盈余报告中所包含的有利信息（例如，正的未预期盈余）不能立即反映到股票价格中，并表明未预期盈余大小与公告后股价变动幅度之间存在显著的关系。

鲍尔（Ball，1968）发现，公告后风险调整非正常报酬率一致性地表现为正，这与市场有效性不一致。鲍尔认为这些非正常报酬率是因为用于导出期望报酬率的资本资产定价模型存在问题，而不是市场无效。

研究结果表明，市场没有像半强式有效市场假说预期的那样迅速地调整股票价格来反映季节性未预期盈余。因此，似乎未预期盈余可以用于预测各种股票的报酬率。

（3）"日历研究"。有学者试图对预测报酬率进行研究（"日历研究"）。这类研究提出以下问题：在日历年度报酬率中是否存在规律，使得投资者可以预测股票的报酬率？这些研究包括大量的有关"1 月份异常现象"和考虑各种其他周和日规律的研究。

①1 月份的异常现象。本·布伦奇（Ben Brench，1977）研究发现，在长时期内投资者都可预见到从 12 月末到 1 月初股价倾向于上涨。近年来，这个所谓的"1 月效应"对于大公司的股票而言不再显著，但对于小公司的股票仍时有出现。

许多财务学家把"1 月效应"归因为税收因素，因为，在年底，许多投资者都极力为规避税收负担去出售股票实现资本损失，而当新年度（1 月）开始时，又重新购回这些股票，造成股价上涨，从而形成不正常的高回报。虽然这一解释有一定的说服力，但它却不能说明为什么那些没有所得税负担的机构投资者不去利用这一机会获取 1 月的超额利润。如果存在这种现象，则在 12 月买进股票，迫使其价格上升，则 1 月的超额利润就会自然而然地消失了。

②其他日历效应。弗伦奇（French，K. R.，1980）发现周一的平均回报率在 5 年的子期间和整个期间内显著为负；与此相对照，其他 4 天的报酬率为正。吉本斯和汉斯（Gibbons & Hess，1981）得出与弗伦奇相一致的结果，各只股票和政府债券在周一的报酬率为负。

对当日效应的研究表明：在周一上午价格倾向于下降；在工作日的其他上午，价格倾向于上升；一天中最后一笔交易的价格倾向于上升。

（4）预测典型的截面回报。假设在一个有效的市场中，所有的证券应该落在证券市场线上，证券市场线将证券的期望报酬率与适当的风险指标相联系。也就是说，所有证券应该拥有相等的风险调整报酬率，因为证券价格应当反映所有公开信息，而这些信息将影响证券的风险。因此，这种类型的研究试图确定是否有可能预测风险调整报酬率的未来分布。

①市盈率和报酬率。巴苏（Basu，1977，1983）研究表明，低市盈率公司股票的业绩将优于高市盈率股票的业绩。因为尽管成长性公司具有高市盈率，但市场倾向于高估潜在的增长能力，因此，高估这些成长型公司的价值，而低估那些低市盈率、低成长性公司的价值。历史市盈率与随后的风险调整市场业绩之间的关系构成了反对半强式有效市场假说的证据，因为它意味着投资者可以利用公开可获得的市盈率来预测未来的非正常回报。

②规模效应。巴兹（Banz，1981）研究考察了公司规模（以市价总值来衡

量）对风险调整报酬率的影响。研究表明，小公司比大公司获得明显的、更高的风险调整报酬率。

美国 1925~1997 年的资本市场统计资料表明，投资小公司股票的平均年收益为 17.7%，标准差为 33.9%；投资大公司股票的平均年收益为 13.3%，标准差为 20.3%。

要注意的是，这些有关市场有效性的研究是关于有效市场假说和资本资产定价模型的联合检验。非正常报酬率可能因为市场是无效的而产生，也可能因资本资产定价模型没有正确估计期望报酬率而产生。雷因格纳姆（Reinganum，1981）认为非正常报酬率是这一简单的单期资本资产定价模型的结果，在描述现实世界的资本市场方面是不适当的。

③账面价值/市场价值比率。罗森伯格、瑞德和兰斯坦（Rosenberg，Reid & Lanstein，1985）最早建议将公司权益的账面价值和公司权益的市场价值相关的比率作为公司股票报酬率的预测因素。研究发现，在账面价值/市场价值比率与股票未来报酬率之间存在显著的正向关系，并且认为这一关系是违反有效市场假说的证据。

法玛和弗伦奇（Fama & French，1993）提供了该比率重要性的最强的支持证据，他们评价了市场 β、公司规模、每股盈利/每股市价比率、杠杆度和权益的市场价值/账面价值比率对纽约证券交易所、美国股票交易所和纳斯达克典型的平均报酬率的联合影响。他们还分析了市场 β 和期望报酬率之间假想的正向关系。

法玛和弗伦奇还发现了市净率与平均报酬率之间存在显著的正向关系，而且当包括其他变量时，这一关系仍存在。尤其重要的是，当将公司规模和市净率包括在一起时，公司规模和市净率都是显著的，它们优于其他比率（这就是法玛和弗伦奇三因素模型）。特别指出的是，尽管财务杠杆和市盈率它们自身与平均报酬率之间的关系是显著的，当与公司规模一起考虑时也是显著的，但是当与公司规模和市净率一起考虑时就变得不显著。

法玛和弗伦奇的研究结果，对资本资产定价模型和市场 β 的使用产生了怀疑，但以市净率作为回报率的指示器得到显著的支持。

综上所述，对利用公开可获得的比率能否预测典型的股票期望报酬率的检验已经提供了与半强式有效市场假说相冲突的重要证据。对市盈率、市值规模、被忽视的公司、财务杠杆和市净率的检验获得了重大的结果。大量研究表明最优的结合是公司规模和市净率。

3. 事件研究的结果

事件研究考察非正常报酬率如何对重大经济信息作出反应。那些赞成有效市场假说的学者们认为，期望报酬率会对新信息的公布作出迅速调整，因此在公告后再进行交易的投资者不可能获得正的非正常报酬率。

大量的研究已经考察了价格对诸如股票分割、在交易所上市和盈余公告等特定事件的反应。

（1）股票分割研究。有效市场假说的支持者认为，股票分割不应该有显著的价格变化，因为公司仅仅发行了额外的股票，并没有发生影响公司价值的基本事件。

但有研究者认为，由于股票分割后，每一股份的价格相应下降，这样增加了对股票的需求，进而会使得股票分割公司的股票总市值上升。

还有一些研究者认为，股票分割后，公司通常会提高它们的股利。股利的变化具有信号传递效应，即它表明管理层相信公司将具有更高的盈利水平，这些是支付更高股利的理由。因此，这类研究认为，伴随股利增长而产生的任何价格上升不是由股票分割自身造成的，而是由它所传递的期望盈余的信息导致的。

法玛、费舍尔、詹森和罗尔（Fama, Fisher, Jensen & Roll, 1969）进行了一项著名的研究，他们为每一只股票导出了一个相对于市场的特定参数，并计算了分割前 20 个月和分割后 20 个月的非正常报酬率。该分析的目的是确定在股票分割前或后是否会发生正的效应。该项研究将整个样本分成两组：第一组为进行了股票分割并提高了它们的股利率；第二组为进行了分割但没有提高它们的股利率。在股票分割前两组都经历了正的非正常价格变化。进行了股票分割但没有提高它们股利的那一组，在分割后经历了非正常价格下跌，并在 12 个月内失去了它们所有的累积非正常利得。与此相对照，进行了股票分割并提高了它们股利的那一组在分割后没有获得非正常回报。

多数研究结果表明：股票分割对证券报酬率既不会产生短期正的效应，也不会产生长期影响，从而支持了半强式有效市场假说。

（2）交易所上市。与公司在交易所（如上海证券交易所、纽约证券交易所）上市相关的有两大问题：一是到证券交易所上市是否提高公司股票的流动性和永久性地提高公司的价值？二是投资者在新上市公告时或在实际上市前后投资于该股票能否获得超额回报？

有关在交易所上市的研究表明，关于对流动性的影响意见不一致，基本的看法是在证券交易所上市不会引起公司长期价值的永久性变化。有关上市前后超额报酬率的研究结果是混合的。一般认为股价在任何上市公告前后都上升，并且在实际上市后股价一致性地下跌，但是对公司价值和风险没有长期影响。这些研究获得了从公开信息获取短期获利机会的证据，不支持半强式有效市场假说。

（3）增发新股（SEO）和首次新股发行（IPO）。斯科尔斯（Scholes，1972）

研究发现，增发新股将导致股票价格暂时性下跌，与有效市场假设相逆。洛伦和里特（Loughran & Ritter, 1995）研究发现，在实施 IPO 之后的 5 年期间，公司的年平均收益与没有实施 IPO 的同类市场资本化规模的公司相比，大约低 7%。

（4）未预期的世界性事件和经济新闻。证券价格对世界性事件或经济新闻反应的几项研究结果支持了半强式有效市场假说。瑞利（Reilly, 2009）等人考察了证券价格对未预期世界事件的反应，发现证券价格在新闻公告后市场开盘前或在市场重开盘前已对新闻作了调整。

皮尔斯和罗力（Pearce & Roley, 1983）考察了价格对有关货币供给、通货膨胀、实际经济活动和折现率等公告的反应，发现这些公告对股票价格没有影响或影响不会超出公告日。

杰恩（Jain, 1988）分析了小时股票报酬率和交易量对有关货币供给、价格、行业生产和失业率等令人吃惊的公告的反应，发现货币供给和价格有影响，但约在 1 小时内就作出了反应。

（5）会计政策变更。在有效的资本市场上，一项影响企业经济价值的会计政策变更的公告应当引起股价的迅速变化；对报告盈余有影响，但不具有经济价值的会计政策变更，不应该影响股票价格。

大量的研究分析了会计政策变更公告对股价的影响。一项研究分析了当企业将折旧方法由加速折旧法变更为直线折旧法的会计政策变更公告前后股票价格的变动，发现这项会计政策变更提高了报告盈利，没有正的价格变动，但有一些负面影响，因为一般认为企业作这一会计政策变更是因为企业业绩较差。研究结果支持有效市场假说。

在高通货膨胀时期，许多企业将存货计价方法由先进先出法改为后进先出法，这一会计政策变更导致报告盈余的减少，但会使企业获益，因为它减少了应税利润，因此减少了所得税。有效市场的支持者期望因节税将带来正的价格变动，研究结果证实了这一期望。

因此，这些研究表明证券市场对会计变更作出十分迅速的反应，并以真实价值为基础将价格调整到预期的水平。

（6）企业事件。企业事件是重点分析诸如合并与收购、重组、各种证券发行（普通股与可转换债券）等财务事件。

有关企业事件的市场反应，其答案几乎是一致的：价格根据企业事件的基本经济影响像有效市场理论支持者所期望的那样作出反应。例如，对企业并购的反应，其中被收购企业股价的上涨与收购企业提供的溢价相一致；而典型的是收购企业股价会下跌或不变，因为一般收购企业对目标企业采取溢价支付方式。

关于反应速度问题，数据表明调整速度相当快，大多数研究发现价格调整约在 3 天内就完成了。

3.2.3　强式有效市场假说：检验及结果

强式有效市场假说认为股票价格充分反映了全部的信息，即所有公开的和内幕的信息。这意味着没有投资者可获得内幕信息（Private Information），而这些内幕信息可使投资者持续获得超过平均水平的报酬率。这种非常苛刻的假设不仅要求股票价格必须对新的公开信息作出迅速调整，而且要求没有一个投资者可以获得内幕信息。

强式有效市场假说的检验分析了一段时期内不同组别投资者的报酬率，以确定是否有一组投资者能够持续获得超过平均水平的风险调整报酬率。为了持续获得正的异常报酬率，这一组投资者必须要持续获得重要的内幕信息，或者有能力持续地在其他投资者之前根据公开信息采取行动。这样的结果将意味着证券价格没有对所有的新信息进行迅速调整。

有效市场假说的研究者分析了四组主要投资者的业绩。第一组研究分析了公司内幕人员从他们的股票交易中获得的报酬率。第二组研究分析了股票交易所专家经纪商（stock exchange specialists）可获得的报酬率。第三组检验分析了证券分析师（secunty analysts）或价值线咨询公司对股票的评级和推荐。最后一组研究分析了专业基金经理（professional money managers）的整体业绩。

1. 公司内幕交易

公司内幕人员必须每月向美国证券交易委员会（SEC）报告他们作为内幕人员对公司股票进行交易的情况（买入或卖出）。内幕人员包括公司的高层、董事会成员和拥有公司任何类型权益 10% 以上的股东。大约在报告期后 6 个星期，SEC 将内幕人员的交易信息公布于众。这些内幕人员的交易数据被用来确认公司内幕人员如何进行交易，并以此判断他们是否在股价上涨之前买进，在下跌之前卖出。研究结果通常表明，这些内幕人员一致地获取超过平均水平的利润，尤其是在购买交易方面。

贾菲（Jaffe，1977）发现那些根据公开的内幕交易信息而与内幕人员保持同步交易的投资者也会获得超额的风险调整收益率（扣除交易费用后）。努恩、马登和贡布拉（Nunn、Madden & Gombola，1983）认为投资者应该考虑哪一类的内幕人员（董事会主席、公司高层、董事或其他内幕人员）在买入和卖出。塞伊洪（Seyhun，1990）也认为在考虑了总交易成本后，那些试图根据内幕交易报告采取行动的投资者所获得的实际收益率并不是正的。佩蒂特和文卡特斯赫（Pettit & Venkatesh，1995）研究结果表明内幕交易和证券的长期表现之间存在着一种显著的关系。

显然，这些分析结果与有效市场假说的观点并不一致。尽管有些研究结果表明内幕人员有能力获得超常的利润，但是多数研究结果表明非内幕人员利用这种信息不可能获得超常收益率。

2. 股票交易所专家经纪人

有关分析股票交易所专家经纪人功能的研究表明，专家经纪人有垄断的渠道来获得有关未执行的限价指令的重要信息，由此可以预计专家经纪人将会从这些信息中获得超额收益率。分析数据常常也会证实该预测。专家经纪人总是获得超常收益，因为通常他们卖出股票的价格总要高于其买入股票的价格。

在20世纪70年代早期，SEC进行的一项研究分析了专家经纪人的资本收益率，结果表明，他们的资本收益率显著高于正常水平的收益率。而这与强式有效市场假说相悖。确切地说，目前的专家经纪人面临的投资环境与20世纪70年代早期的投资环境相比已有很大差别。更多研究结果表明，在引入竞争性的费率和其他降低专家经纪人收费标准的交易措施后，专家经纪人的收益率已大为降低。

3. 证券分析师评级和推荐

证券分析师评级和推荐的研究最早可追溯到高林（Gowles，1933）。但直到20世纪60年代，证券分析师行业才真正形成，这一领域才重新引起学者的重视。由于当时现代金融理论尚在形成过程中，因此，早期的研究一般是以市场指数收益率作为股票收益率的衡量基准，尚未引入风险收益的概念。其中，科尔克（Colker，1963）发现华尔街日报"Market Views"荐股信息在公布后会产生超常收益；迪芬巴赫（Diefenbach，1972）、罗格和塔特尔（Logue & Tuttle，1973）对特定券商分析师报告的研究则显示，分析师的推荐信息在公布后总体上没有产生超常收益。

在分析师股票评级长期效应的早期研究中，对"价值线"（Value Line）公司推荐股票的研究占了相当比重。价值线投资调查（Value Line Investment Survey）对1700家以上的上市公司进行跟踪，并发布投资评级和盈余预测，是20世纪80年代美国最有影响的证券信息来源。"价值线"公开的宣传——推荐股票信息公布后的一段时期，所推荐股票仍存在显著优于市场的超常收益率——是对有效市场理论的直接抵触，被称为"价值线之谜"，引起学者们的兴趣。布莱克（Black，1973）、卡普兰和威尔（Kaplan & Weil，1973）对"价值线"推荐股票的研究得出了一正一反的不同结论，但他们的局限在于样本数据的有限性以及未来未引入收益率风险调整。比德韦尔（Bidwell，1977）首次引入贝塔系数衡量股票的期望收益率，他对11家业内领先的证券经纪人1970～1973年间分析师报告的市场反应进行了研究，同样发现分析师的推荐信息公布后总体上没有优于市场。格鲁斯等（Groth，1979）也发现，在分析师推荐后的 12 个月中，股票的月超常收益率没有显著异于 0。此后，霍洛韦（Holloway，1981）进一步采用 1974～1977 年的"价值线"股票评级信息作为样本，从实际交易角度研究了"价值线"推荐股票的盈利性问题。他根据"价值线"最高评级"1"的股票建立了两种组合投资策略：每年调整一次的买入并持有策略和每周调整一次的积极策略，结果发现：不考虑交易成本时，根据"价值线"推荐股票进行操作可以获得超常收益；考虑交易成本后，相应操作则未能获得超常收益。然而，卡普兰和迈尔斯（Copeland & Mayers，1982）改进了霍洛韦（Holloway，1981）等的研究方法后发现："价值线"所推荐股票具有显著的超常收益率，但是其效果逐年递减：买入最高评级的股票并卖出最低评级的股票（每半年调整一次）能获得 6.8% 的年超常收益率；但是实际交易策略的盈利性将受交易费用和信息获取成本的影响。

从 20 世纪 80 年代中期开始，由于数据可获得性的提高，学者们越来越多地借用来自多家券商的分析师股票评级和推荐信息作为研究样本，以避免单一样本来源导致的选择性偏差问题。埃尔顿等（Elton，1986）对 34 家券商的分析师报告进行的研究显示，在股票评级发布月之后的第一和第二个月，评级调高至"1"或"2"（买入）的公司相对于调低至"4"或"5"（卖出）的公司，仍分别具有 1.86% 和 0.37% 的超常收益率，并且在统计上显著。施蒂克（Stickel，1995）则发现，分析师"买入"和"卖出"推荐的市场效应延续到了分析师报告发布后的 30 个交易日。其中，对于"买入"推荐，（+11，+20）、（+21，+30）的平均超常收益率分别为 0.30% 和 0.25%，并在统计上显著，而"卖出"的推荐在同样的时段，平均超常收益率分别为 -0.25% 和 -0.15%。但在统计上不显著。沃玛克（Wormack，1996）以 14 家美国领先券商的分析师股票评级数据为样本，进一步证实了分析师股票评级长期效应，即所称的"事后漂移"的存在。沃玛克发现，对于更新为"买入"的推荐，从分析师评级信息发布的第三天开始，平均漂移是 2.4%，并且持续 1 个月左右，对于更新为"卖出"的推荐，平均漂移是 -9.1%，并且漂移时间长达 6 个月。沃玛克还进行了详细的稳健性分析，使得这一至今有待于解释的现象更加引人注目。

巴伯（Barber，2001）将霍洛韦（Holloway，1981）从投资者的角度检验分析师股票推荐盈利性的研究推进到以"日"为时间间隔，结果发现：根据分析师一致推荐的评级每日调整投资组合，买入（卖空）最高（低）评级的股票，可以获得 4.13%（4.91%）的年超常毛收益率；降低调整频率会导致收益率下降，但是对于卖空最低评级股票的组合而言，超常收益率仍然显著；虽然考虑交易成本后的组合无法获利（说明交易成本阻碍了套利），但是分析师报告对于考虑买入（卖出）股票的投资者仍然具有价值。

4. 专业基金经理的业绩

一般而言，专业基金经理的研究比公司内幕人员和股票交易所专家经纪商的分析更具现实意义和广泛的实用性，因为基金经理通常没有垄断的渠道来获得重要的新信息。然而他们是受过专业训练的全职投资经理，因此，如果有一组"普通"的投资者有可能获得超过平均水平的报酬率，那么基金经理就是这一组投资者。而且如果有非内幕人员会获得内幕信息，那么也应是基金经理，因为他们从事全面的投资管理咨询工作。

大部分关于基金经理业绩的研究都对共同基金的业绩进行了分析，因为共同基金业绩数据是可随时获得的。而关于银行信托部门、保险公司和投资顾问公司的业绩数据获取有一定难度。有关对共同基金的研究表明，大部分基金的业绩不能与采取买入并持有策略所产生的业绩相称。当不考虑佣金成本来分析风险调整业绩时，只有稍超半数的基金经理的业绩好于整个市场的业绩。当考虑经纪人佣金、申购费用和管理成本时，约有 2/3 的共同基金的业绩不如整个市场的业绩。拉维·舒克拉和查尔斯·崔辛卡（Ravi Shukla & Charles Trzcinka，1992）的研究表明基金的业绩不具有持续性。事实上，他们发现只有比较差的业绩才具有持续性。

亨里克森、常和卢埃林（Henriksson、Chang & Lewellen，1984）关于业绩的研究提供了与上述类似的结果。相比之下，伊波利托（Ippolito，1989）的研究发现，在考虑了研究成本和交易成本之后，基金在 1965～1984 年间业绩要好于整个市场的业绩。大量对基金经理业绩的研究得到的结果表明，共同基金经理的业绩通常不能超过采取买入并持有策略投资者所获得的业绩，这就支持了有效市场假说。

3.3 有效市场假说：来自行为学的挑战

3.3.1 有效市场假说与公司财务

有效市场假说是建立在现代企业财务原则的基础和前提，如果资本市场是有效的，企业的市场价值就是企业未来净现金流量的现值，它使企业财务人员能够明确：企业财务目标就是要实现企业价值最大化。有效市场假说是企业进行投资决策的、融资决策的理论基础。如果市场是无效的，那么，很多财务理论和理财方法都无法建立。但是，有效市场假说仅仅是一种理论假设，而不是已通过验证的定律。因此，当投资者运用上述理论和方法时，不能将其当作放之四海而皆准的基本规律。

现在大家考虑一个问题：市场效率与公司财务有关系吗？答案是肯定的，下面从市场效率角度进行分析。

1. 会计选择、财务选择与市场有效性

实践中，企业财务报告的会计政策具有很大的灵活性。例如，企业可以选择后进先出法（LIFO）或者先进先出法（FIFO）来估计存货价值；可以采用完工百分比法或者完成合同法来处理建设项目；也可以使用直线折旧法或者加速折旧法来折旧实物资产。

管理层无疑希望股价高一点而不是低一点。那么管理者应该利用会计选择上的灵活性来尽可能报告最高利润吗？未必，如果市场是有效的。也就是说，如果以下两个条件成立，会计选择应该不会影响股票价格：第一，在年报中必须提供充分的信息使得财务分析师能够计算在可选择会计方法下的盈利。对于许多会计选择而言似乎是这样的，虽然未必是全部。第二，市场必须是半强式有效的。换言之，市场必须合适地利用了所有这些会计信息来确定股票的市场价格。

当然，会计选择是否影响股票价格终究是一个实证问题。已有大量的学术文献对此进行研究，研究结果并没有表明管理者能够通过会计实务来抬高股票价格。换句话说，市场似乎足够有效而能看穿不同的会计选择。

需要注意的是，当讨论明确地假设"财务分析师能够计算在可选会计方法下的盈利"。然而，近年来像安然、世通、施乐以及银广夏、科龙电器、东方电子、康美药业等国内外公司报告了欺诈性的数字。因为不清楚这些公司所报告的数字是如何得出的，财务分析师无法计算其他可能的盈利数字。所以，这些股票的价格最初上涨到远远超过其真实价值就不足为奇了。

投资者希望从一个有效市场中看到什么呢？大家来考虑一下股票分割和股票股利。假定目前东方股份公司已发行在外的股票数量为 100 万股，而且报告了 1 000 万元的盈利。为了提高股价，公司 CFO 向董事会建议，公司按 1∶2 的比例进行股票分割。也就是说，一个在分割前有 100 股的股东，在分割后将会有 200 股的股票。这位 CFO 认为，每个投资者在股票分割后都会觉得自己变得更富有了，因为他拥有了更多的股票。

然而，这种想法与市场有效性是背道而驰的。一个理性的投资者知道，他在股票分割前后拥有同样比例的公司股份。例如，一个在分割前拥有 100 股股票的投资者拥有 1/10 000（100/1 000 000）的公司股票。他的盈余份额将是 1 000 元（1 000 万/10 000）。而他在分割后将拥有 200 股股票，现在发行在外的股票则会有 200 万股。因此，他仍将拥有公司股份的 1/10 000。他的盈余份额还是 1 000 元，因为股票分割并不会影响整个公司的盈利。

2. 择机决策

假设一家公司的管理者正在考虑发行股票的时机，这个决策通常被称为择机 (Timing) 决策。如果管理者认为他们的股票价格被高估了，那么他们很可能会立即发行股票。此时，他们为现有股东创造了价值，因为他们出售股票的价格高于其真实价值。相反，如果管理者认为他们的股票价格被低估了，那么他们更有可能选择等待，希望股票价格最终会上升到其真实价值。

然而，如果市场是有效的，那么证券总是会被准确地定价。因为有效性意味着股票是按其真实价值出售，此时择机决策变得毫无意义。图 3 - 2 显示了发行新的股票可能出现的三种股票价格调整。

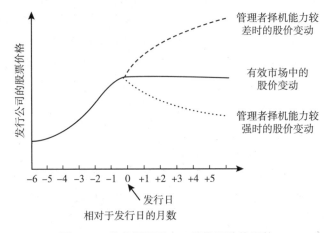

图 3 - 2 发行新股后有三种股票价格调整

研究表明，股票更有可能是在股价上升后发行。这个结果不能推断出市场的有效性。相反，市场有效性意味着：在发行股票后，发行公司的股价平均而言既不会上涨也不会下跌（相对于股票市场指数）。

当然，市场有效性归根到底还是一个实证问题。但部分研究对市场有效性提出了质疑。里特（Ritter，2003）提供的证据显示，IPO 的公司在发行之后的 5 年中，其股票年报酬率要比具有类似账面市值比而没有发行股票的公司大约低 2%。而股权再融资（SEO）的公司在发行之后的 5 年中，其股票年报酬率要比可比的未增发公司低 3% ~ 4%。

里特的研究表明，当公司股价被高估时，公司管理者会增发新股。换句话说，管理层似乎成功地实现了市场择机。该证据也显示，管理层对于 IPO 的择机没有那么成功，因为新股上市之后的报酬率与其控制组的报酬率较为接近。

公司管理层在证券价格被高估时增发新股的能力是否表明市场并不是半强式有效或强式有效的呢？实际情况复杂得多。一方面，管理层可能拥有其他人所没有的特殊信息，表明市场只是非强式有效的。另一方面，如果市场真的是半强式有效，那么一旦宣布增发的消息股价将会立即下跌并且调整到位。也即，理性的投资者会意识到新股的发行，是因为公司管理层掌握了股价被高估的特殊信息。

如果公司能够选择普通股发行的时机，或许它们也能够选择股票回购的时机。在这里，若股票价值被低估公司将愿意回购股票。伊肯伯里、拉考尼肖科和韦尔马伦（Ikenberry, Lakonishok & Vermaelen, 1995）发现，回购股票的公司在股票回购之后的两年中获得了异常高的报酬率，这表明择机在这里是有效的。

3. 投机与有效市场

一般认为个人和金融机构是金融市场中的主要投机者。然而，企业也会进行投机。例如，许多公司会对利率的未来预期下赌注。如果一家公司的管理者认为利率可能会上升，那么他们就有动机去借款，因为负债的现值会随着利率的上升而下降。此外，这些管理者将有动机借入长期的而不是短期的借款，从而在较长时期内锁定一个低利率。假设长期利率已经比短期利率高，管理者可能认为这种差异反映了利率将会上升的市场观点。然而，或许他们预期利率上升的幅度甚至要大于市场的预期，正如向上倾斜的期限结构所隐含的含义。同样，管理者会选择长期借款而不是短期借款。

企业也会对外币进行投机。假设一个总部设在中国的跨国公司的财务总监认为，美元相对于人民币将会下跌。他可能会发行以美元计价而不是以人民币计价的债券，因为他预计国外的负债会降低。相反，如果他认为外币相对于人民币将会升值，那么他就会在国内发行债券。然而，问题的关键是，市场有效性与上述行为有关系吗？如果市场是有效的，管理者就不应该浪费时间企图预测利率以及外汇的变动，因为他们的预测可能并不比碰运气强多少。而且，他们还将付出宝贵的管理时间。但是，这并不是说公司应该以随机的方式轻率地选择债券的到期时间或者计量单位。公司必须谨慎地选择这些参数。但是，这种选择必须基于其他的理由，而不是试图战胜市场。

同样的思维方式也适用于收购。许多企业收购其他企业是因为它们认为这些目标企业的价格被低估了。遗憾的是，实证证据显示，市场是如此有效以至于这类投机行为无利可图。而且，收购方从来都不是按当前的市场价格出价，竞标企业必须支付高于市场价的溢价来诱导目标企业的大多数股东出售他们的股份。然而，这并不是说企业不能收购。相反，如果收购是有利可图的，也即合并存在协同效应，收购方就应该考虑收购。市场营销的完善、生产的节约、无效管理层的更换甚至税负的减少都是典型的协同效应，这些协同效应与被收购企业价格被低估是迥然不同的概念。

需要注意的是，企业利用股价被高估的时机选择增发新股是有道理的，因为管理者有可能比市场更了解他们自己的企业。不过，管理者可能拥有关于他们自己企业非常特别的信息，但他们不太可能拥有关于利率、汇率以及其他企业的特别信息。这些市场中有太多的参与者，他们中有很多人把所有时间都花费在预测上了。管理者通常将大部分时间用于经营他们的企业上，只花少量时间来研究金融市场。

3.3.2 行为理论对市场有效性的挑战

图 3 - 2 描述了有效市场的效果。但是，导致市场有效是有一定条件的。安德里·什利弗（Andrei Shleifer，2000）认为有效市场有三个条件，任何一个条件都会导致市场的有效性：（1）理性；（2）独立的理性偏差；（3）套利。然而，在现实世界中这三个条件很可能都不成立，这种观点主要是基于行为金融理论的解释。

1. 理性

人们真的是理性的吗？显然并不总是。只要前往澳门或者新加坡去看看那些赌博的人你就知道了，有时赌注还很大。赌场的盈利意味着赌徒的预期报酬率为负。此外，在轮盘赌中当连续出现多次黑色时，赌徒通常会认为黑色还会继续出现，因此他们会赌黑色。但这种策略是错误的，因为轮盘并没有记忆。

当然，对财务学而言，赌博只是一个次要问题。那么投资者在金融市场中也会看到非理性吗？答案是肯定的。许多投资者并没有达到他们应该达到的多样化投资程度。而另一些人频繁交易，导致要支付很多佣金和税收。事实上，通过卖出业绩差的股票并持有业绩优良的股票可以实现税负的优化处理。尽管有些投资者心里想实现投资的税负最小化，但是他们中有很多人的做法却正好相反。许多投资者更有可能会卖出市场表现好的股票而非表现差的股票，而这是一种导致高税负的策略。行为学的观点认为，并不是所有的投资者都是非理性的，而是有一些或者很多投资者是非理性的。

2. 独立的理性偏差

理性偏差通常是随机的，因此可能在整个投资者群体中相互抵消吗？恰恰相反，心理学家一直主张，人们偏离理性是与一些基本原则一致的。虽然并非所有的原则都可以应用到金融和市场有效性中，但至少有两个似乎是适用的。

第一个是代表性（representativeness）原则，它可以用上述那个赌博的例子来解释。相信之前开出一连串黑色而将继续开黑的赌徒是错误的，因为转到黑色的概率只有约 50%。有这种行为的赌徒表现出了代表性的心理特性，也即，他们根据少量的数据得出结论。换言之，赌徒相信他观察到的小样本要比总体更具有代表性。

这与金融有什么关系呢？也许市场就是被代表性主导而导致了泡沫。于是，人们看到了市场的一部分，例如，网络股拥有短期内高收益增长的历史，就推断这种增长会永远持续。当这种增长不可避免地陷入停滞时，股价只能下跌。

第二个是保守性（conservatism）原则，它意味着人们根据新信息来调整他们的信念的速度过于迟缓。假设你从童年时开始的志向就是成为一名牙医，或许因为你出身于一个牙医世家，或许是你喜欢这份职业的安定以及相对较高的收入。现在的情况是，你可以期待一个长期而卓有成效的牙医职业生涯。然而，假设有一种新药问世可以预防蛀牙。这种新药可能会明显减少甚至是消除人们对牙医的需求。你需要多久来消化这个消息呢？如果你很眷恋牙医这份工作，你可能会很缓慢地调整你的信念。家人和朋友可能会劝你换掉大学牙科预科的课程，但你可能在心理上还没有准备好这样做。相反，你可能会坚持你的看法，认为牙医业的未来是乐观的。

或许这和金融是有关系的。例如，很多研究报告指出，价格对于盈余公告中包含的信息会做出缓慢调整。是否可能因为保守性，投资者面对新信息时才缓慢调整自己的信念？

3. 套利

一般认为，专业投资者当他们知道股票被错误定价时，会买入那些价格被低估的股票而卖出正确定价（或甚至是价格被高估）的替代性股票。这可能会消除感性的业余投资者所导致的任何错误定价问题。

然而，这类交易可能存在更大的风险。假设专业投资者普遍认为同方股份的股价被低估了，那他们可能会买进该股票而卖掉他们持有的比如海尔股份的股票。然而，如果业余投资者持有相反的头寸，那么只有当业余投资者持有的头寸相对小于专业投资者持有的头寸时，股价才会调整到正确的水平。而在业余投资者众多的现实世界中，一些专业投资者为了使得价格一致，将不得不持有大量的头寸，或许甚至还会大量参与股票卖空。大量购买一只股票并大量卖空另一只股票的风险非常大，即使这两只股票属于同一行业。此时，关于同方股票的非预期的坏消息或者关于其他股票的非预期的好消息都会导致专业投资者损失惨重。

此外，如果业余投资者现在对同方股份股票错误定价了，那什么才能防止该股票在未来被进一步错误地定价呢？这种未来错误定价的风险，即便在没有出现任何新信息的情况下，也会导致专业投资者削减他们套利的头寸。例如，假设有一个精明的专业投资者认为在 2018 年网络股价格被高估了。如果他当时赌股价会下跌，那么短期内他会出现亏损，因为股价一直涨到 2019 年。不过，他最终是会赚钱的，因为之后股价就开始下跌了。然而，短期风险可能会减少套利策略的规模。

　　显然，安德里·什利弗（Andrei Shleifer，2000）提出的有效市场三个条件的有效资本市场假说的理论基础在现实中可能是不成立的。也就是说，投资者可能是非理性的，不同投资者之间的非理性可能是相互关联而非相互抵消的，套利策略由于涉及的风险太大以至于不能保证市场效率。

第 *4* 章
风险报酬：不确定性与市场均衡

4.1 单项资产：风险与报酬的衡量

4.1.1 风险与报酬的内涵

1. 风险

财务活动是一种高度复杂而又充满风险的金融活动。一方面，它可以给企业带来一定的利益；另一方面，它也可能使企业承担破产清算的风险。无论是融资活动还是投资活动都是如此。在企业财务活动中，为了防范风险，获取理想的报酬，企业财务人员必须对财务活动中的风险与报酬有清醒的认识，以便权衡利弊得失，科学合理地进行财务决策，以实现企业价值最大化的财务目标。

风险是一个比较难掌握的概念，其定义也有很多争议。但是，风险广泛存在于重要的财务活动当中，并且对企业实现其财务目标有重要影响，人们无法回避和忽视。

如果企业的一项行动有多种可能的结果，其将来的财务后果是不确定的，就叫有风险。如果这项行动只有一种后果，就叫没有风险。例如，现在将一笔款项存入银行，可以确知一年后将得到的本利和，几乎没有风险。这种情况在企业投资中是很罕见的，它的风险固然小，但是报酬也很低，很难称之为真正意义上的投资。

那么，什么是风险呢？一般说来，风险是指在一定条件下和一定时期内可能发生的各种结果的变动程度。例如，人们在预计一个投资项目的报酬时，不可能十分精确，也没有百分之百的把握。有些事情的未来发展人们事先不能确知，如价格、销量、成本等都可能发生预想不到并且无法控制的变化。

风险是事件本身的不确定性，具有客观性。例如，无论企业还是个人，投资于国债，其报酬的不确定性较小；如果是投资于股票，则报酬的不确定性就大得多。这种风险是"一定条件下"的风险，你在什么时间、买哪一种或哪几种股票、各买多少，风险是不一样的，这些问题一旦决定下来，风险大小你就无法改变了。这就是说，特定投资的风险大小是客观的，你是否去冒风险及冒多大风险，是可以选择的，是主观决定的。

风险的大小随时间延续而变化，是"一定时期内"的风险。人们对一个投资项目成本事先的预计可能不很准确，但越接近完工则预计越准确。随时间延续，事件的不确定性在缩小，事件完成，其结果也就完全确定了。因此，风险总是"一定时期内"的风险。

严格说来，风险和不确定性有区别。风险是指事前可以知道所有可能的后果，以及每种后果的概率。不确定性是指事前不知道所有可能的后果，或者虽然知道可能的后果，但不知道它们出现的概率。例如，在一个新区找矿，事前知道只有找到和找不到两种后果，但不知道两种后果的可能性各占多少，属于"不确定"问题而非风险问题。但是，在面对实际问题时，两者很难区分。风险问题的概率往往不能准确知道，不确定性问题也可以估计一个概率，因此在实务领域对风险和不确定性不作区分，都视为"风险"问题对待，把风险理解为可测定概率的不确定性。概率的测定有两种：一种是客观概率，是指根据大量历史的实际数据推算出来的概率；另一种是主观概率，是在没有大量实际资料的情况下，人们根据有限资料和经验合理估计的。

风险可能给投资人带来超出预期的回报，也可能带来超出预期的损失。一般说来，投资人对意外损失的关切比对意外收益要强烈得多。因此，人们研究风险时侧重减少损失，主要从不利的方面来考察风险，经常把风险看成是不利事件发生的可能性。从财务的角度来说，风险主要指无法达到预期报酬的可能性。

风险产生的原因主要有两方面：一是缺乏信息；二是决策者无法控制事物的未来进程。

2. 报酬

（1）报酬额。任何个人或组织进行投资的目的都在于获得一定的回报。所谓报酬，从理论上讲，是指一定时期内投资者投资于某项资产所获得的回报。一般而言，投资者投资的预期报酬主要来源于三部分：一是投资者所得的现金，如股票的现金红利和债券的利息收入等；二是资本利得或损失，即投资者从资产价格升值中得到的利得或在资产价格下跌中遭受的损失；三是在投资期内投资者所得现金进行再投资时所获得的再投资回报。

假设东方股份有限公司发行在外的普通股若干，你是其中股东之一。再设定你于年初购买了该公司的股票，而现在到了年末，你想核算一下自己的投资回报情况。你的投资回报主要包括：一部分来自于公司向股东发放的现金股利。作为股东（所有者）之一，如果公司实现了盈利，一般会将部分利润分配给股东。因此，作为股东的你将在这一年里得到部分现金，这称为股利。现金是你投资回报的组成部分。除了股利，你的另一部分报酬来自投资的资本利得，或资本损失（如果资本利得为负）。

假如你在年初以每股 37 元的价格购买了 100 股东方股份公司股票，持有期间公司每股分红 1.85 元。则：

投资总额 $= 37 \times 100 = 3\ 700$（元）

持有期间的股利报酬 $= 1.85 \times 100 = 185$（元）

假如年末股价上涨到每股 40.33 元，由于股价上涨而获得的资本利得为：

资本利得 $= (40.33 - 37) \times 100 = 333$（元）

资本利得及股利都是投资者持有东方股份公司股票所得到的回报。如果公司的股价跌到 34.78 元，则形成资本损失为：

资本损失 $= (34.78 - 37) \times 100 = -222$（元）

投资所获得的总报酬是股利报酬与资本利得或资本损失的总和：

$$总报酬 = 股利报酬 + 资本利得（或资本损失）$$

从现在开始，将以资本损失来表述负的资本利得，并且不对两者加以区分。在本案例中，总报酬为：

总报酬 $= 185 + 333 = 518$（元）

注意，如果你在年末售出股票，则得到的总现金流为初始投资加上总报酬。在本案例中，你将获得：

$$
\begin{aligned}
出售股票所获得的总现金 &= 初始投资 + 总报酬 \\
&= 3\ 700 + 518 \\
&= 4\ 218（元）
\end{aligned}
$$

上述计算结果等同于出售股票所得与股利之和，为此可以做如下验证：

$$
\begin{aligned}
出售所得 + 股利报酬 &= 40.33 \times 100 + 185 \\
&= 4\ 033 + 185 \\
&= 4\ 218（元）
\end{aligned}
$$

然而，假如你在年末没有出售而是继续持有东方股份公司股票，是否应该将资本利得作为你的收益的一部分呢？这是否违背了之前我们所说的现金至上的现值法则？

第一个问题的答案显然是肯定的，第二个问题的答案绝对是否定的。资本利得如同股利一样都是报酬的组成部分，必须计入总报酬。你决定继续持有这只股票还是出售以获取差价收益或损失都不会影响股票现金价值的实现。因为只要你愿意，你完全可以在年末卖掉股票并在随后立即买回来。这样，到年末，你收到的现金是 518 元的资本利得和 3 700 元的初始投资。当你购回这 100 股股票时，这部分的报酬也不会消失。

（2）报酬率。以百分比形式衡量的报酬率比报酬额更能反映投资回报情况，因为报酬率适用于任何投资金额。下面一起讨论三种不同的报酬率。

必要报酬率。必要报酬率是指准确反映期望未来现金流量风险的报酬率，也可将其称为人们愿意进行投资（购买资产）所必须赚得的最低报酬率。估计这一报酬率的一个重要方法是建立机会成本的概念：必要报酬率是同等风险的其他备选方案的报酬率，如同等风险的金融证券。

期望报酬率。期望报酬率是指你若进行投资，估计所能赚得的报酬率。换言之，期望是使净现值为零的报酬率。当净现值为零时，预计投资能赚得与其风险水平相应的报酬率。因此，当净现值为零时，期望报酬率等于必要报酬率。

实际报酬率。实际报酬率是在特定时期实际赚得的报酬率。这是你投资的最终回报，是投资决策的真实反映，理解这一点是非常重要的。因为你不可能让时光倒流，去改变实际报酬率，你只能据此作出新的决策。

由于在完善的资本市场中，所有投资的净现值都为零，所有价格都为公平市价，因而期望报酬率与必要报酬率总是相等，所以这两者特别容易混淆。在这种情况下，人人都期望赚得与其所承担风险相应的必要报酬率。

对期望报酬率和实际报酬率的混淆源自风险，因为有风险，投资结果很少与期望值相同。事实上，认识风险的方法之一就是考虑投资结果与期望值为何不同。这两者的差异越大，风险越大，反之亦然。现在让你用所可能进行的投资来复习和概括这些概念间的关系。首先，根据其他同等风险的可能投资，确定你愿意投资所需的最低报酬率（否则，你会简单地将钱投入任意一个备选项目），这是必要报酬率。其次，估计你若进行投资的报酬率，这是期望报酬率。然后决定是否进行投资。如果期望报酬率大于必要报酬率，投资所得大于其成本，净现值为正。正的净现值增加了你的投资价值，而负的净现值则减少了你的投资价值。因此，当净现值为正时，你可以进行投资。

最后，经过一段时间后，你的投资有了回报，这一回报是实际报酬率。如果实际报酬率很糟（较低，甚至为零——你一无所获），你会很难过，但这正是风险的基本性质！毕竟，在报酬实现后，你不可能回到过去，再决定不进行这笔投资。当然，如果实际报酬率很好（等于甚至大于期望报酬率），你会很开心，你愿意进行类似的投资。因此，尽管实际报酬率很重要，人们希望其越大越好，但由于风险的存在，实际报酬率与期望报酬率、必要报酬率之间没有必然联系。

4.1.2　风险规避与报酬补偿

为了更好地理解和识别风险及风险补偿，让我们先看一看一个世界上非常有名的电视游戏："让我们做笔交易"。

假设你有幸作为参赛者之一加入这一游戏中去，节目主持人说：在你面前有两只大小、款式完全相同的箱子（从外观上无法区分），一只箱子里放有 1 万元现金，另一只箱子里只有一张市值为零的白纸；你可以选择打开任何一只箱子（只能做一次选择），打开哪只箱子其 1 万元现金或一张白纸就归你，这就是游戏的基本规则。

同时，节目主持人又对你说：在你作出选择之前，他可以提供给你一笔资金以结束你的选择。现请你选择一个货币额：该货币额的选择标准是能使你感到从箱子里得到的东西与得到的那笔资金是无差别的，即决定一个货币额，再加上 1 元你就会选择那笔钱；减去 1 元后你就会选择打开箱子。现在请你将这个货币额写在纸上，应该是多少？

大家一起来想象一下这个有趣的过程。假定你决定：若主持人给你 3 999 元或更少，则你会选择打开箱子；若主持人给你 4 000 元，则你很难作出选择；若主持人给你 4 001 元或更多，你将接受这笔钱而放弃打开箱子。

假若主持人给你的钱是 4 500 元，所以你选择接受钱而放弃去开箱（当然，前提是你不知道 1 万元钱究竟放在哪只箱子里；若知道放在哪只箱子里，你则肯定选择开箱）。

这个电视游戏与本章的主题内容——风险和报酬有何关系？答案是关系非常密切。上面的游戏道出一个事实：即一般的投资者是厌恶风险的。因为若选择开箱，则有 50% 的机会得到 1 万元，有 50% 的机会什么也得不到，所以选择开箱的期望值是 5 000 元。在本例中，你发现自己对有风险的（不确定的）5 000 元期望报酬（即开箱选择）与确定的 4 500 元报酬（即选择货币额）的态度无差异。换言之，该确定的（无风险）金额即你对风险性赌博的确定性等值与风险的期望值 5 000 元，对你来说，它们的效用或满意程度是相同的。

确定性等值是指投资者在一定时点上所要求的、确定的现金额，投资者觉得他索取的现金额与在同一时点上预期收到的一个有风险的金额无差别。如果本例中你的实际确定性等值恰好等于我们使用的金额 4 500 元，这种巧合有时是令人惊奇的。让我们看一看曾让你写在纸上的金额，它可能小于 5 000 元。研究表明绝大部分个人投资者在类似的情形下，会选择较小的确定性等值而放弃较大的期望值（即小于 5 000 元）。实际上人们可以用个人的确定性等值和风险投资的期望值的关系定义个人对风险的态度，即：

确定性等值 < 期望值——属于风险厌恶

确定性等值 = 期望值——属于风险中立

确定性等值 > 期望值——属于风险偏好

因此，上面例子中，任何认为确定性等值小于 5 000 元的投资者都属于风险厌恶者。对厌恶风险的投资者而言，确定性等值和投资期望值之间的差额形成风险报酬，这是为了使投资者接受风险所必须给它的额外期望报酬。

为什么投资者大多属于风险厌恶者？对这一问题可用效用理论来回答：效用理论的核心是财产边际效用递减规律。

例如，假期若你参加了一项野外生存活动，现在你已经到了生存的极限（你没有任何有价值的财产）。此时你得到 100 元，那么你将用来满足最迫切的需要（如购买维持生命的食品等）；如果你再得到第二个 100 元，你可能将它消费，但这 100 元显然不如以前那样迫切。因为后 100 元（即边际 100 元）的效用小于前100 元的效用。再进一步增加的财产其效用情况则依次类推，因此，人们认为财产边际效用是递减的，这一关系可见图 4 - 1。

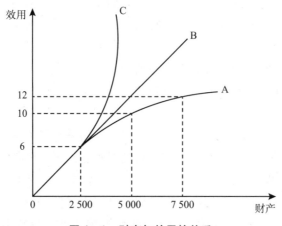

图 4 - 1 财产与效用的关系

图 4 - 1 中的效用可以用效用单位来衡量，A 线是我们感兴趣的，表示某人的边际财产效用为正数，其边际效用呈递减趋势。持有 5 000 元的个人有 10 个幸福或满足的效用单位。若增加 2 500 元，他的满足程度将增加到 12 个效用单位；若损失 2 500 元，那么他的满足程度将下降到 6 个效用单位，失去 4 个单位。

大部分投资者似乎面临的是财产递减边际效用，这直接影响他们对待风险的态度。具有财产常数边际效用的投资者，将 1 元"收入"收益的价值与 1 元"损失"收益的价值看成一样大，对风险持无所谓态度。而具有财产递减边际效用的投资者，损失 1 元的"痛苦"大于 1 元享受的"愉快"，由于财产的递减效用，因此他们会竭力反对风险，并要求任何高风险投资都要有很高的收益。如图 4-1 中 A 曲线所示，以 5 000 元为基础的 2 500 元的财产，将带来 2 个效用单位的额外满足，但是 2 500 元的财产损失将导致失去 4 个效用单位的满足。因此，按照这一效用函数且持有 5 000 元的投资者，则不愿意按 50∶50 的机会打赌这 2 500 元。但是具有效用 B 线的风险无差别投资者则无所谓，而喜欢冒险者则愿意打赌。为什么？

财产递减边际效用直接导致风险厌恶，这种风险厌恶在确定企业价值时会在投资者的决策中得到反映。

假设某投资者拥有现金 5 000 元，现在面临两个投资机会：一是购买政府公债，政府公债是无风险证券，年利率 5%；二是投资者用 5 000 元参股投资一项有风险的石油钻井项目：若成功，则年末投资总价值为 7 500 元，若失败，投资者可变现现有物品弥补 2 500 元，发现石油的可能性 60%，出现枯井的可能性 40%，现在该投资者征询你的建议：用其 5 000 元是选择购买无风险国债或是投资于有风险的钻井项目？

首先，计算两项投资的预期价值：

国债投资期望价值 = 5 000 × (1 + 5%) × 1(概率) = 5 250（元）

钻井投资期望价值 = 7 500 × 60% + 2 500 × 40% = 5 500（元）

计算结果表明：钻井投资价值大于投资政府公债价值，那么，这是否意味着投资者要将 5 000 元投资于冒风险的钻井呢？答案未必——这要取决于投资者的效用函数。如果他的货币边际效用急剧递减，那么由于枯井所造成的潜在效用损失可能无法被开发产油井所产生的效用完全抵销。如果图 4-1 中 A 曲线所表示的效用函数可以适用，则上述观点成立。为进一步说明这一点，我们将修正预期货币价值的计算结果，以反映效用补偿。观察图 4-1 可知：若投资者冒风险投资于钻井且发现了石油，那么风险厌恶者有接近 12 个效用单位；若投资后未找到石油，只有 6 个效用单位。若投资者选择了购买国债，那么肯定会有 10.5 个（左右）效用单位。有关计算结果如表 4-1 所示。

表 4-1 钻井的预期效用

状态	概率	效用	货币产出	预期效用
有油	0.6	12	7 500	7.2
无油	0.4	6	2 500	2.4
合计	1.0			9.6

表 4 - 1 计算结果显示，由于风险投资的预期效用只有 9.6 个效用单位，而政府公债的效用单位有 10.5 个，因此，一般认为，对该投资者来说，政府公债投资是最优选择。尽管钻井的预期货币价值较高，但政府公债的预期效用高于钻井投资，风险补偿使投资者最终选择更安全的投资。

由此可得出风险报酬的概念：风险报酬是投资者所要求的超过无风险的那部分额外报酬。风险越大，要求的报酬越高；反之，风险越小，要求的报酬则越低。因此，世界上没有免费的午餐，任何声称低风险、高报酬的投资都是值得怀疑的。

4.1.3　单项资产风险衡量

1. 概率分布与期望值

资产的风险一般是指单项资产未来报酬的不确定性。用数学语言讲，未来报酬围绕期望报酬率的分布越广，其报酬的风险越大。所以，人们常常用概率、方差、标准差及变化系数等指标来衡量单项资产的风险。

（1）离散型概率分布。前已述及，风险是指某些不利事件发生的可能性。一个事件发生的概率是指这一事件可能发生的机会及事件出现的机会的大小。概率是客观的，但要依赖于主观估计。如果把所有可能的事件或结果都列示出来，且每一事件都给予一种概率，把它们列示在一起，便构成了概率的分布。因而，描述风险资产的一种方法是对这种资产各种可能的不同报酬率给出相应概率。

假若你目前正在考虑以 10 000 元的现金购买同方股份或巴士股份的股票。前者行业竞争激烈，如果经济发展迅速而且该公司产品市场占有率高，则利润很高，否则利润很低甚至赔本；而后者是一家公用事业单位，它已经得到上海市政府政策优惠，所以它的市场份额可相当准确地预测出来。假定未来的经济情况只有三种：繁荣、正常、衰退，其有关概率分布与预期如表 4 - 2 所示。

表 4 - 2　　　　　　　　不同经济状态下两公司报酬率及概率分布

经济状态	概率	不同状态下期望报酬率（%）	
		同方股份	巴士股份
繁荣	0.3	100	20
正常	0.4	15	15
衰退	0.3	- 70	10
合计	1.0		

如果将表4-2中的每一种经济情况发生的概率分别乘以各种情况下的期望报酬率（$\bar{R}$），再将其所得结果求和，则可得一个加权平均结果——我们将其定义为综合期望报酬率（或简称为期望报酬率），以 $\bar{R}$ 表示。其计算公式为：

$$期望报酬率\ \bar{R} = \sum_{i=1}^{n} R_i \cdot P_i \qquad\qquad (4-1)$$

式中：$\bar{R}$——期望值；

P_i——第 i 种可能结果出现的概率；

R_i——第 i 种可能结果出现后的期望报酬率；

n——所有可能结果的数目。

根据上述资料可计算出同方股份的期望报酬率如下：

$\bar{R} = 0.3 \times 100\% + 0.4 \times 15\% + 0.3 \times (-70\%) = 15\%$

同理，可以计算出巴士股份的期望报酬率如下：

$\bar{R} = 0.3 \times 20\% + 0.4 \times 15\% + 0.3 \times 10\% = 15\%$

现将两公司期望报酬率及概率画图，如图4-2所示。

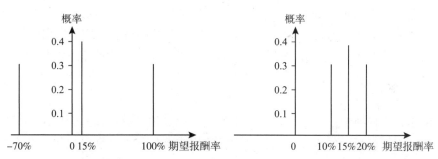

图4-2 同方股份与巴士股份期望报酬率的概率分布

由此可见，同方股份公司与巴士股份公司的期望报酬率的差异性非常大，同方股份的变动范围在 -70% ~100% 之间，而巴士股份的变动范围则在 10% ~ 20% 之间。

（2）连续型概率分布。以上我们探讨的只有三种情况，即经济繁荣、经济正常和经济衰退。实际上，经济运行情况远不止三种，从经济迅速发展到萧条之间，有无数种可能的情况出现。如果对每一种可能的经济状况赋予一个概率（这些概率的总和仍为1），并且在每一种经济情况下对两种股票都测定一个报酬率，然后再进行类似的计算，则各种概率及结果如图4-3所示。

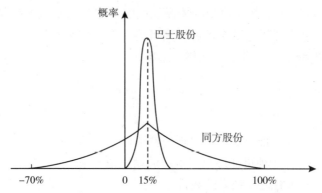

图4-3 同方股份公司与巴士股份公司报酬率的连续概率分布

一般来说，概率分布越集中，或者说，分布图形的峰形程度越高，股票的风险就越低。因为概率分布越集中，实际的结果就会越接近期望值，而实际的报酬率远低于期望报酬率的可能性就越小。

2. 方差与标准差

风险是一个很难掌握的概念，因而对风险的定义和度量也有很多争议。不过一个已经普遍为大家所接受而且可以达到很多目的的方法，就是利用图4-3中所表示的连续概率分布的方法来说明：对任何投资而言，预期未来的报酬率分布越集中，则投资者的风险就越小。因此，同方股份公司的风险要远远高于巴士股份公司的风险。

但是，要使所使用的方法具有应用价值，还必须能够提供一个确定的数值计算方法，以衡量风险的大小。也就是说，我们需要一种能够衡量出概率分布集中程度（即峰形的高度或宽窄）的方法，这就用到统计学上的方差和标准差的概念。

方差是对围绕期望值分布的离散程度进行衡量的指标。方差越大，说明随机变量与期望值之间的离散程度越大，表明项目的风险越大。而标准差是方差的平方根。方差与标准差的计算公式如下：

$$\sigma^2 = \sum_{i=1}^{n} P_i (R_i - \bar{R})^2 \qquad (4-2)$$

$$\sigma = \sqrt{\sigma^2} \qquad (4-3)$$

现将同方股份和巴士股份期望报酬率的方差与标准差计算如下：

同方股份期望报酬率的方差与标准差：

$$\sigma^2 = \sum_{i=1}^{n} P_i (R_i - \bar{R})^2$$

$$= (-70\% - 15\%)^2 \times 0.3 + (15\% - 15\%)^2 \times 0.4 + (100\% - 15\%)^2 \times 0.3$$

$$= 4\ 335\%$$

$$\sigma = \sqrt{\sigma^2}$$

$$\quad = \sqrt{4\ 335\%} = 65.84\%$$

巴士股份期望报酬率的方差与标准差：

$$\sigma^2 = \sum_{i=1}^{n} P_i (R_i - \bar{R})^2$$

$$\quad = (10\% - 15\%)^2 \times 0.3 + (15\% - 15\%)^2 \times 0.4 + (20\% - 15\%)^2 \times 0.3$$

$$\quad = 14.98\%$$

$$\sigma = \sqrt{\sigma^2}$$

$$\quad = \sqrt{14.98\%} = 3.87\%$$

从上述计算结果看，同方股份公司的风险程度 $\sigma = 65.84\%$，远大于巴士股份公司的 $\sigma = 3.87\%$，所以同方股份公司的风险也比巴士股份公司高。

3. 变化系数（标准离差率）

一般情况下，风险的大小与标准差呈同方向变动关系，也就是说，期望报酬率高的决策项目比期望报酬率低的项目具有更大的标准差，其项目的风险也较高。但是标准差是一个绝对数指标，它只能用来比较期望报酬率相同的投资项目的风险程度，而无法比较期望报酬率不同的投资项目的风险程度。要解决这一问题，即对比期望报酬率不同的各投资项目的风险程度，必须借助于变化系数，也称标准离差率。变化系数是标准差与期望报酬率的比值，变化系数（V）的计算公式为：

$$V = \frac{\sigma}{R} \tag{4-4}$$

现将同方股份公司和巴士股份公司期望报酬率的变化系数分别计算如下：

同方股份变化系数：

$$V = \frac{65.84\%}{15\%} = 4.389$$

巴士股份变化系数：

$$V = \frac{3.87\%}{15\%} = 0.258$$

比较其变化系数可知，同方股份公司的风险程度仍然大于巴士股份公司，结论与前相同。

根据数理统计学原理可知，在概率分布为正态分布的情况下，从正态分布的总体中抽取一个足够大的样本，其形状就像一口"钟"，如图 4-4 所示。其分布是以平均数为中心的对称分布，没有偏斜。

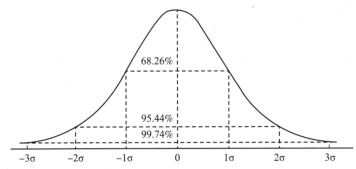

注：在正态分布情况下，报酬率围绕其平均数左右一个标准差这一区域内波动的概率是 68.26%。
在正态分布情况下，报酬率围绕其平均数左右两个标准差这一区域内波动的概率是 95.44%。
在正态分布情况下，报酬率围绕其平均数左右三个标准差这一区域内波动的概率是 99.74%。

图 4 - 4　正态分布的概率范围

在经典统计学中，正态分布扮演着一个核心的角色，标准差是衡量正态分布离散程度的一般方法。对于正态分布，报酬率在其平均数左右某一范围内波动的概率取决于标准差。例如，报酬率在其平均数左右一个标准差这一区域内波动的概率约为 68% 或 2/3；报酬率在其平均数左右两个标准差这一区域内波动的概率超过 95%。

换句话说，实际报酬率落在期望报酬率 ±1 个标准差范围内的概率有 68.26%；实际报酬率落在期望报酬率 ±2 个标准差以及 ±3 个标准差范围内的概率分别为 95.46% 和 99.74%。据此可知，对巴士股份公司而言，其实际报酬率有 95.46% 的可能性落在 7.26% ~ 22.74% 即（15% − 2 × 3.87%，15% + 2 × 3.87%）的范围内；而同方股份公司的实际报酬率在 − 50.84% ~ 80.84% 即（15% − 65.84%，15% + 65.84%）范围内的可能性也只有 68.26%。很显然，前者结果较为肯定，风险小；后者结果较不肯定，风险大。

4.2　投 资 组 合：风 险 与 报 酬 的 衡 量

4.2.1　投 资 组 合 报 酬 率 与 风 险 性 质

1. 投资组合的期望报酬

以上风险分析，我们只是把重点放在处于分离状态下的单项投资的风险与报酬之上。实际上，投资者很少把所有的资金都投在一种资产或一个投资项目中，而是将资金同时投放于多种资产或一系列投资项目，从而形成投资组合。所以，现将风险与报酬的分析扩展到投资组合决策中。通过分析你将会看到：一项资产若构成组合资产中的一部分，其风险通常会小于它作为单项资产投资的风险，有时甚至将风险全部分散。

投资组合的期望报酬率，是指投资组合中各单项资产期望报酬率的加权平均值。其计算公式为：

$$\overline{R}_M = \sum_{i=1}^{n} R_i \cdot X_i \qquad (4-5)$$

式中：$\overline{R}_M$——投资组合的期望报酬率；

　　　X_i——投资组合中第 i 项资产的比重；

　　　R_i——第 i 项资产的期望报酬率；

　　　n——投资组合中所含资产的个数。

例如，若 A 股票的期望报酬率为 $R_A = 12\%$；B 股票的期望报酬率为 $R_B = 16\%$；某投资者期望的投资方案是：（1）投资 A 股票；（2）投资 B 股票；（3）同时投资 A、B 两种股票。显然，若单独投资于 A 股票或 B 股票，则其单项投资期望的报酬率只能 $R_M = R_A = 12\%$ 或 $R_M = R_B = 16\%$；但是如果该投资者将全部资金同时投资于 A、B 股票（各占 50%），则该投资组合的期望报酬率为：

$$R_M = 12\% \times 50\% + 16\% \times 50\% = 14\%$$

当然，一年后个别股票的实际报酬率可能与其期望报酬率不一样，因此，投资组合的实际报酬率也将不同于其期望报酬率。这种实际报酬率与期望报酬率之间可能产生的偏差，即构成投资组合的风险。

2. 投资组合的预期风险

如上所述，投资组合的期望报酬率是投资组合各单项资产的期望报酬率的加权平均值，每一单项资产对投资组合期望报酬率的贡献为 $R_i \cdot X_i$。但是，投资组合的风险（标准差 σ）却并非是投资组合中单项资产标准差的加权平均数。换言之，各单项资产对投资组合总风险的贡献并不是 $R_i \cdot X_i$。投资组合的这一特点，实际是在理论上实现风险的完全消除，从而为构成两项资产的无风险投资组合提供了前提。也就是说，两项呈正态分布的资产单独投资时可能有相当大的风险，若将它们组合在一起，则风险可能完全消除。

东方股份公司拟投资 X 和 Y 两种股票，构成一个证券组合，两种股票各占 50%，如果两种股票完全负相关，它们的报酬率和风险情况如表 4-3 所示。

表 4-3　　　　完全负相关的两种股票构成一证券组合的报酬

年份	X 股票 R_X（%）	Y 股票 R_Y（%）	组合股票 R_M（%）
2015	40	-10	15
2016	-10	40	15

续表

年份	X 股票 R_X（%）	Y 股票 R_Y（%）	组合股票 R_M（%）
2017	35	−5	15
2018	−5	35	15
2019	15	15	15
平均报酬率（R）	15	15	15
标准离差（σ）	22.6	22.6	0

根据表 4 - 3 资料，可以绘制出两种股票及其证券组合的报酬率图，如图 4 - 5 所示。

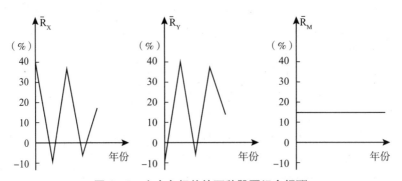

图 4 - 5　完全负相关的两种股票组合报酬

从表 4 - 3 和图 4 - 5 中可以看出，如果分别持有两种股票，都有很大风险，但如果把它们组合成一个证券组合，则没有风险。

X 股票和 Y 股票之所以能结合起来组成一个无风险的证券组合，是因为其报酬率的变化正好呈反方向变化，即当 X 股票的报酬率下降时，Y 股票的报酬率正好上升；而当 X 股票的报酬率上升时，则 Y 股票的报酬率正好下降。股票 X 和 Y 的关系称为完全负相关，其相关系数为 −1。

与完全负相关相反的是完全正相关，两个完全正相关的股票的报酬率将一起上升或下降，这样的两种股票组成的证券组合，不可能抵消风险，完全正相关的证券组合其相关系数为 1。

假若东方股份公司投资的 X 和 Y 股票完全正相关，其报酬率与风险的情况如表 4 - 4 所示。

股票或组合	X 股票 R_X（%）	Y 股票 R_Y（%）	组合股票 R_M（%）
2015 年	40	40	45
2016 年	-10	-10	-10
2017 年	35	35	35
2018 年	-5	-5	-5
2019 年	15	15	15
平均报酬率（R）	15	15	15
标准离差（σ）	22.6	22.6	22.6

表 4-4　　　　完全正相关的两种股票构成一个证券组合的报酬

根据表 4-4 资料，可以绘制出两种股票及其证券组合的报酬率图，如图 4-6 所示。

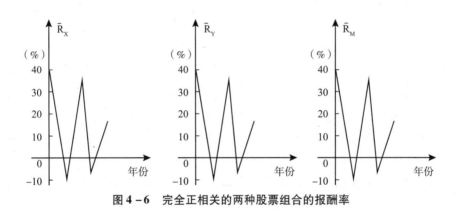

图 4-6　完全正相关的两种股票组合的报酬率

以上分析可知，当两种股票完全负相关时，同时持有两种股票，所有的风险都可以分散掉；当两种股票完全正相关时，同时持有则不能抵减风险。实际上，大部分股票都是正相关，但却并不是完全正相关。在这种情况下，把两种股票组合成证券组合有可能抵减风险，但不能全部消除风险。如果股票种类较多，则能分散掉大部分风险；而当股票种类有足够多时，则几乎能把所有的非系统风险分散掉。

4.2.2　投资组合风险的计量

1. 协方差

对资产投资组合风险分析，必然涉及协方差这一重要概念。协方差是衡量两个变量之间的一般变动关系及变动的相关程度，或者说，投资组合中两项资产是否同时涨跌以及涨跌的变化程度。例如，随着经济由衰退转向繁荣，A 股票的价格可能呈现上升的趋势，那么，投资者根据 A 股票与 B 股票之间的协方差，即可判断 B 股票的价格变动趋势：上升或下降或保持不变。根据协方差的含义，可将两个变量（A、B 股票）之间的协方差描述见公式：

$$COV(AB) = \sum_{i=1}^{n} (R_{A_i} - \bar{R}_A) \cdot (R_{B_i} - \bar{R}_B) \cdot P_i \qquad (4-6)$$

式中：$(R_{A_i} - \bar{R}_A)$——A 股票的报酬率对其期望值的离差；

$(R_{B_i} - \bar{R}_B)$——B 股票的报酬率对其期望值的离差。

对于协方差的运用，应该注意以下几点：

（1）假若 A 股票与 B 股票的期望报酬率的变化趋势相同，则相对于任意经济状态，等式右边和括号内各项的前两个因子将同时为正或同时为负，即：若 R_A 大于期望值 $\bar{R}_A$，$\bar{R}_B$ 也大于其期望值 $\bar{R}_B$，反之亦然。因此，若 A、B 股票同方向变动，等式右边括号各项将恒为正值；但是若 A、B 股票呈反方向变动时，括号内各项将恒为负值；若 A、B 股票和报酬率随机变动时，则括号内各项或为正值或为负值，而它们的和接近于零。

（2）假若 A、B 股票保持同方向变动，它的协方差 COV（AB）将为正值；若它们保持反方向变动，协方差 COV（AB）将为负值；若 A、B 股票随机变动时，其协方差 COV（AB）将为或正值或为负值，并皆接近于零。

（3）假若 A、B 股票的不确定性较大（即标准差较大），则其协方差 COV（AB）较大；若 A、B 股票的变动是随机的，则即使 σ_A 较大，其协方差 COV（AB）也不会太大。

（4）假若 A、B 两种股票中有一种是无风险股票，标准差为零，则其离差 $(R_{A_i} - \bar{R}_A)$ 或 $(R_{B_i} - \bar{R}_B)$ 恒为零，从而协方差 COV（AB）等于零。

（5）假若两种标准差较大且同方向变动的股票构成一投资组合，协方差 COV（AB）的值将较大且为正值；假若标准差较大，但呈反方向变动，则协方差 COV（AB）虽较大，但为负值；假若它们随机变动或其中之一标准差较小，则协方差 COV（AB）的值将较小。

假设某投资者预期的四种股票的投资报酬率及相应概率如表 4-5 所示。

表 4-5　　　　　　　　　　不同股票的投资报酬率

概率	报酬率（%）			
	C	D	E	F
0.1	10	6	14	2
0.2	10	8	12	6

概率	报酬率（%）			
	C	D	E	F
0.4	10	10	10	9
0.2	10	12	8	15
0.1	10	14	6	20
R	10	10	10	10
σ	0	2.2	2.2	5

根据表 4 – 5 数据资料，将上述四种股票的投资组合报酬画图如图 4 – 7 所示。

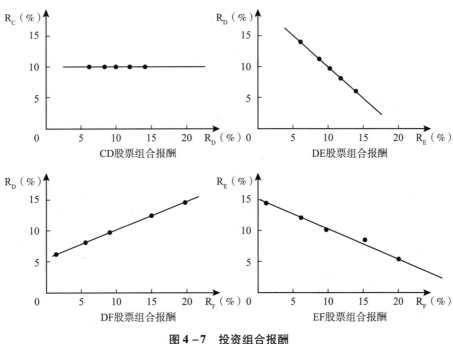

图 4 – 7 投资组合报酬

现在利用协方差公式来计算 DE 两种股票之间的协方差如下：

$$\mathrm{COV(DE)} = \sum_{i=1}^{n} (R_{D_i} - \bar{R}_D) \cdot (R_{E_i} - \bar{R}_E) \cdot P_i$$
$$= (6 - 10) \times (14 - 10) \times 0.1 + (8 - 10) \times (12 - 10) \times 0.2$$
$$+ (10 - 10) \times (10 - 10) \times$$

$$0.4 + (12 - 10) \times (8 - 10) \times 0.2 + (14 - 10) \times (6 - 10) \times 0.1$$
$$= -4.8$$

D、E 股票的协方差为负值，说明 D、E 两种股票的报酬率是反方向变动，与图 4-7 中的表示一致。当然，也可以计算其他各种股票相互组合的协方差，以寻求它们之间的关系。

现在的问题是，对协方差数字的大小很难进行解释，因为与方差的计算类似，协方差也是以离差的平方为单位的。除非能够正确地使用它，否则人们不知道计算它来做什么。

那么，如何解决这个问题呢？可以通过计算相关系数。

2. 相关系数

相关系数是指协方差 COV(AB) 与标准差 σA、σB 乘积的比值，相关系数是标准化的协方差，用在同等水平上对资产风险的衡量。相关系数计算公式为：

$$r_{AB} = \frac{COV(AB)}{\sigma_A \sigma_B} \tag{4-7}$$

式中：r_{AB}——正数，表明各变量的变动方向相同；

$\quad\quad\;\; r_{AB}$——负数，表明各变量的变动方向相反；

$\quad\quad\;\; r_{AB}$——零，表明各变量之间不相关。

根据表 4-5 的数据资料，计算 D、E 股票之间的相关系数如下：

$$R_{DE} = \frac{-4.8}{2.2 \times 2.2} = -1$$

由此表明，D 股票与 E 股票之间的相关关系为完全负相关。与图 4-7 中表示的结果一样。

一般来说，随机选取两种股票，其相关系数为 +0.6 左右的最多，绝大多数两种股票的相关系数往往位于 +0.5 ~ +0.7 之间。

3. 方差与标准差

（1）投资组合的方差。前已述及，投资组合的期望报酬率是组合投资中各单项资产投资的期望报酬率的加权平均值。然而，投资组合的风险并不是每个单项资产标准差的加权平均值，而是由投资组合报酬率的标准差来衡量的。

在各单项金融资产的期望报酬率呈正态分布的假设条件下，两项资产的投资组合其方差计算公式为：

$$\sigma^2 = X^2 \sigma_A^2 + (1-X)^2 \sigma_B^2 + 2X(1-X) r_{AB} \sigma_A \sigma_B \tag{4-8}$$

式中：X——A 证券的投资比重；

$\quad\quad\;\;$（1 - X）——B 证券的投资比重；

$\quad\quad\;\; r_{AB} \sigma_A \sigma_B$——AB 证券之间的协方差。

上述公式表明，投资组合的方差取决于组合中各种证券的方差和每两种证券之间的协方差。每种证券的方差度量每种证券报酬的变动程度；协方差度量两种证券报酬之间的相互关系。在证券方差给定的情况下，如果两种证券报酬之间相互关系或协方差为正，组合的方差就上升；如果两种证券报酬率之间的相互关系或协方差为负，组合的方差就下降。这一重要的结果符合常识。如果在你所持有的两种证券中，当一种证券的报酬率上升时，另一种证券的报酬率下降，反之，亦然，则这两种证券的报酬率相互抵消。那么，你就实现了财务学所提出的"对冲交易"或"套头交易"，你投资组合的整体风险就低。但是，如果你所持有的两种证券的报酬率同时上升或同时下降，你就无法实现"套头交易"，你投资组合的整体风险就高。

（2）投资组合的标准差。根据以上投资组合的方差公式，可以计算投资组合的标准差。投资组合标准差的计算公式为：

$$\sigma = \sqrt{\sigma^2}$$
$$= \sqrt{X^2\sigma_A^2 + (1-X)^2\sigma_B^2 + 2X(1-X)r_{AB}\sigma_A\sigma_B} \qquad (4-9)$$

假定天达公司计划投资 A、B 两种股票，A 股票期望报酬率 $R_A = 5\%$，其标准差 $\sigma_A = 4\%$；B 股票期望报酬率 $R_B = 8\%$，其标准差 $\sigma_B = 10\%$。若 A、B 股票的相关系数 $r_{AB} = -1$，A 股票的投资比重 $X = 0.75$。

首先计算投资组合的期望报酬率：

$$R_M = 0.75 \times 5\% + 0.25 \times 8\% = 0.0375 + 0.02 = 0.0575 = 5.75\%$$

然后计算投资组合期望报酬率的标准差：

$$\sigma = \sqrt{X^2\sigma^2 + (1-X)^2\sigma_B^2 + 2X(1-X)r_{AB}\sigma_A\sigma_B}$$
$$= \sqrt{0.75^2 \times 4\%^2 + (1-0.75)^2 \times 10\%^2 + 2 \times 0.75 \times (1-0.75) \times (-1) \times 4\% \times 10\%}$$
$$= 0.5\%$$

若采用加权平均数法计算其投资组合的标准差，其结果如何？

AB 股票组合的加权平均标准差 $= 4\% \times 0.75 + 10\% \times 0.25 = 5.5\%$

显然，采取两种不同的计算方法得出的标准差是不同的。投资组合的标准差小于组合中各个证券标准差的加权平均数。

由此可见，通过投资组合可分散投资风险。一般情况下，随着投资组合证券种类的增加，投资组合的风险将会减少。那么，风险是否会随证券种类增加到某种程度而完全消除呢？一般来说，答案是否定的。这是因为证券之间的相关系数对于证券种类的增加而引起的投资组合风险的减少起着决定性的作用。从理论上讲，在较大规模的投资组合中，证券的相关系数越小，剩余的风险就越小。若有足够的零相关和负相关证券存在，则所有风险都可以被消除。然而，实际生活中，单项证券之间的相关系数的取值大多在 $0 \sim 1$ 之间，所以，进行投资组合只能消除部分风险而非全部风险。

4.3 有效投资组合与市场均衡

4.3.1 有效集

1. 两种资产有效集

图 4 - 8 绘制了两家公司的预期报酬率和标准差的结果。

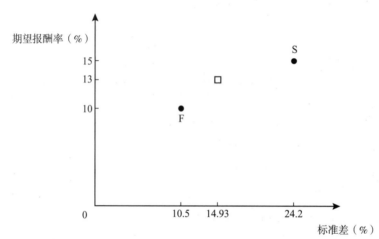

图 4 - 8 S 公司、F 公司以及 60% 投资于 S 公司而 40% 投资于
F 公司所构成的投资组合的期望报酬率和标准差

图 4 - 8 中，分别标记了 F 公司和 S 公司。每个点代表了单只证券的期望报酬率与标准差。正如人们看到的，S 公司拥有较高的期望报酬率和较高的标准差。

图中的方框"口"，代表了 60% 投资于 S 公司而 40% 投资于 F 公司的投资组合。

60% 投资于 S 公司而 40% 投资于 F 公司的选择，仅仅是可以创建的无数种投资组合中的一种。图 4 - 9 的曲线描绘了这无数种投资组合所形成的集合。

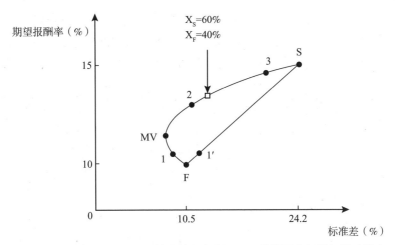

图 4 - 9　持有 F 公司与 S 公司股票所构成的机会集（这两种股票之间的相关系数为 - 0.039）

注：投资组合 1：90% 投资于 F 公司和 10% 投资于 S 公司（r = - 0.039）。
投资组合 2：50% 投资于 F 公司和 50% 投资于 S 公司（r = - 0.039）。
投资组合 3：10% 投资于 F 公司和 90% 投资于 S 公司（r = - 0.039）。
投资组合 1′：90% 投资于 F 公司和 10% 投资于 S 公司（r = 1）。
点 MV 表示最小方差投资组合。这是一个使得方差最小的投资组合。根据定义这个投资组合肯定也具有最小的标准差。

　　投资组合 1 是一个 90% 投资于 F 公司而 10% 投资于 S 公司的投资组合。由于 F 公司占据了大部分权重，因此在图中该投资组合似乎会靠近 F 公司这一点。投资组合 2 在曲线上的位置更高，这是因为它 50% 投资于 F 公司而 50% 投资于 S 公司。投资组合 3 则接近 S 公司的那一点，因为这个投资组合 90% 投资于 S 公司而 10% 投资于 F 公司。

　　关于图 4 - 9，分别说明如下：

　　（1）只要两种证券的相关系数小于 1，投资组合的多元化效应就会发生。S 公司和 F 公司的相关系数为 - 0.039，因此，这种多元化效应可以与通过比较连接 S 公司和 F 公司两点的直线予以说明。这条直线代表了这两种证券相关系数为 1 时可能产生的所有的点。该图说明了多元化效应，因为曲线总是位于直线的左侧。点 1′ 代表了 F 公司与 S 公司的相关系数正好等于 1 时，90% 投资于 F 公司而 10% 投资于 S 公司所构成的投资组合。一般认为，如果 r = 1，就不存在多元化效应。然而，多元化效应适用于该曲线，因为点 1 与点 1′ 相比具有相同的期望报酬率却具有更低的标准差。

　　虽然图 4 - 9 中同时展示了直线和曲线，但它们是不会同时存在的。要么 r = - 0.039，曲线存在；要么 r = 1，直线存在。换句话说，虽然一个投资者可以在 r = - 0.039 的曲线上选择不同的点，但是他不能在曲线上的点和直线上的点之间进行选择。

（2）点 MV 代表最小方差投资组合。这是一个使得方差最小的投资组合。根据定义，这个投资组合肯定也具有最小的标准差（即最小方差投资组合，使用最小标准差投资组合实际上会更好，因为图 4 – 9 中横轴测度的是标准差而非方差）。

（3）一位投资者在考虑投资于一项由 F 公司与 S 公司所构成的投资组合时，将面临图 4 – 9 中所示的机会集（Opportunity Set）或可行集（Feasible Set）。也就是说，他可以通过选择这两种证券合适的混合比例来达到曲线上的任何一点。他不能达到曲线上方的任何一点，因为他不能提高某种证券的报酬率，降低这些证券的标准差，或是降低两种证券之间的相关系数。他也不能达到曲线下方的任何一点，因为他不能降低某种证券的报酬率，提高这些证券的标准差，或是提高两种证券之间的相关系数（当然，他不会想达到曲线下方的某些点，即便他真的能这么做）。

如果他能承受一定风险，可能会选择投资组合 3（事实上，他甚至可以通过将所有的钱孤注一掷地投资到 S 公司中来选择曲线末端的那个点）。如果他的风险承受能力较差，则可能会选择投资组合 2。如果一位投资者希望风险尽可能低，将会选择 MV 点，即方差最小或标准差最小的投资组合。

（4）请注意，F 公司这一点与 MV 点之间的这段曲线是向后弯曲的。这说明，在可行集上有一部分，随着期望报酬率的提高，标准差实际上却在降低。可能有人会问："为什么增加风险较高的证券的比例，S 公司股票会导致投资组合的风险降低呢?"

这一令人惊讶的结果源于投资组合的多元化效应。这两只证券的报酬率彼此之间是负相关的，当一只证券的报酬率呈上升趋势时，另一只证券的报酬率则在下降，反之亦然。所以，相比于仅仅由 F 公司股票构成的投资组合而言，增加少量的 S 公司股票可以发挥对冲的作用。投资组合的风险降低了，意味着曲线会向后弯曲。实际上，如果 $r \leqslant O$，那么曲线总是向后弯曲的。而如果 $r > O$，则曲线可能会也可能不会向后弯曲。当然，曲线向后弯曲仅仅构成曲线中的某一段。随着投资者持续增加 S 公司股票在投资组合中的占比，这只证券较高的标准差最终会导致整个投资组合标准差的提高。

（5）没有投资者愿意持有一个期望报酬率低于最小方差投资组合的投资组合。例如，没有投资者愿意选择投资组合 1。该投资组合比最小方差投资组合具有更低的期望报酬率，却有更高的标准差，人们称该投资组合（比如投资组合 1）劣于最小方差投资组合。虽然 F 至 S 两点之间的整段曲线被称为可行集，但是投资者只会考虑 MV 至 S 两点之间的部分曲线。所以，MV 至 S 两点之间的曲线被称为有效集（Efficient Set）或者有效边界（Efficient Frontier）。

图 4 - 9 展示了当 r = - 0.039 时的机会集，而图 4 - 10 则进行了更深入考察。

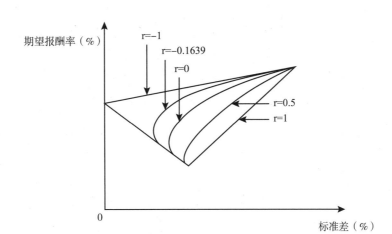

注：每一条曲线代表了不同的相关系数。相关系数越小，曲线越弯曲。

图 4 - 10　持有 F 公司与 S 公司股票所构成的机会集

图 4 - 10 显示了不同相关系数下的不同曲线。如图 4 - 10 所示，相关系数越小，曲线越弯曲，这表明随着 r 的降低，多元化效应在增强。最大的弯曲程度发生在当 r = - 1 时，这是完全负相关的情况，但它几乎没有任何实践意义。大多数证券两两之间都是正相关的。高度负相关对于普通的证券如股票和债券而言，是很罕见的，更别说是完全负相关。

请注意，一对证券之间只有一个相关系数。前面提到，F 公司与 S 公司之间的相关系数为 - 0.039，因此，图 4 - 9 中代表这一相关系数的曲线才是正确的，而图 4 - 10 中的其他曲线仅仅是假设的情况。

2. 多种证券的有效集

上述的讨论只涉及两种证券。人们发现用一条简单的曲线就可以勾勒出所有可能的投资组合。由于投资者通常持有两种以上的证券，因此应该了解当持有两种以上证券时，图形又会是怎样的呢？（见图 4 - 11）

图 4 - 11 的阴影部分代表了在考虑多种证券时的机会集或可行集，即一个投资组合所有可能的期望报酬率与标准差的组合。例如，在 100 种证券的总体中，点 1 可能代表一个投资组合，比如说包含了 40 种证券。点 2 可能代表一个包含了 80 种证券的投资组合。点 3 可能代表一个包含另外 80 种证券的组合，或者同样的 80 种证券但比例不同的组合或者其他一些组合等等。显然，这些组合几乎是无穷的。然而，请注意：所有可能的组合将会落在一个有限的区域内，没有哪一种证券或者投资组合能够落在阴影区域外面。也就是说，没有人能够选择一个

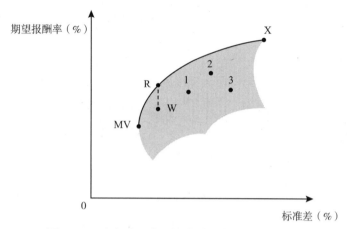

图 4 – 11   由多种证券所构成的投资组合的可行集

期望报酬率超过给定阴影区域的投资组合。此外，也没有人能够选择一个标准差低于给定阴影区域的投资组合。或许更让人惊讶的是，没有人能够选择一个期望报酬率低于给定曲线的投资组合。换句话说，资本市场实际上防止了自我毁灭的投资者承担确定无疑的损失。

图 4 – 11 与之前的图示不同，当只涉及两种证券时，所有的组合位于一条曲线上；相反，许多种证券的组合则会覆盖在一片完整的区域上。然而，请注意：投资者只希望投资组合位于 MV 与 X 两点之间的上方边界。这一边界就是在图 4 – 11 中用粗线表示的曲线，被称为有效集。位于有效集下方的任何一点比有效集上对应的那点具有更低的期望报酬率和同样的标准差。例如，考虑有效集上的点 R 及其正下方的点 W，如果点 W 所包含的风险就是你所希望的，那么你应该选择点 R 以获得更高的期望报酬率。

图 4 – 11 与图 4 – 9 非常类似，图 4 – 9 中的有效集是从点 MV 到点 S，它包含了 S 和 F 公司股票的各种组合；而图 4 – 11 中的有效集是从点 MV 到点 X，它包含了许多种证券的各种组合。图 4 – 11 中出现了整个阴影部分而图 4 – 9 没有，这并不是一个重要的区别，因为投资者无论如何都不会选择图 4 – 11 中有效集下方的任何一点。

前文曾提到，在现实中两种证券的有效集可以很容易地计算出来。但当加入更多的证券时，这项工作会变得更加困难，因为计算量将迅速膨胀。因此，证券超过一定的数量时，一般借助于计算机和相应软件来计算并绘制不同投资组合的有效集。

4.3.2   有效投资组合

1. 风险/报酬无差异曲线

在给定的投资组合有效集中，投资者应该选择哪个投资组合呢？要确定特定投资者的最优投资组合，必须知道该投资者对风险的态度，这种态度在该投资者的风险/报酬交易函数或无差异曲线（indifference curve）中反映出来。

如图 4 – 12 所示，某个投资者的风险/报酬交易函数是基于经济学中的效用理论以及无差异曲线。

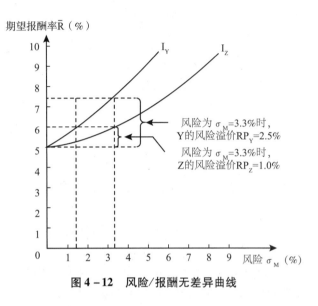

图 4 – 12　风险/报酬无差异曲线

图 4 – 12 中曲线 I_Y 和 I_Z 是投资者 Y 和 Z 的无差异曲线。对 Y 来说，期望报酬率为 5% 的无风险投资组合与期望报酬率为 6% 、风险 $\sigma_M = 1.4\%$ 的投资组合是无差异的。而对 Z 来说，期望报酬率为 5% 的无风险投资组合与期望报酬率为 6% 、风险 $\sigma_M = 3.3\%$ 的投资组合是无差异的。

请注意：Y 对任一给定风险，要求有更高的期望报酬率作为补偿，因此 Y 较之 Z 更厌恶风险（risk averse）。较高的风险厌恶程度使 Y 比 Z 要求更高的风险溢价（risk premium）。这一溢价为投资者要求的补偿，即任一给定风险下，Y 获得的期望报酬率与 5% 无风险报酬率之间的差额。因此，Y 在风险为 $\sigma_M = 3.3\%$ 时，要求 2.5% 的风险溢价补偿，而 Z 在这个风险程度下的风险溢价仅为 1.0% 。概括而言，投资者的无差异曲线斜率越大，投资者越厌恶风险，因此，Y 比 Z 更厌恶风险。

每个投资者都对应一个无差异曲线图，Y 和 Z 的无差异曲线图如图 4 – 13 所示。

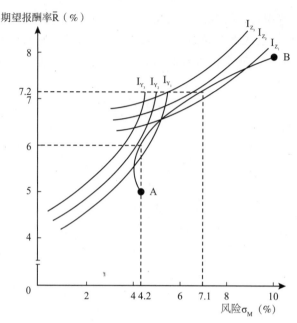

图 4 – 13　选择风险资产的有效投资组合

图 4 – 13 中较高的曲线代表了较高的满意度（或效用），因此 I_{Z_2} 比 I_{Z_1} 更好，因为在任一风险水平下，Z 有较高的期望报酬率，因此有较大的效用。每个投资者的无差异曲线图中有无数条无差异曲线，而每个投资者仅有一条无差异曲线。

2. 最优投资组合

图 4 – 11 假设的是所有有效集上的证券都是存在风险的。此外，投资者也可以将有风险的投资与低风险或者无风险证券进行组合（如投资购买政府公债）。事实上，投资者可能会把无风险资产与风险资产投资组合结合起来。图 4 – 14 中对此进行了解释。

图 4 – 14 中，Q 点代表了一种证券投资组合，位于风险资产可行集的内部。让我们假设该点代表了 30% 的中国电信公司、45% 的中国石油公司以及 25% 的中国联想公司股票构成的投资组合。个人投资者将投资 Q 与对无风险资产的投资组合起来可以产生一条从点 R_F 至点 Q 的直线，将其称为直线 I。例如，这条直线上的点 1 代表了 70% 的无风险资产与 30% 的股票组合 Q 所构成的一个投资组合。一位拥有 100 元的投资者选择点 1 作为他的投资组合，那么会把 70 元投资于无风险资产，把 30 元投资于 Q。这可以重新表述为 70% 投资于无风险资产，9元（0.3 × 30）投资于中国电信股票，13.5 元（0.45 × 30）投资于中石油股票，以及 7.5 元（0.25 × 30）投资于联想股票。点 2 也代表一个无风险资产与 Q 构成

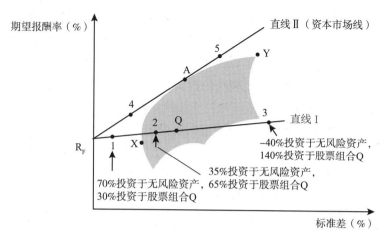

图 4-14　风险证券与无风险资产构成的投资组合的期望报酬率与标准差之间的关系

的投资组合，该组合对 Q 的投资会多一些（65%）。

点 3 是通过借款投资于 Q 产生的。例如，一个自有 100 元的投资者可以向银行或者经纪人借款 40 元从而将 140 元投资于 Q。这可以表述为借款 40 元并拿出自有的 100 元从而将 42 元（0.3×140）投资于中国电信股票、将 63 元（0.45×140）投资于中石油股票以及 35 元（0.25×140）投资于联想股票。

上述投资可以概况如表 4-6 所示。

表 4-6　　　　　　　　　　　　　证券投资组合

公司	点 Q	点 1（借出 70）	点 3（借入 40）
中国电信	30	9	42
中石油	45	13.50	63
中国联想	25	7.50	35
无风险资产	0	70	-40
总投资	100	100	100

尽管任何投资者都可以达到直线 I 上的任意一点，但是这条线上所有的点都不是最优的。为了说明这点，考虑直线 II，这是一条从点 R_F 出发通过点 A 的直线。点 A 代表一个风险证券投资组合，直线 II 代表无风险资产与投资组合 A 所构成的各种投资组合，而点 R_F 和点 A 之间的点则代表部分资金投资于无风险资产而其他资金投资于投资组合 A 所构成的投资组合。点 A 之后的点是通过无风险利率借款来购买超过投资者原有资金所能购买的投资组合 A 而形成的。

如图 4-14 所示，直线 II 与风险证券的有效集相切。无论个人投资者能够获得直线 I 上的哪个点，他也能在直线 II 上获得一个具有相同标准差但期望报酬率更高的点。事实上，由于直线 II 与风险资产的有效集相切，因此它为投资者提供了最优的投资机会。换句话说，直线 II 可被视为所有资产的有效集，包括风险和无风险资产。一位风险厌恶程度较高的投资者可能会选择点 R_F 和点 A 之间的一个点，比如点 4。一位风险厌恶程度较低的投资者则可能选择一个接近于点 A 或是处于点 A 右侧的点。例如，点 5 对应的就是个人投资者通过借款来增加其对投资组合 A 的投资。

图 4-14 说明了重要的一点。在无风险借贷下，任何投资者持有的风险资产投资组合总是点 A。如果不考虑投资者的风险承受能力，那么他既不会选择风险资产有效集（曲线 XAY）上的其他任何一点，也不会选择可行区域内部的任何一点。当然，如果投资者具有较高的风险厌恶程度，那么他会选择将投资组合 A 与无风险资产进行组合。而如果具有较低的风险厌恶程度，那么他会借入无风险资产而将更多的资金投资于投资组合 A。

这个结果构建了金融经济学家所称的分离原则（separation principle）。也就是说，投资者的投资决策由单独的两个步骤组成：

（1）在估计了单只证券的期望报酬率和方差以及各对证券的协方差之后，投资者可以计算出风险资产的有效集，如图 4-14 中曲线 XAY 所示的那样。然后，他可以确定点 A，即无风险利率与风险资产有效集（XAY）的切点。点 A 表示投资者将持有的风险资产投资组合，这一点是根据他对报酬率、方差和协方差的估计来确定的。在这一步骤中，不涉及投资者的个人特征，如风险厌恶程度等。

（2）现在，投资者必须决定如何将他的风险资产投资组合（点 A）与无风险资产进行组合。他可以将一些资金投资于无风险资产，一些投资于投资组合 A。在这种情况下，他最终是在点 R_F 和点 A 之间的直线上选取某一点。或者，他可能以无风险利率借款再加上他的自有资金一起投资于投资组合 A。在这种情况下，投资者最终是在直线 II 上 A 点的右侧选取某一点。投资者所选择的无风险资产的位置，也就是他希望位于这条直线上的哪一点，是由他的内在特征如风险承受能力所决定的。

3. 风险：系统性与非系统性

系统性风险（Systematic Risk）会影响大部分资产，但对每一种资产的影响程度大小不一。因为系统性风险在整个市场范围内都会产生影响，所以有时也称为市场风险（Marketrisks）。

非系统性风险（Unsystematic Risk）影响的是单项资产或者一小部分资产。因为这些风险对单个企业或资产来说是特有的，所以有时也称为特有风险（Unique Risk）或者资产特定风险（Asset Specific Risk）。

正如人们所看到的，总体经济环境（比如 GDP、利率或者通货膨胀）的不确定性，都是系统性风险的例子。这些因素几乎对所有企业都会产生一定程度的影响。例如，非预期或者意外的通货膨胀加剧，会影响工资和公司购买物资的成本，也会影响公司所拥有的资产价值，而且会影响公司销售其产品的价格。这些使所有公司都会受到的影响从本质上讲就是系统性风险。

相反，一家石油公司罢工的消息将主要影响该公司，或许还有少数其他公司（如该公司的主要竞争对手和供应商）。然而，该消息不可能显著影响世界石油市场，或者影响非石油行业公司的业务，所以这是一个非系统性事件。

系统性风险与非系统性风险的区别其实并不像人们所划分的那么精确。即使是关于一家公司最细微、最特殊的一条消息，也会在经济中激起不小的涟漪。这就是事实，因为每一个企业——不管规模多么小都是经济的一部分。

4. 多元化与投资组合的风险

（1）多元化原理。大家知道，投资组合的风险与构成投资组合的那些资产具有迥然不同的风险。现在，我们进一步讨论单项资产与由多种不同资产构成的投资组合的风险会产生什么变化？

图 4-15 阐述了投资组合多元化与风险分散的原理。

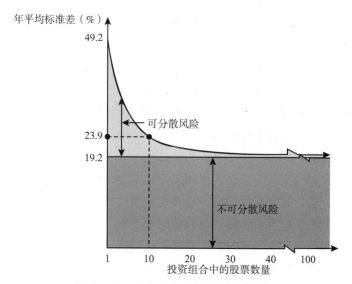

图 4-15 投资组合多元化与风险分散

图 4-15 绘制了报酬率标准差与投资组合中股票数量的关系。请注意，随着加入的股票数量越来越多，多元化在降低风险方面的作用逐渐减小。当拥有 10 种证券时，大部分的多元化效应已经实现；当证券数量达到 30 种或更多时，增

加证券数量几乎不会再带来多元化的好处。

图 4 - 15 说明了两个重要问题：第一，一些与单个资产有关的风险可以通过构建投资组合的方式消除掉。在不同资产之间分散投资的过程（从而构成投资组合）称为多元化（Diversification）。多元化原理（Principle of Diversification）告诉人们，将投资分散在不同的资产之间将消除部分风险。图 4 - 15 中的浅灰部分称为"可分散风险"（Diversifiable Risk），是指通过多元化可以消除的那部分风险。第二点同样重要：有一部分风险，它不能简单地被多元化消除。在图 4 - 15 中，这部分风险称为"不可分散风险"（Nondiversifiable Risk）。这两点是从资本市场历史中获得的另一个重要经验：多元化降低了风险，但是只能降低到一定程度。换句话说，一些风险是可分散的，一些风险则是不可分散的。

（2）多元化与非系统性风险。从人们对投资组合风险的讨论中可知，一些与单个资产有关的风险是能够被分散的，而有一些风险则不能。现在还有一个重要的问题尚待解决：为什么会这样？原来答案隐藏在之前对于系统性风险和非系统性风险的区分中。

根据定义，非系统性风险是针对特定资产或者最多是一小部分资产的风险。例如，如果人们考虑的资产是一家公司的股票，发现净现值为正的项目（比如成功的新产品以及创新性的成本节约）将会提高公司股票价值。而未预料到的法律诉讼、工业事故、罢工以及类似的事件则会减少公司未来的现金流量，因此会降低公司股票价值。

这里有一个重要的发现：如果只持有一只股票，那么投资将会因为公司特定事件而波动。另外，如果持有一个大的投资组合，该投资组合中的一些股票因为积极的公司特定事件而价值上升，另一些股票则因为消极的公司特定事件而价值下降。然而，这些事件对于投资组合总体价值的净影响将相对较小，因为这些影响会彼此相互抵消。

现在，来看看为什么与个别资产相关的波动性可以通过多元化来消除。当把资产组合成投资组合时，那些特定的或者说非系统性的事件——包括积极的和消极的事件，会随着人们持有超过一定数量的资产而"冲销掉"。

这里再次强调：非系统风险基本上可能通过多元化来消除。所以，一个拥有多种资产的投资组合几乎不存在非系统性风险。

（3）多元化与系统性风险。现在人们已经知道非系统性风险可以通过多元化来消除，那么系统性风险又是怎样的呢？它是否也能通过多元化来消除呢？答案是不能的，因为根据定义，一种系统性风险在一定程度上几乎影响了所有的资产。无论人们在投资组合中加入多少种资产，系统性风险都是不能消除的。

大家知道，投资的总风险可以由报酬率的标准差来衡量，可以表示为：

$$总风险 = 系统性风险 + 非系统性风险$$

系统性风险也被称为不可分散风险或者市场风险。非系统性风险也被称为可分散风险、特有风险或者资产特定风险。对于一个高度分散的投资组合来说，非系统性风险是可以忽略不计的。因此，对于这种投资组合，所有的风险从根本上说都是系统性风险。

5. 市场均衡与贝塔系数

到目前为止，所进行的大部分分析都只涉及一个投资者。投资者对单只证券的期望报酬和方差以及各对证券之间协方差的估计，都只属于投资者个人的事情。其他投资者显然对上述变量会有不同的估计。然而，这些估计可能差异不大，因为所有投资者的决策都是根据过去的价格变动以及其他公开的可用信息这些相同的数据做出的。

金融经济学家通常会想象一个所有投资者对于期望报酬、方差以及协方差拥有相同估计的世界。尽管事实上这是不可能的，但可以认为这是一种有用的简化假设，即假设世界上所有投资者有类似的信息来源。该假设称为同质预期（Homogeneous Expectations）。[①]

如果所有的投资者具有同质预期，那么图 4 - 14 对于所有投资者来说都是一样的。也就是说，所有投资者都将描绘出相同的风险资产有效集，因为他们所使用的信息是相同的。风险资产的有效集是由曲线 XAY 来表示的，因为每个投资者的无风险利率是相同的，所有的投资者都将认为应该持有点 A 所代表的风险资产投资组合。

点 A 具有十分重要的意义，因为所有投资者都会购买该点所代表的风险证券。那些风险厌恶程度较高的投资者可能会将点 A 与无风险资产投资组合起来，比如选择点 4。其他风险厌恶程度较低的投资者则可能会通过借款投资来达到比如说点 5。

如果所有投资者都选择相同的风险资产投资组合，就有可能确定这个投资组合是怎样的。常识告诉人们，这个投资组合就是市场上目前所有证券按市场价值加权的投资组合，也就是市场组合（Market Portfolio）。

在实践中，金融经济学家利用广泛基础指数（如标准普尔 500 指数）作为市场组合的替代。当然，所有的投资者并不会持有相同的投资组合。然而，大家知道为数众多的投资者会持有多元化的投资组合。

迄今为止，人们已经知道一项资产的整体风险可以分解成两部分：系统风险

---

① 同质预期假设是指所有投资者对于报酬、方差以及协方差拥有相同的期望，它并不是说所有投资者具有相同的风险程度。

和非系统风险。非系统风险可以通过投资分散化而化解掉，而一项资产所呈现的系统风险则无法通过分散化来化解。

根据对资本市场历史的研究，人们知道，一般说来，承担风险会得到回报。系统风险原则说明，承担风险时所得到的回报的大小，仅仅取决于这项投资的系统风险。这个原则所依据的道理非常直观：由于（通过分散化）化解非系统风险几乎没有任何成本，因此承担这种风险没有回报。换句话说，市场不会给那些不必要的风险以回报。因此，根据系统风险原则可知：不管一项资产的整体风险有多大，在确定这项资产的期望报酬率（和风险报酬）时，只需要考虑系统性风险部分。

由于系统风险是一项资产期望报酬率的关键性因素，因此投资者将借助于贝塔系数来衡量不同投资的系统风险水平。

贝塔系数一般分为个别贝塔系数和投资组合贝塔系数。

（1）个别贝塔系数。接下来研究的问题是：是否所有证券的风险都相同，以致在将任何证券加入高度多元化的投资组合中后，它对投资组合风险的贡献也都一样？对这一问题的回答是否定的。不同的证券对投资组合风险的影响并不一样，所以不同的证券也具有程度各异的风险。那么，怎样才能衡量出个别证券的风险呢？前已述及，除了与整个市场变动有关的风险无法分散掉外，其他风险都可以通过投资组合的方式加以消除。因此，对任何个别证券而言，人们通常不会把那些可以分散掉的风险视为风险，只有那些无法分散掉的市场风险才是真正的风险——此种风险的大小可以由个别证券随着市场行情的涨落程度衡量出来，而衡量这一涨落程度的指标即为贝塔系数。

贝塔系数反映个别证券相对于平均风险证券的变动程度，通常用 β 表示。假若某种证券会随着一般市场指数的移动而上下移动，称之为平均风险证券。一般市场的移动程度通常是用一些较具代表性的证券指数（如道琼斯工业证券指数、史普投资服务公司五百种证券指数、纽约证券交易所证券指数）来衡量的。证券的贝塔系数等于 1，意味着当股市行情上涨 10% 时，该种证券的行情也会随之上涨 10%；反之，当股市行情下跌 10% 时，该种证券的行情也会随之下跌 10%。若投资组合中所有证券的贝塔系数都等于 1，则该投资组合会随着股市行情的涨跌而呈现同幅度的涨跌，且风险程度等同于平均风险证券。若某种证券的贝塔系数等于 0.5（$\beta = 0.5$），则说明该证券的变动只有市场变动的 50%——即当股市行情上涨 10% 时，该证券的行情只上涨 5%；而由此种股票构成的投资组合，它的风险程度也仅为由平均风险证券构成的投资组合的一半而已。同样，若 $\beta = 2$，则该种证券的变动性为平均风险证券变动的两倍，而由此种证券构成的投资组合，它的风险亦为平均风险投资组合的两倍。

不同贝塔系数证券的报酬率与市场投资组合报酬率之间的关系如图 4 - 16 所示。

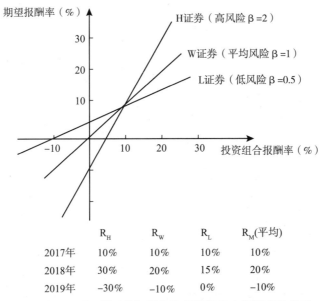

	R_H	R_W	R_L	R_M(平均)
2017年	10%	10%	10%	10%
2018年	30%	20%	15%	20%
2019年	-30%	-10%	0%	-10%

图 4 - 16　不同贝塔系数证券与市场投资组合报酬率的关系

假若在 2017 年，市场投资组合的报酬率为 10% ，而 H、W、L 三种证券的报酬率也均为 10% 。若 2018 年，因股市行情大幅上涨，使得市场投资组合的报酬率上涨到 $R_M = 20\%$ ，由此而波及三种证券的上涨率：H 证券上涨到 30% ；W 证券上涨到 20% ；L 证券上涨到 15% 。假若在 2019 年股市普遍不景气，且市场投资组合的报酬率也由此降为 $R_M = -10\%$ ，此时，三种证券的报酬率也随之下跌：H 证券报酬率跌到 -30% ；W 证券报酬率跌到 -10% ；L 证券的报酬率则跌到 0% 。由此可见，三种证券的移动方向与市场投资组合相同，但其变动幅度高低不一。

图 4 - 16 中的三条直线在统计学上称为回归直线，每一条直线的斜率就是个别证券的贝塔系数。

贝塔系数计算公式为：

$$\beta = \frac{\mathrm{Cov}(\bar{R}_i, R_M)}{\sigma_M^2} \tag{4-10}$$

式中：$\mathrm{Cov}(\bar{R}_i, R_M)$ ——第 i 种证券的报酬与市场组合报酬之间的协方差；

σ_M^2 ——市场组合报酬的方差。

（2）投资组合贝塔系数。投资组合贝塔系数是指个别证券的贝塔系数的加权平均值。其计算公式为：

$$\beta_M = \sum_{i=1}^{n} \beta_i \cdot X_i \qquad (4-11)$$

式中：β_M——投资组合贝塔系数；

X_i——第 i 种证券的投资比重；

β_i——第 i 种证券贝塔系数。

若将具有高于平均风险性质（$\beta > 1$）的证券加入具有平均风险性质（$\beta = 1$）的证券投资组合中，则投资组合的风险会增加。反之，若在具有平均风险性质的投资组合中加入具有低平均风险性质（$\beta < 1$）的证券，则投资组合的风险会降低。总之，因为证券的贝塔系数衡量的是个别证券对投资组合风险的贡献程度，所以，从理论上讲贝塔系数可以正确衡量证券的风险。

（3）贝塔系数影响因素。一家企业贝塔系数大小是由其企业的特征决定的。一般而言，影响贝塔系数的因素包括收入的周期性、经营杠杆和财务杠杆。

①收入的周期性。某些企业的收入具有明显的周期性特征，如在商业扩张阶段业绩辉煌，而在收缩阶段业绩萎靡不振。经验证据表明，高科技企业、零售企业和汽车企业均会随着商业周期起伏，公用事业、铁路、食品和航空类的企业则没有明显的商业周期。由于贝塔系数是个别证券报酬率与市场报酬率的反应程度，因此周期性强的股票的贝塔系数较高。

需要指出的是，收入的周期性并不等同于收入的波动性。比如一个电影制片公司难以预估所拍影片的好坏的可能性，所以收入的波动性很大。但是，电影制片公司的收入取决于影片发行质量而非商业周期，所以它的周期性并不强。也就是说，证券的标准差大并不意味着贝塔系数就大。

②经营杠杆。按照成本特性可将企业的成本划分为固定成本和变动成本，固定成本不随业务量变动，变动成本则随业务量的变动而变动。企业往往面临固定成本和变动成本之间的权衡。例如，企业在建造工厂的过程中会产生高额的固定成本，但企业可以将生产外包给供应商，这样能够降低固定成本，但会引发较高的变动成本。固定成本往往会放大收入周期性的影响。即使在企业经营不景气、产品滞销的时候，固定成本也是必须负担的，这样很可能导致企业大幅亏损。

固定成本较高且变动成本较低的企业通常被认为具有较高的经营杠杆（Operating Leverage）。相反，固定成本较低且变动成本较高的企业具有低的经营杠杆。经营杠杆放大了企业收入周期性对贝塔系数的影响，也就是说，如果企业的收入周期性给定，生产经营过程中改变成本结构，则企业的贝塔系数则会发生变动。

③财务杠杆。大家知道，经营杠杆反映的是企业生产经营中的固定成本，财务杠杆则体现了企业对债务融资的依赖程度。杠杆企业是指资本结构中拥有负债

的企业。杠杆企业不论其销售情况如何都要支付利息，所以财务杠杆反映了企业的财务固定成本。

正如经营杠杆的增加会导致贝塔系数的增大，财务杠杆的增加（即负债的增加）同样会使贝塔系数增大。假如一家企业在其资本结构中既有负债又有权益，再假定某投资者拥有企业全部的负债和权益，即拥有整个企业，那么，这个由负债和权益所构成的组合的贝塔系数是多少呢？

与其他证券组合一样，该组合的贝塔系数等于组合中各项资产的贝塔系数的加权平均。以 B 表示企业债务的市场价值，以 S 表示企业权益的市场价值，可以得到：

$$\beta_{组合} = \beta_{资产} = \frac{S}{B+S} \times \beta_{权益} + \frac{B}{B+S} \times \beta_{负债} \quad (4-12)$$

式中，$\beta_{权益}$ 是杠杆企业的权益贝塔系数。

该资产组合同时包括企业的负债和权益，组合的价值完全依赖于企业的资产，所以组合的贝塔系数就是资产的贝塔系数。

对于全部以权益融资的企业，资产的贝塔系数可以看作普通股的贝塔系数。实际上，负债的贝塔系数很小，通常假设为零。若假设负债的贝塔系数为零，则有：

$$\beta_{资产} = \frac{S}{B+S} \times \beta_{权益} \quad (4-13)$$

对于杠杆企业，权益在资本结构中的占比一定小于 1，所以，$\beta_{资产} < \beta_{权益}$。将式（4-13）重新整理可得：

$$\beta_{权益} = \beta_{资产} \times \frac{1}{B+S} \quad (4-14)$$

对于杠杆企业，权益的贝塔系数一定大于资产的贝塔系数（假设资产的贝塔系数大于零）。

（4）贝塔系数与风险报酬。既然通过贝塔系数的测算可以衡量证券组合中各单项资产的系统风险，那么市场又是如何给予风险以回报的呢？现在让我们先作一假设：假定 A 资产的期望报酬率为 20%，贝塔系数为 1.6，无风险报酬率为 8%。根据有关定义可知，无风险资产不存在系统风险（或只有非系统风险），所以，无风险资产的贝塔系数等于零。现在我们考虑一个由 A 资产和无风险资产所构成的投资组合。我们可以通过改变在这两项资产上的投资所占的百分比，计算出一些可能的投资组合的期望报酬率和贝塔系数。例如，如果投资组合的 25% 投资在资产 A 上，那么投资组合的期望报酬率就是：

$$\overline{R}_M = 0.25 \times \overline{R}_A + (1-0.25) \times R_F$$
$$= 0.25 \times 20\% + 0.75 \times 8\%$$
$$= 11\%$$

同样，投资组合的贝塔系数 β_M 为：

$$\begin{aligned} \beta_M &= 0.25 \times \beta_A + (1 - 0.25) \times 0 \\ &= 0.25 \times 1.6 \\ &= 0.40 \end{aligned}$$

请注意：因为权数的和必须等于1，因此投资在无风险资产上的百分比就等于1减去投资在 A 资产的百分比。

你可能想知道，投资在 A 资产上的百分比会不会超过100%？答案是肯定的。它之所以会发生，是因为投资者可以以无风险利率借款。例如，如果一个投资者有100元，并以无风险利率8%另外借了50元，那么他对 A 资产的总投资就是150元，也就是投资者总财富的150%。这种情况下的期望报酬率将为：

$$\begin{aligned} \overline{R}_M &= 1.5 \times \overline{R}_A + (1 - 1.5) \times R_F \\ &= 1.5 \times 20\% - 0.5 \times 8\% \\ &= 26\% \end{aligned}$$

投资组合的贝塔系数则为：

$$\begin{aligned} \beta_M &= 1.5 \times \beta_A + (1 - 1.5) \times 0 \\ &= 1.5 \times 1.6 \\ &= 2.4 \end{aligned}$$

以此类推，可以计算出投资组合中 A 资产所占不同比重条件下的期望报酬率和贝塔系数，如表4-7、图4-17所示。

表4-7   A 资产不同比重下期望报酬率与贝塔系数

A 资产比重（%）	投资组合期望报酬率（%）	投资组合贝塔系数
0	8	0
25	11	0.4
50	14	0.8
75	17	1.2
100	20	1.6
125	23	2
150	26	2.4

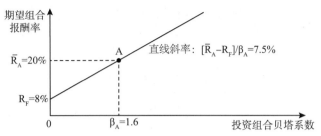

图 4 – 17 A 资产投资组合期望报酬率和贝塔系数

那么，图 4 – 17 中直线的斜率是多少？从图中可以看出，当从无风险资产
（R_F）移动到点 A 资产时，贝塔系数从 0 上升到 1.6，同时期望报酬率也从 8%
上升到 20%，因此，这条直线的斜率为：12% / 1.6 = 7.5% 。

而这条直线的斜率刚好等于 A 资产的风险报酬（$\overline{R}_A - R_F$）除以 A 资产的贝
塔系数（β_A）：

$$\text{斜率} = \frac{\overline{R}_A - R_F}{\beta_A}$$

$$= \frac{20\% - 8\%}{1.6}$$

$$= 7.5\%$$

这说明，A 资产所提供的回报对风险的比率是 7.5% ，也就是说对于每一
"单位"的系统风险，A 资产的风险报酬是 7.5% 。

现在，假定我们考虑第二项资产——B 资产。若 B 资产的贝塔系数是 1.2，
期望报酬率是 16% 。A 资产和 B 资产哪一个更好？你可能还是会觉得投资者很
难做出选择——因为有些投资者可能偏爱 A 资产，有些投资者可能偏爱 B 资产。
但是，投资者可以说：A 资产更好。这是因为，至少相对于 A 资产来说，B 资产
所提供的报酬率不足以补偿它的系统风险水平。

现在首先计算 B 资产和无风险资产在不同组合下的投资组合期望报酬率和贝
塔系数，就像对资产 A 所计算过的那样。例如，如果人们投资 25% 在 B 资产上，
其余的 75% 投资在无风险资产上，那么这个投资组合的报酬率将为：

$$\overline{R}_M = 0.25 \times \overline{R}_B + (1 - 0.25) \times R_F$$

$$= 0.25 \times 16\% + 0.75 \times 8\%$$

$$= 10\%$$

投资组合的贝塔系数则为：

$$\beta_M = 0.25 \times \beta_B + (1 - 0.25) \times 0$$

$$= 0.25 \times 1.2$$

$$= 0.3$$

以此类推，投资者可以计算出投资组合中 B 资产所占不同比重条件下的期望报酬率和贝塔系数，如表 4 - 8、图 4 - 18 所示。

表 4 - 8　　　　　　　　　B 资产不同比重下期望报酬率与贝塔系数

B 资产比重（％）	投资组合期望报酬率（％）	投资组合贝塔系数
0	8	0
25	10	0.3
50	12	0.6
75	14	0.9
100	16	1.2
125	18	1.5
150	20	1.8

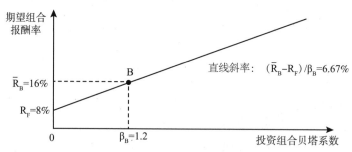

图 4 - 18　B 资产投资组合期望报酬率和贝塔系数

为了进一步比较 A 资产和 B 资产之间的差异，现将 A 资产和 B 资产在投资组合中的期望报酬率和贝塔系数对照如图 4 - 19 所示。

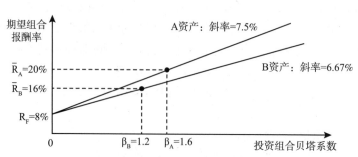

图 4 - 19　A、B 两项资产的投资组合期望报酬率和贝塔系数

从图 4-19 中可知，代表 A 资产的期望报酬率和贝塔系数组合的线高于代表 B 资产的线。这说明在任何一个系统风险水平（以 β 来测量）下，A 资产和无风险资产的一些组合总是会提供较高的报酬率。这就是为什么说投资于 A 资产比投资于 B 资产更好的原因。

投资者还可以通过与 B 资产的斜率的对比，看出 A 资产在它的风险水平上能够提供更高的报酬率：

$$斜率 = \frac{\overline{R}_B - R_F}{\beta_B}$$

$$= \frac{16\% - 8\%}{1.2}$$

$$= 6.67\%$$

因此，B 资产的回报对风险的比率是 6.67%，小于 A 资产的 7.5%。

从上述分析可以看出，A 资产和 B 资产的状况在一个健康运转的活跃市场上不可能长期存在的，因为投资者会被 A 资产所吸引，而远离 B 资产。结果，A 资产的价格将上升，B 资产的价格将下跌。由于价格和报酬率的变动方向相反，因此 A 资产的期望报酬率将下降，B 资产的期望报酬率将上升。这种买进和卖出的交易将一直持续到两项资产刚好处在同一条线上，这表示它们对承担风险给予相同的回报。换句话说，在一个活跃、竞争性的市场上，投资者会得到以下这种结果：

$$\frac{\overline{R}_A - R_F}{\beta_A} = \frac{\overline{R}_B - R_F}{\beta_B} \tag{4-15}$$

这就是风险和报酬率之间的基本关系。

上述结论可以推广到两种以上资产的情况。事实上，不管投资者拥有多少项资产，得出的结论都是相同的，即市场上所有的资产回报对风险的比率必定相等。

这个结论其实一点也不值得奇怪。它表明如果一项资产的系统风险是另一项资产的两倍，那么它的风险报酬也会是两倍。因为市场上所有资产的回报对风险比率都相等，它们必定全部落在同一条线上，如图 4-20 所示。

如图 4-20 所示，A 资产和 B 资产直接落在同一条线上，因而它们具有相同的回报对风险比率。如果一项资产落在这条线的上方，例如图 4-20 中的 C 点，那么它的价格就会上涨，期望报酬率就会下降，直到它落在这条线上为止。同样，如果一项资产落在这条线的下方，如图 4-20 中的 D 点，那么它的期望报酬率会上升，直到它也正好落在这条线上。

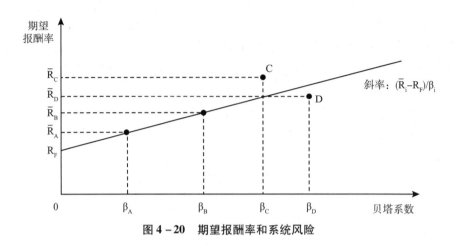

图 4 - 20　期望报酬率和系统风险

贝塔系数和期望报酬率的基本关系是：所有资产的回报对风险的比率，即 $\dfrac{\overline{R}_i - R_F}{\beta_i}$ 必定相等，这表明它们都落在同一条直线上。A 资产和 B 资产就是这种特性的一个例子，而 C 资产的期望报酬率太高，D 资产则太低。

4.4　资本资产定价模型：原理与应用

4.4.1　资本资产定价模型：资本市场线与证券市场线

图 4 - 21 显示了多种资产投资组合的类似图形，其中包含了报酬率为 R_F 的无风险资产。

图 4 - 21 中描述了风险资产投资组合的可行集（阴影部分）和特定投资者的一簇无差异曲线（I_1，I_2，I_3）。无差异曲线 I_1 与有效集的切点 N 代表了一个可能的投资组合选择，这个点位于风险投资组合的有效集上。在此点上，投资者在给定风险下获得可能的最大报酬率，以及在给定期望报酬率的情况下风险最小。

然而，投资者能有比投资组合 N 更好的选择，他能到达更高的无差异曲线。除了风险投资组合的有效集外，还有一项提供无风险报酬率 R_F 的无风险资产。投资者可以把无风险资产纳入风险投资组合，从而构造出新的投资组合。这可以让投资者在 R_F 到点 M 的直线上完成任意风险与报酬的组合，点 M 为直线与风险资产投资组合有效边界的切点。直线 $R_F MZ$ 上的一些投资组合比有效边界 BNME 上的大多数风险投资组合更受投资者欢迎，因此，直线 $R_F MZ$ 上的点代表了可以

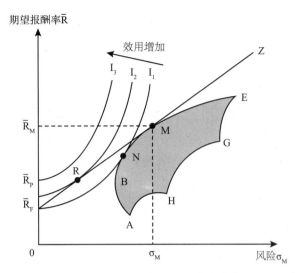

图 4 – 21　投资者的均衡：包含无风险资产在内的市场组合

达到的最好的风险和报酬组合。

有了沿直线 $R_F MZ$ 的新投资机会，投资者将会从点 N 移到点 R，后者位于更高的无差异曲线上，需要注意的是，原来有效边界 BNME 上的点（切点 M 除外）不如直线 $R_F MZ$ 上的一些点。一般说来，由于投资者在投资组合中可以包含无风险资产以及一部分风险资产 M，因此他可以移到诸如点 R 的地方。此外，如果投资者可以以无风险利率任意借入或贷出资金（贷出资金相当于购买了无风险证券），他们可能会把投资组合移至 MZ 部分。如果无差异曲线与 $R_F MZ$ 的切点位于点 M 右侧，投资者的确会这样做。

投资组合理论认为，所有投资者的投资组合都会落在直线 $R_F MZ$ 上，这也意味着他们会持有风险投资组合 M 和无风险资产（R_F）的组合。因而，额外的无风险资产完全改变了投资组合的有效集：有效集不再沿着曲线 BNME，而是沿着直线 $R_F MZ$。同时，如果资本市场处于均衡状态，投资组合 M 一定包含了所有的风险资产，各项资产的比重为各资产市值占总市值的比例。即如果证券 i 占总市值比重为 X，则投资组合 M 中也包含比例为 X 的证券 i（换句话说，M 是市场中所有风险资产以市值比重组成的投资组合）。因此，所有投资者都应该持有位于 $R_F MZ$ 上的投资组合。

图 4 – 21 中的直线 $R_F MZ$ 称为资本市场线（Capital Market Line，CML），其截距为 R_F，斜率为 $(R_M - R_F)/\sigma_M$。因此，资本市场线的方程式表示为：

$$\text{CML}: \bar{R} = R_F + \left(\frac{R_M - R_F}{\sigma_M} \right) \cdot \sigma_p \qquad (4-16)$$

有效投资组合的期望报酬率等于无风险利率加风险溢价，其风险溢价等于 $\left(\dfrac{R_M - R_F}{\sigma_M}\right)$ 乘以投资组合的标准差 σ_p。因此，CML 说明了期望报酬率和风险水平之间的线性关系。风险型资产市场组合的期望报酬率 R_M 减去无风险利率 R_F 称为市场风险溢价（Market Risk Premium），CML 的斜率等于该风险溢价除以市场组合报酬率的标准差 σ_M：

$$\text{CML 的斜率} = \frac{R_M - R_F}{\sigma_M}$$

例如，假设 $R_F = 10\%$，$R_M = 15\%$，$\sigma_M = 15\%$，则 CML 的斜率为（15% – 10%）/15% = 0.33。如果投资组合的 σ_p 为 10%，则其 $\bar{R}$ 为：

$$\bar{R} = 10\% + 0.33 \times 10\% = 13.3\%$$

一个风险更大的投资组合如 $\sigma_F = 20\%$，其 $\bar{R} = 10\% + 0.33 \times 20\% = 16.6\%$。

图 4 – 22 为 CML，这是一条截距为 R_F、斜率等于风险溢价（$R_M - R_F$）除以 σ_M 的直线。CML 的斜率反映了投资者对风险的总体态度。

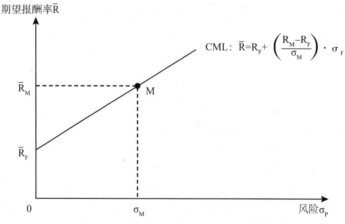

注：虽然在该图中没有画出，但能想象到图 4 – 21 中所示的阴影部分，CML 就是通过连接 R_F 和阴影部分的切点得到的。

图 4 – 22 资本市场线（CML）

由于有效投资组合是完全分散的，故其非系统风险已经消除了，剩余风险只有市场风险。因此，有效投资组合的风险用标准差 σ_p 来衡量，这点不同于单项资产。CML 方程式说明了位于 CML 上的有效投资组合风险与报酬之间的关系，这些投资组合的风险在公式中和图中都用组合的标准差来衡量。

虽然 CML 说明了有效投资组合风险与报酬的关系，但是投资者和管理人员更关心的是单项资产风险与报酬的关系。图 4 – 22 中，假设所有投资者都持有投资组合 M，因此 M 为市场组合，即这一组合包含所有的资产。同时，M 是一个有效投资组合，因此，CML 定义了市场组合期望报酬和其标准差之间的关系。现在可以运用公式计算关于两项资产组成的投资组合期望报酬和标准差，同时也可以推导存在着像市场组合那样包含多项资产在内的投资组合的期望报酬和标准差之间的类似等式。可以把等式当作衡量多项资产投资组合期望报酬率与其标准差的关系，同时也可以推出，为了使市场投资组合在 CML 上，对组合中的任意单项资产 i 而言，其必要报酬率为：

$$R_i = R_F + \frac{R_M - R_F}{\sigma_M} \cdot \frac{COV(R_i \cdot R_M)}{\sigma_M}$$

$$= R_F + (R_M - R_F) \cdot \frac{COV(R_i, R_M)}{\sigma_M^2}$$

根据贝塔系数的定义可知：

$$\beta = 股票 i 与市场之间的协方差/市场报酬的方差$$

$$= \frac{COV(R_i, R_M)}{\sigma_M^2}$$

前面提到，市场风险溢酬 $RP_M = R_M - R_F$，即可得证券市场线（Securities Market Line，SML）。证券市场线反映投资组合报酬率与系统风险程度之间的关系，以及市场的所有风险性资产的均衡期望报酬率与风险之间的关系。其方程式为：

$$SML = R_i = R_F + (R_M - R_F) \cdot \beta \qquad (4-17)$$

SML 说明：单项资产的必要报酬率等于无风险报酬率加上风险溢价，这个风险溢价即为市场风险溢价 RP_M 与用贝塔系数度量的该项资产风险的乘积。贝塔系数度量了单项资产带给市场投资组合的风险。

不像 CML 对应的是完全分散的投资组合，SML 说明单项资产的标准差 σ_i 不能用来测度它的风险，因为 σ_i 所反映的一部分风险可以通过分散投资来消除。贝塔系数反映了考虑分散投资好处后的风险，因此贝塔系数被用来度量单项资产对投资者的风险，而不是 σ_i。一定记住 SML 和 CML 之间的区别以及为什么会存在这样的区别。

4.4.2　资本资产定价模型：假设与原理

1. 基本假设

资本资产定价模型（CAPM）是在马科维茨的资产组合理论基础上发展起来的一种投资理论。它试图揭示多元化投资组合中资产的风险与所要求的报酬之间的关系。

上述分析可知，投资组合的风险一般要小于该组合中各单项资产的加权平均风险，这一现象对于风险大小给定时所要求的期望报酬具有重要的意义。投资者应当针对资产的组合，而不是单项资产进行投资。任何资产的风险都应当从它对投资组合风险的贡献来考虑而不可将其从所在的投资组合中割裂开来。

资本资产定价模型的基本假设包括：

（1）所有的投资者都追求单期最终财富的效用最大化，他们根据投资组合期望报酬率和标准差来选择优化投资组合。（2）所有的投资者都能以给定的无风险利率借入或贷出资金，其数额不受任何限制，市场上对任何卖空行为无任何约束。（3）所有的投资者对每一项资产报酬的均值、方差的估计相同，即投资者对未来的预期相同。（4）所有的资产都可完全细分，并可完全变现（即可按市价卖出，且不发生任何交易费）。（5）无任何税收。（6）所有的投资者都是价格的接受者，即所有的投资者各自的买卖活动不影响市场价格。

上述基本假设可能与现实经济生活并不符合，但采用这些简化的形式，有助于进行基本的理论分析。且资本资产定价模型的实际应用可以不受这些基本假设的严格限制。

2. 资本资产定价模型

当我们把期望报酬率和贝塔系数勾画出来时，所得出的那条线显然具有一定的重要性。该条描述资产组合中系统风险和期望报酬率之间关系的这条线即为"证券市场线"（SML）。证券市场线（SML）被认为是净现值（NPV）之后现代财务学中另一个最重要的概念。

由于市场上的所有资产都必定落在 SML 上，因此由这些资产所组成的市场投资组合也一定会落在 SML 上。要确定 SML 应该落在那里，投资者需要知道市场投资组合的贝塔系数 β_M。因为这个投资组合代表市场上的所有资产，所以它必定拥有平均的系统风险。换句话说，它的贝塔系数是 1。这样我们就可以把 SML 的斜率表述为：

$$\text{SML 斜率} = \frac{\overline{R}_M - R_F}{\beta_M} = \frac{\overline{R}_M - R_F}{1} = \overline{R}_M - R_F \qquad (4-18)$$

它通常被称为"市场风险报酬"，因为它是市场投资组合的风险报酬。

如果用 $\overline{R}_i$ 和 β_i 分别表示代表市场中任何资产的必要报酬率和贝塔系数，那么投资者就会知道它的回报对风险比率和整个市场的比率是一样的，即：

$$\frac{\overline{R}_i - R_F}{\beta_i} = \overline{R}_M - R_F$$

现将上式整理可得资本资产定价模型计算公式如下：

$$\overline{R}_i = R_F + \beta_i \cdot (\overline{R}_M - R_F) \qquad (4-19)$$

式中：$\overline{R}_i$——第 i 种证券或证券组合的必要报酬率；

R_F——无风险报酬率；

$\bar{R}_M$——所有证券的平均报酬率；

β_i——第 i 种证券或证券组合的 β 系数。

资本资产定价模型表明，一项特定资产的必要报酬率取决于三个要素：

（1）货币时间价值。它通过无风险利率 R_F 来衡量，它是你的钱在白白等待、不承担任何风险情况下的回报。

（2）承担系统风险的回报。它通过市场风险报酬（$\bar{R}_M - R_F$）来衡量，这是市场对除了等待之外还承担的平均系统风险所给予的回报。

（3）系统风险的大小。它通过 β_i 来衡量，它是一项特定资产相对于平均资产而言，所面临的系统风险大小。资本资产定价模型用图表示，即指 SML，它说明必要报酬率 R 与系统风险（不可分散风险）β 之间的关系。SML 如图 4 – 23 所示。

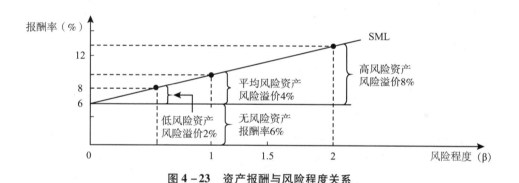

图 4 – 23　资产报酬与风险程度关系

从图 4 – 23 中可以看到，在全部投资报酬率中，如无风险报酬率为 6%，β 系数不同的资产有不同的风险报酬率，当 $\beta = 0.5$ 时，风险报酬率为 2%；当 $\beta = 1.0$ 时，风险报酬率为 4%；当 $\beta = 2.0$ 时，风险报酬率为 8%。可见，β 值越高，要求的风险报酬率也就越高，在无风险报酬率不变的情况下，其必要报酬率也就越高。

SML 会因某些因素的变化而变化：

（1）通货膨胀的影响。从投资者的角度来看，无风险报酬 R_F 是其投资的报酬率，但从筹资者的角度来看，是其支出的无风险资本成本，或称无风险利率。市场上的无风险利率由两部分构成：①无通货膨胀的报酬率，即真实的报酬率 R，这是真正的时间价值部分；②通货膨胀贴水 IP，它等于预期的通货膨胀率。无风险报酬率 $R_F = R + IP$。在图 4 – 23 中，$R_F = 6\%$，假设包括 3% 的真实报酬和 3% 的通货膨胀贴水，则可列式表示如下：

$$R_F = R + IP = 3\% + 3\%$$

如果预期通货膨胀率上升到 5%，这将使 R_F 上升到 8%。这种变化如图 4-24 所示。

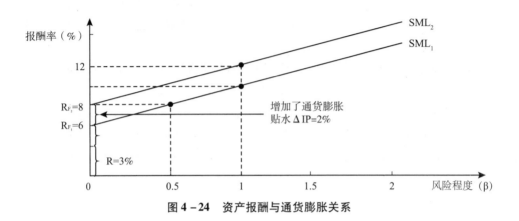

图 4-24　资产报酬与通货膨胀关系

显然，无风险报酬率 R_F 的增加也会引起所有资产报酬率的增加，例如，市场上资产的平均报酬率可能从 10% 上升到 12%。

（2）风险厌恶程度的变化。SML 反映了投资者厌恶风险的程度，即直线（SML）的斜率越陡，投资者越厌恶风险，若投资者对风险不回避，当 R_F 为 6% 时，各种资产的报酬率也为 6%，这样，SML 将会成为水平线。当风险厌恶增加时，风险报酬率也增加，SML 的斜率也会增加。风险厌恶程度的变化如图 4-25 所示。

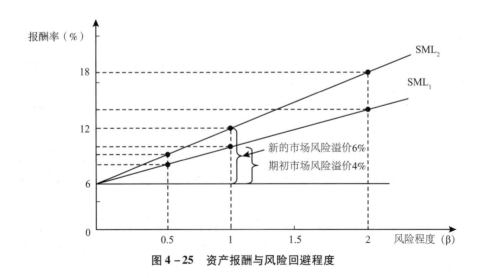

图 4-25　资产报酬与风险回避程度

图 4 – 25 说明了风险厌恶增加的情况，市场风险报酬率从 4% 上升到 6%，R_M 也从 10% 上升到 12%。风险厌恶的程度对风险较大的资产影响更为明显。例如，一个 β 系数为 0.5 的资产的必要报酬率只增加 1 个百分点，即从 8% 上升到 9%，而一个 β 系数 = 2.0 的资产的必要报酬率却增加了 4 个百分点，即从 14% 上升到 18%。

资本资产定价模型的重要贡献是：它提供了一种与组合资产理论相一致的有关个别资产的风险度量。该模型使投资者能估计单项资产的不可分散风险，并把它与分散良好的组合资产的不可分散风险相比较。

资本资产定价模型的出现引发了 20 多年的资本市场均衡问题的研究高潮和一系列研究成果，大大推动了现代金融经济学和现代财务学的发展。

20 世纪 70 年代以来，在资本资产定价模型基础上衍生出许多新的资本资产定价模型，例如，有税情况下的均衡定价模型、消费的资本资产定价模型、卢卡斯定价模型、国际资产定价模型等。

资本资产定价模型不仅用于单项资产估价，而且也可以用于资产投资组合估价。CAPM 在理论界颇受欢迎与关注，它的逻辑意义在于：它指出了人们为实现收益最大化和风险最小化而应遵守的行为模式。

4.4.3　资本资产定价模型的扩展

1. 放宽假设条件

（1）不同的借贷利率。CAPM 的基本前提之一便是假设投资者能以无风险利率借入和贷出任意数量的资金。该模型假设投资者能以无风险利率贷出任意数量的资金买进政府债券（如短期国库券）是合理的。然而，人们可能怀疑投资者是否有能力以短期国库券的利率借入无限多的资金，因为短期国库券的利率通常比优惠利率还低。当投资者借款时，大多数情况下还必须支付高于优惠利率的溢价。

这种差异导致的结果是有两条不同的线与马科维茨的有效边界相切，如图 4 – 26 所示。

图 4 – 26 中显示，R_F – F 部分表示了当投资者把无风险资产（如以 R_F 借款）和在有效边界上的资产组合 F 组合在一起时可能的投资机会。若假设不能以这个无风险利率借入更多的资金来获得更多的 F 组合，那么这条线就不能延伸。假设你可以在 R_b 处借入资金，过该点做的切线将与有效边界相切于 K 点。这意味着你能以 R_b 的利率借款，并把这笔资金投资于组合 K，这样就沿着 K – G 部分延长了 CML。因此，CML 就由 R_F – F – K – G 组成，即是由直线部分 R_F – F、曲线

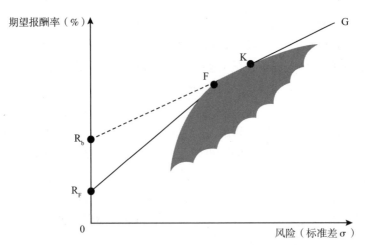

图 4 – 26　借入成本高于借出成本时的投资选择

部分 F – K 和另一直线部分 K – G 组成。这说明了你可以借款或贷款，但借款所得的资产组合的利润低于假设以 R_F 借款所得的资产组合的利润。在这种情况下，因为你必须支付的借款利率高于 R_F，所以你的净收益就会减少。也就是说，借入线（K – G）的斜率要低于 R_F – F 线的斜率。

（2）零贝塔值模型。如果市场组合（M）是均值—方差有效的（即在收益水平一定的可行组合集中风险最小），布莱克（Black）得出了另一种不需要无风险资产的定价模型。具体地说，在可行的资产组合中，存在几种资产组合，其报酬与市场组合完全不相关。这些资产组合与市场组合的 β 值为零。从这些零 β 值的资产组合中，投资者可选择一个方差最小的资产组合。尽管这个资产组合没有任何系统风险，但是存在非系统风险。这种零 β 值的资产组合并不影响 CML，但能影响线性 SML 的构造，如图 4 – 27 所示。

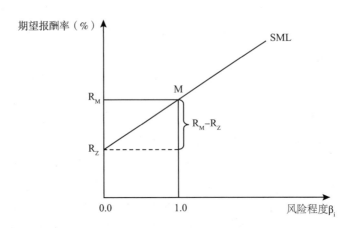

图 4 – 27　零 β 值资产组合的证券市场线

在图 4 – 27 模型中，截距表示零 β 值资产组合的预期报酬率。零 β 值资产组合与市场组合结合成新的组合，其报酬和风险是线性关系，因为零 β 值资产组合（R_z）和市场组合的协方差与无风险资产和市场组合的协方差相似。假设零 β 值资产组合的报酬率比无风险资产高，通过市场组合（M）的直线不会太陡峭；也就是说，市场风险溢价会更小。这个零 β 值的 CAPM 的线性方程是：

$$R_i = R_z + \beta(R_M - R_z) \tag{4-20}$$

显然，单个资产的风险溢价是单个证券的 β 值和市场风险溢价（$R_M - R_z$）的函数。

（3）交易成本。不存在交易成本是一个基本假设，这样投资者才可以通过不断地买进或卖出价格不合理的资产直到它们在模型图上的点回到 SML 线上。例如，如果一种资产在模型图上的点居于 SML 线的上方，它的价值被低估（即它的估计报酬率高于与其风险水平对应的值），因此，投资者会买进该证券，同时它的价格被抬高直至回到与其风险相对应的线上，即落在 SML 上。有了交易成本后，投资者就不可能纠正所有不合理定价，因为在一些情况下，买卖不合理定价证券的交易成本会抵销任何潜在的额外报酬。因此，证券的分布会非常靠近 SML，但不会恰好在 SML 上。所以 SML 是一个证券带（Band of Securities），如图 4 – 28 所示，而不是一条单线。

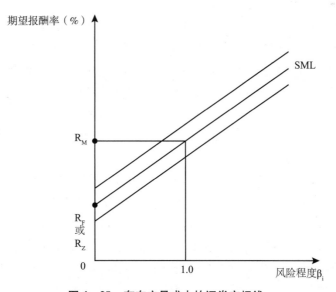

图 4 – 28　存在交易成本的证券市场线

显然证券带的宽度是交易成本大小的函数。也就是说，若大部分的证券由机构投资者以每股几分的成本进行买卖且单个投资者能找到大量的折现经纪人

（Discount Brokers），那么这条带子会越来越窄。

交易成本的存在同样也会影响投资者的投资分散化程度。大家知道投资组合中股票的数量与组合方差的关系，随着投资组合股票数量的增加，方差快速减小，当股票有大约 15 ~ 18 种时，有近 90% 的风险被分散掉。然而，更重要的是：必须加入多少种股票到投资组合中才能分散最后 10% 的风险。显然交易成本的存在表明，在某些情况下，对大多数投资者而言，分散投资带来的额外成本与其带来的收益相比太高了，特别是对这些新加入证券的跟踪和分析成本时。

2. 贝塔系数的计算问题

贝塔系数一般通过股票的历史收益率和一些市场指数的历史收益率作线性回归，从而从股票的证券特征线估计得出。用这种方法得出的贝塔系数称为历史贝塔系数（Historical Betas）。

然而，历史贝塔系数反映的是股票在过去风险有多大，而投资者关心的是未来的风险。因为可能企业在过去看起来很安全，但情况变了，它将来的风险会比过去的风险大，或者正好相反。例如，中国移动公司正说明这一点，21 世纪初中国移动公司一家独大，垄断市场。而现在投资者认识到，如今中国移动、中国电信、中国联通进入"三国"时代，中国移动所面对的竞争比过去更加激烈。相反，美国苹果公司在前些年经营非常困难，但它现在看起来非常健康。因此，苹果公司的风险在下降，而中国移动公司的风险上升了。

现在考虑用贝塔系数来度量企业风险。如果在 CAPM 框架下使用历史贝塔系数来度量企业的权益成本，暗含的假设是这家企业未来的风险与过去的风险相同。这对于今天像苹果公司或中国移动公司这样的企业来说，可能是有问题的假设。但是对大多数年份中的大多数企业来说，又如何呢？作为一般的规则，为了保证在 CAPM 分析中能使用历史贝塔系数，未来的风险和过去的风险足够相似吗？对单个企业来说，过去的风险不能很好地预测未来风险，单个企业的历史贝塔系数通常不是非常可靠。

因为历史贝塔系数不能很好地预测未来风险，研究者已经寻找方法改进它们，这导致了两种不同贝塔系数的产生，即调整后的贝塔系数和基本贝塔系数。调整后的贝塔系数主要由马歇尔·布鲁姆（Marshall E. Blume）发展起来。他指出，长期来看真实的贝塔系数趋近于 1.0，因此，可以从企业的历史贝塔系数开始，根据预期未来变动趋向于 1.0 进行调整，从而得到一个调整后的贝塔系数。平均而言，调整后的贝塔系数比未经调整的历史贝塔系数能更好地预测未来的贝塔系数。价值在线公司公布的贝塔系数近似基于这个方程：

$$调整后的贝塔系数 = 0.33（历史贝塔系数）+ 0.67 \times 1.0$$

另一些研究者扩展了调整过程，把基本风险变量如财务杠杆、销售波动等类似变量也包括进来，最后得到了基本贝塔系数（Fundamental Beta）。这些贝塔系数通过调整来反映企业在营运方面和资本结构方面的变化，而直到企业"真实"贝塔系数变化后数年，用历史贝塔系数（包括调整后的贝塔系数）可能才能反映出这些变化。

显然，调整后的贝塔系数十分依赖未经调整的历史贝塔系数，基本贝塔系数在实际计算时也是一样。因此，如果想继续发展一个新颖的贝塔系数版本，通过证券特征线斜率计算的简单而又古老的历史贝塔系数是重要的。记住这一点，会注意到许多不同的数据集都可以用来计算历史贝塔系数，而不同的数据集算得的结果也不同。请大家注意如下几点：

第一，贝塔系数可以基于不同长度的历史时期。例如，过去 1 年、2 年、3 年等等的数据都可以使用。现在，大多数人计算贝塔系数时使用 5 年的数据，但这一选择也是主观的，而且时间长度不同通常会显著改变企业计算得到的贝塔系数。

第二，可以计算不同时间长度的回报率：1 天、1 周、1 月、1 季、1 年等。例如，如果决定要分析 5 年内上海证券交易所的数据，可能得到单只股票和市场指数的周收益率数据，也能得到月收益率数据或年收益率数据。不管数据集有多大，每只股票收益率的数据集要对市场收益率回归得到公司的贝塔系数。在统计分析中，观察值一般越多越好，因为使用更多的统计观察值一般能得到更好的统计可信度。这意味着要使用 5 年的周收益率数据，共 260 个样本，甚至使用日收益率得到更大的样本规模。然而，持有期越短，数据越有可能表现出随机"噪音"。同时，选取数据的年数越多，公司的基本风险状况越有可能改变。因此，在选择数据年度数目和计算收益率的持有期间长度时，涉及有许多观察值的情况下，需要在对最新数据的依赖以及由此引起的对相关数据的需要之间进行权衡。

第三，由于指数的使用对计算出的贝塔系数有重要的影响，因此用来代表"市场"的值也要考虑。现在的许多分析师使用美国纽约股票交易成分指数（基于 2 000 多种普通股票，以每家公司的市值为权重），但另一些人用标准普尔 500 指数或其他一些组合，包括一种包含 5 000 多只股票的组合（威尔夏指数）。理论上，指数范围越广，贝塔系数越好。事实上，指数应该包括所有股票、债券、租赁、私人企业、不动产甚至是"人力资本"的收益率。然而在实际中，很难得到大多数其他资产的准确收益率，因此度量问题仅限于股票指数。

所有这些的底限是能用不同的方法来计算贝塔系数，而且运用不同的方法会得到不同的贝塔系数，因此也会得到不同的资本成本。表 4 - 9 列示了部分美国公司的贝塔系数。

表 4 – 9   五家公司贝塔系数

公司	雅虎财经	价值在线公司
Intel	1.67	1.30
IBM	1.32	1.05
GM	1.09	1.10
Exxon Mobil	0.19	0.80
SBC Communications	0.50	0.75

    表 4 – 9 中列示了 2002 年雅虎财经和价值在线公司（Value Line）报道的五家著名公司的贝塔系数。雅虎财经用标准普尔 500 作为市场指数，价值在线公司则用纽约股票交易成分指数作为市场指数。进一步说，表 4 – 9 列出来的价值在线公司的贝塔系数是调整后的贝塔系数，而雅虎财经的贝塔系数是纯粹的历史贝塔系数。雅虎财经用了 5 年的月收益率数据共 60 个观察值，而价值在线公司则用了 260 个观察值。

    这让财务经理从哪儿找到合适的贝塔系数呢？他们必然会"花自己的钱，做自己的选择"。一些经理使用在经营环境下似乎是最合适的程序来计算自己的贝塔系数，另一些则使用像雅虎财经或价值在线公司之类的机构算出来的贝塔系数。他们可能用一家的数据，也可能用多家然后取平均值。抉择主要是判断和数据是否可得的问题，因为没有"正确"的贝塔系数。

第 5 章
证券投资：估值模型与应用

5.1 估值理论分析

5.1.1 估值过程

心理学家认为，个人的成功或者失败不仅仅是由天赋所决定的，个人所处的社会、经济以及家庭环境同样起到了决定性作用。如果把这个理念扩展到证券估值中，则意味着在估值过程中，投资者应该考虑企业所处的经济和行业环境。不管企业及其管理的质量、能力如何，经济和行业环境都会对企业的未来可持续发展和投资回报产生重大的影响。

例如，假如你拥有一家实力强大、经营最成功的高科技公司的股票。如果你是在强劲的经济扩张时期拥有这只股票，此时，这家公司的销售额和报酬将会增加，该股票的报酬率也会相当高。相反，如果你是在严重的经济衰退期拥有这只股票，该公司的销售额和报酬很可能会减少（该行业中的大部分或者所有公司都可能如此），其股票的价格将保持不变，甚至下跌。因此，在评估证券的未来价值时，分析整体经济形势、证券市场和公司所处具体行业的前景是有必要的。

估值过程就像"先有鸡还是先有蛋"这个两难推理。在分析单个证券之前，你是从分析宏观经济和不同行业开始呢？还是先研究单个证券，然后结合企业研究所属行业，再结合该行业来考察整体经济环境呢？一般认为，应当先全面分析总体经济和总体证券市场，然后发展到用全球视角对各个行业进行分析。只有对全球的行业进行全面分析之后，你才能对处在较好行业中的单个企业的证券正确估值。因此，一般采用三步估值法。在这个过程中，你首先要考察整体经济对所有企业和证券市场的影响，然后分析在这样的经济环境中各行业里具有最好发展前景的行业，最后再分析理想行业中的单个企业及这些企业的普通股价值。

1. 总体经济的影响

一国政府的货币和财政政策会对这个国家的总体经济产生重大影响，而最终的经济状况又会影响所有的行业和企业。

像退税或减税这样的扩张性财政政策能刺激消费，而对收入、汽油、烟草和酒类征收附加税则会抑制消费。政府在国防、失业保险或再就业计划等方面的支出增减也会影响总体经济。所有这些政策都影响着直接依靠政府财政支出的企业的经营环境。另外，大家知道政府支出具有强大的乘数效应。例如，公路建设的增加提高了对挖掘设备和混凝土材料的需求，结果，除建筑工人外，设备、原行业的雇佣工人也必须购买更多的消费品，这样又增加了对消费品的需求，从而影响了其他一系列的供应商。

货币政策也能带来相似的经济变化。一种旨在降低货币供给增长率的紧缩性货币政策会减少运营资金供给，并削弱商业扩张。另外，以利率为目标的紧缩货币政策会提高市场利率并由此提高企业的成本，并且对个人来说，家庭住房抵押融资成本和对诸如汽车、电器等耐用品的购买成本也会提高。因此，货币政策能影响经济的各部门，并影响各部门与其他经济体系之间的经济关系。

任何经济分析都需要考虑通货膨胀。通货膨胀能导致真实利率和名义利率之间的不同，并能改变消费者和企业的消费行为和储蓄。另外，不可预测的通货膨胀率变化会使企业很难作出规划明确的计划，从而阻碍企业的发展。除了对国内经济产生影响外，不同的通货膨胀率和利率也会影响国家间的贸易平衡和汇率。

除货币政策和财政政策外，像战争、国家政治动荡或国际货币贬值等类似事件也会改变商业环境。这又会增加企业预期销售额和收益的不确定性，并因此增加投资者所要求的风险溢价。例如，在 2012～2014 年期间，乌克兰的政治动荡明显地提高了国内投资者的风险溢价，从而引起乌克兰的投资规模和消费水平的下降。

总之，很难相信会有哪个行业或企业能避免受到总体宏观经济发展的影响。由于重大经济事件会对所有行业和行业中的企业产生深刻影响，所以在行业分析之前应当先考虑宏观经济因素。

从全球的角度来看，全球资产组合在一国的投资资产配置受该国经济前景的影响。如果一个国家即将出现经济衰退，那么人们就会预期这将对该国股票价格产生消极影响。由于这样的经济预期，投资者会对投资该国的大部分行业产生忧虑。因此，在全球资产组合中，该国所占的投资权数将被调低，即小于由其市场价值所决定的权数。更进一步说，由于这种悲观预期，投向该国的资金可能会流向其他国家或地区。

相反，某个国家乐观的经济和股票市场前景会使投资者增加对该国的投资，与相对的市场价值决定的权数相比，调高该国的权数。在各个国家分配资金后，投资者会在每一个国家内寻找出色的行业。而经济分析有助于寻找那些最好的行业，因为一个行业的未来表现依赖于该国的经济前景和在经济周期的特定阶段上行业与经济间的预期关系。

2. 行业影响

估值过程中第二步就是判断在长期或短期经济环境中哪些行业将会繁荣或衰退。影响具体行业的经济条件有主要工业生产国家的罢工、进出口配额或税收、全球性资源短缺或过剩以及政府加强对行业的管制。

在经济周期的不同阶段，各行业对经济变化所作出的反应不同。例如，在经济周期的顶峰时期满负荷经营的企业通常会增加资本性支出。因此，当经济周期趋于结束开始走向衰退时，那些提供厂房和设备的行业一般会受到显著的影响。另外，不同行业对经济周期有不同的反应。比如说，像钢铁、汽车这样的周期性行业，在经济周期的扩张期，会有高于整体经济的突出表现，但是在经济不景气时这种行业受到的不利影响会很大。相反，像零售、食品这样的非周期性行业在经济衰退时不会有明显的影响，但在经济扩张时期也不会有显著的增长。

人口特征是影响行业发展状况的另一个因素。比如，中国在20世纪50年代末至70年代间处于生育高峰期，迅速增长的新生人口和高于65岁的老龄人口在全国人口中占了相当比例，导致目前中国进入老龄社会。这对住房和医疗保健以及与之相关的行业（如家具、制药、养老）产生了巨大需求和压力。

产品在国际市场上销售的企业会因为国外经济形势的变化而受到影响。一个拥有广阔国际市场的行业，可能对国内市场的需求很低，却可以从国际市场不断增长的需求中获利。例如，像可口可乐、百事可乐、麦当劳和汉堡王这样的快餐连锁店，它们的增长率主要来自其在欧洲和远东的业务扩张。

总之，全球经济环境下的行业前景将会影响单个企业的经营状况，所以行业分析必须在企业分析之前进行。在不景气的行业中很少有经营业绩好的企业，即使是不景气行业中最好的企业，对投资者来说，其投资前景也是不容乐观的。

3. 企业分析

在确定了某一个行业具有良好的前景之后，投资者就可以运用财务比率和现金流量值来分析比较该行业内单个企业的业绩。只有把企业与它们所在行业的业绩相比较时，企业的许多财务比率才是有效的。

进行企业分析的目的就是从一个有发展前途的行业中选出一家最好的企业。这包括对企业过去业绩的考察，但更重要的是分析企业的未来前景。在了解企业及其发展前景后，你就可以确定其价值。最后，把企业内在价值的估计值与其市场价格相比较，以判断它的股票或债券是否是好的投资对象。

你最后需要做的是，从一个理想的行业中挑选出最好的股票或债券，并根据它和投资组合中其他资产的关系（相关性）来决定是否将其纳入你的投资组合中。用来投资的最好的股票不一定是由最好的企业发行的，因为一个行业中最好的企业的股票价格可能被高估，使得该股票不是一个好的投资对象。只有对企业进行分析，估计它的内在价值并将该估计值与其股票的市场价格相比较之后，你才能知道这种股票是被低估了还是被高估了。

5.1.2　资产价值

前已述及，财务目标是实现企业价值最大化，因此，如何对企业拥有的资产估值必然是企业财务活动的核心内容之一。所谓资产估值，就是指如何衡量企业资产的价值。从财务观点看，无论是机器设备，还是有价证券如公司债、优先股、普通股等，其估值的基础，都应是在各项资产的寿命期间，资产所有者（如股份有限公司的普通股东）将获得的期望未来现金收益。企业资产的价值是由折现预期该资产所能得到的期望现金数额而得出的。而企业价值的确定则取决于企业的基本目标。

在西方，有关证券估值的内容被认为是企业财务的核心。充分、完善、有效的资本市场能够完全反映出企业经营的信息，这种反映是通过证券价格的变动来实现的。具体言之，当企业管理有方、效益十分可观的时候，其发行在外的各种证券（如公司债、普通股）的价值就会提高；反之，如果企业经营不力、收益下降，则各种证券的价格势必会随之下降。对于投资者（无论是个人还是企业）而言，进行证券投资抑或是了解一个企业的财务状况，都需要具备必要的估值知识。

由于企业资产呈现多种形式，因此，其资产的价值具有多重含义。

1. 账面价值

账面价值是一个以历史成本为基础进行计量的会计概念，各资产的账面价值均列示在企业的资产负债表上。例如，固定资产会以其扣除累计折旧的净值列示在资产负债表上。普通股东权益即是普通股的账面价值，而每股普通股账面价值则是通过以发行在外的普通股股数除普通股东权益账面价值求得的。

2. 市场价值

市场价值是指该项资产出售时能够取得的价格。当企业的各种证券在二级市场上进行交易时，它们的买卖价格即是这种证券的市场价值。相对而言，不动产的市场价值的确定要困难一些。

3. 持续经营价值

持续经营价值一般是指作为一个经营实体的企业的价值。持续经营价值并不着眼于资产负债表上各项资产所表现的企业价值，而是着眼于企业未来的销售及获利能力。具体讲，销售及获利能力强，企业的持续经营价值就高；反之，销售及获利能力弱，企业的持续经营价值就会降低。

4. 清算价值

一个企业的清算价值是指由于企业破产清算而出售资产时所能获得的金额。对于所有者如股东而言，企业的清算价值应首先偿还债务，若有剩余才为股东的清算价值。

5. 内在价值

内在价值，又称公允价值、投资价值等，是指用适当的报酬率折现资产预期能产生的未来现金流所得到的现值。这是在给定未来预期现金流的水平、持续的时间和风险等条件下，投资者认为可以接受的合理价值。投资者估算出了一种证券的内在价值后，可以把它与该证券的市场价格进行比较，如果该证券的内在价值高于其市场价格，则在投资者眼中，该证券就被低估了，反之则高估了。内在价值概念通常用于将企业的资产（股票、债券等）当作投资工具并对其未来收益进行度量。在西方，人们一般运用收益资本化评价法确定资产的内在价值。

投资者应该认识到，如果证券市场是有效的，那么它的内在价值与市场价值就应该是相等的。当一项资产的内在价值与市场价值不相等时，投资者的套利行为将促使其市场价值向内在价值回归。所以，人们把"有效率的市场"定义为：在这个市场中，所有证券在任何时候的价格都反映了公开可得的信息。在这样的市场中，市场价值与内在价值是相等的，因而投资者很难通过预测未来证券价格的变化来获得额外的利润，因为目前的价格已经反映所有可得到的最新消息。

5.1.3 估值基本模型

资产价值等于其未来预期现金流量的现值。在这里，所有的现金流量都要根据投资者要求的必要报酬率折现为现值，这是对所有资产进行估值的基础。一般来说，资产价值受以下三个因素影响：

（1）未来预期现金流量的大小与持续的时间；

（2）所有这些现金流量的风险；

（3）投资者进行该项投资所要求的回报率或收益率。

前两项是资产内在的特征，第三项是吸引投资者购买或持有该证券的必要报酬率。该报酬率必须能够补偿投资者认为获取该项资产未来预期现金流的风险。图5-1描述了资产估值中涉及的主要因素。

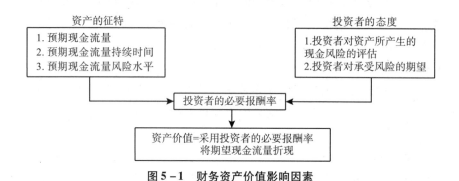

图5-1　财务资产价值影响因素

如图5-1所示，资产估值主要涉及以下过程：

（1）评估资产的内在特征，包括该项资产预期能产生的未来现金流量的水平、持续时间和风险；

（2）决定投资所要求的必要报酬率，它体现了投资者对该项资产未来现金流量风险的预期和对风险的态度；

（3）用投资者要求的必要报酬率将资产未来的期望现金流量折现。

资产估值的基本模型可用数学公式表示如下：

$$V = \sum_{i=1}^{n} \frac{CF_t}{(1+K)^t} \tag{5-1}$$

式中：CF_t——t时间收到的现金流量；

　　　　V——资产的现值，即内在价值；

　　　　K——投资者的必要报酬率；

　　　　n——现金流发生的期限。

从资产估值公式中，可以看到提高资产价值的三个途径：

（1）现金流量越多越好；（2）现金流量产生得越快越好；（3）现金流量的风险越小越好。

5.2　公司债券投资估值

5.2.1　公司债券特征

公司债券是发行者为筹集资金，按法定程序发行的约定在一定时期还本付息的有价证券。公司债券最重要的特征包括：

（1）对债券发行公司的收益和资产的追偿权。对债券发行公司的收益和资产的追偿权是指公司清偿时，债权人对公司资产的追偿权要先于普通股股东及优先股股东。但不同的债务对公司资产的追偿权也有先后顺序。

债券持有人对公司收益的追偿权也先于普通股股东和优先股股东。一般来说，当公司未能支付债券利息时，债券托管人可以判定公司无力偿还债务并迫使该公司清算。从这点看，债券的利息支付是没有弹性的。

（2）面值。债券面值是指债券的票面价值，它通常表示债券到期时应付给债券持有者的金额（如大多数公司所发行的债券每张面值为 1 000 元）。

（3）票面利率。票面利率是指债券每年应付给债券持有人的利息金额与债券面值相比的百分比（例如，不管债券的市场价格发生什么变动，一张面额 1 000 元、票面利率为 8% 的债券每年将固定地支付 80 元的利息，直到债券到期）。

（4）债券期限。债券期限是指债券从发行到偿还本金或发行者提前赎回时的时间长度。

（5）债券契约。债券契约是债券发行人和代表债券持有者的债券托管人之间所签订的具有法律效力的协议。契约中包括该项借款的具体条款，如对债券种类的描述，债券持有者的权利，发行公司的权利，债券托管公司的责任等。在不同国家，债券契约的法律文件规定的条款可能有所不同，这类条款一般包括：①禁止折价出售应收账款；②限制普通股红利发放规模；③限制固定资产买卖；④限制公司进行其他方式的借款，特别是高等级及同等级债务。

（6）当前收益率。债的当前收益率等于债券的年利息与债券当前价格之比。例如，面值为 1 000 元、票面利率为 8% 的债券，当前市场价格为 700 元，则它的当前收益率为：

$$\frac{年利息}{市场价格} = 8\% \times 1\,000/700 = 11.4\%$$

（7）债券的信用评级。1909年，约翰·穆迪（John Moody）最早开始对债券进行信用评级。目前，世界知名的信用评级机构如美国有三家债券信用评级机构——穆迪（Moody's）、标准普尔（Standard & Poor's）和惠誉（Fitch）。在中国比较有代表性的信用评级机构包括中诚信、大公国际、联合资信等。债券信用评级主要牵涉确定债券未来潜在的本息偿付风险问题。尽管这是一项预测工作，但有几个历史性的因素对决定债券的信用等级起着重要作用。有利于提高债券信用等级的因素主要有：①公司经营主要依赖于权益资本而非债务融资；②经营项目盈利性强；③盈利一直比较稳定；④公司规模较大；⑤次级债券较少。债券的信用等级关系到债券发行时投资者所能接受的债券收益率的高低。债券的信用等级越低，资本市场上对其收益率的要求就越高。对公司财务总监来说，债券的信用等级是非常重要的，债券的信用等级标志着债券违约风险的大小，并决定了债券融资成本的高低。

5.2.2　公司债券估值

债券价值可以用金额来表示，也可以用发行者预先承诺的报酬率来描述。在本节主要介绍两种债券估值模型：一种是现值模型，它使用单一折现率来计算债券的具体价值；另一种是报酬率模型，它基于债券当前的价格来计算承诺报酬率。

1. 现值模型

在估值理论中，债券（或任何其他资产）的价值等于其预期现金流的现值。因此，债券估值的公式如下：

$$P_0 = \sum_{t=1}^{n} \frac{I_t}{(1+K)^t} + \frac{M}{(1+K)^t} \qquad (5-2)$$

式中：P_0——债券价值；

　　　K——债券投资者的必要报酬率；

　　　I_t——第 t 年的利息；

　　　M——债券到期时的面值或偿还值；

　　　n——债券期限。

计算出的债券价值表示投资者为获得一定的报酬率而愿意对该债券支付的金额。这个报酬率考虑了无风险报酬率（R_F）、预期通货膨胀率及债券的风险。标准的估值方法假设持有债券直至到期日。这里，债券的期限就是债券到期的年限（又称到期期限）。在这种情况下，债券的现金流包括定期支付的所有利息和在债券到期日偿还的票面金额。

假定东方航空公司于 2019 年初发行一笔期限为 30 年的债券，每张票面金额 1 000 元，票面固定利率 6%，每年付息一次，投资者要求的必要报酬率为 8%。问：该债券的价值为多少？

东方航空公司债券估值原理如下：

第一，估计债券预期现金流量。

投资者投资该债券可以得到的现金流量有两种：一是每年收到的债券利息 60 元（1 000×6%）；二是 30 年后收到的债券本金 1 000 元。

第二，预计公司债券未来现金流量的风险来决定投资者的必要报酬率。

投资者的必要报酬率可以通过无风险报酬率加上风险补偿率来估计，本例中投资者要求的必要报酬率已给出（8%）。

第三，采用资产估值公式，估计债券价值。

$$P_0 = \sum_{t=1}^{30} \frac{60}{(1+8\%)^t} + \frac{1\,000}{(1+8\%)^{30}}$$
$$= 675.47 + 99.40$$
$$= 774.87 （元）$$

由于投资者要求的报酬率大于债券的票面利率，所以，债券将以低于面值的价格折价发行。

东方航空公司债券的估值原理如表 5-1 所示。

表 5-1　债券估值原理　单位：元

指标	0	1	2	3	4	5	…	30
利息收入		60	60	60	60	60	…	60
本金收回								1 000
债券内在价值	774.87							

大家知道，当已知债券的息票利率、到期期限和票面价值等要素特征后，决定债券价值（价格）的唯一因素便是市场折现率——债券的必要报酬率。如上所示，当必要报酬率提高时，债券价格将下降。通过计算必要报酬率不同的债券的价格，就能说明债券价格与其报酬率之间的具体关系（见表 5-2）。

表 5 – 2   20 年期息票利率为 8% 的债券价格—报酬率关系（面值为 1 000 元）

必要报酬率（%）	债券价格（元）
2	1 985.09
4	1 547.12
6	1 231.19
8	1 000.00
10	828.36
12	699.05
14	600.07
16	522.98

债券必要报酬率及其价格之间的关系图被称为价格—报酬率曲线，如图 5 – 2 所示。

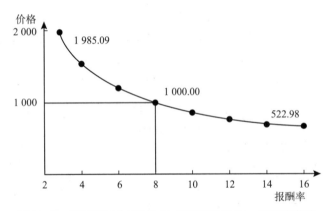

图 5 – 2   息票利率为 8% 的 20 年期债券价格—报酬率曲线

债券价格—报酬率曲线揭示以下三个要点：

（1）当必要报酬率低于息票利率时，债券的定价将高于其面值，即溢价（Premium）。

（2）当必要报酬率高于息票利率时，债券的定价将低于其面值，即折价（Discount）。

（3）价格—报酬率之间的关系不是呈直线的，而是向下凸的。当报酬率下降时，债券价格以加速度上升；而当报酬率上升时，债券价格却以减速度下降。价格—报酬率曲线这一概念也被称为凸度。

2. 报酬率模型

除了用金额表示债券价值外，投资者还常用报酬率（Yield）来表示债券的价格。这个报酬率是指在一定的假设条件下债券自身的承诺报酬率。到目前为止，我们已采用现金流和必要报酬率来计算债券的估计值。为了计算期望报酬率，现在采用当前市场价格（P_0）和预期现金流来计算债券的期望报酬率。现在可用同一个现值模型来说明这种方法。所不同的是，公式（5-2）是在假设在已知合适的折现率（必要报酬率）的情况下，来计算债券的估计价值（价格）的。而现在，假设已知债券的价格，用当前的市场价格（P_0）来计算折现率（报酬率）。

$$P_0 = \sum_{t=1}^{n} \frac{I_t}{(1+K)^t} + \frac{M}{(1+K)^t} \qquad (5-3)$$

如果投资者对债券支付的价格为 P_0，那么 K 值就是在前面给出的各种假设条件下，债券的期望（"承诺"）报酬率。在后面将讨论从这个估价模型的假设条件中引申出的债券报酬率的几种类型。

在进行投资决策时，如果以报酬率而不是以金额表示债券的价值，投资者应该考虑计算出来的债券报酬率和该债券的必要报酬率之间的关系。如果计算出来的报酬率等于或者大于必要报酬率，则应该购买这种债券；如果计算出来的报酬率小于必要报酬率，则不应该购买。

5.2.3　债券报酬率

投资者进行债券投资时根据投资目的和要求，通常要使用五种不同的报酬率。

（1）名义报酬率：计量息票利率。（2）当前报酬率：计量当前报酬率。（3）承诺到期报酬率：计量持有债券至到期日时的期望报酬率。（4）提前赎回承诺报酬率：计量持有债券至首次提前偿还日时的期望报酬率。（5）实现（期间）报酬率：计量可能在到期之前售出债券的预期报酬率。它考虑了具体的再投资条件并估计债券的售价，它也可以计量在过去某段时间内债券的实际报酬率。

1. 名义报酬率

名义报酬率（Nominal Yield）是指债券的息票利率。如果一种债券的息票利率为 8%，则其名义报酬率就为 8%。这是描述债券息票特征的一种简便方法。

2. 当前报酬率

债券的当前报酬率（Current Yield）相当于股票的股利报酬率，计算公式为：

$$R_i = \frac{I}{P_0} \qquad (5-4)$$

式中：R_i——债券的当前报酬率；

I——债券年息票利息支付额；

P₀——债券的当前市场价格。

由于该报酬率反映的是债券的当前利息收入占债券价格的百分比，所以对那些希望从投资组合中获得现金流的收入导向型投资者（比如那些靠投资收益来生活的退休者）来说，这个报酬率是重要的。但对那些追求整体报酬率的众多投资者来说，当前报酬率用处不大，因为该报酬率没有考虑资本利得或损失部分。

3. 承诺到期报酬率

承诺到期报酬率（Promised Yield to Maturity）是使用最广泛的一种债券报酬率，因为如果相关假设条件成立，它就意味着向以现价购买该债券的投资者承诺的复合报酬率。具体来说，如果满足下面两个假设条件，承诺到期报酬率就等于投资者的实现报酬率。第一个假设条件是投资者持有债券到期，符合该假设的债券报酬率也可被简称为到期收益率（YTM）。第二个假设隐含在计算现值的方法中。回顾债券估值基本公式可知，该公式把债券当前的市场价格与其所有现金流的现值联系在一起，其计算公式为：

$$P_0 = \sum_{t=1}^{n} \frac{I_t}{(1 + K)^t} + \frac{M}{(1 + K)^t} \qquad (5-5)$$

为了计算债券的到期报酬率，一般应先计算折现率 K，它能使债券的当前价格（P₀）与其到期时的所有现金流相等。这种计算类似于计算某一投资项目的内含报酬率（IRR）。因为该公式的计算是以现值为基础的，折现了所有的现金流，所以它隐含了一个再投资报酬率假设。也就是说该公式假设所有的期间现金流（利息支付额）都以计算出的到期报酬率进行再投资。为什么被称作承诺到期报酬率，这是因为只有当满足了下面这两个条件，债券才会为你提供这种计算出的到期报酬率：

（1）你应持有债券直至到期日；

（2）你应以计算出的到期报酬率将所有的期间现金流再投资。

如果一种债券的到期报酬率是 8%，那么你就需要把息票收入以 8% 的利率进行再投资，以实现承诺报酬率。如果你把利息收益花掉（而不是再投资），或者你找不到报酬率等同于承诺到期报酬率的投资机会时，你实际实现的报酬率将低于承诺到期报酬率。正如将在实现报酬率中讨论的那样，如果你能以高于到期报酬率的报酬率再投资，你的实现（期间）报酬率将高于承诺到期报酬率。期间利息再投资所获得的收益通常称为利滚利。

再投资假设（即利滚利收益）对债券实际报酬率影响的大小，与债券的息票利率和到期期限直接相关。如果不能以到期报酬率对息票利息现金流进行再投资，更高的息票利率或更长的到期期限，将增加债券价值的损失，所以较高的息票利率或较长的到期期限使再投资假设问题更加重要。

承诺到期报酬率还有一种近似算法：

$$承诺到期报酬率 = \frac{息票利息 + 资本利得（损失）年平均值}{平均投资额}$$

4. 提前赎回承诺报酬率

虽然投资者用承诺到期报酬率对大多数债券进行估值，但投资者必须用另一种不同的方法来估计可提前赎回债券的报酬率，这种方法被称为提前赎回承诺报酬率（Promised Yield to Call，YTC）法。只要有提前赎回特征的债券以高于面值的价格发售（溢价发售），即等于或高于其提前赎回价格，债券投资者就应考虑使用提前赎回承诺报酬率而不是用承诺到期报酬率来估值这类债券。这是因为市场用最低的、最保守的报酬率为这类债券定价。当债券的交易价格等于或大于特定的交叉价格（crossover price，交叉价格近似等于债券的提前赎回价格加上一个很小的溢价，溢价会随提前赎回时间增加）时，提前赎回报酬率就是最低的报酬率值。交叉价格很重要，因为在该价格水平上 YTM 与 YTC 相等，这就是交叉报酬率。当债券价格高于面值，达到交叉价格时，YTM 的值变得很小，债券发行者提前赎回这些债券就变得有利可图，因为他可以以现行市场利率发行新债券为此提前赎回融资。所以，YTC 计量的是投资者持有债券至首次提前赎回日（即递延提前赎回期期末）时的承诺报酬率。注意，如果债券有多个提前赎回日，而每个赎回日有不同的价格（赎回日越往后，价格越低），就很有必要确定哪个提前赎回日的报酬率最低，这种报酬率又被称为最差报酬率。当市场大量发行高报酬率、高利率的附息债券时，投资者必须计算所持债券的 YTC。在大量发行期过后，利率将下降，债券价格将上升，且高利率附息债券被提前赎回的可能性将增加。

提前赎回承诺报酬率的计算方法也有两种：现值法和近似法。

近似法下提前赎回承诺报酬率的计算公式为：

$$提前赎回承诺报酬率 = \frac{年利息 + \dfrac{提前赎回价格 - 市场价格}{距首次提前赎回日的年限}}{(提前赎回价格 + 市场价格)/2}$$

即：

$$提前赎回承诺报酬率 = \frac{持有债券年平均收益}{持有债券平均占用额} \tag{5-6}$$

5. 实现（期间）报酬率

实现报酬率是计量投资者在到期日之前卖掉债券时的预期报酬率。实现报酬率指标可以用来估计各种交易战略可获得的报酬率。其计算公式为：

$$实现（期间）报酬率 = \frac{年利息 + \dfrac{债券未来卖价 - 市场价格}{债券持有期限}}{(债券未来卖价 + 市场价格)/2} \tag{5-7}$$

5.2.4　债券估值的进一步讨论

尽管有关债券估值所运用的数学知识浅显易懂，但要在市场利率起伏不定、投资者情况各异的条件下评价实际债务工具绝非易事。事实上，由于债务到期时间、发行者风险因素、债券价格对利率变动的敏感程度以及债券条款等（如票面利率、提前赎回证券条款、契约限制等）诸多因素的影响，债券估值已经成为所有金融工具评价中最为复杂和困难的一个。为此，需要对债券价值评估相关问题做进一步探讨。

1. 费雪效应与预期通货膨胀

债券估值的最根本问题在于如何将名义（观察到的）利率水平确定为贷款期内的真实（经过通货膨胀率调整后的）必要报酬率和期望通货膨胀率之间关系的函数。为此，我们引入"费雪效应"（又称费雪等式），该等式是以提出许多解释利率关系理论而著名的美国经济学家欧文·费雪（Irving Fisher）命名。费雪声称名义利率应近似等于实际利率（根据通货膨胀水平调整后的利率）加上一个补偿投资者期望通货膨胀损失的溢价。一般情况下，该模型是以乘法形式表示上述关系的。但是对于较低的通货膨胀率而言，以加法形式（$R_f = r + i$）表示这种关系也近似正确。

一般情况下，费雪效应表示为：

$$(1 + R_f) = (1 + r)(1 + i) \tag{5-8}$$

式中：R_f——无风险利率；

　　　　r——投资者要求的真实报酬率（根据通货膨胀水平调整后的报酬率）；

　　　　i——债务期内预期通货膨胀率。

从理论上讲，这种关系的成立似乎是不言而喻的，投资者显然要在通货膨胀期内为储蓄（而不是消费）要求一个溢价利率。然而，在这个模型中暗示了这样一个假设，即实际利率在一段时间内保持稳定，而名义利率所有的或大多数的变动是由通货膨胀率的预期变动而引起的。但是实证研究表明这个假设并不总是成立（甚至经常是不成立的）。[①] 虽然法玛（Fama，1975），法玛和施韦特（Fama & Schwet，1977），米什金（Mishkin，1990），伊万斯和路易斯（Evans & Lewis，1995）证明了名义利率的变化确实主要反映预期通货膨胀率的变动，但是蓬拉齐（Pennachi，1991）却发现真实利率要比预期通货膨胀率更不稳定，因

---

① 同样，较为精密的利率模型也没有证实名义利率同预期通货膨胀率之间存在着简单的一对一的关系。本尼卡和普罗托帕扎基斯（Benninga and Protopapadakis，1983），陈（Chan，1994）将通货膨胀率同实际消费机会之间的协方差所表示的风险溢价融入利率模型中。实证研究表明在短期利率中确实存在一个稳定的通货膨胀率和消费机会之间的协方差风险溢价。

此名义报酬率的变化主要是由真实必要报酬率的波动引起的。[①]　此外，历史上还有很长一段时期，尤其是在 19 世纪 70 年代的后期，名义利率几乎等于有时甚至低于通货膨胀率。显然，还没有一个模型预测到负的实际利率水平。尽管伊万斯和路易斯（1995）的研究增加了投资者对模型基本准确性的信任，但是投资者仍不得不说就连最基本的利率模型——费雪效应的实践可行性都是值得怀疑的。

2. 利率的期限结构

债券估值中有一个经久不衰的原则，即在任何时点，对任何给定风险等级的债券而言，其到期报酬率和到期时间之间都存在系统性关系。一般情况下，报酬率同到期时间之间是一个正向关系，即到期时间越长，报酬率越高。也就是说到期时间为 6 个月的无风险国库券的必要报酬率要低于到期时间为 1 年的国库券的必要报酬率；同理，1 年期的必要报酬率低于 5 年期的必要报酬率，而 5 年期的又低于 10 年、20 年、30 年期的国库券的必要报酬率。报酬率与到期期限之间的关系称作"利率的期限结构"（Term Structure of Interest Rates），以图形表示的报酬率同到期时间之间的关系则被称作"报酬率曲线"。

图 5 – 3 显示了美国大约两个世纪以来长短期利率的变化情况。

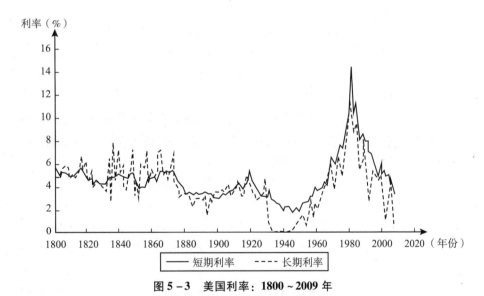

图 5 – 3　美国利率：1800 ~ 2009 年

资料来源：Jeremy J. Siegel, *Stocks for the Long Run*, 4th edition, McGraw – Hill, 2008.

[①]　伊万斯和路易斯的研究尤其值得一看，因为他们在研究过程中使用了最近发展起来的时间序列法（Markov 的转换模型），利用该方法他们证明罗斯（Rose, 1988）和米什金（Mishkin, 1992）之所以得出真实利率受到与费雪效应不相符的永久性干扰的影响的结论，可能源于第二次世界大战后时期通货膨胀形成过程变化所引起的小规模样本误差。伊万斯和路易斯发现，根据通货膨胀率的合理预期波动进行调整后的真实利率似乎是一个不变的值。

纵观历史，短期利率与长期利率的差异实际上在零到几个百分点之间波动，有正有负。更确切地说，利率的期限结构反映了所有期限的无违约风险的（Default Free）、纯贴现的（Pure Discount）债券的名义利率。在本质上，这些利率是"纯粹"的利率，因为它们不存在违约风险，且只需在未来付款一次。换句话说，期限结构体现了货币在不同期限的纯时间价值。

当长期利率高于短期利率时，所说期限结构是向上倾斜的；而当短期利率更高时，期限结构就是向下倾斜的。期限结构也可能是"驼峰型的"，这种期限结构之所以会出现，通常是因为从更长的期限来看，利率刚开始是上升的但随后开始下降。最常见的期限结构形状是向上倾斜的，但是倾斜程度变化很大。

是什么决定了利率期限结构的形状？这里有三个基本影响因素：前两个因素是大家比较熟悉的实际利率和通货膨胀率。实际利率是投资者放弃资金使用权而要求的补偿，可将其视为经通货膨胀调整后货币的纯时间价值。

实际利率是各种利率的基本要素，与到期时间无关。当实际利率较高时，所有的利率都会更高，反之亦然。事实上，实际利率并不会决定期限结构的形状，相反，它主要是影响利率的总体水平。

未来通货膨胀的预期对利率期限结构形状的影响非常大。在考虑将资金以不同期限借出时，投资者会意识到未来的通货膨胀将使得收回的资金面临贬值损失。鉴于此，投资者会要求更高的名义利率来补偿，这种额外的补偿称为通货膨胀溢价（Inflation Premium）。

如果投资者认为未来的通货膨胀率将更高，那么长期名义利率就会高于短期利率。因此，向上倾斜的期限结构或许反映的是通胀预期会加剧。类似地，向下倾斜的期限结构很可能反映的是通胀预期会减弱。

影响利率期限结构的第三个因素是利率风险。长期债券因利率变动而导致损失的风险要远远大于短期债券。一旦投资者意识到这种风险，就会要求更高的利率作为额外补偿，这种额外补偿称为利率风险溢价（Interest Rate Risk Premium）。到期期限越长，则利率风险越大，因此利率风险溢价随着到期时间的增加而增加。

总体而言，大家可以看到，期限结构受实际利率、通货膨胀溢价以及利率风险溢价的综合影响。图 5-4 显示了这些因素如何相互作用形成向上倾斜的期限结构（图 5-4 的左半部分）或向下倾斜的期限结构（图 5-4 的右半部分）。

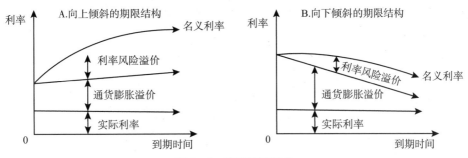

图 5 - 4 利率期限结构

在图 5 - 4 的左半部分，通货膨胀预期渐强，同时，利率风险溢价在以递减的速度增长。在二者的综合影响之下，形成了明显向上倾斜的期限结构。在图 5 - 4 的右半部分，预期通货膨胀率未来将降低，这足以抵消利率风险溢价，形成向下倾斜的期限结构。请注意，如果通货膨胀率预期只是小幅降低，由于存在利率风险溢价，仍然会得到向上倾斜的期限结构。

在图 5 - 4 中，假定实际利率保持不变，实际上，预期未来利率可能高于或低于当前实际利率。同时，为简单起见，用直线表示预期的未来通货膨胀率的上升或下降趋势，虽然它们并非一定如此。例如，它们也可能先上升然后下降，并形成驼峰型的报酬率曲线。

大家知道，到期时间不同的中期国债和长期国债的报酬率是不同的。美国著名的《华尔街日报》每天除了提供美国的国债价格和报酬率之外，还会提供一张国债报酬率相对于到期时间关系的图，该图叫做国债报酬率曲线（Treasur yield Curve，简称报酬率曲线）。图 5 - 5 显示的是 2009 年 11 月的美国国债报酬率曲线。

你现在可能怀疑，报酬率曲线的形状是利率期限结构的反映。事实上，国债报酬曲线和利率期限结构几乎是一样的，唯一的区别在于，期限结构是以纯贴现债的报酬率为基础，报酬率曲线则是基于附息债券的报酬率。因此，国债报酬率取决于构成期限结构的三个组成部分——实际利率、预期的未来通货膨胀以及利率风险溢价。

需要特别留意中期国债和长期国债的三个重要特征：无违约风险、税收以及高流动性。并非一般的债券都具备这些特征，所以在研究公司债券或政府债券时，还需考察其他特征。

首先要考虑的是信用风险，即违约的可能性。投资者知道除了财政部外，其他债券发行人未必能够兑现还本付息的承诺，所以投资者对这种风险会要求更高的报酬率作为补偿。这种额外的补偿称为违约风险溢价（Default Risk Premium）。

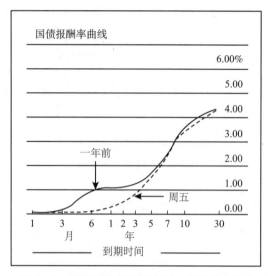

图 5－5　美国国债报酬率曲线：2009 年 11 月

债券报酬率的一个关键假定是所有还本付息的承诺都能实现。因此，它实际上是承诺的报酬率，投资者未必能够达到该报酬率水平。特别是如果发行人违约，投资者的实际报酬率很可能大大降低。垃圾债券的这一特征尤为明显。将利用营销手段承诺高报酬的债券称为高报酬债券似乎更加贴切，但现在投资者会认识到这些报酬实际上只是承诺而已。

3. 债务到期结构选择

有人可能会问为什么债务到期结构选择（对应的是债务和所有者权益的资本结构选择问题）会影响公司的价值？如果有影响，又是怎样影响的？人们对已观察到的债务发行政策进行基本分析后，会发现整个行业乃至全国的债券发行模式都在几个到期结构类别之内。在没有市场缺陷尤其是管理者和股东之间不存在信息不对称时，默顿（Merton，1974）指出到期结构的选择是不相关的，而且莫迪利安尼和米勒（Modigliani & Miller，1963）、斯蒂格利茨（Stiglitz，1974）提出的资本市场均衡模型也清楚地证实了这一结论。所有现代的到期结构模型都是以市场缺陷的存在为条件的，并且假设信息不对称是决定到期结构选择的一个重要因素。这些模型的不同之处主要在于到期结构选择是否还受其他因素的约束（如发行公司本身、发行公司所面临的投资机会的丰富程度等因素），或者说管理者是否通过到期结构选择来传递内部信息给外部投资者。根据巴克利和史密斯（Barclay & Smith，1995）提出的分类方案，到期结构选择模型可归为两大类：成本缩水模型和信号模型。

（1）到期结构的成本缩水模型。成本缩水模型均预测发行企业所做的债务到期结构选择与该发行企业的资产、经营、市场准入程度以及所有者控制结构等方面相关。迈尔斯（Myers，1977）发表了有关该研究领域的第一篇同时也是最重要的文章。该文的著名之处在于解释了为什么实务中以债务形式为成长机会筹措资金的困难性，因为如果该项投资所获得的大多数利益归债权人所有，理性的管理者一般会放弃为这些盈利的投资项目筹集资金。迈尔斯还指出债务到期结构选择可以缓解企业投资不足的问题。也就是说，通过发行到期时间短于投资项目有效期的债务，股东可以偿付债权人的固定要求权，然后自己为项目融资，从而获得该项目的所有经济租金。迈尔斯还从理论上解释了为什么实务中公司发行债务的到期时间总是与融资形成资产的到期时间相配比，因为这使得债务支付额随着资产未来价值的降低而呈递减趋势。

解决到期结构选择问题的第二篇论文是由莫里斯（Morris，1976）发表的。他认为，如果公司的经营净收入与利率之间的相关性足够高，即在经济繁荣时期利率和公司利润同时增长，而在经济衰退时期利率和公司利润同时下降，那么使用短期债务可有效地将固定利率成本转换为可变利率成本，从而降低了公司的损益平衡点和经营杠杆系数（或者说经营杠杆作用）。

巴尼、豪根和森贝特（Barnea，Haugen & Senbet，1980）提出了一个所有者结构论来解释公司债券中的提前赎回证券条款以及公司债务结构选择问题。具体而言，他们假设这些债券条款使公司能够以非常低的成本最小化债务代理成本，所谓的债务代理成本是由信息不对称、管理者的风险激励机制、迈尔斯所说的投资不足问题导致预先增长机会丧失所引起的。与直觉恰好相反，他们发现在债券发行中采取缩短公司债务的到期时间和加入提前赎回条款（使公司有权提前赎回或强迫投资者回售某次发行中所有流通在外的债券）等方法在债券发行中都能解决代理成本这一问题。

布瑞克和拉韦德（Brick & Ravid，1985）提出以公司负担的税负为基础解释债务到期结构选择。他们指出，只要利率的期限结构曲线是向上倾斜的，发行长期债券就能够降低期望税负的现值，从而最大化公司的市场价值。然而路易斯（Lewis，1990）对此结论提出了质疑，认为如果最优杠杆作用和债务到期结构是被同时决定而不是依次决定的，那么税负根本无法影响公司的价值。

史密斯（Smith，1986）则认为公司的行为越受管制，公司债务的平均到期时间就越长。巴克利和史密斯（Barclay & Smith，1995）预测债务到期时间与公司规模之间存在着同样的正向关系，而且到期时间与公司规模之间的正向关系主要是市场准入程度的函数。相对小公司而言，大公司发行长期债券要容易一些，因此小公司的借款主要限于短期性质的银行借款。受管制的公司为减少管理阶层随意处理资产的自行决定权，更倾向于长期债务。采取长期债务筹集资金限制了监管人员通过惩罚性价格和经营管制等方式剥夺被管制公司的股东财富（并将其转移给公司经营参与人）。这在公用事业和交通运输行业尤其重要，因为被管制的公司必须为大额、长期和不能撤回的资本投资筹集资金。除非这些公司在合同中预先承诺将投资所获得的现金流入偿还长期债务，否则极易受到监管人员策略行为的不利影响。

（2）债务到期选择的信号模型。依据债务到期结构信号模型预测债务到期结构的选择与管理者和外部投资者之间的信息不对称程度相关。尽管人们采用巴克利和史密斯（1995）对这些理论提出的分类方案，但是并非所有的这些理论都满足信号模型的严格定义（在以信息极不对称为特征的市场中，公司常采用代价高昂的财务信号来向投资者传递其价值优良的信息，这种现金支出行为虽没有内在价值但成本却高得惊人，因此业绩较差的公司根本无法采用这种财务信号措施）。然而，这些模型都假定拥有公司未来发展前景等内幕信息的管理者，试图通过到期结构选择将该信息传递给信息不足的投资者。

弗兰纳（Flanner，1986）提出了古典信号模型，他认为发展优势强的公司要比发展优势弱的公司更倾向于发行短期债务。当发行短期债务时，发展优势强的公司不得不承担更多的披露公司信息后重新举债的风险。而发展前景较差的企业管理者并不愿承担这一重新举债的风险，因此会选择发行不受中途谈判制约的长期债务。如果证券发行是一种代价较高昂的行为，弗兰纳证明证券市场会形成一个分离均衡，即发展前景较好的公司会发行短期债务（这种行为使得公司获得一个相对较高的市场价值），而发展前景较差的企业则发行长期债务。

最有影响的两个到期结构选择的信息不对称模型是由戴蒙德（Diamond）分别在1991年、1993年提出的。戴蒙德（1991）指出，债务到期结构选择被视为借款人发行短期债务的愿望（由于掌握着公司发展前景喜人的非公开信息，因此想通过发行短期债务来向外传达这一信息）和依赖短期债务筹集资金所面临的流动性风险之间进行权衡的结果。流动性风险定义为如果有不利消息传出，贷款人不愿再续借款给借款人时，则借款人将失去不可分配的控制租金（只能由管理者得到的却不能分配给债券持有人的货币和非货币利益）的风险。[1] 在此模型中，评价等级高的公司会选择发行短期债务，评价等级低的公司没有选择，只能发行短期债务，而中等风险等级的公司则会发行长期债务。这三类借款模式是戴蒙德（1991）模型的独创。

---

① 戴蒙德假设贷款人对借款人的偿债能力过度敏感，因此尽管企业有偿债能力但是短期内无法偿还债务，贷款人仍会选择取消该企业的抵押品赎回权。

戴蒙德（1993）解决了掌握有关自身未来信用的内幕信息的借款人如何选择债务的到期时间以及债务的优先权等问题。使用短期债务不仅会提高公司的流动性风险，还会提高融资成本对新信息的敏感程度，因此只有发展前景好的公司才会采用短期债务这种融资方式。该模型预测短期债务优于长期债务，而且采用长期债务之后仍可以发行额外的短期债务，因为这样的发行策略在不改变对管理控制权的保护程度的同时，提高了融资成本对新信息的敏感程度。

戈斯瓦米、诺埃和利贝里奥（Goswami，Noe & Rebelio，1995）将债务到期结构选择表示为不对称信息的时间分布函数。例如，当不对称信息主要与长期现金流量的不确定性相关时，公司将会选择发行部分限制股利支付、按票面利率付息的长期债务。而在另一方面，当不对称信息在短期和长期债务之间随机分布时，公司将主要依赖于短期债务融资。这样学者无须寻求市场不完善或代理成本等方面的原因就能够解释短期和长期债务的发行情况，以及为什么存在股利支付限制和按票面利率支付债券（即发行的债券并非全是纯贴现债券）等现象。

4. 债券风险的估计

（1）利率风险。利率随时间上下而波动，利率的上升会导致流动在外的债券价格出现下降。由于利率上升导致的债券价格的下降的风险叫利率风险（Interest Rate Risk）。利率的上升会导致债券持有者产生投资损失，因此，投资债券的个人或者公司承受着利率变化的风险。

投资到期时间长的债券所承受的利率风险大于即将到期的债券。[①] 通过计算年息票10%的1年期和14年期的债券价值随利率的变化的波动，可以看出其风险变化，如表 5 - 3 所示。

表 5 - 3 不同利率水平和不同期限债券价值

当期市场利率（%）	债券价值（元）	
	1 年期	14 年期
5	1 047.62	1 494.93
10	1 000.00	1 000.00

---

① 实际上，债的到期时间和票面利率都会影响利率风险。低票面利率意味着债券的大部分收益来自本金的返还，而对到期时间相同、票面利率高的债券而言，由于息票支付高，更多的现金在前几年流入。一个称为"久期"的衡量指标即把到期时间和息票结合起来，该指标找到了债券发生现金流的平均年限。对零息票而言，它没有利息支付，所有的支付都集中在到期日，它的久期就等于债券的到期时间。息票债券的久期都比到期时间短，并且息票率越高，久期越短。久期越长的债券暴露的利率风险也越高。

续表

当期市场利率（%）	债券价值（元）	
	1 年期	14 年期
15	956.52	713.78
20	916.67	538.94
25	880.00	426.39

表 5 - 3 列示了 1 年期债券和 14 年期债券在各个市场利率下的价值，可以看出，14 年期的债券对利率变化的敏感性较高。在 10% 的利率下，14 年期债券和 1 年期债券价值都为 1 000 元。当利率升至 15% 时，14 年期债券跌至 713.78 元，而 1 年期债券只跌至 956.52 元。

对于有相同息票的债券而言，这种对利率变化的不同敏感性常常是成立的——债券的到期时间越长，对应于给定利率变化的价格变化就越大。因此，即使两只债券的违约风险近似相同，到期时间长的那只债券由于利率的上升而暴露的风险也更大。

对这种利率风险差异的逻辑解释是很简单的。假如投资者购买报酬率为 10% 或 100 元的 14 年期债券，现在假如风险类似债券的利率升至 15%，在未来 14 年里，该投资者只能固定在每年利息为 100 元的债券上。另一种情况下，假如购买 1 年期债券，投资者只会承受 1 年的低收益。年末，该投资者可以收回 1 000 元，然后将其再投资，在未来 13 年每年收到 15% 或 150 元。因此，利率风险反映了投资者投在某一固定投资上的时间长度。

如上所述，长期债券的价格对利率的变化比短期债券更敏感。为了吸引投资者冒这种额外风险，长期债券较之短期债券必须有更高的期望报酬率，这个额外报酬就是到期风险溢价（MRP）。因此，投资者可能会发现长期债券的预期报酬大于短期债券。实际会是这样吗？一般来说，答案是肯定的。

（2）再投资风险。如前所述，利率的上升会伤害投资者，因为它会导致债券投资组合价格的下降。利率的下降也能伤害投资者吗？答案是肯定的，因为如果利率下降，债券投资者也可能会遭受收入的减少。例如，一个退休者持有债券投资组合，并且以它们创造的收入为生。现在假如利率下降到 5%，许多债券将被提前赎回，而当发生提前赎回时，债券持有人不得不把 10% 的债券换成 5% 的债券。即使是那些债券不可赎回的债券也将到期，到期时，它们不得不被换为低收益债券。因此，该退休者的收入会减少。

因为利率下降而导致收入下降的风险称为再投资风险（Reinvestment Rate Risk）。30 多年来，再投资风险的重要性已经由从 20 世纪 80 年代中期开始的利率的急剧下降导致的后果所证实。可提前赎回债券的再投资风险显然较高。到期时间短的债券再投资风险也较高，因为债券的到期时间越短，获取原来相对较高利率的年限就越短，资金以新的低利率进行再投资就越快。因此，主要投资诸如银行存款和短期债券之类的短期证券的退休者会受到利率下降的严重伤害，而持有长期债券的人则继续享受其原来的高利率。

（3）利率风险与再投资风险的比较。请注意，利率风险与投资组合中债券的价值有关，而再投资风险与投资组合创造的收入有关。如果持有长期债券，面临的将是利率风险，即如果利率上升，债券价值会下降，不会面临很大的再投资风险，因此收入稳定。如果持有短期债券，将不会面临较大的利率风险，因此投资组合的价格稳定，但是会面临较大的再投资风险，收入会随着利率的变动而上下波动。

可见，没有固定利率债券可以被认为是完全无风险的——甚至大多数的国库券也会存在再投资风险和利率风险。[①] 投资者可以通过持有短期债券来最小化利率风险，或者通过持有长期债券来最小化再投资风险，但是该行为在降低一种风险的同时提高了另一种风险。债券投资组合管理人试图平衡这两种风险，但是一般情况下，债券的风险仍然存在。

5.3　普通股投资估值

5.3.1　普通股估值理论分析

普通股票的估值理论问题是一个非常复杂并且颇有争议的问题，迄今还未有一种估值方法为经济学界所普遍接受。但是，大多数人都倾向于这样一种观点：认为个别普通股股票应该作为投资者持有的全部普通股股票的一部分来加以分析。换言之，投资者所关心的问题不是某种股票行情的升降，而是他所持有的全部股票总值的升降。

由于普通股估值的复杂性和重要性，人们相继设计出不同的估值方法。这些方法总体上可分为两类：（1）现金流折现估值法，在这种方法中，以某种现金流量（包括股利、营运现金流和自由现金流）的现值为基础来估计股票的价值；（2）相对估值法，在这种方法中股票的价值是以股票目前的价格和一些与估值相

---

① 要注意的是，指数型国库券实质上是无风险的，但是它支付相对低的真实利率。同时，风险也没有消除——只是从债券持有人转移到了纳税人身上。

关的变量为基础进行估计的，这些相关变量如收益、现金流、账面价值或销售额对股票估值都是十分重要的。这两种方法可对比如下：

股票估值方法

现金流折现法　　　　　　　　　　相对估值法
- 股利现值法（DDM）　　　　　　· 市盈率（P/E）
- 营运现金流现值法　　　　　　　· 市价/现金流比率（P/CF）
- 自由现金流现值法　　　　　　　· 市价/账面价值比率（P/BV）
　　　　　　　　　　　　　　　　· 市价/销售额比率（P/S）

重要的一点是，这两种方法和具体的估值方法都有一些共同的因素。首先，所有这些方法都受对股票确定的必要报酬率的影响，因为必要报酬率会成为折现率的主要部分。其次，所有这些方法都受到其所用的变量的估计增长率的影响——比如股利、收入、现金流或者销售额的增长率。在有效市场的讨论中已提到，这些关键性变量是估计出来的。结果，采用相同估值方法的不同分析师将会得出同一股票价值的不同估计值，因为他们对这些关键变量有着不同的估计。

在以下的股票估值方法的讨论中将介绍具体的模型，以及这些模型在理论和实际运用中的优缺点。尤其要注意的是，这两类方法是互补而不是互相替代的。

1. 运用现金流折现估值法的原因和适用条件

选择现金流折现法进行估值是理所当然的，因为在这种方法中完全体现了投资者对价值的定义——价值是预期现金流的现值。各种现金流折现法之间的主要区别是现金流的具体形式不同，也就是说，所使用的现金流的计量方式不同。

第一种现金流是股利，因为股利是直接流向投资者的现金流，这就要求使用股权资本成本作为折现率。然而，这种股利方法很难运用于那些在高速成长期内不支付股利的企业，以及对于因为拥有高报酬率的投资项目而在目前仅支付少量股利的企业。然而，股利折现模型（DDM）的简化形式也有其优点，即对于那种稳定和成熟的，且在长期内能保持一个相对固定增长率的企业，采用简化的股利折现模型进行估值是十分合适的。

第二种现金流是营运现金流，它通常被定义为在扣除直接成本之后且对资本供给者支付报酬之前的现金流。由于投资者为所有资本供给者分配现金流量，所以采用的折现率应是企业的加权平均资本成本。当对具有不同资本结构的企业进行比较时，该模型是十分有用的，因为在确定企业总价值之后减去企业债务的价值就得到企业股权的价值。

第三种现金流是股权自由现金流，它是在偿还债务和扣除为维持企业资产基础所需的费用之后，股权所有者所能得到的现金流。由于这部分现金流是股权所有者获得的，所以对这种方法合适的折现率应是企业的股权资本成本。

这些模型在理论上是正确的，而在应用上弹性很大，允许销售额和费用出现变化，这表明现金流增长率在整个期间内可以不断变化。一旦投资者明白了怎样计算各种现金流，就可以通过编制预测报表来估计每年的现金流或者估算出不同现金流的总体增长率，这一点将用股利现值法（DDM）来说明。

使用这些现金流法的一个潜在困难在于这些方法依赖于两个重要的条件值：一是现金流增长率（包括增长率和增长期）；二是折现率的估计值。这些重要数值的微小变化都将对估计出的价值产生巨大影响。这就是使用任何理论模型所存在的问题：每个人都了解和使用同样的模型，但最关键的是代入模型进行计算的条件值，如果代入错误的条件值，那么得出的结果也就是错误的。

2. 运用相对估值法的原因和适用条件

大家知道现金流折现估值法的潜在问题是得出的股票内在价值很可能大大高于或者低于当前的市场价格，这取决于投资者如何依据当前的环境来调整那些条件值。而相对估值法的优点在于它提供了在不同标准下市场是如何确定股票价格的有关信息，这些标准包括整体市场、不同行业和行业内的单只股票。

相对估值法的优点在于它提供了有关当前市场是如何对证券进行估值的信息，不足之处是它仅提供有关当前估值的信息。也就是说，相对估值法提供的信息是有关当前估值的，但并没有指出当前的估值是否合适——换言之，在某一时点上的所有证券估值都可能过高或过低。例如，假设整个市场被明显高估了。如果投资者把某行业或股票的价值与这个高估的市场作比较，投资者可能认为该行业相对于市场被低估了。但是，由于投资者所使用的衡量基准出现问题，所以投资者的判断可能会是错误的。也就是说，投资者可能将一个估值充分的行业与一个价值被高估的市场进行了比较。

总之，在下面两个条件下，相对估值法是适用的：

第一，对象具有可比较性，即可比较的行业和从所属行业、规模、前景和风险角度来看都是相似的企业。

第二，对整体市场的估值合理，即该市场没有被严重高估或低估。

5.3.2　普通股估值——现金流折现估值法

所有的估值方法都基于基本估值模型，该模型认为一项资产的价值就是该资产未来预期现金流的现值，即：

$$P_0 = \sum_{t=1}^{n} \frac{CF}{(1+K)^t} \tag{5-9}$$

式中：P_0——股票价值；

n——资产的期限；

CF——t 时期产生的现金流；

K——折现率，即等于投资者对资产的必要报酬率。

1. 股票折现模型（DDM）

（1）基本原理。投资者持有的股票，其预计现金流量来源于两部分：一是股利收入；二是出售股票所得收入。这是因为大多数股票往往有规律地支付股利，其次，股票持有者出售股票时会得到一个出售价格的收入。这样，为了对股票进行估值，需要解决一个令人感兴趣的问题：股票价值是等于下一期股利和下一期股票价格的现值和，还是以后所有各期股利的现值之和呢？

这是在实务中常常遇到的问题，可以肯定的是它们都是正确的。

假设某投资者现在购买一家上市公司股票并持有一年时间，为取得该只股票，投资者支付了 P_0 的价格。P_0 的价格计算为：

$$P_0 = \frac{D_1}{(1+K)^1} + \frac{P_1}{(1+K)^1} \tag{5-10}$$

式中：P_0——股票价值；

D_1——年末支付的股利；

P_1——年末股票市场价格；

K——投资者的必要报酬率（即折现率）。

这一计算过程看似非常容易，但是，第一年末的股票价格（P_1）从何而来？P_1 不是凭空产生的，而是必须有一个投资者在第一年末以 P_1 的价格购买公司的股票，即：

$$P_1 = \frac{D_2}{(1+K)^1} + \frac{P_2}{(1+K)^1}$$

将 P_1 代入 P_0 中，可得：

$$P_0 = \frac{D_1}{(1+K)^1} + \frac{D_2}{(1+K)^2} + \frac{P_2}{(1+K)^2}$$

如果连续不断地进行上述计算过程，最后可得到如下公式：

$$P_0 = \frac{D_1}{(1+K)^1} + \frac{D_2}{(1+K)^2} + \frac{D_3}{(1+K)^3} + \cdots$$

$$= \sum_{t=1}^{n} \frac{D_t}{(1+K)^t} \tag{5-11}$$

公式（5-11）是股票估值中的一个通用模型，无论是永远持有股票，还是在有限时间里持有股票，它都是适用的。实际应用时，关键的问题主要是如何预计未来每年的股利，以及如何确定折现率。众所周知，每个投资者预期持有普通股票的期限长短差别很大，有的投资者持有期可能只有几天，有的投资者则可能永远持有下去。对于不想永远持有普通股票的投资者来说，他们总是期望将来能按照高于自己购进成本的价格出售股票，出售股票的前提必须是有部分投资者愿意以市价购进。那么欲购进股票的投资者会依据预期的股利和预期的股票未来卖价来估计股票的市价，然后决定是否购买。对决定购买股票的投资者来说，其买价又会反过来决定他们预期的股利和未来的股票卖价。可见，对普通股票进行估值，其股利的预期和报酬率（折现率）的确定是非常重要的。

股利的高低，主要取决于每股收益和股利支付率两个因素，对其预计方法一般可采用历史资料的统计分析法。

报酬率（折现率）的确定主要依据投资者的要求而定。常用方法有三种：一是根据股票历史上的长期平均报酬率确定；二是参考债券报酬率，加上一定的风险报酬率来确定；三是直接采用市场利率确定。

（2）不同股利增长估值模型。在实务中，由于股利增长方式不同，因此，其估值方法也有差异。

上述讨论表明企业价值等于其未来股利的现值。在实践中投资者如何应用这一原理呢？公式（5–11）代表的是一个基本通用模型，不管预期的股利支付水平是增长的、变动的还是固定的，都可以使用该模型。如果预期企业的股利符合以下一些基本模式：零增长；固定增长；变动增长。那么一般模型可以得到简化。这些情形在图 5–6 中进行说明。

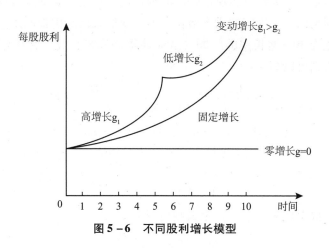

图 5–6　不同股利增长模型

①零增长股票估值模型。如果预期到股票未来的股利是不变的，即股利增长率为零，那么，意味着该种股票每年的股利是相等的，也就是说：

$$D_1 = D_2 = D_3 = D_4 = 常数$$

此时，股票的价值为：

$$P_0 = \frac{D_1}{(1+K)^1} + \frac{D_2}{(1+K)^2} + \frac{D_3}{(1+K)^3} + \cdots$$

由于股利永远是等值的，所以股票可以被视为每期现金流量等于 D 的普通年金，即股票价值为：

$$P_0 = \frac{D}{K} \qquad\qquad (5-12)$$

②正常或固定增长股票估值模型。一般情况下，普通股股票的股利不可能是固定不变的，实际上是在不断增长变化的。假定一家上市公司的股利总是以固定的比率增长，设该增长率为 g，则下一期的股利为：

$$D_1 = D_0 \times (1+g)$$

第二期后的股利为：

$$\begin{aligned} D_2 &= D_1 \times (1+g) \\ &= [D_0 \times (1+g)] \times (1+g) \\ &= D_0 \times (1+g)^2 \end{aligned}$$

现在可以重复这个计算过程，以便计算出未来任何一点的股利。从货币时间价值计算原理中可知，未来第 t 期后的股利 D_t 等于：

$$D_t = D_0 \times (1+g)^t \qquad\qquad (5-13)$$

这种股利稳定增长的假定可能会使你感到奇怪：为什么股利会以固定的比率增长呢？原因在于，大部分企业都是以股利稳定增长为明确的经营目标的。

如果股利是以一个固定的比率增长，那么我们就已经把预测无限期未来股利的问题，转化为单一增长率的问题，从而使得问题简单化。在固定增长率条件下，股票价值则可以写成：

$$\begin{aligned} P_0 &= \frac{D_1}{(1+K)^1} + \frac{D_2}{(1+K)^2} + \frac{D_3}{(1+K)^3} + \cdots \\ &= \frac{D_0 \times (1+g)^1}{(1+K)^1} + \frac{D_0 \times (1+g)^2}{(1+K)^2} + \frac{D_0 \times (1+g)^3}{(1+K)^3} + \cdots \\ &= \sum_{t=1}^{n} \frac{D_0 \times (1+g)^t}{(1+K)^t} \qquad\qquad (5-14) \end{aligned}$$

当 g 为常数，且 K > g 时，上式则可以简化为：

$$\begin{aligned} P_0 &= \frac{D_0 \times (1+g)}{K-g} \\ &= \frac{D_1}{K-g} \qquad\qquad (5-15) \end{aligned}$$

实际上，人们可以利用股利增长模型计算出任何时点下的股票价值，而不是限于今天。一般来说，任何时点的股票价值等于：

$$P_t = \frac{D_t \times (1+g)}{K-g}$$

$$= \frac{D_{t+1}}{K-g} \qquad\qquad (5-16)$$

投资者也许想知道，如果股利增长率 g 大于折现率 K，那么，股利增长模型会变成什么样子呢？因为 K-g 小于零，因此股票价值似乎会变成负数。然而，这种情形不会发生。

相反，如果固定的股利增长率大于折现率，则股票价值会变成无穷大。为什么呢？因为如果股利增长率大于折现率，则股利的现值会越来越大。实际上，如果股利增长率等于折现率，情形也是一样。在这两种情形下，用股利增长模型取代无限个股利的简化方法是"不恰当的"。因此，除非股利增长率小于折现率，否则从股利增长模型所得到的答案毫无意义。

最后，从固定增长情形所得出的表达式适用于所有增长型永续年金，而不是仅适用于普通股股利。

③超常或非固定增长股票估值模型。现在考虑的最后一种情形是非固定增长，这种情形允许股利在某一段有限的时间内超常增长。就像刚刚所讨论的那样，股利增长率不能无限期地大于必要报酬率，但是在某段时间内它的确是可能的。为了避免预测并折现无限个股利的问题，人们要求股利从未来某个时候开始，以固定的增长率增长。

假定 M 公司为一家上市公司，它目前不分派股利。投资者预计第 5 年 M 公司将第一次分派股利，每股 0.50 元。而且，投资者预期此后股利将以 10% 的比率无限期地增长。同类公司的必要报酬率为 20%。请问：目前股票的价值是多少？

要计算目前股票的价值，首先必须找出开始分派股利时的股票价格，然后再计算这个终值的现值，就可以得出目前的价值。第一次分派股利是在第 5 年，此后股利稳定增长。利用股利增长模型，可以计算第 4 年的价值为：

$$P_4 = \frac{D_4 \times (1+g)}{K-g}$$

$$= \frac{D_5}{K-g}$$

$$= \frac{0.5}{0.20-0.10}$$

$$= 5 \text{（元）}$$

如果第 4 年的股价是 5 元，那么就可以以 20% 的利率将它折现 4 年，计算出现在股票的价值：

$$P_0 = \frac{5}{(1+20\%)^4}$$
$$= 2.41 \text{（元）}$$

因此，目前该公司股票的价值为 2.41 元。

在非固定增长模型中，如果前几年的股利不是零，那么，问题就会变得稍微复杂一些。

假设某投资者计划投资购买海天股份公司的股票，预计该公司未来 3 年的股利额分别如下：

年份	预期股利
1	1.00
2	2.00
3	2.50

3 年后，股利将以每年 5% 的比率固定增长，必要报酬率为 10%。请问：目前该公司股票价值是多少？

为了便于理解非固定增长股票有估值原理，现将股利的分布绘制如图 5-7 所示。

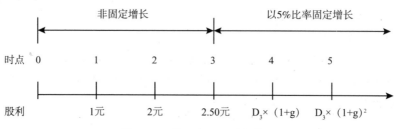

图 5-7 非固定股利增长模型

与上述其他估值模型一样，股票价值仍然还是等于未来股利的现值。所以针对非固定增长股票模型，估值时可将其分为两段计算：首先计算出前 3 年的股利现值，然后再计算出 3 年后固定增长期间的股票现值，二者相加即为股票的价值。

第一，计算前 3 年股利的现值：

$$D_0 = \frac{D_1}{(1+K)^1} + \frac{D_2}{(1+K)^2} + \frac{D_3}{(1+K)^3}$$
$$= \frac{1}{(1+10\%)^1} + \frac{2}{(1+10\%)^2} + \frac{2.50}{(1+10\%)^3}$$
$$= 0.91 + 1.65 + 1.88$$

$$= 4.44 \text{（元）}$$

第二，再计算 3 年后股票的价值：

$$P_3 = \frac{D_3 \times (1 + g)}{K - g}$$

$$= \frac{2.50 \times (1 + 5\%)}{10\% - 5\%}$$

$$= 52.50 \text{（元）}$$

第三，将前 3 年的股利现值和 3 年后的股票现值相加，计算该公司股票的价值：

$$P_0 = \frac{D_1}{(1 + K)^1} + \frac{D_2}{(1 + K)^2} + \frac{P_3}{(1 + K)^3}$$

$$= 4.44 + 52.50 \times 0.7513$$

$$= 4.44 + 39.44$$

$$= 43.88 \text{（元）}$$

所以，海天股份公司的股票价值为 43.88 元，如果该只股票的市场价格低于 43.88 元，投资者则可以投资于该只股票。

2. 营运现金流估值模型

在该模型下，由于折现的对象是在债务利息支付前的总营运现金流，所以得到的是整个企业的价值。同样地，由于所折现的是整个企业的营运现金流，所以采取的折现率应该是该企业的加权平均资本成本（WACC）。因此，一旦估计出整个企业的价值，然后减去债务价值，这样就能估计出企业股权的价值。计算公式如下：

$$P_0 = \sum_{t=0}^{n} \frac{OCF_t}{(1 + WACC)^t} \tag{5-17}$$

式中：P_0——企业价值；

　　　　n——时期数，假设为无限期；

　　　　OCF_t——时期 t 企业的营运现金流；

　　　　$WACC_j$——企业的加权平均资本成本。

类似于 DDM 的处理过程，把该模型的时期数假设为无限期也是合理的。另外，如果分析的对象是一家成熟企业，并且它的营运现金流已经达到稳定增长阶段，那么可以将无限期固定增长 DDM 改写为：

$$P_0 = \frac{OCF_1}{WACC_i} - g_{ocf} \tag{5-18}$$

式中：OCF_1——第 1 期的营运现金流，等于 $OCF_0(1 + g_{ocf})$；

　　　　g_{ocf}——营运现金流的长期固定增长率。

　　另一种情况，假设企业的营运现金流（OCF）预期将经历几个不同增长率，这些估计的增长率可以分成三四个阶段。同股利模型相似，分析师必须估计出增长率以及各超常增长阶段的增长时间。

　　因此，根据预期增长率，可以计算出某一增长阶段中每一年的具体营运现金流的估计值，但在超常增长期后，当营运现金流增长率达到稳定时，就可以使用无限期模型进行估计。注意，在确定了整个企业的价值之后，必须减去所有非股权项的价值，包括应付账款、付息债务总额、递延税款以及优先股价值，从而得到企业股权价值的估计值。

3. 股权自由现金流估价模型

　　第三种现金流折现法的计算对象是股权自由现金流，这个现金流量是营运现金流对债务（利息和本金）以及对维持企业的必要资本支出作相应调整后得到的，也就是向普通股持有者支付股利之前的现金流。这种现金流之所以被称为自由现金流，是因为它是在满足其他资本供给者（债权人和优先股持有者）的偿付要求，以及为维持企业的资产基础而支付必要费用之后所剩余的现金流。

　　显然，由于这种现金流是股权所有者可获得的，所以这里采用的折现率是企业的股权资本成本（K），而不是企业的加权平均资本成本（WACC）。

$$P_0 = \sum_{t=1}^{n} \frac{FCF_t}{(1+K)^t} \qquad\qquad (5-19)$$

式中：P_0——企业价值；

　　　　n——时期数，假设是无限期的；

　　　　FCF_t——t 期企业的自由现金流；

　　　　K——股权（权益）资本成本。

　　分析师如何运用这个一般模型取决于企业在其生命周期中所处的阶段。也就是说，如果企业将经历一个稳定的增长期，那么分析师就可以采用无限期增长模型。相反，如果企业将经历短期的超常增长期，那么分析师应当采用多阶段增长模型，具体运用过程与股利模型和营运现金流模型的过程相似。

5.3.3　普通股估值——相对估值法

　　各种现金流折现法都是在估计增长率和相应折现率的基础上来试图估计出某股票的具体价值。相对估值法与之不同，对于一个经济体而言（即市场、某个行业或企业），相对估值法是用一些相对比率通过将其与相似的经济体进行比较，可以确定该经济体的价值。而这些相对比率是该经济体的股票价格与影响股票价值的相关变量的比值，这些变量包括收益、现金流、账面价值和销售额。因此，现在探讨以下一些相对估值比率：（1）市盈率（P/E）；（2）市价/现金流（P/CF）；（3）市价/账面价值（P/BV）和市价/销售额（P/S）。

1. 收益乘数模型

许多投资者都喜欢运用收益乘数模型来估计普通股的价值。这种方法的原理再次反映了一个基本理论，即任何投资项目的价值都是该项目未来收益的现值。对于普通股来说，投资者应得到的回报是企业的净收益。因此，投资者用来估值的一种方法是确定投资者愿意为每 1 元的预期报酬（通常以 12 个月内的预期报酬来表示）支付的金额（元）。例如，如果投资者愿意为预期报酬支付 10 倍的价格，那么他们估计每股预期报酬为 2 元的股票在下一年的价值将为 20 元。这样可以计算出当前的收益乘数，也就是市盈率（P/E）。计算公式为：

$$收益乘数 = 市盈率 = \frac{目前市场价格}{预期报酬} \quad\quad (5-20)$$

收益乘数（P/E 比率）的高低表明了当前投资者对该股票价值的期望。投资者必须将 P/E 比率与整体市场、该企业所属行业以及其他相类似企业和股票的 P/E 比率作比较，以决定他们是否认同该股票当前的 P/E 比率（也就是说，这个收益乘数是偏高还是偏低？）

要回答这个问题，投资者必须考虑在此期间影响收益乘数（P/E 比率）的因素。例如，目前全球不同股票市场的 P/E 比率约在 6~25 倍之间变化。无限期股利折现模型可以用来决定 P/E 比率的变量，即：

$$P_i = \frac{D_1}{K-g}$$

如果将等式两边同时除以 E_1（未来 12 个月内的预期报酬率），则：

$$P_i/E_1 = \frac{D_1 \div E_1}{K-g} \quad\quad (5-21)$$

因此，P/E 比率是由以下因素决定的：

（1）预期股利支付率；

（2）股票必要报酬率（K）的估计值；

（3）股票股利的预期增长率（g）。

同理，K 和 g 的差是决定 P/E 比率大小的主要因素。尽管股利支付率对 P/E 也有影响，但一般来说，它是相对稳定的，对收益乘数年变化的影响非常小。

在估计出收益乘数后，可以用它乘以下一年的收益估计值从而得出股票的价值。E_1 是由当前收益 E_0 和收益的预期增长率得出的。使用这两个估计值，就可以计算出该股票价值的估计值，并将该值与其市场价格比较，以及决定是否对它进行投资。

2. 市价/现金流比率

市价/现金流比率相对估值法之所以越来越多地被采用是因为一些企业倾向于操纵每股收益，而现金流价值通常不易被操纵。同样值得注意的是，现金流价值在基本估值中（当计算现金流的现值时）是很重要的，并且在进行信用分析时强调"现金是王"的准则，所以现金流量价值非常关键。价格与现金流的比率计算公式为：

$$P/CF = \frac{P_t}{CF_{t+1}} \qquad (5-22)$$

式中：P/CF——企业市价/现金流比率；

P_t——第 t 期股票的价格；

CF_{t+1}——企业的预期每股现金流。

影响这个比率的因素（变量）与影响 P/E 的因素相同。具体地说，主要变量应该是所采用的现金流变量的预期增长率和由于现金流序列的不确定性或波动性所带来的股票的风险。用来计算具体现金流通常是扣除利息、税收、折旧和摊销之前的收益（EBITDA），但是具体采用哪种现金流会随企业和行业的性质不同以及哪种现金流是对行业绩效的最好计量而变化（例如，营运现金流或自由现金流）。同时，合适的 P/CF 比率也会受到企业资本结构的影响。

3. 市价/账面价值比率

市价/账面价值比率（P/BV）作为一种相对价值计量方法，一直以来被银行业的分析师广泛采用。银行的账面价值一般被认为是其内在价值的一个优良指标，因为绝大部分的银行资产，如债券和商业贷款，其价值都与账面价值相等。市价/账面价值比率作为一种相对估价法对各类企业都具有普遍适用性和可信度。P/BV 的计算公式为：

$$P/BV = \frac{P_t}{BV_{t+1}} \qquad (5-23)$$

式中：P/BV——企业市价/账面价值比率；

P_t——第 t 期股票的价格；

BV_{t+1}——企业每股账面价值的年末估计值。

与其他相对估值比率一样，这种方法是指将年末的预期账面价值与当前的市场价格进行比较。但其难点在于未来账面价值通常是不可获得的。一般可以根据该账面价值序列的历史增长率求出其估计值，或者使用包含在可持续增长公式 g =（ROE）×（留存比率）中的增长率来求其估计值。

4. 市价/销售额比率

市价/销售额比率（P/S）有着一个"大起大落"的历史。这个比率的拥护者认为其有意和实用是基于以下两个原因：首先，他们认为销售额强劲且持续地增长，对于一个成长型企业而言是必须具备的特征。尽管他们也注意到高于平均水平的利润率的重要性，但是他们还是强调，企业的成长过程是从销售额的增长开始的。其次，给定资产负债表和利润表中所有数据，销售信息相对于其他数据项是最不易受到人为操纵的。P/S 的计算公式如下：

$$P/S = \frac{P_t}{S_{t+1}} \qquad\qquad (5-24)$$

式中：P/S——企业市价与销售额的比率；

$\qquad P_t$——第 t 期股票的价格；

$\qquad S_{t+1}$——企业每股的预期销售额。

同样，将企业每股的预期销售额与当前的股票价格进行比较是很重要的。但对于数量众多的代表性股票来说，要得到其每股预期销售额是比较困难的。有关市价/销售额比率需要说明的有两点。首先，认识到一个具体的相对估值比率在行业间的差异非常大是很重要的。例如，像沃尔玛、家乐福、苏宁、国美等连锁公司，每股销售额会明显高于计算机或芯片公司的每股销售额。这种差异的原因与第二种要考虑的因素有关，即销售利润率。其含义是，连锁商店具有较高的每股销售额，这会使 P/S 比率较低，在意识到这些企业的净利润率较低之后，人们就会知道较高的每股销售额并不一定说明企业就更好。因此，运用 P/S 比率这种相对估值方法作分析时，必须在相同或相似行业的企业之间进行。

到目前为止，我们都把必要报酬率，也就是折现率 K 看作是已知的。现在一起探讨股利增长模型中的必要报酬率的隐含意义。

由股票估值固定增长模型可知，股价等于：

$$P_0 = \frac{D_1}{K-g}$$

将上式移项整理可得：

$$K = \frac{D_1}{P_0} + g \qquad\qquad (5-25)$$

它告诉大家，总报酬率 K 包括两个要素：第一个是 D_1/P_0，即股利报酬率。因为这是由预期现金股利除以当前股价而得的，因此，它在观念上类似于债券的当前报酬率。第二个是增长率 g。大家知道，股利增长的速度也就是股价增长的速度，因此，增长率可以解释为资本利得报酬率，也就是投资价值的增长率。

第 *6* 章
资本结构：理论观点与流派之争

6.1　资 本 成 本 与 融 资 决 策

6.1.1　资本成本的性质

世界上没有免费的午餐，无论是个人还是组织只要使用资金就必然要付出一定的代价。例如，某投资者打算创办一家公司，需要向债权人借入一定量的资金，此时要按照合同约定向债权人支付利息；当然，他也可能从积蓄中提取一定的款项进行投资，那么他会失去这笔资金用于其他投资所获取收益的机会，从而产生机会成本。所以，无论对个人还是对企业来说，通过各种渠道获取的资金不能无偿使用，而是要付出一定的代价。

资本成本的概念从属于广义成本范畴，又具有鲜明的个性特征。理解和掌握资本成本的属性不妨从概念的提出开始，即谁需要资本成本信息？该信息能向他提供哪些帮助？应该说资本成本是站在企业的立场上提出的，企业管理者在进行投资决策与融资决策时均需要以资本成本作为评价项目优劣的标准。进一步思考，企业任何决策收益是归谁所有的？毫无疑问是投资者，因为投资者是企业财富的所有者。根据现代企业制度的激励与约束机制，所有者可以通过行使对决策者（企业管理者）的任免表决权从背后控制决策导向。可见，资本成本产生的根源在投资者而非企业管理者自身，它取决于投资者的主观要求，是"投资者为达到获得决策收益目的而作出的价值牺牲"。但这里所谓的价值牺牲又是指什么呢？是投资者投入企业的资金吗？当然不是，因为这笔资金虽然有可能发生形态上的变化，但其依然归属于投资者，单从这一角度讲，投资者并无价值牺牲。投资者真正丧失的是一种选择权。从投资决策确定的那一刻起，投资者就丧失了选择其他投资途径的权利，这是他唯一的牺牲，资本成本的性质就体现在这里。选择权的丧失意味着投资者失去了可能在其他项目中获得的收益，即产生机会成本。由于投资者的资金具有稀缺性，他在投资方面的需求无法得到充分满足，使得可行的全部投资项目成为备择品。投资者会通过比较诸方案的未来预期价值，选择预期价值最大的项目，而次优方案的估计价值必然成为投资者主观上认定的一种损失，这种由选择行为产生的损失符合机会成本的特征，是典型的机会成本。机会成本对于投资者而言是"最低要求报酬率"，对企业管理者而言是"资本成本"。即企业为筹集和使用资金而付出的代价。在企业理财活动中，资本成本是一个不可忽视的重要因素。

资本成本包括资本筹集费和资本占用费两部分。资本筹集费是指企业在筹措资金过程中发生的费用，如企业发行股票、债券所支付的发行费、佣金、银行借款的手续费等。资本占用费是指企业在资金使用过程中所支付的费用，如普通股和优先股的股息和红利，银行借款利息等。资本占用费与筹资额、筹资期限有直接关系；资本筹集费与筹集额、筹资期限无直接关系。

6.1.2　影响资本成本的因素

在市场经济环境中，众多因素都会对企业的资本成本产生不同的影响。一般情况下，影响资本成本高低的因素主要有总体经济环境、市场条件、企业经营和融资决策、融资规模。

1. 总体经济环境

总体经济环境决定了整个经济中资本的供给和需求以及预期通货膨胀水平。这个经济变量反映在无风险报酬率上。无风险报酬率代表了无风险投资的报酬率，例如一国政府短期债券利率。由于整个经济中的资金需求与供给会发生相对变动，投资者也会相应改变其要求的报酬率。例如，如果货币需求增加，而供给没有相应增加，则债权人会提高其要求的利率；如果预期通货膨胀使货币购买力下降，则投资者会要求一个更高的报酬率来补偿预期的投资损失。

2. 市场条件

当投资者购买的某种证券风险很大时，该证券的发行者必须赋予该证券具有获得额外报酬的机会，才能使投资者对这种证券产生兴趣。随着风险上升，投资者要求的报酬率也会随之上升，这种上升称为收益的风险溢价。当投资者提高所要求的报酬率时，企业的资本成本也随之上升。我们把风险定义为潜在的收益变动程度。如果某种证券的市场流动性不好，则投资者想买进或卖出相对比较困难；或者虽然存在对该证券的持续需求，但价格波动太大，此时，投资者会要求一个相对较高的报酬率，企业的资本成本相应会随之而提高。相反，如果某种证券的市场流动性好，而且价格比较稳定，则投资者要求的报酬率也会比较低，相应会降低企业的资本成本。

3. 企业经营和融资决策

投资收益风险也是企业内部决策的结果。来自这些决策的风险通常可以分为两类：经营风险（又称商业风险）和财务风险。经营风险反映企业资产报酬率的变动，受企业投资和经营决策影响。财务风险则反映普通股报酬率的变动，是企业采用债务或优先股融资的结果。随着企业经营风险和财务风险增大或减小，投资者要求的报酬率及企业的资本成本也会同向变动。

4. 融资规模

影响资本成本的最后一个因素是企业的融资规模。当企业融资需求增加时，资本成本也会上升。例如，企业发行的证券越多，则额外的筹资成本也将随之增加，包括支付给中介机构的承销费、法律及审计费等，企业实得资金则相应减少。同时，当企业向市场索取相对于企业自身规模很大数额的资本时，投资者也会要求更高的报酬率，因为资本的供给者可能会由于对企业管理当局能否用好这笔资金缺乏信任和信心，从而不愿提供大量的资金。而且，由于发行规模增大，证券的发行价格相应会降低，由此也会增加企业的资本成本。

以上四个因素对资本成本的影响如图6-1所示。

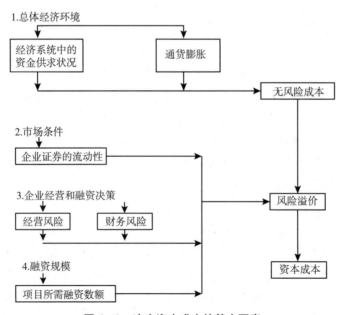

图6-1　决定资本成本的基本要素

资本成本的概念广泛运用于企业财务管理的方方面面。对于企业融资来讲，资本成本是选择资金来源、确定融资方案的重要依据，企业力求选择资本成本最低的融资方式。对于企业投资来讲，资本成本是评价投资项目、决定投资取舍的重要标准。资本成本还可用作为衡量企业经营成果的尺度，即经营利润率应高于资本成本，否则表明业绩欠佳。

6.1.3　个别资本成本的确定

1. 个别资本成本原理

市场经济条件下，由于企业融资渠道广泛，各种融资渠道所发生的资本成本也有所不同。因此，资本成本可以通过多种形式考察。在此首先了解个别资本成本的计算原理。

个别资本成本是指各种长期资金的成本，包括长期借款成本、债券成本、优先股成本、普通股成本和留存收益成本等。企业在比较分析各种融资方式时，关键是确定个别资本成本。个别资本成本的计算公式为：

$$资本成本 = \frac{资本占用费}{融资总额 - 发行成本} \qquad (6-1)$$

或：

$$资本成本 = \frac{资本占用费}{融资总额 \times (1 - 发行成本率)} \qquad (6-2)$$

必须指出，计算个别资本成本时，需要考虑两个因素：一是所得税的影响，税前或税后支付的资本成本，对企业的收益影响是不同的。银行借款和企业债券的利息是税前支付的，属于免税项目，对企业是有利的；股票的股息和红利则是税后支付的，属于非免税项目，对企业是不利的。二是资本成本是一个预测的估计值，而非精确的计算值。因为测定资本成本的各项因素都不是根据过去实现的资料确定的，而是根据现在和未来的事件确定的，而未来各种情况都可能发生。

2. 债务资本成本确定

债务资本成本主要包括银行借款和公司债券两种资本成本。

由于借款的利息具有抵减所得税的作用，因此，计算借款的资本成本必须是其税后成本。银行借款资本成本计算公式为：

$$K_I = \frac{I \cdot (1 - T)}{L \cdot (1 - F)} \qquad (6-3)$$

式中：K_I——银行借款资本成本；

I——银行借款利息；

T——所得税率；

L——借款额；

F——融资费率。

公司债券资本成本的计算方法与银行借款资本成本相同。区别在于公司债券的发行价格存在溢价、平价、折价三种，计算时应该按照实际发行价格作为筹资额。计算公式为：

$$K_B = \frac{I \cdot (1 - T)}{L \cdot (1 - F)} \qquad (6-4)$$

式中：K_B——公司债券资本成本；

I——债券利息；

T——所得税率；

L——融资额；

F——融资费率。

假定海达股份有限公司以 950 元的发行价格向社会公开发行面值为 1 000 元、票面年利率 10%、期限 5 年的公司债券 500 000 张。债券发行费率为 2%，公司所得税率 25%。请计算公司债券融资的资本成本。

根据公式计算海达公司债券资本成本为：

$$K_B = \frac{1\,000 \times 10\% \times (1 - 25\%)}{950 \times (1 - 2\%)} = 8.06\%$$

债务资本成本除按上述方法计算外，还可以采用考虑货币时间价值的方法计算。

根据海达公司相关资料，采用考虑货币时间价值的方法计算公司债券的资本成本。根据题意，建立计算模型为：

$950 \times (1 - 2\%) = 1\,000 \times 10\% \times (P/A, K, 5) + 1\,000 \times (P/F, K, 5)$

采用插值法计算债券税前资本成本：

$K = 11.91\%$

然后，考虑所得税因素，计算确定税后资本成本：

$K = 11.91\% \times (1 - 25\%) = 8.93\%$

3. 权益资本成本确定

权益资本成本主要包括优先股、普通股及留存收益等几种资本成本。

公司发放优先股需要向股东定期支付固定股利，公司支付的股利来源于税后，是不能抵减所得税的。因此，优先股资本成本的计算公式为：

$$K_P = \frac{D_P}{P_0 \cdot (1 - F)} \qquad (6-5)$$

式中：K_P——优先股资本成本；

D_P——优先股年股利；

　　　　P₀——优先股融资额；

　　　　F——优先股融资费率。

　　普通股资本成本包括新发行普通股资本成本和留存收益资本成本。由于股利支付是在税后，所以普通股资本成本不存在抵减所得税的问题。

　　新发行普通股资本成本。公司对外发行普通股时，会产生大量的发行费用，因此，计算时必须考虑发行费用对资本成本的影响。普通股资本成本估计方法有三种：

　　第一种：资本资产定价模型法。根据资本资产定价模型原理，其资本成本计算公式为：

$$R_s = R_F + \beta_i \cdot (R_M - R_F) \tag{6-6}$$

　　从公式（6-6）中可知，影响普通股资本成本的因素主要有三个：无风险报酬率；公司系统风险水平；市场风险溢价。

　　①无风险利率确定。一般情况下可将无风险资产定义为投资者可以确定期望报酬率的资产。通常政府债券不存在违约风险，可以代表无风险利率。但是在实务操作中面临着如何选择债券期限、如何选择利率及如何处理通货膨胀三个问题。

　　第一，**关于政府债券时间长短的选择问题**。大家知道，政府债券有不同的存续期，其利率是不同的。一般认为，在确定股权资本成本时选择长期政府债券的利率是比较合适的。理由：①普通股属于长期有价证券。从理论上讲期限的选择应该与普通股的现金流相匹配。普通股的现金流是永续现金流，但是现实中很难找到永续债券，所以，采用政府长期债券的利率是比较合适的。②资本预算投资时间长。大家知道，计算资本成本的主要目的是作为长期投资决策的折现率，而长期政府债券的期限与投资项目现金流的持续时间能够较好配合。③长期政府债券的利率波动小。所以，实务中往往选择 10 年期或者更长时间的债券利率作为无风险利率。

　　第二，**关于选择票面利率还是到期收益率问题**。不同时间发行的长期政府债券，其票面利率不同，并且付息时间也不同，所以，采用票面利率一般是不合适的。估计股权资本成本时，一般应该选择上市交易的政府长期债券的到期收益率作为无风险利率，因为不同年份发行的、票面利率和计算周期不同的上市债券，根据当前市价和未来现金流计算确定的到期收益率基本上是一样的。

　　第三，**关于选择名义无风险利率还是真实无风险利率的问题**。两者争议较大，但是有一点需要明确，即要保持配比性原则，即：决策时对含有通货膨胀的现金流要与含有通货膨胀的折现率匹配；对实际的现金流要与实际的折现率相匹配。这样，一般情况下，使用含有通货膨胀的名义货币编制财务报表并确定现金流量，与此同时，使用含有通货膨胀的无风险利率来计算资本成本。只有在以下特殊情况出现时，才使用实际利率计算资本成本：一是存在恶性通货膨胀；二是预测周期过长，通货膨胀对决策结果影响巨大时。

②公司系统风险水平。公司系统风险大小是通过 β_i 来反映的。大家知道，β_i 等于任意证券报酬率与市场组合报酬率的协方差与市场组合报酬率方差的比值。所以，在计算贝塔系数时要注意：一是预测期的长度问题。较长的期限可以提供较多的数据信息，得出的贝塔系数更具有代表性。二是收益计量的时间间隔问题。股票报酬率的计算可以建立在每年（或每月、每周、每天等）基础上，不同的时间间隔会影响到贝塔系数计算的准确性，所以，采用每周或每月的报酬率比较广泛。

③市场风险溢价。市场风险溢价是指市场平均报酬率与无风险报酬率之间的差额，同样，估计市场报酬率时会有两个问题需要考虑：一是时间跨度选择。由于投资报酬率非常复杂多变，且影响因素较多，所以，较短的期间难以反映风险溢价的平均水平，所以，计算风险溢价的期间应该选择较长的时间跨度（如10年以上或者更长）。二是市场平均报酬率确定时采用算术平均数还是几何平均数。算术平均数是在一定时间内年平均报酬的简单平均值；而几何平均数是同一时间内年平均报酬的复合平均值，多数人倾向于采用几何平均法。

第二种：股利增长模型法。股利增长模型法下确定普通股资本成本的计算公式为：

$$K_N = \frac{D_1}{P_0 \cdot (1-F)} + g \qquad (6-7)$$

式中：K_N——普通股资本成本；

D_1——第一年预期股利；

P_0——股票市价；

F——融资费率；

g——年股利增长率。

使用股利增长模型法的关键是如何确定股利的年增长率问题。年股利增长率估计有以下三种方法：

①历史增长率，即根据过去的股利支付数据估计未来的股利增长率（计算时可以采用算术平均法和几何平均法）。

②可持续增长率。可持续增长率是指企业不增发新股，并且保持目前经营效率和财务政策不变时，营业收入所能实现的最大增长率。即：

股利增长率＝可持续增长率＝营业净利率×资产周转率×权益乘数×留存收益比率

$$(6-8)$$

③根据证券分析师预测结果确定。

第三种：债券收益率风险溢价法。即在债券收益率基础上根据不同企业的风险程度，加上一定的风险溢价率来计算确定普通股的资本成本。其计算公式为：

$$K_s = 债券收益率 + 风险溢价 \qquad (6-9)$$

公式（6-9）中风险溢价一般根据市场风险程度主观确定（3% ~5%）。该种方法虽然不十分准确，但在一定条件下仍然可以运用。

企业的留存收益是净收益分配后的剩余所得，由于留存收益的增加并没有直接的成本发生，因此，众多企业管理层可能会错误地认为留存收益是免费的。但是，留存收益的使用是有代价的，从投资者角度看，留存收益的成本可以看成是股东可接受的预期最低报酬率。留存收益代表着所有者对企业相应资本的要求权，是所有者对企业的再投资。所以，留存收益的成本就是股东再投资的机会成本。

留存收益资本成本的计算方法可以参照普通股资本成本计算原理确定，其差异在于留存收益资本成本计算时它没有融资费用。

6.1.4 加权平均资本成本

1. 加权资本成本计算模型假设

在一个复杂的经济环境中，企业加权资本成本的计算也比较复杂。为更好地说明企业加权平均资本成本的计算过程，在此做三个基本假设：假设一：新项目与企业当前的资产具有相同的经营风险；假设二：新项目的融资结构（债务与股权资本组合）与企业当前的资本结构相同，也就是说新项目的实施不会改变企业当前的财务风险；假设三：企业的现金红利支付率保持不变。下面对三个假设分别加以解释。

（1）经营风险相同。经营风险是指全部投资（即总资产）收益潜在的变动程度，投资者对企业证券所要求的报酬率以及企业的资本成本是企业当前经营风险的函数。如果经营风险水平变动，则投资者自然会改变他们要求的报酬率，企业的资本成本也会相应发生变动。但经营风险增大或减小的精确数值很难得到。因此，计算企业加权平均资本成本时假设任何经过考虑的新投资项目都不会显著改变企业当前的经营风险。换句话说，只有当企业新投资项目的经营风险与企业当前的经营风险相近时，才可以用企业的加权平均资本成本作为新项目的折现率。

（2）财务风险不变。财务风险是指由于采用债务和优先股融资方式而导致普通股收益的变动程度。财务风险与破产威胁有关。当企业资本结构中的债务比例上升时，企业不能如期还本付息的可能性也相应增大。企业的财务风险水平也会影响投资者要求的报酬率。当企业的债务规模及比重增加时，普通股股东会提高他们的报酬率要求。换句话说，单个资本来源的资本成本是企业当前资本结构的函数。只有当企业继续采用相同的资本组合进行新项目的融资时，才能用企业当前的资本结构来计算企业全部资本的加权平均资本成本。例如，如果企业当前的资本结构中债务为40%，优先股为10%，普通股为50%，则假设新项目仍按这一资本结构的比例关系进行融资。

（3）股利政策稳定。计算企业加权平均资本成本的第三个假设与企业的股利政策有关。为简化计算，通常假定企业的现金红利以稳定的年增长率递增。同时，假定这一增长率是企业盈利能力的函数，而不仅仅是企业实际利润中的现金红利支付比率高的结果。因此，其隐含假定企业的现金红利支付率不变。

加权平均资本成本计算模型的前提假设非常严格。在实际的投资分析中，财务经理可能需要获得一系列可能的资本成本数值，而不是单个估测数值。例如，以10%~12%的范围作为企业资本成本的估计值可能比一个确定的数值更适宜一些。

2. 加权平均资本成本：账面价值和市场价值

企业从不同来源和渠道取得的资金，其资本成本高低不一。由于各种条件的限制和影响，企业不可能只从某种资本成本较低的来源中筹集资金，相反地从多种来源取得资金以形成各种融资方式的组合可能更为有利。这样，企业为了进行融资决策和投资决策，则需要计算全部资金来源的资本成本，即加权平均资本成本。企业加权平均资本成本的计算公式为：

$$K_w = \sum_{i=1}^{n} W_i \cdot K_i \qquad (6-10)$$

式中：K_w——加权平均资本成本；

$\quad\quad W_i$——第 i 种资本来源占全部资金比重；

$\quad\quad K_i$——第 i 种资本来源的资本成本；

$\quad\quad n$——融资来源方式的种类。

需要注意的是在计算加权平均资本成本时权重的确定。一般而言，权重的确定有三种方法：账面价值法、市场价值法和目标价值法，不同的权重对加权资本成本的影响是不一样的。

账面价值权重是指个别资本占全部资本的比重，按账面价值确定权重，其资料容易取得。但当资本的账面价值与市场价值差别较大时，比如股票、债券的市场价格发生较大变动，计算结果会与实际有较大差距，从而贻误融资决策。

市场价值权重是指债券、股票以市场价格确定其权数，这样计算的加权平均资本成本能反映企业目前的实际情况。同时，为弥补证券市场价格频繁变动的不便，也可选用平均价格。

目标价值权重是指债券、股票以未来预计的目标市场价值确定其权数。这种权重能体现期望的资本结构，而不是像账面价值权重和市场价值权重那样只反映过去和现在的资本结构，所以按目标价值权重计算的加权平均资本成本更适用于企业筹措新资金。然而，企业很难客观合理地确定证券的目标价值，因此这种计算方法不易推广。

6.1.5　边际资本成本

一般情况下，企业在保持其债务与股权组合目标结构不变时，往往会首先使用最经济的资金来源。企业的融资顺序一般是先内部融资，后外部融资。但是，无论如何企业都无法以某一固定资本成本来筹措无限的资金，当其筹集的资金超过一定限度时，原来的资本成本就会增加，从而影响企业融资决策。

边际资本成本是指资金每增加一个单位而增加的成本。边际资本成本也是按加权平均法计算的，是追加融资时所使用的加权平均资本成本。图 6-2 显示了加权平均资本成本和融资规模的关系。

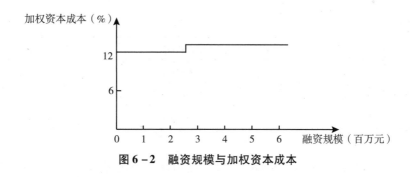

图 6-2　融资规模与加权资本成本

图 6-2 描绘了该企业的加权平均边际成本，之所以用"边际"这个词是因为它代表了每增加 1 元额外融资的加权资本成本。边际资本成本代表了投资决策的合适尺度，它表示企业应继续投资直到新投资所获得的边际收益率（1RR）等于新资本的边际成本。

边际资本成本的计算步骤如下：

（1）计算确定个别资本成本。

（2）确定每项资金来源的权重。

（3）计算融资分界点；融资分界点是指在保持某一特定资本成本不变的条件

下可以筹集到的最大融资额。在融资分界点范围内，融资额的变动不会引起资本成本的变化，一旦融资额超过融资分界点，即使维持现有的资本结构，其资本成本也会随之变动（增加）。融资分界点的计算公式为：

$$融资分界点 = \frac{可按某一特定资本成本筹集的最大融资额}{该种资本在融资总额中的比重} \qquad (6-11)$$

（4）计算加权边际资本成本。

（5）绘制投资项目与融资规模分析图。

华天公司 2019 年长期资本总额为 400 万元，其中普通股 240 万元，长期借款 60 万元，长期债券 100 万元。企业因扩大经营需要，管理当局拟追加筹资。经财务部人员分析，认为筹集新资金后仍然保持目前的资本结构，此外还预测出随公司融资额外负担的变化。各种资本成本的变动资料如表 6-1 所示。

表 6-1　　　　　　　　　　华天公司资本结构与资本成本

资本种类	目标资本结构（%）	新筹资来源（元）	个别资本成本（%）
长期借款	15	45 000 以内	3
		45 000~90 000	5
		90 000 以上	7
长期债券	25	200 000 以内	10
		200 000~400 000	11
		400 000 以上	12
普通股	60	300 000 以内	13
		300 000~600 000	14
		600 000 以上	15

（1）计算融资分界点。根据融资分界点的计算公式可知，在资本成本为 3% 时，公司可以取得长期借款的融资限额为 45 000 元。因此，其相应的融资分界点为：

$$\frac{45\ 000}{15\%} = 300\ 000（元）$$

而资本成本为 5% 时，公司可以取得长期借款的融资限额为 45 000 元。因此，其相应的融资分界点为：

$$\frac{900\ 000}{15\%} = 600\ 000（元）$$

以此类推，华天公司在不同资本成本条件下的融资分界点计算结果如表

6 - 2 所示。

表 6 - 2　　　　　　　　　　　　华天公司融资分界点

资本种类	目标资本结构（%）	个别资本成本（%）	新融资来源（元）	融资分界点（元）
长期借款	15	3	45 000 以内	300 000
		5	45 000 ~ 90 000	600 000
		7	90 000 以上	—
长期债券	25	10	200 000 以内	800 000
		11	200 000 ~ 400 000	1 600 000
		12	400 000 以上	—
普通股	60	13	300 000 以内	500 000
		14	300 000 ~ 600 000	1 000 000
		15	600 000 以上	—

（2）计算加权边际资本成本。根据上一步计算的融资分界点，可以得到 7 组融资范围：①30 万元以内；②30 万 ~ 50 万元；③50 万 ~ 60 万元；④60 万 ~ 80 万元；⑤80 万 ~ 100 万元；⑥100 万 ~ 160 万元；⑦160 万元以上。对上述各组融资范围的资金分别计算加权资本成本，就可得出各种融资范围条件下的边际资本成本。加权边际资本成本计算结果如表 6 - 3 所示。

表 6 - 3　　　　　　　　　　　华天公司加权边际资本成本

融资范围	资本种类	资本结构（%）	资本成本（%）	加权边际资本成本（%）
300 000 元以内	长期借款	15	3	3 × 15 = 0.45
	长期债券	25	10	10 × 25 = 2.5
	普通股	60	13	13 × 60 = 7.8
				10.75
300 000 ~ 500 000 元	长期借款	15	5	5 × 15 = 0.75
	长期债券	25	10	10 × 25 = 2.5
	普通股	60	13	13 × 60 = 7.8
				11.05

续表

融资范围	资本种类	资本结构（%）	资本成本（%）	加权边际资本成本（%）
500 000 ~ 600 000 元	长期借款	15	5	5 × 15 = 0.75
	长期债券	25	10	10 × 25 = 2.5
	普通股	60	14	14 × 60 = 8.4
				11.65
600 000 ~ 800 000 元	长期借款	15	7	7 × 15 = 1.05
	长期债券	25	10	10 × 25 = 2.5
	普通股	60	14	14 × 60 = 8.4
				11.95
800 000 ~ 1 000 000 元	长期借款	15	7	7 × 15 = 1.05
	长期债券	25	11	11 × 25 = 2.75
	普通股	60	14	14 × 60 = 8.4
				12.20
1 000 000 ~ 1 600 000 元	长期借款	15	7	7 × 15 = 1.05
	长期债券	25	11	11 × 25 = 2.75
	普通股	60	15	15 × 60 = 9
				12.80
1 600 000 元以上	长期借款	15	7	7 × 15 = 1.05
	长期债券	25	12	12 × 25 = 3
	普通股	60	15	15 × 60 = 9
				13.05

（3）绘制融资分析图。在计算出加权边际资本成本后，还可以进一步绘制融资分析图，更加形象地看出融资总额增加时边际资本成本的变动趋势（融资分析图略）。

6.2 资本结构：主流经典理论

6.2.1 早期资本结构理论

众所周知，企业长期资金的筹集方式主要有发行股票、债券和银行借款等，而长期资金的来源构成形成了企业的资本结构。资本结构是指企业债务融资与权益融资之间的比例关系，也即杠杆比率。资本结构是否会影响企业价值？迄今为止在财务理论上仍然存在很大争议，被世人称为"资本结构之谜"。

资本结构理论是西方财务理论中的三大核心理论之一，基于不同视角对资本结构的研究，形成了各种各样的流派。企业资本结构理论源于 20 世纪 50 年代，大卫·杜兰特（David Durand）是先驱者之一，而莫迪利安尼和米勒（Modigliani & Miller，MM）是现代资本结构理论的创始人，70 年代形成的权衡理论标志着资本结构理论的进一步发展，之后，随着信息不对称理论的引入，大大地拓宽了整个研究的领域。

大卫·杜兰特是早期资本结构理论研究的开拓者，他在 1952 年的研究成果是早期资本结构理论研究的重要成果。他的研究报告划分了三种在零税率条件下的有关资本结构的见解：（1）净收益理论（NI）；（2）净经营收益理论（NOI）；（3）处于两者之间的传统理论。这三种理论的共同之处是它们都是由一些有关投资者行为的假设组成的，而不是可以用正式统计方法进行检验的模型；不同之处在于对投资者如何确定企业负债和股本价值的假设条件不同。

1. 净收益理论

净收益理论的假设条件为：（1）投资者以一个固定的比率 K_s 估价企业的净收益（K_s 即为权益成本）；（2）企业能以一个固定利率 K_d 发行所需的债务，并且债务成本 K_d 低于权益成本 K_s。因为 K_s 和 K_d 都是固定不变的，且 $K_d < K_s$，所以企业如果更多地举债，则加权平均资本成本 K_w 将趋于下降，企业价值也会因此而上升。图 6-3 反映了 NI 理论揭示的这种关系：当企业的负债由 0 趋于 100% 时，其资本总成本持续下降，价值则持续上升。所以，如果 NI 的假设是成立的，要使企业价值最大化，应使用近乎 100% 的债务。

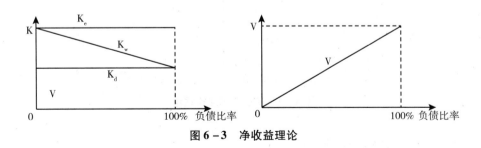

图 6-3 净收益理论

2. 净经营收益理论

净经营收益理论的核心观点是：企业的资本成本和股票价格都与企业的资本结构无关。该理论假设投资者是以一个固定不变的比率 K_w 估价企业的净经营收益或 EBIT，企业的 K_d 同 NI 一样是固定利率。图 6-4 反映了净经营收益理论的假设和企业价值的关系：（1）不管企业负债多少，固定的 K_d 会使企业的价值也成为固定值；（2）固定的 K_w 和 K_d 意味着负债杠杆会抬高 K_s，这是因为股东认为使用负债会增加他们股本现金流量的风险。如果 NOI 的假设是成立的，那么资本结构决策就无关紧要，因为彼此的效果没有区别。

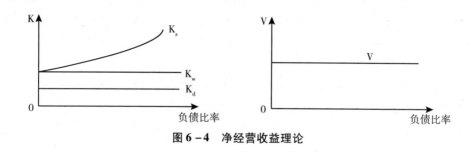

图 6-4　净经营收益理论

3. 传统理论

大多数学者在 20 世纪 50 年代初都采取了一种折衷理论，杜兰特将其称为"传统理论"。该理论认为：当企业在一定限度内举债时，股本和负债风险都不会显著增加，所以 K_d 和 K_s 在一定限度内固定。一旦超过此点，K_d 和 K_s 开始上升，与之相对应，K_w 先下降，达到谷底后，再上升。企业价值则先上升，然后达到顶点，最后下降。K_w 的最低点对应企业价值的最高点。因此，根据传统理论，通过适度举债，负债比率低于 100% 的资本结构可使企业价值最大。

图 6-5 反映了传统理论的基本观点。杜兰特归纳的 NI 和 NOI 理论在数学上要比传统理论更精确，而传统理论更多的是靠经验判断。

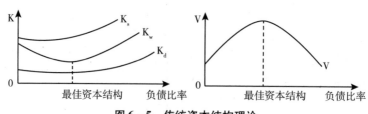

图 6-5　传统资本结构理论

6.2.2　MM 理论

现代资本结构研究的起点是 MM 理论。莫迪利安尼和米勒（Modigliani & Miller）1958～1963 年连续发表了三篇经典论文，首次以科学、严谨的方法研究资本结构与企业价值的关系，形成了著名的"MM 资本结构理论"，为现代财务理论的发展做出了重要贡献。

1. MM 理论的基本假设

MM（1958）提出了以下基本假设条件，其中有些条件后来又有所放宽[①]。主要包括：

（1）所有的实物资产归企业所有；

（2）资本市场无摩擦，没有企业及个人所得税，证券可以无成本地、直接地交易或者买卖，没有破产成本；

（3）企业只能发行两种类型的证券：一种是有风险的股票，另一种是无风险的债券；

（4）企业和个人都能按无风险的利率借入或者借出款项（即负债利率属于无风险利率）；

（5）投资者对于企业利润的未来现金流的预期都是相同的（即假设信息是对称的）；

（6）企业的现金流量是一种永续年金，即企业的 EBIT 处于零增长状态；

（7）所有企业都可以归为几个"相等的利润等级"中的一类，在此等级上企业股票的报酬与在该等级上的其他企业的股票报酬完全比例相关。

以上假设中最重要的是第七点，该假设指出相同风险等级企业的股票拥有相同的期望报酬率与相同的预期报酬分配率，这就意味着这些股票相互间可以完全替代。企业之间拥有相同的投资报酬率，只是在规模上不同。

2. MM 理论的三个命题

（1）变量定义。为了更好地解释 MM 理论，现将模型中采用主要变量定义如下：

S——企业普通股市价；

B——企业负债价值；

V——企业的总价值；

EBIT——企业的息税前利润；

K_b——企业负债利息率；

K_s——股票资本成本；

K_w——企业加权平均资本成本；

T——企业所得税税率。

（2）无企业税的 MM 模型。无企业税下的资本结构理论主要解释两个相关

---

① 威廉·L. 麦金森，刘明辉主译：《公司财务理论》，东北财经大学出版社 2002 年版，第 321 页。

的问题：一是杠杆比率变化是否影响企业价值？二是如果杠杆比率会影响企业价值，那么，企业的最优负债水平应该是多少？

无企业税的 MM 模型有两个命题：

命题 I：用一个适用于企业风险等级的固定比率把企业的 EBIT 转化为资本，据此可以确定企业价值。

计算公式为：

$$V_L = V_U = \frac{EBIT}{K} = \frac{EBIT}{K_U} \tag{6-12}$$

式中：V_L——有企业负债的价值；

V_U——无企业负债的价值；

K_U——无负债企业的股东要求报酬率或称之为资本成本；

K——适合于该企业风险等级的资本化比率。

从命题 I 可知：根据无税的 MM 理论，在完善的资本市场上，企业均衡市场价值与它的债务权益比是无关的，换句话说，无论企业是否举债，企业的加权平均资本成本是不变的，即 $WACC = K_U$，也就是在上述假设前提下，企业不存在最优资本结构问题。

假设：S_U——无负债企业 U 的股票价值；

S_L——有负债企业 L 的股票价值；

B——有负债企业的负债市场价值；

K_b——企业负债的利息率；

α——购买某一企业股票的比例，$0 \leq \alpha \leq 1$。

U 和 L 企业虽然债务比不同，但是规模相同，且能产生相等的现金流量。

投资者有两个可以选择的方案，即购买 α 比例的负债 L 企业的权益（方案 A），举债 αB 购买 α 比例的无负债企业 U 的权益（方案 B），对应的投资额和报酬如表 6-4 所示。

表 6-4   A、B 方案对应的投资额和收益

方案	投资额	报酬
A	αS_L	$\alpha(EBIT - K_b B)$
B	$\alpha S_U - \alpha B$	$\alpha EBIT - \alpha K_b B = \alpha(EBIT - K_b B)$

由表 6-4 中可知，A 方案和 B 方案的投资报酬相等，风险相同，所以两项投资的投资价值相等，即：

$$\alpha S_L = \alpha S_U - \alpha B$$

两边同时除以 α 得：$S_L = S_U - B$

$S_L + B = S_U$

而 $V_L = S_L + B$，$V_U = S_U$

所以 $V_L = V_U$

原命题得证。

命题 II：负债企业的股本资本成本等于相同风险等级的无负债企业的股本资本成本加风险报酬，该风险报酬的大小取决于无负债企业的股本资本成本、债务资本成本以及负债与股本的数量之比。

$$K_s = K_U + RP = K_U + \frac{B}{S_L}(K_U - K_b) \qquad (6-13)$$

式中：K_s——负债企业的股本资本成本；

$\qquad K_U$——无负债企业的股本资本成本；

$\qquad RP$——风险溢价。

从命题 II 可知：随着企业负债的增加，其股本资本成本也随之增加。

由命题 I 可知：

$$V_L = S_L + B = \frac{EBIT}{K_U}$$

所以：

$$EBIT = (S_L + B)K_U$$

负债企业的股本资本成本为：

$$K_s = \frac{EBIT - K_b B}{S_L}$$

$$= \frac{(S + B)K_U - K_b B}{S_L}$$

$$= K_U + (K_U - K_b)\frac{B}{S_L}$$

命题 II 得证。

无负债企业的加权平均资本成本 $WACC_U = K_L$，负债企业的加权平均资本成本 $WACC_L$ 为：

$$WACC_L = \frac{B}{B + S_L} \cdot K_b + \frac{S_L}{B + S_L} \cdot K_s$$

将 $K_U + (K_U - K_b)\dfrac{B}{S_L}$ 代入得：

$$WACC_L = \frac{B}{B + S_L} \cdot K_b + \frac{S_L}{B + S_L} \cdot \left[K_U + (K_U - K_b)\frac{B}{S_L} \right]$$

$$= \frac{B}{B+S_L} \cdot K_b + \frac{S_L}{B+S_L} \cdot K_U + \frac{B}{B+S_L} \cdot K_U - \frac{B}{B+S_L} \cdot K_b$$

$$= \frac{B+S_L}{B+S_L} \cdot K_U \tag{6-14}$$

将上述两个命题结合起来可知，MM 理论认为：低成本的举债利益正好会被股本资本成本的上升所抵消，所以增加负债不会增加或降低企业的加权平均资本成本，也不会改变企业的价值，即企业价值和加权平均资本成本不会因其资本结构的改变而变化。

（3）有企业税的 MM 模型。1963 年《税收和资本成本：校正》一文提出了有企业所得税时的 MM 模型，得出如下结论：在有企业所得税时，举债会增加企业的价值。因为利息有抵税效应，对投资者而言就可以获得更多的可分配经营收入。

命题 I：负债企业的价值等于相同风险等级的无负债企业的价值加上税负节约价值（又称税盾效应）。

$$V_L = V_U + TB \tag{6-15}$$

当引入企业所得税时，负债企业的价值超过了无负债企业的价值。由于负债的增加提高了企业的价值，在此种情况下，企业负债越多越好，从理论上讲在负债比率达到 100% 时，企业的价值达到最大。

在有企业所得税的情况下，假设现金流量为永续年金，无负债企业的价值为：

$$V_U = \frac{EBIT(1-T)}{K_U} \tag{6-16}$$

无负债企业的股本资本成本为：

$$K_U = \frac{EBIT(1-T)}{V_U} \tag{6-17}$$

该假设与无企业所得税时的假设相同，但是加入了企业所得税率 T。投资者仍然有两个可以选择的方案，即购买 α 比率的负债企业 L 的权益（方案 A），举债 αB(1−T) 购买 α 比率的无负债企业 U 的权益（方案 B），对应的投资额和报酬如表 6−5 所示。

表 6−5　　　　　　　　　　方案 A、B 下的投资额及报酬

方案	投资额	报酬
A	αS_L	$\alpha(EBIT - K_b B) \cdot (1-T)$
B	$\alpha S_U - \alpha B \cdot (1-T)$	$\alpha EBIT \cdot (1-T) - \alpha K_b B \cdot (1-T) = \alpha \cdot (EBIT - K_b B) \cdot (1-T)$

方案 A 和方案 B 投资报酬相等，因此对应的市场价值相等。即：

$$\alpha S_L = \alpha S_U - \alpha B \cdot (1 - T)$$

两边同时除以 α，得：

$$S_L = S_U - B \cdot (1 - T)$$
$$S_L = S_U - B + BT$$
$$S_L + B = S_U + BT$$

因为：$S_L + B = V_L$，$S_U = V_U$

所以：$V_L = V_U + TB$

命题得证。

命题 II：在考虑企业所得税的情况下，负债企业的股本资本成本等于同风险等级无负债企业的股本资本成本加风险溢价。该风险溢价取决于无杠杆企业的股本资本成本和债务资本成本的差异、财务杠杆的情况和所得税税率。

$$K_s = K_U + (K_U - K_b) \cdot (1 - T) \cdot \frac{B}{S_L} \qquad (6 - 18)$$

从命题 II 可知：随着负债比率的增加，股本资本成本也随之增加。由于 $(1 - T)$ 小于 1，所以股本资本成本的上升幅度会小于无税时的上升幅度，从而加权平均资本成本降低。正是这一特征产生了命题 II 结论，即企业的价值会随着负债比率的增加（杠杆程度的增加）而增加。

设企业净利润为 NI，则：

$$NI = (EBIT - K_b B) \cdot (1 - T)$$
$$= EBIT \cdot (1 - T) - K_b B \cdot (1 - T)$$

由公式 $V_L = V_U + TB$，$K_U = \dfrac{EBIT(1 - T)}{V_U}$ 得：

$$K_U = \frac{EBIT(1 - T)}{V_L - TB}$$

则：

$$EBIT \cdot (1 - T) = K_U \cdot V_L - K_U \cdot TB$$

代入公式 $NI = EBIT \cdot (1 - T) - K_b B \cdot (1 - T)$ 得：

$$NI = K_U \cdot V_L - K_U \cdot TB - K_b B \cdot (1 - T)$$

又因：

$$K_U = \frac{NI}{S_L}$$

所以：

$$K_s = K_U \cdot \frac{V_L}{S} - K_U \cdot \frac{TB}{S} - K_b \cdot \frac{B(1 - T)}{S}$$

$$= K_U \cdot \frac{S}{S} + K_U \cdot \frac{B}{S} - K_U \cdot \frac{TB}{S} - K_b \cdot \frac{B(1-T)}{S}$$

$$= K_U + \frac{B}{S}(1-T)K_U - \frac{B}{S}(1-T)K_b$$

$$= K_U + (K_U - K_b) \cdot (1-T) \cdot \frac{B}{S}$$

此时无负债企业的加权平均资本成本仍然是 $WACC_U = K_U$，负债企业的加权平均资本成本 $WACC_L$ 为：

$$WACC_L = \frac{B}{V_L} \cdot K_b + \frac{S}{V_L} \cdot (K_U - K_b) \cdot (1-T) \cdot \frac{B}{S}$$

$$= \frac{B}{V_L} \cdot K_b - \frac{B}{V_L} \cdot K_b T + \frac{S}{V_L} \cdot K_U + \frac{B}{V_L} \cdot K_U - \frac{B}{V_L} \cdot K_b - \frac{B}{V_L} \cdot K_U T + \frac{B}{V_L} \cdot K_b T$$

$$= \frac{S}{V_L} \cdot K_U + \frac{B}{V_L} \cdot K_U - \frac{B}{V_L} \cdot K_U T$$

$$= K_U \cdot \left(1 - \frac{B}{V_L} \cdot T\right)$$

可见企业的加权平均资本成本随着举债的增加而降低，从而企业价值增加。

将上述两个命题结合起来可以看出，MM 理论认为：在有企业所得税的情况下，通过提高负债—权益比，企业可以降低其税负，降低资本成本，从而提高企业价值。

3. 个人所得税模型：米勒模型

虽然 MM 理论在有企业所得税的模型中考虑了企业所得税因素，但是并没有包括个人所得税的影响。米勒（1977）提出了同时考虑公司税（企业所得税）和个人所得税的模型来估计财务杠杆（或称负债）对企业价值的影响，后来人们将这一模型称为米勒模型。

米勒模型保持了 MM 理论的所有假设，再加上个人所得税，无负债企业的价值就可用以下公式表示：

$$V_U = \frac{EBIT \cdot (1 - T_C) \cdot (1 - T_S)}{K_U} \tag{6-19}$$

式中：T_C——企业所得税税率；

T_S——个人股票利得所得税税率。

现将负债企业年现金流量分解为分配给股东的净现金流量和分配给债权人的净现金流量两部分。其中，T_b 为债权人个人所得税税率，I 为年利息支出。

$$CF_L = 股东的净现金流量 + 债权人的净现金流量$$

$$= (EBIT - I) \cdot (1 - T_C) \cdot (1 - T_S) + I \cdot (1 - T_b)$$

$$= EBIT \cdot (1 - T_C) \cdot (1 - T_S) - I \cdot (1 - T_C) \cdot (1 - T_S) + I \cdot (1 - T_b)$$

上式第一项为无负债企业的税后现金流量，用 K_U 对其折现得到现值；后两项表示的是企业杠杆作用，即由于负债融资而引起的与支付利息相关的现金流量，用 K_b 对其折现。这三部分折现值加在一起，即得到企业的价值。

$$V_L = \frac{EBIT \cdot (1 - T_C) \cdot (1 - T_S)}{K_U} - \frac{I \cdot (1 - T_C) \cdot (1 - T_S)}{K_b} + \frac{I \cdot (1 - T_b)}{K_b}$$

$$(6-20)$$

式中第一项即为公式：$V_U = \dfrac{EBIT \cdot (1 - T_C) \cdot (1 - T_S)}{K_U}$，将其代入公式中可得：

$$V_L = V_U + \frac{I \cdot (1 - T_b)}{K_b} \cdot \left(1 - \frac{(1 - T_C) \cdot (1 - T_S)}{1 - T_b}\right)$$

因为：$\dfrac{I \cdot (1 - T_b)}{K_b} = B$

所以：

$$V_L = V_U + \left(1 - \frac{(1 - T_C) \cdot (1 - T_S)}{1 - T_b}\right) \cdot B \qquad (6-21)$$

本公式即为包含企业所得税和个人所得税时的企业价值模型。米勒模型是在 MM 理论基础上建立起来的，是对 MM 理论的发展，因此，仍将其放在 MM 理论中说明。

米勒模型有以下重要含义：

（1）$\left(1 - \dfrac{(1 - T_C) \cdot (1 - T_S)}{1 - T_b}\right) \cdot B$ 为杠杆利得（或负债收益），该项代替了有企业所得税 MM 模型中的 TB。

（2）如果忽略所有的税率，即 $T_S = T_b = T_C$，那么 $\left(1 - \dfrac{(1 - T_C) \cdot (1 - T_S)}{1 - T_b}\right) \cdot B = 0$ 与 MM 无税模型相同。

（3）如果忽略个人所得税，即 $T_S = T_b = 0$，那么该模型与 MM 企业税模型相同。

（4）如果股票和债券收益的个人所得税税率相等，即 $T_S = T_b$，那么 $\left(1 - \dfrac{(1 - T_C) \cdot (1 - T_S)}{1 - T_b}\right) \cdot B = T_C B$，这也与 MM 企业税模型相同。

（5）如果 $(1 - T_C) \cdot (1 - T_S) = (1 - T_b)$，$\left(1 - \dfrac{(1 - T_C) \cdot (1 - T_S)}{1 - T_b}\right) \cdot B = 0$，意味着企业负债减税的好处被投资者的个人所得税所抵消，使用财务杠杆的价值为零。这种情况下，资本结构对企业价值或资本成本无任何影响，这与 MM 无税模型相同。

4. MM理论的评价

MM关于无企业所得税情况下和有企业所得税情况下的基本结论，后来被人们称为MM理论。根据第一个定理，企业资本结构没有任何意义，企业融资决策也就失去了它存在的理由。现实中也没有企业采用第二个定理得出资本结构，因此MM理论很像是一个毫无意义的定理。MM理论的假设是完全建立在抽象基础上的，因此有些人对MM理论提出质疑，主要集中在以下几个方面：

（1）MM理论的分析假定企业负债和个人负债完全可以互相替代并以相同利率借款，但一般来说这种情况是不存在的。由于企业只负有限的债务责任，因此，投资于负债的企业比自己举债所面临的风险要小。对支配着资本市场的机构投资者的限制也会阻碍套利交易，因为从法律上讲，大多数机构投资者不能借款购买股票，也限制了他们利用杠杆效应。

（2）MM理论完全忽略了交易费用，使得资金在企业与企业之间、企业与个人之间可以无成本地自由转移。但经纪人费用和其他交易成本是客观存在的，这会阻碍套利交易的进行。

（3）MM理论未考虑企业盈利的变化。实际情况往往是：当企业盈利增加时，可以从举债中得到最大的税盾效应，而当盈利减少或没有利润时，企业获得的税盾效应很少甚至无税盾效应。

（4）MM理论假定不论举债多少，企业或个人负债均按无风险利率借款，但实际上随着负债的增加，风险也是不断增加的。尽管机构投资者可以按企业利率借款，但是不允许借款购买证券，而大多数个人投资者的借款利率要高于企业利率。

（5）MM假设无财务拮据成本，且他们也忽略了代理成本。他们还假设市场所有的参加者对于企业的未来有相同的信息，这显然与现实是不一致的。

MM理论的假设在实践中受到挑战，但并不是说因为这些假设过于抽象就没有现实意义，理论并不是要模拟现实，否则就不是理论。正因为MM理论的假设抽象掉了现实中的许多因素，才使得人们能够从数量上揭示资本结构的最本质的问题——资本结构与企业价值的关系，这就是MM理论的精髓所在。MM理论的重大贡献在于它对资本结构理论起了奠基作用，没有MM理论，也就不会有后来的资本结构理论的各种流派。后人就是在MM理论基础上放宽它的假设，使新的理论更加接近现实环境。

6.2.3 权衡理论

MM理论和米勒模型只考虑负债带来的纳税利益，却忽略了负债带来的风险和额外费用。既考虑负债带来的利益也考虑由负债带来的各种成本，并对它们进行适当平衡来确定资本结构的理论，这就是所谓的权衡理论。权衡理论也是在 MM 理论的基础上产生的，但是它引入了财务拮据成本和代理成本，因此与 MM 理论和米勒模型的结论有很大不同。

1. 财务拮据成本

企业举债除了可以抵税外，还会带来其他的效应，其中重要一项就是财务拮据成本。财务拮据是指企业没有足够的偿债能力，不能及时偿还到期债务。许多企业都要经历财务拮据的困扰，其中一些企业可能会破产。由于企业破产而造成直接和间接成本问题，是继 MM 理论之后在企业资本结构理论中研究最多的一个问题，其代表人物主要有巴克斯特（Baxter，1967），克劳斯和利兹伯格（Kraus & Litzenberger，1973），斯科特（Scott，1976）以及戈登和马尔基尔（Gordon & Malkiel，1981）。当一个企业出现财务拮据时，可能会出现以下情况：

（1）大量债务到期，为了偿还到期债务，企业不得不以高利率借款以便清偿到期债务，从而陷入更严重的恶性循环；

（2）当企业出现严重的经济拮据时，为解燃眉之急，管理人员往往会做出一些短期行为的决策，如推迟机器的大修，变卖企业有用的有形资产以获取资金，降低产品和服务的质量以节约成本，这些短期行为同样会降低企业的市场价值；

（3）当破产危机发生时，会发生大量的律师费、诉讼费和其他行政开支，这也会降低企业价值；

（4）当陷入财务困境时，企业的客户和供应商为了保证财务安全，往往不来购买产品或供应原材料，这会进一步加剧企业的财务困境，有可能会引起企业破产。

总之，当财务拮据发生时，即使最终企业不破产，也会产生大量的直接成本和间接成本，这些便是财务拮据成本。财务拮据的直接成本包括清算和重组的法律成本及管理成本，与此相对应的经营方面受到的影响则为间接成本。财务拮据成本是由负债造成的，会降低企业价值。尽管存在这些成本，但是要评估它们是十分困难的，奥特曼（Altman，1984）评估财务拮据的直接成本和间接成本通常高于公司价值的20%[①]，欧普勒（Opler，1993 年）的研究则表明杠杆收购融资技巧可预期减少财务拮据成本[②]。

2. 代理成本

在现代股份制企业中，股东和债权人均把资金交给企业的管理人员，由其代为经营管理，创造收益，于是，企业经理与股东和债权人就形成所谓的代理关

---

① Edward I. Altman，A Further Empirical Investigation of the Bankruptcy Cost Question. *Journal Of Finance*，September，1984.

② Tim C. Opler，Controlling Financial Distress Costs in LBO's，*Financial Management*，Autumn 1993.

系。经理往往是由股东聘任的，因此，经理人员在管理中首先考虑的是股东利益，其次才是债权人的利益。当企业拥有债务时，股东和债权人之间则会产生利益冲突，此时，股东必然被引导去寻求利己的策略，而在发生财务拮据时，这种利益冲突会加剧，给企业增加了代理成本。

股东利己的投资决策通常有以下三种：激进投资（冒大风险投资）、投资不足和撇油政策。

濒临破产的企业经常冒巨大的风险进行投资。关键在于：相对于低风险项目而言，高风险项目在繁荣时期增加企业价值，在衰退时期则减少企业价值。在繁荣时期，风险较大的投资计划一旦成功，因为债权人只能得到固定收益，所以剩余好处均属于股东，利润的增加多数会被股东拿走，股东们通过企业经理从债权人那里获得好处。而无论在繁荣期还是衰退期，股东选择风险小的项目都会一无所获。

面临重大可能性破产的企业，其股东经常会发现新的投资以牺牲股东的利益为代价来帮助债权人。因为新的追加投资一旦不成功就会面临被债权人清算，得不偿失。即使成功了，成功的收益却要与债权人一起分享，因为债务的利息和本金需要近期支付，在资金流不充裕的情况下，债权人获得了衰退期企业的大部分现金流量，因此，许多濒临破产企业的大股东宁愿让其申请破产保护也不愿意追加投资。

在企业财务困境时期支付额外股利或其他分配，留下少量债权人，这被称为"撇油"政策。因为存在这种可能性，债权人必须在贷款时通过各种保护性条款对自己进行保护。这些条款在一定程度上会限制企业的经营，影响企业的活力，降低企业效率。另外，为了保证这些条款的实施，还必须用特定的方法对企业进行监督，这必然会发生额外的监督费用，增加负债成本。以上两项都会增加企业费用支付或机会成本，这便是代理成本。代理成本的存在会提高负债成本而同时降低负债利益。

一种观点认为：上述这些曲解不影响像青岛海尔这样一家多元化经营的一流公司，因为对其而言，无破产的现实可能性，青岛海尔的债务实际上是低风险的，这与其所采纳的项目无关。对国家公用事业部门等受管制企业而言，也存在类似情况。然而，诸如英特尔（Intel）或华为之类的公司可能受这些曲解的影响较大。考虑到其资产和投资结构以及市场机遇，英特尔和华为都是具有重大潜在投资机会的公司，且两公司都面临激烈的竞争和不确定的未来收益。由谁支付利己投资策略的成本呢？人们认为最终还是由股东承担。理性的债权人知道当财务拮据迫近时，他们不可能指望从股东那儿得到帮助。相反，股东很可能选择减少债券价值的投资策略，相应地，债权人通过要求提高债券利息率来保护自己，因股东必须支付这些高利率，最终要负担利己策略的成本。

3. 权衡理论基本模型

如果 MM 企业税模型是正确的话，那么，随着负债比率的增加，企业的价值也会不断增加，当负债为 100% 时，企业价值达到最大。但当人们把财务拮据成本和代理成本考虑进去后，负债企业的价值则有所变化，其公式为：

$$V_L = V_U + TB - FPV - TPV \qquad (6-22)$$

式中：V_L——有负债企业的价值；

　　　　V_U——无负债企业的价值；

　　　　TB——负债的纳税利益；

　　　　FPV——预期财务拮据成本的现值；

　　　　TPV——代理成本的现值。

图 6-6 显示了权衡理论的基本模型。

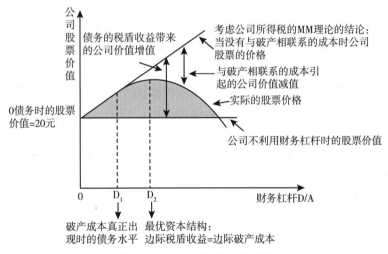

图 6-6　权衡理论的基本模型

现对图 6-6 中的问题说明如下：

（1）由于利息可以作为费用扣除，这使得利息的成本低于普通股票和优先股票的成本。事实上，相当于政府支付了债务资本的部分成本，或者换句话说，债务资本提供了税盾的好处。结果采用债务融资会引起企业息税前利润（EBIT）的增加，这些经营利润最终流入企业权益投资者手中。因此，企业采用的债务资本越多，企业的价值及其股票的价格就越高。按照莫迪利安尼和米勒关于所得税问题的假设，企业的股票价格在企业采用 100% 的债务时达到最高。

（2）在现实世界中，企业很少会采用 100% 的负债经营。最主要的原因是为降低破产成本，企业会限制对债务融资的使用。

（3）有一些重要的债务水平标准，请看图6-6中的D_1，在D_1之前，破产的概率很低，可以忽略不计。然而，如果超过D_1，与破产相关的成本就越来越重要，它将不断地抵消采用债务所带来的税收优惠的好处。在D_1和D_2之间，与破产相联系的成本不断减少债务带来的税收好处，但并没完全抵销债务所带来的税收好处，因此，随着债务比率的增加，企业股票的价格还在上升（但是上升的速度逐渐减缓）。然而，超过D_2，破产的成本就超过了债务带来的税收好处，因此，在这一点之后，再增加债务比率，企业股票的价值就会降低。因此，D_2是最优的资本结构。当然，D_1和D_2在不同的企业是不同的，这取决于企业的经营风险和破产成本。

（4）尽管理论和经验的研究都支持图6-6的特征曲线，但这些曲线只是一种近似的描述，不能作为严格定义的函数使用。

4. 权衡理论的评价

权衡理论通过加入财务拮据成本和代理成本，使得资本结构理论变得更加符合实际，同时指明了企业存在最优资本结构。权衡理论只是指明了财务拮据成本和代理成本是随着负债的增加而不断增加的，但却无法找到这之间的确切的函数关系，因此根据权衡理论，尚无法准确计算财务拮据成本和代理成本的价值，也就是说实际上很难找到最优资本结构。虽然权衡理论无法准确地找到最优资本结构，但利用这个模型可以获得以下财务数量关系。

（1）在其他条件相同的情况下，经营风险大的企业举债规模应该较低，而经营风险小的企业则可以适当扩大举债规模，因为风险大的企业，出现财务拮据的可能性较大，财务拮据的预期成本也会较高。

（2）在其他条件相同的情况下，拥有较多有形资产的企业举债规模会相对较高，而拥有较多无形资产的企业的举债规模相对较低，因为当财务拮据发生时，有形资产能以更合理的价值变现以便于偿还到期债务，而专业化的资产、无形资产等在财务拮据发生时由于其用途的特殊性或价值的不确定性，导致难以迅速变现，使得企业无法承担更多的负债。

权衡理论在由理论向实务靠近方面前进了一大步，它揭示了企业价值、纳税利益、财务拮据成本以及代理成本四者之间的数量关系。尽管权衡理论无法精确地进行计量，但在实际工作中也能得到相应的验证，例如，拥有有形资产比较多的房地产企业比拥有无形资产比较多的高新技术企业往往更多地利用杠杆效应。

6.2.4　信息不对称理论

随着资本结构理论研究的不断深入，非对称信息理论开始应用于资本结构理论分析与融资政策的分析，这实际上标志着 MM 定理的又一个假定条件——充分信息假设被放宽。

1. 基于代理成本的资本结构理论

在完全信息条件下，委托人实施代理是没有成本的，即他得到的效用水平就等同于他亲自执行这项任务；而不对称信息的存在是代理成本存在的主要原因。

众所周知，企业的股东、债权人和经理人之间存在着利益冲突，而为解决这些冲突和冲突本身引起的企业价值的损失则称为代理成本。詹森和麦克林（Jensen & Macking，1976）用代理成本来解释现实的资本结构，他们把资本结构的安排作为解决代理问题的一种手段，认为最优资本结构是使代理成本最低的资本结构，形成了资本结构的代理成本说。

经理人和股东的冲突是由现代企业的所有权、控制权分离引起的。只要经理人拥有的剩余索取权低于 100%，那么经理人付出的努力就不能获得全部的回报。而所有努力的成本都是由经理人承担的，那么，经理人为追求自身利益的最大化，就不会总是根据股东的利益行动，如盲目扩大企业规模和个人过度消费，这种低效率和经理人持股比例呈反方向变化。在经理人所持绝对股份不变时，增加债务可提高经理人持股比例，可缓减经理人和股东之间的冲突。

股东和经理人的利益冲突还表现在支出政策上，这种冲突是由自由现金流量引起的。股东希望用现金支付股利或回购，而经理人为了自己的利益会把现金投资于低回报的项目（建立企业帝国）或个人消费，这会给经理人以未来的现金使用控制权，从而使股东受损。那么，股东对经理人实行监督需要发生成本，这就构成了自由现金流量的代理成本。债务有利于降低自由现金流量的代理成本，因为债务引起的本金和利息的支出限制了经理人对现金的控制权，但并不能因此任意提高债务水平，因为随着债务水平的提高，债务本身的代理成本也在提高。

此外，举债会引起更多的现金流出，增大了破产的可能，提高了经理人的努力程度从而降低了监督成本（Grossman & Hart，1986）。最优债务权益比是企业价值最高，债务的边际成本等于边际收益时的比率（Jensen，1986）。在斯图尔兹（Stulz，1990）的模型中，经理人总是想用可获得的资金进行投资，即便分红对投资者更有利。债务可减少自由现金流量，但债务也可能使企业失去好项目的投资机会。最优资本结构是权衡债务减少的代理成本和债务引起的成本的债务比率。

2. 基于企业控制权的资本结构理论

企业融资的控制权理论可以看成是詹森和麦克林（Jensen & Macking，1976）代理成本理论的延续。在市场经济条件下，企业资本结构不仅决定着企业收入流的分配，而且决定着企业控制权的分配。

从公司治理的角度来看，现代企业的一个典型特征或者说顽疾是企业的内部人控制问题，往往是内部的经理人而不是股东实质上掌握了企业的控制权。这里的内部经理人被定义为拥有很少的一部分或根本不拥有企业的股份，但他们却在事实上掌握了企业的实质经营决策权，因此企业的很多经营决策是出于经理人利益的考虑，而并非是为企业股东的利益着想。由于经理人的利益或权威是来自于对企业的控制，因此一般而言，经理人都有控制权偏好。从这个角度来看，内部融资仍然是最好的选择，因为它不但不会影响经理人的控制权，而且由于经理人将前期获得的收益用于新的投资而不必向股东派发股利，因此经理人事实上控制的资金更多，拥有的权利更大了。在需要进行外部融资时，经理人也会更加偏好股权融资而不是债权融资。因为从根本上讲，经理人对企业的事实控制就是源自企业股权的过度分散，而进一步地发行新股，将会导致企业的股权进一步分散，有利于经理人进一步控制企业；而在比较严格的债务约束下，债权人会通过指定保护性条款的手段，对经理人的行为进行限制和干涉，妨碍经理人的实际控制。

另一方面，如果企业经理人过分地依赖外部股权融资，形成了事实上的内部人控制，那么就向市场传递了不好的信息，给定其他条件不变，企业的股票价值就会下跌，经理人持有的企业股票的价值就会下降，影响经理人的利益。而且企业价值的下降也向市场传递了经理人经营不善的信息，降低了经理人的人力资本的价值，影响了经理人将人力资本的转移，因此这就迫使经理人不得不使用一定的债权资本。内部融资则不存在这样的问题，使用内部资本只会向市场表明经理人经营良好，股东对经理人满意并且信任，因此经理人仍然会偏好内部融资的方式。

在这种情况下，资本结构决策是经理人的利益最大化而不是股东利益最大化，资本结构是每个经理人权衡建立帝国的野心和避免控制权挑战的最优反应。债务因增加破产的可能约束着经理人，破产意味着经理人控制权的失去，这是经理人不愿意发生的；然而经理人可以用债务作为自律的信号，避免控制权的挑战。

3. 基于信号理论的资本结构理论

在信息不对称条件下的资本结构理论假设企业内部人和外部投资者之间存在信息不对称，即经理人或内部人拥有企业收益流和投资机会的私人信息，而外部投资者不知情。

罗斯（Ross，1977）把企业资本结构的选择作为向外部投资者传递有关企业价值信息的信号，建立了资本结构的信号模型。罗斯通过建立一个企业经营管理者的报酬激励信号模型，分析了融资结构的信息传递作用。在罗斯模型中，给定投资水平，负债率可以充当内部人有关企业收益分布的私人信息的一个信号，每个内部经营管理者均了解其企业收益的真实分布，而外部的投资者则不知道，企业的内部经营管理者和外部投资者在企业的预期收益方面存在着信息不对称；并且，经营管理者的效用水平随资本市场投资家评价的企业证券价值的上升而增大，随经营管理者遭受破产压力的增加而降低，如果企业破产，则经理要受到损失。由于破产的概率是和企业的质量负相关而同负债水平正相关的，所以外部投资者将把较高的负债水平视为企业高质量的一个信号。在这种情况下，预期收益较好的优质企业的破产可能性较低，经营管理者的边际预期破产成本较小，这类企业可以选择较高的负债比率；而预期报酬低、企业负债过多使这类企业的经营管理者的边际预期破产成本增大，这类企业经营管理者选择较高的负债比率结构。如果企业外部投资者能推测企业经营管理者的这种行为，对投资者而言，高负债比率的企业可能就是优质企业的信号，低负债比率的企业就是劣质企业的信号，投资者可以根据这种信号来做出自己的投资选择；而对经营管理者而言，给定破产处罚，经营者将选择最大化其预期效用的负债水平。

亨克尔（Heinkel，1982）的模型改变了罗斯模型中公司收益分布的条件，即假设高质量的公司有较高的总价值，但是有较低市场价值的债务和较高的权益价值，获得了与罗斯一致的结果。里兰德和帕利（Leland & Pyle，1977）建立的模型假设要融资的投资项目是企业家的私人信息，他们证明了企业家自己对项目的投资愿望可以作为项目质量的信号。企业的价值随着企业家所持股份的增加而增加；企业的报酬风险越大，债务水平越低（即便没有破产风险）。信号引起的成本相当于在信息直接传递时他们所愿意投资的份额，信号使企业家在自己企业占更大股权比率，而企业债务水平是反映投资项目质量的一种信号。

4. 基于融资优序理论的资本结构理论

在信息不对称条件下，资本结构研究的另一个分支是：资本结构被作为减少由信息不对称引起的投资低效率的机制。

在罗斯分析的基础上，迈尔斯和麦杰拉夫（Myers & Majluf，1984）进一步考察了非对称信息对企业融资成本的影响。迈尔斯和麦杰拉夫同样认为，在信息不对称的条件下，企业的融资结构是内部管理者传递项目质量信息的手段。在企业需要为新投资项目进行融资方式选择时，如果使用股权融资的方式，对投资者来说，则是一个坏消息，因为管理层比潜在的投资者更了解投资项目的真实价值。如果项目的净现值为正，说明项目具有较好的盈利能力，这时，代表老股东利益的管理者不愿意做出发行新股、把投资收益转让给新股东的决策，而更愿意发行债券融资。因此，由于逆向选择，企业只可能在股价高估时才愿意发行股票。这样，外部投资者自然不愿意购买股票，从而引起股票价格下跌，直到新投资者获取的收益大于新投资项目的净现值。股票价格下跌显然会增加企业的融资成本，影响企业的投资决策。在这种情况下，即使新投资项目的净现值为正，该项目也可能被拒绝，但此时，如果企业能够发行一种不被市场严重低估的证券，如无风险债券等，这种投资不足就可以避免。因此，在企业面对良好的投资机会时，一般会按照先内源融资、再发行债券、最后发行股票的顺序进行融资。迈尔斯将其称为企业融资的"融资优序理论"。

基于以上分析，迈尔斯和麦杰拉夫提出了企业融资的融资优序理论，其主要观点为：（1）企业偏好内部融资；（2）如果需要外部融资，企业首先选择最安全的证券。即：先考虑债务融资，然后考虑混合证券融资（如可转换债券），最后才是股权融资。根据融资优序理论，不存在企业最优资本结构和目标债务比例，债务比例是融资结果的积累。融资优序理论的重要贡献是考虑到了"信息不对称"对企业投资决策和融资行为的影响。融资优序理论可以解释现实中类似的企业为什么有很不同的资本结构（这是人们对权衡理论提出的质疑之一），但是却不能解释许多企业可以用债务融资，却偏偏采用外部股权融资。

6.3 资本结构：破产成本与代理成本

6.3.1 破产成本与资本结构

财务学者很久以前就意识到这样一个现象：由于企业发生破产或财务失败时需要付出巨大的成本，这就使得企业运用负债融资的动力少了很多，甚至在完美资本市场上这种现象也会发生。此外，在现实的财务环境下，有这样一个非常残酷的事实：过度负债的企业一旦停止对其负债承担责任将受到非常严厉的惩罚，企业失败的经理人通常面临着暗淡的职业前景。实践经验证明，破产企业债券持有者，即使是保险级数较高的债券持有者，也经常都会失去其在该企业的全部投资。这一问题在美国似乎特别严重。在美国，破产法院的保护措施常常让该企业继续经营（亏损经营）一段时间，直到经济推理表明该企业应当被破产清算。那么，可以肯定的是，由于破产的财务失败成本的存在使得某种类型的行业的企业要比其他行业相同规模的企业更少地运用负债。

1. 什么使得破产成本变得重要

或许人们会问：为什么破产成本如此重要？因为破产是一个包括财务重组与企业所有权转移的过程。企业并没有从这个世界上消失。即使该企业已经被清偿完毕，仍可能保留一些可以对其他人有利用价值的资产。破产是经营失败的结果，并不是原因，企业价值的下跌与员工失去工作一般是与破产事件相联系的，实际上也是将企业推向破产境地的力量。事实上，考虑一下破产对一家企业的股东意味着什么？这意味着，对于所拖欠的负债，股东将有选择地进行清偿，这也是以有限责任为特征的企业组织形式的最大优势。如果不是有限清偿的话，股东将不得不掏空自己的口袋来清偿企业债权人的全部负债，而不是仅仅在破产诉讼时将其企业的资产交给债权人。而且，大多数的股东都有分散化的投资组合，所以如果杠杆作用与风险承担的潜在收益具有足够吸引力的话，单项投资损失当然可以承受。

因此，除了破产的过程本身需要企业负担一部分经营失败（没有破产的企业不必负担）的费用以外，较低的破产可能性并不能对资产结构的决策机制造成显著的影响。同样，财务杠杆本身并不能认为是危险的——因此，只有负债融资是以某种方式使得运用负债的企业面对财务失败要比全权益资本的企业更加痛苦，才需要避免使用财务杠杆。既然不管对哪种企业来说，每年损失一笔数目不菲的资金都是很痛苦的，那么负债融资就没什么特别的优势了。

显然，与破产和财务失败相联系的成本在以下条件下才会影响企业对财务杠杆的运用：（1）财务失败会减少市场对该企业产品的需求或增加产品成本；（2）财务失败会使企业的经理人，也就是企业股东的经营代理人恶意经营或由于财务上的动机采取减少企业总价值的行为；（3）进入破产的企业将负担同类没有破产的企业不用负担的巨额成本。

2. 资产特征与破产成本

企业的资产特征也影响着它是否愿意面对使用相对较多负债而产生的财务危机。一家企业如果其拥有的资产本质上大多数是有形资产，并且可以在良好的二级市场变现，这样的企业就比所拥有的资产本质上大多数是无形资产的企业对财务失败的恐惧要小。因此，像运输公司、航空公司、建筑公司、输油管道公司、铁路公司等都能比一些拥有少量有形资产的企业运用较多的负债，如制药企业、食品配送（存放了一周没有卖出去的食品有多少担保价值），或者单纯提供劳务的公司。财务失败对生产研究开发型的、密集型的产品生产或劳务公司的损害很大，有两个原因：第一，生产产品或劳务所发生的大部分费用都是沉没成本（已经花出去了，不会影响未来的决策），只能通过长期的盈利销售才能抵补。第二，"边际递减"的商品或劳务通常需要持续地投入研究开发费用才能确保市场接受它，但是一个破产的公司（或资金短缺的企业）不能支付这笔费用。还应该注意的一点就是一些无形资产——如专利权、商标、名誉都是非常有价值的，但却不可能在财务失败或破产后继续存在。

财务失败也能明显地增加许多企业的生产成本。供应商不会愿意给一家看起来风险太高的企业提供信用，或者即使这样做了，也会附加许多严格的条件；高风险的企业不可能吸引商业伙伴合资或参加风险分担的发展性项目；还有一点最重要的是，高负债的企业不可能吸引有才能的新雇员，甚至可能看到它最好的雇员（原则上是最容易流动的）离开企业寻找更有前途的职业。所以，一般意义上讲，任何一家企业，如果非常依赖于创造力、忠诚、人员稳定等非物质因素，它就特别容易受到由杠杆作用引起的失败影响，该企业就应当比其他企业运用更少的负债。

3. 资产替代问题

由于财务失败的存在，即使是其他方面都值得信赖的经理也有动机拿债权人的钱去"赌博"，虽然这可能是不当的，但却是理性的行为，这是与财务失败相联系的隐藏最深的问题之一。这样的赌博非常具有代表性和潜在的危险性。这种赌博一般都是从企业面临财务困难时开始，此时经理意识到企业很可能在债券到期时无力偿债。假设企业还有一些现金在手里，这笔钱既可以存到银行，也可以投资于两个项目之一。项目 A 是低风险、正净现值的投资机会，该项目会增加公司的价值，但并不能提供足够高的回报以偿付到期债务。另一方面，项目 B 基本上就是一个赌博项目。这个项目风险很高，负的净现值投资机会，但是一旦赌博成功的话，该项目的回报将足够偿还公司的到期债务。

考虑一下在这个案例中经理人的动机。很显然，债券持有人希望经理人或者选择项目 A 或者企业将资金留在手中。但是这样做很明显与股东利益不符。因为他们需要的是有效地运用债券持有者的"钱"，股东希望经理们能接受项目 B，如果成功的话，该项目将产生足够多的现金流让股东们偿付借款并且将保留住所有权。另外，如果项目 B 不成功的话，股东仅仅需要在无力偿还到期债务时把（无价值）企业交给债券持有者。在这个策略中股东可以获得一切，却并不损失什么，并且可以通过代理人（经理）控制企业的投资政策直到拖欠情况确实发生，所以债券持有者没有办法阻止股东采取以债权人的代价获取利益的策略。

4. 投资不足问题

在类似环境下的财务失败会产生第二种赌博行为——当企业的经理人意识到拖欠可能会发生，但是直到拖欠实际发生之前仍然控制着企业的投资策略。假设企业获得了一个非常有利的投资机会，该项目肯定会获得足够多的回报以支付到期的企业债务，但是该项目所需的资金只能由股东来支付。尽管该项目会最大化实现企业价值，也会使债券持有者受益，但是理性的股东会选择不去接受该项目，因为他们将不得不对该项目融资，而项目大多数的收益将归债券持有者所有。一个无负债企业不会选择以上所讨论的与财务失败相联系的两个赌博项目中的任何一个。在第一个例子中，经理人总会选择企业价值最大化的项目，在第二

个例子中总会把现金提供给净现值为正的项目。因为财务失败的成本总会在两种
证券持有者之间产生利益冲突，它们总会涉及债券持有者与股东之间代理成本的
问题。

5. 破产的直接成本与间接成本

如果破产过程本身需要巨额的费用，为了使企业被诉于法律的可能性最小
化，企业有理由限制对财务杠杆的使用。为了清楚地说明这一点，首先需要区分
破产的直接成本与间接成本。直接成本是直接与破产有关的现金支出，如文件的
印刷与归档费用，付给律师、会计师、投资银行的费用、诉讼费等。实证研究表
明这笔费用相对于大企业破产前的市场价值来说很小——因而不能作为运用负债
进行融资的事实障碍。间接的破产成本，是指由于破产所产生的费用或经济损
失，但并不是花在破产过程本身的资金消耗。该项成本包括破产过程中经理人时
间的消耗，破产过程中及破产之后销售收入的损失，受到牵制的资本投资和研究
与开发的花费，破产后关键雇员的流失等。

6.3.2　代理成本与资本结构

资本结构的代理成本理论是由詹森和麦克林（Jensen & Meckling，1976）提
出的。他们观察到，当一个企业家拥有 100% 某企业的股份时，企业的所有权与
控制权并没有分离。简单地说，这就意味着企业家将为其行为承担所有的成本，
从而获得全部的收益。一旦企业股票的一部分 α 出售给外部的投资者，那么该企
业家将为其行为承担（1 - α）的结果。这就给企业家一种激励，用詹森和麦克
林的话来说，就是激励企业家"消耗掉额外所得"（不负责任地行事，以公司名
义购买豪华车辆，经常去国外旅行，成为电视上长期的"经济评论家"）。通过
卖掉企业的一部分股票，企业家在从事某项活动时降低了 α 元成本，所以他仅承
担（1 - α）元的成本。对于企业家来说这是一个很好的交易，不是吗？

但是，这种事情不会在一个有效率的市场发生！信息畅通的投资者希望在他
们购买了 α 股票之后，企业家的行为有所改变，因而如果企业家对"额外"部
分进行了消费，则他们所支付的股价将完全能够反映企业价值的预期下降。换句
话说，如果企业家在股票出售之后，还要索取他所期望的那部分额外的收益，那
么股价将下跌，他就需要再一次为其行为负担全部的成本。另外，社会将会有损
失，因为这些（外部）股权的代理成本导致企业资产的市场价值的减少，减少的
数量是企业家额外消费预期价值的（1 - α）倍。此时，人们陷入了困境。出售
股票给外部投资者将产生出售股票的代理成本，虽然由企业家自己的额外消费所
导致，但是却能通过减少企业资产价值和使其他的企业家团体失去信心来使整个

社会受到损害。向外出售股票对于企业家来说是至关重要的，一方面是由于个别投资组合分散化的要求，另一方面是由于企业的成长超过个人财富的限制时融资的需要。

1. 运用负债弥补外部股权的代理成本

詹森和麦克林（1976）指出，运用负债融资可以通过两种方式来弥补外部产权的代理成本。（1）负债从理论上讲意味着向外出售少量的股票就能达到从外部融资的目的。如果外部股权代理成本的增长速度大于 α 倍，那么向外出售股权数量的节约额将会减少经理与股东之间高额的代理成本。（2）对外发行债券而不是股票融资可以减少额外消费的范围。企业家有责任制定常规的、强制性的债务服务契约条款，这是对企业家进行自律的有效工具。由于存在发行在外的债券，额外消费的成本可能导致企业家随着欠款及债券所有者对企业资产的没收而失去对企业的控制权。按照詹森和麦克林的表述，对外负债可以起到经理人向外部股东传达其良好意图的担保作用。因为负债意味着经理人一旦经营不当的话，就可能失去该企业的控制权，这样股东们情愿为该企业的股票付出较高的价格。

2. 公司经理的资本市场监控

现在设想一下，如果投资者对自己所投资的某家企业不满意的话，作为股东的投资者将做些什么来控制企业的管理呢。事实上什么都不能做！即使代表一个在某个大企业里拥有较多股份的机构投资者，但他的股份可能只占公开发行的股份中很小的一部分，管理部门可以不受任何损失的忽略他。投资者可以在年度股东大会上投票反对管理部门，但是——假设企业的治理规则是以管理部门的偏好进行安排的——这个问题又出现了，投资者该如何做呢？投资者可以在公开市场上出售你的股票，但是如果经理人的行为使得股票的市场价格下跌，在此情况下出售，谁会受到损失？投资者可以起诉管理部门渎职，但是这一点极难被证实，并且经济判断惯例（该条例赋予董事会合法的自由选择权来进行它们的经济判断）保护董事会不受股东在极度恶劣的滥用职权以外的决策判断性控诉。除此之外，谁能雇用最好的律师团——投资者还是《财富》500强的公司？另外，即使投资者在法庭或庭外直接向经理人质疑时取得了成功，投资者个人要承担所有为提高企业的经营情况的财务成本，但是投资者的行为所产生的大量收益都跑到消极的股东那里，这些股东没有像他那样做出积极的努力，却可以享受争取来的利益。

以上分析目的并不是想指责无能的经理人团队，而是为了说明经理人与股东之间代理成本的真实性、广泛性、难以克服性。控制这些成本的一种方法，对企业来说就是发行债券。这实际上达到了两个目的：第一，迫使经理人直接去面对公开资本市场并被其监督。如果投资者对经理人的能力持否定意见，他们可以在一个较高的利率水平上向企业贷款，或者他们会坚持用限制性的债券条款来约束经理人行为的自由，或者两者并用。第二，公开发行债券能有效地限制经理人通过无能行为或超额消费行为减少企业的价值。如果经理人不能很好地运营企业，至少满足对负债的偿付（支付利息与本金），企业将被迫破产，债券持有人会对企业进行控制，经理们只有另谋其位了。通过选择发行债券，经理人主动地承担了被替换的风险，这就减少了经理与股东之间的代理成本（Jensen，1986）。

3. 对外负债的代理成本

实务中为什么企业不用"最大负债"进行融资呢？原因在于负债也有代理成本的问题。负债作为企业资本结构的一部分不断增加，债券持有人所承担的企业的经营风险的份额日益增加，但是股东与经理人依然控制着企业的投资及运营决策。这样经理人就有动力利用债权人的财富为自己及所代表的股东谋利。这样做最容易实现的一种方法就是发行债券，然后作为股利分发给股东。负债之后，留给债权持有者的可能是一个空壳企业，有限责任将使债权人不能直接向股东要钱。

另外一种方式是：股东从易受骗的债权人手中骗钱的时候向债权人承诺该笔钱将用在一个"安全"的投资项目上（如项目 A），然后实际上将钱投到一个风险高的项目（如项目 B）。如果贷方相信了他们的钱将被谨慎地运用，他们会接受较低的利率。因此，如果经理人与股东能找到足够单纯的债权人，他们就能得到比较"安全"的利息率，然后进行高风险/高回报的投资项目。如果这些投资成功的话，股东能够全部偿还借款并且把项目的剩余收益归自己所有。如果该项目不成功，股东仅仅是拖欠的问题，债权人将接管一个空壳公司。这种承诺接受安全性的项目，然后在低成本融资之后从事高成本项目的游戏被称为诱售法，这对债权人来说是惨烈的损失。

正如大部分投资者所想象的，现在已经极少有这样天真的股东了，债权人已经开始采取有效的措施来阻止经理人用他们的钱赌博。最有效的约束措施就是在借款合同中加入详细的条款，这些条款能够限制经理们从事不利于债权人行为的能力。遗憾的是，这些条款使得债务协定的磋商与执行的成本极大，并且这些约定在约束经理人做出价值减少的决策权力的同时，也阻止了经理人进行增加企业价值的决策。例如，某债券条款限制该企业发行另外的具有同样优先权的债券（一种常见的债券合同），经理人可能被迫放弃一些可以得到价值增值的投资机会，如具有协同效应的合并或者新工厂与设备的主要资本支出，因为这些投资项目不得不用发行新债来完成部分融资。其他的一些条款也有各种对股利支付的限制（但并不能阻止），甚至于非常盈利的企业也有限制。这就意味着一家企业在当前利润很高并且所有正的净现值的投资机会都没有了的情况下可能会被迫进行过度的投资（净现值为负的项目）。可见，负债的代理成本确实存在，并且随着企业杠杆作用率的提高而日益重要。

4. 外部股权与负债的代理成本均衡

詹森和麦克林（Jensen & Meckling）的模型预示着某一家最开始没有负债的企业，为了减少股权代理成本，将在企业的资本结构中用债券代替股票。然而随着这个过程的继续，负债的代理成本将随着利率提高开始不断攀升。企业最优的（价值最大化）负债权益比率将达到一个点，在这一点上，每增加一元的负债，其代理成本正好等于所减少的相同金额的股权的代理成本。

现在把企业资本结构的代理成本和税收规避权衡模型的所有线索穿起来。这一模型表示一家杠杆企业的价值等于将一家非杠杆企业的价值进行调整之后的价值，调整的内容包括税收规避的现值、破产成本、负债与权益的代理成本：

$$V_L = V_U + 税收规避现值 - 破产成本现值 + 外部股权代理成本现值$$
$$- 外部债权代理成本现值 \tag{6-23}$$

该模型为现实中的企业资本结构如何设置提供了一个容易理解并且具有吸引力的解释。但是所有人都认为这个模型中的个别因素很难进行实证估计。

6.4　资本结构：融资方式与融资行为

6.4.1　负债与权益的选择

众所周知，任何企业进行融资只有两种方式：负债或者权益。虽然人们可以从债券与股票上看出负债与权益的差异，但是两者差别的根本原因在于不同的融资方式下现金索取权的性质不同：（1）负债索取权给予了债权人如下权利：即债权人有权获得合同约定的现金流（一般表现为利息和本金），而权益索取权给予了股东如下权利：即股东能获得满足了其他所有索取权之后的剩余现金流，这是负债与权益的最根本的区别所在。（2）现金流索取权性质（合同上的现金流与剩余现金流）不同，即负债对于企业每个期间的现金流（从利息与本金上获得）与企业的资产（在企业清算时）拥有优先索取权。（3）税法对利息和股利以及其他与权益相关的现金流处理不同，通常来说前者比后者更有利（利息可以税前抵扣，从而起到节税效果；而股利是用支付税收后的现金来发放的）。（4）负债通常有固定的到期日，当负债到期时必须归还本金，而权益一般有无限的期限。
（5）由于权益投资者拥有企业剩余现金的索取权，因此他们通常被给予了企业管理的控制权。而债券投资者通常在企业管理上起到更消极的作用。上述两者的差别如图 6 - 7 所示。

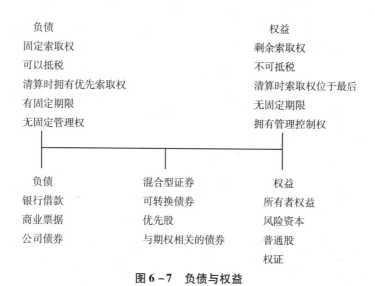

图 6 - 7　负债与权益

1. 权益

虽然许多人认为权益就是普通股，但是一个企业的权益可以采取多种形式。究竟采取何种形式可能取决于该企业是非上市公司还是上市公司，也可能取决于企业的成长性与风险特征。非上市公司比上市公司的选择要少一些，因为非上市公司不能通过发行证券来筹措资金。因此，非上市公司依靠其所有者或者私有权益获取资金从而保持企业的运营与扩展。其中，私募股本通常由风险投资者所拥有。上市公司能够进入资本市场进行融资，所以它有更多的选择。

（1）所有者权益。绝大多数企业，包括现在非常成功的企业，如国美、苏宁、蒙牛等，都是从小企业开始做起，这些企业创立时可能只有少数人提供种子资金，然后再将企业盈利投入到企业中，不断地积累增长。这些由企业的所有者提供的资金，即为企业所有者权益，它是企业发展的基石、成长的基础。

（2）风险资本与私有权益。随着小企业的不断成长与成功，它们通常会遇到资金约束的问题，其所拥有的资金无法满足企业投资与增长的需要。此时，风险资本家或者私有权益的所有者可能会为小规模且通常有高风险的行业或者企业提供权益融资，从而取得该企业的部分权益。因此，较小规模而风险较高的企业更加可能寻求风险资本投资，在接受风险资本时，也更愿意放弃企业的更多权益。

（3）普通股。上市公司筹集资金的传统方式是以市场愿意支付的价格发行普通股。对于一个新上市的公司而言，该价格是由发行方（如投资银行家）来估计的，通常称为要价。对于已上市的公司来讲，再发行股票的价格通常以现有股票的市场价格为基础而制定。在大多数情况下，公司发行的普通股是统一的，即每股股票享有等比例的现金流（如股利）与投票权。在特殊情况下，不同种类的普通股拥有不同的股利和投票权。

（4）权证。随着企业融资方式的增加，企业开始寻找一些可替代普通股的权益融资工具，权证应运而生。权证持有者在未来的某一时期可以以固定的价格购买公司的股票。由于权证的价值是以标的股票的价格为基础确定的，所以，权证就被视为另一种形式的权益。为什么企业会用权证而不是普通股进行融资？主要原因是：第一，权证是根据股票的波动性来定价的，波动性越大，权证的价值就越大。如果市场高估了企业所拥有的风险，企业就可以使用权证或者是期权之类的证券来获利。第二，权证在发行时并没有给自己带来任何财务负担，因此，发行权证是高成长性的企业筹集资金的一种好的方式，尤其是在企业当前的现金流很紧张或者为负的时候。第三，财务经理通常会对由发行普通股带来的股份稀释非常敏感，那么权证就是一举两得的选择——权证既不会给现在带来新的股份，同时也能筹集到公司现在所需的资金。

2. 负债

（1）银行借款。从历史上看，对所有企业或者说绝大部分企业来说，负债的主要来源是银行，并且负债的利率是以对借款人的风险估计为基础的。银行借款为借款人提供了如下好处：第一，资金额度比较灵活（可多也可少，由借贷双方协商）。第二，银行借款可以为借款人提供一个传递信息的机制，这有助于对长期借款进行定价和评估。第三，银行借款手续相对简便，资本成本也较低，财务风险容易控制。

（2）债券。对于大型上市公司而言，银行借款的一种替代手段是发行债券。一般来说，债券的发行对于这些企业有以下好处：第一，与数额相同的银行借款相比有更好的融资条款，很大程度上是因为债券的风险是由更多的金融市场的投资者共同分担的。第二，债券的发行为发行方提供了一些银行借款所不具备的特有性质。例如，债券可以转换为普通股，或者债券的价格可以与商品价格捆绑在一起。

（3）租赁。一家企业可以借入资金购买经营中所需要的资产，而另一种完成相同目的的替代方法就是租赁资产。在租赁中，企业答应给资产的所有者进行固定的资金支付，其目的是获取资产的使用权。这些固定的资金支付可能完全抵税，也可能部分抵税，取决于这些租赁资产在会计上被划分为何种目的。

租赁一般被划分为经营租赁和融资租赁。对于经营租赁来说，租赁的期限比资产的生命期要短，租赁支付义务的现值通常比资产的实际价值要低。在租赁到期日，要将资产归还给出租人，而出租人可以将资产出售给承租人，也可以将资产再出租给他人。承租人通常有取消租赁并且将资产归还给出租人的权利。因此，资产的所有权在经营租赁期间都属于出租人，如果资产变得过时，承租人不承担任何风险。

融资租赁的期限通常是资产的整个生命周期，而租赁支付额的现值差不多就是资产的价值。融资租赁通常不可以取消，在到期时可以以较低的价格再重新订立租赁合同，承租人也可以通过较优惠的价格购买该资产。在很多情况下，出租人没有为资产支付保险与税金的义务，而是将这些义务留给承租人。因此，承租人会减少租赁支付费用，也就是所谓的净租赁。如果资产有价值损失或者变得过时时，融资租赁的承租人就要承担大部分风险。

3. 混合型证券

（1）可转换债券。可转换债券，是指可以在规定的条件下兑换为同一企业普通股股票的企业债券。多数情况下，可转换债券均被用来作为延期性的普通股筹资。技术上，这些证券是企业债，而实际上是延期的普通股。企业发行可转换债券的原因在于可转换债券的转换价格高于新发行普通股的发行价格。在融资策略上，如果管理当局认为企业的未来发展良好且预期收益持续增长时，则将希望以可转换债券来取代普通股融资，因为这样可使当前普通股东权益的稀释降到最低。发行可转换债券的另一好处是其利率较普通企业债券低，这是因为转换的特征对投资者有较高吸引力，转换权对投资者的价值越高，企业所需提供的报酬率即可越低。

在发行可转换债券时，许多企业实际上是希望发行普通股，而非企业债券，只是由于普通股一时价格偏低。例如，一项新工程的开工可能造成一时成本太高，以使盈利下降，但预料明年盈利会大幅度上升，从而使普通股价格上升。公司可能会考虑，如果现在出售普通股，要筹集到所需资金，必须发行较多的股份数。但如果使用可转换债券，将转换价格定在高于普通股市价的 20%~30% 以上，当把公司债转换成为普通股时，普通股股数一定比现在直接出售普通股时的股数少 20%~30%。但需注意，公司希望股票市价升到转换价格之上，使得转换对投资者更有利。如果收益没有增加，股票价格没有提高，转换行为未发生，则公司要面对盈利低且又无力还债的困境。

（2）优先股。优先股是另一种同时具有负债和权益特征的证券。优先股是相对普通股而言的，优先股股票是指在某些方面享有比普通股优先权利，同时也受到一定限制的股票。发行优先股股票是企业获得权益资金的方式之一，优先股股票是一种兼具普通股股票和债券特点的有价证券。

优先股股票与普通股股票相比，一般具有以下特征：①优先分配固定的股利权。优先股股东通常优先于普通股股东分配股利，并且股利一般是固定的，因而受企业经营和盈利水平影响较小。②优先分配企业剩余财产权。当企业解散、破产等进行清算时，优先股股东对剩余财产有优先的请求权。③优先股股东一般无表决权。一般而言，优先股股东在股东大会上没有投票权（特别规定的除外），也无权过问企业的经营管理。因此，优先股股东正常情况下是不可能控制整个企业的。④优先股可由企业赎回。发行优先股的企业，按照公司章程的有关规定，根据企业的发展需要，可以按一定的方式将所发行的优先股赎回，以调整企业的资本结构。

综上所述，优先股既可以看作权益资本，但在某种情况下，也可看作债务，它是一种兼有普通股和债券特征的筹资工具。

（3）认股权证。认股权证是指由股份有限公司发行的、能够按照特定的价格在特定的时间内购买一定数量该公司普通股股票的选择权凭证，其实质是一种普通股股票的看涨期权。一般来说，认股权证随着债券的发行而发放，采用配送认股权证的方法可以吸引投资者购买公司的长期债券。这种债券发行的利率较低。

认股权证通常被小的快速增长的企业所采用，它们在发行债务或者优先股股票时，用认股权证作为"诱饵"。从投资者角度来看，这样的企业通常风险很高，因此，它们的债券只有在利率很高，并有严格规定的偿还条款时，才能发行出去。为了避免这种不利的情况，许多企业通常会随债券的发行附送认股权证。

对于投资者来说，在获得债券的同时得到认股权证，就可以分享企业未来的高增长，当然前提是相应的企业在未来会有增长和繁荣。因此，投资者会相对愿意接受较低的利率，以及还款方面较少的限制。附认股权证的债券有债务的特征，也有权益的特征。它是一种混合证券，为企业的财务经理提供了机会，可以拓宽企业发行的证券种类，因此也可以吸引更为广泛的投资群体。

现在，基本上所有的认股权证都是可分离的认股权证。因此，当附认股权证的债券发行之后，相应的认股权证就可以与债券分离，并在市场上单独进行交易。而且，即使在认股权证执行之后，相应的债券（票面利率较低）仍然可能流通在外。

6.4.2　成长性、风险与融资

随着企业不断成长与成熟，企业的现金流与风险逐渐可以被预测。相对于企业的价值，现金流变得越来越多，并且企业的风险也趋向于所有企业的平均风险。企业所作的融资决策将反映出这些变化。为了理解这些决策，现在一起来考虑企业生命周期的五个阶段：

1. 初创期

初创期是企业设立后的最初阶段。一般而言，该企业可能是一个私有企业，由所有者的权益来提供资金，也可能包括银行借款。当该企业试图去吸引顾客并且站稳脚跟时，会因为融资需求而受到约束。

2. 扩张期

一旦企业成功地吸引了顾客并且在市场上占有一席之地，它将准备扩张，此时其融资需求会增加。因为该企业在此阶段不可能从其内部产生高额的现金流而投资需求又很旺盛，所以企业的所有者一般会寻求私有权益或者风险资本来满足这种融资需求。一些处于该阶段的企业还可能会转变为上市公司，通过发行普通股来满足其资金需求。

3. 高成长期

在转变为上市公司的过程中，可供企业选择的融资渠道也会增加。虽然企业的收入高速增长，但是盈利很可能滞后于收入并且内部现金流滞后于投资需求。一般来说，处于该阶段的上市公司会发行更多的权益资本（如普通股、权证以及其他股票期权等）。如果它们使用的是负债，很可能使用可转换债券来筹集资金。

4. 成熟期

随着企业的成长性逐渐趋于平稳，企业一般会出现两个现象：第一，盈利与现金流会持续快速增长，这些反映了过去的投资；第二，对新项目进行投资的需求会减少。净效应就是一部分资金需求可以由内部融资满足，并且使用的外部融资方式会发生变化。这些企业更有可能采用银行借款或者公司债券的负债方式来满足它们的投资需求。

5. 衰退期

企业生命周期的最后一个阶段是衰退期。处于该阶段的企业会发现，随着它们业务的成熟以及新的竞争对手的超越，其收入与盈利都开始下滑。现有的投资还可能持续产生现金流，尽管产生现金流的速度在下降，而企业已经没有什么新的投资需求。因此，内部融资很可能超过再投资的需求，所以企业不大可能发行新的股票或者债券，而更可能收回现有的负债或者回购股票。从某种意义上来说，企业正在自我清算。

表 6-6 对企业在生命周期不同阶段的内部融资能力与外部融资选择进行了描述。

表6－6   融资的生命周期分析

项目	企业生命周期				
	初创期	扩张期	高成长期	成熟期	衰退期
外部融资需求	高，但受到基础设施的约束	相对于企业价值而言很高	相对于企业价值而言中等	占企业价值百分比逐渐下滑	低，因为项目在减少
内部融资	负的或很小	负的或很小	相对资金需求很小	相对资金需求很大	内部资金多于资金需求
外部融资	股东权益银行借款	风险资本普通股	普通股、权证、可转换债券	负债	赎回负债回购股票
融资过渡	获得私有权益	首次公开上市（IPO）	增发	发行债券	

并非所有企业都经过这五个阶段，也并非所有的企业都会做出相同的决策。这是因为：第一，很多企业没有经过初创期。企业家们每年都会成立成千上万家企业，其中，很多企业都不能幸存下来，即使是那些得以幸存的企业通常一直都是小企业而没有扩张的潜力。第二，并非所有成功的私有企业都会转变为上市公司。第三，有些企业即使在高成长期也不需要进行外部融资，因为利用内部资金来为这种增长融资已经完全足够了。也有高成长性的企业发行债券，也有低成长性的企业发行股票。简而言之，有无数的例外情况，但是生命周期的框架还是有助于投资者解释为什么不同企业的选择不同以及是什么原因使企业偏离了一般的财务决策。

请注意，当投资者考察位于不同生命周期的企业对于负债与权益的融资选择时，有两个问题投资者没有考虑：一是投资者没有详细解释为什么处于不同生命周期阶段的企业选择它们所选的融资手段；二是投资者并没有考虑什么样的负债最适合企业——是短期还是长期，是以人民币结算还是以外币结算，是固定利率还是浮动利率，等等。原因是，这些决策更多地与企业拥有的资产类型以及这些资产所产生的现金流的性质有关，与企业所处生命周期阶段的相关性更少。

6.4.3　融资决策

现在回头来看看表6－6中的分析，其中有四个融资过渡阶段，企业的资金来源被新的融资决策所改变。第一次融资过渡是私有企业从私有权益投资者与风险资本家那里获得新的融资。第二次融资过渡是私有企业决定在金融市场上出售其权益从而成为一个上市公司。第三次融资过渡是上市公司决定再次进入权益市场以筹集更多的权益资金。第四次融资过渡是上市公司决定通过发行债券在金融市场上筹集债务资金。

1. 私有企业的扩张：从私有权益投资者手中筹集资金

如果私有企业需要的权益资本比其所有者能够提供的更多，它们可以从私有权益投资者与风险资本家那里寻求资金。风险资本在私有企业的不同阶段都能发挥作用。例如，种子风险资本基金是提供给初创企业以便企业测试新的技术以及发展新产品的资金，而创业风险资本是让那些已经拥有好产品与建立起产品概念的企业来生产并且推广产品的资金。新一轮的风险资本使得已经拥有产品与市场的私有企业能够进行进一步的扩张。

风险资本如何进入企业以及风险资本家最终如何从这些投资中获得利润？其决策步骤如下：

（1）激发权益投资者的兴趣。想筹集权益资金的私有企业采取的首要措施是让私有权益投资者对其将要进行的投资项目产生兴趣。在此阶段，有很多有助于私有企业的因素。其中一个是私有企业所在的行业类型以及该行业对于私有权益投资者来说具有多大的吸引力。第二个因素是有关该企业高级经理人的业绩记录，其中记录了有关该经理人将私有企业转变为上市公司的成功案例以及他们曾经顺利地筹集到私有权益的事实。

（2）估值与收益评价。一旦私有权益投资者对该企业产生了兴趣，那么必须从当前与未来的角度对私有企业的价值进行评估。一般使用风险资本方法来完成这一过程。在此过程中预计出私有企业上市后（或出售给一个上市公司）的盈余。了解了这些盈余后，再估计出同一行业上市公司的市盈率，然后计算出企业在上市时的价值，这被称为退出价值。

例如，假定海达科技公司预期在 3 年后进行 IPO，该企业 3 年后的净利润预计为 400 万元。如果高技术行业上市公司的报酬率为 25%，就可以得到退出价值为 1 亿元。用风险资本家的目标报酬率作为折现率对该退出价值进行折现。其中，目标报酬率衡量了风险资本家眼中的合理报酬率，给定了风险资本家所面临的风险。目标报酬率设定一般比企业的权益成本要高一些。

$$折现的退出价值 = \frac{预期的退出价值}{(1 + 目标报酬率)^n} \qquad (6-24)$$

如果风险资本家要求的目标报酬率为 30%，那么海达公司折现的退出价值则为：

$$海达公司折现后的退出价值 = \frac{1}{(1 + 30\%)^3} = 4\ 552（万元）$$

（3）签订协议。在将私有权益引入到企业的协议时，私有权益投资者与企业必须对以下两个因素进行磋商：

第一，投资者必须确定他所享有的企业权益比例以作为私有权益投资的回报。另外，企业的所有者必须确定为获得资本而放弃的权益比例。在评估中，引入的新资本的数额必须以估计的企业价值来进行相应的衡量。

以海达公司为例，假定风险资本家考虑投资 1 200 万元，他至少要拥有企业 20.86% 比例的权益。

$$权益比例 = \frac{提供的资本}{预期的价值}$$

$$= \frac{1\ 200}{4\ 552 + 1\ 200}$$

$$= 20.86\%$$

第二，私有权益投资者会在企业经理进行的新的投资或者新的融资过程中附加一些约束性条款。这是为了确保私有权益投资者受到保护以及他们在企业的日常经营决策中有发言权。

（4）事后的管理。一旦私有权益投资者将资金投入到企业中，投资者通常在企业的管理中起到积极的作用。私有权益投资者与风险资本家不仅为企业带来了丰富的管理经验，同时还有一些有助于企业筹集更多资金以及获取新业务的合同。

（5）退出。私有权益投资者与风险资本家对私有企业进行投资，原因是他们希望从这些投资中获取高额回报。这些回报如何实现？私有权益投资者有三种方法可以从该投资中获利。第一种方式同时也是产生最高利润的方式，就是让私有企业进行 IPO，虽然风险资本家通常不会在 IPO 时就清算其投资，但他们至少在可以交易时出售一部分股份。第二种方式是将私有企业的股份出售给另一家企业，购买方可能由于战略上或者财务上的考虑要对该企业进行并购。第三种方式是从企业抽出资金并且对企业进行清算。这种策略对于高成长性的企业一般是不合适的，但是，如果对企业的投资不能获得超额收益，那么对该企业进行清算则是合理的。

2. 从私有企业到上市公司：首次公开上市

私有企业的外部融资途径有限，无论是负债融资还是权益融资都是如此。在前面对于权益融资选择的讨论中曾指出，风险资本家在对私有企业进行权益投资时开出的条件是非常苛刻的。随着企业规模的扩大及其资本需求的增加，一些企业决定转变为上市公司，通过向金融市场发行股份来筹集资金。

（1）保持私有与上市。当私有企业转变为上市公司时，主要的好处在于可以进入金融市场融资并且能够为项目筹集到更多的资金。这种获得新资本的渠道对处于高成长性行业并且拥有大量高盈利的投资机会的企业有相当大的好处。第二个好处在于私有企业的所有者能对其持有的股份赋予市场价值从而将它们成功地变现为现金流。投资者必须在上市后的收益与潜在成本之间做出权衡。其中，最大的成本是成为上市公司后控制权的丧失。随着企业规模的变大，企业的所有者愿意出售一部分股票，所有者手中的流通股数量一般会减少。如果企业的股东相信所有者与企业的联系是在给企业带来坏处而不是好处，他们就会给所有者施压让其离开。

成为上市公司的其他成本还来自一些信息披露的要求与法律的要求。私有企业在经历富有挑战性的市场条件（下降的销售量和更高的成本）时，也许能够在竞争对手面前隐藏这些问题，而上市公司没有选择，只能按照法律规定进行信息披露。另外的成本是，企业必须在投资者关系上花费大量的时间，在该过程中培养出跟踪企业的市场分析师，同时这些分析师会提供有关企业前景的信息。

总的来说，对于那些高成长性且资金需求量大的企业来说，上市的收益大于其成本。如果企业的成长机会很小，内部的现金流很充分，并且投资者很看重企业的控制权，那么企业上市的机会就小一些。

（2）IPO 步骤。假定上市的收益大于成本，IPO 需要完成五个步骤。

第一步：根据投资银行的声誉与营销能力选择一家投资银行。在大多数 IPO 中，投资银行对发行的股票进行包销，保证股票的价格保持在特定的水平上。该投资银行家会将几个银行集中到一起（称为辛迪加）来为股票承销，从而分散风险并且扩展市场。私有企业倾向于根据银行的声誉与专业技术而不是支付的代价来挑选投资银行家。良好的声誉为购买企业股票的投资者提供了信用，让投资者放心。专业技术不仅用在发行价格的确定和上市的过程中，也用在上市之后可能要做出的其他财务决策中。投资银行协议是商讨出来的，而不是通过公开竞争制定的。

第二步：企业估值并确定发行程序。估值由主要的投资银行根据发行企业提供的大量信息来做出。企业的价值一般是按照折现现金流模型估计出来的。也可以采用估值方法（即通过估计一个乘数以及可比上市企业定价的方法得到发行企业的价值，乘数包括市盈率等）。不管采用什么方法，由于缺乏大量的历史信息，再加上这些都是未来成长性很高的小型企业，所以估计出来的企业价值也是不确定的。一旦估计出企业的价值，用企业价值除以股份数就可以得到每股的价值，同样可以利用发行者希望得到的股价范围反过来确定应当发行多少股份。该过程的最后一步就是确定每股报价。大多数投资银行将报价设定的低于预期的每股价值主要是因为：第一，较低的报价降低了投资银行的风险。如果报价设定过高，当投资银行无法售出所有的股份，那么它们就必须用自己的资金以报出的股价来购买剩余的股份。第二，投资者与投资银行将发行后的股价上涨视为一个好的信号。对于投资银行的客户来说，如果他们能以发行价获得股份，那么就可以立即获得回报，而对于发行企业来说，可以为未来的股份发行奠定基础。

第三步：根据发行价来估计投资者的需求。通过设定报价，投资银行家可以首先了解投资者的需求。该过程被称为询价，包括在定价与估计对股票的需求之前对机构投资者进行探询。同时，投资银行家与发行企业要在一系列的报告中向未来的投资者展示信息，该过程被称为路演。在此过程中，如果需求看起来很强，就提高发行价；反之，如果需求看上去很弱，则相应地调低发行价。在特殊情况下，如果投资者对该企业发行的股票没有兴趣，该企业会在该阶段退出 IPO。

第四步：提交证监会要求的文件并且发布招股说明书。企业如果想公开上市，首先要向证监会提交登记表与招股说明书，说明有关企业财务的历史信息、对于未来的预期以及计划如何使用从 IPO 中筹集的资金。招股说明书向潜在的股票投资者提供了有关企业风险与前景的信息。证监会将对这些信息进行审核，结果可能会被批准，也可能会向企业发放一个有缺陷的备忘录并希望企业提供更多的信息。在审核期间，企业不能销售股票，但是可以发布一个初步的招股说明书，目的仅仅是提供更多的信息。一旦证监会审批通过，企业就可以向公众进行招股广告。

第五步：按照发行价将股票分配给申请购买者。如果对股票的需求量超过了供给量（如果发行价过低，就会发生这种情况），就必须进行股票配给。如果股票的供给量超过了需求量，投资银行家必须尽到其包销的担保责任，以发行价买下剩余的股票。

在发行日，也就是股票交易的第一天，股票的市场价格是由供求决定的。如果发行价定得过高，按发行企业与投资银行订立的协议，投资银行家将对股份折价发行出售并且自己补齐差额。如果发行价定得过低，那么发行日的交易价就会比发行价高出许多，那些在 IPO 中分配到股份的投资者就能因此受益。

（3）上市的成本。上市的成本主要包括以下三项：第一，企业必须考虑到与上市相关的法律成本与管理成本（包括准备登记表格与相关文件的成本等）。第二，企业必须估计承销费用，也就是股票的发行价与企业实际收到的每股价格之差，这些价差就是花费在股票发行上的承销费用、管理费用与销售费用。承销费的金额相当大，并且随着发行规模的增大而减少。第三项成本是发行折价。其中，有一些投资者以发行价获得股票然后以更高的市场价格将股票出售，由此他们得到一笔意外收入。虽然有关折价的准确估值每年都在变化，但平均而言，IPO 的折价为 10% ~ 15%。

3. 上市企业的选择

企业一旦上市，就可以通过发行更多的普通股、股票期权以及公司债券来筹集资金。已经上市的企业另外发行股份被称为股票增发（SPO）。在发行股票和债券时，上市企业有多种选择。企业可以通过一般认购过程来销售这些证券，以发行价将股票和债券发行给公众，其中发行价由投资银行担保。企业也可以私下将债券和股票分配给机构投资者，或者在没有中间商的情况下将股票与债券直接发行给投资者。

（1）公开发行（一般认购）。在一般认购过程中，发行是面向所有公众的。从这个意义上来说，这与 IPO 非常相似。但是一般认购与 IPO 也存在一些基本差别：

①承销协议。IPO 的承销协议几乎都需要企业的保证，并且是与投资银行磋商出来的，而股票增发中的承销协议采用的形式更加广泛。第一，股票增发中可以存在竞标，因为投资银行已经可以利用信息来允诺一个固定的价格。有证据表明，竞标可以降低承销价差，但是再融资的企业还是愿意通过磋商的方式来发行股份。第二，再融资发行中必须提供更多的承销保证。有一些发行是通过尽全力保证来支持的，这并不保证以固定的价格销售；还有一些发行是通过备用保证来支持的，在这种保证中，投资银行要给予支持以防止实际价格下降到发行价以下。放松保证的回报在于，承销费会相应降低。

②发行定价。企业在给 IPO 的发行定价前必须估计出企业的价值以及每股价值，而股票增发的定价以当前的市场价格为基础，从而简化了发行定价的过程。通常来说，股票增发的发行价格设定得比当前市场价格要低。

相关研究数据表明，发行股票的费用比发行债券要多，并且发行的成本随着发行规模的增大而减少。

（2）定向发行（私募）。定向发行是指企业向特定对象发行股票募集资金。相对于公开发行，私募的主要优势在于其成本较低，因为私募不需要中介的参与并且不需要承销保证和推销，同时可以节约大量的时间成本和管理成本。定向发行（私募）的主要劣势在于，潜在投资者的数量相对较少，而大规模的私募可能让投资者来承担企业的特定风险。这就是有关企业债券的私募比企业权益的私募更加普遍的原因。

（3）配股。增发的第三种选择就是配股。配股并不是企业以当前价格将新的股份出售给所有的投资者，而是按照投资者所持有股份的比例给予他们购买另外一些股份的权利，这一权利使得投资者可以通过比当前市价更低的价格购买到股价。

如果企业使用配股方法来融资，一般来说，对每一股份发行一个配股权，让企业所有的股东拥有按照认购价格购买额外股份的权利，而认购价格通常比市场价格要低。理性的投资者要么会行使配股权，要么就将配股权出售。如果投资者让配股权过期而没有行使相应的权利，就会发现他们持有的股份价值在缩水——当配股权被行使时，市场价格几乎都会下降，因为认购价格设定得通常比市场价格要低得多。一般而言，配股权的价值等于附带配股权的股票价值与无配股权的股票价值之差。道理很简单，如果以上关系式不成立，部分投资者就很容易套利并且由此产生的价格也是不稳定的。例如，如果配股权的价格高于附带配股权的股价与不附带配股权的股价之差，每个投资者将配股权出售而不是执行配股权就会获得更大的收益。而这相应会拉低配股权的均衡价格。如果配股权的价格低于附带配股权的股价与不附带配股权的股价之差，那么大家都会去购买并行使配股权。这又会相应地导致配股权的均衡价格上升。配股权的价值计算公式为：

$$配股权的价格 = \frac{附带配股权的价格 - 认购价格}{n+1} \qquad (6-25)$$

式中，n——每一新股所需要的配股权数。

配股融资方式比公开发行这种筹集资本的方式的成本要低得多，原因有以下两点：第一，承销费要低得多，因为如果认购股票的价格设定得比市场价格低得多，大家几乎都会认购，认股权就没有什么风险。第二，交易成本与管理成本也比较低，因为配股几乎不需要进行推销。

配股的缺点主要在于，与以当前股票价格来进行一般认购相比，配股会大幅度增加流通股的股数。例如，一家公司发行配股权，每一份配股权是5元，当前的股价为10元。该公司必须发行1 000万份配股权才能筹集到5 000万元资金。与此相对的是，如果该公司以当前的股票价格10元来发行新的股份，只需要发行500万股就可以筹集到同等数额的资金。一些财务经理认为，配股融资稀释了持有的权益并且降低了市场价格。虽然这从技术层面来说是正确的，但现有的股东也不应当因此持反对意见，因为他们是唯一能获得配股权的人。换句话说，股价将会下降，但是每个股东按照持股比例获得了更多的权益。

6.4.4 负债权衡

如前所述，大家考察了企业的融资决策是如何随着其生命周期不同阶段的变化而变化的，现在和投资者一起考察另一个问题——为什么使用负债而不使用权益？

1. 负债的优点

一般来讲，与权益融资相比，负债有如下两个优点：一是节税效应，与债务相关的利息支付是可以抵税的，而与权益相关的现金流支付是不可以抵税的。二是通过对与债务相关的本金与利息的支付给予了管理者更多的约束与监督。

（1）负债的节税效应。负债相对于权益的主要优势是给借款人带来的税收优势。负债利息是可以抵税的，而权益的现金流（比如股利）要用税后的现金流进行支付。对大多数国家来说情况都如此，但是有一些国家为了避免对股利的双重征税采取了一些保护性的措施。如英国，对投资者派发交了公司税的股利，就会给这些投资者一些税收减免；在德国，对留存收益的税率比股利的税率要高一些。

来自负债的税收优惠可以用以下三种方式表示：

方式一：在任何财务年度由利息费用所带来的税收优惠等于利息费用与企业边际税率的乘积。假定一个企业借入负债 B 元，利率为 r，该企业收入的边际税率为 t。由于利息税收递减带来的税收节约可以计算如下：

$$每年来自负债的利息费用 = rB$$

$$每年由利息支付带来的税收节约 = trB$$

方式二：可以计算由利息支付带来的税收节约的现值。首先，要做出三个假设。假设 1：负债是永续的，也就是说，由负债所导致的税收节约额是永续的。假设 2：对于该现金流的适当折现率是负债的利率，因为该利率反映了负债的风险。假设 3：企业的预期税率一直保持不变且企业一直有应税收入。税收节约的现值计算如下：

$$来自负债的税收节约现值 = trB/r = tB = 边际税率 \times 负债$$

虽然传统的观点是将税收的节约视为永续的，但是也可以使用这种方法计算出较短时间（比如 10 年）的税收节约。例如，某公司以 8% 的利率借入 10 年期的借款 1 亿元，公司的税率为 25%，该公司税收节约的现值可以计算如下：

$$利息税收节约的现值 = 每年的税收节约 \times 年金现值$$

$$= (0.08 \times 0.25 \times 1) \times (年金现值, 8\%, 10 年)$$

$$= 0.1067（亿元）$$

一些分析师在估计负债对企业带来的价值增加时，直接将来自负债的税收好处加在无负债的企业价值上。

$$拥有负债 B 的杠杆企业的价值 = 无杠杆企业的价值 + tB$$

这种方法的缺陷是，仅仅考虑了负债带来的税收好处，而并没有考虑负债的其他成本。于是，通过该方法得到一个不切实际的结论：只要企业能借到更多的钱，企业的价值总是随着负债的增加而增加。

方式三：来自负债的税收好处是用负债的税前成本与税后成本的差异来表示的。假定负债的利率为 r，边际税率为 t，税后的负债成本（k_d）可以表示为：

$$税后的负债成本(k_d) = r(1 - t)$$

式中，税后的负债成本是税率的递减函数。如果一个企业的税率为 25%，负债利率为8%，那么该企业税后的负债成本为6%。另一个企业的税率为40%，负债利率为8%，那么这个企业税后的负债成本为4.8%。

在其他条件一定的情况下，税率越高，负债的好处就越大。因此，对于企业之间的负债比率与时间上的负债比率有如下两点预测。

①税率较高的企业比税率较低的同类企业的负债比率要低。在其他条件保持不变的情况下，边际税率为30%的企业比边际税率为12.5%的企业能借入更多的资金。

②如果在给定的市场，税率随着时间的推移而增加，可以预期负债比率也随着时间的推移而增长，这反映出税率越高从负债中获得的税收好处也越多。

（2）负债使经理人更具有自律性。在20世纪80年代的杠杆收购热潮中，哈佛大学的迈克尔·詹森（Michael Jensen）等学者为负债的选择提供了新的解释，即负债可以提供企业所利用的自由现金流（Free Cash Flow）。自由现金流代表的是经理人有自由裁量权的现金流——他们可以将这些现金流用在项目中，可以将这些现金流发放给股东，也可以持有这些现金流作为闲置资金。学者们认为，如果企业的经理人有大量的自由现金流并且没有或者只有少量负债，由于经理人与股东之间存在着利益冲突，所以，无负债企业的经理人不会实现股东财富最大化，而是按照自己的意愿使用企业的自由现金流量，经理人没有动机在项目选择与项目管理中做到有效率。对经理进行控制的有效手段是通过引入自我监督的方式迫使企业去负债，因为负债使得企业具有了偿还本金与利息的义务，从而增加了那些项目的违约风险。正是权益义务的宽松性与负债义务的固定性使得一些人将权益称为缓冲器而将负债称为利剑。

如果认为负债增加了监督与自律性，这就是站在管理层的角度来看待负债的一个想法。完全以管理层的偏好为基础的最优负债水平要比以股东财富最大化为目的的最优负债水平低许多。既然经理人完全知道在负债后他们要变得更加富有效率并且要为自己所犯的错误付出更高的代价，那么为什么他们还要进行更多的负债呢？该想法的推论是：如果股东对经理人的影响力或者更换经理的权力很小，那么在此情况下的负债比率比最优水平下的负债比率要小得多，因为经理人如果只持有少量负债其压力会很小。反之，如果股东拥有更多的权力，他们会促使企业借入更多的资金，在此过程中也可以提高他们的股价。

2. 负债的缺陷

负债除了上述优点之外，也存在其缺点。具体来说，借入资金会使企业面临违约风险，最后可能会被清算，也会增加由于权益投资者与债权人的冲突所带来的问题，并且也减少了企业现在或未来采取行动的灵活性。

（1）负债增加了预期的破产成本。借入资金最值得担忧的地方在于增加了预期的破产成本。预期的破产成本可以表示为破产的概率与破产所带来的直接成本、间接成本的乘积。

破产概率是指企业产生的现金流不足以满足企业有关的负债义务（利息或本金）的可能性。虽然这不会自动导致企业的破产，但是却触犯了违约条例，接着就会产生一系列的负面后果。根据定义，破产的可能性应当为企业的经营现金流的规模（现金流的数额较大会减小违约的可能性）与这些现金流的波动性（现金流的波动会提高违约的可能性）的函数。

相应地，无论企业的现金流的数额有多大，当企业借入更多的资金时，其破产的可能性都会增加，并且对于那些处在高风险行业的企业而言，这种增加的幅度会更大。

破产成本不那么显而易见，也不容易量化。破产对于企业所有的参与方而言都是一个灾难——债权人通常只能得到原本所有的一部分，而权益投资者将可能一分钱都拿不到——但是破产的总成本也包括因为觉察到更高的违约风险而给企业经营带来的间接成本。

破产的直接成本是在破产时所导致的现金流出。这些成本包括破产的法律成本与管理成本，也包括由于拖延这些现金的支付所造成的现值效应。

如果破产的成本只有直接成本，很多企业还保持低的杠杆比率就成了一个难解之谜。实际上，借入负债以及在违约前增大违约风险带来的成本要大得多，这很大程度上是由于察觉到企业处在财务困境中可能导致的后果，即间接成本的影响。第一项间接成本是由于客户察觉到企业处在困境中所造成的成本。当这种情况发生时，客户可能会由于害怕企业停止营业而停止购买其产品或服务。第二项间接成本是供应商为了保护自己不受破产风险的影响从而要求更严厉的供货条款，导致了企业营运资本的上升与现金流的下降。第三项间接成本是企业在努力为其项目融资时遇到了困难——债务投资者与权益投资者都不愿意承担企业的风险，导致资本约束以及好项目被拒绝。

如果说预期的破产成本确实是破产概率与直接、间接破产成本的乘积，那么负债变动就会对资本结构决策产生如下影响：

①盈利及现金流波动很大的企业应当比有着稳定现金流的企业使用较少的负债。例如，受政府管制的公共企业有着很高的财务杠杆，因为管制以及业务的垄断性质导致了隐性的盈利与现金流。而在另一个领域，对于高新技术企业而言，上一年的利润与下一年的利润可能相差很大。这些企业为了满足其资金需求使用的财务杠杆要小得多。

②如果企业能在规划债务结构时，使得用于债务支付的现金流随着经营现金流的增减而增减，那么它们就能够借入更多的资金。对流通企业而言，其经营现

金流都随着商品价格的升降而升降，如果这些企业负债的支付与商品价格挂钩，那么它们就可以借到更多资金。同样地，一个企业的经营现金流可能随着利率的升高而升高。

③当企业的资产难以分割与销售时，企业破产的直接成本会更高，因此那些资产更容易分割与销售的企业会比其他企业借入更多的负债。例如，如果一个企业的价值来自对房地产的持股，另一个企业的价值很大程度上来自企业的品牌，那么前者就能够比后者借入更多的资金。

④如果企业提供的产品需要很长期限的服务与支持，那么该企业比产品不具备这些性质的企业有着更低的财务杠杆。

（2）负债产生代理成本。权益投资者享有对现金流的剩余索取权，他们倾向于能够提高他们持股价值的行动，即使这些行动可能提高债权人（他们对现金流有固定的索取权）收不到承诺的支付款的风险。另一方面，债权人希望保持并且提高其索取权的安全性。因为一般来说权益投资者控制了企业的管理权与决策制定权，因此，如果债权人不采取一些保护性的行动，权益投资者的利益就会凌驾于债权人的利益之上。企业一旦负债，就将自己置于这种冲突之中并且因此产生负面的后果。后果是企业要为此付出代价，即会面临更高的利率与决策制定中灵活性的损失。

债权人与股东的冲突表现在企业财务的所有方面：决定采取什么样的项目（投资决策）；如何为项目融资；决定支付多少股利。

第一，风险项目选择。在投资分析时大家知道，只有项目的报酬率超过反映项目风险的必要报酬率，投资者才能接受该项目并且该项目才能为企业创造价值。但是，不足之处在于，企业在接受其中一些项目时会损害债权人的利益。债权人将资金借给企业，是希望接受的项目能够保持在一定的风险水平之下，并且他们因此给债券设定相应的利率。如果企业选择的项目比债权人预期的风险水平要高，债权人就会遭受损失。

第二，项目融资。股东与债权人之间利益的冲突还发生在对新项目的融资过程中。企业的权益投资者可能偏好新的负债，他们使用企业的资产作为抵押品，并且给予新的债权人优先于现有债权人的索取权。而企业现有的债权人显然不想给新的债权人更优先的索取权，因为这使得现有负债的风险更高（并且价值更低）。

第三，股利与股票回购。股东与债权人在股利发放与股票回购上也存在分歧。例如，某公司有巨额的现金储存量，但是好项目很少。如果将这些现金以股利的形式发放或者用于股票回购，就会使公司股东获益。而另一方面，债权人希望公司能保留这些现金，因为这些现金可用于偿还负债从而减少违约风险。因此，如果没有约束，股东一定会发放股利或回购股票而不考虑债权人的利益。在一些情况下，这种现金的支付是相当大的，会显著增加公司的违约风险。

股东与债权人之间潜在的分歧导致了两种形式的真实成本：

（1）如果债权人认为股东的行为可能使他们的境况变坏，他们就会将这种预期反映到债券价格中，即要求高出许多的利率。

（2）如果债权人通过一些约束性条款保护自己不受股东的这些行动的影响，就会产生以下两种成本：一是监督条款的直接成本。随着条款变得更加详细与具有约束性，该成本会相应增加。二是失去投资的间接成本，因为企业不能够采纳某些特定的项目，不能使用某些特定的融资方式，也不能改变股利政策（随着条款变得更具有约束性，该成本也随之增加）。

当企业借入的资金更多并且让自己面临更大的代理成本时，这些成本也会增加。

因为代理成本是相当大的，于是可以得到两个关于最优资本结构的结论：第一，对于那些投资不能够被轻易观察到或者监督的企业，由风险转移产生的代理成本最大。例如，一个企业是投资在房地产上，另一个企业是投资在人力资本（例如，咨询）与无形资产（就像高科技企业那样）上，那么，前者的债权人比后者的债权人面临的代理成本要小。因此，投资于房地产的制造业企业与铁路公司比那些服务类企业的负债比率要高得多。第二，如果企业的项目期限较长、不确定因素较多，并且可能要花费很多年才能收回成本，那么这类企业中监督管理层的行动与对投资决策进行事后批评的代理成本最大。

第 *7* 章
资本投资：价值衡量与决策评价

7.1 现金流量：识别与估算

7.1.1 现金流量

1. 项目现金流量的内涵

进行资本投资决策的前提是估算项目预期现金流量①，现金流量的估计是资本投资决策中的一个难点。现金流量预测是否准确涉及企业资本投资决策的实施，甚至会影响企业未来持续、健康地发展。因为如果企业将没有发展前景的投资项目，在现金流量预测上出现盲目的乐观，致使项目投入运营后无法产生预期的现金流量，其后果可能会使企业走向破产的境地。同样，如是对极具发展后劲的投资项目，在现金流量预测上过分保守，偏差太大而轻易放弃，则会使企业失去创造现金流量的机会，最后也无法实现企业价值最大化的财务目标。

由于资本投资决策对企业未来发展是极为重要和关键的，所以，投资者在进行资本投资现金流量的预测和规划中，必须投入相当的人力和物力，采取科学、合理的决策方法，对项目所处的内、外部环境进行客观分析，以确保资本投资决策的正确性和科学性。

资本投资支出作为企业的一项预付成本，首先表现为现金的流出或者说冻结，而不管财务会计怎样核算这部分投资支出，事实上它是由资本投资项目使用

---

① 在财务活动中，现金流量有多种口径：企业现金流量、项目现金流量、自由现金流量、年度现金流量等。在资本预算中的现金流量特指项目现金流量。

后产生的收益来补偿的。这种收益最终都表现为现金的净增加或流入。因此，资本投资项目在其整个有效期的全过程就可以用现金的流出和流入来勾画。

所谓现金流量，在资本投资决策中是指一个项目引起的企业现金流出和现金流入的数量。这里的"现金"是广义的现金，它不仅包括各种货币资金，而且还包括项目需要投入的非货币资源的变现价值。例如，一个项目需要使用原有的厂房、设备和材料等，则相关的现金流量是指它们的变现价值，而不是其账面成本。现金流量以收付实现制为基础，以反映广义现金流动为内容，是评价投资项目是否可行时必须先计算和掌握的一个基础性指标。

2. 项目现金流量的构成

（1）现金流出量。现金流出量是指一项资本投资所引起的整个寿命期内所发生的现金支出的增加量。现金流出量具体包括：

①建设投资支出。其主要包括固定资产的购入、建造、运输、安装、试运行等所需的现金支出，以及其它有关支出，如职工培训支出、技术购入支出等。这类支出一般在财务中表现为固定资产、无形资产的增加，这部分现金的流出是随着投资项目的进行而发生的，可能是一次性的，如购置一台设备，也可能是分次的，如分期预付工程款。

②营运资金投资①。投资形成的生产经营能力要投入使用，必然引起对流动资产的需求，包括正常的原材料储备、产成品储备、应收账款的占用等，这时企业要追加一部分现金的投入。另外，当项目投入使用后，应付账款和应付费用等流动负债也要增加，这会降低企业追加现金的需求。因此，要追加的现金投入是流动资产减去流动负债之后的净额，称为营运资金净额。因为追加的营运资金只能用于该项投资的周转需要，不能转作其他用途，因此也视同现金流出。但这部分现金流出属于垫支的性质，当投资项目报废不能使用时，项目有关的原材料、产成品出售会变成现金，应收账款收回，应付费用随之偿付，营运资金便可自动收回。垫支的营运资金一般在投资项目投入使用时发生，结束时收回。

③所得税支出。企业缴纳的所得税属于现金流出量的一部分。

（2）现金流入量。现金流入量是指一项投资引起的整个寿命期内所发生的现金收入的增加量。项目投资的现金流入量主要包括：

①营业现金净流量。营业现金净流量是指项目投入使用后每年的销售收入扣除付现成本后所引起的现金增加量。销售收入是指销售产品或提供劳务取得的收入。付现成本是指用现金支出的各种成本和费用，如材料费用、人工费用、设备

---

①　这里讲的营运资金是指因项目投资而导致企业追加的流动资产与流动负债的差额，而不是资产负债表上的营运资金。

修理费用等。营业现金净流量计算公式为：

$$营业现金净流量 = 现金（销售）收入 - 付现成本 \qquad (7-1)$$

在企业的全部成本、费用中，一部分是付现成本；另一部分是非付现成本，主要包括固定资产折旧、无形资产摊销费用等，其他的非付现成本由于数额往往不大或是不经常发生，为简化计算通常忽略不计。因此，付现成本可以用销售成本减折旧后得到。这样，营业现金净流量的计算公式为：

$$营业现金净流量 = 现金收入 - （销售成本 - 折旧）$$
$$= 现金收入 - 销售成本 + 折旧 \qquad (7-2)$$

营业现金净流量一般在项目投入使用后发生，在整个有效期内每年出现，是补偿现金流出的最主要的项目。

②固定资产残值净收入。固定资产残值净收入是指固定资产出售或报废时残值变价收入扣除清理费用后的净收入。

③垫支营运资金的收回。伴随着固定资产的出售或报废，投资项目的经济寿命结束，企业将与该项目相关的存货出售，应收账款收回，应付账款也随之偿付从而构成投资的一项现金流入。它是在投资的有效期期末发生的。

（3）现金净流量。现金净流量是指一定期间内投资项目现金流入量与现金流出量的差额。净现金流量可以按一年计算，也可以按整个项目的持续寿命来计算。当现金流入量大于现金流出量时，净现金流量为正值；反之，为负值。

7.1.2　项目现金流量确定

1. 为什么要考虑现金流量

现金流量的分析确定了投资项目现金流量的数额和时间，是进行资本投资决策的基础和重要依据。但是在传统财务会计分析中，利润往往是评价决策方案的重要依据，现在以现金流量为依据代替利润来评价投资方案，其理由是：

（1）项目投资期内，现金净流量等于利润总额。在资本投资的整个投资期中，现金净流量总额等于利润总额，因此，现金净流量可以代替利润来评价投资项目。

假若宏远公司现有一个项目投资总额是3 000万元，分两期投入。第一年投入2 000万元，第二年投入1 000万元，有效期为5年。投产开始时垫付流动资金1 000万元，结束时收回。该项目使用后每年可取得销售收入1 500万元，发生付现成本800万元。试计算该项目的现金流量和利润。假定使用年限法和年数总和法分别计提折旧。

该项目的现金流量和利润如表7-1所示。

表 7 - 1 　　　　　　　　　　项目现金流量与利润比较　　　　　　金额单位：万元

年次	1	2	3	4	5	6	7	合计
①投资	(2 000)	(1 000)						(3 000)
②流动资产			(1 000)				1 000	0
③营业现金净流量			700	700	700	700	700	3 500
④现金净流量	(2 000)	(1 000)	(300)	700	700	700	1 700	500
使用年限法计提折旧								
⑤折旧			600	600	600	600	600	3 000
⑥税前利润			100	100	100	100	100	500
年数总和法计提折旧								
⑦折旧			1 000	800	600	400	200	3 000
⑧税前利润			(300)	(100)	100	300	500	500

由表 7 - 1 可知，该项目的现金净流量均为 500 万元，所以，现金流量可以取代利润作为资本预算决策的依据。

（2）评价客观、公平。利润在各年的分布受折旧方法等人为因素的影响，而现金流量的分布不受这些人为因素的影响，可以保证评价的客观性。

由表 7 - 1 可知，使用年限法折旧，每年的利润均为 100 万元，而采用年数总和法折旧，每年的利润分别是（300 万元）、（100 万元）、100 万元、300 万元、500 万元，因此，利润受到折旧方法的影响在各年的分布不同。但是投资的现金流量却不受折旧方法的影响，在各年的分布保持固定不变。影响利润分布的人为因素不仅限于折旧方法的选择，还有存货计价方法、间接费用分配方法、成本计算方法等。在考虑时间价值的情况下，早期的收益和晚期的收益有明显的区别。收益的分布应当具有客观性不受人为选择的影响，而现金流量分布可以满足这种要求。

（3）考虑时间价值要求。现金流量能体现投资收入和支出的时间性，在资本投资决策分析中，使得应用货币时间价值进行动态的投资效果的综合评价成为可能。

由表 7 - 1 可知，第三年的现金流量为（300 万元），虽然第三年（使用年限法折旧）有利润 100 万元，但仍需投入资金 300 万元。这说明有利润的年份资金不一定充足，即一个项目能否持续下去不取决于一定期间是否盈利，而取决于有无现金用于支付。利润的计算一般以权责发生制为基础，并不考虑现金收付的实际时间，体现不出投资方案对货币时间价值的要求。而现金流量就体现出每一期间的现金需求，因此对资本投资决策来说有着重要意义。

从以上分析可知，现金流量比利润有更多的优点，因而是资本投资决策的重要依据。

2. 项目现金流量确定时应注意的问题

现金流量预测的正确与否是影响资本投资决策的关键，而现金流量预测中最重要的内容之一就是确认相关现金流量。为了正确测算项目的现金流量，需要正确判断哪些收支会引起企业现金总流量的变动，哪些收支不会引起企业现金总流量的变动。所以，要正确地确定相关现金流量，需重点理解以下几个问题：

（1）应当剔除沉没成本。沉没成本是指已经发生的现金支出，这一现金支出不会因目前有关接受或者拒绝某个投资项目的决策而得到恢复，它属于投资项目的无关成本。例如，一家公司决定生产新产品前花了2万元进行市场调查，这笔开支是公司的现金流出，是否应在投资决策中加以考虑？由于在投资决策时，该项市场调查已经付诸实施，不管决策结果是否生产该新产品，与市场调查相关的2万元支出已经发生而无法改变，成为沉没成本，所以不应该在投资决策中考虑进去。

（2）不能忽视机会成本。机会成本不是一般意义上的"成本"，在投资决策中，如果选取一个投资方案，就会放弃投资于其他项目的机会收益，这种机会收益应作为该投资方案的机会成本。这种收益不是实际发生的，而是潜在的，总是针对特定方案的。例如，某旧设备目前账面价值50 000元，变现价值是40 000元，现准备以旧换新购置新设备，则旧设备原账面价值50 000元是沉没成本应不予考虑，但其变现价值40 000元是机会成本应予考虑，可以将此40 000元变现价值作为购置新设备方案的相关现金流入量处理，也可以作为继续使用旧设备方案的现金流出量处理。

（3）要考虑项目的连带影响。当采纳一个新的投资项目后，不能只关注项目投产所产生的现金流量，还要考虑该项目可能对企业其他部门造成有利或不利的影响。例如，新产品上市后，可能导致原有其他产品的销量减少，而且整个企业的销售额也许不增加甚至会减少，因此企业在进行投资决策分析时，就不应该直接将产品的销售收入作为增量收入来处理，而应扣除其他部门因此减少的销售收入。当然，也可能发生相反的情况，新产品上市之后促进其他部门的销售增长。虽然这种影响在实务中很难准确计量，但决策者在进行投资决策时仍要将其考虑在内。

（4）要考虑对净营运资本的影响。通常情况下，当企业投资一项新业务后，由于销售额扩大，其对存货、应收账款等流动资金的需要量也会增加，企业必须筹措新的资金以满足这种额外需求；另外，企业扩充也会导致应付账款与应付费用的增加，从而降低企业流动资金的实际需要。净营运资本增加额等于增加的流动资产与增加的流动负债的差额。

（5）项目现金流量不包含利息支出。在评价投资项目和确定现金流量时，人们一般是将投资决策和融资决策分开考虑的，即企业进行投资决策时，是不考虑项目的融资来源的，或者说是假设项目所需资金全部是自有资本，因此，利息支出不作为该投资项目的相关现金流量。从融资角度考虑，进行项目决策时采用的资本成本，是综合了负债、所有者权益各种资本成本后计算的加权资本成本，将其作为折现率实际上已经考虑到利息问题了，如果在计算项目现金流量中再扣除利息支出，则重复计算了资本成本。

3. 项目现金流量确定

根据以上对项目现金流量的分析与讨论，可以得出投资项目营业现金流量计算公式：

公式一：税后营业现金净流量＝营业现金收入－付现成本－所得税　　（7－3）

公式二：
$$税后营业现金净流量＝税后利润＋折旧$$
$$＝税前利润＋折旧－所得税　　（7－4）$$

公式三：
$$税后营业现金净流量＝营业现金收入×（1－税率）－付现成本×（1－税率）$$
$$＋折旧×税率$$
$$＝（营业现金收入－付现成本）×（1－税率）＋折旧×税率$$
$$（7－5）$$

7.2　投资价值衡量：方法与应用

7.2.1　净现值

1. 基本原理

净现值（Net Present Value，NPV）是指投资方案在项目有效期内，其未来的期望现金流量，按一定的折现率折算的现金流入现值减去全部现金流出现值后的差额。也就是说，把与某投资项目有关的现金流入量都按现值系数折成现值，然后同初始投资额现值比较计算的差额。

净现值的计算步骤如下：

（1）预测、估算确定投资项目每年的现金流量，包括现金流入量和现金流出量。

（2）对项目的现金流量进行折现，计算净现值。

（3）根据净现值法则进行项目选择。如果净现值为正数，该投资项目的报酬率大于预定的折现率，项目可以接受；如果净现值为负数，该投资项目的报酬率小于预定的折现率，项目应被否决；如果两个有正净现值的项目是互斥的，则选择净现值高的项目。

净现值（NPV）计算公式为：

$$NPV = \sum_{t=0}^{n} \frac{CF_t}{(1+i)^t} \qquad (7-6)$$

式中：NPV——净现值；

CF_t——在第 t 年的期望现金流量；

n——项目寿命期；

i——项目的必要报酬率或资本成本。

运用净现值评价和分析投资方案时要合理确定折现率。在项目评价中，正确地选择折现率至关重要，它直接影响项目评价的结论。如果选择的折现率过低，则会导致一些经济效益较差的项目得以通过，从而浪费了有限的社会资源；如果选择的折现率过高，则会导致一些效益较好的项目不能通过，从而使有限的社会资源不能充分发挥作用。在实务中，通常以投资项目的资本成本或投资者要求的报酬率作为折现率。运用净现值评价和分析投资方案时要注意以下两点：第一，合理确定投资的必要报酬率；第二，正确理解净现值的含义。净现值实际上是一项投资在实现其必要报酬率后多得报酬的现值，也可以看作是一项投资较要求所节省的投资资金额。

利用净现值进行投资决策时，对于独立方案，当投资方案的净现值为正时才能接受，反之则应拒绝；对于多个互斥方案，则应该选择净现值最大且为正的方案。如果一个项目的净现值等于 0，说明该项目的现金流入恰恰回收了投资的成本，并提供了与企业要求的报酬率相等的报酬水平。如果净现值大于 0，正的净现值所反映的是项目投资所带来的超额利润。

2. 复杂现金流

一般来讲，在整个资本投资周期内现金流往往是不均匀的，而且支出也可能不止一期。公式（7-6）清楚地表明，计算净现值不需要现金流一定是均匀发生的。同样，它也没有要求所有的未来现金流都必须大于零。假设一项投资的预期现金流如表 7-2 所示。

表 7 - 2 　　　　　投资项目不均匀现金流及混合现金流　　　金额单位：万元

时间	现金流	现值（报酬率10%）
0 年	−1 000	−1 000
第 1 年末	+1 000	909.00
第 2 年末	−2 000	−1 652.89
第 3 年末	+3 000	2 253.94
净现值		510.14

如果在未来几年内有新的现金支出，净现值的财富效应可能不明显，但它仍然存在。比如，假设投资者希望在今天有足够多的资金，以为表 7 - 2 中的投资筹集现在和未来需要的现金流出。按照 10% 的报酬率用 1 652.89 万元进行短期投资可以在第 2 年年末得到支出所需的 2 000 万元。因此，今天必须进行的总投资是：

$$1\ 000 + \frac{2\ 000}{(1+10\%)^2} = 2\ 652.89 \text{（万元）}$$

对该投资而言，投资者在第 1 年年末和第 3 年年末分别收到 1 000 万元和 3 000 万元。如果投资于其他地方，为了获得相同的收益，必须支付未来流入现金的价值：

$$\frac{1\ 000}{(1+10\%)} + \frac{3\ 000}{(1+10\%)^3} = 3\ 163.03 \text{（万元）}$$

因此，与在其他项目上获得同样报酬所花费的成本支出相比，该项投资能使投资者节约 510.14 万元。净现值在复杂现金流的情况下仍能衡量财富效应。

3. 永续现金流

有些投资不但每年现金流不相等，而且可能在时间上是连续产生现金流，实质上构成了永续现金流。假定目前有一家通讯公司花费 5 000 万元做电视广告宣传其新的通宵通信服务的时候，管理者们一定期望在这一市场上获得一个永久的地位。

永续年现金流净现值计算公式为：

$$\text{NPV} = \frac{\text{CF}_i}{k-g} - I_0 \tag{7-7}$$

式中：CF_i——预期第 1 年年末的现金流；

　　　g——预期现金流固定增长率；

　　　k——必要报酬率；

　　　I_0——投资支出。

例如，2014 年 1 月 30 日联想集团宣布用 29 亿美元收购摩托罗拉移动。假定预期能获得永久的现金流。若联想要求的报酬率是 15%，并且摩托罗拉移动预期会在每年年底产生 4 亿美元的现金流。则净现值为：

$$\text{NPV} = \frac{4}{15\% - 0} - 29 = -2.33 \text{（亿美元）}$$

显然，该投资是没有吸引力的，因为它会减少财富（NPV 为负值）。但如果按照预期，从第 1 年年末 4 亿美元开始，现金流会每年增长 4% 的话，则：

$$\text{NPV} = \frac{4}{15\% - 4\%} - 29 = 7.36 \text{（亿美元）}$$

此时，该项并购净现值是正值，因此，在该条件下该项投资才能吸引投资者的投资。

7.2.2 内含报酬率

1. 内含报酬率原理

内含报酬率（Internal Rate of Return，IRR）亦称内部收益率，是指能够使项目投资预期的现金流入量总现值等于项目投资成本（总现金流出）现值的折现率，或者说是使项目投资方案净现值为零的折现率。

内含报酬率法是以内含报酬率为标准评价和分析项目投资方案的方法。内含报酬率是根据项目投资方案的现金流量计算出的，是方案本身的投资报酬率。运用内含报酬率法进行决策分析时，往往要和企业投资的必要报酬率相比较，若一项投资项目的内含报酬率高于企业的投资必要报酬率，则说明其效益要比企业期望的更好。一般说来，投资项目的内含报酬率越高，其效益越好。其计算公式为：

$$\text{NPV} = \sum_{t=0}^{n} \frac{CF_t}{(1 + IRR)^t} = 0 \tag{7 - 8}$$

根据项目投资的现金流入和现金流出的不同模式，内含报酬率的测算有两种方法：

（1）年金插补法。如果项目每期的现金流量相等，其内含报酬率可以采用插值法计算。计算程序为：

首先，计算项目投资寿命期内的年金现值系数：

$$\text{年金现值系数}（PV_{i,n}）= \frac{\text{现金流出现值}}{\text{每年的现金净流量}}$$

其次，根据求得的年金现值系数，查年金现值系数表，找出在相同期限内与所求年金现值系数相等或相近的系数值。若找到相等的年金现值系数，所对应的报酬率即为内含报酬率；若无恰好相等系数，则找出与所求年金现值系数相近的较大和较小的两个系数值，然后，根据上述两个相近的系数值对应的折现率和已求得的年金现值系数，采用插值法计算出该投资方案的内含报酬率。

（2）逐次测试法。如果项目每期的现金净流量不相等，其内含报酬率就需要采用逐次测试法计算。计算程序为：

首先，先预估一个报酬率，并按此报酬率计算投资项目的净现值。如果计算出的净现值为零，则此时所采用的折现率即为该项目的内含报酬率；如果计算出的净现值为正数，则表示估计的折现率小于该项目的内含报酬率，这时，应该提高折现率再进行测算；如果计算出的净现值为负数，则表明预估的折现率大于该投资项目的内含报酬率，应该降低折现率再进行测算。经过反复的测算，直到求出使净现值由正变负的两年相邻的折现率。

其次，根据上述邻近的两个折现率再采用插值法计算出该投资项目的内含报酬率。

应用内含报酬率法进行决策时，对于独立项目，当内含报酬率高于企业的投资必要报酬率时，则可接受该项目，否则就应拒绝该投资项目；对于多个可行的互斥项目进行决策时，应该选择内含报酬率最大的投资项目。

假定东方股份公司拟进行一项投资，现有两个项目可供选择，两项目的初始投资总额均为期初一次投入 500 万元，公司要求的最低报酬率为 8%，两项目预计寿命期均为 5 年，期满无残值。它们在寿命期内的各年的现金流入量分布情况如表 7 - 3 所示。

表 7 - 3　　　　　　　　　东方股份公司项目现金流量　　　　　　　金额单位：万元

方案		年度					
		0	1	2	3	4	5
项目甲	原始投资	(500)					
	各年现金净流量		140	140	140	140	140
项目乙	原始投资	(500)					
	各年现金净流量		130	160	180	150	80

根据上述资料，计算项目甲、项目乙两投资方案的内含报酬率并做出投资决策。

由于项目甲的每年 NCF 相等，均为 140 万元，先求其年金现值系数。

$$年金现值系数 = \frac{原投资额}{各年 NCF} = \frac{500 \ 万元}{140 \ 万元} = 3.5714$$

查"1元年金现值表"在第5期这一行与3.5714相邻近的年金现值系数的相应折现率为12%和14%，所以3.5714的折现率应在12%~14%之间。

采用插值法项目甲的内含报酬率：

$$项目甲\ IRR = 12\% + \frac{3.6048 - 3.5714}{3.6048 - 3.4331} \times (14\% - 12\%) = 12.39\%$$

项目乙各年的NCF不等，要采用逐次测试法，第一次先用12%，并编制项目乙净现值的逐次测试，如表7-4所示。

表7-4　　　　　　　　　项目乙方案净现值　　　　　　金额单位：万元

年份	各年NCF	第一次测试12%		第二次测试14%	
		现值系数	现值	现值系数	现值
1	130	0.8929	116.08	0.8772	114.04
2	160	0.7972	127.55	0.7695	123.12
3	180	0.7118	128.12	0.6750	121.50
4	150	0.6355	95.33	0.5921	78.15
5	80	0.5674	45.39	0.5194	41.55
现金流量总现值			512.47		478.36
原投资额			500		500
净现值			12.47		-21.64

由表7-4计算可知，第一次测试的结果，净现值为正的12.47万元，说明应再提高折现率进行第二次测试。改用14%计算，其结果净现值为负数21.64万元。所以乙方案的内含报酬率一定是介于12%~14%之间，运用插值法计算项目乙的内含报酬率：

$$项目乙\ IRR = 12\% + \frac{12.47}{12.47 - (-21.64)} \times (14\% - 12\%) = 13.15\%$$

公司要求的最低投资报酬率为8%，如果两个项目是独立的，则项目甲、项目两方案皆可行；如果它们是互斥的，则项目乙接受，项目甲应该被否决；如果公司要求的必要报酬率（或资本成本）高于13.15%，两个项目都应该被否决。

内含报酬率法的优点在于：（1）内含报酬率的计算考虑了货币时间价值，能从动态的角度直接反映投资项目的实际收益水平。（2）内含报酬率表示投资项目内在报酬率，所以能在一定程度上反映投资效率的高低，比较客观，易于理解。内含报酬率法的缺点主要表现在：（1）计算比较复杂，特别是投资项目每年现金流量不相等的情况下，需要经过多次测算才能求得。（2）当经营期内大量追加投资，项目的现金流量出现正负交替的时候，可能导致出现多个 IRR，从而使其缺乏实际意义。

2. 多个内含报酬率

有一种情况下内含报酬率不可靠——当项目的现金流不正常的时候。如果投资项目在一个或者多个现金流出（成本）以后有一系列现金流入，此类项目则称为有正常的现金流（normal cash flows）。正常的现金流在符号上只有一次变化，即：开始是负的现金流，之后变成正的现金流，并一直保持。当符号的变化多于一次时，即为非正常的现金流（nonnormal cash flows）。例如，一个投资项目以负的现金流开始，转变为正的现金流，进而又变回负的现金流：现金流有两次符号变化——由负到正，然后变回负——此即非正常现金流。非正常现金流的项目实际上有两个或者多个内含报酬率，为了说明这一点，考虑计算项目内含报酬率的公式：

$$\sum_{t=0}^{n} \frac{CF_t}{(1+IRR)^t} = 0 \tag{7-9}$$

公式（7-9）是 n 次多项式，可能有 n 个不同的根或解。当投资项目是正常的现金流（一个或者多个现金流出之后有一系列现金流入）时，除一个实根之外，所有的解均是虚根，因此在正常的情况下，只有一个内含报酬率存在。但是，当投资项目有非正常现金流（在项目已经运行以后的某一年负的净现金流发生）发生时，就存在有多个实根的可能，因此存在多个内含报酬率。

假设东方股份公司正考虑支出 160 万元开发一个露天采矿厂（项目 M）。采矿厂在第 1 年年末产生 1 000 万元的现金流。然后，第 2 年年末，支出 1 000 万元用于把土地恢复到初始状态。因此，项目 M 的预计净现金流如下：

预计现金流（万元）

0 年	第 1 年年末	第 2 年年末
-160	+1 000	-1 000

将这些数据代入公式中，得出投资的内含报酬率为：

$$NPV = \sum_{t=0}^{n} \frac{CF_t}{(1+IRR)^t} = \frac{-160}{(1+IRR)^0} + \frac{1\,000}{(1+IRR)^1} + \frac{-1\,000}{(1+IRR)^2} = 0$$

求解得出：当 IRR=25% 和 IRR=400% 时，NPV=0。因此，投资的内含报酬率是 25% 和 400%。图 7-1 形象地说明了这个问题。

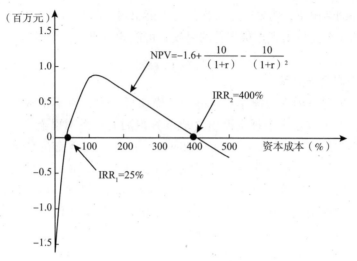

图 7 – 1 项目 M 的净现值

使用净现值法则不存在这种问题。采用净现值法计算可知，如果项目 M 的资本成本是 10%，那么净现值为 – 77 万元，项目将被拒绝。如果资本成本在 25% ~400% 之间，净现值为正。该例说明了当项目有非正常现金流时，多个内含报酬率是如何产生的。与此相反，净现值标准可以很容易使用，这种方法能从概念上推导出正确的资本投资预算决策。

3. 修正的内含报酬率（MIRR）

尽管理论界对净现值有着强烈的偏好，但调查显示众多企业管理者似乎更喜欢使用内含报酬率进行决策。对于管理者来说，他们认为用报酬的百分比（内含报酬率）要比净现值更为直观。为此，需要对内含报酬率指标进行修正，然后用修正的内含报酬率（Modified Internal Rate of Return）进行投资决策分析。

根据内含报酬率的定义，现金流出与现金流入的关系可用下式表示：

$$现金流出现值 = 现金流入终值的现值$$

即：

$$\sum_{t=0}^{n} \frac{COF_t}{(1+K)^t} = \frac{\sum_{t=0}^{n} CIF(1+K)^{n-t}}{(1+MIRR)^n} \qquad (7-10)$$

式中：COF——现金流出量；

CIF——现金流入量；

MIRR——修正的内含报酬率；

n——项目预计年限；

K——折现率，即必要报酬率。

公式的左边是以资本成本为折现率的投资支出的现值，右边是现金流入按资本成本为再投资报酬率计算的终值再按 MIRR 折现的现值。这样，现金流入的终值的现值等于现金流出现值的折现率为修正的内含报酬率（MIRR）。

其计算原理如图 7 - 2 所示。

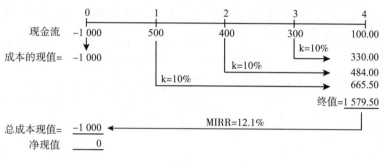

图 7 - 2　修正内含报酬率计算原理

修正的内含报酬率与传统的内含报酬率相比，有一个显著的优点。传统的内含报酬率假定投资项目产生的现金流量按项目的内含报酬率再投资，而修正的内含报酬率假定项目所产生的现金流量按照资本成本率再投资。由于以资本成本率再投资假设更加合理，所以修正的内含报酬率是反映项目真实盈利能力的较好指标。

作为一个判断项目的"真实的"回报率或者"预期的长期回报率"的指标，修正的内含报酬率要优于传统的内含报酬率，但是在互斥项目间进行决策时，净现值法仍然是最好的方法，因为它最准确地计算出每个项目究竟能够增加多少企业的价值。

7.2.3　净现值与内含报酬率的进一步讨论

1. 净现值曲线

净现值与内含报酬率都是考虑货币时间价值因素的评价指标，前者反映的是资本投资项目实际获得财富的多少，后者反映投资报酬率的高低。若内含报酬率高于必要报酬率，净现值为正，此时，无论使用哪个指标对投资项目进行评价，都会接受该项目；反之，若内含报酬率低于必要报酬率，净现值则为负值，无论以何种方法为依据，都会拒绝该项目。因此，可以看到，当企业分析和评价一个单一的、独立的及常规性投资项目的投资效益时，运用净现值与内含报酬率所得出的结论是一致的。这主要取决于以下三个假设：

第一，企业在进行投资决策分析与评价时，投资项目必须是单一型决策，或者采纳，或者拒绝，二者只能选其一。

第二，投资项目必须是独立的，即该项目的实施与否不影响其他投资项目。

第三，投资项目必须是常规性投资。也就是说，一项投资在一期或数期现金流出之后随之是数期现金流入（或者是先有现金流出后有现金流入）。

从许多方面看，NPV 优越于 IRR，因此，可以说 NPV 是最优的评价指标，应该在项目选择中加以采用。然而，IRR 为许多企业经理人员所熟悉，在业界得到广泛的采用。因此，不仅理解 IRR 是重要的，而且同样重要的是，能够解释为什么在有些情况下，在面对互斥项目时，具有更低的 IRR 的项目可能是应该优先考虑的。所以，为了更好地进行投资决策分析，需要比较净现值曲线。

净现值曲线（Net Present Value Profile）是指反映不同资本成本与净现值关系的曲线。

天达公司拟投资一个建设项目，现在有两套方案可供选择。有关资料如表 7 – 5 所示。

表 7 – 5 天达公司投资项目 金额单位：万元

年份	项目甲	项目乙
0	（1 000）	（1 000）
1	500	100
2	400	300
3	300	400
4	100	600

注：公司要求的最低投资报酬率为 10%。

经过计算，项目甲的净现值为 78.82 万元；项目乙的净现值为 49.18 万元。运用该数据绘制净现值曲线，如图 7 – 3 所示。

图 7 – 3 是项目甲和项目乙的 NPV 曲线。要建立 NPV 曲线，首先注意在资本成本为零的情况下，NPV 就是项目不折现的现金流量总和。因此，在资本成本为零的情况下，$NPV_{甲} = 300$ 万元，而 $NPV_{乙} = 400$ 万元。这些数值就是图 7 – 3 中纵轴上的截距。其次，分别按照三种资本成本水平，即 5%、10% 和 15% 计算项目的 NPV，连接各个数据点，就得出净现值曲线。回忆上面讲述的内含报酬率的定义，IRR 是指能使投资项目净现值等于零的折现率。因此，净现值曲线与横轴相交的点的数值即为该投资项目的内含报酬率。NPV 曲线在投资项目分析中非常有用。

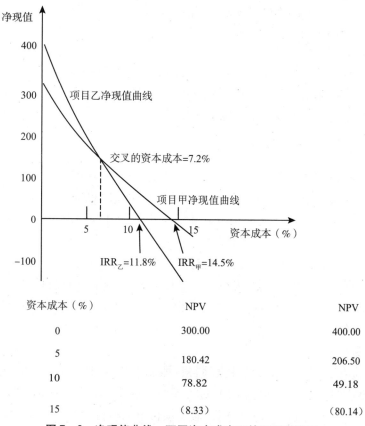

图 7 – 3　净现值曲线：不同资本成本下的项目净现值

资本成本（%）	NPV	NPV
0	300.00	400.00
5	180.42	206.50
10	78.82	49.18
15	（8.33）	（80.14）

2. NPV 排序取决于资本成本

图 7 – 3 表明，项目甲和项目乙的 NPV 曲线都随着资本成本的增加而下降。但是注意，在图 7 – 3 中，当资本成本较低时，项目乙的 NPV 较高，而当资本成本升高超过 7.2% 的交点成本率时，项目甲的 NPV 较高。同样请注意，与项目甲相比，项目乙的 NPV 对于资本成本的变化"更敏感"，也就是说，项目乙的净现值曲线有更高的斜率，这表明资本成本（k）的一定变化对于 NPV 乙的影响要超过对于 NPV 甲的影响。

要说明为什么项目乙有更大的敏感性，请注意天达公司的相关数据，项目甲的现金流量比项目乙的现金流量来得快。从投资回收期角度看，项目甲是一个短期项目，而项目乙是一个长期项目。资本成本增加对于远期现金流量比对于近期现金流量有更大的影响。为说明这一点，考虑下面的计算：

在 k = 5% 的情况下，1 年到期 100 元的现值为 95.24 元；

在 k = 10% 的情况下，1 年到期 100 元的现值为 90.91 元。

更高的 k 所带来的现值下降的百分比：

$$\frac{95.24 - 90.91}{95.24} = 4.5\%$$

在 k = 5% 的情况下，20 年到期 100 元的现值为 37.69 元；

在 k = 10% 的情况下，20 年到期 100 元的现值为 14.86 元。

更高的 k 所带来的现值下降的百分比：

$$\frac{37.69 - 14.86}{37.69} = 60.6\%$$

因此，在折现率翻倍的情况下，1 年期现金流量的现值下降了 4.5%。但是，同样是折现率翻倍，20 年期现金流量的现值下降超过 60%。因此，如果项目的现金流量绝大部分产生于近期年份，在资本成本增加的情况下，其 NPV 不会下降很多，但是，如果一个项目的现金流量大部分在远期年份产生，在资本成本增加的情况下，项目的收益将受到严重损害。相应地，项目乙由于大部分现金流量产生在后几年，如果资本成本提高，将受到很大的影响；而项目甲由于现金流量回流相对较快，受资本成本提高的影响相对不大。因此，项目乙的 NPV 曲线就有更高的斜率。

3. 项目性质

（1）独立项目。如果评估独立项目，那么 NPV 和 IRR 通常会得出相同的接受或者拒绝的决策：如果根据 NPV 标准是可以接受的，那么根据 IRR 标准也是可以接受的。不妨作进一步的说明，假设项目甲和项目乙都是独立项目，再观察一下图 7-3，请注意：①根据 IRR 标准两个项目都可以接受，因为相应的资本成本小于 IRR（或者在 IRR 的左边）；②每当项目的资本成本小于内含报酬率时，其 NPV 总是为正值。因此，只要资本成本小于 11.8%，项目乙就是可以接受的，根据 NPV 标准和 IRR 标准判断都一样，而如果资本成本大于 11.8%，根据两种方法判断，都应该拒绝这一项目。而项目甲——以及所有要考虑的其他独立项目——都可以作类似的分析，由此可以说明，只要根据 IRR 判断可以接受，那么根据 NPV 判断同样也可以接受。

（2）互斥项目。现在，假设项目甲和项目乙是相互排斥的，而不是相互独立的。也就是说，投资者可以选择项目甲，或者项目乙，或者可以拒绝两个项目，但是不能同时接受两个项目。请注意，在图 7-3 中，只要资本成本大于交点成本率 7.2%，那么：①NPV$_甲$就大于 NPV$_乙$；②IRR 甲就会超过 IRR$_乙$。因此，如果 k 大于交点成本率 7.2%，根据这两个指标分析，都会选择项目甲。然而，如果资本成本低于交点成本率，根据 NPV 指标，项目乙就更好一些，而根据 IRR 指标，项目甲则更好一些。在正常情况下，如果资本成本低于交点成本率，就会出现相互矛盾的判断。在两个互相排斥的项目中，NPV 分析的结论是要选择项目乙，而 IRR 分析的结论是要选择项目甲。那么，在这种情况下，哪个指标的判断是正确的？合理的逻辑告诉人们，NPV 更好一些，因为依据这种方法选择项目，有利于实现股东财富最大化。

有两个基本条件会造成 NPV 曲线相交，从而使得 NPV 和 IRR 的结论相冲突：①当存在项目大小（或规模）上的差别时，也就是一个项目的投资支出大于另一个项目的投资支出时；②当存在时间上的差异时，也就是从两个项目所获得的现金流量的时间不同，从而一个项目的现金流量更多地发生在早期年份，而另一个项目的现金流量更多地发生在晚期年份时，就像上面所举的项目甲和项目乙的例子一样。

当项目规模和项目时间的差别发生时，企业就要将不同金额的资金投资于不同的年份，这取决于企业究竟在两个互相排斥的项目中选择哪一个。比如，如果一个项目的投资支出大于另一个项目，那么如果企业选择了小规模的项目，在 t = 0 时就将有更多的资金可以投资于其他方面。类似地，如果项目的规模相同，则在早期年份有大量的现金流量的项目——在本例中，就是项目甲——在早期年份会提供更多的再投资资金。在这种情况下，获得的不同现金流量究竟按照什么报酬率再投资就成为一个关键的问题。

要解决在互斥项目之间选择时出现的矛盾，关键在于：相对于晚获得现金流量而言，更早地获得现金流量有多大用处？更早获得现金流量的价值取决于投资者从这些现金流量上能够获得的报酬，也就是说，投资者可以按照什么样的报酬率进行再投资。NPV 的假定是：获得的现金流量将按照资本成本再投资，而 IRR 的假定是：企业可以按照内含报酬率再投资。这些假定决定了折现过程的数学运算。有关的现金流量也许实际上会作为股利发放给股东，而股东将其用于购买各自所需物品，但是 NPV 假定现金流量可以按照资本成本再投资，而 IRR 假定现金流量可以按照项目的内含报酬率再投资。

哪种假定更为合理呢——究竟现金流量可以按照资本成本再投资，还是可以按照项目的内含报酬率再投资？可以证明的是，最好的假定是项目的现金流量可以按照资本成本再投资。因此，得出的结论是：最好的再投资报酬率假定是再投资报酬率等于资本成本，这是与 NPV 相一致的。这反过来又告诉投资者应该选择 NPV，至少对于能够按照接近于目前资本成本获得资本的企业来讲应该如此。

需要重申的是，当项目独立的时候，NPV 和 IRR 会得出完全相同的接受或否定的结论。然而，在评估互斥项目时，特别是当这些项目在规模和时间上有差异时，应该采用净现值指标。

7.2.4 资本投资项目决策评价

1. 投资项目扩张决策

企业在发展过程中，随着实力的不断增强，需要扩大产能，开拓新的市场，所以可能需要对生产能力进行追加投资，从而形成企业新增项目投资决策。

例如，远达股份公司对其现有市场进行为期一年的调研，已经支出市场调研费50万元，目前决定投资一个新项目用于生产 M 产品。该项目需要新购置一套设备，购买价格500万元，运输费20万元，安装调试费80万元。设备使用寿命6年，项目终结时设备变现价值50万元（设备直线法折旧，净残值率5%）。项目建成后预计第1年至第6年该项目的营业现金收入分别为700万元、850万元、1 050万元、1 200万元、1 000万元和850万元，营业付现成本为营业收入的40%，付现期间费用分别为200万元、220万元、250万元、290万元、260万元和230万元。项目初始时垫支流动资金120万元，项目终结时收回。公司项目投资要求的必要报酬率为10%，所得税率为25%。

计算确定投资项目的现金流量，并采用净现值进行决策分析。

第一步：确定项目现金流量。

项目初始现金流量：

（1）设备购买支出：600万元

（2）垫支流动资金：120万元

项目投资现金流量：600 + 120 = 720（万元）

经营期现金流量：

设备年折旧：$600 \times (1 - 5\%)/6 = 95$（万元）

第1年：$[700 \times (1 - 40\%) - 200] \times (1 - 25\%) + 95 \times 25\% = 188.75$（万元）

第2年：$[850 \times (1 - 40\%) - 220] \times (1 - 25\%) + 95 \times 25\% = 241.25$（万元）

第3年：$[1\,050 \times (1 - 40\%) - 250] \times (1 - 25\%) + 95 \times 25\% = 308.75$（万元）

第4年：$[1\,200 \times (1 - 40\%) - 290] \times (1 - 25\%) + 95 \times 25\% = 346.25$（万元）

第5年：$[1\,000 \times (1 - 40\%) - 260] \times (1 - 25\%) + 95 \times 25\% = 278.75$（万元）

第6年：$[850 \times (1 - 40\%) - 230] \times (1 - 25\%) + 95 \times 25\% = 233.75$（万元）

终结点现金流量：

（1）设备变现残值：50万元

（2）垫支流动资金回收：120万元

（3）残值出售纳税：$(50 - 600 \times 5\%) \times 25\% = 5$（万元）

项目现金流量：50 + 120 - 5 = 165（万元）

第二步：计算项目净现值：

$$净现值（NPV）= -720 + 188.75 \times 0.9091 + 241.25 \times 0.8264 + 308.75$$
$$\times 0.7513 + 346.25 \times 0.683 + 278.75 \times 0.6209$$
$$+ (233.75 + 165) \times 0.5645$$
$$= -720 + 1\ 237.58$$
$$= 517.58（万元）$$

项目净现值大于零，因此，远达股份公司实施对该投资方案是可行的。

2. 投资项目更新决策

投资项目应否更新的决策，是企业投资决策中一个常见的问题。决策分析的关键是比较项目更新前后，企业所能获得收益的大小。若项目更新后给企业带来的经济效益大于更新前给企业带来的经济效益，则方案是可取的；否则，方案是不可取的。

例如，东方机电公司5年前购入一套设备，原价400 000元，预计总使用10年，期满后无残值，按平均年限法计提折旧，旧设备已使用5年，尚可使用5年。

公司为了提高产品的性能准备另行购置一台新设备。新设备价款为600 000元，预计可使用5年，期满残值40 000元。新设备投入使用后每年可增加销售收入100 000元，同时，每年节约变动成本80 000元，购入新设备后，原设备可作价140 000元进行处理。

如果公司的必要报酬率为12%，所得税率为25%，那么公司是否应该更新设备？

（1）计算投资初始现金流量：

①新生产线成本　　　　　　　　　　（600 000）
②旧生产线市价　　　　　　　　　　140 000
③旧设备出售产生的节税额　　　　　15 000
净现金流出量总计　　　　　　　　　（445 000）

（2）设备寿命期内的经营现金流入如表7-6所示。

表7-6　　　　　　　　　　　项目现金流量　　　　　　　　金额单位：元

项目	第1年	第2年	第3年	第4年	第5年
1. 税后收入增加额	75 000	75 000	75 000	75 000	75 000
2. 税后成本降低额	60 000	60 000	60 000	60 000	60 000
3. 新生产线折旧	112 000	112 000	112 000	112 000	112 000
4. 旧生产线折旧	40 000	40 000	40 000	40 000	40 000

项目	第1年	第2年	第3年	第4年	第5年
5. 折旧变化（3-4）	72 000	72 000	72 000	72 000	72 000
6. 折旧抵税（25%×5）	18 000	18 000	18 000	18 000	18 000
7. 净营运现金流量（1+2+6）	153 000	153 000	153 000	153 000	153 000

（3）项目结束年度现金流量：

新生产线残值收入　　　　　　　　　　40 000

（4）各年现金净流量分布如表7-7所示。

表7-7　　　　　　　　　项目各年现金净流量　　　　　　　金额单位：元

0	1	2	3	4	5
(445 000)	153 000	153 000	153 000	153 000	193 000

（5）结果：

NPV = -445 000 + 153 000 × 3.6048 + 40 000 × 0.5674

　　　=129 230.40（元）

投资项目更新后，可以产生净现值 129 230.40 元，故东方机电公司应进行项目更新。

3. 投资项目成本降低决策

该类型的决策一般不涉及产品的产销，与销售收入等无关，只是对设备使用成本的变化进行分析。在这种情况下，一般使用平均年成本法做出是否更新设备的决策。平均年成本法是通过比较新旧设备的年使用成本的高低，来决定是否更新设备的方法。

运用平均年成本法时需要注意的问题：

第一，平均年成本法是将继续使用旧设备与购置新设备看成是两个相对独立的互斥决策，而非一个更新设备的特定方案。因此，不能将旧设备的可变现净值作为购置新设备的一项现金流入处理。

第二，平均年成本法的假设前提是将来设备再更新时，依然可以按原来的平均年成本寻找到可代替的设备。

例如，远达股份公司目前生产用的设备是5年前购进的，购价160 000元，预计可使用10年，当前的可变现价值为40 000元，期满后的残值预计为10 000元，每年的维修费用12 000元。

公司为了降低设备的运营成本决定购买一台新设备，新设备的购置成本为200 000 元，预计可使用 8 年，期满残值预计为 30 000 元，每年维修费是 4 000元，旧设备每年运行成本是 120 000 元，新设备年运行成本是 80 000 元。设备是否更新均不影响公司产品产销。公司要求的必要报酬率为 14%。问：公司应是否进行设备更新？

平均年成本的计算方法一般有以下两种：

（1）先计算现金流出的总现值，然后再分摊到每一年。

$$旧设备平均年成本 = \frac{40\ 000 + 120\ 000 \times 3.4331 + 12\ 000 \times 3.4331 - 10\ 000 \times 0.5194}{3.4331}$$

$$= 142\ 138.36\ （元）$$

$$新设备平均年成本 = \frac{200\ 000 + 80\ 000 \times 4.6389 + 4\ 000 \times 4.6389 - 30\ 000 \times 0.3506}{4.6389}$$

$$= 124\ 846.32\ （元）$$

（2）只将原始投资与残值摊销到每年，并与每年运行成本及年修理费用相加，计算每年平均现金流出。

$$旧设备平均年成本 = \frac{40\ 000}{3.4331} - \frac{10\ 000}{6.6101} + 120\ 000 + 12\ 000$$

$$= 142\ 138.44\ （元）$$

$$新设备平均年成本 = \frac{200\ 000}{4.6389} - \frac{30\ 000}{13.233} + 80\ 000 + 4\ 000$$

$$= 124\ 846.61\ （元）$$

由以上计算结果可知，使用新设备的平均年成本较低，因此，公司应当更新设备。

4. 资本限额与通货膨胀条件下的项目投资决策

（1）资本限额条件下项目投资决策。理论上，只要存在净现值大于零的投资机会企业就不应该放弃，然而企业不能无限量地筹资，因为其所控制的资金是有限的。在资金有限的情况下，如何选择最合理、最有利的投资方向和投资项目，使有限的资金获得最大的经济效益，这是投资决策所面临的一个重要问题。现实中企业常常遇到这种问题，因此，在资本限额下的投资决策是十分重要的。

①软约束。许多企业的资本限额是"软约束"。这就意味着不是投资者确定资本限额，而是高级管理层确定资本限额。例如，假设你是一个雄心勃勃希望向上发展的部门经理，正在致力于业务拓展，因此，为了个人的前程你可能倾向于夸大投资机会。高层经理与其试图决定你的许多有创意的想法中哪一个值得投资，还不如寻找一种更简单的方法：对你和其他经理设置一个支出限额。这个限额就迫使你自己确定投资项目的优先次序。

即使资本没有限额，其他资源也可能存在限额。例如，飞速增长可能给管理层和组织带来相当大的压力。对于这个问题的一种比较草率或者说简单的解决方法就是限制企业的资本支出。

②硬约束。软约束应该不会给企业增加任何成本。如果投资约束过紧，可能会导致放弃某些确实很好的投资项目，因此，高级管理层应该筹集更多的资金，以放松其资本支出的限额。

但是，如果存在"硬约束"，情况又会如何？硬约束意味着企业确实无法筹集到投资所需的资金，在这种情况下，企业只能放弃净现值为正的投资项目。如果资本存在"硬约束"，投资者依然可以关注净现值，只不过需要从企业资源允许的范围内选择净现值最大的投资项目组合。

例如，假设东方公司的资金总量为2 000万元，公司平均资产报酬率为10%。现在可供选择的投资项目如表7-8所示。

表7-8 东方公司不同项目的净现值 金额单位：万元

投资项目	现金流量			现值（10%）	净现值（NPV）
	0年	第1年	第2年		
A	−300	220	242	400	100
B	−500	220	484	600	100
C	−700	660	484	1 000	300
D	−600	330	605	800	200
E	−400	110	484	500	100

表7-8中的五个投资项目的净现值都为正值，因此，如果不存在资本限额，公司应该接受这五个投资项目。但是公司目前只有2 000万元，这样只能在总资本预算中找出净现值最大的投资项目组合。

一般而言，选择标准是单位投资所获净现值最大的投资项目，所以，可以采用盈利能力指数（净现值指数）进行排序。

现在分别计算确定五个投资项目的净现值指数，如表7-9所示。

表7-9 东方公司不同项目净现值指数 金额单位：万元

投资项目	投资额	现值（10%）	净现值（NPV）	净现值指数
A	−300	400	100	100/300 = 0.33
B	−500	600	100	100/500 = 0.20

续表

投资项目	投资额	现值（10%）	净现值（NPV）	净现值指数
C	-700	1 000	300	300/700 = 0.43
D	-600	800	200	200/600 = 0.33
E	-400	500	100	100/400 = 0.25

从表 7-9 中可知，C 项目的净现值指数最大（0.43），其次是 A 与 D 项目，第 4 位的是 E 项目，净现值指数最小的是 B 项目（0.20）。这样按照投资项目的净现值进行组合，C、A、D、E 四个项目的总预算刚好达到 2 000 万元，因此，该组合在目前条件下是最优投资组合。①

（2）通货膨胀下的项目投资决策。通货膨胀是指在一定时期内物价水平持续上涨的经济现象。由于通货膨胀的影响，投资项目未来现金流量的实际购买力会下降，从而影响项目的投资价值。前面对投资决策原理和方法的阐述都是以物价不变为前提的，但是在现实的经济生活中，物价总是变动的。所以，要使投资决策分析更好地反映客观实际，提高决策的准确性和可靠性，就必须考虑物价变动因素。

通货膨胀对投资项目决策的影响主要包括：

①由于物价上涨，投资所需资金的数量常常会超过决策时按不变价格估算的数值。这时，若不能及时获得足够的追加资金，就可能造成施工中断、工程拖期、被迫接受条件苛刻的贷款条件，结果都会导致投资效益下降。

②固定资产折旧是投资项目现金流入的重要来源，由于企业计算固定资产折旧时的依据是固定资产的原始成本，而不是重置成本，因此，在通货膨胀条件下，折旧的回收将随着货币的贬值而贬值，达不到收回原投资的目的；再者，还会虚增企业的利润，多交纳税金，于企业不利。

③在物价稳定的条件下，如果某一项投资能满足企业投资必要报酬率水平要求，那么在通货膨胀的条件下，一部分盈利就可能被物价上涨因素所抵消，使投资的效益受到影响。

由于存在通货膨胀，所以可能会导致投资项目决策分析产生一定的偏差。在不考虑通货膨胀时，实际利率与名义利率相等。此外，实际现金净流量（RCF_t）和名义的预期现金净流量（NCF_t）也是相等的。实际利率中没有包含通货膨胀的因素，而名义利率和名义现金流量则反映了通货膨胀的影响。所以，所有名义

---

① 遗憾的是，如果公司存在多期的资本限额，或者除了资本限额外，人员、产能和其他资源也存在资本限额，那么，通过净现值指数对投资项目排序的方法有可能无法选出净现值最大化的投资项目组合。这就需要反复测试或者运用线性规划法才能解决此类问题。

市场利率中都包括了通货膨胀溢价。不考虑通货膨胀时，净现值可以通过以下两种方法中的任意一种来计算：

$$\text{或} \qquad \text{NPV（无通货膨胀因素）} = \sum_{t=1}^{n} \frac{RCF_t}{(1 + k_r)^t}$$

$$= \sum_{t=1}^{n} \frac{NCF_t}{(1 + k_n)^t} \qquad (7-11)$$

假设预期的通货膨胀率为正，同时假设所有该项目的现金流（包括与折旧有关的现金流）均以这一比率 i 增长。此外，假设市场资本成本中包含了这个通货膨胀率 i，作为通货膨胀溢价的 IP = i。在这里，名义净现金流（NCF_t）将以每年 i% 的速率增长，从而得出以下结果：

$$NCF_t = RCF_t(1 + i)^t$$

例如，如果预计不存在通货膨胀时的第 5 年的净现金流为 100 元，那么当通货膨胀率为 5% 时，$NCF_5 = 100 \times (1 + 5)^5 = 127.63$（元）。

通常，在投资项目决策分析中用作折现率的资本成本是建立在市场决定的负债及权益的资本成本上的，因此这也是一个名义利率。当通货膨胀率为 i 时，可用下式将实际利率转换为名义利率：

$$(1 + k_n) = (1 + k_t)(1 + i)$$

例如，资本的实际成本为 7%，通货膨胀率为 5%，则：$1 + k_n = 1.07 \times 1.05 = 1.1235$，所以，$k_n = 12.35\%$。

如果净现金流以每年 i 的速率增长，同时融入在企业资本成本中的通货膨胀溢价同样也是 i，净现值可以通过下式计算：

$$\text{NPV（含通货膨胀因素）} = \sum_{t=1}^{n} \frac{NCF_t}{(1 + k_n)^t}$$

$$= \sum_{t=1}^{n} \frac{RCF_t(1 + i)^t}{(1 + k_r)^t \cdot (1 + i)^t}$$

对上式进行调整后可得与公式（7-11）相同的公式：

$$\text{NPV（无通货膨胀因素）} = \sum_{t=1}^{n} \frac{RCF_t}{(1 + k_r)^t} \qquad (7-12)$$

因此，如果所有的成本、销售价格及每年和现金流的通货膨胀与融入在投资者成本当中的通货膨胀率一样，则根据公式（7-11）计算的经调整通货膨胀后的净现值与采用公式（7-12）计算结果是一样的。[1] 例如，以 7% 的实际利率计

_____

① 这里为了突出通货膨胀的影响，在一定程度上简化了问题。实际上预期的资本成本由负债和权益两部分的成本构成，两者都会受到通货膨胀的影响，但是只有负债部分要进行有关税收的调整。因此，实际资本成本和名义资本成本之间的关系要比我们这里讨论的更为复杂。

算，第 5 年的实际现金流 100 元的现值为 71.30 元（$100/1.07^5$）。而按名义利率 12.35% 计算，第 5 年的名义现金流为 127.63 元，现值同样也是 71.30 元（$127.63/1.1235^5$）。

在投资项目决策中有两种方法可以对通货膨胀因素进行调整。

第一种方法：所有的现金流都使用实际（未经调整的）数据，不考虑通货膨胀因素，同时剔除资本成本中的通货膨胀溢价，将其调整为实际利率。这种方法在理论上是很简单的，但是要想得到一个没有偏差的净现值，要求：（1）所有预期的现金流（包括折旧）受通货膨胀的影响程度都是一样的；（2）现金流的增长率和融入在投资者要求的回报率中的通货膨胀率是一样的。由于在现实中这些假设条件很难满足，所以这种方法也就很少被采用。

第二种方法：保留资本成本的名义数值，同时调整每一笔现金流用以反映预期的通货膨胀。

例如，宏远公司是一家食品加工公司，现准备投资一项新型食品加工生产线，公司需要投资 120 万元购买新设备，此设备预计有 4 年的有效寿命，第 4 年年末时残值为 10 万元。另外需追加营运资本投资 30 万元，这些营运资本投资可于 4 年后项目结束时收回。

新产品预计每年销售 1 万箱，第一年增加的现金流量为 44 万元，以后每年预计以高于通货膨胀率 2% 的速度增加。宏远公司的所得税税率为 25%，年通货膨胀率维持在 4%，公司的名义资本成本为 10%。试进行投资的经济分析。项目分析如表 7 - 10 所示。

表 7 - 10　　　　　　　　　宏远公司项目决策分析　　　　　　金额单位：万元

年份	0	1	2	3	4
现金流量	-150	44	44	44	44
物价换算比率		1.06	1.12	1.19	1.26
实际现金流量		46.64	49.28	52.36	55.44
折旧		27.5	27.5	27.5	27.5
税前利润		19.14	21.78	24.86	27.94
所得税		4.79	5.45	6.22	6.99
税后净利		14.35	16.33	18.64	20.95
终结现金流量					40
总现金流量	-150	41.85	43.83	46.14	88.45
NPV			3.95		

$$NPV = 41.85 \times 0.8772 + 43.83 \times 0.7695 + 46.14 \times 0.6750 + 88.45 \times 0.5921 - 150$$
$$= 153.95 - 150 = 3.95 \text{（万元）}$$

NPV 大于 0，所以，宏远公司投资项目从财务上讲是可行的。

7.3 风险与投资项目：决策评估

7.3.1 资本投资项目风险识别

到目前为止，决策分析中一直未讨论资本投资的风险问题。也就是说，没有考虑项目决策中现金流量的不确定性。企业新上一个投资项目对未来现金流量的预测仅仅是多种可能实现结果的一种，而不是未来实际发生的结果。因此，由于风险的客观存在，使得投资者进行资本投资决策时无法预先得知一个新投资项目实际发生的现金流量，仅仅能够估计项目可能发生的结果及其结果发生的概率。

一般而言，企业进行项目投资时完全没有风险的情况几乎是不可能存在的。在存在投资风险的情况下，投资项目涉及的现金流量既与时间有关，也与实际发生的客观状况有关。为了科学地进行资本投资决策，尽量将失误减少到企业可以容忍的程度，有必要对资本投资进行风险评价，以保证项目投资决策的正确性和效益性。

在对资本投资项目风险分析中，项目的风险可以从三个层次来看待：

第一层次：从项目角度来看，即项目自身特有的风险。项目自身特有的风险不宜作为项目资本投资风险的度量。例如，某企业每年要进行数以百计的研究开发项目，每个项目成功的概率只有 10% 左右。项目如果成功，企业将获得巨额利润；失败则会损失其全部投入。如果该企业只有一个项目，而且就是研究开发项目，则企业失败的概率为 90%。当投资者孤立地考察并度量每个研究开发项目自身特有的风险时，它们无疑都具有高度的风险。但从投资组合角度看，尽管该企业每年有数以百计的各自独立的研究开发项目，且每个项目都有 10% 的成功可能性，但这些高风险项目组合在一起后，单个项目的大部分风险可以在企业内部分散掉，此时，企业的整体风险会低于单个项目的风险，或者说，单个研究开发项目并不一定会增加企业的整体风险。因此，项目自身的特有风险不宜作为项目资本投资的风险度量。

第二层次：从企业角度来看，考虑到新项目自身特有的风险可以通过与企业其他项目和资产的组合而分散掉一部分，因此应着重考虑对企业现有项目组合的整体风险可能产生的增量。

第三层次：从股东的角度来看，要进一步地考虑到在余下的项目风险中，有一部分能被企业股东的资产多样化组合而分散掉，从而只剩下任何多样化组合都不能分散掉的系统风险。系统风险用项目对企业贝塔系数的影响来测量。企业可以通过构造一个资产组合，来消除单个资产的大部分风险，所以，唯一影响股东预期报酬的是系统风险。

在多数情况下，对于一个企业管理者而言，可以比较方便地对项目的单一风险进行估计，但要对一个项目的企业风险或系统风险进行精确衡量是十分困难的。同时，项目的单一风险、企业风险和系统风险通常是高度相关的，一个具有高度单一风险的项目通常也具有高度的市场风险和企业风险，因此，管理者可以通过项目的单一风险来进行大多数项目的相关风险的预测。

7.3.2 资本投资项目风险评价

1. 风险调整评估法

风险调整评估法主要包括风险调整折现率法和风险调整现金流量法两种。

（1）风险调整折现率法。风险调整折现率法是一种常用的风险处置方法。这种方法将企业因承担风险而要求的与投资项目的风险程度相适应的风险报酬计入必要报酬率，构成按风险调整的折现率，并依其进行投资决策分析。这种方法的基本思路是对高风险的项目，应当采用较高的折现率计算净现值，即风险性越大，投资者要求得到的投资报酬率越高。由于冒风险投资所得的超过货币时间的额外报酬就是投资的风险报酬，这部分超额报酬与投资的百分比通常称为风险报酬率。

如何确定风险调整折现率？具体来说，主要有以下几种方法：

①根据项目风险程度确定。即根据投资项目的风险程度和近似的市场报酬率主观确定。其计算公式为：

$$风险折现率 = 无风险报酬率 + 主观要求的风险报酬率 \qquad (7-13)$$

②用风险报酬率模型来调整折现率。即以企业设定的风险斜率和变化系数来确定风险报酬率，以此调整投资的风险折现率。计算公式为：

$$K = r + Q \qquad (7-14)$$

$$Q = b \cdot c$$

式中：K——按风险调整后的折现率；

r——无风险投资报酬率；

Q——风险报酬率；

　　　　　b——企业设定的风险斜率；

　　　　　c——变化系数。

　　变化系数是指一项投资现金流量的变异程度，即指一项投资的现金流量的标准离差与其期望值之比。变化系数越大，表示该投资方案的风险越大。投资的风险斜率可以参照以往中等风险程度的同类投资项目的历史资料，计算公式为：

$$b = \frac{k - r}{c} \qquad\qquad (7-15)$$

　　一般而言，敢于承担风险的企业，可把 b 定得低一些；比较稳健的企业，则把 b 定得高一些。

　　该种方法根据风险程度确定风险折现率，对风险大的方案采用较高的折现率，对风险较小的投资方案采用较低的折现率，简单明确，易于掌握，因此，它普遍用于风险投资决策中。但是，确定风险报酬率是比较困难的，无论采用哪种方法总是含有一定的假定性和局限性。它把投资的时间价值（即无风险报酬率）和风险价值（风险报酬率）混合在一起折现，这意味着风险随时间的拖延而被人为的逐渐加大，这常常与实际相悖。例如，对餐饮业、林业等很多行业的投资来说，往往对前几年的现金流量没有把握，而对以后几年的现金流量反而有把握。

　　（2）风险调整现金流量法。风险调整现金流量法是把不确定的现金流量调整为确定的现金流量，然后用无风险的报酬率作为折现率计算净现值。

$$\text{年肯定的现金流量} = \text{年现金流量的期望值} \times d_t \qquad (7-16)$$

　　式中：d_t 是 t 年现金流量的肯定当量系数，它在 0～1 之间。

$$\text{风险调整后的净现值} = \sum_{t=0}^{n} \frac{\text{年肯定的现金流量}}{(1 + \text{无风险报酬率})^t} \qquad (7-17)$$

　　肯定当量系数是肯定的现金流量与其对应的不肯定期望现金流量的比值。大家知道，肯定的一元比不肯定的一元更受欢迎，两者的差额与现金流的不确定性程度的高低有关。利用肯定当量系数，可以把不肯定的现金流量折算成肯定的现金流量，或者说去掉了现金流中有风险的部分，使之成为"安全"的现金流量。去掉的部分包含了全部风险，既有非系统风险也有系统风险，既有经营风险也有财务风险，剩下的是无风险的现金流量。由于现金流中已经消除了全部风险，因此，相应的折现率应当是无风险报酬率。

　　采用风险调整现金流量法对现金流量进行调整，克服了调整折现率法夸大远期风险的缺点，但如何准确、合理地约当系数却是十分困难的问题。

2. 决策树法

　　决策树（Decision Tree）可以用来分析多阶段或者连续决策，每条斜线代表决策树的分支，每个分支上的点称为决策节点。决策树法就是用于识别净现值分析中的系列决策。

假定你是商用飞机制造股份公司的一名财务人员，项目组近期开发了一个喷气发动机项目。喷气发动机是可用于 150 人规模的商务机。营销人员建议公司开发一些样机，对发动机进行试销。来自生产、销售、工程设计部门的员工代表组成了一个规划小组，该小组估计这个准备阶段将持续一年时间，费用约 1 亿元。另外，该小组相信试销的成功概率为 75%。

如果最初的试销成功，公司接下来可以进行大规模生产。投资阶段将耗资 15 亿元。在随后 5 年内组织生产与销售。初始现金流规划如表 7 - 11 所示。

表 7 - 11　　　　　　　商用飞机公司能喷气发动机的现金流量预测　　　　单位：万元

项目	第 1 年	第 2 ~ 6 年
营业收入		600 000
变动成本		300 000
固定成本		179 100
折旧		30 000
税前利润		90 900
所得税（税率为 34%）		30 900
净利润		60 000
现金流量		90 000
初始投资成本	- 150 000	

假定：（1）在第 2 ~ 6 年内，投资按照直线折旧法计提折旧；（2）税率为 34%；（3）公司在初始开发阶段享受税收优惠。

如果公司进行喷气发动机的投资和生产，按照 15% 的折现率计算的净现值（NPV）是：

NPV = 150 000 + 90 000 × 3.3522

　　　= 151 698 （万元）

（注意：净现值的计算是折算到时点 1，即投资 15 亿元的时点。稍后会将该值折现到时点 0。）

如果最初的试销不成功，则公司所花费的 15 亿元投资的净现值为 - 36.11 亿元。这个数值同样是按照时点 1 折算的（为节省篇幅，此处不提供计算的原始数据）。

图 7 - 4 为用决策树来展示喷气发动机的问题。

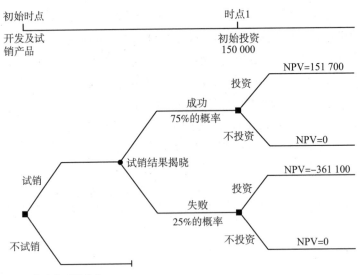

图 7 - 4 公司发动机决策树分析（万元）

如果公司决定进行试销，试销成功的概率为 75%。如果试销成功，公司将面临第二个决策：是否将 15 亿元投资于净现值为 15.17 亿元的项目。如果试销不成功，则公司会面临不同的决策：是否将 15 亿元投资于净现值为 -36.11 亿元的项目。

综上，公司所做的决策可归纳为如下两个：

（1）是否开发、试销喷气发动机。（2）是否按照试销结果对大规模生产进行投资。

现在利用决策树进行逆向分析。首先分析第二阶段 15 亿元的投资决策。如果试销成功，公司是否应该进行第二阶段的投资？答案显然是肯定的，因为净现值 15.17 亿元大于 0。如果试销不成功，公司又是否应该进行第二阶段的投资呢？很明显，答案是否定的，因为投资的净现值小于 0（ -36.11 亿元）。

现在回到第一阶段，在此阶段的决策可归纳为：公司现在是否应该投资 10 亿元，以在一年后以 75% 的可能性获取 15.17 亿元的收益。预期报酬按时点 1 折算得到：

预期报酬 =（成功概率 × 成功后报酬）+（失败概率 × 失败后报酬）

$$= (0.75 \times 151\ 700) + (0.25 \times 0)$$

$$= 113\ 800 （万元）$$

试销决策在时点 0 的净现值为：

$$NPV = -10\ 000 + \frac{113\ 800}{1.15}$$

= 88 956. 52（万元）

由于 NPV 为正值，因此公司应该对喷气发动机进行试销。

注意，在前面分析中将试销决策及投资决策的折现率都设定为 15%。由于初始的试销决策的风险可能高于投资决策，计算时采用更高的折现率可能更合理。

3. 敏感性分析与情境分析

净现值分析是一种先进的资本投资决策方法。事实上，由于净现值法计算现金流量而不计算利润，并对所有的现金流量合理地折现，所以很难发现其理论缺陷。然而，在实务界会常常听到"安全错觉"这种说法。投资者指出，资本投资决策提案的论证令人印象深刻。资本投资决策细致到对每一年的每 1 000 元或每一月的每 1 元现金流量进行规划，同时适当考虑机会成本和负效应，妥善规避沉没成本。当看到现金流量分析表中最后一栏很高的净现值时，人们往往很容易立即批准项目。然而，实际的现金流量与规划的现金流量经常不相符，企业的投资也以亏损而告终。

企业怎样才能充分挖掘净现值法的潜力呢？方法之一就是进行敏感性分析，即对净现值的计算随着前提条件的改变而变化。敏感性分析（Sensitivity Analysis）是投资决策中一种重要的常用分析方法。它是用来衡量当投资方案中某个因素发生变化时，对该方案预期结果的影响程度。如果某因素在较小范围内发生了变动，就会影响原定方案的经济效果，即表明该因素的敏感性强；如果某因素在较大范围内变动才会影响原定方案的经济后果，即表示该因素的敏感性弱。敏感性分析有助于企业管理者了解在执行决策方案时应注意的问题，从而可以预先考虑措施与对策，避免决策上的失误。所以，正确地进行敏感性分析，是决策分析中的一个重要环节。

仍然依前例的数据为例进行分析如下：

（1）营业收入。营销部估算喷气发动机的销售数量为：

　　　喷气发动机销售数量 = 市场份额 × 喷气发动机市场规模

3 000（架）= 0. 30 × 10 000

营业收入为：

　　　营业收入 = 喷气发动机销售数量 × 喷气发动机单价

600 000（万元）= 3 000 × 200

因此，对收入的估计取决于市场份额、喷气发动机的市场规模以及喷气发动机的销售价格。

（2）成本。财务专家通常将成本分为两类：变动成本和固定成本。变动成本随产量变化而变化，在产量为 0 时，变动成本为 0。直接人工成本及原材料成本通常是可变的。通常假定每单位产出的变动成本为常数，这意味着总变动成本与产量是成比例的。例如，如果直接人工成本是变动成本，并且每单位产出需耗费10元的直接人工成本，那么100单位产出所需人工成本为1 000元。

固定成本在一定时期内不受产品或服务产出量增减变动的影响。固定成本通常衡量的是每单位时间的成本，如每月的租金、每年的薪金等。当然，固定成本并非永久固定，而是在某个既定的时期内固定不变。

工程设计部门估算出每台发动机的变动成本为100万元，每年的固定成本为17.91亿元。成本分解为：

$$变动成本 = 单位变动成本 \times 喷气发动机销售数量$$

$$300\ 000\ （万元）= 100 \times 3\ 000$$

$$税前总成本 = 变动成本 + 固定成本$$

$$479\ 100\ （万元）= 300\ 000 + 179\ 100$$

以上对市场规模、市场份额、价格、变动成本、固定成本以及初始投资的估值如表7-12第3列所示。这些数值代表公司对不同参数的预期或最佳估计。为便于比较，企业的分析人员同时预测了乐观情况与悲观情况下的各变量取值，如表7-12的第2列和第4列所示。

表7-12　　　　　　　　公司喷气发动机的不同情况预测

变量	悲观情况	正常情况	乐观情况
市场规模（台/年）	5 000	10 000	20 000
市场份额（%）	20	30	50
产品价格（万元）	190	200	220
变动成本（万元/台）	120	100	80
固定成本（万元/年）	189 100	179 100	174 100
投资支出（万元）	190 000	150 000	100 000

在标准的敏感性分析中，假定其他变量处于正常预期值，计算某一变量在三种不同情况下可能估计出的净现值。这一过程如表7-13所示。

表7-13　　　　　公司喷气发动机在时点1的净现值敏感性分析　　　　金额单位：万元

变量	悲观情况	正常情况	乐观情况
市场规模	-180 200*	151 700	815 400
市场份额	-69 600*	151 700	549 200
产品价格	85 300	151 700	284 400

续表

变量	悲观情况	正常情况	乐观情况
变动成本	18 900	151 700	284 400
固定成本	129 500	151 700	162 700
投资支出	120 800	151 700	190 300

注：在进行敏感性分析时，假设只有一个变量发生变动，而其他变量维持原有正常预期。以悲观情况为例，在市场规模为 50 110 台/年，而其他变量为表 7 – 12 中正常情况的估计数值时，预测得到的净现值为 18.02 亿元。

*假设企业的其他部门是盈利的，且该项目的亏损能够抵减其他部门的盈利，从而降低公司的税负水平。

例如，表 7 – 12 中的第 4 列是对最乐观的市场情况的估计，此时市场规模为 20 000 台/年，最终得出净现值为 81.54 亿元。但在计算 81.54 亿元的数值时，用到表 7 – 12 的预测值。注意表 7 – 13 中第 3 列的每一行都是相同的数值 15.17 亿元。这是由于在进行敏感性分析时，假设只有一个变量发生变动，而其他变量维持原有正常预期，而在第 3 列每一行的计算中，所有变量都取的是预期情况的数值。

通过对表 7 – 13 的阅读，可以得出如下信息：

首先，整体而言，该表可检验净现值分析法的可靠性。换言之，它减少了之前所说的"安全错觉"。假如净现值在正常情况下每个因素的计算结果为正，而在悲观情况下每个数值都为极低的负值，乐观情况下都为极高的正值，那么即便是一个因素的估计误差也会对最终估值产生极大影响，让人对净现值法产生怀疑。在这种情况下，保守的经理人可能会放弃净现值分析方法。表 7 – 13 中除了两处以外，其他情况下的净现值都为正值。查看此表的管理者可能会认为以净现值法估算喷气发动机项目是行之有效的。

其次，敏感性分析可以指出在哪些方面还需要收集更多的信息，例如，相比其他几个敏感性因素而言，投资因素的估计偏误对最终估值的影响很小，因为即使在悲观情况下投资，项目的净现值也能达到 12.08 亿元，净现值为正且数值较大。相反，对市场份额的悲观估计得出的净现值为 –6.96 亿元，而对市场规模的悲观估计得出的净现值为 –18.02 亿元。由于对收入因素的估计偏误对估值的影响要远大于对成本因素的估计偏误，因而在分析中必须就影响收入的因素收集更多的信息。

敏感性分析方法因其独特的优势而在实务中运用广泛。然而，敏感性分析法也存在一些缺陷。例如，敏感性分析法会使经理人在不知不觉中增加"安全错觉"。假如所有因素在悲观情况下得出的净现值都为正值，经理人也许会想当然地认为项目绝不会亏损。这很可能是这些悲观预测仍带有乐观成分所致。为避免这一点，许多企业不再主观对待悲观预测和乐观预测，而是直接以低于正常预期估值的 20% 作为悲观情况的估计值。但是，这种处理可能会使结果更糟，因为固定比例的变动忽略了某些变量较之其他变量更易预测的事实。

此外，敏感性分析孤立地考察每个变量，但事实上不同变量之间可能具有相关性。例如，如果低效率的经理人未能有效控制成本，则项目的变动成本、固定成本以及投资支出可能会同时增加，高于原先的预期值。如果喷气发动机的市场反响不好，则市场份额及价格会同时下跌。

为了尽可能避免上述缺陷引发的估计偏差，经理人在实务中大量采用一种特殊的敏感性分析方法——情境分析（Scenario Analysis）方法。在情境分析中，决策者需根据许多不同的情境做出估算，每种情境集合了各种可能出现的因素。下面以空难情境为例进行分析。空难事故很可能会影响公众的乘机需求（如 2018 年 10 月至 2019 年 3 月波音公司发生两起坠机事件），因而限制了对于新型引擎的需求量。即使空难事故中的飞机使用的不是该公司生产的喷气发动机，但公众可能会因此对所有创新的、有争议的技术产生排斥心理，最终导致公司的市场份额可能会随之降低。在空难事故情境中，现金流的计算如表 7-14 所示。

表 7-14　　　　　　　　　空难情境下商用公司的现金流量预测　　　　　　　　单位：万元

项目	第 1 年	第 2~6 年
营业收入		280 000
变动成本		-140 000
固定成本		-179 100
折旧		-30 000
税前利润		-69 100
所得税（税率 25%）		17 275
净利润		-51 825
现金流量		-21 825
初始投资成本	-150 000	

　　*假设：市场规模为 7 000 台（为正常情况的 70%）；市场份额为 20%（为正常情况的 2/3）；对其他变量的预测沿用表 7-11 所计算的正常情况预期值。

　　注：亏损可抵减公司其他部门收益而节税。

根据表 7-13 中数据，可计算公司的净现值（NPV）如下：

$-150\ 000-21\ 825\times(P/A,\ 15\%,\ 5)$

$=-2\ 231.62$（万元）

在此类情况下，情境分析较之标准的敏感性分析方法能更好地阐明问题。

4. 蒙特卡罗模拟

敏感性分析和情境分析方法都试图回答的问题是："假使……将会怎么样？"。虽然两种分析法在实务中都得到广泛应用，但是每种方法都有其局限性。敏感性分析方法每次只能改变一个变量的值，但实际上，很多变量可能是同时变化的。与之相比，情境分析针对特定的情境，如通货膨胀、政府管制或竞争者数目发生变化。情境分析是相当实用的方法，但其无法一一列举所有因素的变化。事实上，即使在一种经济情境下，项目也可能会出现多种变化。

蒙特卡罗模拟（Monte Carlo simulation）方法试图模拟现实世界中的不确定性。"蒙特卡罗"一词源于闻名世界的欧洲赌城，脱胎于赌博行业中决策者对输赢的分析策略。举一个简单的例子，假设一名赌徒在玩纸牌游戏二十一点，他手上已经拿了两张牌，点数总计 16 点。现在他将面临拿第三张牌还是不拿第三张牌这两种决策。正式的数学模型由于过于复杂在此并不适用。但是，他可以在赌场内玩几千手，在其前两张牌的点数合计是 16 时，有时拿第三张牌而有时不拿，然后比较两种策略下的赢（或输）以决定哪种策略更好。当然，在实际赌场中进行这样的测试，他可能会输掉很多钱，通过电脑来模拟两种策略的结果的成本较低。蒙特卡罗模拟在资本投资决策中的应用与之类似。

北方股份公司是一家生产木炭和煤气烤架的制造商，目前正雄心勃勃地开发一种新型的以氢气为燃料的烤架。对于这项计划，公司的财务总监不满意简单的资本投资技术，打算采用蒙特卡罗模拟法全面分析资本投资项目。财务顾问担此重任，提出了一套专业的分析体系，通过五个步骤将蒙特卡罗方法流程化。

第一步：构建基本模型。公司财务顾问将现金流分解为三部分：年收入、年成本和初始投资。其中，各年的收入为：

烤架全部市场的销售数量×公司氢燃料烤架的市场份额×氢燃料烤架的单价

各年成本为：

固定制造成本＋变动制造成本＋开发市场成本＋销售费用

初始投资为：

专利成本＋市场测试成本＋生产设备成本

第二步：确定模型中每个变量的概率分布。这是整个分析体系中最复杂的步骤。首先，要分析收入数据，包括前面提到的市场规模、市场份额及销售价格数据。财务顾问首先模拟总体的市场规模，即整个行业的烤架销售量。公司财务部门根据相关资料统计，去年烤架在全国的总销量为 1 000 万台，并预测明年销量将达到1 050万台。在此基础上结合自身的判断，财务顾问认为下一年整个行业销量的概率分布如表7-15所示。

表7-15 烤架行业销量预测及概率

概率	20%	60%	20%
烤架行业销售量（台）	10 000 000	10 500 000	11 000 000

表7-15数据显示，行业销售的概率分布很集中，说明这个烤架市场正处于缓慢、平稳的增长期。

财务顾问意识到，比起估算整个市场的销售情况而言，对北方公司的氢燃料市场份额的估计要困难得多。在经过充分的分析论证之后，财务顾问对下一年北方公司的市场份额给出的预测如表7-16所示。

表7-16 北方公司烤架市场份额预测

概率	10%	20%	30%	25%	10%	5%
氢燃料烤架市场份额	1%	2%	3%	4%	5%	8%

上述分析中，财务顾问假定行业销量具有对称的概率分布，但他认为项目的市场份额更可能是偏斜的概率分布。根据他的经验，氢燃料烤架有可能市场反响惊人，但发生的概率很小。

上述预测假设行业销量与项目的市场份额不相关。换言之，两个变量是相互独立的。财务顾问认为，尽管经济繁荣会催生行业需求，而经济衰退会抑制需求，但项目的市场份额似乎与经济环境关联甚微。

接下来财务顾问要确定的是氢燃料烤架单价的概率分布。公司的财务总监在了解竞争对手价格水平的基础上，建议财务顾问将单价确定在200元左右。但是财务顾问认为价格的高低可能取决于烤架市场规模的大小。同其他行业一样，当市场需求旺盛时，就可以将价格定得高一点。

财务顾问并未运用大量复杂的模型来估算烤架单价，而是采用了如下计算公式：

下一年氢燃料烤架的单价 = 190 + 1 × 行业销量（按万计）+/- 3

该公式中，烤架单价与行业的销量有关。此外，公式中还增加了随机项"+/-3"，出现+3元及-3元的概率各为50%。例如，如果全行业的烤架销量为1 100万台，则每台烤架的单价可能是：

190 + 11 + 3 = 204 （元）（50% 的概率）

190 + 11 - 3 = 198 （元）（50% 的概率）

到目前为止，财务顾问已建立了下一年收入的三个因素的概率分布。但是，他还需要对未来数年的数据进行类似的估算。借助从其他渠道所获取的数据，财务顾问预测第 2 年行业增长率的概率分布如表 7 - 17 所示。

表 7 - 17　　　　　　　　　　　行业增长率及概率分布

概率	20%	60%	20%
第 2 年烤架行业销售增长率	1%	3%	5%

在下一年行业销售额及第 2 年销售增长率预测的基础上，可以估算第 2 年行业销售额的概率分布。对于未来其他年份的概率分布预测可采取类似的方法，与将销售额的第一个因素拓展到以后年份一样，财务顾问也对市场份额及销售价格进行类似的分析。

目前仅仅针对收入的三个组成部分构建了概率模型，对成本及投资的组成部分同样需要构建概率模型，这里不再赘述。其中特别需要注意的是变量间的相关关系，因为低效率的管理可能导致成本的不同组成部分同时出现增长。

第三步：计算机模拟结果。如前所述，模型中的下一年收入是三个因素的乘积。假设计算机随机抽样得到的销售数量为 1 000 万台，氢燃料烤架的市场份额为 2%，且具有 +3 元的随机价格变动，则下一年每个烤架的销售价格为：

190 + 10 + 3 = 203 （元）

下一年氢燃料烤架的收益为对应的行业销量、市场份额及销售价格的乘积：

1 000 × 0.2 × 203 = 4 060 （万元）

当然，这还不是最终结果。还需要计算未来每年的收入和每年的成本，同时还要考虑初始投资。这样，就可以得出项目在未来每年所产生的现金流量。

每个特定结果出现的可能性如何？在知道了每个因素的概率后就可以回答这个问题。因为烤架行业销量为 1 000 万台的概率为 20%，市场份额为 2% 的概率为 20%，销售价格的随机项为 +3 元的概率为 50%，这些因素共同决定的概率为：

0.02 = 0.20 × 0.20 × 0.50

当然，在同时考虑收入、成本及初始投资时所产生的结果的概率更低。

步骤 3 得出某个特定结果每年的现金流。投资者感兴趣的是各种结果的现金流分布。蒙特卡罗模拟就是利用计算机不断随机抽样并给出概率分布，步骤 4 特对此进行介绍。

第四步：重复模拟。前三个步骤着力于生成一个事件结果，而蒙特卡罗模拟的核心是重复模拟。计算机能够产生成千上万甚至上百万个事件结果，所有的结果形成了未来每年现金流的概率分布。这是蒙特卡罗模拟的分析基础。

图7-5模拟了项目第3年的现金流分布，当然，其他各年的现金流分布同样可通过模拟得到。接下来，我们可以进入最后一个步骤。

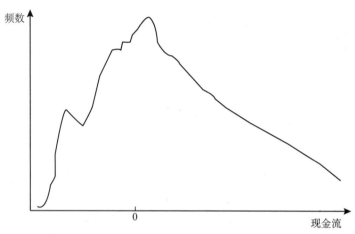

注：在蒙特卡罗模拟分析中，对特定模型的所有变量重复抽样将生成统计分布。

图7-5　公司氢燃料烤架在第3年的现金流模拟分布

第五步：计算净现值。给定第3年的现金流分布（见图7-5），可以得到当年的预期现金流。同理可得未来数年的预期现金流，最终将这些预期现金流按照恰当的折现率折现，即可得到净现值。

与敏感性分析和情境分析方法相比，蒙特卡罗模拟方法精准量化了不同变量的交互关系，是一种更为精细的分析方法。因此，至少从理论上讲，这种方法提供了更完整的分析，这就需要构建精确的模型以强化预测者对于项目的理解。

蒙特卡罗模拟方法至少走过了近80年的发展历程，或许认为它现在已经运用广泛。但令人惊讶的是，事实并非如此，因为对每个变量的分布及变量间的相关性建模是很困难的，并且计算机程序是没有经济意识的，致使管理人员在实务中对此大多持怀疑态度。

5. 实物期权

（1）实物期权（Real Options）的内涵。根据传统资本投资理论，项目的净现值是项目预期未来现金流的现值，通过反映预计未来现金流风险的比率折现。如果净现值不为正，则项目应该被拒绝。但是传统资本投资理论是指项目在接受和实施后，不再采取任何行动。换句话说，传统资本投资理论假设项目是一个有轨迹线的车轮。投机者可以选择是否滚动车轮，而一旦车轮被滚动，结果就不会被改变。博弈一旦开始，结果则完全是靠运气，而不涉及任何技术。

有一些博弈与有轨迹车轮不同，如纸牌。在玩纸牌过程中，运气在初始交易以后持续起作用，因为玩牌者在整个玩牌过程中会获得其他纸牌。同时，玩牌者也可能对对手的行动做出反应，因此，技术好的玩牌者就会赢。

资本投资决策更像纸牌游戏而非有轨迹线的车轮，因为：①运气在项目寿命过程中持续起作用；②经理人可以对变化的市场环境和竞争对手的行为做出反应。反映变化环境的机会称为管理期权（Managerial Options），因为其给予经理人影响项目结果的机会。这些机会也称为战略期权（Strategic Options），因为其经常与规模较大的战略性项目有关而不是日常的维护项目。上述期权统称为实物期权，与金融期权不同，它们涉及实物资产而非金融资产。

传统的净现值分析暗含假设——项目将被接受或拒绝，这意味着项目要么现在接受要么永远不接受。但是现实世界中，企业有时还有第三种选择——延迟决策直至获得更多信息。此类投资时机选择权对项目的期望盈利能力和风险影响很大。

例如，假设海信公司计划引进一种交互式数字化视频光盘电视机系统，公司有两种选择：①立刻为这种新系统满负荷生产视频游戏软件；②延期投资该项目直至获得交互式数字化视频光盘的最优市场规模。公司可能选择延期实施。但是，只有延期期权的收益大于延迟带来的危害时，延迟期权才是有价值的。例如，如果公司延迟项目，一些别的公司可能已经建立了忠实的客户基础，使得公司后期进入市场非常困难。延迟的期权通常对拥有技术所有权、专利、证书或者其他进入壁垒的公司是很有价值的。因为这些因素减少了竞争威胁。当市场需求不确定时，延迟期权是有价值的；在利率剧烈变动时，延迟期权也是有价值的。因为延期可能使公司在利率较低时筹集项目资金。

（2）扩张期权。假定康华化工有限公司的总经理王维近期掌握了一种化学处理方法，能让水在 100 华氏度结冰，而正常情况下水结冰的温度是在 32 华氏度。为了应用这项处理技术，他萌发了开发用冰建造旅馆的创新想法。他估计一家冰旅馆需要投入 1 200 万元，每年收回的现金流为 200 万元。考虑到新创企业的风险，他认为采用 20% 的折现率比较合理。假设现金流是永续的，则项目的净现值为：

$$-1\,200 + \frac{200}{20\%} = -200 \text{（万元）}$$

大部分企业家会放弃这项投资，但王维是个例外。他认为净现值分析没有考虑项目的隐含价值。对于 1 200 万元的初始投资，其每年产生的现金流存在不确定性。他对每年产生的现金流为 200 万元的估计，反映出他认为现金流为 300 万元和 100 万元的概率均为 50%。

相应地，两种预测下的净现值为：

乐观预测：$-1\,200 + \dfrac{300}{20\%} = 300$（万元）

悲观预测：$-1\,200 + \dfrac{100}{20\%} = -700$（万元）

从表面上看，上述计算似乎并没有太大用处，因为这两种预测结果平均得到的项目净现值与不考虑概率分布时的净现值相同：

$0.50 \times 300 + 0.50 \times (-700) = -200$（万元）

但如果现实情况符合乐观预期，王维接下来会采取扩张的投资决策。如果未来在全国开设 10 家冰旅馆，则项目的净现值实际上是：

$0.50 \times 10 \times 300 + 0.50 \times (-700) = 1\,150$（万元）

图 7-6 很好地体现了选择期权的基本逻辑。

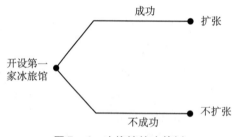

图 7-6　冰旅馆的决策树

如果试点经营成功了，总经理具有进一步扩张经营的期权。设想一下，如果许多创业者开餐馆，势必会有大部分人最终投资失败。这些人并不是过度的乐观，他们也许清楚地估算失败的可能性，但是他们仍然愿意承担风险创业，是因为虽然成功的概率很小，但创立下一个麦当劳或者肯德基也并非不可能。

（3）放弃期权。管理人员也具有放弃现有项目的期权。尽管放弃看似懦弱，但它往往能为企业节省大量的资金。正因为如此，放弃期权实际上增加了项目的潜在价值。

根据前例资料，王维认为，项目有 50% 的概率产生每年 600 万元现金流，同时有 50% 的概率产生 -200 万元现金流。这两种预测下的净现值分别是：

乐观预测：$-1\,200 + \dfrac{600}{20\%} = 1\,800$（万元）

悲观预测：$-1\,200 - \dfrac{200}{20\%} = -2\,200$（万元）

据此可计算出项目的净现值：

$0.50 \times 1\,800 + 0.50 \times (-2\,200) = -200$（万元）

此外，如果王维最多只想开设一家冰旅馆，就不存在扩张期权的问题。由于净现值为负，他将不会考虑对冰旅馆的投资。

但如果投资者考虑放弃期权，结果又会变得不一样。在时点 1，企业家就会知道哪种预测会成为现实。如果结果为乐观预期，项目会被保留，否则会被放弃。事先知道了发生的概率，则项目的净现值为：

$0.50 \times 1\,800 + 0.50 \times \left(-1\,200 - \dfrac{200}{1.20}\right) = 217$（万元）

由于时点 1 净现值为 -200 万元，王维放弃了冰旅馆项目，避免了往后数年因投资亏损导致的资金流出。此时净现值为正，王维则会接受该项目。

这是一个典型的放弃期权的案例。现实的企业经营情况可能是，一个不成功的项目运营较长时间后才被放弃，而本例中冰旅馆只运营一年后就放弃了投资。放弃期权在企业项目决策中运用广泛。一般而言，项目在放弃时会产生残值，但这里假设放弃冰旅馆不存在残值。

再如，以电影制片业为例。如图 7-7 所示，制片人首先面临的是买或撰写电影剧本的决策。完整的剧本可能花费电影制片人几千万元并可能会实际投入制作。然而，绝大多数的剧本会被弃用。为什么制片人会放弃当初看好的剧本呢？虽然制片人预先知道只有部分剧本具备投资前景，但不清楚具体是哪一个具有投资价值。所以制片人乐于采取广撒网的方式，投资于大量剧本以获取少量成功的影片。制片人必须及时放弃对烂剧本的投资，因为相对于制作一部糟糕影片的巨额损失，前期对这个剧本投入的资金简直微不足道。

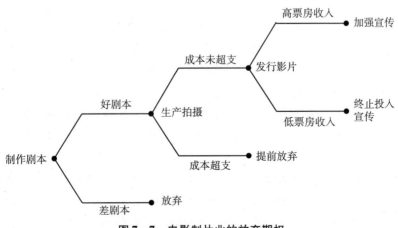

图 7-7　电影制片业的放弃期权

少量剧本可以进入制片阶段，这也许要耗资数千万元。在这一阶段可能出现的问题是，影片的外景拍摄陷入困境，导致成本超支。如果成本超支过多，制片人很可能中途放弃拍摄。有趣的是，许多项目告吹的原因并非来源于制片人对电影市场需求的担忧，而是无法承受过高的成本。在影片实际发行之前，谁也不能完全知晓影片能否热映。

电影发行阶段需要投入大量广告费用，可能需要几千万元甚至上亿元，而在最初几周内票房的成功可能导致更多的广告支出。同样，制片人在此具有增加广告投入的期权。

电影制片是最具风险的商业领域之一。制片人可以凭借一鸣惊人的大片在短短数周内进账数亿元，也可能因投资失败而颗粒无收。上述放弃期权的例子考虑了这些可能导致公司破产的成本。

（4）择时期权。在现代城市中，土地闲置多年并不罕见。期间有投资者时不时地购买和出售这些土地。投资者通过净现值分析法显然得不到正的土地价值，但为什么会有人花钱购买毫无收益的土地呢？实物期权可以为这一悖论做出解释。

假设土地的最大和最佳用途是建造办公楼，办公楼的总建筑成本估计达 1 亿元。目前，每年（扣除所有费用后）净租金约为 900 万元，折现率为 10%。那么，拟建办公楼的净现值将是：

$$10\ 000 + \frac{900}{10\%} = -1\ 000（万元）$$

由于净现值为负值，土地所有者不会建造这栋大楼。并且，土地看似毫无价值，但是，假设当地政府正在规划城市复兴项目，如果项目运作成功，办公楼租金可能上涨。在这种情况下，决策者可能产生建造办公楼的需求。相反，如果项目失败，办公楼租金将维持不变甚至下跌，此时决策者不会建楼。

在这里，人们认为土地所有者拥有择时期权（Tilning Options）。即便他目前不打算建楼，但在租金大幅上涨的未来，会产生强劲的建造需求。择时期权解释了为什么空置土地往往具有价值。尽管存在税收成本、土地的持有成本等，但租金上涨后建造的办公楼的价值可弥补这些成本。当然，闲置土地的价值同时取决于城市复兴项目成功的概率以及租金上涨的程度。图 7-8 对择时期权做了形象的说明。

采矿作业也存在择时期权。假设投资者拥有一座铜矿，每吨铜的开采成本超过了营业收入。许多人可能不假思索地认为目前不应开采铜矿，因为财产税、保险、安全防护都构成了项目成本，投资者可能宁愿卖掉铜矿。但是，需要提醒的是，不要急于做出决定，因为铜的价格在未来很可能会大幅上涨，足以令生产有利可图。鉴于这种可能性，投资者会发现有人愿为目前的铜矿支付正的价格。

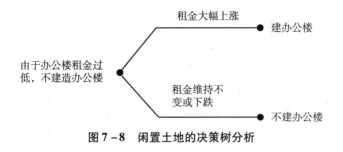

图 7 - 8 闲置土地的决策树分析

第 *8* 章
股利决策：理论模型与政策制定

8.1 股利政策：基本理论解释

8.1.1 股利政策内涵

"股利政策"这个术语曾经指一个企业选择是否支付给它的股东现金股利的策略，如果支付现金股利，那么支付多少以及以什么样的频率（按年支付、按半年支付、按季支付）进行支付。近年来，股利政策又包含了很多其他内容。例如，是否通过股份回购或者以特殊规定的形式来发放股利而不是按常规形式向投资者分配现金；是否支付股票股利而不是现金股利；由于对个人征收高税赋，而对有些机构投资者却是免税的，这些机构投资者正日益成为世界资本市场的支配者，如何平衡这两种投资群体对股利政策的不同选择。尽管目前存在的现象很复杂，然而大部分企业仍然把关注的焦点放在一个问题上，约翰·林特纳（John Lintner，1956）在 20 世纪 50 年代就已经发现了这个对企业的管理来说至关重要的问题：企业支付的股利应该保持在现有的水平上还是应该改变？如果支付的股利被提高了，企业的利润能否保持足够高的水平来维持它？股票市场将怎样看待公司股利的变化？投资者是愿意接受稳定的正常的股利，还是愿意让股利随着企业利润的增减而浮动？最后一点，企业的股利政策是应该有利于年老的投资者还是年轻的投资者？年老的投资者通常已经退休了，他们更希望实施高股利政策，而年轻的投资者面对更高的税率，他们的投资眼光要长远一些，因此更希望将企业利润进行再投资而不愿意作为股利来支付。正如您所想象的，对于这些现实而又紧迫的问题，很难有一个完整的答案。

　　和资本结构的研究一样，股利政策也是财务领域中一个需要用精确理论模型来分析的课题，而且它已经成为现代财务研究中研究热点之一。尽管这样，目前仍然有一些问题难以解释。例如，现金股利在向投资者传递有关企业前景信息时起什么样的作用？为什么一些企业股票股利支付率很低，市场价值却很高？企业所得税与个人所得税怎样影响现金股利的供给与需求？股利政策和企业的其他财务政策（如杠杆作用情况和投资水平）是怎样通过现金流量互相联系的？以及为什么股利支付率对于不同的行业和不同的国家有如此大的差异等等。为此，和大家一起探讨现代股利政策理论，讨论每个理论在多大程度上可以被实证结论所证明，然后就上面所提到的问题进行阐述：在真实的环境下股利政策对决策制定与财务评价所起的作用。同时还将对两个基本问题进行回答：（1）股利政策是否有影响力——企业证券的市场价值总额是否会随股利支付政策的变化而提高或降低；（2）如果股利政策确实有影响力，那么是什么因素决定了最佳的股利支付水平，从而使企业价值最大化且资本成本最小？

8.1.2　代理成本理论

　　现代企业的一个重要特征是两权分离。所有者（委托人）将其财产委托给经营者（代理人）经营，于是产生了委托—代理关系，并进而引发了代理成本。因为无论是委托人还是代理人，他们的目标都是各自的效用最大化。如果二者的效用函数不一致，那就很难保证代理人的每一行为完全是从委托人的最优利益出发。为了保证代理人的行为不会偏离委托人的利益，委托人可以通过两种方式来限制代理人的行为：一是给予代理人适当的激励或是对代理人偏离行为进行监督；二是要求代理人保证不采取损害委托人利益的行动或在代理人采取这种行动时给予委托人必要的补偿。这两种行为会产生监督成本和约束成本，而且还会引起代理人行为偏离委托人财富最大化目标，从而导致委托人利益受损。委托人的监督成本、代理人的约束成本和剩余损失之和，构成代理成本的全部内容。

　　那么，代理成本与股利政策有什么关系呢？代理成本理论认为，股利的支付能够有效地降低代理成本。首先，股利的支付减少了管理人员对自由现金流量（Free Cash Flow）的支配权，使其失去可用于谋取自身利益的资金来源，促进资金的最佳配置；其次，大额股利的发放，使得企业内部资本由留存收益供给的可能性变小，为了满足新投资的资金需求，有必要寻求外部负债或权益融资。而进入资本市场进行融资意味着企业将接受更多的更严格的监督和检查。例如，银行等债权人要仔细分析企业的经营状况，预计未来发展前景；证券交易委员会将要求新证券发行的详细资料进行审查并公布给投资者。企业原有股东通过观察这些资料可以获得更多的信息，并了解其他人员对经理人员业绩和未来前景的评价，减少对企业现状及未来的不确定性。这样，新资本的供应者实际上帮助老股东监控了经理人员，股利支付成为一种间接约束经理人员的监管机制。尽管外部融资的代价不菲，现金股利也可能要征收重税，但大大降低了股东的监督成本，增加了股东的利益。

迈克尔·约瑟夫（Michael S. Rozeff，1982）首先将代理成本理论应用于股利政策研究。他认为股利的支付一方面能降低代理成本，另一方面会增加交易成本。企业股利发放率的确定是在这两种成本之间进行权衡，以使总成本最小。同时，约瑟夫认为经营杠杆和财务杠杆也是决定股利政策的重要因素。在其他条件相同的情况下，如果企业经营杠杆和财务杠杆相对较高，则企业对外部融资的依赖性较强。例如，A 公司和 B 公司支付股利前用于再投资的总资金在三年内都相等，但他们的杠杆程度不同。其中 A 公司的杠杆较低，每年产生的现金流量均为 80 万元；B 公司的杠杆高，每年产生的现金流量分别是 −40 万元、200 万元和 80 万元。于是，B 公司在第一年不得不向外融资，从而发生融资成本。无论 A 公司的股利支付率如何，B 公司都会采取低股利政策以减少其对外部资金的依赖程度。

穆罕默德等（Mahmoud et al.，1995）对 1972～1989 年 341 家公司的实证研究结果也同样支持约瑟夫的代理理论。弗兰克·伊斯特布鲁克（Frank H. Easter-brook，1984）认为，在现代公司制企业中，众多的股东是委托人，而经理是代理人。股东是企业全部收益的受益者，而经理却不是，因此经理的行为不会与股东的利益相一致。因此，对股东来说，设计一套机制使得经理按照他们的利益来管理企业是非常有益的。与股利有关的代理成本主要有两种：一种是监督成本。单个股东监督经理的行为要承担全部的监督成本，而只按他所持股份的比例获得利润。这种成本与收益的不对称使得该股东不可能对经理的行为进行监督。根据集体行动的逻辑，全体股东对经理的行为也不可能进行有效的监督。对全体股东来说，如果有一个类似于债权人的企业利益相关者对企业进行监督的话，他们的财富就会增加。另一种代理成本与风险有关。经理自身的利益与企业经营业绩密切相关，不愿采取高风险的投资策略，这与股东的偏好相冲突。股东会要求经理采取高风险的投资策略。理由之一是股东可以通过自身的投资组合来分散风险。理由之二是，如果投资成功，股东可以获得全部投资收益，债权人只获得约定的本金及利息；如果投资失败，则由债权人与股东共同分担风险。也就是说，采取高风险的投资策略，股东可以牺牲债权人的利益来增加自身的利益。债权人当然会认识到这一点，会在借款时对企业的行为进行种种限制，其中包括对股利发放的限制。股东要求经理采取高风险的投资策略，但是对于经理来说，既可以通过调整投资组合，也可以通过调整负债权益比例来降低风险。如果经理先通过举债融资，而后截留利润来追加投资，则负债权益比例会降低。负债权益比例越低，企业破产的风险越小，经理的风险也越低。这时，债权人减轻了其预期应承担的风险，但却仍可获得约定的本金和利息，因此，债权人的利益会增加。正如债权人借款时限制股利的发放以防止股东牺牲债权人的利益而增加股东自己的利益一样，股东会在尽可能的限度内发放股利，提高负债权益比例，从而防止债权人侵占股东的利益。

如果企业不断在资本市场进行融资，则上述两类代理成本问题都迎刃而解了。发放股利除了有调整上述负债权益比例的作用外，还可使得企业不断走向资本市场进行融资。发行股票时，投资银行或类似的机构会详细审查企业的报告。这些机构可看做是类似于代表全体股东利益的企业监督者。举债融资时，除了有类似于发行股票的监督者（如银行）监督经理的行为外，还可以不断调整负债权益比例至债权人可以接受的程度，防止债权人侵占股东的利益，促使经理自觉地面对风险，从而增加了股东自身的利益。

伊斯特布鲁克认为，以前的股利理论只能解释增加融资或者发放股利，而代理成本理论能解释企业为什么发放股利的同时又对外融资。同时他认为，如果其他的条件也能促使企业不断接受资本市场的监督，则是否发放股利是无所谓的。这也正好与成长性企业通常少发甚至不发股利相一致，因为成长性企业经常活跃于资本市场，无需通过发放股利来降低代理成本。

8.1.3　股利信号理论

股利信号理论，又称股利信息内涵假说。该理论从放松 MM 理论的投资者和管理层拥有相同的信息假定出发，认为管理层与企业外部投资者之间存在着信息不对称，管理层占有更多的有关企业前景方面的内部信息。股利是管理层向外界传递其掌握的内部信息的一种手段。如果他们预计到企业的发展前景良好，未来业绩有大幅度增长时，就会通过增加股利的方式将这一信息及时告诉股东和潜在的投资者；相反，如果预计到企业的发展前景一般，未来盈利将呈持续性不理想时，那么他们往往维持甚至降低现有股利水平，这等于向股东和潜在投资者发出了"利空"信号。因此，股利能够传递企业未来盈利能力的信息，从而股利对股票价格有一定的影响：当企业支付的股利水平上升时，企业的股价会上升；当企业支付的股利水平下降时，企业的股价也会下降。

1. 股利信号理论的理论基础

信息经济学指出，信息是在决策中必须依赖的因素。一般来说，相关信息越多，决策的准确性和科学性就越高，但同时搜集决策信息时付出的成本也越高。

由于信息成本的存在，每个人打算拥有信息的愿望和强烈程度是不一致的，例如，有人愿意多付出成本而多拥有信息，有些人则刚好相反。这就决定了各种信息在不同的人群中的分布是不均衡的，存在着信息不对称现象，即在交易过程中交易双方有一方拥有另一方所不知道的信息。

在生活中信息不对称现象比比皆是，并且不可避免。例如，在产品市场，卖者对产品质量的了解通常比买者多；在信贷市场，贷款人对借款人的投资项目的收益及风险等缺乏了解；在保险市场，投保人比保险公司更了解所投财产的风险状况。信息的不对称性会衍生出两类代理人问题：逆向选择（Adverse Selection）和道德风险（Moral Hazard）。

阿克罗夫（Akerlof，1970）以信息不对称为基础对旧车市场进行分析时，提出了"柠檬品"市场模型，开创了逆向选择研究的先河。研究发现，在旧车交易市场上，车有好坏之分；卖主知道车的真实质量，但为了能卖好价格，所有的卖主都说自己的车是好车，而买主无法辨别车的真实质量，只知道平均质量，因而只愿意根据平均质量支付价格。这显然意味着一部分优质产品的价格被市场低估。如果产品价格定得过低，优质品卖主会退出市场交易，只有质量低的才会进入市场交易。这样，市场上的产品质量会下降，而潜在买主将只能在低质量的产品中选择，因而其支付的价格也会相应下降，从而使更多的优质品卖主退出市场，买主再次降低支付价格，结果只有劣质品才会成交，出现了"次品驱逐良品"的不正常现象。当市场上交易的产品的质量低到一定程度时，人们将不愿再进入这个市场，整个市场最终必然会消失。

解决逆向选择问题的途径主要有两个：一是买主对信息进行甄别，即通过制定一套策略或合同供卖主选择，这些不同的合同可以把卖主的特征区别开来。例如，在旧车市场上，如果卖主宣称他的车是好车，价值20万元，那么买主可以提供几个不同的合同供卖主选择。第一份合同，如果卖价为20万元，余款首付5万元，半年后再支付5万元，余款一年后付清。在一年之内，如果旧车质量确实如卖主所宣称的那样，在一年后按照合同支付全部货款，如果质量不能达到合同要求，不再支付任何款项。第二份合同，如果卖价为10万元，成交时即付清。如果旧车的质量不能达到20万元卖价合同所要求的承诺（假如真实质量情况适合选择10万元卖价的合同），卖主将不会选择第一份合同，因为他会冒很大风险，本来卖主可以得到10万元的卖价，但由于错误地选择了合同，很可能只得到5万元。通过制定出附带质量特征承诺的分期付款合同，买主可以将不同质量的旧车区别开来，逼迫卖主讲真话。二是优质品卖主主动向市场发出信号。如果优质品卖主能够寻找到某种途径向买主传递自身产品质量的信号，而为此付出的成本对他来说要比低质量产品的卖主低，使劣质品卖主的模仿成本太大而不具有模仿的动机。这样优质品卖主就可以从传递信号中获益。买主自然会认识到信号在一定意义上意味着较高质量，而愿意支付额外的成本。这意味着在市场交易中，如果拥有私有信息的一方设法将其私有信息传递给缺乏信息的一方，就可以消除信息阻隔，实现资源配置的帕累托改进。卖主可以通过各种方式发射信号来向市场示意：自己属于此类而非另类。例如，卖主可以向买主提供商品退赔、维修等保证，或者是花费巨额资金在市场上进行广告宣传等。

与产品市场相类似，股利信号理论认为管理层与企业外部投资者之间也存在着信息不对称，管理层占有更多的有关企业未来现金流量、投资机会和盈利前景等方面的私有信息。管理层通常会通过适当的方法向市场传递有关信号，向外部投资者表明企业的真实价值，以此来影响投资者的决策。外部投资者理性地接受和分析管理层的这种行为，在对企业发行的证券进行估价时，他们往往通过对企业采取的融资政策、股利政策和投资政策所传递出的信号进行预测和判断，然后根据他们的预测按照资本市场完全竞争的思维估计和支付合理的价格。如果存在信号均衡，外部投资者就能在资本市场上依据内幕人选择的信号进行竞争并支付合理价格，外部人也就可以通过对内幕人发出的信号的观察来消除信息不对称现象。与之相适应，企业管理层根据由此产生的市场价格变化来选择新的财务政策以达到个人所得最大化。

如前所述，股利信息内涵的核心是由米勒和莫迪利安尼在 1961 年提出的，但其萌芽早在林特纳 1956 年有关股利政策的经典研究中已经出现。林特纳（1956）采访了当时有代表性的企业管理层，发现多数管理层试图维持一个稳定正常的股利。经理们表现出"不愿意降低已经建立起来的成为成规的股利水平，同时在提高已经成为成规的股利水平上也趋于保守"。林特纳的发现被法玛和班贝克（Fama & Babiak，1968）所提供的更多的经验数据所支持。法玛、费希尔、詹森和罗尔（Fama，Fisher，Jensen & Roll，1969）通过研究股票分割对股票价格的影响证明了股利政策具有信息传递效果。巴塔恰亚（Bhattacharya，1979）借鉴斯彭斯的信号模型思想，创建了第一个股利信号模型，这标志着从信号角度研究股利政策进入了一个新阶段。此后，股利政策的信号研究基本上沿着两个方向发展：一个方向是部分学者继续从事实证研究，大量的实证结果都表明股利公告向市场提供了信息；另一个研究方向是部分学者沿着巴塔恰亚开辟的道路从事信号模型的构建研究，建立了一系列的有关股利信息信号的模型，如约翰—威廉斯模型、米勒—罗克模型、约翰—朗模型等。

2. 股利信号理论模型

主要模型包括：

（1）巴塔恰亚模型。巴塔恰亚（1979）构建了一个与罗斯模型非常相近的股利信号模型。认为在不完美情况下，现金股利具有信息内容，是未来预期盈利的事前信号。

（2）米勒—罗克模型。米勒和罗克（Miher & Rock，1985）依据"净股利"的概念建立了一个财务信息传递模型，并且首次明确地将股利分配和外部融资结合起来，认为它们是同一问题的两个方面。他们进一步指出：利润、股利和股利宣告之间具有紧密联系。利润和股利的意外变化可以传播同样的信息，股利的突然增加将使股东财富随之增加；意外的新股发行或者新债发行则被视为公司未来发行前景不佳的信息。

（3）约翰—威廉斯模型。约翰和威廉斯（K. John & J. Williams，1985）提出一个将股利的发放和税收、发行新股或回购股票及投资同时考虑在内的信号均衡模型。约翰—威廉斯模型信号均衡是递耗式的，如果没有税收或递耗成本，信号均衡就不存在。而且由于有税收的存在，在发放股利时，同时会发行新股，从而造成股权稀释。

约翰—威廉斯模型认为，在信号均衡时，管理层的目标是寻求现有股东财富最大化，所要做的决策是股利支付、新股发行和投资支出三个。股利支付的决策要考虑分配股利所能得到的边际收益，当企业投资及股东个人的现金需求大于企业内部的现金供给时，则发放股利会产生较多的有利信号，二级市场上股价会上升，所需发行新股的数量就较少，股权稀释程度也就较小，加之股价的溢价可以弥补收到的股利所要缴纳的税负。如果资金需求小于供给，股利的发放产生的有利信号较少，发放股利就要考虑股利的递耗成本和稀释股权所能得到的边际利益之间的权衡。

约翰—威廉斯模型解决了为什么企业愿以税收的代价来发放现金股利，但缺陷是难以解释为什么投资者一定要通过出售股票来满足资金需要，而不通过负债或者其他融资手段，因为其他方式的成本甚至更低。

安巴瑞斯、约翰和威廉斯（Ambarish，John & Williams，1987）又进一步发展了该模型，深入讨论了投资和股利之间的变化，认为股利和投资的有效结合能减少信号发射的耗散成本。在效率均衡时，如果投资是固定的，股利宣告的影响是正的，如果股利是固定的，投资宣告的影响则是负的，因为第一类企业会拒绝 NPV >0 的项目，第二类企业则可能接受 NPV <0 的项目。

（4）约翰—朗模型。约翰和朗（John & Lang，1991）提出了一个新的股利信号模型，认为股利增加不能一直作为利好，要准确地理解股利信号，必须认真考虑信号发射前后的内幕交易情况。如果未预期股利增加的同时伴随着异常的内部买入，则为"利好"，会引起股价的上升；如果未预期股利增加的同时伴随着异常的内部卖出，则为"利空"，会导致股价的下跌；如果未预期股利增加的同时内部买卖正常，则不会引起股价的任何变化。

3. 股利信号理论的不足

股利信号理论研究虽取得了突破性进展，但也并非完美，实证结果也不一致，还存在以下不足：（1）市场对股利增加做正面反应，对股利减少做负面反应，这种现象不仅信号理论可以解释，其他理论如代理成本理论也可以解释。（2）信号理论很难对不同行业、不同国家股利的差别进行有效的解释和预测。例如，为什么美国、英国、加拿大的公司发放的股利比日本、德国的公司高，而并没有表现出更强的盈利性呢？（3）信号理论解释不了为什么企业不采用其他效果相当而成本更低的手段传递信息。（4）在市场变得越来越有效、信息手段大大提高的同时，支付股利为什么作为恒定的信号手段？（5）更重要的是，在高速成长的行业、企业，股利支付率一般都很低，而这些企业业绩和成长性是有目共睹的，按照信号理论恰恰会做出相反的解释和预测。

8.1.4　行为学派理论

进入 20 世纪 80 年代，以米勒（Miller）、塞勒（Thaler，R.）、谢弗林（She-frin，H. M.）和史特德曼（Statman，M.）等为代表的学者将行为科学引进和应用于股利政策研究中，着重从行为学的角度探讨股利政策。其中代表性的观点有理性预期理论、自我控制说和不确定性下选择的后悔厌恶理论等。

1. 理性预期理论

理论预期理论认为无论何种决策，无论市场对管理层行为做出何种反应，都不仅取决于行为本身，更取决于投资者对管理层决策的未来绩效的预期。在临近管理层宣布下期股利之时，投资者通常会根据对企业内部若干因素（如以前的股利、目前及预期利润、投资机会和融资计划等）以及外界宏观经济环境、行业景气程度、政府政策可能的变化等其他因素的分析，对股利支付水平和支付方式做出种种预测。当股利政策真正宣布时，投资者会将它与其预期进行比较。如果两者相同，即使宣布的股利比前些年增加了，股价也不会变化；如果宣布的股利高于或低于预期水平，投资者就会重新估计企业及其股票价值，审查预料之外股利变动的含义，他们可能会把预料之外的股利政策作为预测企业未来收益变动的线索。也就是说，预料之外的股利政策包含有企业盈利和其他方面的信息。总之，如果企业宣布的股利政策与投资者预期的股利政策存在差异，股票价格很可能会发生变化。

理性预期的概念最早是由约翰·穆斯（John Muth，1961）提出的，1981 年米勒将其应用于分析股利政策。他在解释为什么理论上股利无关而实务中股利却有关时做了一个生动的比喻，认为这完全是一种错觉，就好比水中的筷子，看起来是弯的，但当你用手触摸或将筷子拿出水面时，才发现它实际上是直的。股利为什么无关（相当于筷子为什么实际上是直的）？股利为什么看起来是有关的（相当于筷子为什么看起来是弯的）呢？米勒认为这主要是因为预期与实际的差异所造成的。

2. 自我控制说

自我控制说认为，人类的行为不可能是完全理性的，有些事情即使会带来不利后果，人们还是不能自我控制，如吸烟、酒后驾车等。大多数个人一方面对未来有其长期规划目标，另一方面又有着实现当前需要的渴求。这种内在冲突要求他们能通过自我控制对当前的短期行为进行自我否定，以符合长期发展需要。对投资者来说，将预备用于未来之需的资金购买股票，规定只有收到的股利而非动用资本提供当前消费支出所需货币量，对于缺乏自我否定能力的人来说，这种规则就大大降低对应有意志力程度的要求，从而减少可能由于意志薄弱带来的损失数量。经常出售少部分股票的不便利和相对较高的交易费用，在一定程度上能阻止原始资本的变现，限制当前消费所能动用的资金。股利政策实际上为他们提供了一种外在的约束机制。

根据这一观点，谢弗林和史特德曼（1984）推断老年人需要定期现金收益以供晚年生活，而年轻投资者则由于很难自我控制消费，会选择股利报酬率较低的股票投资组合，以强迫自我储蓄。所以，投资组合的股利报酬率会与投资者年龄呈正相关关系，而与工作所得负相关。

3. 后悔厌恶理论

后悔厌恶理论是由塞勒（1980）提出，后经卢姆斯和萨格登（Loomes & Sugden，1982）、卡尼曼和特沃斯基（Kahneman & Tversky，1982）等的发展而逐渐形成的。其主要观点是说，在不确定条件下，投资者在做出决策时要把现时情形和他们过去遇到过的做出不同选择的情形进行对比，如果个体认识到这样一种不同的选择会使他们处于更好的境地，他就会感到后悔；相反，如果从现时选择中得到了最好的结果，他就会有一种特欣喜的感觉。

8.2　股利政策：完美市场与市场摩擦

8.2.1　完美资本市场下的股利政策

米勒与莫迪利安尼（MM 理论）开始股利政策分析时，是假设这个世界有完美的市场、理性的行为和完全的确定性。为了更清楚地说明他们的假设，他们对"完美市场"（假设 1～4）、"理性行为"（假设 5～6）、"完全的确定性"（假设 7～8）进行了定义。他们的模型假设世界是这样的：

（1）没有足以影响市场价格的证券买者和卖者；

（2）所有的交易者都平等且无任何成本地获得相同的信息；

（3）没有交易成本，如佣金，证券交易和转让费用；

（4）在支付股利和资本利得之间以及在利润分配与不分配之间没有税赋差别；

（5）投资者更喜欢盈利而不是亏损；

（6）对于投资者而言，财富的增加是通过股利还是通过资本利得没有什么差别；

（7）每个投资者对未来的投资计划和未来每个公司的利润都有完全的把握；

（8）由于这种确定性，所有的公司都发行相同的有价证券，称为普通股。

如果投资者对这些假设表示怀疑，那么请记住这些假设的意图是首先在一个理想化世界里考虑股利政策的影响，然后来考察当现实因素介入时，股利政策的影响结果将会发生怎样的变化。基于他们的假设，MM 理论阐明了价格评估的基本原理，即"在整个资本市场里，给出的任何一段时间间隔内，所有股票的价格和每股收益率必须是一样的"。

在上述假设条件下，MM 理论认为通过套利行为可以使整个资本市场在任何时期、任何一种股票上的投资报酬率都是相同的。即：K(t) 相等。K 的计算公式为：

$$K = \frac{D_j(t) + P_j(t+1) - P_j(t)}{P_j(t)} \qquad (8-1)$$

式中：$D_j(t)$ ——第 j 家企业在时期 t 期的每股股利；

$\quad\quad P_j(t)$ ——第 j 家企业在时期 t 期初的每股股价；

$\quad\quad P_j(t+1)$ ——第 j 家企业在时期 t+1 期的每股股价。

由（8-1）式可以推出在第 t 期企业的股票价格公式为：

$$P_j(t) = \frac{D_j(t) + P_j(t+1)}{1+K} \qquad (8-2)$$

企业股票价格的这种表达方式不管是作为当前股利支付的决策公式，还是作为期末股票价格的判断公式，都非常简单、直观。但是，或许你已经发现它其实是一个循环的估值公式。

MM 理论虽然成功地利用数学模型，揭示了股利政策与股票价值的正确关系，但是由于其理论的基本假设过于脱离现实，以致其结论与现实情况不尽一致。主要表现为：

（1）不确定性。MM 理论是建立在未来具有确定性的前提下，尽管 MM 争论说即使出现不确定性，只要在推定理性和对称市场理性情况下，那么股利政策就与股票市场价格无关。但"同时在文中 MM 又对不确定性的存在颇感担心，只是含糊地说道主要是因为投资者的对称不理性行为"。

（2）无发行成本和交易成本。MM 理论假设新增投资所需资金可以没有任何代价地从外部取得，资本利得可以转化为等额的现金股利。如果股利水平低于投资者所期望的水平，投资者可以出售部分股票以获取期望的现金收入；如果股利水平高于投资者所期望的水平，投资者可以用股利收入购买一些该企业的股票。但这只有在无发行成本和其他交易成本情况下才可能，而现实世界中，市场交易费用是相当高的。

（3）税收差异。MM 股利无关论是建立在股利所得和资本利得的税率无差异的前提之下，而事实上资本利得的税率远低于股利所得，因此投资者更喜欢资本利得。

（4）投资决策的相关性。MM 理论假设投资决策独立于融资决策，只要投资项目的内含报酬率大于资本成本，理性的企业均会进行投资。然而，企业的投资决策往往受到许多制约，这就使得投资决策与股利决策相关。例如，如果某公司面临着许多高回报的投资机会却无法从外部融通资金，则降低股利分配是股东权益最大化的最好方法。

（5）信息对称性。MM 理论假设企业管理层与投资者之间信息是对称的，而实际上二者间不可避免地存在着信息不对称。

尽管 MM 理论受到众多非议，但是 MM 理论却开创了股利政策研究的新思路。此后，人们对企业股利政策的探讨发生了明显变化，MM 理论的严格假设条件成为现代股利理论研究的主要内容和线索，财务学者的研究重点转移到考察放松假设条件后的不完美市场中的 MM 理论。

8.2.2 不完美市场对股利政策的影响

1. 个人所得税

在 M&M 理论模型中，如果对于股利收入征收个人所得税则会得出一个毫无疑问的结论：企业应该保留所有收入，股东应该从股票升值产生的资本利得中获得投资收益。假设一家公司每年会产生 200 万元的净利润，这 200 万元可以进行再投资，也可作为股利支付（然后通过新股发行来筹资）。在没有税收的情况下，投资者对收益全部作为企业留存还是全部作为股利支付并不关心，因为在第一种情况下 200 万元可以以 10% 的报酬率进行再投资，并且每股股票价值增加 2 元（每股股利 2 元）。而在第二种情况下，股东收到 200 万元的现金股利，他们占公司所有者权益的比例会降低。如果对股利收入征收个人所得税，假设现在的税率是 20%，那么留存和支付股利的无关性就消失了。留存政策取得的成功是不会变的。但是支付股利的股东仅仅得到 160 万元而不是 200 万元，即 2 000 000 × (1 − 20%) = 1 600 000。此外，除非公司（支付股利的那家公司）承诺改变政策，即全部采用留存收益的政策，否则的话就会出现以下的情况：为了给投资项目进行融资，公司会发行新的股票，并且新的投资者会对公司为之融资的投资项目公司新发行的股票进行评估，他们把这些股票看作是必须为其收益付税的证券，因此这些新的投资者仅愿意出价每股 16 元 (20 × 0.8)，而不是用 20 元购买新股。支付股利成为主要的现金流出项目，而所有应纳税的投资者宁愿取得资本利得收入而不愿取得股利收入。

但是如果对资本利得也大量征税呢？那么还会再产生股利无关论吗？从表面上看，征收 20% 的资本利得税又会使投资者在应纳税股利和应纳税资本利得上毫无差别。但是，这种情况只有在下面的情形下才会产生，即在每一个阶段都对股票升值征税，而不管股票是否卖出。实际上，资本利得税只有在资本利得实现时才会征收（即当股票被卖出时），延期交税事实上降低了这些税赋的价值。因此，即使对两类收入征收的税率是一样的，资本利得也要比现金股利获得更多的优惠。

为什么股利会成为主要的征税对象？在股票回购过程中，企业本身通常会在公开市场上以高于市场的价格要求从投资者那里回购股票。卖掉他们股票的投资者得到一个升水价格，支付资本利得税而不是正常的所得税。不参与回购的投资者获得了一大笔未实现的资本利得，因为在回购以后发行在外的股票很少，不参与回购的投资者在企业所有者权益中所占的份额已经增加了。换句话说，股票回购计划似乎给那些需要获得流动收益的投资者提供了另一种分配现金的方法，而同时也降低了不参与回购的投资者的税收负担。

2. 交易成本

迈克尔·约瑟夫 (Michael Joseph, 1982) 认为，即使人们忽视税收因素，最优股利政策也能存在。他提出企业股利支付比率可以由外部融资所产生的浮动成本与企业增加股利支付减少的代理成本之间相互权衡进行解释。很明显，所有者宁愿避免支付与外部融资相交易成本。

当所有者兼管理者出售部分持有股份给所谓的外部权益所有者时，交易成本就发生。外部人士将征收所有者兼管理者的事前费用，该事前费用可能产生于管理者以额外补贴或逃避责任的方式牺牲外部人士利益而增加的个人财富。为了减少事前费用，所有者兼管理者将发现如果监督或保证成本少于外部人士所要求的事前费用，那么同意发生监督或担保成本是符合他们自己的利益的。所以，财富最大化的企业将采取代理成本最小的最优监督或担保政策。

股利支付可起到监督或担保管理层业绩的作用。尽管更多股利支付意味着昂贵的外部融资，企业必须进入资本市场的事实意味着企业必须面对详细审查。如，银行将需要对企业信用做详细分析，证券管理委员会要求企业提供新权益发行的内容说明书等资料。因此资本外部的供给方代表外部权益所有者监督所有者兼管理者。当然，已审计的财务报表是提供相同信息的替代方式，但是它们不是企业与新资本供给方之间的"对手"关系的完全替代者。

由于外部融资的交易成本，约瑟夫也提出企业现金流量的变动性会影响股利支付。现在考虑存在两家有相同平均现金流量而其变动性不同的公司。现金流量变动性较大的公司在经济不景气时借入贷款而在经济景气时偿还。它更需要外部融资。所以，该公司倾向于较低的股利支付比率。

3. 股利支付的信息含量

投资者知道，企业管理者比股东更了解企业的财务状况，而股利支付可以以某种方式将这种信息传递给股东，这种方式非常可信，并且小的企业很难效仿。用经济术语来表述这个内容就是：管理者与投资者处在以信息不对称为特征的环境下，现金股利的支付起到了把信息从企业内部（职员与主管）可靠地传递给股东的作用。从这个角度来看，企业股利政策的每一方面都传达了具有重要意义的新信息。当某企业开始支付股利的时候（初始股利），这种行为表明管理者自信其企业的利润足够为其投资项目提供资金和支付股利。另外，投资者与管理者都明白，一旦某个特定的股利支付政策开始执行，就极少有被终止的情况，所以一项股利支付政策的开始实施也暗含着管理者有信心使未来的盈余足够支付所采取的新的支付标准。

同样的逻辑也适用于股利增长策略。因为每个人都明白企业将不惜一切代价避免削减股利这种现象发生，管理者愿意增加股利支付的事实清楚地暗示了该企业能够获得足够多的利润以满足其新的股利支付标准。因此股利增长策略表明了该企业正常利润水平的增长。不幸的是在股利减少的情况下这个逻辑也适应。因为所有各方关系人都明白股利减少是"利空"的消息，管理者只有在没有选择的条件下——企业财富减少，并且没有扭转的希望时才会削减股利。

约翰·林特纳（John Lintner，1956）指出企业经理人对股利政策的运用要谨慎，并且要牢牢记住：你所选择的股利支付政策将成为企业未来的一项固定费用。林特纳认为，企业经理人对每股股利变化的关注远高于对理论上"正确的"股利支付水平（每期利润中必须被支付出去的部分）的关注。后来，法玛和巴贝克（Fama & Babiak，1968）的研究指出，事实上经理人头脑里一定有股利支付率的目标，每股股利的支付应该与企业的利润情况相应地一致。然而，法玛和巴比亚克也指出，经理人在调整股利支付水平使之适应企业利润变化的同时要运用偏差调整策略，就是说利润的增长需要经过一段时间之后才能完全影响到每股股利。这一策略对经理人非常有利，因为在执行高股利支付之前，企业利润已经增长了很长一段时间。自然地，与企业有关的行为信息只有经过很长一段时间之后才会通过股利政策的变化传到投资者那里。

4. 所有权结构与股利政策

尽管股利起到了信息传递作用，但这一点并不是股利存在或股利支付多样性的唯一解释，因为现时中存在的现象与信息传递理论并不一致。这一理论并不能解释为什么在市场成熟的国家里（如美国、加拿大、英国等）股利支付水平要比其他一些国家高，而且英、美等国的企业并不见得比其他国家更盈利。虽然，在亚洲经济中存在更多的投资机会，为了给这些投资项目提供资金，一些企业的股利支付水平比较低，对这一点可以用所有权结构来解释。

所有权结构能以两种方式对企业的股利支付施加影响。第一，在所有权联系比较紧密的条件下，企业内部与外部的信息不对称性比较小，所以很少运用股利政策来传递信息，这种现象出现在家族式的企业中，在家族企业里股东与经理是同一个人，这种现象同时也存在于由银行和行业团体控制的大型国有企业中。在这两种情况下，只有相关的几个人做出决策，他们之间的信息交流非常迅速可靠。根据这种逻辑关系，就可以用所有权分散来解释英、美和加拿大的企业与欧洲大陆及日本、韩国企业之间股利支付上的差异，前者对资本市场融资有较强的依赖性，具有松散型的所有权结构，而后者更多的是依靠银行进行融资，具有紧密的所有权结构。第二，可能是更基本的原因，在所有权比较紧密的企业里，企业的所有权与控制权之间的分离程度比较小，所有权结构可能对股利支付施加影响，然而，在一些大的所有权结构松散的上市公司里，所有权与经营权差不多完全分离。无论什么时候，只要所有权与控制权发生了分离，潜在的、重要的代理问题就浮出水面，因为经理人在经营情况比较差的时候承担比较少的责任，在经营情况比较好的时候也得不到太多的收益。这种代理问题在所有权结构越分散的企业就越显得严重，一方面是因为经理人拥有该企业的股票份额越来越少，另一方面也是因为在股东所持的股本份额下降的条件下，极少有股东有动力去监督经理人。因此，高额的代理成本是企业所有权分散化的结果，这一问题在一些能够产生多余现金流量（现金流量在满足所有正净现值的投资机会之后还有剩余）的企业更加严重。

高额的代理成本使得经理人有动力去寻找一种方法可以将自己与价值最大化的策略捆绑（令人信服的行为）在一起。一个非常有效的捆绑方法就是每期支付固定的股利，因为这比经理人做的任何报告都更加可信。这种股利支付的承诺也有自我施压的作用，因为任何企图通过削减股利支付进行"欺骗"的行为都有可能导致股票价格的迅速下跌，随之而来的就是导致不满意的股东们"用脚投票"行为的发生。

8.2.3 不同股利政策模式特点

由于政治经济环境、法律制度、市场化程度的不同，各个国家中企业所制定的股利政策也有不同的模式。

1. 股利政策在不同国家间有明显区别

在市场化程度高的国家中，英国企业支付的股利是最高的，北美的企业支付的股利一般高于西欧或日本的企业。总部在发展中国家的企业，即便它们支付股利，通常也是非常低的。很多因素影响这些模式，一个最有力的因素可能就是融资方式的不同。例如，英国、加拿大和美国等国家，因为它们大多依赖资本市场筹集资金，所以通常支付高股利，而像德国、日本、韩国这些国家，因为它们更多地依靠中介机构筹集资金，所以支付的股利相对较低。

2. 股利政策的行业特征明显

一般来说，在成熟的行业中，盈利企业趋向于将它们利润中的大部分作为股利来支付。而一些年轻的、成长很快的行业中的企业则相反。公用事业几乎在每个国家都支付高股利。对股利支付最重要的影响表现为工业增长率、资本投资需求、营利性、收益稳定性以及资产特征（指有形资产和无形资产的相对比重）。例如在美国，一个行业的平均股利支付率与它的投资机会多少（是否这个行业有很多有价值的投资机会）及这一行业的管制程度正相关。

3. 同一行业中，股利支付通常与行业规模及资产密度正相关，但是与增长率负相关

和小企业相比，通常大企业将利润的更大部分作为股利支付。资产密集型的企业（有形资产占企业资产总额比例比较大）支付的股利要高，而无形资产比例大的企业，如企业资产中有看涨期权，它代表很大一部分企业的市场价值，在这种情况下，往往支付较低的股利。此外，受管制的企业（特别是公用事业）比不受管制的企业支付的股利要高。股利支付和增长率两者的关系是非常明显的——成长快的企业需要现金，因而选择零股利或者低股利。随着这些企业的成熟，股利支付率也将提高。

4. 几乎所有的企业都会在很长一段时间内保持持续稳定的股利政策

换一种方式来说，任何一家企业都倾向于"平滑"的股利支付政策，所支付的股利同股利的最终决定因素——企业利润相比，变化要小得多。只有当企业认为未来盈余将会持续地增长，并且足以维持一个更高的股利支付水平时，它们才会逐渐地提高每股股利，直到达到一个新的均衡的每股股利水平。同样，即使企业面临暂时的净亏损，企业的经理人也会试图保持一个正常的每股股利，只有当很明显无法恢复到原来的盈利水平时，经理人才会降低（但是几乎从不会消除）支付的股利，并且大刀阔斧地进行全面调整。

5. 股票市场对于初始股利支付和股利提高有积极的反应，对股利的降低和消除有很强的消极反应

当一个企业首次宣布发放现金股利（初始股利支付）或者提高现在的每股股利时，这个企业的股票价格会提高 1% ~ 3%。然而，当企业削减或降低股利支付时，会受到股票市场严厉的惩罚，有时，股票价格下跌幅度会达到 50%。

6. 股利变化可以明显起到信息传递的作用，反映了经理人对企业现在和未来收入情况的预期

投资者了解经理人平滑的股利政策，他们对股利政策变化的反应体现了他们对管理信号的理性估计。换句话说，股利变化传递给投资者信息，投资者与企业经理人相比，对企业情况知道的要少，因此，股利在现代资本市场中可以帮助投资者克服信息的不对称性。股利提高表明管理层预期未来的收入高，而股利降低表明企业收入前景下滑。所有现代股利理论都是针对股利变化来披露信息的，只是各种理论在信息传递技巧上不同，对企业其他公告（如收入和股利政策公告）的补充或附和的信息传递作用的理解不同。

7. 税收明显地影响股利支付，但是这种影响的结果是模糊的，税收既不会导致也不会阻碍股利的支付

如果收到股利的投资者需要交税，那么这些投资者会降低对支付股利的要求，显然这将导致企业保留其大部分利润。极端一点的情况下，很高的税率会导致企业完全停止支付股利。[①] 尽管这些论证似乎是正确的，但是它们并没有被经验证据所证明，事实上一些研究表明股利会随着税收的提高而提高。

8. 目前的研究还不能很清楚地指出股利支付是如何影响公司普通股必要报酬率的

各种税后资产定价模型都表明，高股息率的股票与低股息率的股票相比，要求的名义（个人所得税之前）收益率要高，因为投资者在接受股利时必须支付个

---

① 对与税收相联系的股利支付政策的研究，事实上要解决两个既相互区别又相互联系的经济问题。第一，对股利支付征收的个人所得税如何影响高股利支付的股票的市场价值与低股利支付（或无股利支付）的股票的市场价值？这些研究通常用来考察在资本资产定价模型中，高股利支付的股票是否比低股利支付的股票获得了较高的税前风险调整收益，如果对股利收入要比对资本利得征收较高的税，是否股票价格的下降幅度少于除息日支付的股利？与税收研究相关的第二个问题是为了给一个更基本的问题寻求答案——是否对股利收入征收重税减少了公司股权的市场价值，从而减少了公司本来可以获得的资本投资的均衡水平？

人所得税，而以资本利得的方式却能有效地推迟交税。一些研究已经证实了这种推测，但是也有一些研究否认了这种观点。由此可以看出，对股利征收所得税将会对企业的股票价值造成影响，这种影响所表现出来的复杂性远远超过了原来的设想。[①]

9. 所有权结构影响股利支付水平

不管是在发达国家还是发展中国家，采用时间最长的一个股利支付政策就是：私人企业或者非上市企业基本上不支付股利，而任何一家公开上市公司都将它们每年收入的大部分用于支付股利。即便不考虑其他的一些因素（增长率、资产特征、公司规模等），所有权结构仍然对现行股利政策有很强的影响。几乎在每一个国家，每一个行业，股权结合紧密的企业通常都支付很低的股利，而所有权分散的企业通常需要支付高股利。

8.3 实际股利政策：类型与制定

8.3.1 公司为什么分配股利

要回答为什么分配股利，不妨首先来思考另外一个问题：投资者究竟是为了什么目的而持有股票呢？从股票的本质来看，投资者持有股票无非是为了取得收益或支配股份公司，即股票的收益性与支配性。

股票作为收益性证券是指股东为了享有发行股票公司利润分配的权利而持有的证券。所谓支配性证券是指为了支配股份公司而持有股份的情况。此外，股票还具有实物证券的性质，即股份公司解散时要求分配剩余财产的权利。

由于资本市场的不断发展和完善，企业股权越来越分散，中小股东越来越多，大多数股东都无法对企业的经营决策行为发挥支配作用，也就是说，股票的支配证券性质无法体现。实物证券只有在企业破产时才会有意义，而且企业破产财产在偿付员工工资、税款和债务后，可供股东分配的东西就所剩无几了，因

---

① 关于这一领域的研究非常多。首先由布伦南（Brennan，1970）发明了税后资本资产定价模型。利兹伯格和拉玛斯瓦米（Litzenbergerg & Ramaswamy，1979）在这个模型中加入了股利的因素并进行了深入的研究，他们从经验的角度出发指出：高股利支付的股票比低股利支付的股票拥有较高的应得收效率，而这与税后资本资产定价模型的预测是一样的。这一结果得到了布卢姆（Blume，1980）及昂、佩特农（Ang & Petenon，1985）等人的进一步印证。然而，其他几位学者对税后资本资产定价模型的经验有效性提出质疑，这些研究人员提出了一个简单而又难以回答的问题：如果经理人可以通过减少股利支付来降低其股权资本的必要收益率，那么这些经理人为什么不这么做？

而，很少有股东是为了分配剩余财产而持有股票的。这样的话，购买股票的目的就只有获取收益了，"股票投资者的主要目标在于稳定的投资回报"[①]。"要求分配盈余权是股东的基本权利，无人能否定这一点。如果说公司是股东的，那么对于公司来说最重视的就应该是股利，受股东委托进行经营的经营者必须尽可能增加股利。"[②]"对于股东来说，最重要的莫过于分红了。"[③]

最初，股份公司通常都是将企业所得的利润全部作为股利返还给股东。如果有利润就全部充当股利，相反，如果没有利润就不分红。后来，处于企业持续发展考虑，股利政策逐渐发生了变化。即使有了丰厚的利润也不全部作为股利支出，而是留存部分利润，以防在不景气年份不至于无利可分。由此可见，留存利润本来是为了以丰补歉，后来逐渐地演变成留存利润是以备企业再投资之用，满足股东未来股利的需要。因为通过实施这种政策，股利分配的连续性无疑可以得到更大的保障，而且定期支付的规模不间断地增长才成为可能。

但是，这种留存利润的理由与合理性值得商议。因为，该种股利政策容易导致：

（1）股东所获得的现金回报太低，股利对于股东失去了应有的意义，结果股东普遍轻视股利，转而进行投机活动，即以获得股票价差收益为目的而进行股票的买卖交易，其结果导致股票市场的投机化。

（2）企业的盈利能力一般不会随着累积盈余的增加而同比例提高。相反，随意地留存利润往往是企业管理者为了扩充自己的权力和构建职位消费，或者缓解财务困境的借口。

显然，支付股利是股份公司赖以生存和可持续发展的基础，获取股利是投资者进行股票投资的根本目的和动机之一，是法律赋予股东的权利。

8.3.2　股利分配基本程序

股份有限公司分配股利必须遵循法定的程序，先由董事会提出分配预案，然后提交股东大会决议，股东大会决议通过分配预案之后，向股东宣布发放股利的方案，并确定股权登记日、除息日和股利发放日等。

（1）股利宣告日。股利宣告日是公司董事会决定要在某日发放股利的日期，也就是宣布分派股利的当天。董事会一般应根据发放股利的周期举行董事会会议，讨论并宣布将要进行的股利分派。公告中将宣布每股支付的股利、股权登记

---

① ［美］格雷汉姆、多德著：《证券分析》，中国人民大学出版社 2013 年版，第 336 页。
② ［日］奥村宏著：《法人资本主义》，三联书店 1989 年版，第 51、52 页。
③ ［日］奥村宏著：《股份制向何处去》，中国计划出版社 1996 年版，第 116 页。

日、除息日和股利发放日等。

（2）股权登记日。股权登记日是指有权领取当期股利的股东资格登记截止日期。只有在股权登记日前在公司股东名册上有名的股东，才有权分享当期股利。而在这一天之后才列入股东名册的股东，将得不到本次分派的股利，其股利仍归原股东所有。

（3）除息日。除息日是指领取股利的权利与股票相互分离的日期。在除息日前，股利权从属于股票，持有股票者即享有领取当期股利的权利；除息日始，股利权与股票相分离，新购入股票的股东不能分享当期股利。除息日对股票的价格有明显的影响，在除息日之前进行的股票交易，股票价格包括应得的股利收入在内，除息日后进行的股票交易，股票价格不包括股利收入，会有所下降，下降的幅度等于分派的股利。

（4）股利发放日。股利发放日是指将股利正式支付给股东的日期。在这一天，公司应按公布的分红方案通过各种手段将股利支付给股权登记日在册的股东。

8.3.3 股利政策制定

1. 股利政策影响因素

企业的利润分配涉及企业相关各方的切身利益，受众多不确定因素的影响，在确定分配政策时，应当考虑各种相关因素的影响，主要包括法律、股东、企业及其他因素：

（1）法律因素。一般来说，法律并不要求企业一定要分派股利，但对某些情况下企业不能发放股利却做了限制。其主要体现为：

①资本保全约束。资本保全约束要求企业不得用股本和资本公积发放股利，即股利的发放不能侵蚀资本，其目的在于保全企业的股东权益资本，以保护债权人的利益。

②资本积累约束。资本积累约束要求企业在分配收益时，必须按一定的比例和基数提取公积金，企业股利只能从企业可供分配的收益，即当期的净收益和过去累积的留存收益中支付。例如，我国《公司法》规定：公司分配当年税后利润时，应按照税后利润（减弥补以前年度亏损额）10%提取法定公积金，并按股东会或股东大会决议提取任意公积金。当法定公积金累计金额达到注册资本的50%以上时可不再提取。另外，在进行股利分配时，一般贯彻"无利不分"的原则。

③偿债能力约束。偿债能力是指企业按时、足额偿还到期债务的能力。偿债能力约束要求企业在进行股利分配后，必须保持充分的偿债能力，否则，企业的

股利分配要受到限制。

④超额累积利润约束。超额累积利润约束的目的是为了防止股东避税，我国法律目前对此尚未做出规定。由于投资者股利收益的所得税税率要高于股票投资的资本利得收益所适用的所得税税率，因此许多企业通过积累利润使股价上涨的方式来帮助股东避税。西方国家在法律上明确规定企业不得超额累计利润，当企业留存收益超过法律认可的水平时将被加征额外的税款。

（2）股东因素。股东出于自身考虑，可能对企业的股利分配提出不同意见。

①控制权考虑。企业的股利支付率越高，必然留存收益越少，这意味着将来发行新股的可能性加大，而发行新股会稀释企业的控制权。因此，企业的老股东往往主张限制股利的支付，而愿意多将收益留存，以防止控制权被稀释。

②避税考虑。在许多国家，股利收益的所得税率高于资本利得收益的税率。为了减轻税负，高收入阶层的股东通常希望企业少支付股利，而将较多的收益留存下来以作为再投资用。而且，即使对这两种收益课以相同的税率，由于股利收益课税发生在股利发放时，而资本利得收益纳税要递延到实际出售股票时，所以，资本利得的实际税负也小于股利收益的税负。

③稳定收入考虑。对于永久性持有股票的股东来说，往往要求较为稳定的股利收益，如果企业留存较多的收益，将首先遭到这部分股东的反对。而且，企业留存收益带来的新增收益或因股票交易价格上涨产生的资本利得收益具有很大的不确定性，因此，与其获得不确定的未来收益，不如得到本期确定的股利收益。

④投资机会。如果企业将留存收益用于再投资的报酬率低于股东个人将股利收益投资于其他投资机会所得的收益，则企业应该多支付股利给股东，因为这样做对股东更为有利。尽管难以准确确定每位股东的投资机会及其投资报酬率，但企业至少应对风险相同的企业外部投资机会可获得的投资报酬率加以评估。如果评估显示，在企业外部的股东有更好的投资机会，则企业应选择多支付股利，反之，企业应选择低股利支付率的股利政策。

（3）企业因素。企业出于短期经营和长远发展的需要，在发放股利时应考虑以下因素：

①融资能力。不同的企业在资本市场上筹措资金的能力有一定的差别，融资能力较强的企业因为能够及时地筹措到所需的现金，往往采取较为宽松的股利政策；而融资能力较弱的企业，为维持正常的企业经营就不得不多留存利润，因而常采用较严格的股利政策。

②未来投资机会。企业的股利政策与其所面临的投资机会密切相关。如果企业有良好的投资机会，必然需要大量的资金支持，因而往往会将大部分收益用于投资；如果企业暂时缺乏良好的投资机会，则倾向于采用高股利政策，以防止保

留大量现金造成资金浪费。正因为如此，许多成长中的企业，往往采用低股利支付政策，而许多处于经营收缩期的企业，往往采用高股利支付政策。

③盈利能力及其稳定状况。企业的股利政策在很大程度上受其盈利能力的限制。一般而言，盈利能力较强的企业，通常采用高股利支付政策，而盈利能力较弱或不够稳定的企业，通常采用低股利支付政策。

企业的股利政策在很大程度上也受其盈利稳定性的影响。盈利相对稳定的企业能够较好地把握自己，有可能支付比盈利不稳定的企业更高的股利，因为盈利稳定的企业对保持较高的股利支付率更具信心；而盈利不稳定的企业一般采用低股利政策，低股利政策可以降低因盈利下降而造成的股利无法支付、股价急剧下降的风险，还可将更多的盈利转作再投资，以提高企业权益资本比重，降低财务风险。

④资本成本。与发行新股相比，留存收益没有实际发行成本（它是一种机会成本），是一种比较经济的融资渠道。从资本成本角度考虑，如果企业有扩大资金的需要，应当采用低股利政策。

⑤资产流动状况。资金的灵活周转是企业生产经营得以正常进行的必要条件。股利的分配自然也应以不危及企业经营上的流动性为前提。如果企业的资产有较强的变现能力，现金的来源较充裕，则其股利支付能力也会较强。

⑥偿债需要。具有较高债务偿还需要的企业，可以通过举借新债、发行新股筹集资金偿还债务，也可直接用经营积累偿还债务。如果企业认为后者适当的话（比如前者资本成本高或受其他限制难以驾驭资本市场），将会减少股利的支付。

（4）其他因素。主要包括：

①债务合同。债务合同特别是长期债务合同，经常会对企业支付现金股利做出一定的限制，以保障债权人的权益。这些限制性条件有：一是未来股利只能由借款合同签订后产生的盈利来支付；二是当营运资金净额低于某一特定数额时，不得支付股利。同样，优先股协定通常规定，在优先股股利没有全额支付以前，企业不能发放普通股现金股利。

②通货膨胀。通货膨胀使得计提的累计折旧可能不足以对固定资产进行更新，这时收益会被当作弥补折旧基金购买力水平下降的资金来源。因此，在通货膨胀时期，企业一般采取偏紧的股利政策。

2. 实际股利政策制定

支付给股东的股利与留在企业的收益存在此消彼长的关系。股利分配既决定给股东分配多少红利，也决定有多少净利润留在企业。因此，企业应综合考虑各项因素的影响，从实际情况出发，制定适合本企业的股利分配政策。在股利分配的实务中，企业经常采用的股利政策主要有以下几种类型：

（1）剩余股利政策。剩余股利政策是指企业的净利润应首先满足企业盈利性投资项目对权益资本的需要，如果还有剩余，再用于发放股利。

采用剩余股利政策时，企业应遵循以下四个步骤确定股利分配额：

①设定目标资本结构，在此资本结构下，加权平均资本成本将达到最低水平。

②确定目标资本结构下投资所需的权益资本数额。

③最大限度地使用留存收益来满足投资所需的权益资本数额。

④投资所需权益资本已经满足后若有剩余利润，再将其作为股利发放给股东。

奉行剩余股利政策意味着企业只将剩余的利润用于发放股利。其优点是可以保持理想的资本结构，使企业的加权平均资本成本最低，企业价值最大。但它是一种消极的、被动的股利政策，会使股东未来可获得的收益具有很大的随意性及不确定性，不利于投资者合理安排收入和支出，也不利于企业树立良好的形象。

（2）固定股利政策或稳定增长股利政策。固定股利政策是指企业将每年发放的股利固定在某一水平上并在较长时期内保持不变，只有当企业认为未来收益将会显著地、不可逆转地增长时，才提高股利发放额。不过，在存在通货膨胀时，大多数企业的收益会随之提高，且大多数投资者也希望企业能提供足以抵消通货膨胀不利影响的股利，因此，为了吸引投资者，很多奉行固定股利政策的企业转而采用稳定增长的股利政策，即企业制定一个目标股利增长率，如每年增加5%，并努力按照这一幅度增长。

固定股利政策或稳定增长股利政策的主要目的是避免出现由于经营不善而削减股利的情况。如果企业的收益下降，而股利并未减少，投资者会认为企业未来的经营情况会好转。因而这一政策被广泛地采用。一般的投资者也倾向于投资于股利支付稳定的企业。采用这一股利政策的理由在于：

①稳定的股利向市场传递着企业正常发展的信息，有利于树立企业的良好形象，增强投资者对企业的信心，稳定股票的价格。

②稳定的股利额有利于投资者安排股利收入和支出，特别是对那些对股利有着很高依赖性的股东更是如此。

③稳定的股利政策可能会不符合剩余股利理论，但考虑到股票市场受到多种因素的影响，其中包括股东的心理状态和其他要求，为了使股利维持在稳定的水平，即使推迟某些投资或者暂时偏离目标资本结构，也可能要比降低股利更为有利。

该股利政策的缺点在于股利的支付与企业收益相脱节，当收益较低时仍要支付固定的股利，可能导致资金短缺，财务状况恶化；同时不能像剩余股利政策那样保持较低的资本成本。

（3）固定股利支付率政策。固定股利支付率政策，亦称变动股利政策，是指企业确定一个股利占净收益的比率即股利支付率，按此比率发放股利的政策。在这一股利政策下，虽然股利支付比例固定，但每年变动的收益使得各年的股利额随企业经营的好坏而上下波动，获得较多收益的年份股利额高，而收益少的年份股利额低。

固定股利支付率政策能使股利支付与企业收益紧密地联系在一起，以体现多盈多分、少盈少分、无盈不分的原则，能真正公平地对待每一位股东。但是，由于每年股利随收益频繁变动，传递给股票市场一个企业不稳定的信息，不利于稳定股票价格，树立良好的企业形象。

（4）低正常股利加额外股利政策。低正常股利加额外股利的政策是指一般情况下，企业每年只支付金额较低的正常股利，在企业盈余较多、资金较为充裕的年份，除正常股利外，再加付额外股利，但额外股利并不固定。

企业采用低正常股利加额外股利政策的根本原因在于：

①股利政策使企业具有较大的灵活性。当企业收益较少或投资需用较多资金时，可维持设定的虽然较低但固定的股利，股东不会有股利跌落感；而当收益有较大幅度增加时，可适当增发股利，把经济繁荣的部分利益分配给股东，使他们增强对企业的信心，有利于稳定股票的价格。

②股利政策可使那些依靠股利度日的股东每年至少可以得到虽然较低，但比较稳定的股利收入，从而吸引该部分股东。

低正常股利加额外股利政策的缺点有：

①由于企业收益的波动使得额外股利不断变化，容易给投资者带来企业收益不稳定的感觉。

②当企业在较长时间持续发放额外股利后，投资者可能将其误认为"正常股利"，一旦取消，会向投资者传递企业财务状况恶化的不利信号，进而导致股价下跌。

8.4 国有企业利润分配：目标与比例

8.4.1 国有企业为什么要进行分红

国有企业经营收益分配即利润分红是当今社会公众关心和热议的话题。国有企业利润分红是中国经济实现战略转型和调整国民收入、缩小国民收入差距的必然选择，是实现社会和谐发展、公民共同富裕的必由之路。国有企业利润分红不仅仅是一个简单的国有企业利润分配问题，更是一个涉及国有经济发展和公共财政政策目标实现的宏观问题，这一问题解决的好坏将在更深的层面上影响到我国国有企业改革进程的进一步发展。当前，国有企业利润分配问题是全社会关注的热点和重点。胡锦涛在党的十八大报告中指出：深化国有企业改革，完善各类国有资产管理体制，不断增强国有经济活力、控制力、影响力，建立公共资源出让收益合理的共享机制。[①] 国有企业是国家出资设立的，其具有全民性和公共性的特征，国有企业的"股权"属于每个公民，因此，它实现的收益也应回归全民。而且如果企业不向其股东分红，就意味着股东投资企业的资本没有获得投资收益，那么股东的投资就是失败的。没有利润分红或者分红比例极低的国有企业，是一个治理结构存在重大缺陷的企业；而没有科学的、严密的理论基础的分红制度，不仅不会提升国有企业的法人治理质量，相反可能会制约国有企业的可持续发展。科学意义上的利润分红制度的设计，将依照一个科学的链条，将"国有企业投资者－国企－国企管理者－国企经营绩效"等因素有机地串联在一起。历史证明，国有企业科学的分红制度的实施既是我国国有企业改革演变的必然阶段，也是我国国有企业改革深化发展的核心内容。

为什么国有企业的分红政策对中国如此重要呢？对于一家国有企业而言，分红政策是把它的税后利润分为两部分：一部分是留存利润，用于为企业未来发展、投资提供资金支持，另一部分是红利分配，用于为一般政府公共开支（消费或投资于其他企业和项目）提供资金来源。因此，科学、合理的分红政策有利于提高那些由国有企业留存利润提供资金的投资项目的效率和效益，有利于改善公共财政资源的整体配置。

国有企业的利润多年保持高速增长已经不是新话题，不仅明显高于同期 GDP 的增长速度，更远远领先于同期城镇居民的可支配收入增速。2003～2018 年，全国国有及国有控股企业（不含金融类企业）营业收入从 10.73 万亿元增长到 58.75 万亿元，年均增长 12%；净利润从 3 202.3 亿元增长到 24 653.7 亿元，年均增 14.58%。[②] 做大蛋糕的目的之一当然就要适时切分蛋糕，尽管自 2007 年以来，国有企业将其经营利润按照 5%～10% 的比例上缴国家财政（2011 年起上缴比例提高 5%），但是国家收取的"国企红利"绝大部分被低效率地投入到"取之国企、用之国企"的怪循环中。目前，步入转型期的中国不得不在公平分配上做文章。党的十八大报告指出，必须深化收入分配制度改革，努力实现居民收入增长和经济发展同步、劳动报酬增长和劳动生产率提高同步，提高居民收入在国

---

① 胡锦涛：《坚定不移沿着中国特色社会主义道路前进，为全面建成小康社会而奋斗》，人民出版社 2012 年版。

② 资料来源：根据财政部网站资料整理。

民收入分配中的比重，再分配要兼顾效率和公平。① 然而高速增长的财政收入面对庞大的预算开支已经显得捉襟见肘，出路似唯有国有企业红利。作为国有资产的最终所有者，国有企业红利究竟如何分配使用才能施惠于民，使全民真正享受到国家经济发展成果，而不让其成为贬值的控制权，沦为既得利益集团的口中餐？改革不容迟缓，答案亟须明确。2012 年财政部向十一届全国人大五次会议提交的中央和地方预算草案报告提出，进一步扩大中央国有资本经营预算实施范围，将部分部委所属的一些企业纳入国有资本经营预算，增加用于保障和改善民生的支出。这样，包括央企在内的国有企业上缴的红利，将直接用到国民的头上。但实际情况并不乐观，有关统计表明，国有企业上缴红利 90% 以上的支出仍花在国有企业身上，其名目为国有经济和产业结构调整、兼并重组、国有企业改革脱困补助、境外投资等，民生支出不足一成。根据财政部《2010 年中央国有资本预算执行情况》测算，2010 年央企红利支出中，用于央企自身发展的，占总支出比例为 69%；用于民生方面支出占比 31%。地方国有企业上缴红利的支出情况与中央类似。北京市公布的 2011 年国有资本经营预算执行情况显示，当年总支出 67.4 亿元，全部用于国有企业自身。上海市公布情况显示，该市 2011 年市本级国有资本经营支出 18.43 亿元，除去 0.5 亿元用于补充社保基金外，其他悉数用于国有企业。②

2005 年 10 月 17 日，世界银行驻中国代表处的高路易（Louis Kuijs）、高伟彦（William Mako）与张春霖③就中国国有企业分红问题发表了题为《国有企业分红：分多少？分给谁?》的研究报告。该报告指出，由于历史原因，不论是财政部、国资委还是其他任何中央政府部门都没有从中央大型国有企业那里分红，地方政府和地方负责管理的国有企业大多也都如此。这种情况与其他国家形成了鲜明的对比。报告主要就三方面讨论了国有企业分红政策问题：（1）为什么要分红以及如何确定分红政策。在分析了国有企业多年不分红的历史原因和政策背景后，报告指出，分红政策有利于提高那些由国有企业留存利润提供资金的投资项目的效率，有助于政府扩大消费政策目标的实现；可以改善公共财政资源的整体配置，使政府更好地发挥公共职能，因此，国有企业分红政策对中国很重要。（2）报告就利润支付多少以及支付给谁的问题进行了分析。在支付多少的问题上，报告指出不同国家的国有企业分红政策有很大差别，不同类型的公司分红政策也有显著不同。在支付给谁的问题上，报告指出，由于目前关于国有企业产

---

①　胡锦涛：《坚定不移沿着中国特色社会主义道路前进，为全面建成小康社会而奋斗》，人民出版社 2012 年版。

②　资料来源：财新网，记者，王莉：《国企分红用于民生，现实离期待仍远》，2012 年 3 月 7 日。

③　高路易、高伟彦、张春霖：《国企分红：分多少？分给谁?》，载于《中国投资》2006 年第 4 期。

权、国资监管以及分红收入的用途存在争议，并且涉及相关立法程序，因此，分红收入是上缴财政部还是国资委的问题还存在争议。（3）报告对国有企业分红政策可能对国有企业集团的影响做出了分析。

世界银行的这份国有企业分红报告引起了国内关于国有企业分红问题的关注，国有企业分红问题成为当前国有企业改革的热点问题之一。近 20 年以来，我国国有企业经营绩效有了较大提高，如何通过所谓的"放权让利"等措施来实现国有企业的经营绩效持续稳定增长是人们最为关注的改革命题。随着中国改革开放的不断深化，一方面，中国经济的发展面临巨大的资金缺口；另一方面，一些垄断国有企业利用其行业垄断地位，通过占有国有资产获得超额利润并进行过度投资，影响了国有资本的有效配置。此时，如何看待国有企业利润问题，如何合理地进行利润分红，已经成为一个不容回避的重大问题，解决不好会严重地影响国有企业改革的深化，影响国有资本的有效运营，乃至于影响整个国民经济的健康发展。[1]

8.4.2　国有企业进行分红的基础

科学、合理地分配国有企业利润，既要保证企业未来可持续发展，又能实现公共资源的有效配置。从国有企业收益分配制度的改革历程能够发现，无论是对国有企业放权让利还是到后来由企业产权制度变革引出的利润分红，都是由适时的经济体制和经济发展状况决定的。随着我国市场经济的发展，国有企业的经营状况、经营机制、治理结构都在不断改善与提高，企业收益分配制度也应当适时地进行变革与创新。

尽管我国国有企业的收益分配制度改革取得了一些新的进展和突破，但目前尚处于探索阶段，还有待进一步加强和完善。国有资本收益上缴比例的确定不够合理、国有资本经营预算需进一步完善、内部收益分配制度存在严重缺失，如何合理分配与使用收缴的利润，从而使全民受益的问题都迫在眉睫。

根据有关资料统计，我国自 2007 年开始试点收取部分中央企业 2006 年实现的国有资本收益，2008 年起正式实施中央本级国有资本经营预算。中央国有资本经营预算收入主要来源于试行范围内的中央企业上交的税后利润。数据显示，以上年实现利润按比例征收央企红利为主而实现的国有资本经营预算收入，2008 年、2009 年分别为 547.8 亿元、873.6 亿元，2010 年约为 440 亿元。而据财政部公布的数据显示，实现利润方面，2010 年全国国有企业累计实现利润 19 870.6

---

① 汪平主编：《基于价值管理的国有企业分红制度研究》，经济管理出版社 2011 年版，第 2 页。

亿元，同比增长 37.9%。中央企业累计实现利润 13 415.1 亿元，同比增长 32.7%。地方国有企业累计实现利润 6 455.5 亿元，同比增长 50.3%。2011 年全国国有企业累计实现利润 22 556.8 亿元，同比增长 12.8%，国有企业累计实现净利润 16 932.6 亿元。2012 年全国国有企业累计实现利润总额 21 959.6 亿元，同比下降 5.8%，国有企业累计实现净利润 16 068 亿元。而到 2018 年国有企业总收入为 587 500.7 亿元，同比增长 10.0%。国有企业实现的净利润为 24 653.7 亿元，增长 12.1%。[①] 按国际惯例，上市公司股东分红比例为税后可分配利润 30% ~40%，国有资本向国家上缴盈利普遍高于这个水平，例如，英国盈利较好的企业上缴盈利相当于其税后利润的 70% ~80%。2007 年恢复"红利"征缴以来，我国央企中上缴比例最高的资源性行业及垄断行业，也仅仅上缴税后利润的 10%。[②]

改革开放以来，国有企业利润有了快速增长，同时利润的过度留存致使国有企业具有了过高的投资率。与此同时，盲目投资、过度扩张或资金闲置等一系列的问题随之而生。因此，对国有企业的收益分配政策重新进行调整，科学处理企业利润留成和上缴之间的关系，有助于遏制国有企业进行过度投资和重复建设，促使其转向外部融资，提高投资质量和投资效率。在市场经济环境下，对国有企业特别是垄断性国有企业的利润进行重新分配，可以使我国的市场竞争机制更加公开、公平、公正。对国有企业的收益进行重新分配，可以让国有企业的经营效率得到提高，资金浪费的现象得到改善。

国有企业的所有权归于全民，其红利应该分配给谁，如何分配，这本不应该成为一个问题。而现实中的情况却不是这样。国有企业要么效率低下、效益微薄，要么收入、利润、规模突飞猛进，但不管出现了哪种情况，老百姓都难以获益。另一种情况是国有企业过多占有有限的经济资源，造成对民营经济的挤出效应，同时没有起到填补民营企业退出而出现的就业空缺。从近几年出现的各种情况看，后两种问题特别突出。

2011 年，国家国资委提出了央企分红权试点，首批试点企业为航天恒星和有研稀土。国资委副主任邵宁透露，今后将逐步扩大央企分红权激励的试点范围，待条件成熟后，再适时研究探索股权激励。[③] 国资委试图设计一种更加适合中央企业实际的激励模式，即：实行分红权激励而不是股权激励，激励对象是岗位而不是具体员工，选择了业绩增量而不是业绩存量。国资委希望通过在部分央企试点，既建立一种适应高新技术企业和院所转制企业的长效激励机制、调动广大科技人员积极性，又确保改革平稳推进、保持企业和谐发展。但是，作为一种

---

① 资料来源：根据财政部网站资料整理。
② 资料来源：人民网－人民日报，2011 年 2 月 21 日。
③ 资料来源：《上海证券报》2011 年 7 月 30 日。

经营激励手段，分红权试点仍然未触及国资问题的病根。这种试点，很有可能出现国有企业改革初期的厂长经理承包制时的问题，即国有企业管理层出于私心，即便能够提高经营效率，经营成果也将主要装进私人腰包，而造成收益分配上更大的不公平。同时，这样的激励也容易导致国有企业管理层有更大的冲动攫取社会资源，进一步恶化民营经济的生存和发展空间。

8.4.3　国有企业与非国有企业经营绩效高低之争

1. 国有企业经营绩效高于非国有企业

持这种观点的学者一致认为，国有企业经营绩效之所以高于非国有企业，其主要原因是：国有企业有非国有企业无法比拟的融资渠道和强大的融资功能；国有企业的产权制度可以克服一般企业的产权所有者的局限性，具有更强的承担风险的能力；国有企业投资决策的视野更为长远和可持续性；国有企业一般具有较高的社会信誉；国有企业特殊的产权制度决定了其经营行为有可能在考虑纯粹的商业利益目标外，还会承担一定的社会责任；发展中国家的国有企业除了具有上述功能之外，还具有替代企业家的功能——在民间缺乏合格企业家，必须由政府来替代民间企业家建立重要企业的情况下，建立国有企业往往成为唯一可行的选择。

里察·普雷克（Richard Pryke，1972）是这一观点的典型代表人物。他将国有企业经营绩效的相关研究区分为两类：一类是围绕国有企业实践活动进行绩效评价，以揭示国有企业的低绩效或高绩效的实证研究；另一类是从理论层面探究国有企业制度对企业经营绩效可能产生什么样的影响以及国有企业制度是如何导致企业绩优或绩差的规范研究。他指出，不少国有企业绩差论的倡导者是在没有做第一类研究工作的情况下，就带着先入为主的观点来进行第二类研究，其研究结论未免令人生疑。

里察·普雷克采用了效率二分法，将国有企业的效率问题区分为技术效率和分配效率。技术效率重点考察企业生产经营过程的效率水平高低；分配效率则主要分析企业产能规模及定价方式是否合理等问题。他认为技术效率比分配效率更为重要，根据这一思路质疑了国有企业制度必然导致资源配置低效率的假说。他认为：除少数极端情况外，资源配置不当所引发的分配效率损失是有限的，理论上颇具魅力的资源配置低效率假说在现实中不具有显著意义。里察·普雷克以1948～1968 年间英国国有化浪潮之后的国有企业为实证研究的对象。得出的研究结论是：一方面，这些国有企业在技术效率方面的表现，明确优于非国有企业；另一方面，即便采用严格的经济标准来衡量，这些国有企业的经营活动也没有导致明显的（资源）分配的低效率。总体看来，这些国有企业对增进国家福利产生了积极的影响，它们的经济实践是成功的。

里察·普雷克还验证了这样一个问题：即他所研究的英国国有企业表现出来的高经营绩效是否是偶然的？对此的回答是否定的。他指出：第一，虽然国有企业的效率受国有产权之外的其他因素的影响，但对不同行业的分析表明，处于研究期中的英国国有企业的高经营绩效是一种跨行业的普遍现象，而不是少数行业的国有企业的偶然表现。第二，同一时期里，其他国家国有企业也有同样成功的实践。比如，意大利的 IRI 和 ENI 公司——伊利集团（IRI）是意大利最大的、成立最早的国家控投集团公司，它是工业复兴公司的简称。它创建于 1933 年，当时成立的目的是为了拯救 1922 年世界经济危机重创下的意大利工业，它既控制了许多大的制造业，又管理众多的服务业，对推动意大利经济发展起到了积极的作用。埃尼集团（ENI）是意大利第二大国家控投集团公司，全名为国家碳化氢公司，成立于 1953 年。它拥有包括吉普（AGIP）石油公司在内的 300 多家公司，2018 年营业额超过 800 亿美元，是世界第七大石油集团公司；埃尼集团的业务量和投资有 2/3 与能源有关，主要经营石油、天然气和石油化工。有的学者研究将 IRI 和 ENI 的成功，归因为意大利政府体制的薄弱以及对国有企业的疏于管控，里察·普雷克则引用法国国有企业作例证，来说明国有企业是如何在法国政府部门严密监管的体制下同样取得成功的——在法国，国有企业的经营行为受到复杂的投资评价与价格政策体系的约束。

从中国企业实践看，国有企业的经营绩效总体上也明显高于非国有企业。2002～2007 年，全国国有企业销售收入从 8.53 万亿元增长到 18 万亿元，年均增长 16.1%；实现利润从 3 786 亿元增长到 16 200 亿元，年均增长 33.7%；上缴税金从 6 794 亿元增长到 15 700 亿元，年均增长 18.2%。国务院国资委监管的中央企业资产总额从 7.13 万亿元增长到 14.79 万亿元，年均增长 15.71%；销售收入从 3.36 万亿元增加到 9.84 万亿元，年均增长 23.97%；实现利润从 2 405.5 亿元增加到 9 968.5 亿元，年均增长 32.89%；上缴税金从 2 914.8 亿元增加到 8 303.2 亿元，年均增长 23.29%；总资产报酬率从 4.9% 提高到 8.3%，净资产收益率从 4.3% 提高到 11.9%。2008 年，受到全球金融危机影响，全国国有企业实现利润 11 843.5 亿元，同比下降 25.2%，但累计实现营业收入 210 502.3 亿元，同比增长 17.8%，已交税金 17 807.6 亿元，同比增加 2 421.4 亿元，增长 15.7%[①]。在金融危机的不利条件下，国有企业依然实现了较快增长，目前，我国的许多国有企业在生产规模、科技创新、全员工效、安全指标和发展速度等主

---

① 资料来源：根据财政部网站资料整理。

要技术指标上不仅在国内一流，在国际上也处于领先地位。[1] 这些情况表明，国有企业经营绩效的提高有着坚实的基础。

2. 国有企业绩效低于非国有企业

该观点认为，国有企业制度本身必然造成资源配置的低效率和浪费，而产权的国有属性，正是导致这种低效率的根本原因。在实践中支持这一观点的人认为，国有企业制度本身就是低效率的企业制度的代名词，而这种低效率只有通过产权改革才能根治。

为什么国有产权必然造成企业运营的低效率？国有企业绩效差的主要理由是国有产权内生激励不足的缺陷所导致的。一般认为，非国有产权可以为企业利益相关者提供追求经济目标的强激励，而国有产权在这个方面的效果则表现得较弱。一方面，在经济目标方面，政府股东难以为国有企业提供与非国有企业相比拟的激励，以驱使它们追求效率、生产率、创新和客户导向这类根源于市场关系的竞争性目标。另一方面，国有企业不仅在经济目标上的激励是供给不足的，它们还要分出精力去关注其他的非经济目标（如社会责任、公益事业等）。国有企业绩效差是一种影响力非常广的观点。一个重要原因是，20 世纪五六十年代，西方企业绩效研究兴起之际，恰逢国有企业由盛转衰，当时，不少学者对国有企业与非国有企业进行的比较研究，都得出国有企业绩效水平低于非国有企业绩效水平，从而需要加快改革的结论。这种政策导向和当时的政治经济形势演变的需要是相一致的，从而有利于"国有企业绩差论"影响力的发挥。

根据《中国统计年鉴（2010）》，2001～2009 年国有及国有控股工业企业累计获得利润总额为 58 461.82 亿元，2009 年的账面利润总额比 2001 年增长了3.89 倍。国有企业累计获得净利润约为 40 517.14 亿元，2009 年的账面净利润比2001 年增长了 4.37 倍。[2]

尽管国有企业利润率取得了明显的增长，但仍然低于非国有企业的水平。2009 全国非国有工业企业净资产收益率为 15.59%，国有企业净资产收益率为8.18%；前者几乎是后者的两倍。2001～2009 年，国有及国有控股企业加权平均的净资产收益率为 8.16%；而非国有企业为 12.91%，比国有企业高出 58.21%。[3] 由此可见，国有及国有控股企业的名义绩效也不够高。

即便如此，国有企业表现出来的绩效并非其真实绩效，是国有企业在享受着种种政策优惠，和民营企业在不平等的经营环境下所体现出的绩效。这种不平等主要体现在资源租金、融资成本以及政府财政补贴等方面。

---

① 罗志荣：《国企崛起是中国模式优势的重要体现》，载于《企业文明》2010 年第 2 期。

②③ 刘学山：《国有企业效率评价及改革》，载于《学习时报》2011 年第 12 期。

有些学者并不赞成那种彻底否定国有企业的观点。他们强调，国有企业的客观存在，即证明了国有企业制度的合理性与有效性。虽然在广泛的竞争性行业中，非国有企业比国有企业绩效好，但是，在非竞争性行业，在非国有资本不愿或不能介入的资本密集型行业或者是带有自然垄断性的行业，非国有企业比国有企业绩效更好这个命题很难站住脚①。对此，国有企业绩差论的倡导者强调，无需否认确实有一些国有企业在绩效表现上不显著次于非国有企业的现象，重要的是认识到，这些现象不具有普遍意义。②

另一类有影响力的观点是，国有企业绩优现象的出现，对环境条件的要求非常严苛。安德烈·施莱弗（Andrei Shleirer，1998）曾经对适于国有企业的狭窄生存空间作了如下描述：一是对产品或服务品质的要求难以充分地通过市场合约来实现；二是对创新的要求不是很高；三是竞争不充分或消费者的自由选择权受限。四是企业信誉机制难以有效发挥作用。罗曼·弗莱德曼（Roman Frydman，1997）则认为，国有企业表现出好绩效至少需要同时具备以下条件：企业所处的行业进入壁垒高，不易受到竞争威胁；行业的技术变革比较缓慢，且相对具有可预测性；企业自身有较好的产品与市场基础；企业的管理层是能够胜任经营活动的。这个阵营的学者们还指出，国有企业通常在资本密集型和缺乏竞争的领域开展经营活动，这种环境特性，易于助长企业内部人的机会主义行为和外部政府官僚的政治干扰，进而降低企业的运营效率。③

8.4.4　国有企业利润分红影响因素

影响国有企业分红比例的因素有很多，从内部因素来看，包括企业的投资需求、资本成本、财务状况等；从企业外部来看，包括国有企业发展所处的阶段、国有企业的类型、市场经营环境等。

1. 内部因素

（1）投资需求。国有企业的利润分配率应该考虑企业未来的投资需求，即是否有合适的投资机会。所谓合适的投资机会就是指企业有投资报酬率高于股东平均期望报酬率的项目，只有企业通过再投资给股东带来的利润大于股东拿这些分红去作别的投资获得的收益时，股东才会同意将这部分利润留在企业。当然，企业的投资机会往往受发展阶段和市场环境的影响，当企业处于高速发展阶段或者市场需求能力比较强时，往往会有较多的投资机会，发展前景较好；反之，处于

---

① Boubakri and Cosset, The Financial and Operating Performance of Newly Privatized Firms：Evidence from Developing Countries. Journal of Finance，June 1998：1081－1110.
②③ 余菁：《国有企业公司治理问题研究：目标、治理与绩效》，经济管理出版社 2009 年版。

衰退期的企业或者夕阳型企业的投资机会比较少，发展前景不乐观，就可以将获得的利润用于发放高额股利。因此，投资需求大的企业，可以选择低股利发放率，投资需求小的企业，可以选择较高的分红比例。所以大多数高成长的企业或者高科技公司往往很少分红。但是要注意的是，持续的高增长不一定有利于企业的长远发展。例如，美国的微软公司，曾经是一家选择不分红的高成长性的公司，但是在 1999~2003 年它的盈利增长率从 15% 下降到 6%，直到 2004 年微软留存利润达到 490 亿元时开始选择分红，其分红金额达到了盈利的 29%[①]。

目前，我国的国有企业发展情况参差不齐，有些企业盈利能力特别强，如电力行业、通讯行业等，有些企业盈利相对较差，如纺织、煤炭等传统的企业，在这样的情况下，如何确定国有企业利润分红比例成为一个难题。

（2）现金流量。企业资金的正常周转，是企业生产经营得以有序进行的必要条件。因此，保证企业正常的经营活动对现金的需求是确定收益分配政策最重要的限制因素。企业在进行收益分配时，必须充分考虑企业的现金流量，而不仅仅是企业的净收益。由于会计规范的要求和核算方法的选择，有一部分项目增加了企业的净收益，但并未增加企业可供支配的现金流量，在确定收益分配政策时，企业应该充分考虑这个方面的影响。

詹森在研究代理冲突的时候论及自由现金流量的概念，他认为，自由现金流量是指在满足全部净现值为正的项目之后的剩余现金流量。如果企业的目标是追求企业价值最大化，那么这种自由现金流量必须支付给企业的股东。自由现金流量越大，则股东财富也就越大。[②] 詹森认为，那些自由现金流量为正值的企业，按照自由现金流量理论可以解释股利支付率的未预见到的提高会提高企业的股票价格，而未预见到的股利支付率的下降会降低企业的股票价格。此外，为了对企业管理人员的行为进行约束，最大限度地减缓代理冲突，许多学者认为金额为零的自由现金流量才是最合理的。其基本理念是：掌握在管理者手中的现金存量越多，管理者对其进行不合理行为的可能性越大，企业所有者的利益受到损害的可能性也就越大。因此管理当局应当将企业在生产经营中所创造的所有的超过经营活动需要以外的现金流量，即企业的自由现金流量，完全分派给投资者。以此为基础，国有企业的红利在数量上就应该等于企业的股权自由现金流量，即将企业的股权自由现金流量全部返还给股东。因此，股权自由现金流量是国有企业现金分红之源，如果其实际发放的红利小于股权自由现金流量，则意味着企业存在现

---

① 高路易、高伟彦、张春霖：《世界银行：国有企业为何不向政府分红》，载于《商务周刊》2006 年 3 月。

② Jensen, Michael, and William Mecking, Theory of the firm, Managerial behavior, agency costs, and ownership structure. *Journal of Financial Economics*, 1976. 3.

金剩余或现金储备的增加；如果红利大于股权自由现金流量，则意味着企业必须通过发行新股等方式融入现金以满足股利支付的需要。

（3）资本成本与资本结构。资本成本是企业进行投资决策时所要求的投资报酬率的最低水平，达不到这一比率的，该投资项目的净现值为负值，会减少企业的价值；项目利润率超过投资报酬率的会增加企业的价值。从投资者的角度来说，资本成本就是他们要求的报酬率，是投资者根据投资项目的风险大小和证券市场的报酬率水平估计的比率。

一般而言，企业债务与权益资本之间应该有一个最佳比率，也就是最优资本结构，此时，企业的资本成本最小，企业价值最大。从实际操作来看，很少有企业会在一段时间内一直保持最优资本结构，例如，由于股利政策的不同，许多企业的权益资本比例会偏离最优资本结构。所以，企业在决定股利分配政策时，不仅要考虑到股东的利益，还要考虑股利分配对企业负债比例及资本结构的影响。对于负债较多的国有企业来说可以采取少分配股利，多留利润的方式，加大股权资本的占有比率；对于负债较少的企业来说可以多分配股利，少留利润，从而减少股权资本的占有份额，从而向最优资本结构靠近。

国有企业利润分红从本质上来讲就是财务中所提到的投资回报问题。国有企业投资回报，是对国有股东的回报，是国有股股东进行投资所要求的最低报酬率。由于长期以来的所有者虚位，国有企业对企业的资本成本的理解往往是基于表面的观察，对企业的资本成本的理解比较片面。即借来的债务是有资本成本的，而留存收益是自有资金，没有实际资本成本，因此只重视企业发行公司债券甚至银行借款形成的债务资本成本，而忽视由于不分派现金股利形成的留存收益形成的权益资本成本。这种对资本成本概念的错误理解造成的直接后果就是国有企业普遍存在过度投资的偏好，资本使用效率低。企业的资本成本应该是企业获利水平的最低限，是由投资风险决定的。因此，国有企业建立分红制度应该正确认识资本成本的概念，在重视资本成本的基础上，明确无论是通过债务融资、股权融资还是不分配股利形成留存收益获得的资本，都不是企业自己的，而是投资者的，都是有资本成本的。而且，股权投资者因为承担的风险比债权人更高，使得股权资本的要求报酬率也会更高。另一方面，国有企业的分红问题不仅是一个利润分配问题，更是一个融资决策问题，其关键在于如何安排内部融资、外部债权融资和股权融资之间的关系，从而使得国有企业的加权平均资本成本最低，企业价值最大。关于企业融资顺序的选择和安排，迈尔斯认为，由于非对称信息模型的客观存在，企业遵从的融资顺序是先内部融资，然后才是外部融资，在外部融资中首先会发行债券，然后是可转换证券，最后才是发行股票。按照该理论，留存收益即内部股权融资应是融资渠道的首选。

第8章 股利决策：理论模型与政策制定

（4）企业的增长潜力。世界银行中国代表处民营部门发展首席专家张春霖认为国有企业的分红比例应该以企业的增长潜力为依据制定。这也就意味着不能采用"一刀切"的方法来制定分红比例，一个适合不同行业、不同企业的分红比例不可能是一个正确的、合理的分红率①。与一个正处于高速增长的企业来说，处于成熟期的企业应该有更高的分红率，因为高速增长的企业可以用获得的利润发展有前途的创新投资项目。实际上，如果国有企业分红比例充分考虑了企业的发展潜力，那些有创新能力和竞争能力的国有企业更能脱颖而出，反之缺少创新和竞争意识的企业慢慢会被淘汰，这样就会进一步优化整个国民经济的结构调整，有利于国有企业的可持续发展。

2. 外部因素

（1）国有企业的类型。国有企业根据是否对资源具有垄断性可以分为垄断类国有企业和非垄断类国有企业。垄断类国有企业是指对某种资源具有垄断性或者涉及国家安全和社会安定的企业，如国家电网、中国石油、中国石化等。这些企业都是依靠垄断资源获得的高额利润，而资源是属于全体国民所有的，应该将利润取之于民、用之于民。对这类企业应该制定较高的分配比例，将收到的利润分红用于涉及到国计民生的基础设施建设、完善社会保障体系等方面。而对于一般竞争性行业中的企业，国有经济就可以根据投资需求、盈利能力等因素制定合适的分红比率。

（2）国有企业（行业）的发展阶段。根据生命周期理论，市场一般经历发展、成长、成熟和衰退几个阶段，企业也不例外。企业在每一个阶段的财务状况、盈利能力都会发生很大的改变，从而影响到分红比例的确定。对于处于发展和成长阶段的企业来说，它们有很多的投资机会，需要大量的资金，而且发展潜力较大，这类国有企业的利润应该大部分留存企业，保障企业发展中的资金需求。但是对于处于成熟甚至衰退阶段的国有企业来讲，应该在保证企业基本资金需求的基础上最大限度地向股东分红。

（3）公众的态度。社会大众对不同行业的分红比例的期望值也不尽相同。例如，大众对于煤炭、电力、石油、通信类等垄断性行业要求的分红比例最高，对于农、林、牧、渔、机械设备类则不仅不应该收取红利反而还应该加大投资，保证这些行业的健康发展。因此，在确定行业的分红比例时，可以在基本分红比例的基础上附加一个浮动比例，这个浮动比例主要适用于资源垄断性行业。因为资源垄断性企业获得高额利润并不是因为采取了科学的管理方法或者先进的技术，

---

① 韩洁：《世行：分红比例应以企业潜力为依据》，载于《瞭望新闻周刊》2007年第39期，第12~14页。

293

而是将属于全民所有的资源作为商品出售获得的，理应通过这个浮动比例上缴国家财政，专门用于社会基础设施建设和保障体系的完善。

8.4.5　国有企业利润分红比例设计

1. 国有独资企业资本收益分红比例设定

（1）国有垄断企业资本收益分红比例设定。所谓国有垄断企业，简言之，是指享受国家给予的政策，从而控制社会生产，操纵和独占市场的企业。在一个行业中只有少数几家企业或机构提供绝大多数该服务或产品的行业都属于垄断行业，例如供电输电业、电信服务业、石油天然气开采加工行业等等。这些垄断企业的超额利润主要来自占有国家垄断资源，并且盈利非常丰厚。由于不向国家股东分红，使得大量的利润予以留存，形成了我国国有企业重要的资金来源。然而，由于企业内部留存收益的重新配置缺乏来自外部的严格审核和制度监督，因此容易导致内部人行为，即企业内部人为了企业或者部门利益，利用内部留存收益进行过度投资，从而导致资金使用不科学、投资效率低下，损害了投资者的利益；或者将留存收益在垄断企业内部进行分配。因此，对于这些垄断行业实现的净利润，除了根据企业战略规划和预算，留存必要的、用于企业未来可持续发展的资金外，其余部分应全额上交（例如意大利国有企业的利润分配每年将盈利的20%留归企业作为储备金，15%作为科研开发特别基金，其余65%上缴国库部[①]）。

对于国有垄断企业剩余利润全额上交这一设计方案，在实际操作中需要注意二点：第一，企业留存的利润必须是预算内的，其再投资要符合国家战略意图、国有经济布局调整的总体思路和方向，以及企业战略规划的需要；第二，企业留用利润的再投资报酬率必须大于股东要求的必要报酬率，或者说企业再投资项目必须给企业带来正的净现值（公益性投资除外）。如果企业达不到上述两个要求，企业所有实现的利润都应该全额上交。当然，对于政府来说，一个国有企业保持持续的、良好经营能力是非常重要的。为此，国有企业的经营者可能出于企业持续经营、发展的考虑，与政府进行谈判，尽量提高企业利润留存比例。在这种情况下，政府可以根据具体情况进行相应调整。

（2）非垄断国有企业资本收益分红比例设定。对于非垄断企业（主要包括制药、汽车、钢铁、运输、电子、贸易、施工、饮料制造业等竞争性相对较强行业中的企业）而言，由于其行业竞争相对激烈，利润不像垄断企业那样丰

---

① 王金存：《世界国有企业比较研究》，华东师范大学出版社1999年版，第240页。

厚。在这类企业利润分红方案的制定中，可以采取类比方法，选取部分关键财务指标（如市盈率、每股收益、净资产收益率等）相类似的同行业上市公司，参考其所获得净利润中支付红利的比例，确定国有独资企业国有资本红利分配比例。

鉴于上市公司的行为市场化程度比较高，上市公司红利支付方案的制定来自市场无形的调节作用，其利润分红比例存在内在的合理性。这样，政府不仅能够节省一对一谈判带来的巨额成本，避免了粗放的一刀切带来的行业或企业间的不公平，同时更能够充分利用市场潜在的规律进行相对合理的红利分配。所以，对一般非垄断国有企业，可以选取同行业上市公司平均的净资产收益率相类似的公司，参考其所获得净利润中所支付红利比例来确定。

2. 国有控股企业资本收益分红比例

国有控股企业是指在企业的全部资本中，国家资本股本占较高比例，并且由国家实际控制的企业。包括绝对控股企业和相对控股企业。国有绝对控股企业是指国家资本比例大于 50%（含 50%）的企业，包含未经改制的国有企业。国有相对控股企业是指国家资本比例不足 50%，但相对高于企业中的其他经济成分所占比例的企业（相对控股），或者虽不大于其他经济成分，但根据协议规定，由国家拥有实际控制权的企业（协议控制）。国有控股企业是一种担当国有资产出资主体、受国有资产管理部门的委托或授权，对国有资产行使产权管理等所有者权益的企业法人，它在国有资产所有者代表界定的范围内，承担国有资产营运的职能，履行国有资产保值增值的责任。国有控股企业不以政府的政策目标作为企业的主要目的，而是以独立的市场主体资格出现，通过资本纽带控制所控股的企业，扩大国有资本的支配力，行使国有资本所有者的权利。目前我国国有企业已经建立起现代企业制度，其分红制度的设计可借鉴西方发达国家股利政策的实践和股利理论研究成果。然而，我国国有企业的投资者与企业之间的特殊关系使得国有企业分红制度的设计不能简单模仿股份有限公司的股利政策，由于国有企业有不同于上市公司的一些特点，如国有企业的国家股份流动性较差，不仅不存在公司的控制权市场，股东甚至不能"用脚投票"，这就使得国有企业的投资者关系管理具有特殊性，使得国有企业不必担心支付不固定的股利对于投资者关系的影响，从而可以采用自由现金流量作为其分配红利的基础。按照传统的股利理论和实践，大多数企业是以其可分配利润为基础来制定股利政策的。因此，国有企业派发红利可以按照剩余股利原则来确定利润分红政策。即：企业根据预算规划，首先满足预算内各种投资所需资金支出，而后依据利润剩余情况和以往企业股利支付水平，合理确定股利支付率，再以股利支付率乘以企业的可分配利润作为国有企业利润分红的依据。

按照剩余股利原则计算的红利分配需要依据利润表以及利润分配表中的数据资料。由于盈余管理行为的广泛存在，会计政策的可选择性、会计估计等问题的存在，企业的会计利润具有很大的随意性，将企业的可分配利润作为国有企业现金红利的依据可能存在一定的局限性。

为了解决这一问题，也可以选择企业的股权自由现金流量作为分红依据，即将企业的股权自由现金流量全部返还给股东，按企业的自由现金流量进行分红。但这里涉及到一个具体操作问题，即如何激励和约束企业及时地将自由现金流量返还给投资者，以及如何正确计算国有企业的股权自由现金流量。自由现金流量的计算比较复杂，需要依赖正确的企业资本成本。从企业的角度讲，资本成本是进行投资决策时必须严格遵守的报酬率水平的最低标准，达不到这一标准的投资项目按此资本成本折现后的净现值为负，不仅不会增加企业价值，反而会减损企业价值；从投资者的角度讲，资本成本则是其要求的报酬率水平，是投资者根据投资项目的风险水平和证券市场上的报酬率水平估计、确定的报酬率水平。而评价一个企业是否存在投资机会，基本原则是投资报酬率至少等于投资者要求的最低报酬率。当现金流量是根据股权估计时最低报酬率就是股权资本成本。因此，分红时可以估计企业进行投资的每一项目的预期现金流量，并计算出每一项目的净现值和内含报酬率，以此来估计项目的质量或投资机会。

由于国有企业资本成本的确定比较困难，目前可以选择的方法有两种：第一种是依据行业上市公司的数据修正得出国有企业的行业资本成本。首先，根据上市公司中的行业风险设定行业资本成本，即用行业内所有上市公司的股票收益率按公司市场价值加权求出行业股票的收益率，用其与大盘收益率回归求得行业贝塔系数，其次运用资本资产定价模型计算行业的股权资本成本。最后，计算出行业的加权平均资本成本。第二种可以以行业平均的净资产收益率作为选择标准计算出行业的加权平均资本成本，以上述两种计算结果修正后作为国有企业取舍投资机会的依据，进而得出国有控股企业的自由现金流量，并及时将企业的自由现金流量返还给投资者。

3. 国有参股企业资本收益分红比例

国有参股企业是指国有资本不占控制地位的股份制企业，国有参股企业一般存在于竞争性领域，并不涉及国计民生的重大问题，国有资本之所以在这类企业参股，完全在于该类企业具有较强的盈利能力。我国的国有参股企业类似于西方国家的商法中的国有企业，对于国有参股企业应当视同于一般工商企业。这部分企业由非国有资本控股，国有资本搭非国有资本的"便车"，以保值增值为目的。在这类企业中，国有股东与其他股东一样，按照投入企业资本的比例享有资产受益、重大决策和选择管理者等权利。国有参股企业的社会责任并不明显，营利目的十分明确，是公有制的实现形式之一。鉴于国有参股企业的公司性质，且国有资本比重不大，因此对该类企业可以按照一般利润分配程序确定分红比例，即参股企业应付国有投资者的股利、股息，按照股东会或者股东大会决议通过的利润分配方案执行。

　　总之，由于国有企业情况复杂，在利润分红制度设计时，一方面，国有企业具有其他资本的逐利性质，要从企业的盈利状况、现金流量、投资机会、资本成本、行业发展前景等方面出发确定利润分红比例。另一方面，由于国有企业具有公共产品性质，如维护社会稳定、增加就业、促进经济增长等。因此，可以根据国有经济布局和结构调整战略建立一种调整机制，适时、适度调整利润分红水平，政府可以凭借其国家权力来实现某一时期国家对于宏观调控的意志，比如降低某一类国有企业的资本成本，提高另外一类国有企业的资本成本或在企业发展不符合国有经济布局和结构调整战略的情况下可以提高集团公司的利润上缴比例，等等，以此形成对不同类型企业的不同的政策倾斜。

第二部分　证据检验

第9章
公司治理、控制权争夺与经济后果

9.1 控制权争夺：起因与过程

9.1.1 山水水泥股权结构与控制权

1972 年山东水泥厂（山水水泥的前身）成立，1977 年投产运行。然而由于管理不善，营销不利，加之企业产能低、能耗高等多种原因，致使山东水泥厂的发展一直不尽如人意。

1990 年，张才奎担任山东水泥厂党委书记兼厂长。上任初始，张才奎面对一个困难重重、即将破产的企业进行全方位改革，通过加强成本管理和控制、实施生产责任制等一系列措施，强化经营管理，提升生产效率。山东水泥厂当年实现盈利，市场迅速得到拓展。

1997 年，山东水泥厂变更为山东山水。2001 年，济南创新投资管理有限公司成立（其前身为山水投资）。创投公司的资金来源主要是张才奎、李延民等 9 名山东山水高管和两千多名公司职工的现金集资款。

2004 年 10 月，以济南创新投资管理有限公司为平台，通过与济南市政府签署国有股权转让协议，同时引入美国摩根士丹利、国际金融公司、鼎辉投资公司，成为中国第一家引进国际财务资本的水泥企业。2006 年，张才奎等山东山水管理层在开曼群岛注册成立中国山水水泥集团有限公司（简称"山水水泥"），张才奎担任董事长。

2008 年 7 月 4 日，山水水泥在港交所挂牌上市，成为第一家在香港红筹股上市的中国水泥企业。山水全部公司中，山水投资作为控股平台，持有山水水泥股份的 32.27%，是山水水泥第一大股东（控股股东）。根据香港法律规定，股份公司股东人数应在 50 人以下，因此在山水投资的成立过程中，采用了酌情信托的方式，为此分别成立张氏信托和李氏信托，代 3 939 名员工持有股份。张才奎为张氏信托的委托人，另一高管李延民为李氏信托的委托人。这时，山水投资的股权结构为：张氏信托占 65.55%（张才奎 13.18%，职工 52.37%），李氏信托占 16.19%（李延民 6.79%，职工 9.4%），其他 7 名高管占 18.26%。

随后几年公司对股权结构进行了调整。山水水泥控股关系图如图 9-1 所示。

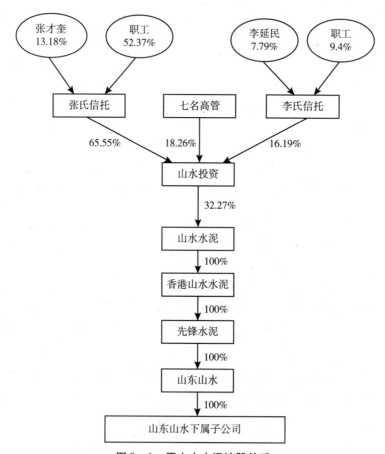

图 9-1 原山水水泥控股关系

资料来源：根据山水水泥上市公告及年报资料整理。

2011 年 1 月，李氏信托下的所有股份全部转至张氏信托。至此，除 18.26% 的股份由 7 名高管持有外，张氏信托持有山水投资 81.74% 的股份（其中 13.18% 属于张才奎个人，其他则为代管的职工股份）。作为员工股权信托的代理人，虽然实际出资占比只有山水投资总股份的 13.18%，但张才奎成为山水投资的实际控制人，其对山水水泥的控制地位得到进一步加强。

9.1.2 控制权争夺与利益冲突

1. 山水投资股权之争

（1）酌情信托诱发控制权争斗。2001 年，山东山水前身济南山水集团张才奎、李延民等 9 名高管与 2 518 名职工（由于股权转让，2005 年人数达到 3 947 人）现金集资入股成立济南创新投资管理有限公司。2004 年，济南创新投资管理有限公司收购济南山水集团全部国有资产，并将济南山水集团更名为现今的山东山水。

2005 年，为配合公司上市，山东山水在香港注册成立山水投资（前身为济南创新投资管理有限公司），发行 100 万股份。股东组成为张才奎、李延民、于玉川等 9 名高管，以及 3 939 名山东山水职工；按照香港法律规定，股份公司股东人数不能超过 50 人，3 939 名山东山水职工股份分别注入以张才奎为委托人的张氏信托和以李延民为委托人的李氏信托。这时，张氏信托共有股权 65.55%（张才奎 13.18%，职工 52.37%），李氏信托共有股权 16.19%（李延民 7.79%，职工 9.4%），其余 7 名高管共有各自出资股权 18.26%。

职工与张氏信托、李氏信托签署的是酌情信托，根据信托协议，张氏、李氏拥有绝对自行决定权。2011 年 1 月，李氏信托下的所有股份全部转至张氏信托。这样，张才奎通过张氏信托控制了山水投资 81.74% 的股份，而于玉川等 7 名显名小股东一共控制了剩余 18.26% 的股份。张才奎个人实际出资占比只有 13.18%，却通过张氏信托绝对控制山水投资，成为山水投资董事长。

（2）股份回购引发争端。2013 年 11 月 12 日，山水投资向 7 名高管与 3 939 名职工发出两份文件——《山水投资股份回购方案》和《境外信托退出性收益分配方案》。按照文件内容，高管和员工在山水投资中的股份将被回购，回购资金来源于山水投资从上市公司山水水泥获得的分红，回购资金将在 30 年内发放完毕。方案若得到顺利执行，张才奎将实现对山水投资的完全控股。

由于这一回购方案的不合理性，引起了前高管和员工股东的强烈不满和集体维权。在前高管的带领下，员工一方面向香港法院发出申请，要求解除与张才奎的股权信托关系，张才奎将不再担任员工在山水投资的代理人并归还每个员工的个人股权；另一方面，员工向法院申请了托管令和禁止令，托管令的内容为在案件审判之前，员工股份将交由第三方机构管理和行使相关权利；禁止令的内容为张才奎只有在得到山水投资所有股东的同意后才可以作为股东的代理人在山水公司行使投票权。

（3）收购与反收购。由股权回购引发的山水水泥员工集体维权事件发生后，张才奎为了掌握公司的控制权，策划引进外部战略投资者。于是选择中国建筑材料集团有限公司（以下简称"中国建材"）为战略合作伙伴。双方协商，由中国建材出资完成对山水投资部分职工股份的收购。处于对这一收购方案的不合理性和对自身利益的保护，员工股东再次向香港高等法院提起诉讼，要求法院禁止中国建材的这一行动。由于员工股东的强烈反对，最终这一"反收购"诉讼让张才奎的收购方案没有实现。

引入外部战略投资者的计划失败后，张才奎将目标转向上市公司山水水泥的控制权，他策划由中国建材出资直接购买山水水泥的股票，稀释山水投资在山水水泥的股权，从而绕开山水投资去掌控山水水泥。2014年10月27日，中国建材以每股2.77港元的价格认购了山水水泥对其定向增发的5.631亿股。这样，中国建材在山水水泥的持股比例达到了16.67%的，成为山水水泥第二大股东；而第一大股东山水投资在山水水泥的股比由原来的30.11%降至25.09%。

（4）控制权争斗结果。2015年5月20日，香港高等法院针对解除张氏信托一案作出判决：山水投资的职工股持有者所持股份由张氏信托代持转至第三方安永会计师事务所。随后，随着更多职工股东加入，安永会计师事务所代持股份达到45.63%，而张才奎控制的股份则降至36.11%。张才奎对山水投资的控制权被严重削弱。

随即安永向山水投资派出3名董事，并在此后又提名通过2名独立董事，张才奎父子在山水只有2名董事名额，从而彻底失去了对山水投资的控制权。山水投资的控股关系也由此发生的重要变化（见图9-2）。

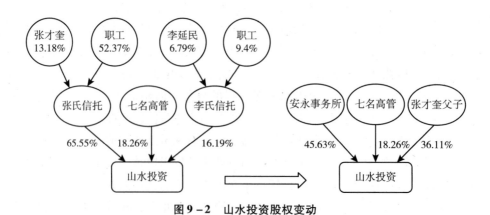

图9-2　山水投资股权变动

资料来源：根据山水水泥上市公告及年报资料整理。

2. 山水水泥股权之争

（1）战略投资者引进。首次引入外部战略投资者（中国建材）失败后，张才奎等为了巩固对山水水泥的控制，采取引入"白衣骑士"策略。2014 年 10 月，张氏父子的"白衣骑士"中国建材以每股 2.77 港元认购了山水水泥 16.67% 的股份。

张氏父子通过引入中国建材在很大程度上巩固了自己在山水水泥的控制权，同时他们还计划协调中国建材帮助收购山水投资的职工股，以进一步帮助自己巩固在山水投资的控制权。然而，让他们忽视的是山水投资在山水水泥的持股比例被严重稀释，由原来的 30.11% 降至 25.09%，这就意味着其他投资者可在不达到法律规定 30% 要约比例的前提下，超越山水投资成为山水水泥的第一大股东。

在张氏父子引入中国建材之前，山水水泥的股东除了第一大股东山水投资以外，还有第二大股东亚洲水泥股份有限公司（以下简称"亚洲水泥"）。大股东山水投资内部纷争导致的山水水泥股权稀释，对于任何一个资本巨头而言都是一个巨大的诱惑；亚洲水泥的目的不仅仅是第二大股东的身份，更何况中国建材的引入已经令其沦落第三。

2014 年 11 月，亚洲水泥在二级市场上斥资 9.05 亿港元进行大量股份收购，至 2014 年 12 月 1 日，亚洲水泥购买了山水水泥 2.2794 亿的股份，持股比例由原来的 13.42% 飙升至 20.90%，超越中国建材重夺第二大股东地位，并直逼山水投资的 25.09%。

同属中国水泥行业巨头的天瑞集团股份有限公司（以下简称"天瑞集团"）早就觊觎山水水泥的销售市场，旗下天瑞水泥制造产业是河南省最大的水泥企业。山水水泥在资产规模和销售收入上略胜天瑞水泥，同时牢牢控制着山东水泥产业的头把交椅。山水水泥此次大股东内部纷争，加上股权被严重稀释，为天瑞集团提供了难得的良机；如果能够通过股权收购而控制山水水泥，便可以轻轻松松达到整合扩大的目的。于是，进入 2015 年，天瑞集团在二级市场进行股份收购。截止到 4 月 15 日，天瑞集团斥资超过 50 亿港元收购了山水水泥 28.16% 的股权，成功超越山水投资成为第一大股东。

（2）董事会重组。天瑞集团成为第一大股东后，为了实现对山水水泥的控制，开始积极运作，力图通过召开股东大会对山水水泥董事会进行重组。但是由于张氏父子的不配合，天瑞集团的两次提请都未成功，天瑞集团势力没能进入山水水泥董事会。

2015 年 6 月 18 日，天瑞集团再次要求召开股东大会，这次山水水泥第二大股东山水投资站在了天瑞集团一方。在股东大会上，天瑞集团提名的董事会候选人并没有得到通过。这是因为香港高等法院认为，作为员工股份托管方，安永会计师事务所不应该加入到山水水泥董事会席位的争夺中去。天瑞集团改组董事会的目的再次未达成。

2015 年 10 月 13 日，在天瑞集团的要求下，山水水泥第二次股东大会召开。在股东大会召开之前，山水投资便以董事会议案的形式做出了在股东大会上支持天瑞集团的决定。但在股东大会上，山水水泥第三大股东亚洲水泥对山水投资的决定提出了异议，来自中国建材的大会主席以此为由判定山水投资在此次股东大会上无投票权。天瑞集团改组董事会的计划再次失利。同年 10 月 30 日，天瑞集团再次提出召开股东大会的要求。面对天瑞集团的步步紧逼，张才奎父子决定孤注一掷。他们未知会其他股东，通过山水水泥擅自发布公告，称公司一笔巨额境内债将无法按期偿还，这将形成违约，因而向开曼法院提交申请要求对山水水泥进行破产清盘操作。面对张才奎父子的破产计划，山水水泥大股东天瑞集团紧急向法院澄清，请求对这一申请进行否决。而后清盘申请被撤销，张才奎父子不顾后果的破产计划未能实现。

12 月 1 日，山水水泥第三次股东大会在香港地区召开。此次股东大会上，大会主席由香港高等法院委任独立人士担任，而中国建材、亚洲水泥均缺席会议，天瑞集团、山水水泥取得压倒性优势。山水水泥新任董事长为天瑞集团董事长李留法，执行董事均来自天瑞集团、山水投资。至此，经过三次股东大会，天瑞集团成功控制山水水泥，成为真正意义上的第一大股东。

（3）控制权争斗结果。此前，山水水泥的主要股东是山水投资、亚洲水泥。其中山水投资是公司第一大股东，占有股份 30.11%，亚洲水泥是公司第二大股东，拥有股份 13.42%。山水水泥股权之争后，山水投资的第一大股东地位旁落，由天瑞集团取代，自己变为第二大股东；亚洲水泥则从第二的位置落至第三，在山水水泥的话语权进一步降低；中国建材成为山水水泥第四大股东。山水水泥由最初的两大股东控制变成现在的四大股东控制，山水水泥的控股关系也由此发生的重要变化，如图 9-3 所示。

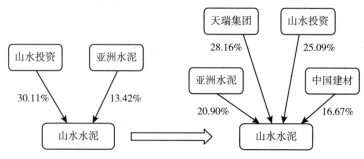

图 9-3 山水水泥控股关系变动

资料来源：根据山水水泥上市公告及年报资料整理。

3. 山东山水控制权之争

（1）修改公司章程。由于山水的企业结构分为多级，自上而下山水投资控股山水水泥，山水水泥通过控股香港山水水泥、先锋水泥控制山东山水，山东山水下面是 100 多家子公司。这样的一种分级结构，为山水水泥控制山东山水带来了困难，其中就是山东山水的章程修改可以不必考虑山水水泥。

2015 年 10 月 13 日，天瑞集团发起的第二次股东大会上，张斌虽然保住了山水水泥董事长一职，但也深知大势已去。为了能够持续控制山水水泥的主体公司山东山水，10 月 14 日张斌利用其暂时控制的先锋水泥，修改了山东山水的公司章程。

根据公司分级结构，山东山水的直接股东是先锋水泥，而山水水泥没有直接控制山东山水。所以，山东山水的公司章程修改原则上只要经过直接股东先锋水泥的批准即可，不必通知山水水泥；虽然张氏父子在山水水泥的控制权有所削弱，但当时先锋水泥的控制人正是张氏父子，因此山东山水修改章程其实只要经过先锋水泥张氏父子同意即可。

随后，公司章程被修改为：董事任期 3 年，未经当届董事会决议通过，不得修订公司章程改变董事会组成方式或董事人数；在董事任期内，除非发生《公司法》"第一百四十六条"规定的不得担任董事的情形，股东不得解除其职务。章程的修改直接导致 3 年内股东无权变更山东山水的董事会，使得张氏父子可以持续控制山东山水。

同年 12 月 1 日，天瑞集团、山水投资控制了山水水泥后，相继又控制了香港山水水泥、先锋水泥，但是在对山东山水的控制上却受到了阻碍。

（2）司法对决。2015 年 12 月 3 日，先锋水泥发布公告，罢免张才奎、张斌父子山东山水董事职务，同时终止其在山东山水的一切职务。与此同时，先锋水泥立即着手恢复山东山水公司章程，以便顺利接管。

但对于先锋水泥的公告，张才奎、张斌暂时控制的山东山水董事会对此拒不承认。并在官网发布针对性公告，指责上市公司山水水泥的公告为虚假不法公告，因天瑞集团及关联人士向山水投资小股东支付超过 5 亿元款项而涉嫌违反香港及其他地区的法律法规，"山东山水董事、监事、高级管理人员将持续履行职责"。山东山水甚至以几名维权高管侵权为由，将其诉至济南中院。

为了有效完成对山东山水的接管，山水水泥、香港山水水泥、先锋水泥（以下共称为"三公司"）将山东山水董事会诉讼至香港高等法院。

2016 年 1 月 8 日、1 月 13 日，香港高等法院对张才奎、张斌作出禁止令与判决：要求张才奎、张斌将担任三公司董事或其他高级管理人员期间取得的关于三公司的电子形式及非电子形式的物品、记录等资料归还予三公司；限制张才奎、张斌或任何雇员代理、协助其中一人或两人执行 2015 年 10 月 14 日被非法篡改的山东山水章程修正案；限制张才奎、张斌或任何雇员代理、协助其中一人或两人挪用山东山水或附属公司的任何资产；要求张才奎、张斌纠正（恢复）非法修订的山东山水章程。

香港高等法院的宣判给了山水水泥新董事会巨大的司法支持，尽管如此，新董事会仍然忧心忡忡。山东山水的注册地是在山东济南，如果张才奎、张斌拒不履行香港高院的判决，那么这一判决似乎就无"用武之地"了。事实上，山水水泥的担心不无道理。

山水水泥失去对山东山水的控制后积极寻求司法程序的支持，但对于面临紧急债务问题的山东山水却是需要分秒必争的；因此，山水水泥必须寻找能够更快接管山东山水的途径。既然山东山水不再服从山水水泥，那么就可以通过"釜底抽薪"控制山东山水旗下子公司的策略，孤立架空山东山水，从而迫其就范。

2016 年 1 月 26 日，香港高等法院判决最后执行期限到期。山水水泥九省 2 000 名员工聚集在山东山水总部门口，要求山东山水归还公章。政府工作组也随即做出安排，将联合济南中院强制执行香港高院对张氏父子的判决，交出公章等重要印鉴资料，交出违法侵占的集团原总部和企业。1 月 30 日，政府协调工作取得成功。至此，山水水泥对山东山水的强制接管工作取得阶段性胜利。

（3）再起争端。在山水水泥控制权争夺中，天瑞集团联合山水投资改组了山水水泥董事会，在董事会中占据了大部分席位，后续又取得了对山东山水的实际控制权。但是天瑞集团取得山水水泥控制权后，并未实际参与运营管理，而是任命宓敬田为集团副董事长，带领一批原山东山水高管主持山东山水的实际运营工作。根据规定，公众在上市公司的持股比必须在 25% 以上，在首次控制权争夺中，山水水泥的公众持股比已降至不足 10%。此外，由于控制权争夺过程中的管理混乱，山水水泥有 46 亿元债务违约。在多个要素的共同作用下，山水水泥于 2015 年 4 月 16 日被迫停牌。

2016 年 6 月，山水水泥董事会计划通过"一配四"的方式恢复公众持股量，即每一股现有股份可认购四股新的公司股份。这一计划因遭到山水投资反对而未能实行，山水投资认为配售新股将严重损害山水投资特别是员工股东的权益。9 月 3 日，山水水泥董事会再次提出股票配售计划。计划内容为向不少于六名独立承配人配售 9.1 亿股以上的山水水泥股票，配售价格不低于 0.5 港元。山水水泥董事会希望通过这一方案实现山水水泥的复盘。宓敬田等高管再次反对这一计划。他们认为配股价格过低、不能真实反映山水水泥价值，将损害员工股东利益。同时，山水投资全体被托管人要求廖耀强必须反对该配售方案，否则他们将坚决要求香港法院更换托管人。

2016 年 12 月，宓敬田通过媒体向公众宣称，在新董事会的领导下，山水集团 2016 年已经走出了亏损，实现了盈利，公司债务问题也将得到有效解决。山水水泥董事会称宓敬田的行为属于泄露公司机密信息，损害了公司利益，并以此为理由对宓敬田展开调查。

2017 年 1 月 12 日，山水水泥对外公告，免除宓敬田包括山东山水副董事长在内的一切职务。宓敬田对这一决定表示反对。对立形成后，山水水泥与山东山水之间的矛盾不断加剧。在山水集团 2017 年初举行的年度工作会议上，宓敬田仍以公司主要领导人的身份做了报告。他多次通过媒体对外表示，除非更换接管人并重组山水投资和山水水泥的董事会，否则山东山水将不承认任何山水水泥指示的有效性。

2017 年 3 月 13 日，山水水泥再次对外发布公告，免除宓敬田等 6 人在山东山水担任的职务。同年 4 月 6 日，宓敬田以山东山水集团党委、董事会和经营班子的名义召开媒体通气会。他在会议上宣传山水水泥年报中的亏损是为了低价增发股票，是对员工股东利益的损害。他同时宣称山水水泥的经营正在改善，公司将有能力解决债务问题。山东山水下属 100 多家分子公司的管理人员在场外收听了会议情况。次日，山水水泥就公司近期控制权争夺及债务问题召开新闻发布会。在新闻发布会上，山水水泥高管李和平宣称，关于控制权的争斗已经影响了山水水泥对债务的偿付能力，目前已经将原山东山水副董事长宓敬田诉讼至山东省高院。

2017 年 8 月 8 日山水水泥披露，济南市政府正协助公司重组山东山水的董事会及管理层，以解决山东山水前高级管理层非法占领山东山水总部的问题，并要求公司各方股东以负责任的态度解决股权纠纷，以保证公司的正常运营。

9.2　控制权争夺：矛盾根源与理论分析

9.2.1　公司控制权争夺：矛盾冲突

1. 实际控制人与员工股东的矛盾冲突

员工持股计划（ESOP）又称员工持股制度，是员工所有权的一种实现形式，是企业所有者与员工分享企业所有权和未来收益权的一种制度安排。实行员工持股，使员工不仅有按劳分配获取劳动报酬的权利，还能获得资本增值所带来的利益。同时可以加强员工的主人公意识，提升企业核心竞争力。员工持股制度作为完善公司治理结构，增强员工的劳动积极性和企业的凝聚力的一种手段，越来越受到政府及企业界的关注。

山水水泥是由国企改制而来。在国转民过程中，员工期望通过这种模式能有效弥补投资主体缺位所带来的监督弱化、内部人控制严重等问题，以便在公司的未来发展中保护自身利益。然而，虽然山水水泥整体上发展良好，市场地位不断提高，业务规模不断扩大，但员工股东并没有在这期间获得相应的股利收益。与之形成鲜明对比的是张才奎等每年都享有高额的薪酬。更加不合理的是，作为公司管理人员的张才奎除了每年从公司领取巨额薪酬之外，还从山水投资获得了巨额酌情花红（如 2010 年和 2011 年的金额分别高达人民币 3 058.9 万元和 1.4387 亿元）。

在山水水泥上市之前，张才奎以山水投资为主体向 CCBI 进行了债务融资，山水投资 2008～2012 年从山水水泥得到的分红大部分被用作对这笔融资的偿还。在山水水泥上市前的股权发售中，通过融资得到的资金全部以资本投资的形式进入山水水泥，从而巩固了山水投资在山水水泥第一大股东的地位，使其控制权更加稳固。对山水投资所得分红的不合理使用之所以能够实现，是因为员工股东与张发奎之间签订的是酌情信托。

员工股东虽然也是山水水泥的所有者，但他们是通过山水投资间接持有的山水水泥股权，这决定了他们没有办法通过出售股票获得收益，因而分红便是他们作为股东的唯一经济回报方式。由于酌情信托的存在和张发奎的控制权私有收益行为，员工股东虽然持有股份，但未因此获得任何经济收益，从而侵犯了员工股东的合法利益，也为日后张发奎与员工股东之间的冲突埋下了隐患。

2013 年 11 月，张发奎通过山水投资向员工发出通知，提出购买员工手中持有的山水投资股权，试图通过这一方式使自己成为山水投资真正的所有者，巩固自己在山水投资的控制地位，但是由于其所提方案具有极大的不合理性，严重损害员工经济利益，引起了员工的强烈反对。

根据张发奎所提方案，在签署文件之后，员工股东将不再从山水投资取得分红；购买员工股份的资金来自山水投资从山水水泥获得的股利分配；回购分三期进行，每期 10 年，回购价格与上市公司山水水泥股票价格相关联，回购期间若山水水泥市值大幅增长，张发奎有权对总价款进行调整。这是显然的"买低不买高"，这让张才奎在收购中"立于不败之地"，而员工股东则要承担公司经营不佳等风险。这一方案对员工股东极不公平，严重侵害了员工的切身利益。

回购方案中最大的不合理之处是资金来源。按照方案内容，将全部使用山水投资的自有资金回购员工股份，来源主要是从山水水泥获得的股利分红。山水投资之前从山水水泥获得的股利分红被用于归还之前的债务融资，一直持续到 2012 年，期间员工未得到任何分红。在方案发布时，山水投资并无自有资金，张才奎承诺用于回购员工股份的资金为山水水泥日后对山水投资的股利分红。员工股东作为山水投资的所有者，本来就享有山水投资的分红权，张才奎此举相当于"用员工的钱购买员工的股份"。回顾整个信托计划，员工作为当年山水投资的出资人，所出资金用于收购国有资产、增投山水水泥股票，而自身从始至终都将不获得任何收益，这显然是对员工利益的极大侵害。

2. 实际控制人与高管层的矛盾冲突

张才奎作为山水水泥的实际控制人，谋求"父位子接"的转移方式，以实现权力的传递移交。张才奎之子张斌 2006 年进入山东山水后随即从事企业经营管理工作，且后职位一路高升。2008 年任山东山水总经理的张斌谋划在山水集团内部收权，主要方式是将财务和采购等权力由片区收归总部，进行统一管理，这便威胁到了时任山东山水高管的宓敬田等人的权力，让这些高管走向了张氏父子的对立面，并在后期的控制权争夺中成为员工的代言人。

在山水水泥的发展过程中，张才奎和高管层都为企业做出了巨大贡献，在员工中也具有很高的影响力。然而，张氏父子在控制权移交过程中，忽略了为公司做出巨大贡献的高管层的心理感受和利益获取，造成了张氏父子和高管层之间的对立，这些高管在后期山水水泥的控制权争夺中利用自身对员工的影响力，极大地影响了山水水泥控制权争夺的结果。

3. 大股东控制权之间矛盾冲突

在山水水泥的控制权争夺过程中，中国建材、亚洲水泥、天瑞集团均介入，它们基于各自的利益诉求与山水水泥内部势力互相结盟，在山水水泥控制权争夺过程中扮演了很重要的角色。这些外部投资者通过对山水水泥股份的购买，均成为山水水泥的前五大股东，它们之间的冲突也是山水水泥控制权争夺的重要原因。

以在控制权争夺中最终获得山水水泥控制权的天瑞集团为例，在山水水泥控制权争夺最为激烈的时候，天瑞集团通过二级市场举牌的方式介入争夺，并迅速成为山水水泥第一大股东，对山水水泥的股权结构影响巨大。

天瑞集团进入山水水泥时，山水水泥内部的矛盾最为激化，股权结构最不稳定。天瑞集团的进入方式为二级市场购买流通股份，而未对山水水泥内部进行任何知会。无论是进入时机还是进入方式，天瑞集团都没有表示出对山水水泥原股东的尊重，反而显得充满恶意，这必然导致原股东的强烈抵制。在天瑞集团进入的过程中和进入之后，都没有和山水水泥原控制人进行有效地沟通，这导致双方的长时间对立。

天瑞集团旗下的天瑞水泥是河南最大的水泥企业，和山水水泥在多个地区存在激烈的竞争，二者之间早已存在矛盾。此外，天瑞集团之前在对其他企业收购之后曾有过掏空被收购企业的行为，这导致山水水泥其他股东对天瑞集团收购动机的怀疑，担心自身在天瑞集团的股份受到损失。因此，在天瑞集团进入山水水泥，试图通过改组董事会和张才奎争夺控制权时，其他大股东中国建材和亚洲水泥都站在了天瑞集团的对立面，天瑞集团虽然已经是山水水泥的第一大股东且有山水投资支持，却迟迟未能进入山水水泥董事会。

山水水泥各个大股东利益诉求存在差异，且各自追求自身目标互不妥协，这加剧了冲突。原始大股东张才奎希望维持控制权，掌握经营决策的话语权，对于企业未来的发展期望是持续经营，增强竞争力。而外部大股东天瑞集团的利益诉求则是通过夺取山水集团控制权，扩展其自身集团的市场份额，削弱竞争者力量，对于山水集团的未来发展并未明确考虑。原始大股东和外部大股东利益诉求存在巨大差异，并且各自追求自身目标，未能进行理性谈判达成一致，互不妥协退让，双方冲突自然加剧。

4. 外来大股东与管理层的矛盾冲突

在山水水泥控制权争夺中，天瑞水泥通过在二级市场收购股票的方式，将自身拥有的山水水泥股票增持至 9.51 亿股，占山水水泥已经发行股份的 28.16%，成为山水水泥第一大股东，并和山水投资联手改组了山水水泥董事会，由此形成了天瑞集团和山水投资托管人在上市公司山水水泥股东大会和董事会层面行使控制权，山水集团原高管宓敬田等主持山东山水日常经营的格局。

可以说在山水水泥控制权争夺中，天瑞集团和以宓敬田为首的原山水水泥高管团队为盟友关系，并在取得控制权争夺胜利后共同控制了山水集团。然而山水水泥董事会通过配股实现复牌的决定对以宓敬田为首的山水集团高管团队构成了利益威胁，并导致了其反抗。其后便发生了上市公司山水水泥与山东山水集团之间激烈的控制权争夺事件，最严重时发生了 2017 年 4 月 8 日山水集团总部的冲突事件。

山水水泥的控制权争夺表现为外来大股东与管理层的博弈。在此种博弈中，虽然外来大股东具有股权上的优势，但是其对公司的实际掌控往往并不顺利，特别是在公司管理层大范围保持不变的情况下，其对公司的掌控往往是无力的。这主要是由以下两个原因导致的：

原因之一：公司原管理层对员工具有更强的号召力和影响力。由于原管理层在公司的工作时间更久，影响更深，在一定程度上与公司员工形成了利益共同体，从而可以在自身利益受到威胁的时候在员工中发挥影响，利用员工反抗董事会的决定。在山水水泥控制权争夺中，以宓敬田为首的山水集团高管团队便是通过这种方式争夺控制权。

原因之二：山水水泥是由国企改制而来，员工往往通过股份等形式和企业产生超出雇佣关系的更深层的利益关系，这就导致在执行法院决定和政府命令时要考虑更多的社会因素，因而导致了董事会决定失效等事件的发生。

9.2.2　公司控制权争夺：治理缺陷

1. 控制权配置缺陷

在山水水泥控制权争夺中，山水投资扮演了非常重要的角色，其特殊的员工酌情信托模式是导致山水水泥控制权争夺发生的重要原因。这种信托模式给了受托人张才奎相当大的自主权，因而导致他对员工股东利益的极大侵害，导致了员工股东与张才奎的对立，这是山水水泥控制权争夺的开端，也给了其他外部投资者进入的机会。可以说，酌情信托一开始就不符合山水水泥的实际情况，造成了山水水泥控制权配置的极大缺陷，并决定了日后山水水泥在控制权结构问题上的不稳定性。

酌情信托中，受托人有很大的自主权，可以按照自己认为合适的方式对信托资产和所得收益进行支配。在张才奎和员工股东签订的酌情信托中，张才奎除了可以决定收益分配，还全权代表员工行使建议权和其他权力。在英美法系下，信托的内容非常灵活，只要当事人同意，符合"公序良俗"，任何条款都可以写到信托当中。在张氏信托中，张才奎就具有很大的权力，但信托中却对其义务缺少规定，也无相应的监督和制约条款。因此当张才奎出现道德风险，将受托财产用于为个人谋取利益等不正当的目的时，处于信息劣势的委托人难以实施有效的监控。

这种酌情信托显然对员工具有很高的风险性，其之所以能够存在，有其历史背景。一方面是张才奎对山水水泥的发展做出的巨大贡献让其在山水水泥极具个人威信。在他将山东水泥厂从一家亏损多年的国企发展成为香港上市的山水水泥集团过程中，张才奎在企业内部的威信也不断强化，获取了员工的充分信任，从而为其受托管理员工股份提供了条件。另一方面，作为股权的所有者和信托关系中的委托人，在设立股权信托时，员工股东们对于信托的运作方式缺乏基本了解，没有有效参与信托条款的设计，很多员工甚至是在股权回购方案推出后才知道信托安排。员工股东对于信托设计的不了解和基于张才奎长期领导权威下形成的信任使得作为受托人的张才奎在信托设计上有了很大的自由，也为日后的控制权争夺埋下了隐患。

从山水水泥层面考虑，这种信托安排让其失去了大股东对管理层的有效监督。从理论上讲，当股权相对集中后，大股东会出于自身利益对管理层的行为实施有效的监督，这可以减少管理层谋取私利的发生。在山水水泥案例中，其股权一直以来都相对集中，山水投资牢牢占据山水水泥控股股东的地位，并一直保持30%以上的相对控股水平。山水水泥实际控制人为张才奎，而张才奎通过张氏信托控制着大股东山水投资，这使大股东的监督作用完全失效，反而为张才奎固守管理层职位提供了股权层面的保障。此外，张才奎作为山水投资的实际控制人，却在山水投资中只占有13.18%的现金流权，这导致张才奎与山水投资利益的非一致性，即山水水泥管理层与大股东也非一致利益人。

在大股东对管理层制约失效的背景下，山水水泥历年的第二大股东至第五大股东的持股比例均未超过10%，在此情况下，单个股东无法对控股股东发挥有效的制衡作用，无法突破大股东对于管理层的保护。同时，由于不同股东之间的目标利益并非完全相同，股东之间的联合需要的沟通和协调成本很高。在管理层未严重侵害广大股东利益的情况下，主要股东联合对抗管理层的可能性很小。

综上原因，山水水泥的所有者（持股人）无法对管理层形成有效制约和监督，其委托代理关系具有极高的不稳定隐患，其控制权配置存在严重缺陷。

2. 酌情信托下的两权分离

酌情信托还导致了严重的控制权和现金流权的分离，张才奎在山水投资和山水水泥均具有很高的控制权，但就所有权来看其应享有的现金流权却很低，这是张才奎侵犯员工利益，谋取私利并不合理收购员工股权的原因。

张氏信托的内容导致了严重的两权分离。作为实际控制人的张才奎，其控制权和现金流权严重分离。由于张才奎并不具有员工信托股份的所有权，不能获得相关股利，因此其在山水投资的现金流权应为13.18%。而由于采取酌情信托的方式，在不解除信托关系的情况，张才奎对张氏信托有完全的控制权，进而对山水投资有几乎完全的控制权。在这种状况下，张才奎在山水投资的控制权与现金流权严重偏离。在山水水泥的层面来看，山水投资作为山水水泥的大股东，在其他股东持股分散的情况下，在山水水泥具有举足轻重的影响力，因而张才奎通过张氏信托和山水投资，间接控制了山水水泥，尽管他在山水水泥的现金流权仅有3.97%（30.11%×13.18%）。

相关研究表明控制权私利水平与两权分离度正相关，张才奎自身持股过低、控制权过大导致了两权分离下张才奎谋取私利的问题，触犯了持股员工的核心利益。并且在张才奎追求更为稳固的控制权和更为合理的现金流权时，与员工爆发了激烈的冲突。也正是山水水泥内部矛盾的激化，才给了其他投资方进入，进而争夺控制权的机会。

张才奎在山水水泥的发展过程中确实是做出了贡献的，员工最初对他也是信任的。作为托管人，他本应该坚持维护员工的利益，切实履行自己托管人的相应责任，在山水水泥的经营和山水投资的分红中做到公正、公平，然而，监督和制约的缺失却让他屡屡侵害员工经济利益。投资者应该意识到，道德风险是的确存在的，制度上的约束远比道德上的期望更有保障。

3. 不同利益集团之间需求冲突

在山水水泥控制权争夺中，实际控制人张氏父子与员工之间的矛盾可以归结为双方对山水水泥股权收益分配的争夺，正是因为张氏父子对员工股权收益无休止的不合理索取激起了员工的强烈不满，从而使得员工股东在控制权争夺中站在了山水水泥发展的功臣张才奎的对立面上。而张氏父子与原高管团队之间的矛盾则主要表现为在企业权力移交过程中，企业接班人为更有力地控制企业，对企业管理架构进行了调整，在企业内部收权，从而严重威胁到了原高管团队的利益。山水水泥两大股东张氏父子与天瑞集团之间的矛盾也主要表现在利益冲突方面，原始大股东张才奎希望在山水水泥维持并扩大自己的控制权，通过科学的经营方式将山水水泥发展好，在这里张才奎自身的利益和山水水泥的发展壮大是一致的；外来大股东天瑞集团追求的目标则是通过夺取山水集团控制权，将其自身的市场占有率扩大，并削弱竞争对手的实力，天瑞集团的利益诉求与山水集团的健康发展并不是一致的。

在山东山水控制权争夺中，天瑞集团主导的山水水泥董事会所推行的每一股现有股份可认购四股新的公司股份的决定将使天瑞集团绝对控股山水水泥，而其下一步的目的便是让山水水泥的发展服从于与山水水泥存在竞争关系的天瑞集团的发展目标，而扎根山水水泥的宓敬田则是天瑞集团实现这一目标的阻碍，同时这一计划也必将严重损害山东山水职工的切身利益。因而宓敬田便成为山东山水职工的利益代言人，和山水水泥双方围绕山东山水的实际经营管理权展开了一系列的控制权争夺战。

可见，每次控制权争夺中，利益需求冲突都是参与争夺的各方最为根本的动因。

4. 特殊的历史背景与法律环境

在山水水泥控制权争夺中，出现了法院判决无法得到贯彻执行，冲突各方采取违法手段、暴力手段争夺控制权等乱象，这也是山水水泥控制权争夺社会影响大、引起关注程度高的原因。而这种种控制权争夺中出现的不合理手段，是因为山水水泥特殊的历史背景和法律环境。

在山水水泥控制权争夺中，员工股东都是重要的参与方，但他们也是整个控制权争夺事件中最为被动，受到伤害最深的一方。在山水水泥的发展和上市过程中，员工股东通过股权信托的方式将自身利益与山水水泥的发展紧紧捆绑在一起。作为中小股东且股份无法在市场有效流通，山水水泥的发展状况对其利益影响最大。而因为山水水泥的历史背景，这些员工普遍文化程度不高，作为股东，对自己的权力不了解，对法律制度不了解，容易被人利用，无法有效维护自身利益，无法发挥中小股东的应有监督制衡作用。因此在控制权争夺之前，张才奎一直对员工股东的分红权进行侵犯，甚至想通过"用员工股东的钱买员工股东的股份"这一不合理手段来实现对山水水泥更大程度的掌控。在控制权争夺中，员工股东一方面将在山水投资的权力委托给安永，另一方面在宓敬田的鼓动下与山水水泥董事会激烈对抗，却不知参与冲突的各方均在追求自身利益，无人在乎山水水泥的发展前景，也就无人在乎这些中小股东的最核心利益。而员工股东的盲目参与也是事态不断扩大，各方有机可乘的重要原因。

我国现行法律制度中缺少限制大股东权力，对中小股东利益加以保护的条文，因而在发生控制权争夺时往往缺少切实可以依据的法律制度，不能有效控制控制权争夺的规模，减少负面影响。此外，由于山水水泥在香港上市，其实际经营主体山东山水在山东，因而在控制权争夺中，香港法院的多次判决无法在山东山水得到有效执行。

9.2.3　公司控制权争夺：理论根源

1. 委托代理危机

委托代理理论是公司治理理论的重要基础理论，也是契约理论的重要组成部分。它以信息不对称性为假设，研究所有权和控制权分离下公司治理中的控制权收益等问题。委托代理问题主要有两类：第一类是股东和公司经理人之间的委托代理问题，第二类是大股东和中小股东之间的委托代理问题。在山水水泥控制权争夺中，这两种问题都有发生。

委托代理问题的产生主要有两个原因：一是委托代理关系存在着委托人与代理人的利益目标不一致的矛盾；二是委托人和代理人之间存在信息不对称，委托人和代理人各自都拥有但另外一方不拥有的信息。在山水水泥控制权争夺案例中，这两个方面都得到了体现。无论是控制权争夺中张才奎与员工股东之间的利益目标的不一致还是宓敬田与山水水泥董事会之间的利益目标的不一致都是这种委托代理问题的体现。

如果委托人能够有效监督代理人的行为，就可以防止代理人的偷懒和机会主义等背离委托人目标的行为。实际情况是，委托人和代理人之间存在信息不对称的不可协调性，委托人没有什么办法在其利益边际内对代理人进行监督并予以控制。在控制权争夺中，员工股东自身能力的局限性决定了他们没有条件对张才奎的行为进行有效监督控制，新进入大股东天瑞集团为代表的山水水泥董事会更是无法对在山东山水经营多年的宓敬田形成有效的制约。

利益需求冲突和信息不对称导致的委托代理危机是山水水泥公司治理中存在的最核心问题。

2. 董事会中心主义危机

公司治理结构的主要模式有两种：即"股东大会中心主义"和"董事会中心主义"。"股东大会中心主义"的特点是公司的所有权力都集中在股东大会手上，股东大会决定企业的绝大部分事项。"董事会中心主义"是将董事会置于公司运营的核心，拥有业务执行权、经营决策权和公司的对外代表权等独立的权力。

在"董事会中心主义"模式下，董事会拥有管理公司事务的广泛权力。现代公司法的发展趋势是将公司权力重心从"股东大会中心主义"向"董事会中心主义"的转移，因为后者更能满足公司规模扩大和资本市场发展所提出的专业化和效率化的需求。其缺点就是董事会成员如果有滥用权力就会最终损害股东的利益，无法解决因所有权与经营权的分离而产生的代理问题。

2008~2012年，山水水泥董事会成员中，张才奎、李延民、张斌、董承田、于玉川均是担任经理职务的内部董事，山水水泥的管理经营被他们掌控，而他们之间存在密切的联系。李延民、董承田、于玉川自山东水泥厂时期开始长期在张才奎的领导下工作，经历了山东水泥厂、山东山水、山水水泥各个发展阶段时期。在长期的领导关系和工作环境中，李延民、董承田、于玉川与张才奎构成了一个以张才奎为核心的利益集团。而2010年加入董事会的张斌与张才奎则是父子关系。根据上述事实，有理由认为张才奎实际控制了上述董事在董事会中的投票权。孙弘和焦树阁均来自投资机构，他们更关注通过减持获得投资回报而非参与公司的治理，因而在董事会中发挥的作用十分有限。剩余董事孙建国、王燕谋、王坚均是独立董事，他们在董事会中发挥的作用也是有限的。所以，以张才奎为核心的山水水泥董事会完全有条件、有动机在任职期间为自身谋取私利，而损害中小股东的利益，从而引发中小股东与管理层之间的对立。

由此可知，山水水泥控制权争夺事件的根源之一就在于，山水水泥的公司治理奉行的是"董事会中心主义"，而缺失了配套的对股东的保护制度。通常认为"董事会中心主义"是提高了公司的治理效率，但是在缺乏配套的法律制度下，"董事会中心主义"却可能是降低了公司的治理效率。山水水泥的控制权争夺使得公司的大量资源耗费在内斗中，使得山水水泥运营效率下降，组织成本提高。在我国现行法律制度、社会环境下，现阶段大部分在中国运营的公司还是应该以"股东大会中心主义"为重，但股东大会可以根据公司自身治理的具体情况适当授权董事会。

"董事会中心主义"是一把双刃剑，用好了，可以提高公司运营效率和降低公司组织运行成本，避免"股东大会中心主义"由于决策效率低下不能适应未来市场竞争的风险，如果用不好，不但不能提高公司运营效率，同时也不能降低公司组织运行成本，而且其状况还会恶化。要实现合理有效的"董事会中心主义"的公司治理，就需要股东有足够的能力监督董事和职业经理人，而反过来也要求董事和职业经理人要忠实、勤勉于股东的委托。就我国目前的情况来看，这种情况并不容易实现。

9.3 控制权争夺：财务后果评析

9.3.1 公司成长性影响分析

山水水泥首次控制权争夺始于 2013 年，在 2014 年逐渐升温，于 2015 年达到争夺的顶峰，后于 2016 年又开始了二次控制权争夺，控制权争夺期间，公司经营出现了很多的问题，公司运转甚至一度停滞，公司的经营业务受到很大影响，致使公司业绩严重下滑（见表 9 - 1、图 9 - 4、图 9 - 5）。

表 9 - 1　　　　　　　　　　　山水水泥成长指标　　　　　　　　　金额单位：亿元

指标	2012 年	2013 年	2014 年	2015 年	2016 年	2017 年	2018 年
营业收入	161.61	165.35	155.96	111.66	112.84	147.74	176.38
营业收入增长率（%）	—	2.31	- 5.68	- 28.40	1.06	30.93	19.39
净利润	16.04	10.75	3.09	- 66.94	- 9.79	6.96	21.69
净利润增长率（%）	—	- 32.98	- 71.26	- 2 266.34	85.37	171.09	211.64
净资产	93.97	99.67	113.66	44.93	32.56	42.46	95.86
净资产增长率（%）	—	6.07	14.04	- 60.47	- 27.53	30.41	125.77
总资产	280.33	322.36	336.96	270.14	259.20	252.70	260.73
总资产增长率（%）	—	14.99	4.53	- 19.83	- 4.05	- 2.51	3.18

资料来源：根据山水水泥年报有关资料计算整理。

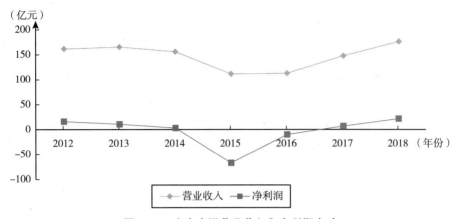

图9-4 山水水泥营业收入和净利润变动

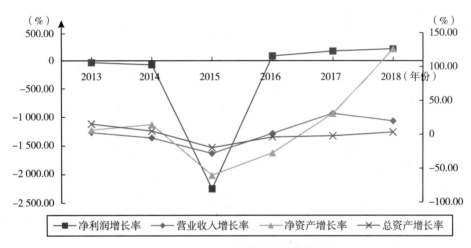

图9-5 山水水泥成长性指标变动

从表9-1和图9-4、图9-5中可以看到,山水水泥的营业收入于2014年开始负增长,在2015年其营业收入下滑最为剧烈,2016年下滑得到缓解,而后呈连续增长趋势。结合前述山水水泥控制权争夺过程的各时间节点可以看出,山水水泥营业收入下滑的剧烈程度和其控制权争夺的激烈程度密切相关,这就说明了控制权争夺给山水水泥的成长与发展带来了很大的阻碍,使其发展陷于停滞并不断下滑。

从山水水泥有关成长性财务指标分析,2013~2015年间,与山水水泥控制权争夺事件同步的是其净利润的逐年加速下滑,其净利润于2015年达到历史最低点(净利润为-66.94亿元),这一年也正是山水水泥控制权争夺最为激烈的一年。2016年山水水泥净利润虽有反弹,但仍为负值(-9.79亿元),直到2017

年才开始实现盈利。

在山水水泥控制权争夺过程中，无论是上市公司山水水泥董事会还是实际运营主体山东山水的高管层，都将精力放在对公司控制权的争夺上，无人对山水水泥的未来发展进行规划，更无人将精力用于山水水泥的日常经营管理，这是山水水泥在这几年间发展停滞、经济效益不断下降的根本原因。

9.3.2 公司盈利能力影响分析

表9-2和图9-6、图9-7反映了山水水泥2012~2018年间公司的盈利变化。

表9-2　　　　　　　　　　　　山水水泥盈利能力指标　　　　　　　　　金额单位：亿元

指标	2012年	2013年	2014年	2015年	2016年	2017年	2018年
营业收入	161.61	165.35	155.96	111.66	112.84	147.74	176.38
利润总额	22.05	16.14	6.90	-64.96	-8.29	9.67	30.47
净利润	16.04	10.75	3.09	-66.94	-9.79	6.96	21.69
净资产	93.97	99.67	113.66	44.93	32.56	42.46	95.86
息税前利润	31.30	25.82	18.31	-48.98	2.01	19.89	38.25
总资产	280.33	322.36	336.96	270.14	259.20	252.70	260.73
资产报酬率（%）	11.17	8.01	5.43	-18.13	0.78	7.87	14.67
净资产收益（%）	17.07	10.79	2.72	-148.99	-30.07	16.39	22.63
销售利润率（%）	13.64	9.76	4.42	-58.18	-7.35	6.55	17.28

资料来源：根据山水水泥年报有关资料计算整理。

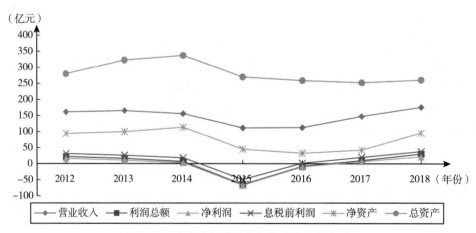

图9-6　山水水泥收益指标与资产指标变动

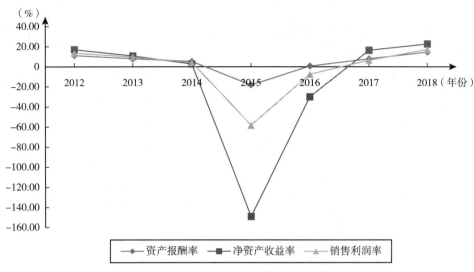

图 9-7 山水水泥盈利性指标变动趋势

从表 9-2 和图 9-6、图 9-7 中可以看出，2014 年山水水泥的净利润较 2013 年相比暴跌了 71.2%，净资产收益率与资产报酬率更是分别跌至 2.72%、5.43%。2015 年山水水泥各项盈利能力财务指标达到历史最低点（净资产收益率与资产报酬率分别为 -148.99%、-18.13%，销售利润率也跌至 -58.18%），其净利润首次降为负值（-66.94 亿元），产生巨额亏损。随后的两年（2015年、2016 年）公司的净资产收益率和销售利润率均为负值，资产报酬率不到 1%，公司盈利水平不正常，直到 2017 年公司经营才出现转机，收益能力恢复到正常状态。

公开资料显示，在山水水泥首次控制权争夺中，张才奎父子为了维持自身对公司的控制权，采取了一系列措施延缓新任董事和管理层对公司的管控，这些措施对山水水泥日常经营活动产生了恶劣的影响。在取得山水水泥董事会控制权后，又出现了新董事会接管实际运营主体山东山水的种种阻碍。新任山水水泥董事会和张氏父子对山东山水及其下的 100 多家子公司激烈争夺，公司经营更是一度陷入停滞。在首次控制权争夺的整个过程中，新旧势力均关注于对控制权的争夺，而无视企业日常经营和未来发展。

首次控制权争夺结束仅一年，又爆发了上市公司董事会和实体公司管理层之间的激烈冲突。已经陷入亏损的山水水泥经营状况还未得到改善，便又陷入了管理的混乱，从而使得公司持续经营能力元气大伤。

9.3.3 公司财务风险影响分析

表9-3和图9-8、图9-9反映了山水水泥2012~2018年有关财务风险指标变动情况。

表9-3　　　　　　　　　　山水水泥财务风险指标　　　　　　　金额单位：亿元

指标	2012年	2013年	2014年	2015年	2016年	2017年	2018年
流动资产	63.08	72.21	70.50	39.04	43.20	48.06	58.58
流动负债	75.21	120.47	98.45	217.48	205.53	196.23	132.28
总资产	280.33	322.36	336.96	270.14	259.20	252.70	260.73
总负债	186.37	222.70	223.29	225.21	226.64	210.24	164.86
流动比率	0.84	0.60	0.72	0.18	0.21	0.25	0.44
资产负债率（%）	66.48	69.08	66.27	83.37	87.44	83.20	63.23

资料来源：根据山水水泥年报有关资料计算整理。

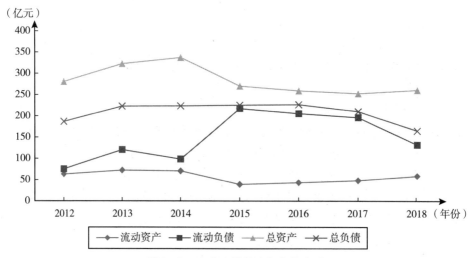

图9-8　山水水泥资产与负债变动

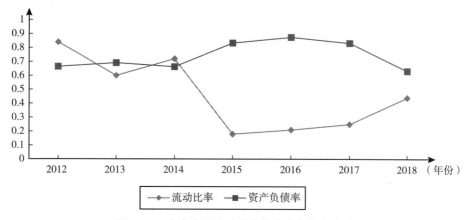

图 9 - 9 山水水泥流动比率与资产负债率变动

从表 9 - 3、图 9 - 8、图 9 - 9 中可以看出，2015 年山水水泥流动资产由 2014 年的 70.50 亿元降至 39.04 亿元，而流动负债由 98.45 亿元升至 217.48 亿元，公司流动比率由 0.72 降至 0.18，同时资产负债率由 66.27% 升至 83.37%，公司财务风险骤增，并且这一现象在 2016 年持续，2017 年起才略有好转。

山水水泥的两次控制权争夺，争夺各方均将公司债务问题作为筹码，在控制权争夺过程中，新旧董事会和管理层均没有将精力投放到山水水泥的经营管理和市场开拓上。在控制权的争夺最为激烈的 2015 年，山水水泥已经完全进入混乱状态，企业债务出现大面积违约。

在山水水泥首次控制权争夺过程中，张氏父子采取手段多次主动制造山水水泥债务违约。他们一方面设置相关债务条约，另一方面在公司经营中刻意违反债务条约的规定，从而将山水水泥多笔债务还款期限提前，给山水水泥经营现金流带来压力，使山水水泥财务风险大大增加，并且他们一度以债务违约为理由，申请对山水水泥清盘，引发了相关债权人的恐慌。

流动比率的下降导致公司一系列财务问题的产生，造成山水水泥资产负债率的迅速升高。由于管理层动荡和大量债务违约的发生，山水水泥信用状况和公司评级迅速下降，其结果导致了公司融资难度上升。一方面，公司预收款项大量减少，由外部流入公司的资金大比例下降，经营活动现金流严重不足；另一方面，山水水泥新任管理层为实现股票配售方案，主动降低公司估值，对山水水泥各项资产计提大额减值准备。在各种因素的共同作用下，山水水泥的财务状况因控制权争夺而迅速恶化。

第 *10* 章
信息披露质量、中小企业与融资约束

10.1 研究背景与文献述评

10.1.1 研究背景

目前我国资本市场上，企业的融资方式主要为股权融资和债务融资。而企业的债务融资主要来源于银行贷款、商业信用和企业债券这三种方式。由于我国资本市场起步较晚，我国的债券市场各方面不够成熟和完善，所以目前我国发行的企业债券比较少，从而导致债券融资在债务融资规模中的占比较低。根据中国人民银行发布的 2018 年 4 月社会融资规模数据①的调查统计如图 10 - 1 显示，截至 2018 年 4 月，社会融资规模总存量为 181.41 万亿元人民币。

其中，人民币贷款存量为 124.96 万亿元（68.88%），外币贷款存量（折合人民币）为 2.48 万亿元（1.37%），委托贷款存量为 13.49 万亿元（7.43%），信托贷款存量为 8.61 万亿元（4.74%），未贴现银行承兑汇票存量为 4.71 万亿元（2.59%），企业债券存量为 19.18 万亿元（10.57%），非金融企业境内股票存量为 6.83 万亿元（3.76%），其他社会融资存量为 1.15 万亿元（0.64%）。由此可见，银行贷款在融资总量中占绝对优势，我国大部分企业还是依靠银行债务融资，其主要原因：一方面由于我国股权融资条件比较严格，另一方面与股权融资相比，债务融资资本成本低，并且具有一定的抵税效应。

---

① 根据中国人民银行网站公布数据整理。

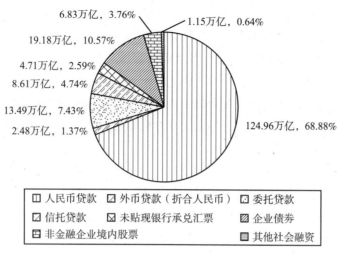

图 10 - 1　2018 年 4 月社会融资规模存量

资料来源：中国人民银行调查统计司。

　　银行贷款是我国企业融资的最主要方式，但随着交易市场的发展，商业信用这种融资方式逐渐显现出它的重要性。商业信用相对其他债务融资方式而言更容易获得，因为它几乎完全基于信任的基础就可以成立。而且商业信用这种融资方式有其独有的优势，供应商在提供商业信用时并不会对购货方进行一系列复杂的审批程序，购货方可以在较短的时间内获得，有利于购货方短期的资金周转。商业信用的提供与获得方式也相对比较灵活，在购买方遇到紧急情况时完全可以和供应商进行协商，比如可以延长应付款项的付款日期、给予应付账款一定的折扣等方式。另外，供应商在提供商业信用给购买方时，也不需要购买方或者第三方提供担保，省去了部分担保费用和中介费用，有利于资金需求企业正常的生产经营，减少偿债风险，可以尽快解决资金周转问题。因此，商业信用在我国企业融资中的重要性逐渐增强，更多企业选择这种短期融资方式解决融资困境。银行贷款和商业信用构成我国债务融资的主要方式，两种方式各有优势，在企业进行长短期融资过程中都发挥着不可替代的作用，所以本章通过分别研究银行贷款和商业信用，为解决当前企业面临的债务融资约束问题提供参考。

　　在我国当前的资本市场中，银行等债权人和融资企业之间存在着严重的信息不对称问题，绝大部分企业获得外部借款相对困难，外部融资和内部融资不能完全替代，只能过于依赖内部资金，面临着很大程度的融资约束问题。国外学者从代理成本的角度进行研究，发现提高企业的信息披露水平能够有效降低企业的信息不对称程度，从而可以降低外部融资的成本，在一定程度上缓解企业的融资约束程度。① 由于市场的不完全有效，很多虚假信息的存在使得外部信息使用者的利益受到损害，为了规范市场，金融机构不断加大对信息披露的监督力度。即使如此，上市公司在信息披露方面的违规和作假现象仍然经常发生，2014 年深圳证券交易所对 55 家上市公司提出批评或谴责，并将处罚与处分记录记入诚信档案。所以，信息披露正逐渐成为会计或者金融领域的研究热点问题。市场对于高质量的信息披露能否做出有效的反应，建立信息披露的回报机制对于提高我国上市公司信息披露水平至关重要。

银行等债权人为了降低信贷错配比例，对于上市公司的信息披露水平的重视性不断增强，对披露的信息的真实准确性也更加关注。高水平的信息披露能否减轻公司面临的债务融资约束，使企业获得银行和供应商提供的更多资金，这一作用又是否受到所有权性质、市场地位的影响？为此，本章针对上述问题逐一进行深入分析并做出解答。

10.1.2　概念界定

1. 信息披露质量

信息披露是指公众公司以招股说明书、上市公告书以及定期报告和临时报告等形式，把公司及与公司相关的信息，向投资者和社会公众公开披露的行为。上市公司信息披露是公众公司向投资者和社会公众全面沟通信息的桥梁。投资者和社会公众对上市公司信息的获取，主要是通过大众媒体阅读各类临时公告和定期报告。投资者和社会公众在获取这些信息后，可以作为投资抉择的主要依据。

信息披露质量是指衡量上市公司披露的信息是否真实可靠，是否合法合规，是否充分及时，以及披露对象之间是否公平。由此可知，信息披露质量内涵丰富，是一个综合性的概念。

本章所指的信息披露主要包括财务报告作为核心内容，同时参考上市公司审计报告意见、公司治理问题、公司的披露行为等多方面的信息。具体而言，信息披露质量主要涵盖三方面的内容：①信息披露的时间是否及时有效；②信息披露的内容是否真实准确，是否完整可靠；③信息披露的形式是否合法合规，是否符合公平性的原则。信息披露质量是综合各种信息对上市公司整体的评价。

2. 信息披露质量衡量

信息披露质量衡量方法主要有以下三种：

---

① Handa P. , Linn S. C. . Arbitrage Pricing with Estimation Risk [J]. *Journal of Financial and Quantitative Analysis*, 1993, 28 (1): pp. 81 – 100.

（1）使用自行构建指标。自行构建的信息披露质量指标体系是指从不同的角度来衡量分析上市公司披露信息的情况，然后根据每个角度的重要程度设定权重，然后将每个指标的分数与权重相乘计算得出整体分值，用此来评价信息披露质量的高低。

（2）使用替代变量。国内外关于替代变量指标使用最多的就是用会计信息透明度来衡量信息披露质量，或者用盈余平滑度和盈余激进度反映信息透明度间接衡量信息披露水平。国外学者巴塔恰亚、道克和韦尔克（Bhattacharya，Daouk & Welker，2003）采用盈余激进度、盈余平滑度和规避损失程度代表信息不透明的程度，信息越不透明，表明信息披露的质量越差。国内学者在研究信息披露质量时，借鉴了巴塔恰亚使用替代变量的研究方法。杨之曙和彭倩（2004）基于巴塔恰亚的研究，证明了盈余平滑度和盈余激进度在一定程度上能替代反映信息披露的质量，基于两者建立了指标体系用来衡量信息披露的质量。周中胜、陈汉文（2008）也借鉴了这一采用替代变量的研究方法，他们采用盈余激进度和盈余平滑度的行业平均值建立一个指标衡量体系。

（3）使用权威机构评级指数。来自权威机构发布的信息披露评价指数同时也是国内外研究学者较多采用的评价指数。主要包括：韦尔克（Welker，1995）、朗和伦德霍尔姆（Lang & Lundholm，1996）使用的由美国投资管理协会发布的 AIMR 评级指数；陈、柯林斯和黄（Cheng，Collins & Huang，2005）在研究中以标准普尔的"透明度与信息披露评级"（T&D 指数）作为信息披露质量的衡量指标；布什曼和史密斯（Bushman & Smith，2003）使用的国际财务分析和研究中心发布的 CIFAR 指数。

我国权威机构建立的比较有影响的信息披露评级指数包括："公司信任度指数（CCI）"；公司信息披露的可信任程度基于合法性、一致性、对称性和公允性；林有志、张雅芬（2007）提出对信息透明程度评价的"信息披露评鉴系统"以及由深圳证券交易所发布的上市公司的信息披露的考评结果。

2001 年开始，我国深圳证券交易所开始实施对上市公司的信息披露考评，每年进行一次。上市公司信息披露工作考核采用公司自评与深交所考评相结合的方式，并将结果根据上市公司信息披露质量从高到低划分为 A、B、C、D 四个等级，然后深交所将考评结果记入"诚信档案"，并向社会公开。到现在，深交所对上市公司信息披露的考评进行了近二十年，考评方法和考评形式不断地改进和丰富，原来对上市公司的信息披露质量的考评仅从准确性、完整性、合法性和及时性这四个方面进行，增加到包括公平性和真实性在内共六个方面进行考评，并且结合当年深交所发生的特殊情况和一定的奖惩情况，综合全面地考核上市公司的信息披露的质量，使得信息使用者全面真实地了解公司的生产经营状况和财务状况，从而做出科学合理的决策①。

以上三种信息质量衡量方法中，自行构建的信息披露指标体系应用范围较狭窄，因为它带有较强的主观性和针对性，只局限于对作者自身研究的问题。使用替代变量指标衡量，只能揭示信息披露质量的某个或某些方面，不能从整体上对信息披露的质量进行较全面的衡量。权威机构信息披露质量评级指数，因为它具有较强的可靠性和普遍性，并且数据也较容易获取，成本较低，现在使用比较广泛。

本章采用深交所发布的上市公司信息披露质量考评结果作为研究信息质量的衡量指标。其原因：第一，权威性机构。深圳证券交易所是我国权威的独立的机构，对上市公司信息质量的考评较为真实可靠，具有公正性。第二，涵盖信息广。深圳证券交易所采用的信息从内容上讲包括了财务信息和非财务信息，从披露形式上讲，包括了企业自愿披露的信息和强制披露的信息，同时还涵盖了信息的数量和质量。第三，符合信息的要求。深交所从准确性、及时性、完整性、真实性、公平性以及合法合规性六个方面对上市公司披露的信息质量进行综合分析，比较全面揭示了公司信息质量的优劣。本章对信息披露质量的界定是综合各种信息对公司整体的评价，主要涵盖三方面内容：①信息披露的时间是否及时有效；②信息披露的内容是否真实准确，是否完整可靠；③信息披露的形式是否合法合规，是否符合公平性的原则。

3. 银行贷款融资

银行贷款是企业在融资活动中使用较为普遍的融资方式，它可以是短期的融资，也可以中长期的融资。银行贷款是企业获得资金的主要渠道，在企业的资产负债表中主要是以借款（短期借款和长期借款）项目表示。银行贷款融资是指资金需求方为了满足生产经营或扩大投资规模的需要，与银行达成协议，通过签订契约等形式介入一定数额的资金，并在约定的期限内偿还本金和利息的融资方式。

4. 商业信用融资

商业信用是在企业经营活动和商品交易中由于延期付款或预收账款，供求双方所形成的一种信贷关系，是基于购销双方信用基础而形成的契约关系。商业信用融资则是企业之间买卖商品时，以商品劳务等形式提供商业信用而形成的一种借贷关系，这种关系的形成可为资金需求方提供资金来源，而对资金提供方讲则是一项投资活动。随着市场经济的发展和完善，人们逐渐将商业信用看作企业的一种融资方式。

---

① 资料来源：《深圳证券交易所上市公司信息披露工作考核办法（2013 年修订）》。

10.1.3 文献综述

1. 国外研究综述

国外关于信息披露和债务融资的研究主要围绕债券融资和银行借款融资展开，因为国外资本市场比较完善，债券市场发展较为成熟，对债务融资的研究相对深入。迈尔斯和梅吉拉夫（Myers & Majluf，1984）最早采用均衡模型证明了信息披露质量的提高可以缓解债权人和债务人之间的信息不对称问题，开创了信息披露和资本成本的研究先河，为降低企业的外部融资成本提供了借鉴。

森古普塔（Sengupta，1998）研究发现，公司的信息披露质量提高时，更容易获得债务融资，信息披露水平和债务融资成本成反比，即较高的信息披露质量的公司可以获得较低成本的债务融资。他还认为信息披露现状是债权人和做市商在评估企业或者投资项目时考虑的重要因素之一，如果公司的信息披露质量较高，就可以向债权人和做市商传达积极的信号，说明公司自身资产负债状况、经营状况良好，因此可以降低投资者对项目的风险预估，所需要的成本也较低。

希利（Healy，1999）研究发现信息披露质量和信息不对称程度呈负相关关系，信息不对称程度越降低，便会使融资企业在融资时受到的约束条件越少，从而使融资产生的费用越少。巴塔恰亚、道克和韦尔克（Bhattacharya，Daouk & Welker，2003）同样研究了信息披露水平和债务融资成本之间的关系，结论和希利一样，信息披露水平都是通过缓解信息不对称机制对融资成本产生负影响的。

马祖达尔和森古普塔（Mazumdar & Sengupta，2005）指出，信息披露质量对银行借款成本有一定影响。其研究发现企业提高自身的信息披露水平，就可以在向银行贷款时获得更多的优惠政策，一方面可以获得更多贷款数量，另一方面可以降低贷款成本。

弗朗西斯等（Francis et al.，2005）认为公司的盈余质量越高，会计政策越稳健，向外部市场传达的信息越积极，从而进行债务融资时需要的成本也相对越低。

格雷汉姆、李和邱（Graham，Li & Qiu，2008）通过对比样本企业在进行财务报表重述之前和之后的差异发现，在上市公司重述财务报表之前的债务融资成本会低于重述财务报表之后的成本。可能是因为如果公司进行了财务报表重述，银行等债权人认为公司的信息披露出现了问题，所以对其的贷款契约条件更加严格。这时银行可能会通过提高贷款利率、缩短借款期限等措施来防范信息风险。

巴拉斯等（Bharath et al.，2008）认为在不同的债务市场上，公司的会计信息质量水平不同对于债务契约的影响也不同。他们主要从债券市场和银行信贷市场两个方面进行研究，发现债券市场上债权人仅对较低信息质量的公司价格或利率要求较高；而在银行信贷市场上，如果公司的会计信息质量较低，银行不仅对公司的价格、利率给予更多限制，在贷款时间、抵押品等方面也会提出较高的要求。

加西亚·特鲁埃尔、马丁内斯·沙拉诺和桑切斯·巴利斯塔（Garcia-Teruel，Martinez-Solano，Sanchez-Ballesta，2010）研究了披露信息和公司债务之间的关系，采用借款时间的长短衡量债务的质量。其研究认为，会计信息在融资公司进行银行借款时发挥着重要作用，当公司的会计信息质量较高时，银行给予的借款期限就会越长；相反，那些财务信息质量较差的公司不能得到银行更多的信任，所得到的借款期限就会越短。

2. 国内研究综述

胡奕明等（2005）通过实证研究审计意见、信息披露和借款利率的关系，结果发现信息披露质量和借款利率之间并没有直接的影响。但是审计意见和贷款利率有着负相关关系，而且加入信息透明度和审计意见的交互项后，结果显示信息透明度的提高会弱化审计意见和贷款利率之间的关系，间接说明了企业提高信息披露质量的重要性。

于富生、张敏（2007）对信息披露质量和债务融资成本之间的关系进行研究，然后加入市场风险变量，将样本公司按照市场风险的不同分为两组进一步研究它们之间的关系。回归结果显示信息披露质量和债务融资成本是显著的负相关关系，并且市场风险越大，负相关关系越显著。

张纯、吕伟（2007）采用现金—现金流敏感度衡量企业面临的融资约束，研究了信息披露、市场关注程度对融资约束的影响，通过建立多元回归模型检验它们之间的关系。结果表明，提高信息披露水平能够对降低企业面对的融资约束程度产生直接的影响，市场关注程度会对这个影响发挥作用。

陆正飞等（2008）对于债务融资和会计信息之间的关系进行了研究，引入盈余管理行为，分析新增银行借款和会计信息之间的关系。他们认为会计信息的特征和企业的银行债务之间并没有直接的相关性，在盈余管理行为不同时也是如此，与之前的研究结果有所差异。

徐玉德、洪金明（2010）研究了信息披露质量对银行借款融资的影响，并将股权性质和市场化程度两个宏观因素进行量化。通过回归检验，结果发现信息披露质量提高有助于上市公司获得更多的银行借款，缓解企业面临的一系列融资约束问题。而且这种影响在非国有上市公司之间和市场化水平较低的地区表现更明显。彭一浩（2010）对信息披露质量和信用借款之间的关系进行研究。结果表明会计信息透明度和所获得的信用借款数量呈正相关关系，提出了信息披露水平对于融资企业的重要性。

李志军、王善平（2011）从宏观层面和微观角度探讨了上市公司信息披露水平和债务融资之间的关系。他们对于债务融资的衡量使用银行贷款与营业收入的比率这一相对指标，同样使用深交所的信息披露考评结果作为自变量，通过多元回归检验了两者之间的关系。研究发现，当中央银行采取紧缩政策时，信息披露水平和融资比率之间的关系更加显著。而且企业的融资需求和债务融资比率之间也有着正相关关系，于融资成本之间有着负相关关系。因此提高信息披露质量，可以使银行对其信用评价更高，对于中央银行采取的宏观政策也有一定的抵御作用。

宋淑琴（2013）通过对银行贷款和债券进行对比分析发现，债券的治理效应强于银行贷款。而且从信息不对称的角度考察了信息披露质量对两种治理效应的影响，发现信息披露质量只对债券治理效应有显著的作用，并且信息披露水平越高，公司的价值越大，从企业绩效方面提出了提高信息披露水平的重要性。

张肖飞等（2015）研究认为增加披露的会计信息的数量不仅可以减少融资费用，而且可以保护投资者的利益，对于稳定市场发展也有一定的功效。

综上文献可知，国外对于信息披露质量与债务融资关系的研究主要围绕债务融资成本、债务融资期限、债务契约条件等方面，使用方法不同，结果也不同。大部分研究发现信息披露水平和债务融资成本之间是负相关的关系，也有研究发现两者之间没有关系。总体而言，信息披露质量的提高，有利于融资企业降低债务融资成本、延长债务融资期限、减少债务契约条件。由于国外债券市场的发达，很多学者对于债务的研究都是基于对债券融资的分析。但是我国债券融资起步较晚，再加上资本市场的不完善，债券融资方式在企业中的应用比较少，因此，我国主要是针对银行债务融资进行研究。主要是从银行借款成本、银行借款期限等方面，也有少部分学者提出了银行借款规模或者数量这一变量，但研究甚少，更是忽视了信息披露质量对商业信用这种债务融资来源的影响。还有部分国内学者提出市场环境、货币政策等宏观因素对信息披露质量和债务融资关系的影响，但忽略了一些其他的影响因素。

当前，中小企业面临的融资约束问题是世界性普遍难题，是造成其生命周期短、破产率高的主要原因。在我国，发展面向中小企业融资的资本市场，使用权益融资实际上只能解决已经上市的科技型中小企业的部分融资问题，而大多数劳动密集型中小企业只能选择向银行等金融机构或民间贷款。因此，债务融资就成为现阶段缓解大多数中小企业融资问题的主要途径。

但是银行等利益相关者并不直接参与企业的经营管理，只能通过信息披露这座桥梁降低信息不对称的程度。汉达等（Handa, 1993）、克姆（Kim, 1994）、弗朗西斯等（Francis，2005）认为公司提高信息披露质量能够有效降低与利益相关者之间的信息不对称程度并减少代理成本，从而可以降低公司的融资成本。不过目前我国上市公司的信息披露动机主要来自监管机构的强制性要求以及外部压力，很少自愿披露信息。如果能够证明较高质量的信息披露可以帮助企业获得更多的贷款，缓解企业债务融资约束，那么，中小企业会更有动力提高自身信息披露质量，这不仅有利于企业自身的健康发展，也有利于提高资本市场效率（刘运国、吴小蒙、蒋涛，2010；陆正飞、祝继高、孙便霞，2008）。

银行贷款和商业信用是我国中小企业债务融资的主要来源。本章在借鉴相关研究成果的基础上，检验了中小企业信息披露质量对银行债务融资和商业信用债务融资的影响，并引入市场风险因素，具体考察了不同信息披露水平下中小企业债务融资约束程度的差异。其研究结果可以为缓解中小企业债务融资约束提供证据，同时也有助于银行降低信贷风险，为监管部门加强信息披露监管提供证据。

10.2 研 究 设 计

10.2.1 研究假设

通常而言，商业银行为了保证自身资金的安全性，降低信贷风险，在提供贷款资金之前需要对客户的财务状况、生产运营情况、偿还贷款能力等进行综合考察，对客户进行授信评估。上市公司披露的财务及非财务信息则是银行授信过程中的重要依据之一，财务状况越好、获利能力越强、信用水平越高的企业获得银行借款相对更加容易。但是由于在我国企业不愿意披露更多的信息或者披露的信息不真实，从而导致银企之间严重的信息不对称。

戴蒙德等（Diamond et al.，1991）在很早就提出了提高公司信息披露质量水平有助于信息不对称程度的降低。森古普塔（Sengupta，1998）的研究也表明增强信息透明度有利于降低企业借款成本。国内，张纯和吕伟（2007）对深市公司的信息披露质量进行了研究，发现信息披露可以降低企业与银行之间的信息不对称程度。李志军与王善平（2011）也认为，较高的信息披露质量有利于增强企业获得银行贷款的资信度，降低企业的债务融资成本。由此可见，信息不对称是影响银行贷款决策的重要因素之一，在其他条件相同的情况下，银行更愿意将贷款提供给信息披露质量水平较高的企业。相反，信息透明度低的企业获得银行借款的难度可能会加大，或者需要付出更高的贷款成本。基于此，本章提出研究假设 1：

　　H1：提高信息披露水平有利于降低中小企业的银行债务融资约束程度，即信息披露质量越高，中小企业获得的银行贷款越多。

　　供应商和客户之间的信息对称也是建立商业信用合作关系的关键因素之一。在企业和供应商的交易活动中，无论是正常的买卖关系，还是把商业信用作为一种融资方式，供应商都希望得到购货方稳健可靠的财务报告，从而更准确地把握该企业的财务状况和偿债情况①。供应商关注购买方财务报告的时候，购买方信息披露质量高，供应商就可看到的有关偿债能力的信息多而且可靠，这样就会减少他们之间的信息不对称，增加供应商对于购买方的信任，供应商将会提供更高额度的商业信用给购买方。梁怡爽（2013）发现在几个客户存在同样融资需求的情形下，供应商更可能优先将更多的信用款项以更大的折扣提供给信息透明度较高的公司。齐琪（2013）也认为企业信息披露质量越高，供应商更倾向于采用成本较低的商业信用模式。因此可以预期，供应商均更加信任信息披露质量较高的购货方，倾向于选择信息披露质量较高的中小企业。基于此，本章提出研究假设 2：

　　H2：较高质量的信息披露有助于缓解中小企业商业信用融资约束，即信息披露质量越高，中小企业获得供应商提供的商业信用越多。

　　德梅戈·肯特等（Demirguc-Kunt et al.，1998）和克莱森斯（Claessens et al.，2003）研究发现，发达区域的金融发展水平和稳定的市场环境不仅能为企业提供充足的外部资金，而且能够确保投资者获得企业投融资决策的信息，从而使企业更加容易获得外部资金和市场资源，并促进企业成长。魏志华等（2014）研究也发现融资约束公司在金融生态环境较佳的地区可以获得更多的银行贷款和商业信用。市场环境是金融环境的重要组成部分，市场环境稳定，企业面临的市场风险较小，相反企业将会面临较大的市场风险。一般来说，由于企业自身因素及区域经济发展水平不同，不同企业面临着不同的市场风险，当企业面临的市场风险较大时，债权人对企业盈利及发展判断的不确定性更高，将会更加依赖企业披露的信息评估企业的好坏，然后做出贷款决策，从而对企业的债务融资产生一定的影响。于富生和张敏（2007）以深市 2002～2003 年的 305 家 A 股上市公司为研究样本，发现在控制了相关变量后，债务成本与信息披露质量之间存在显著的负相关关系，并且这一结果是稳健的；而且企业市场风险越大，信息披露质量对债务成本的影响程度越大。基于此，本章提出研究假设 3：

　　H3：中小企业面临的市场风险越高，信息披露质量对银行债务和商业信用

---

① 陈英梅、邓同钰、张彩虹：《企业信息披露、外部市场环境与商业信用》，载于《会计与经济研究》2014 年第 6 期。

融资约束的影响程度越大。

10.2.2 变量选择与定义

被解释变量参考徐玉德等（2011）等模型中变量的选择，用 Loan 代表银行贷款水平，衡量中小企业银行债务融资约束程度；用 TC 代表商业信用水平，衡量中小企业商业信用融资约束程度。Loan 指标越高，表示中小企业受到的银行债务融资约束程度越低；TC 指标越高，表示中小企业受到的商业信用融资约束程度越低。

解释变量 Quality 代表中小企业信息披露质量水平，该变量主要以深圳证券交易所公布的上市公司信息披露工作考核结果为基础，深圳交易所对上市公司的考核分为 A、B、C、D 四个等级，表示信息披露质量由高到低。Risk 代表中小企业面临的市场风险，本章使用样本公司的日市场回报率的标准差作为市场风险的替代变量，因为市场回报率的标准差越大，说明风险越大。

控制变量包括公司规模、负债水平、盈利能力、公司成长性、债务期限结构等。本章全部变量的名称及具体定义如表 10 - 1 所示。

表 10 - 1　　　　　　　　　　变量名称及变量定义

变量类型	变量名称	变量符号	变量定义
被解释变量	银行贷款水平	Loan	期末和期初的银行借款（短期借款 + 长期借款 + 一年内到期的长期借款）差额除以期初总资产
	商业信用水平	TC	期末和期初的信用借款（应付账款 + 应付票据 + 预收账款）差额除以期初营业收入
解释变量	信息披露质量	Quality	A、B、C、D 四个等级分别定义为 4、3、2、1
	市场风险	Risk	公司当年的日市场回报率的标准差
控制变量	公司规模	Size	总资产的自然对数
	负债水平	Debt	总负债除以总资产
	盈利能力	Roa	净利润除以总资产
	公司成长性	Growth	当年和上年的营业收入差额除以上年的营业收入
	债务期限结构	DSTR	长期借款占总借款的比重
	年度变量	YEAR	年度的虚拟变量
	行业变量	IND	行业的虚拟变量

10.2.3　模型构建

本章对于信息披露质量与银行债务融资约束和商业信用融资约束之间的关系分别建立模型一和模型二进行检验。

模型一：

$$Loan = \alpha + \beta_1 Quality + \beta_2 Size + \beta_3 Debt + \beta_4 Roa + \beta_5 Growth + \beta_6 DSTR + \beta_7 Audit + IND + YEAR + \varepsilon$$

模型二：

$$TC = \alpha + \beta_1 Quality + \beta_2 Size + \beta_3 Debt + \beta_4 Roa + \beta_5 Growth + \beta_6 DSTR + \beta_7 Audit + IND + YEAR + \varepsilon$$

其中，α 为常数项，β_1 到 β_7 为待估计参数，IND 和 YEAR 分别代表年度和行业虚拟变量，ε 为随机扰动项。

对于市场风险的影响，并没有将 Risk 变量直接加入模型中进行检验，而是按照中小企业面临的市场风险程度高低将总样本进行分组，使用相应子样本进行检验。

10.2.4　样本选取与数据来源

本章选取 2011～2014 年深市中小企业板上市公司为初始研究样本。为了保证数据的有效性，尽量清除异常样本对研究结论的影响，对初始样本按以下原则进行筛选：（1）剔除金融行业的上市公司，因为金融行业与其他行业特征差异大；（2）剔除被 ST、＊ST 的公司，因为该类公司经营处于非正常状态，信息不可比；（3）剔除数据不全和信息披露不详的公司；（4）对存在异常值公司的相关变量进行了上下 1% 的缩尾调整。

最后将上一年的信息披露质量和本年的相关财务数据进行配对，最终得到深市中小企业板上市公司 2011 年 360 家，2012 年 413 家，2013 年 444 家，2014 年 509 家，总计 1 726 个样本观测值。运用 Excel 和 SPSS 19.0 进行数据处理和统计分析。本章的财务数据来自 CSMAR 数据库，信息披露质量的评级来自深圳交易所网站。运用 Excel 和 SPSS 19.0 进行数据处理和统计分析。

10.3 实证检验

10.3.1 描述性统计

1. 信息披露质量的描述性统计

为了更直观地反映中小企业上市公司的信息披露情况，本章首先对 2011～2014 年选取的样本公司信息披露质量进行描述性统计如表 10 - 2 所示。

表 10 - 2   信息披露质量的描述性统计

年份	优秀（A）		良好（B）		及格（C）		不及格（D）		合计
	样本数	比例	样本数	比例	样本数	比例	样本数	比例	
2011	41	11.39%	269	74.72%	49	13.61%	1	0.28%	360
2012	58	14.04%	329	79.66%	26	6.30%	0	0.00%	413
2013	59	13.29%	332	74.77%	50	11.26%	3	0.68%	444
2014	58	11.39%	395	77.60%	54	10.61%	2	0.39%	509
合计	216	12.51%	1 325	76.77%	179	10.37%	6	0.35%	1 726

《深圳证券交易所上市公司信息披露工作考核办法》规定对上市公司信息披露从真实性、准确性、完整性、及时性、合法合规性和公平性六个方面进行考核，并结合考核期内披露的财务数据是否达到经营和盈利的要求，将上市公司信息披露质量从高到低划分为 A、B、C、D 四个等级[①]。

根据深交所上市公司信息披露工作考核办法，由表 10 - 2 可知，深交所 2011～2014 每年信息披露质量较好（A 和 B）的中小企业数量分别为 310 个、387 个、391 个、453 个，总共 1 541 个，占样本总数的 89.28%。其中每年获得 A 评级的中小企业数量分别为 41 个、58 个、59 个、58 个，分别占当年样本合计数的 11.39%、14.04%、13.29%、11.39%，绝对数呈上升趋势，相对数呈倒 "V" 型趋势，其可能的原因是新修订的考核办法中获得 A 评级的条件更加严格从而导致获得 A 评级的公司相对减少；每年获得 B 评级的中小企业数量分别为 269 个、329 个、332 个、495 个，分别占当年样本总数的 74.72%、79.66%、74.77%、

[①] 资料来源：《深圳证券交易所上市公司信息披露工作考核办法》（2013 年修订）。

77.60%，绝对数呈上升趋势，相对数比较稳定。而 2011～2014 每年信息披露质量较差（C 和 D）的中小企业数量分别为 50 个、26 个、53 个、56 个，总共 185 个，占样本总数的 10.72%。其中每年获得 C 评级的中小企业数量分别为 49 个、26 个、50 个、54 个，分别占当年样本合计数的 13.61%、6.30%、11.26%、10.61%，由于新修订的考核中评为 C 级的情形增加，所以获得 C 评级的公司数量也相应增多；获得 D 评级的中小企业共有 6 个，仅占到样本总数的 0.35%。随着信息披露工作考核办法逐步完善，考评条件会更加严格，从而中小企业的信息披露质量也将逐步提高。

2. 其他变量的描述性统计

本章采用 SPSS 19.0 对选取的其他主要变量的平均值、中位数、标准差、最大（小）值进行描述性统计，以期更好地考察变量的分布情况。具体结果如表 10-3 所示。

表 10-3　　　　　　　　　　　相关变量的描述性统计分析

变量	均值	中位数	标准差	最小值	最大值
Loan	0.059	0.032	0.262	-0.461	8.664
TC	0.078	0.036	0.363	-1.711	8.240
Size	21.476	21.379	0.783	19.243	25.059
Debt	0.415	0.398	0.186	0.026	2.394
Roa	0.035	0.037	0.082	-2.555	0.260
Growth	0.205	0.133	0.611	-0.720	12.869
DSTR	0.141	0.000	0.227	0.000	1.000
Risk	0.000701	0.000664	0.000272	0.000214	0.004927

从表 10-3 统计数据可以看出，中小企业总体银行贷款的增加是期初总资产的 5.9%，总体商业信用的增加是期初营业收入的 7.8%，而且各企业间总体债务的增加均相差较大，说明中小企业在获得融资的数量方面存在很大差异。公司规模的均值为 21.476，最大值为 25.095，最小值为 19.243，标准差为 0.783，中小企业之间的规模还是存在一定的差异。资产负债率的均值为 0.415，小于 0.5，但最大值达到 2.394，这表明中小企业的负债水平相对较低，企业融资能力与其需求存在一定的差距，少部分企业仍存在较高的财务风险。资产净利率的均值为 0.035，最小值为 -2.555，最大值为 0.260，说明中小企业在盈利能力方面存在很大差异。债务期限结构的均值为 0.141，总体期末长期借款占总借款的 14.1%，比例较低，这意味着中小企业获得长期借款的难度较大。公司日市场回

报率标准差的均值为 0.000701，最小值为 0.000214，最大值为 0.004927，各中小企业间面临的市场风险存在一定的差异，市场环境不稳定。

综上可知，由于地域经济差异、市场化程度、融资结构、自身管理水平、盈利能力以及风险控制等多因素的存在和影响不同，使得我国中小企业发展极不平衡。

10.3.2 相关性检验

为了检验各个主要变量之间的相关性关系，本章对主要的变量进行 Pearson 相关性检验，各变量之间的相关系数如表 10 - 4 所示。

表 10 - 4   变量间的相关性分析

	Quality	Loan	TC	Debt	Roa	Growth	Size	DSTR	Risk
Quality	1								
Loan	0.080 ***	1							
TC	0.078 ***	0.537 ***	1						
Debt	-0.041	0.112 ***	0.115 ***	1					
Roa	0.232 ***	0.048 **	0.047 *	-0.413 ***	1				
Growth	0.070 ***	0.578 ***	0.803 ***	0.068 ***	0.128 ***	1			
Size	0.189 ***	-0.071 ***	-0.034	0.436 ***	-0.002	-0.057 **	1		
DSTR	0.065 ***	0.067 ***	0.017	0.097 ***	0.046 *	0.014	0.197 ***	1	
Risk	-0.115 ***	-0.001	0.045 *	-0.006	-0.035	0.046 *	-0.163 ***	-0.057 **	1

注：*** 表示在 1% 水平上显著，** 表示在 5% 水平上显著，* 表示在 10% 水平上显著。

从表 10 - 4 相关系数结果可知，中小企业信息披露质量与银行贷款水平和商业信用水平均呈显著正相关关系，表明提高信息披露质量有助于缓解中小企业的银行债务和商业信用融资约束，初步检验了假设 1 和假设 2。Roa、Growth、Size、DSTR 和 Quality 显著正相关，表明信息披露质量越高的中小企业盈利能力越好、成长性越高、规模越大、债务期限结构越好。显然，信息披露质量高低直接影响公司盈利能力和成长能力。Debt 和 Loan、TC 显著正相关，表明中小企业财务风险水平高的主要原因在于获得大量的外部借款。Size 和 Loan 显著负相关，表明规模越大的企业对银行借款的依赖程度越低。此外，Debt 与 Roa 显著负相关，说明负债水平越高的中小企业盈利能力越差，可能的原因是受市场竞争等因素影响，中小企业盈利水平偏低且不稳定，但同时还需要向债权人定期支付固定利息；Growth 与 Debt、Roa 显著正相关，意味着处于高成长性下的中小企业需要借款越多、盈利能力也越好。尽管变量间的显著性水平较高，但自变量间的相关系数绝大多数不高于 0.4，表明本章采用的模型不存在严重的多重共线性。

10.3.3　回归分析

1. 信息披露质量和银行贷款融资约束

利用回归模型一来检验假设 1，表 10-5 报告了对假设 1 检验的结果。

表 10-5　　　　　　　　　　　假设 1 的检验结果

	回归系数	T 值
（常量）	0.678	4.378 ***
Quality	0.033	3.014 ***
Size	-0.040	-5.171 ***
Debt	0.179	5.159 ***
Roa	0.038	0.520
Growth	0.238	27.817 ***
DSTR	0.076	3.318 ***
YEAR	控制	
IND	控制	
观测值	1 726	
调整 R^2	0.351	
F 统计量	156.580 ***	

注：*** 表示在 1% 水平上显著，** 表示在 5% 水平上显著，* 表示在 10% 水平上显著。

在控制相关变量的前提下，信息披露质量和银行贷款水平呈正相关关系，回归系数为 0.033，并且在 1% 的统计水平上显著。回归结果与假设 1 一致，即中小企业的信息披露质量越高，获得的银行贷款越多，受到的银行债务融资约束程度越低。

从相关控制变量的回归结果来看，公司规模对银行贷款水平的回归系数显著为负，其原因可能是规模大的企业融资渠道宽泛，从而对银行借款的依赖程度较低。资产负债率对银行贷款水平的回归系数显著为正，说明中小企业较高的资产负债率主要是银行借款的增加所致。公司成长性的回归系数为 0.238，对新增的银行借款具有显著的正向影响，这表明处于高成长性下的中小企业在各方面拥有着更多的投资机会，资金需求比较大，从而需要较多的银行债务融资。债务期限结构对银行贷款水平的影响也是正向的，说明债务期限结构合理的中小企业越容易获得银行借款。而资产报酬率对银行贷款水平的回归系数没有通过显著性检验，其对企业进行银行债务融资的影响并不突出。

2. 信息披露质量和商业信用融资约束

利用回归模型二来检验假设2，表10-6报告了对假设2检验的结果。

表10-6　　　　　　　　　　假设2的检验结果

	回归系数	T值
（常量）	0.056	0.355
Quality	0.027	2.491 **
Size	-0.009	-1.165
Debt	0.104	2.950 ***
Roa	-0.188	-2.537 **
Growth	0.475	54.625 ***
DSTR	0.007	0.281
YEAR	控制	
IND	控制	
观测值	1 726	
调整 R^2	0.650	
F 统计量	534.831 ***	

注：*** 表示在1%水平上显著，** 表示在5%水平上显著，* 表示在10%水平上显著。

在商业信用融资约束的回归中，TC 的回归系数显著为正，回归系数为0.027。这一回归结果表明：信息披露质量和中小企业商业信用水平显著正相关，即较高的信息披露质量有利于中小企业获得更多的商业信用，假设2得证。

分析相关控制变量的回归结果：资产报酬率对商业信用水平的回归系数显著为负，表明盈利能力高的中小企业对商业信用的依赖程度较低，还债压力也更小。企业成长性和资产负债率对商业信用水平的回归系数均显著为正，与假设1的回归结果类似，处于高成长性下的中小企业面临的各方面机会多，资金需求较大，需要的商业信用融资相对会增加，但较多的商业信用融资也会导致较高的负债水平。公司规模和债务期限结构的回归系数分别为 -0.009 和 0.007，均没有通过显著性水平检验，表明二者对商业信用融资几乎没有影响。

3. 不同市场风险下的信息披露质量和债务融资约束

为了检验假设3，本章选取另一个解释变量 Risk 代表企业面临的市场风险，用公司当年的日市场回报率的标准差表示。本章以该标准差的中位数为界限采用两分法，将样本数据分为市场风险大小两组，用模型一和模型二分别检验信息披露质量对银行债务融资约束和商业信用融资约束的影响程度。

本章首先计算出样本数据的日市场回报率的标准差的中位数为 0.000666，然后采用二分法将样本数据分成两组，市场风险较低组的样本公司日市场回报率标准差≤0.000666，共有 863 个；市场风险较高组的样本公司日市场回报率标准差 >0.000666，共有 863 个。最终得出对假设 3 的检验结果如表 10 - 7 所示。在市场风险较低组，信息披露质量与 Loan 没有显著性关系，与 TC 在 10% 的水平上显著为正；在市场风险较高组，信息披露质量与 Loan 在 1% 的水平上显著为正，与市场风险较低组相比有所增强，与 TC 在 5% 的水平上显著为正。其可能的原因是：当企业面临的市场风险相对较小时，说明所处的市场环境相对稳定，银行和供应商等债权人对于贷款的条件限制就会比较宽松，从而中小企业获得融资时受到信息披露质量的影响程度也较小。当企业面临的市场风险相对较大时，结果相反。上述回归结果支持了假设 3，即中小企业面临的市场风险越大，信息披露质量对银行债务和商业信用融资约束的影响程度越大。

表 10 - 7　　　　　　　　　　假设 3 的检验结果

| | 市场风险较低组 | | | | | 市场风险较高组 | | | |
| | 模型一 | | 模型二 | | | 模型一 | | 模型二 | |
	回归系数	T 值	回归系数	T 值		回归系数	T 值	回归系数	T 值
（常量）	0.747	3.489 ***	0.041	0.216	（常量）	0.446	2.343 **	0.013	0.051
Quality	0.019	1.335	0.024	1.879 *	Quality	0.045	3.442 ***	0.044	2.513 **
Size	-0.041	-3.983 ***	-0.020	-0.679	Size	-0.030	-3.172 ***	-0.010	-0.822
Debt	0.135	2.886 ***	0.027	0.843	Debt	0.196	4.763 ***	0.177	3.177 ***
Roa	-0.048	-0.578	-0.061	-0.822	Roa	-0.016	-0.136	-0.644	-4.069 ***
Growth	0.476	32.692 ***	0.380	29.376 ***	Growth	0.134	15.518 ***	0.521	44.508 ***
DSTR	0.048	1.619	-0.009	-0.353	DSTR	0.082	2.916 ***	0.046	1.191
YEAR	控制		控制		YEAR	控制		控制	
IND	控制		控制		IND	控制		控制	
观测值	863		863		观测值	863		863	
调整 R²	0.579		0.516		调整 R²	0.275		0.714	
F 统计量	170.036 ***		131.983 ***		F 统计量	55.576 ***		359.859 ***	

注：*** 表示在 1% 水平上显著，** 表示在 5% 水平上显著，* 表示在 10% 水平上显著。

10.3.4　稳健性测试

为了增强实证结果的可靠性，在上述模型的基础上，本章重新定义了银行贷款水平和商业信用水平的衡量指标，用现金流量表中取得借款收到的现金除以期初总资产衡量银行贷款水平，用信用贷款差额除以期初总资产衡量商业信用水平。用模型一和模型二分别进行检验，回归结果如表 10 – 8 所示。

表 10 – 8　　　　　　　　　　　稳健性测试结果

	模型一		模型二	
	回归系数	T 值	回归系数	T 值
（常量）	0.445	2.369 **	0.087	0.978
Quality	0.072	5.515 ***	0.018	2.970 ***
Size	− 0.032	− 3.481 ***	− 0.009	− 1.968 **
Debt	0.706	16.726 ***	0.094	4.732 ***
Roa	0.256	2.912 ***	− 0.024	− 0.574
Growth	0.197	18.993 ***	0.236	48.311 ***
DSTR	− 0.071	− 2.568 **	− 0.001	− 0.112
YEAR	控制		控制	
IND	控制		控制	
观测值	1 726		1 726	
调整 R^2	0.328		0.599	
F 统计量	141.057 ***		429.710 ***	

注：*** 表示在 1% 水平上显著，** 表示在 5% 水平上显著，* 表示在 10% 水平上显著。

用重新定义的银行贷款水平和商业信用水平衡量指标衡量债务融资约束的回归中，Loan 和 TC 的回归系数均在 1% 的水平上显著为正，进一步证明了信息披露质量与银行债务和商业信用融资约束之间的负相关关系，即信息披露质量提高有利于缓解中小企业的债务融资约束。

10.3.5　结论与启示

本章选取 2011 ~ 2014 年深市中小企业板上市公司为样本，研究了信息披露质量对于中小企业债务融资约束的影响。结果表明，信息披露质量水平提高能显著降低中小企业的债务融资约束，影响银行的信贷决策，信息披露质量越高的公司越容易获得银行借款，供应商提供商业信用的条件也会越宽松。进一步研究还发现，这一作用还受到企业面临的市场风险因素的影响：与市场风险较低的企业相比，信息披露质量对市场风险较大的中小企业债务融资约束影响更显著。中小企业信息披露质量的提高有助于缓解债务融资约束，这一结果为信息披露的监管和中小企业融资政策的制定提供了经验证据，并为促进我国金融机构强化风险意识、提高信贷决策水平提供了有益参考。

本章研究结论具有以下启示：（1）由于我国金融体系不完善及中小企业自身基础比较薄弱等原因，中小企业在融资过程中遇到很多问题。目前大部分中小企业的融资来源是通过银行借款这一债务融资渠道，导致资金需求难以得到满足。商业信用作为债务融资渠道之一，在为中小企业提供资金方面也发挥了一定的作用。国家应该为中小企业扩展融资渠道、创新融资方式等方面提供支持，允许优良企业发行公司债券，缓解中小企业融资难问题。（2）由于我国资本市场不完善、信息披露机制不健全等原因，很多中小企业信用等级低下，严重影响了银行等金融机构向中小企业发放贷款。中小企业上市公司应该完善自身信息披露机制，主动向外界传达高质量有价值的信息，获得外部投资者的信任和支持。同时监管机构也应该加强对信息披露的监管，提高监管效率，确保信息披露制度的完善，提高信息披露质量的总体水平。（3）我国金融市场环境不稳定，一些中小企业的抗风险能力比较差，在面临剧烈变动的市场环境时，很多中小企业的资金周转会出现问题，甚至资金链断裂，导致无法偿还银行及供应商的贷款，从而债权人不再继续提供资金支持。因此，中小企业应该提高自身的管理水平，提高抗风险能力，从而促进自身资金的良性循环。

第 *11* 章
终极控制权、民营企业与融资结构

11.1 研究背景与文献述评

11.1.1 研究背景

伯利和米恩斯（Berle & Means，1932）首次提出控制权与所有权分离理论的起源，为现代公司治理与管理研究奠定了重要基础①。传统公司治理源于股东和管理者各自掌握所有权与控制权，现金流权分散于少数股东中，造成管理权与现金流权间一定程度的分离，使得所有者与管理者间的矛盾成为重要的代理冲突。然而，随着经济全球化及资本市场的迅速发展与完善，股权集中程度逐渐提高，越来越多的学者开始关注股权集中程度较高背景下终极控股股东对公司治理及融资结构的影响。

跨国公司的迅速发展促使现代企业间的竞争愈演愈烈，为了进一步扩大市场份额，提高行业地位，企业融资结构日益凸显其重要地位。融资结构决策关乎企业经营运转，乃至发展壮大，而融资结构的优化与否也成为衡量企业价值最大化的重要衡量指标之一。经济学家迈尔斯等（Myers et al.，1984）基于信息不对称效应，放宽 MM 理论假设条件，提出啄序融资理论，为融资结构研究奠定了重要基础，随后众多学者通过后续研究证明了该理论。然而与西方上市公司研究比较之后，发现我国上市公司融资结构选择严重背离啄序理论，优先选择权益融资。因此，国内学者基于上述理论，结合当前金融市场发展现状及上市企业权益结构特点，多角度深入剖析民营企业融资结构特征及构成，并进一步研究其成因及影

---

① Berie，Means. The Modern Corporation and Private Property ［M］. *Transaction Publishers*，1932：pp. 206 – 238.

响因素。

民营企业作为当前经济转型与稳定发展的重要支撑，其创新性与灵活性为解决就业、推动技术创新乃至区域经济的发展注入了新鲜活力，然而融资困境已成为制约其发展转型的瓶颈之一。因此，本章基于终极控股股东视角对我国民营上市公司融资结构选择进行研究，深入剖析其股权结构与融资结构现状，针对融资结构的优化、企业内部治理的完善提出改进方案，提升企业价值，推动经济转型期金融资本市场的完善与发展。

11.1.2　文献综述

1. 企业融资结构研究文献

（1）国外相关研究。从 20 世纪五六十年代开始，以莫迪利安尼和米勒（Modigliani & Miller，1958）为代表的学者开始普遍关注上市公司融资及资本结构问题，基于完全竞争及信息对称，研究融资结构与价值间的关联性，并据此提出 MM 定理：在一定条件下，企业价值与资本结构无关，融资来源的不同只是将企业整体价值在债权人与股东之间进行重新分配，并未改变价值总量。随后莫迪利安尼和米勒修正了 MM 定理应用的前提条件，尤其是放松了对无税收的要求，通过研究证明在企业所得税的影响下，企业价值与企业的资本结构相关，并且随着债权比例的上升而上升，以此为基础形成了权衡理论。权衡理论认为企业风险与债务比重正相关，易使企业陷入破产困境，增加破产成本，进而降低整体价值。因此资本结构的最优化是指寻求一个位于当债权比重和节税收益上升与相应的财务风险与破产成本间的平衡点。迈尔斯和梅吉拉夫（Myers & Majluf，1984）基于信号传递模型提出了著名的优序融资理论，也称为啄序理论，企业偏好发行债券进行筹资主要是基于债券的发行不会向投资者传达股票价格下降的逆向信号。MM 定理之后，国内外学者逐渐放宽其假设前提，从行业特征、非债务税盾、公司规模等多个角度研究影响企业融资结构的相关因素及与经营绩效间的关系，其中主要研究税收差异及破产成本对企业融资结构的影响。

尤金·法玛和迈克尔·詹森（Eugene F. Fama & Michael C. Jensen，1983）通过研究委托代理问题指出：管理层并不享有权益索取权，因此可以通过激励措施或监管机制促进股东与管理层目标的一致性。其中法玛强调借助资本市场的治理功能降低控制成本，如股利政策的实施。而詹森则进一步指出对于闲置资金较多，收益率较低的企业，为了优化资金配置，则以应付股利形式分给股东，然后用于回报率较高的投资项目上，还进一步强调现金股利比股票股利更有利于协调股东与管理层间的利益冲突。以布朗（Browne，1993）为首的学者通过比较各国公司资本结构后发现，资本结构的形成取决于公司本身决策的制定与执行，还与其所在国家或地区的经济环境与发展阶段、金融体制与法制环境的完善程度等外部因素密切相关。

（2）国内相关研究。我国在上市公司融资结构领域的研究主要集中在管理机制与运行机制方面。随着我国经济逐渐进入转型期，金融体系的建立与不断完善使得现有研究主要从证券市场角度入手，集中于融资模式的类型、变迁、成因，以及融资模式与经济体制间的关系。

吕长江和韩慧博（2001）选用1998年以前上市的433家工业企业，并在借鉴施瑞丹·蒂特曼（Sheridan Titman）和罗伯特·韦塞尔斯（Roberto Wessels）模型的基础上，分析其资本结构，发现公司的盈利能力与资产负债率呈负相关。刘星（2000）选用20个影响资本结构的因素进行回归分析，研究其对融资决策的影响，并证明销售利润率与税后利润率与企业的债务比例具有负相关关系。肖作平和吴世农（2002）从企业治理机制与股权结构等角度入手，选用中国上市公司作为研究样本，全面分析资本结构构成，引入非税效益等变量进行回归分析，研究其与融资选择间的关系，并指出一股独大问题和公司治理是解决融资问题的突破口。黄少安、张岗（2001）从上市公司融资行为偏好角度入手，先将1992～2000年间中国上市公司的不同融资行为进行回归分析，后与美国公司比较后发现中国上市公司倾向于权益融资，其进行融资时优先选择权益融资，其次选择债务融资，其中债务融资行为中短期优于长期，前后两者都通过模型分析支持股权融资成本较低的结论。刘星等人（2004）则对优序融资理论模型进行修正，深入研究我国上市公司融资来源，权益与负债融资顺序。通过实证分析发现：由于我国部分上市公司是通过国有企业改制而成，盈利能力较差加之公司治理机制不完善、资本市场不发达，使得公司在面临资金短缺时会优先考虑外源融资。而选择外源融资时，由于我国资本市场发展的不平衡以及滞后的债券市场，使得我国上市公司优先考虑股权融资，而在债权融资中，短期借款凭借其软约束的特征占主要地位。陆正飞、叶康涛（2004）为了深入了解中国上市公司融资行为的影响因素，他们从债务能力约束、破产风险等角度研究后发现中国上市公司权益融资成本远低于负债融资，所以自由现金流较为缺乏时，净资产收益率与终极控制人股权比重会相应提高，倾向于权益融资。王正位等（2011）通过实证分析发现，融资管制政策的变更能对企业融资行为和盈利能力产生重要影响。

吴晓求（2003）选取了20家深交所民营上市公司，并按照民营控股比例的大小进行排序，对其1999～2001年的财务数据进行分析研究，得出了基本结论：民营上市公司偏好与外源融资尤其是股权融资。李庚寅（2010）选取38家2004年中小板上市的企业，选取2001～2007年的样本数据比较分析，发现其资产负债率与盈利能力正相关。

2. 终极控股股东研究

（1）国外相关研究。施莱费尔和维什尼（Shleifer & Vishny，1997）通过研究认为在中小股东利益缺乏相应法律保护措施的国家，权益的集中程度可以形成对控股股东的保护机制，进而激化与少数股东之间的利益冲突。以拉·波特（La Porta，1999）为代表的学者将全球 279 个发达经济体的上市公司作为研究对象，根据企业控制链条，层层查询各层级链条后发现终极控制人，并根据控制权标准将股权结构分为分散型和控股型两大类，为终极控制权理论奠定了基础。以此为基础对终极控股股东进行定义，即位于上市公司股权结构控制链条顶端，凭借直接或间接方式持有股份并进一步获取实际或终极控制权的控股股东。同时进一步提出，控股股东并非持股比例超过 50% 才能实现获取公司的实际控制权，通常情况下，由于大多数中小股东没有参与投票导致控股股东有时仅凭借 10% 或 20% 的持股比例就可实现对公司的控制。

关于控制权利益的研究，国外学者巴克利和霍尔德尼斯（Barclay & Holderness，1989）基于两权分离，率先将控制权利益分为共享利益和私有利益。前者是指控股股东凭借其持股比例所享有的财产分红权即现金流索取权，后者指基于自身利益的驱使，以牺牲中小股东乃至公司整体利益为代价获取的超过其现金流的索取权，具体表现形式包括低价转移资产、关联交易或者过高报酬。拉·波特（La Porta，2002）选取 27 个发达国家的上市公司，对其控股股东控制权私有收益的获取途径进行研究，发现控股股东获取私有收益的途径具有较强隐蔽性，主要通过资产买卖、内部交易、信用担保等方式进行。阿加沃尔（Aggarwal，2003）以最优契约框架为基础，研究分析终极控制权对公司绩效的影响，指出由于控制权利益与代价并存，引发的过度投资等行为将会对经营绩效产生不同影响。以此为基础，戴克和津盖尔（Dyck & Zingale，2004）通过研究发现，控股股东可支配资源的多少与企业控制性资源的多少呈正相关关系，为此，终极控股股东会基于自身利益确定投资决策，影响融资行为。卡斯滕·斯伦格尔（Carsten Srenger，2007）通过建立模型发现，当终极控股股东掌握一定的终极控制权，在利益驱动的影响下，他们会通过投资关联交易或其他方式获取控制权收益。

关于利益侵占的研究，克莱森斯（Claessens，1999）在拉·波特研究的基础上，针对东亚 9 国 2 980 家公开上市公司的股权结构进行深入探讨后发现，家族企业的存在是一种普遍现象，同时大多数上市公司由实际控制人掌控，随着两权分离度的不断提高，便可凭借较少投入实现最终控制，逆向选择与道德风险成本也随之增长。尤其以中国大陆、港澳、台湾为主的东亚地区中，上市公司股权结构以家族式为主，法律环境的不完善以及在金融危机的冲击下使得控股股东侵占行为的"堑壕效应"尤为突出。林斯（Lins，2003）选取18家经济相对不发达地区的上市公司进行深入分析，东亚各国及地区作为新兴市场的重要代表，其上市公司两权分离度普遍较高，如印度尼西亚的家族控股比例接近80%等。

关于终极控股股东"支持"与"掏空"行为的研究，约翰逊、拉·波特、洛配兹·西拉内斯和施莱费尔（Johnson，R. La Porta，F. Lopez-de-Silanes，& A. Shleifer，2000）通过研究证明，当控股股东持股比例较高时，主要通过转移公司资产和利润或定向发行稀释性股票、渐进式收购等方式对少数股东权益进行侵占。资产的转移主要以内部交易的方式进行，如占用企业资金，侵占投资机会或舞弊等违法行为进行。他们还将上述行为命名为"Tunneling"（掏空行为）并指出终极控股股东的掏空行为具有较强隐蔽性，很难获取直接证据证明其对中小股东利益的侵占。弗里德曼、约翰逊和米顿（Friedman，Johnson & Mitton，2003）继而通过建立动态模型对金字塔结构进行深入研究，提出"支持与掏空"理论，即当企业面临融资或经营困境时，最终控制人则向控制链下层公司转移资源或者提供财务支持以维持其对公司的实际控制权，表明终极控股股东的"支持"与"掏空"行为可以并存。瑞扬托和托塞玛（Riyanto & Toolsema，2003）也通过建立模型对上述行为进行了研究金字塔式股权结构下控股股东的支持与掏空行为，并发现金字塔式股权结构比水平式股权结构应用更为广泛原因在于其存在保护中小股东利益的机制，尤其是企业陷入财务困境时。

（2）国内相关研究。作为最先研究终极控制权理论的国内学者，刘芍佳、孙霈、刘乃全（2003）选取中国2001年1 160家上市公司作为研究对象，进行问卷调查，观察得出所选样本中政府直接或间接控股比重高达84.1%，其中75.6%为金字塔结构，为此他们将中国上市公司股权结构分为国有和非国有终极控股股东两大类。叶勇、胡蓓、何伟（2005）从上市公司公布的年报数据入手，深入分析中国上市公司股权结构，他们进一步分为三大类：政府控股或国有独资企业；非政府控股的民营或外资公司；因未披露而无法确定终极控制人的一般法人。结果表明政府控股为主要形式。但是与先前的研究相比，其控股比例显著下降，这主要得益于非国有控股股东的增加。冯旭南和李心愉（2009）借鉴拉·波特、洛配兹·西拉内斯和施莱费尔（1999）和刘芍佳等（2003）的研究方法，以持有控制权比例的10%和20%作为界限，选取2007年1 427家中国上市公司，采用股权结构较为分散的上市公司分别为18家和178家，各占样本总数的1.26%，12.47%；对于存在终极控股股东的上市公司，政府控股比例分别为64.09%和59.04%，家族控股比例为35.91%和31.01%。

关于控制权利益的研究，刘朝晖（2002）从基于控制权框架下投资的低效率化动因及模式出发探究后指明，套取外部利益的动机驱使控股股东利用其本身与企业间的内部交易来获取最大化的利益，进而导致上述现象的出现。李增泉等（2004）单独将中国上市公司的关联交易数据作为研究对象，进一步探究终极控制人的资金占用行为，后证明该行为与第二大股东的股权比例负相关，并提出随着股东权益的不断集中，关联交易发生的可能性也随之增大，并成为控股股东攫取控制权利益的主要途径。鲍家友（2006）通过建立数学模型，得出结论：股权集中度越高，控股股东越倾向于投资高风险项目，获取控制权收益。郝颖（2007）选取控制权发生移转的上市公司，突破性地利用经验数据将投资与控制权收益紧密相连，指出控制权利益及相关资源日益成为衡量公司规模的重要因素，使得资本配置成为控股股东自利行为的主要选择。王英英等（2008）进一步借助模型指出，占用企业资金易使企业陷入财务困境，后表现为投资不力，但是当占用行为未出现时，控股股东则进一步攫取控制权私有利益，后表现为过度投资。

关于利益侵占行为的研究，苏启林等（2003）选取终极控制人为家族或个人的国内上市公司，结果表明家族企业中存在明显的双重委托代理关系，控制权与现金流权的分离为创业家族对中小股东进行利益侵占提供了途径，进而使得代理矛盾尤为突出。邓建平和曾勇（2005）在拉·波特的研究基础上，分析两权分离程度对公司价值的影响，进而衡量控股股东对中小股东的利益侵占程度。结果表明，两权分离度变大会加剧对少数股东权益的剥削，降低企业价值。叶勇、胡培（2005）选取 1 260 家上市公司，研究后发现，较之其他国家，中国上市公司权益集中度高，控股股东侵占少数股东权益较严重。谢玲芳、朱晓明（2005）通过对上交所和深交所上市的民营企业进行分析，终极控制人控制权比重较大会导致少数股东权益被侵占，并且随着两权偏离程度的加大，代理冲突也越来越严重，进一步为其提供方便。

谷棋等（2006）选取 121 家控股股东为家族的上市公司，多角度研究终极控制权框架对企业整体价值的影响，结果表明，我国家族企业的实际控制人基于控制权框架通过掠夺性分红行为对企业价值产生影响。王鹏和周黎安（2006）选取 2001 ~ 2004 年 A 股上市公司，从资金占用的角度研究后发现终极控制权具有侵占效应，现金流权具有激励效应。叶勇、刘波和黄雷（2007）研究终极控制权框架对企业股利政策、企业价值以及经营绩效的影响，发现终极控股股东与中小股东之间的矛盾作为第二类代理问题，已成为公司治理的主要矛盾，此种现象在民营上市公司更明显。罗党论和唐清泉（2009）则指出相比于国有企业，民营上市公司对控制权结构层级更为敏感，更易产生对少数股东权益的侵占。刘星等（2011）选取控股股东为地方政府的上市公司，结果发现随着其所拥有更多的现金流权，"堑壕效应"会有所收敛。

关于支持与掏空行为的研究，李增泉等（2005）从重组并购的角度入手深入剖析终极控制人的支持与掏空行为，结果发现，当企业陷入经营困境或者融资困境的时候，其会向上市公司输送大量的优良资产以达到"保额"或"保配"的目的，随着企业经营状况的逐渐好转，掏空行为的动机也随之加强。宁宇新和柯大钢（2006）则是从控制权转移后上市公司资产重组的角度进行分析，表明终极控股股东的支持与掏空行为可能并存，进而极大影响公司长远发展。刘运国等（2009）基于终极控股股东类型分析其对掏空行为的影响，并指出实际控制人为自然人时，此种行为较为严重，而当实际控制人为国家时，此种行为则会出现很大程度的减缓。

3. 终极控股股东对企业融资结构影响研究

（1）国外相关研究。哈特（O. Hart，1998）通过对比研究发现，将控制权私有收益与融资结构相联系，提出融资结构与企业控制权之间存在相互影响的关系：其不仅会对管理层激励及经营绩效产生直接影响，还会产生控制权私有收益，并借助融资结构的安排形成相应的保护机制。因此若采取权益融资，会导致实际控制人股权比重下降，威胁控制地位。相比之下，股权结构相对分散的上市公司中，少数股东搭便车行为较普遍，使得权益约束与内部治理问题尤为突出，但如果适度增加负债比例，其产生的破产效应则会对管理层产生新的制约，进而降低代理成本。塞弗特和戈内克（Seifert & Gonenc，2010）以23个新兴市场上市公司作为研究对象，发现虽然新兴市场符合啄序理论的假设与要求，但是新兴市场上市公司融资选择却与其相背离，并证明存在严重的信息不对称及代理成本问题，并指出在正常经营中谋求控制权私利以及现金流权损失造成的不对称将促使控股股东提高财务杠杆而非关注企业是否陷入财务困境，进一步证明了负债的非股权稀释效应。

（2）国内相关研究。陆正飞、叶廖涛（2004）通过建立回归模型发现，上市公司偏好股权融资的一个重要原因就是实际控制人。公司自由现金流随实际控制人持股比例增加而降低，且权益融资偏好越明显，便于获取隐蔽收益。肖作平（2005）提出股权集中度与上市公司杠杆比率负相关。控股股东为了获取可控资源，减少债务约束，进而倾向于权益融资来弱化公司治理机制，提高其转移资源的能力。郑瑞玺、徐新华、何青（2007）进一步分析终极控股股东行为对融资决策的影响。指出基于自身利益最大化，无论企业处于正常经营还是陷入财务困境，终极控股股东会通过提高债务资本进行套利。宋小保、刘星（2007）借助模型构建发现当企业负债比重较低时，信息的不对称效应在各股东之间表现得更为严重，为此会引发影响融资行为的非理性投资行为。肖作平（2010）通过分析后指出由于我国上市公司权益结构集中度角较高，促使权益融资成为融资决策首选，并且终极控制权框架下对少数股东权益的侵占也使得这种倾向尤为突出，同时银行等金融机构也会根据两权分离来制定与上市公司相对应的信贷政策。

韩亮亮等（2007）选取 269 家民营上市公司作为研究样本，通过实证分析证明随着终极控股股东控制权比重和制衡度的增加，会降低风险稀释效应，促使其优先选择权益融资；而当现金流权比重下降时，其承担的负债风险也随之降低，进而增强债务融资偏好。丁新娅（2008）从上市民营公司的终极控制人特征入手，研究其对债券融资行为的影响后得出，由于持股方式以金字塔式为主，因此，两权分离度与资产负债率正相关，其中集团或家族控股类企业的负债比重远高于其他样本。苏坤和杨淑娥（2009）通过对 2002～2006 年间 1 141 家民营上市公司的数据分析，发现随着两权分离度的增大，攫取少数股东权益的动机越强，并与企业负债比例呈倒"U"型关系。

综上文献可将其研究特征归结为两方面：

第一，终极控制权的研究围绕以控股股东类型及特征为主，重点分析终极控制权框架下其对企业绩效的影响，但大多数研究并不详尽，只单纯基于控制权框架进行分析，并未深入探讨对少数股东权益的影响。

第二，关于终极控制人对企业融资行为及结构影响的研究相对较少，尤其是针对上市民营企业的研究分析。当前随着我国资本市场的开放程度日益加大，混合所有制经济的大力推行，民营企业逐渐通过兼并收购或者 IPO 等方式实现上市，已成为推动当前经济发展的重要力量，因此对民营上市公司的融资行为进行系统性研究并提出适宜的政策建议显得格外重要。

上述文献的研究特点为本章提供了良好的视角，不仅可以深化对终极控制权理论与融资结构的认知，还可以为研究控股股东与少数股东间的利益冲突提供新角度。

11.1.3 终极控制权下企业融资结构选择的理论分析

在 20 世纪 90 年代以前，学术界关于企业融资结构的研究主要基于股权结构分散论，但随着拉·波特等学者关于终极控制权、终极控股股东等相关理论的提出与逐渐完善，越来越多的学者开始考虑基于较为集中的股权结构，企业融资结构选择中控制权分配的问题。本章则是基于终极控制权进行框架构建，分析终极控股股东对融资结构选择的影响。

1. 股权稀释效应

股权稀释效应源于资本结构的控制权理论，哈瑞斯和拉维夫（Harris & Raviv，1998）通过建立模型研究当股权较为分散的上市公司外部环境出现恶意收购时对管理者融资结构选择的影响。若管理者不想放弃其控制权及相应的控制权私利，则必然通过增加债务融资比例减少权益融资比例的方式进行资金筹集。此后的学者进一步研究证明恶意收购的出现促使管理层倾向于债权融资以保护其控制权。但在股权结构高度集中的上市公司中，终极控制人所处境遇与管理层极为相似。凭借对公司控制权与经营决策权的掌控，终极控股股东倾向于选择债务融资来维护其控制权，因为债务融资比例的增加不会影响其控制地位，此种效应随着终极控制权与现金流权分离度的不断增大愈发明显，原因在于控制权框架下的两权分离表明终极控制人可凭借较少投入达到对上市公司的掌控，同时所带来的财务困境与破产风险也较小，进而使控股股东偏好增加负债融资而非威胁控制地位的权益融资。但当实际控制人或者终极控股股东的控制权足够稳固时，情况则会有所不同。根据拉·波特（2002）的研究定义，当终极控股股东的表决权大于20%时，就可以认定其已实现对上市公司的绝对控制，超过20%的部分称为控制权真空，表明股权的稀释效应对控股股东威胁很小，因此随着控制权比重的增大，真空效应也更明显，可供利用的实际控制权空间也越大，促使其倾向于权益融资，对外表现为较低的财务杠杆。

2. 自由现金流效应

自由现金流量概念最早由詹森（1986）提出，是指终极控制人运用自由现金流时与债权人、少数股东间的利益冲突，表现为自由现金流囤积与滥用的动机和行为。资本实际投入之后形成所有者权益的基础，即股东依托自身享有的现金流与子公司间的内部交易攫取控制权私有利益，将企业整体收益逐渐转移到其手中。相比与股东对股利的索取权，债权人对利息的索取权更为迫切，此种差异加上两权分离的影响驱使实际控制人操纵自由现金流。契约约束的存在使得负债需要到期还本付息，进而占用了部分可支配自由现金流量，减少终极控股股东可自由支配的自由现金流量，对削弱攫取少数股东权益效应具有明显约束作用。于是在企业融资结构选择的过程中，控股股东偏好低负债融资以降低转移利益时的被动性。

3. 破产效应

破产效应是指当企业不能按期清偿相应负债时，债权人有权对其进行清算，将控制权由权益所有者移转到其手中。此研究主要基于权衡理论，该理论指出公司寻求债务融资的主要动因在于负债的税收抵免效应，因此将债务的破产成本引入融资决策模型，并指出融资模式的最优化为债权融资价值最大化与随之增加的财务困境成本与代理成本间的均衡，主要原因在于：一方面财务困境风险会导致资金链断裂影响企业正常运转；另一方面债务增加时潜在上升的破产风险会导致控股股东彻底丧失控制权私有收益。如果企业破产，终极控股股东或实际控制人则会丧失凭借低成本获取高收益的控制途径。因此，控股股东往往倾向于选择无需还本付息的权益融资，限制债务融资，降低破产风险效应。

11.2 民营企业控制股东特征与融资结构

11.2.1 民营上市公司终极控股股东特征分析

我国将上市公司分为国有和民营两大类，前者所有权由政府拥有，后者则表示除此之外非国有股权在股权结构中占主导地位。众所周知，我国民营经济具有典型的中国特色，在学术界颇具争议，传统的学术观念将其等同于私有化，与公有化相对应，但有学者通过研究表明民营化与公有化并非完全对立存在，民营企业也有公有化特征，例如现有集体企业也被视为民营企业。本章采用苏启林等（2003）给出的相对具体的定义：第一大股东或控股股东为民营性质的企业、自然人或职工持股大会的企业被认定为民营上市公司。

基于市场经济与资本市场共同发展、相互作用，我国上市民营企业分为创始类和非创始类，前者指通过 IPO 直接上市，后者主要通过 MBO、借壳上市、改制等间接实现民营化。20 世纪 90 年代初，深圳华源磁电有限责任公司的成功上市，象征着中国民营类公司上市征程的开始。其主要分为三个阶段：起步阶段（1992～1995 年）。此时中国的资本市场以国有体制改制占据主导，发行制度不完善，存在所有制歧视，使得民营上市公司寥寥无几。稳步发展阶段（1996～1999 年）。该阶段的民营企业主要借助间接方式实现资本化，新希望股份制改革的顺利结束更是标志民营资本市场新时期的到来，其上市数量呈现逐年递增趋势。快速扩张阶段（2000 年以后）。该阶段民营上市公司数量迅速增加，尤其是 2004 年深圳中小企业板块的推出，更是为民营企业资本化道路注入了新鲜活力与动力。

随着我国经济体制改革的不断深入，位于经济转型期的我国民营上市公司主要表现出以下特征：（1）超半数主要遍布在沿海经济开发区，其中广东、浙江、上海等沿海省市所占比重占据半数以上；（2）行业分布过于集中，综合类、纺织业等以直接方式实现上市，房地产、服务等行业则以借壳上市方式为主；（3）位于民营经济发展繁荣地区的企业经营稳定，业绩良好，以浙江省为例，当地盈利能力远高于全国平均水平；（4）创新能力不强，尤其是技术创新能力有待提升。众多民营企业虽然发展规模较大，但主要位于产业链中下游，缺乏核心技术和产业价值；（5）企业家族制色彩浓厚，股权结构复杂，管理层素质与管理水平亟待提高，治理结构有待完善。家族制经营管理理念较为粗放，"人治"色彩浓厚，权限划分不明确，往往导致投资随意性与非持续性。在此特征下，再加上我国资本市场结构较为单一，企业并购市场不完善，买壳上市操作难度较大，民营上市公司仍面临较为严重的政策障碍与制约，缺乏灵活完善的融资平台，使融资困境成为制约民营上市公司发展的瓶颈之一。

国内大多数研究将终极控股股东称为最终控制人、终极控制人等，年报披露则称为实际控制人。在本章中，采用了国泰安数据库（CSMAR）中对民营上市公司的定义并将终极控股股东认定为位于企业控制链顶端的股东，即实际控制人。本章选取 2012～2014 年上交所和深交所 A 股民营上市公司年报等财务数据，运用 SPSS 20.0 统计软件及 Excel 系统作为主要实证分析研究工具，依据相关条件筛选后得到 2 910 个样本数据，整理如图 11 - 1、图 11 - 2、图 11 - 3 所示。

如图 11 - 1 所示，本章将我国民营上市公司终极控股股东分为两类：一类为自然人或家族，另一类为国家控制，企业、事业单位，员工持股会或工会，集体企业，外商投资企业，公众持股，其他等。在 3 年样本数据中，2012 年 1 003 家上市民营公司中 989 家终极控股股东为自然人或家族；2013 年 966 家；2014 年 926 家，占比均高达 96% 以上。由此可见，本章选择的样本，自然人或家族控制人占据终极控股股东类型大多数。

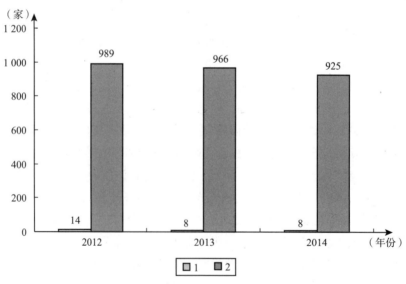

附注：其中 1 表示除自然人或家族之外的终极控股股东类型，如国家控制，企业、事业单位，员工持股会或工会，集体企业，外商投资企业，公众持股，其他等；2 表示终极控股股东类型为自然人或家族。

图 11 - 1 终极控股股东类型

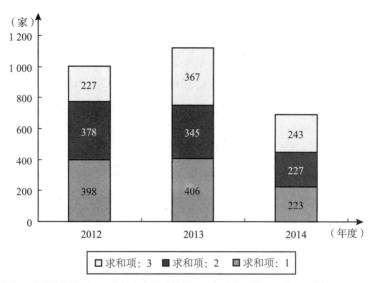

附注：其中 1 表示直接控制；2 表示金字塔式控制；3 表示交叉持股及其他控制方式。

图 11 - 2 终极控股股东控制上市公司方式

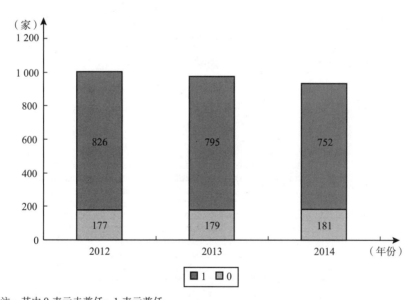

附注：其中 0 表示未兼任；1 表示兼任。

图 11 - 3 控股股东是否兼任董事长或总经理

终极控股股东控制上市公司方式统计结果如图 11 - 2 所示。其控制方式主要有直接控制、金字塔式控制和相互交叉持股等方式。直接控制是指控制链条较为单一的上市公司中，终极控制权与所有权统一化，分红求偿权与表决权未进行剥离。金字塔式控制指公司实际控制人通过间接持股形成一个金字塔式的控制链实现对公司的控制。从本章选取的样本数据来看，民营上市公司主要采取直接控制和金字塔式两种控制方式，占比高达 80%。

终极控股股东是否兼任董事长或总经理对上市公司影响如图 11-3。克莱森斯（Claessens, 2000）研究发现超过 60% 的样本公司终极控股股东同时也担任公司高层管理人员。孙健（2006）则通过进一步研究认为终极控股股东通过派出人员担任董事会成员影响公司剩余控制权分配。为此，从图 11-3 可以看出，2012 年 1 003 家民营上市公司中，有 826 家实际控制人兼任公司董事长或总经理，2013 年为 795 家，2014 年为 752 家，占比都高达 80% 以上。同时值得注意的是，虽然某些民营上市公司的实际控制人或终极控股股东未兼任控制链条顶端公司的董事长或管理层，但其通过兼任子公司或孙公司的管理层来对其生产经营管理进行重要干预，施加影响。

11.2.2 民营上市公司融资结构分析

1. 行业特征分析

本章行业分类标准参照 2014 年中国证监会最新发布的《上市公司行业分类指引》，将样本数据分为农林牧渔业、采矿业、制造业、电力、热力、燃气及水生产和供应业等 16 个行业，并利用描述性统计等方法对我国民营上市公司融资结构的行业特征进行研究，相关数据如图 11-4、表 11-1 所示。

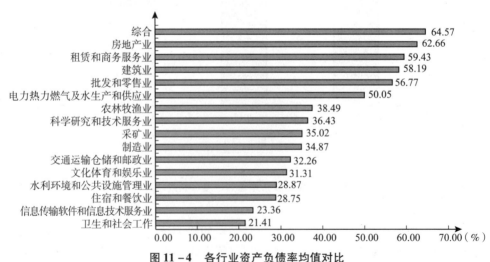

图 11-4 各行业资产负债率均值对比

表 11 – 1   **我国民营上市公司行业描述性统计**

行业	样本量（家）	最小值（%）	最大值（%）	平均值（%）	标准差（%）
农林牧渔业	46	9.53	64.41	38.49	14.28
采矿业	47	2.08	91.56	35.02	21.36
制造业	2162	0.80	102.77	34.87	18.86
电力热力燃气及水生产和供应业	12	25.49	67.90	50.05	15.06
建筑业	70	14.96	84.89	58.19	18.05
批发和零售业	150	4.01	95.10	56.77	19.92
交通运输仓储和邮政业	16	18.66	46.50	32.26	8.59
住宿和餐饮业	4	10.06	47.43	28.75	20.92
信息传输软件和信息技术服务行业	180	2.39	69.60	23.36	15.71
房地产业	129	7.04	89.98	62.66	20.79
租赁和商务服务业	22	12.91	95.26	59.43	24.68
科学研究和技术服务业	19	10.71	77.17	36.43	18.98
水利环境和公共设施管理业	26	2.49	50.43	28.87	13.43
卫生和社会工作	5	17.76	27.32	21.41	4.55
文化体育和娱乐业	15	7.79	90.47	31.31	26.81
综合	7	53.85	71.95	64.57	5.66
总计	2 910	200.52	1 172.74	662.43	267.64

通过表 11 – 1 和图 11 – 4 可知，不同行业的民营上市公司资产负债率均值较高的为综合类行业、房地产业、租赁和商务服务业、建筑业、批发和零售业以及电力热力燃气及水生产和供应业，均值居中的为农林牧副业、科学研究和技术服务业、采矿业、制造业、交通运输仓储和邮政业、文化体育和娱乐业，均值较低的为水利环境和公共设施管理业、住宿和餐饮业、信息传输软件和信息技术服务行业以及卫生和社会工作。分布范围从 21.41% ~ 64.57% 不等，由此可见各行业资产负债率存在较大差异。根据静态均衡理论，破产成本与企业规模成反比，企业规模越大，风险承担能力越大，越倾向于债务融资。资产负债率较低的信息传输和信息技术服务行业以及卫生和社会工作行业则由于进入壁垒和行业集中度较低，进而使得上市公司规模相对较小。从各行业资产负债率的波动性来看，文化体育和娱乐业、采矿业波动性较大，标准差分别为 26.81% 和 21.36%，说明这两类行业的融资结构具有明显不稳定性；卫生和社会工作行业、交通运输仓储和

邮政业的融资结构稳定性较好，标准差分别为4.55%和8.59%。

2. 融资行为总体特征

2012～2014年上市民营公司融资结构数据如表11-2、表11-3所示（根据国泰安数据库整理）。

表11-2   我国民营上市公司内源融资与外源融资结构   单位：%

指标	内源融资				外源融资			融资总额比例合计
	折旧比例	未分配利润比例	盈余公积比例	内源融资比例合计	债务融资比例	权益融资比例	外源融资比例合计	
2012年	3.77	31.58	4.97	40.32	26.46	33.22	59.68	100.00
2013年	3.75	31.14	4.82	39.71	26.54	33.75	60.29	100.00
2014年	3.51	30.86	4.54	38.90	24.40	36.70	61.10	100.00
平均	3.67	31.19	4.77	39.64	25.80	34.56	60.36	100.00

表11-3   我国民营上市公司债务融资来源   单位：%

指标	长期借款	短期借款	应付债券	商业信用	总计
2012年	25.20	50.26	12.52	12.02	100.00
2013年	29.29	50.39	12.94	7.38	100.00
2014年	27.35	46.68	11.60	14.37	100.00
平均	27.28	49.11	12.36	11.26	100.00

（1）内源融资比重较低，权益融资偏好明显。从表11-2可以得出，民营上市公司融资顺序与啄序理论相悖，优先选择外部融资，其中权益类资金占比较大。2012～2014年内源融资平均占比为39.64%，外源融资平均占比为60.36%。虽然2012年内源融资比重最高（40.32%），但依旧低于外部融资来源占比（59.68%），从世界范围来看，该占比水平远远低于发达国家，由此可见我国上市民营公司企业对外源融资的依赖性。但众所周知，内部资金的多少关乎企业本身长远发展，其不仅能奠定资本基础，还能有效避免过度投资行为，降低投资风险，保证企业的稳定发展。但上市民营企业的内部盈利不足，内部资金积累转换成投资资本的受限，进而使权益融资成为主要资金来源。

（2）债务结构中以短期债务为主。为进一步深入了解债务融资方式对我国民营上市公司的影响，本章从其资金来源入手，将相关数据整理如表11-3所示。分析后发现，我国民营上市公司债务融资的主要来源为流动负债，长期借款占比仅为 27.28%。进一步剖析后可知，流动负债主要以短期借款为主，占比近50%，使得我国民营上市企业呈现出长期融资渠道不畅，高流动负债的特征。学术界普遍认为上市公司流动负债比重为 50% 时比较合理，但由于我国民营上市公司融资瓶颈导致净现金流量不足，财务杠杆作用和债务融资税盾作用未得到充分发挥使得资金来源相对单一，往往以"短融长投"模式维持企业正常经营。但这种模式会使企业难以有效应对资本市场与金融环境的各种变化，产生资金缺口、资金周转困难等问题，大大增加了我国民营上市公司的信用风险和流通性风险，进一步产生逆向治理效应，对企业的持续稳定发展造成潜在威胁。

（3）债券发行规模小，金融体系有待完善。企业筹资途径以债权与股权融资为主，前者又以贷款和债券发行为主。但不同融资方式的融资成本是不同的，而债券可以兼顾银行贷款与股票融资的优点，因而受到经济发达国家与新兴经济体的青睐。在我国，企业债券发行早于股票，但其发展明显迟缓，远不及证券市场迅猛之势且存在众多商榷之处。尤其是随着国债市场与政策性金融市场的迅速崛起与扩张进一步积压了债券市场的发展空间并造成内部之间的不平衡。此外由于相应法律法规及相关制度的缺失与不完善，再加上大部分民营上市公司的自身发展与盈利条件难以满足债券发行条件也促使其在选择负债融资时比较谨慎。

11.3　研究设计

11.3.1　基本假设

斯图尔兹（Stulz，1998）通过研究表明上市公司控股股东为保证其对公司控制权，降低被收购风险，忽视最优财务杠杆水平，倾向于选择债务融资方式，充分利用负债非股权稀释效应，此种现象对于存在终极控制权的公司而言尤为显著。如前所述，本章采用拉·波特等（1998）对终极控制权定义。当终极控股股东控制权足够集中、稳固时，融资选择则会优先考虑权益融资，放弃负债的股权非稀释效应，维持较低的债务水平，避免公司陷入财务困境，韩亮亮和李凯（2007）将其称为"控制权真空"，即只要终极控股股东控制权比例超过有效控制权比例（拉·波特等学者将其认定为 20%），无论为 21%，31% 或者更大，终极控股股东对上市公司的控制能力几乎相同，因此将终极控股股东终极控制权比例超过 20% 的部分称为"控制权真空"。它的存在会降低股权稀释对终极控制人的影响，促使其偏好股权融资并且随着终极控制权比重的上升，真空效应也愈明显，能够为其提供可浪费的实际控制权也越多，负债水平也随之降低。基于此，本章提出研究假设1：

H1：终极控股股东终极控制权比例与民营上市公司资产负债率负相关。

詹森和麦克林（1976）率先提出自由现金流量概念，即满足净现值大于零的投资项目所需资金后剩余的现金流量，实质为股东能够自由支配的现金流量。一方面，负债要求到期还本付息，会减少自由现金流，相比之下，权益融资能够增加自由现金，为实际控制人提供可操纵的现金流，同时为其攫取控制权私利提供便利，以减少债务的利益转移限制效应。另一方面，随着债务融资规模的不断增大，企业财务困境风险和破产风险也随之增加，由于终极控股股东担心因企业破产丧失对企业的完全控制则会对其产生抑制作用，但终极控制人主要通过不同的持股方式实现对企业的控制，其资金投入较少，破产风险和损失大部分转移给少数股东或债权人。另外由于上述持股方式具有隐蔽性，使得终极控股股东获取风险型融资收益的同时其声誉也不会受到太大影响；其次破产风险也加剧了现金流权对终极控制人的正向激励作用，促使大小股东乃至企业整体利益趋于一致，规避破产风险动机也越强，促使其选择较低的财务杠杆。同时控制权框架下两权分离度的不断增大，则表示较少的投入可实现最大程度的控制，进一步增强通过支持或掏空行为进行利益转移的动机。为此本章提出研究假设2、假设3：

H2：终极控股股东现金流权比例与民营上市公司资产负债率负相关。

H3：终极控股股东两权分离程度与民营上市公司资产负债率负相关。

一直以来学术界普遍肯定第二大股东或其他大股东的存在会对终极控股股东产生制衡作用。但中国的民营上市公司实际控制人主要以自然人或者家族为主，股权制衡效果的有效性有待商榷。相比终极控股股东的"一股独大"，其他大股东处于相对弱势状态，"搭便车"现象频频出现，促使其他大股东与实际控制人结盟共同攫取少数股东权益，影响企业整体效益，难以形成有效制衡，特别是两权分离会降低利益侵占行为对股东权益的影响，最后所有损失由全体股东一起承担。法乔、朗和杨（Faccio、Lang & Young，2002）分别将亚洲和欧洲多个国家的其他大股东作为研究对象，研究其对实际控制人的制衡效果。结果发现，在欧洲，外部大股东可以有效抑制侵占效应，而在亚洲国家中出现截然相反的现象，侵占效应加剧，代理成本上升。本章提出研究假设4：

H4：基于终极控股股东的民营上市公司股权制衡度与资产负债率负相关。

委托代理理论认为管理者与股东之间的代理冲突易引发管理者的逆向选择与道德风险，损害股东利益。在进行筹资选择时，负债潜在的破产风险会对经营者产生一定激励作用，有效约束在职消费行为，促使其为实现利润最大化而努力工作，但是随着负债比重的增加，破产成本也随之增加，于是经营者会充分发挥实际控制权以维护自身利益。同时为了有效解决经营者与股东间的冲突，企业采用监督制约方式的同时还会通过激励手段进行缓解，如向经营管理层赠送股份或增加薪酬和假期等，促使其与股东利益的一致性，实现对自利行为的有效制约。因为当经理人为自身利益牺牲股东利益时，本身作为股东一方的利益也会大大受到影响。同时同终极控股股东或实际控制人的目标一样，管理者也企图利用自己的地位和相应控制权进行利益侵占，而债务融资无法有效满足此种目的。为此，本章提出研究假设 5：

H5：基于终极控股股东的民营上市公司管理层激励与资产负债率负相关。

11.3.2　变量定义与模型构建

依据本章假设所用变量具体符号及说明详如表 11-4 所示。

表 11-4　变量名称及变量定义

变量分类	变量名称	变量符号	变量定义
被解释变量	资产负债率	DAR	期末总负债账面价值/期末总资产账面价值
解释变量	终极控制权	UVR	$\sum_{i=1}^{n} \min(a_{i_1}, a_{i_2}, \cdots, a_{i_t})$ 其中 $a_{i_1}, a_{i_2}, \cdots, a_{i_t}$ 为第 i 条控制链层级的控股股东控制权比例
	终极现金流权	UCR	$\sum_{i=1}^{n} \prod_{i=1}^{n} (a_{i_1}, a_{i_2}, \cdots, a_{i_t})$ 其中 $a_{i_1}, a_{i_2}, \cdots, a_{i_t}$ 为第 i 条控制链层级的所有链间现金流权比例
	两权分离度	SR	UVR/UCR
	股权制衡度	PB	公司第二大股东至第十大股东持股比例之和
	管理层股权激励	MSR	管理层持股比例
	管理层薪酬	Pay	Ln（高管前三名薪酬总额）
控制变量	公司规模	Size	Ln（公司资产总额）
	盈利能力	Prof	净资产收益率（ROE）
	成长性	Growth	营业收入增长率 =（本期主营业务收入/上期主营业务收入）- 1
	行业	Ind	以农林牧渔业为基准，共 16 个行业，属于某行业 $Ind_i = 1$，否则 $Ind_i = 0$
	年份	Year	属于某年 $Year_i = 1$，否则 $Year_i = 0$

为验证本章提出的假设构建如下模型：

模型 1：

$$DAR = \beta_0 + \beta_1 \times UVR + \beta_2 \times Size + \beta_3 \times Growth + \beta_4 \times Prof + Ind + Year + \varepsilon$$

模型 2：

$$DAR = \beta_0 + \beta_1 \times UCR + \beta_2 \times Size + \beta_3 \times Growth + \beta_4 \times Prof + Ind + Year + \varepsilon$$

模型 3：

$$DAR = \beta_0 + \beta_1 \times SR + \beta_1 \times PB + \beta_3 \times MSP + \beta_4 \times Pay + \beta_5 \times$$
$$Size + \beta_6 \times Prof + \beta_7 \times Growth + Ind + Year + \varepsilon$$

其中，β_i 为变量前系数，ε 表示干扰项。

11.3.3 样本选择

根据研究目的，选取沪深两市 A 股民营上市公司披露的年报数据及其他面板数据作为研究样本，并选取 2012～2014 年作为窗口期以保证数据的时效性。为保证数据有效性，将原始数据按照以下原则剔除：

（1）剔除 *ST、ST、PT 及三年内退市公司，因为该类公司经营状况恶化，融资及结构变化较大，数据可信度较差。（2）剔除未披露实际控制人或终极控股股东以及控制链条的民营上市公司。（3）剔除金融行业，由于金融保险行业特征与其他行业差异较大同时其资本结构或融资结构具有特殊性。（4）剔除实际控制人控制权比例低于 20% 的样本，本章采用拉·波特（1998）的划分标准，终极控股股东的控制权比例为 20% 以上。（5）剔除了资产负债率大于 1 或其他财务指标有异常变化和极端值的民营上市公司。

最后，共获得 2 910 个样本数据。其中，2012 年 1 003 个观测值，2013 年 974 个观测值，2014 年 933 个观测值。样本数据来源于 CSMAR 数据库。运用 Excel 和 SPSS 20.0 对数据进行处理和统计分析。

11.4 实 证 检 验

11.4.1 描述性统计分析

主要变量的描述性统计如表 11 - 5 所示，并特别对资产负债率和终极控股股东进行详细分析，如表 11 - 6、表 11 - 7 所示。

表 11-5 描述性统计

变量	年度	样本量（个）	最小值（%）	最大值（%）	平均值（%）	标准差（%）
资产负债率	2012	1 003	1.40	98.67	35.23	21.14
	2013	974	0.80	95.10	37.87	20.88
	2014	933	0.91	98.03	39.09	20.19
终极控制权比例	2012	1 003	20.04	89.57	42.74	14.59
	2013	974	20.00	89.57	41.84	14.19
	2014	933	20.00	89.57	40.65	13.70
现金流权比例	2012	1 003	1.32	84.13	36.23	16.18
	2013	974	1.86	84.13	35.31	15.84
	2014	933	1.86	84.21	34.49	15.13
两权分离度	2012	1 003	1.37	17.63	1.38	0.96
	2013	974	1.35	15.72	1.38	0.87
	2014	933	1.38	15.72	1.35	0.82
股权制衡度	2012	1 003	0.840	61.863	26.271	13.101
	2013	974	1.469	60.767	24.704	12.396
	2014	933	1.452	62.888	23.730	12.628
管理层股权激励	2012	1 003	0.00	78.82	18.39	23.74
	2013	974	0.00	77.54	17.61	22.27
	2014	933	0.00	77.54	16.58	21.83
管理层薪酬	2012	1 003	11.29	16.96	13.95	0.70
	2013	973	11.05	17.13	14.02	0.69
	2014	933	10.73	17.12	14.10	0.71
公司规模	2012	1 003	19.08	25.40	21.44	0.96
	2013	974	18.22	25.33	21.56	1.01
	2014	933	18.59	25.46	21.74	1.03
盈利能力	2012	1 003	-0.777	9.686	0.078	0.316
	2013	974	-1.651	0.874	0.065	0.118
	2014	933	-4.459	0.467	0.063	0.191
成长性	2012	1 003	-0.947	20.114	0.185	0.834
	2013	974	-0.881	36.395	0.302	1.736
	2014	933	-0.909	14.353	0.275	1.068

表 11 - 6 资产负债率分布统计 单位: %

年度	0.1 ~ 0.3	0.3 ~ 0.6	0.6 ~ 0.9	0.9 ~ 1.0
2012	47.86	37.29	14.46	0.40
2013	40.86	43.22	15.61	0.31
2014	38.37	44.69	16.40	0.54

注：百分比表示公司数目占总样本比例。

表 11 - 7 终极控股股东终极控制权分布统计 单位: %

年度	0.2 ~ 0.3	0.3 ~ 0.4	0.4 ~ 0.5	0.5 ~ 0.6	0.6 ~ 0.7	0.7 ~ 0.8	0.8 ~ 0.9
2012	24.23	21.93	21.54	18.34	9.97	3.49	0.50
2013	26.08	22.38	21.87	17.35	9.34	2.57	0.41
2014	27.55	25.51	21.65	15.33	7.40	2.25	0.32

注：百分比表示公司数目占总样本比例。

根据表 11 - 5 数据可知，资产负债率最大值为 2012 年的 0.9867，最小值为 2013 年的 0.0080，标准差最大的为 2012 年，说明该年度资产负债率的波动性较大，融资结构差异较大。从表 11 - 6 来看，资产负债率主要分布在 0.1 ~ 0.6，表 11 - 5 显示各年度资产负债率均值基本稳定在 0.35 ~ 0.40 之间，说明多数民营上市公司拥有合理的融资结构，但总体呈上升趋势。造成这种现象的原因可能是近年来我国不断出台推动与加强中小民营企业金融支持的法律政策相关。作为第一部促进中小企业发展的法律，2003 年 1 月 1 日正式实施的《中华人民共和国中小企业促进法》第 16 条明确规定："国家采取措施拓宽中小企业的直接融资渠道，积极引导中小企业创造条件，通过法律、行政法规允许的各种方式直接融资。"随后 2009 年 5 月 1 日颁布施行的《首次公开发行股票并在创业板上市管理暂行办法》，也为中小企业进行主板融资提供新途径。并在 2010 年接连出台了《关于民间融资管理的意见》，并针对温州民间融资问题于 2014 年 3 月颁发《温州市民间融资管理条例实施细则》，以维护社会稳定。当下随着政府对新三板的大力扶持及相关法律法规的不断完善，更是进一步优化融资环境。

终极控制权的发展变化对深入了解我国民营上市公司的融资结构特征有着十分重要的意义。表 11 - 5 数据显示，终极控制权最小值为 0.2，最大值为 0.896，平均值为 0.4 ~ 0.43，可见控制程度较高。一般而言，当终极控股股东持股比例大于或等于 0.5 时，就认定其享有绝对控制权，小于 0.5 时就认定享有相对控制权。从表 11 - 7 发现，相对控制占多数，绝对控制占少数。终极控制权比例主要集区间为 0.2 ~ 0.3，其次是 0.3 ~ 0.4。说明终极控制人偏好对其进行相对控制或薄弱控制，这主要与民营上市企业上市途径以"买壳上市"等间接途径相关，因为此种途径无需实现对被收购方的绝对控制，收购意图仅能对其施加影响或相对控制而已。

11.4.2　回归分析

基于终极控股股东对融资结构影响的初步认知以及了解，本章将所选样本，即存在终极控制人的民营上市公司进行更为深入的分析检验。将对以上构建模型进行分组多元回归，验证所提假设。模型 1 和模型 2 回归结果如表 11－8 所示。

表 11－8　　　　　　　　　　模型 1、模型 2 回归结果

	模型 1		模型 2	
	系数	t 值	系数	t 值
	－ 2.068	－ 30.290 ***	－ 1.992	－ 29.162 ***
UVR	－ 0.002	－ 7.118 ***		
UCR			－ 0.002	－ 9.732 ***
Size	0.117	36.654 ***	0.114	36.072 ***
Prof	－ 0.264	－ 11.288 ***	－ 0.261	－ 11.227 ***
Growth	0.007	2.874 **	0.007	2.878 **
Ind	控制			
Year	控制			
Adj － R^2	0.326		0.336	
F 统计量	352.335 ***		368.408 ***	

注："*"、"**"、"***"分别表示在 10%、5%、1% 的水平（双侧）下显著相关。

从表 11－8 来看，终极控股股东控制权与公司资产负债率显著负相关。在我国民营上市公司中，终极控制人拥有的控制权的越多，真空效应也越明显，为维护自身地位与利益，权益融资成为首要选择，融资结构的特征表现为较低的资产负债率，假设 1 得证。模型 2 中终极控股股东现金流权（UCR）与资产负债率也呈负相关关系，且通过了 1% 水平检验。说明在终极控制权框架下，终极控制人拥有较高的现金流权时为了躲避财务风险，会选择减少负债融资额，进而降低破产成本。由此验证了假设 2。

表 11－9 显示，模型 3 中的解释变量 Pearson 检验相关系数均小于 0.5，不存在严重的变量相关关系，表明模型 3 构建合理。模型 3 回归结果如表 11－10 所示。

表 11 - 9 模型 3 解释变量相关性分析

		SR	Pay	PB	MSR
SR	Pearson 相关性	1			
	显著性（双侧）				
Pay	Pearson 相关性	− 0.004	1		
	显著性（双侧）	0.815			
PB	Pearson 相关性	− 0.151 **	0.062 **	1	
	显著性（双侧）	0.000	0.001		
MSR	Pearson 相关性	− 0.294 **	− 0.044 *	0.183 **	1
	显著性（双侧）	0.000	0.019	0.000	

注："＊"、"＊＊"、"＊＊＊"分别表示在10%、5%、1%的水平（双侧）下显著相关。

表 11 - 10 模型 3 回归结果

	系数	t 值	共线性统计量	
			容差	VIF
	− 1.667	− 21.378 ***		
SR	0.012	3.286 **	0.898	1.114
PB	− 0.002	− 9.115 ***	0.934	1.071
MSR	− 0.001	− 5.986 ***	0.863	1.159
Pay	− 0.025	− 4.993 ***	0.778	1.285
Size	0.114	32.150 ***	0.745	1.342
Prof	− 0.240	− 10.476 ***	0.951	1.052
Growth	0.008	3.241 **	0.980	1.021
Ind	控制			
Year	控制			
Adj − R^2	0.364			
F 统计量	238.238 ***			

注："＊"、"＊＊"、"＊＊＊"分别表示在10%、5%、1%的水平（双侧）下显著相关。

表 11 - 10 中的回归结果显示，两权分离度变量系数为正的 0.012，且通过了 5% 水平检验，表明随着终极控股股东两权分离度的逐渐增大，基于破产效应和自由现金流效应的影响，避免被收购风险，获取更多的可控现金资源，终极控股股东不但没有减少反而增大了债务融资额，这与假设 3 不相符。可能是因为当两

权分离度（终极控制权/现金流权）较高时，一般认为现金流权较低，此时自利成本较小，因此终极控制人有能力进行利益侵占，造成了资金侵占提升，推高了公司资产负债率。基于终极控制权框架下的股权制衡度与公司资产负债率显著负相关，且在 1% 水平上显著，在终极控股股东"一股独大"的影响下，股权制衡效应的有效性未能得到有效发挥，进而使得基于终极控股股东的民营上市公司变现为较低的负债水平。假设 4 得证。管理层激励与资产负债率显著负相关，且均在 1% 水平上的显著，同时薪酬激励比股权激励对降低公司资产负债率程度更强。我国民营上市公司实际控制人以自然人或家族为主，同时为了有效解决代理冲突，不断扩大管理者持股比例或提高其薪酬，促进两者利益趋同，并为巩固其控制地位，获取私有收益而服务。另外再加上负债的破产效应与被收购风险，也使管理者在进行融资决策时倾向于权益融资。证明了假设 5。另外，企业规模与资产负债率显著正相关。随着民营上市公司规模的逐渐扩大，其经营模式则会向着多元化或纵向一体化方向发展，借贷信用度与企业形象也会不断得到提升，破产成本不断降低。同时随着业务多样性，企业违约风险也逐渐降低，再加上我国政府对民营上市公司的扶持优惠政策，更易帮助民营上市公司获取更多债务融资；净资产收益率（盈利能力）与资产负债率显著负相关。企业业绩越好，现金流越大，则其杠杆率会不断降低，因为随着企业盈利能力的不断增强，权益融资对企业盈利能力和资产规模要求则越高，便于在金融市场筹集资金，降低负债比重；营业收入增长率与资产负债率正相关。业务增长率作为衡量企业成长性的重要指标，随着企业的成长速度不断加快，尤其是高成长型民营上市企业股东为了控制地位与既得利益，防止股权稀释效应带来的每股收益下降，则会倾向于债务融资。

11.4.3 研究结论与建议

本章基于终极控制权分析框架，多角度分析了其对我国上市民营公司融资结构的影响。选取 2012 ~ 2014 年在上交所和深交所上市的 A 股民营上市公司为研究样本，进行实证分析研究发现终极控制权比例和现金流权比例与资产负债率负相关，而两权分离度与资产负债率正相关。在基于终极控制权框架下的股权制衡度与资产负债率负相关，管理层激励同样与债务融资负相关。同时还发现我国民营上市公司终极控股股东的存在较为普遍，其类型主要为自然人或家族，通过金字塔等持股方式直接或间接实现对上市民营公司的掌控，进一步借助关联交易、支持与掏空行为获取控制权私利。"一股独大"现象在我国上市民营公司中更为典型，其他大股东力量相对薄弱，不能形成对终极控股股东的有效制衡，甚至还会结成联盟，借助"搭便车"行为参与对少数股东利益的攫取，将控制权私有收益内部化。

融资结构合理与否关乎企业的长远战略与发展，本章在以上研究结论的基础上提出以下建议：（1）优化股权结构，降低控股股东持股比例，构建少数股东权益保护机制。股权流通性问题已随着股权分置改革的完成得到妥善解决，但是高度集权的权益结构依旧困扰我国上市民营公司的发展壮大。尤其是基于终极控制权框架，实际控制人可充分利用两权分离，借助支持或掏空行为侵占少数股东权益，获取控制权私利的同时还能对公司生产经营乃至融资结构等重大决策施加重要影响。但也有学者表明，鉴于当前我国法制建设不健全，证券市场发展不成熟，注册制难以得到有效执行，使得构建有效的股权制衡机制，抑制"一股独大"问题显得更为迫切。因此，切断利益输送渠道就应该适当降低终极控制人持股比例，降低两权分离度，保护少数股东利益。因此，应建立有效的股权制衡机制，适当增加面向公众增发股票比重。减少实际控制人的持股比例，同时在发挥其他大股东有效制衡的同时，更应防范"搭便车"行为对少数股东权益的侵占。另外，应大力培育机构投资者，发挥其在资本市场的积极作用。（2）完善内部治理机制，充分发挥对控股股东的有效约束。内部治理机制能够协调或解决利益各方关系与矛盾，形成有效的监督制衡机制。因此，内部治理机制合理与否对融资行为理性化、融资结构的优化影响重大，明确股东大会、董事会和监事会职责与运作，同时帮助上市民营公司对控股股东进行约束，促进融资结构优化，保护少数股东利益。（3）不断加强法制建设，深化法律监督与管理，增强债权人话语权。要想遏制终极控股股东对少数股东权益的攫取，增加理性融资行为，实现融资结构的最优化，必须加强对投资者的法律保护特别是对债权人利益的保护。少数股东作为资本市场中的"弱势群体"，其合法权益能否得到有效重视与维护直接影响上市公司融资结构的合理性，从长远的角度来看，还会对上市公司资源配置效率、新发证券流通速度以及所有权结构等产生重要影响。为此必须借鉴国内外成功经验，建立健全投资者法律保护体系。

第 *12* 章
融资约束、政治关联与 R&D 投资

12.1 研究背景与文献述评

12.1.1 研究背景

党的十九大报告提出，创新是引领发展的第一动力，是建设现代化经济体系的战略支撑。近年来，企业的创新行为成为驱动经济发展的重要源动力。2017年12月中央经济会议明确指出，"让企业敢于创新、善于创新，不断增强自主研发和自主创新能力，推进中国制造向中国创造转变"。有关调查显示，20世纪初的经济增长中20%是由技术创新驱动的，到20世纪80年代前后占到80%，到高速信息电子网络普及后技术创新对经济的贡献率达到90%。政治经济学家约瑟夫·熊彼特（Joseph Alois Schumpeter，2009）创立了新的经济发展理论，即经济发展是创新的结果。而从微观企业的角度而言，技术创新是企业在市场竞争中获取优势、增强竞争能力的关键所在，也是企业成长和长期绩效的有力助力（Long & Ravenscraft，1993）。

经济全球化的发展进程不断加快，企业家们也逐步认识到想要在激烈的市场竞争中立于不败之地，只有不断进行技术创新，创新的意识越来越强。而企业进行创新最重要的基础资源是 R&D（Research & Development），也是企业研究实力和开发能力的关键衡量指标。有关调查显示，21世纪以来，大部分美国上市公司中 R&D 投资总额大幅增长，已经成为企业投资中的最主要部分之一（Brown，2011）。而与此相比，我国企业的研发投入的总量差距很大。世界经济论坛（World Economic Forum）发布的《2016～2017年全球竞争力报告》（佚名，2017）显示，就全球企业 R&D 投资而言，瑞士、美国和日本居于前三位，得分分别是6分、5.7分、5.5分，而我国得分为4.4分，因此，与全球竞争力前十名国

家相比，中国企业的研发总投入还有很大的差距。潘承烈（2006）认为企业研发费用与销售收入的比率达 2% 企业才能基本生存，达到 5% 才具有竞争力。中国企业联合会、中国企业家协会 500 强企业发布的《2011 中国 500 强企业发展报告》（中国企业联合会，2011）显示，企业研发费用占营业收入的比例平均为 1.41%，并且低于 1% 的企业占了 43.6%。因此，我国企业的研发投入强度明显不足。

我国企业 R&D 投资为何不足？影响企业 R&D 投资规模的因素有哪些？国内外学者已经从外部环境、企业特征、公司治理和高管特征等角度探讨并检验了我国企业 R&D 投资不足的原因，得出了诸多有益的结论，然而我国企业技术创新的调查结果显示，缺乏创新的资金支持是导致企业 R&D 投资不足的最主要的原因之一。尽管企业家们的创新意识不断提高，对研发活动越来越重视，但是由于 R&D 活动特有的高度信息不对称、收益不确定性以及缺乏抵押物等不同于一般投资的特征，使 R&D 投资的融资约束更为严重（Brown，2009）。高效的金融体系有助于缓解企业在创新活动中面临的融资约束困难，但是政府手中仍然掌握着关键性资源的配置权。因此，企业家企图通过建立政治关联，达到获取资源、克服融资约束的目的。近年来，学界越来越多的学者从机理层面深入探究企业建立政治关联这一现象，有些学者认为，从融资约束的角度，有可能合理解释企业家参政议政的主动性。

12.1.2　概念界定

1. 企业 R&D 投资

R&D 一般将其译为研究与开发，简称研发。自 20 世纪 40 年代，国际上开始阐述 R&D 活动的概念并试图对其进行衡量，之后 R&D 吸引了越来越多的学者的关注。至 20 世纪 70 年代，联合国教育、科学及文化组织（UNESCO）与经济合作与发展组织（OECD）两个国际组织分别对 R&D 下了定义并对 R&D 活动中的具体项目进行了分类。从这两个定义出发，各个国家都试图规范对 R&D 的数据统计。

联合国教科文组织（UNESCO）于 1971 年，在《科学应用与发展》中对 R&D 做了概念界定，认为"R&D 是为增加知识总量以及运用这些知识去创造新应用，进行的系统的、创造性的工作"。在我国，R&D 的概念和类别同联合国教科文组织大体一致，但是在近期的科技活动统计上呈现出不断向经济发展与合作组织靠拢的特征。R&D 活动分为三种类型：一是基础研究（Basic Research）；二是应用研究（Applied Research）；三是试验发展（Experiment Development）。基础研究是指认识自然现象、解释自然规律，获取新原理和新方法的研究活动；应用研究是指根据特定的目标而进行的创造性研究，从而获取新的知识；试验发展是指通过将上述两种 R&D 活动获得的知识进一步转化成可以执行的计划，包括为进行检验和评估实施示范项目。基础研究、应用研究和试验发展是 R&D 活动中承上启下、互相作用的活动。结合王永杰（2004）的描述，本章将 R&D 活动的全过程表述如图 12-1 所示。

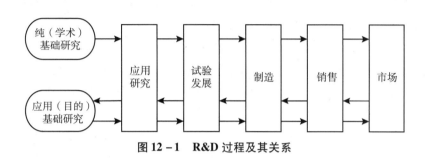

图 12-1　R&D 过程及其关系

在对国内和国外各个权威机构提出的 R&D 投资概念的基础上，本章将企业 R&D 投资界定为：在生产活动和经营活动中，企业以实现技术创新为目的开展的基础研究、应用研究以及试验发展等研发项目而进行的全部资金投入，具体包含 R&D 投资项目中发生的费用化、资本化的研究和开发费用。由于其包含的项目较多、计算复杂等原因，因此，企业在财务报告中自动披露是获取数据的主要来源。2006 年财政部发布《企业会计准则第 6 号——无形资产》，强制企业在董事会工作报告中披露企业研发投入的财务信息和非财务信息。在此之前，企业自愿披露研发投入的相关信息，可以在董事会工作报告、财务报表中管理费用或其他与经营活动相关的支出等项目、财务报表附注中进行披露。

与一般的投资项目相比，企业 R&D 投资具有以下特征：第一，出于对 R&D 投资活动过程中信息保密性的考虑，管理层可能尽量减少或者避免对外披露研发相关的信息，导致企业 R&D 投资活动的信息不对称性程度更高、代理成本更大，融资约束对企业 R&D 投资而言更强。其次，R&D 投资不仅需要持续不断的资金供应，并且投资主要集中于无形资产和人力资本，由此可能导致较高的沉没成本，项目的未来收益更是高度不确定。再次，R&D 投资具有较高的调整成本。占 R&D 投资中最大比重的是研发人员的薪金报酬，一旦项目组人员发生变动就会使 R&D 产生很高的调整成本。而投资所形成资产的无形性决定了其难以为获取融资提供抵押、担保价值。综上所述，与一般的投资项目相比，企业 R&D 投资面临更严重的外部融资约束。

2. 融资约束

融资约束的定义有广义的和狭义的两种。斯蒂格利茨和韦斯（Stiglitz & Weiss,

1981）首次提出了广义上的概念，指企业为获取融资所面临的内部资本成本和外部资本成本不同，从而使企业投资遭受到的融资方面的束缚。他们认为，企业投资受融资约束制约的原因在于企业内外部的信息不对称和高昂的交易成本。信息不对称使企业外部投资者要求更高的必要报酬率，企业从外部取得的融资的成本高于内部融资，从而导致内外部融资成本的不同，即企业内外部融资并不能完全相互替换。当企业需要为投资项目融资时，内外部融资成本的巨大差异使其只能选择内源融资，从而使企业受制于融资约束。

融资约束在狭义上的概念是指企业内部形成的资金无法满足投资所需，不得不从企业外部获取融资时，由于外源融资成本与内源融资成本之间的差异使企业难以负担外源融资成本从而放弃融资的现象。从广义上的融资约束和狭义上的融资约束上两种概念可见，广义的概念强调信息不对称和交易成本的存在导致企业普遍存在内外源融资成本差异，近乎所有企业都难以逃脱这个问题；狭义的概念侧重于企业内外源融资成本存在巨大差异，导致企业无法担负外源融资成本而放弃投资的情况。本章为全面反映我国上市公司 R&D 投资的融资约束状况，采用融资约束的狭义概念。

就如何进一步细分融资约束的概念，综合国内外已有的文献对这个问题的探讨，大体有两种分类方法：一是可以分为股权融资约束与债权融资约束；二是分为信贷配给和融资成本约束。根据研究的需要，本章将融资约束按照融资渠道和来源分为债权融资约束和股权融资约束。其中，债权融资约束是指企业以举债、发行债券等负债融资方式进行融资时，所承担的利息费用、发行成本、交易成本和监督成本高于内部融资成本造成的内外部资本成本的差异。股权融资约束是指企业进行私募融资、吸收风险投资以及发行股票等方式融资时，因企业内外部信息不对称产生的信息收集成本和要求的报酬率、因委托代理问题导致的监督成本以及发行费用等大于内部融资成本造成的内外部资本成本差异。

3. 政治关联

Political Connection、Political Affiliation 译为中文是"政治关联"，也有学者称为"政治关系"、"政治纽带"，本章采取潘越等（2009）、杨其静等（2010）研究中的译法，将其称为"政治关联"。政治关联的理论内涵较为统一，即企业建立的、与政府之间的一种密切往来关系。但是具体到实际情况中，在不同的政权组织形式下政治关联的体现方式并不相同。在对印度尼西亚的研究中，菲斯曼（Fisman，2001）首次将政治关联定义为与苏哈托（Suharto，时任总统）及其家族的紧密关系。在后来的研究中，学者们逐渐丰富了政治关联的理论内涵，企业方面涵盖了股东、董事会成员和管理层，政府方面则拓展为国家元首、政府首脑等高级政府官员。如果企业方面和政府方面关系密切，则认定该企业具有政治关联。

纵观国内外研究政治关联的文献，政治关联可以分为三种形式：一是企业家参与政事、处理政治事务；二是政治家参与企业经营等经济活动；三是企业家与政治人物之间的社会关系。学者们都认同政治关联是企业与政府之间存在的一种特殊关系（杨其静等，2010）的观点，然而在不同的政权的组织形式下政治关联的表现方式有所区别（胡旭阳和史晋川，2010），因此在不同国别的研究中政治关联的衡量方式也有所不同。借鉴前人的研究成果，本章认为政治关联的定义为：企业董事长或 CEO 现任或曾任人大代表、政协委员或者曾经在政府部门任职（Faccio，2006；吴文峰等，2008；杜兴强等，2009）。

12. 1. 3　文献综述

1. 企业 R&D 投资影响因素文献综述

1921 年，熊彼特（2009）开创性地提出了创新理论，自此之后国内外众多学者从不同的研究视角、以不同的研究样本对企业 R&D 投资进行了大量的分析和探讨。纵观现有文献，能对企业 R&D 投资产生影响的因素可以分为宏观制度层面和微观组织层面：在宏观制度层面可能对企业 R&D 投资产生影响的因素包括金融发展水平、市场化进程、政府补助、税收优惠、腐败等；在微观组织层面上主要有公司规模、公司治理和经营者特征等方面。本章根据研究的需要，主要从融资约束、融资渠道、企业规模、公司治理等方面，对国内文献进行简要回顾与综述。

（1）融资约束。R&D 投资项目投资周期长、风险性高，需要大量资金支持，当企业的留存利润不足以满足投资的需求时，企业必然选择外部融资，而内外部融资的成本差异导致企业融资受阻就是融资约束。针对不同的研究样本来源、利用不同的技术方法，国内外众多学者证明融资约束对企业 R&D 投资的抑制作用，即两者之间呈显著负相关的关系。霍尔等（Hall，1992）研究发现除了企业 R&D 投资项目中内含的信息不对称特性外，R&D 投资的资金大量投入在无形资产、人力资本领域，由此导致的融资担保物缺乏也构成 R&D 投资对融资约束更为敏感的主要原因。在跨国的经验研究中，学者并未就企业 R&D 投资是否受制于融资约束达成一致意见。之后，希默尔贝格和彼得森（Himmelberg & Petersen，1991）、布朗和彼得森（Brown & Petersen，2009）的研究表明融资约束对企业 R&D 投资产生显著的抑制作用。国内学者基于我国的融资环境，同样对两者的关系进行了研究。张杰等（2012）利用 2001 ~ 2007 年国家统计局全部国有及规模以上工业企业数据库的微观企业数据考察了融资约束对中国企业 R&D 投资的影响，研究发现融资约束对民营企业 R&D 投资造成了显著的抑制效应。谢家智等（2014）以 2005 年世界银行所做的投资环境调查中 124 000 家企业为研究对象，实证研究发现融资约束对企业 R&D 投资具有显著的抑制作用。

（2）融资渠道。针对企业 R&D 投资与融资渠道的关系，既有的研究在以下几个方面取得了丰富的研究成果：首先，内部融资与企业 R&D 投资。借鉴迈尔斯（Myers，1984）的融资次序理论，希默尔贝格和彼得森（Himmelberg & Petersen，1994）的研究表明企业 R&D 投资的融资渠道存在由内源融资向外源融资方式依次排序的次序，企业 R&D 投资主要依赖企业利润积累以及企业所有者的资本增加的方式来进行融资。其次，外部融资与企业 R&D 融资。企业不能仅仅依赖内源融资，外部融资也是企业 R&D 投资的重要融资方式，外部融资来源有债权融资和股权融资。一方面，就企业 R&D 投资与债权融资的关系而言，国内外学者的研究尚未对此得出统一的结论，尽管大部分研究支持二者负相关，但是由于研究样本国别、企业性质和成长性、债权种类的不同结论不尽相同。由于主要投资于无形资产、人力资本，在债权融资中缺乏抵押资产，使得 R&D 投资难以获得债权人的青睐，导致 R&D 投资密集的企业的负债水平较一般企业低（Hall，2002）。文芳（2010）考察了中国上市公司负债融资与企业 R&D 投资之间的关系，发现二者存在显著的负相关关系。企业出于对增加财务杠杆可能产生的企业直接和间接的财务困境成本的考虑，可能会减少 R&D 投资甚至直接放弃 R&D 活动（柴斌峰，2011）。股票交易市场作为上市公司获取投资资金的主要来源，成为企业 R&D 投资活动筹集资金中重要的组成部分。企业 R&D 投资与股权融资两者显著正相关，对此国内外学者已经达成了一致意见。利用美国制造业上市公司的非静态面板数据，布朗和彼得森（Brown & Petersen，2010）研究发现企业 R&D 投资与股权融资存在显著正相关关系，而这种正相关关系在成长性较强的公司中更为显著。卢馨等（2013）以中国高新技术上市公司的经验证据，研究发现外部债权融资对企业 R&D 投资产生负向影响，而外部股权融资具有正向影响。

（3）企业规模。关于 R&D 活动与企业规模的关系，学者们已做过不少的研究，但至今仍没有定论。主要研究结果有以下几种：第一，正相关关系，菲斯曼和鲍勃（Fishman & Bob，1999）通过构建行业均衡模型研究了企业规模与 R&D 投资间的关系，发现企业规模与其投资强度正相关；第二，负相关关系，卡明·斯沃兹（Kamein Schwarts，1976）发现与大公司相比，小公司反而具有更强的 R&D 活动意愿与能力；第三，非线性相关关系，包括倒 "U" 型、"S" 型关系。

谢勒（Scherer，1980）、凯密恩（Kamien，1982）等研究发现，企业规模与 R&D 投资之间并非线性关系：在阈值之前，R&D 投资与企业规模正相关；而在阈值以后，正相关的关系消失，甚至随规模扩大而降低。尽管以往的研究尚未对企业规模和企业 R&D 投资两者的关系得出一致结论，但是企业规模对企业 R&D 投资而言仍然具有重要影响。

（4）公司治理。在企业 R&D 投资与企业股权结构关系方面：国内外学者研究发现股权集中度对企业 R&D 投资具有直接的正向影响（Holderness & Sheehan，1988；Francis & Smith，1995；赵洪江、陈学华和夏晖，2008；任海云，2010）。利德尔（Liddle，1997）根据美国企业的数据，奥卡姆拉和张（Okamuro & Zhang，2006）根据日本企业的数据，里沃、贝隆和苏罗雷（Tribo，Berrone & Surroea，2007）根据西班牙企业的数据，研究发现企业 R&D 投资规模受企业股东性质影响。以芬兰中小企业为样本，罗塔（Lotta，2003）检验了企业 R&D 投资与股权结构的关系，发现股东性质不同的企业，二者的关系也不尽相同。

在企业 R&D 投资与企业管理层激励方面：国内外学者研究发现，通过股权激励的方式，可以使委托方和受托方之间的利益趋于一致，从而降低代理成本，因此管理者可能为 R&D 活动承担更大的风险，因此企业 R&D 投资与管理层的持股比例存在显著正相关关系（Zahra et al.，2000；Barker，Mueller et al.，2002；Cheng et al.，2006；刘运国和刘雯，2007；刘伟和刘星，2007；冯根福和温军，2008）。董和苟（Dong & Gou，2010）在上述研究的基础上，检验了管理层持股与企业 R&D 投资的关系，研究发现两者存在非线性的"U"型关系，即随着管理层持股数量增加企业 R&D 投资先下降后上升。瑞安、威金斯（Ryan & Wiggins，2002，2004）、陈和黄（Chen & Huang，2006）、吴和涂（Wu & Tu，2007）考察了管理层薪酬和企业 R&D 投资的关系，并发现因薪酬类型的影响二者关系有所不同。

2. 政治关联文献综述

纵观国内外研究政治关联的文献，政治关联可以分为三种形式：一是企业家参与政事、处理政治事务；二是政治家参与企业经营等经济活动；三是企业家与政治人物之间的社会关系。学者们都认同政治关联是企业与政府之间存在的一种特殊关系（杨其静等，2010）的观点，然而在不同的政权的组织形式下政治关联的表现方式有所区别（胡旭阳和史晋川，2010）。因此在不同国别的研究中政治关联的衡量方式也有所不同。现有文献对政治关联的衡量主要有以下两种方法：

（1）虚拟变量法，这是现有研究中使用最普遍的方法之一。如果企业的实际控制人与政府机构或执政的党派维持密切的往来关系，则认为该企业是存在政治关联，将相关变量赋值为 1，否则将其赋值为 0（Faccio，2006）。对我国的研究中也有诸多学者构造虚拟变量衡量政治关联。邓建平和曾勇（2009）指出，如果企业实际控制人是全国、省级、县级或者市级人大代表、政协委员，或者现在或曾经有在党政机关的工作经历，则将相关变量赋值为 1，否则将其赋值为 0。国内外很多学者的相关研究都采用此方法，区别主要体现在对政治关联界定的范围有所不同。

（2）层次划分法。随着研究不断深入和细化，有研究人员发现构造虚拟变量的方法仅能判定企业是否建立了政治关联，但无法衡量不同政治关联的强度，可能导致样本数据不准确、研究结论不稳健。基于以上考虑，有学者提出了第二种方法——层级划分法，通过划分政治关联的层级衡量关联程度。胡旭阳（2006）根据企业实际控制人担任政协委员和人大代表的政治层级，将县区级、市级、省级和全国的政协委员、人大代表分别赋值为1、2、3、4、5，否则将其赋值为0。杜兴强等（2009）将企业的政治关联分为委员代表类政治关联和党政官员类政治关联，并综合考察其任职单位的等级以及职位级别。其中，根据任职的层级，将委员代表类政治关联由低至高依次赋值为1~5，使管理层中的最高者作为委员代表类政治关联的取值；而党政官员类政治关联的等级划分较为繁琐，首先综合考虑其任职单位的等级以及职位级别，将党政官员类政治关联由低至高依次赋值为1~9，其次将任职单位的等级和职位级别取乘积，使管理层中的最高者作为党政官员类政治关联的取值。

本章认为，第一种方法简单、容易操作，但仅仅判断企业是否存在政治关联，没有区别政治关联程度的差异。第二种方法对第一种方法的缺点进行了弥补，但在赋值过程中具有较强的主观性，对数据的客观性难以保证。

3. 融资约束文献综述

关于政治关联与企业融资约束的关系，大量文献利用不同的样本对其进行过实证研究。企业筹措资金的方式有债权融资和股权融资，相应地，政治关联企业的融资便利也来源于银行信贷和股权融资两个方面。

银行贷款方面，由于银行的政治背景会显著影响其放贷行为，有政府背景的国有银行的放贷偏好会更多地受到政治目标的主导。出于政治活动的动机，银行会更偏向政治关联企业（Sapienza，2004；Khwaja & Mian，2005），显著增加提供给企业的贷款额度（Khwaja & Mian，2005；Serdar，2005），从而提高政治关联企业的信贷获得能力（Johnson & Mitton，2003；Faccio，2007；Boubakri et al.，2009），具体表现为负债率显著上升（Johnson & Mitton，2003；Boubakri et al.，2009；Faccio et al.，2007；Claessens et al.，2008）、资金变现能力显著增强、债务期限显著延长、所需抵押物减少（Charumilind et al.，2006）、资金的成本更低（Houston et al.，2011）。通过考察1993~2005年非国有上市公司，余明桂和潘红波（2008）指出相对于无政治关联的企业，银行更倾向于向政治关联企业发放贷款，因此政治关联企业具有更高的负债水平。进一步研究表明，在政府对产权保护能力弱、法治发展水平低、金融市场化程度落后的地区，这种现象更为突出。以 2007～2010 年在银行间债券市场发行短期融资券和中期票据的公司为样本，赵晓琴（2011）实证检验了债券融资与政治关联的关系，研究发现企业的政治关联有助于提高其短期融资券和中期票据的融资水平。

除了来自银行信贷方面的融资优惠之外，政治关联还能为企业带来股权融资方面的便利，例如，IPO 获得批准的可能性增加、募集到的资金更多、成本更低。布巴克里等（Boubakri，2009）研究了 1997～2001 年 25 个国家 2 537 家公司的权益资本成本与政治关联的关系，结果表明与无政治关联的企业相比，政治关联企业股东要求的必要报酬率较低。胡旭阳（2010）认为，政治关联的存在大大提高了企业 IPO 并上市成功的概率。黄新建（2012）研究发现有政治关联的企业 IPO 募集到更多的资金额。弗朗西斯等（Francis et al.，2009）发现在 IPO 过程中政治关联能为企业带来诸多方面的好处，例如，更高的 IPO 发行价格、更低的发行过程中支付的各项费用等。

关于政治关联缓解民营企业融资约束的机理，近年来有学者对其进行了相关研究，但是相关的文献较少。通过对文献的梳理和总结，政治关联缓解融资约束的传导路径主要有两种：第一种是信号传递机制，具有政治关联的企业向资金供给方传递了一个"信号"，使供给方认为政治关联的企业更可能是优质企业。罗党论和甄丽明（2008）指出，政治关联帮助民营企业缓解融资约束困境的机制是传递有关于企业经营的"信号"。第二种是资源机制，政治关联能够直接为企业带来税收缴纳、核心要素供给、消除政策歧视等等好处，缓解企业融资约束，提高企业市场价值。于蔚、汪淼军和金祥荣（2012）假定政治关联可能通过资源效应和信息效应两种途径对企业融资约束产生影响，之后建立模型、经验研究表明两种途径中资源效应占主导地位，从而证明政治关联能帮助企业获得更多的资源获取机会。

4. 文献述评

国内外学者们对企业 R&D 投资影响因素的研究取得了丰硕的成果，研究证明企业 R&D 投资受诸多方面因素的影响，不仅存在微观组织方面的因素，还包括宏观制度方面的因素。然而，现有的研究中鲜少同时考虑两个方面的因素。同时，融资约束和融资渠道等与企业 R&D 投资相关的筹资方面的因素越来越受到研究人员的重视。在以往的研究中，有关于政治关联对于缓解融资约束机制的探讨，尚不充分、完善。鲜有研究将这两种研究路径放入一个研究框架中，对融资约束、政治关联与企业 R&D 投资进行深入探讨。因此，在现有研究的启发下，本章将进一步厘清融资约束、政治关联与企业 R&D 投资三者之间的关系，重点探讨政治关联对其他两者的调节效应，进一步研究不同类型融资约束和不同层级政治关联的差异。从而，结合了内外部因素对企业 R&D 投资的影响，串联了政治关联与融资约束以及融资约束与企业 R&D 投资两条研究路径。

12.2 研 究 设 计

12.2.1 基本假设

企业创新是支持经济增长的源动力，R&D 投资是企业创新活动的关键输入资源。R&D 的第一个重要特征是知识溢出效应；第二个重要特征是容易受到融资约束。R&D 投资涉及引进新设备、新技术和研究人才，是一个持续的、长期的过程。为了支撑 R&D 项目的规模与效率，企业在 R&D 的投资周期内，必须时刻持有继续投资的充足资金，否则 R&D 项目将可能由于融资约束而被迫终止。希默尔贝格和彼得森（Himmelberg & Petersen，1991）的研究指出，基于融资优序理论，企业 R&D 投资的融资渠道一般会遵循先内源融资后外源融资的顺序。内源融资主要依赖企业自有利润积累以及企业所有者的资本增加，然而由于企业R&D 投资具有巨额前期投入和沉没成本的特征，特别是对于那些技术密集型产业的企业来说，研发活动仅仅依靠权益资本和利润积累难以维持下去，因此，企业面临的外部融资约束程度成为影响企业 R&D 投资水平的重要因素。霍尔等（Hall，2010）研究发现，除了企业 R&D 投资项目中的信息不对称特性外，R&D投资的资金大量投入在无形资产、人力资本领域，由此导致的融资担保物缺乏也构成 R&D 投资对融资约束更为敏感的重要原因。水会莉和韩庆兰（2016）研究发现融资约束显著影响企业研发投入强度。郭宏毅和袁易明（2018）利用世界银行的中国企业微观调查数据进行研究，也发现融资约束对企业研发投入具有明显的抑制作用。然而，郑妍妍等（2017）基于微观层面的证据，发现融资约束对企业 R&D 投资的作用程度具有个体差异性，并受金融发展水平的影响。但哈霍夫（Harhoff，1996）、穆凯等（Mulkay et al.，2001）以及邦德等（Bond et al.，2003）的研究并没有证实两者之间存在联系。

中小企业普遍具有规模小、投入成本高、风险大的特征，相对而言可能更难获得融资，尤其是银行的信贷融资，其 R&D 投资是否同样受到企业融资的约束值得深入探究。一方面，出于对产权保护等因素的考虑，创新企业的管理层可能并不愿意向投资者透露 R&D 投资的详细信息，这使得信息不对称现象在企业R&D 投资活动中表现尤为突出，资金需求者和供应者之间信息摩擦严重（Hall，2002）。另一方面，企业 R&D 投资过程中，尤其是在项目研发的初期，不仅项目前景存在高度风险性，而且面临较大的调整成本（Himmelberg et al.，1991），所以较一般投资项目而言，R&D 活动的融资更为艰难。在我国，市场经济体制还不完善，中小企业普遍存在融资难问题，融资约束与中小企业 R&D 投资的关系可能更为复杂。据此，本章提出研究假设 1：

H1：融资约束制约中小板高新技术上市公司 R&D 投资，即融资约束与 R&D 投资呈负相关关系。

已有学者开始研究高新技术企业 R&D 投入的融资约束问题，试图为其问题的缓解提供一些切实可行的办法。政治关联或许可以帮助企业减少融资摩擦，从而获得更多的外部资源。

一方面，中小企业如果存在政治关联，则通常可以向市场传递企业未来业绩良好的信号，能够缓解资金供给者的逆向选择问题，从而改善企业 R&D 投资的融资约束。因为高效率和高效益的企业更容易受到政府青睐，所以企业家的人大代表、政协委员等政治关联关系往往成为表征企业未来绩效良好的重要声誉机制，政治关联企业会使得资金供给方愿意相信其未来更有可能取得良好的经营业绩。很多研究也表明存在政治关联的中小企业确实在营业利润率和权益净利率方面表现更好。

另一方面，政治关联通常能使企业更容易得到政府扶持，从而提高企业市场价值，缓解融资约束对 R&D 投资的抑制作用。拥有政治关联的中小企业往往更容易从银行和资本市场中获得融资。政治关联还可作为产权保护的替代机制之一（王雄元和全怡，2011），在功能上起到保护高新技术企业产权的作用，因而提高出资人进行 R&D 投资的意愿。据此，本章提出研究假设 2：

H2：政治关联能够缓解融资约束对中小企业 R&D 投资的消极影响。

陈（Chen，2013）在政治关联与企业异质性关系的研究中指出，应该将制度层级因素纳入到对政治关联的研究。武亚军等（2006）认为在我国的制度背景下，企业的外部经营环境和资源供应受不同层级政府的影响，因此区分来自各个层级政府的作用具有重要意义。已有研究表明，不同层级的政治关联对企业的影响各异。政治关联可被视为反映企业未来经营表现的重要声誉机制，而较高等级政治关联企业，由于其社会政治地位高、社会关注度高等特点，可以传递一种更为优质企业的信号。与政治关联等级较低的企业相比，高等级政治关联的企业往往规模大、实力雄厚。胡旭阳（2006）研究表明民营企业规模越大，民营企业家当选全国人大代表、政协委员的可能性越大。较高层级的政治关联可以帮助企业实现跨地区、跨地域的发展，而且其融资渠道更加丰富和通畅。据此，本章提出研究假设 3：

H3：相比于较低层级的政治关联，企业政治关联层级越高，其产生的对融资约束与中小企业 R&D 投资的负相关关系的缓解作用越强。

12.2.2　模型构建与变量选择

1. 融资约束指数的构建

卡普兰和津盖尔斯（Kaplan & Zingales，1997）首次提出，企业的融资约束程度越高，其经营性净现金流、股利分配率和现金持有量单调递减，而负债权益比率和托宾 Q 值单调递增，并通过回归分析的方法构建了表征企业融资约束程度的 KZ 指数。此后，这种做法被广泛应用于融资约束的研究领域。借鉴卡普兰和津盖尔斯（1997）的做法，本章采用 KZ 指数来衡量中小板高新技术上市公司的融资约束程度。具体构建步骤如下：

第一步，对全样本各年度的经营性净现金流/滞后一期总资产（CF_{it}/A_{it-1}）、股利分配率（Div_{it}）、现金持有量/滞后一期总资产（C_{it}/A_{it-1}）、资产负债率（Lev_{it}）和托宾 Q 值（Q_{it}）与其各自中位数比较后，进行分类处理。若经营性净现金流/滞后一期总资产（CF_{it}/A_{it-1}）低于中位数则 kz1 取 1，否则取 0；若股利分配率（Div_{it}）低于中位数则 kz2 取 1，否则取 0；若现金持有量/滞后一期总资产（C_{it}/A_{it-1}）低于中位数则 kz3 取 1，否则取 0；若资产负债率（Lev_{it}）高于中位数则 kz4 取 1，否则取 0；若托宾 Q 值（Q_{it}）高于中位数则 kz5 取 1，否则取 0。

第二步，将第一步中所得的 kz1 至 kz5 相加计算得到 kz 值，按照融资约束 kz 值由低到高将样本分成 1~5 组。

第三步，将第二步计算所得的 kz 值作为因变量，采用排序逻辑回归（Ordered Logistic Regression）的方法，估计自变量经营性净现金流/滞后一期总资产、股利分配率、现金持有量/滞后一期总资产、资产负债率、托宾 Q 值的回归系数。

第四步，运用第三步中得到的回归系数，计算样本公司的 KZ 指数，KZ 指数越大，意味着上市公司面临的融资约束程度越高。实证结果如表 12-1 所示。

表 12-1　　　中小板高新技术企业融资约束程度估计模型的回归结果

	CF_{it}/A_{it-1}	Div_{it}	C_{it}/A_{it-1}	Lev_{it}	Q_{it}	Chi2	N
kz	-9.819 *** (-14.62)	-6.839 *** (-14.67)	-4.670 *** (-14.95)	5.694 *** (18.16)	0.398 *** (12.90)	1 509.10	1 696

注：*** 表示显著性水平为 1%（双尾），表格中未报告截距项。

表 12-1 中的数据说明，本章的实证检验结果与卡普兰和津盖尔斯（1997）

以美国上市公司为样本得出的结论非常相似[①]：较低的经营性净现金流、较低的股利分配率、较低的现金持有量、较高的资产负债率以及较多的投资机会都会导致企业面临更加严重的融资约束。

2. 模型构建

$$RDRatio_{it} = \beta_0 + \beta_1 KZ_{it} + \beta_2 PC_{it} + \beta_3 KZ_{it} \times PC_{it} + \beta_4 Size_{it} + \beta_5 Age_{it} + \beta_6 Shrcr1_{it}$$
$$+ \beta_7 Shrs_{it} + \beta_8 SHR_{it} + \beta_9 Year + \beta_{10} Industry + \varepsilon_{it}$$

其中，被解释变量 RDRatio 为企业 R&D 投资强度，本章将企业研发支出除以企业当期的营业收入以消除量纲影响。解释变量是衡量融资约束的 KZ 指数。调节变量是政治关联 PC。除了上述主要研究的变量外，本章还加入了以下控制变量：

本章以企业期末总资产的自然对数来衡量企业规模（Size），一般认为小公司和大公司在技术创新中具有不同的优势，小公司主要具有灵活性优势，而大公司主要拥有资源优势；年轻企业和成熟企业的 R&D 投资也存在差异，所以本章控制了企业的年龄（Age）；Shrcr1 为公司第一大股东持股比例，股权集中度越高的企业，越有能力进行大量的研发投资；S 指数（Shrs）为公司第二大股东至第十大股东持股比例之和，用以衡量企业的股权制衡度，股权制衡度的提高有助于缓解控股股东与其他股东的代理冲突，从而促进企业增加研发投资；SHR 为公司管理层的持股比例，高管持股能显著促进企业进行研发投资；回归中还引入了年度哑变量（Year）和行业哑变量（Industry）。

3. 变量选择

本章选择的变量如表 12 - 2 所示。

表 12 - 2　　　　　　　　　　　　变量名称与变量定义

变量类型	变量名称	变量符号	变量定义
被解释变量	R&D 投资强度	RDRatio	研发支出与企业当期的营业收入之比
解释变量	融资约束	KZ	具体构造方法见正文
调节变量	政治关联	PC	如果企业董事长或 CEO 现任或曾任人大代表、政协委员或者曾经在政府部门任职，则取 1，否则为 0

[①]　卡普兰和津盖尔斯（1997）对美国上市公司进行实证研究，最终获得的 KZ 指数计算公式如下：$KZ_{it} = -1.002 CF_{it}/A_{it-1} - 39.368 Div_{it}/A_{it-1} - 1.315 C_{it}/A_{it-1} + 3.139 Lev_{it} + 0.283 Q_{it}$。

续表

变量类型	变量名称	变量符号	变量计算方法
控制变量	企业规模	Size	企业期末总资产的自然对数
	企业年龄	Age	公司上市时间
	第一大股东持股比例	Shrcr1	公司第一大股东持股比例
	S 指数	Shrs	公司第二大股东至第十大股东持股比例之和
	管理层持股比例	SHR	公司管理层持股比例
	年度	Year	如果企业处于该年度，则取 1，否则为 0
	行业	Industry	如果企业处于该行业，则取 1，否则为 0

4. 数据来源

本章选取 2011～2015 年中小板上市的高新技术企业作为研究对象，并对原始样本按照如下原则进行处理：

（1）剔除 ST 和 *ST 公司，因为该类公司经营状况恶化，数据可信度较差；（2）剔除金融类上市公司，由于金融行业特征与其他行业差异较大；（3）剔除数据缺失公司。

经过上述筛选，共得到 1 696 个样本数据，2011～2015 年观测值分别为 221 个、360 个、376 个、369 个以及 370 个。本章采用的政治关联数据均为手工整理所得，财务数据均来自于 CSMAR 国泰安数据库和 RESSET 锐思数据库。本章采用 STATA 13 统计软件进行实证分析。

12.3　实　证　检　验

12.3.1　描述性统计

主要变量描述性统计结果如表 12-3 所示。

表 12 - 3 主要变量的描述性统计

Panel A 全样本变量的描述性统计分析					
变量	样本数	平均值	标准差	最小值	中位数	最大值
RDRatio	1 696	0.044	0.035	0.000	0.035	0.292
KZ	1 696	0.655	2.461	-14.800	0.994	17.527
PC	1 696	0.457	0.498	0	0	1
Size	1 696	21.469	0.740	19.231	21.407	24.347
Age	1 696	5.035	2.049	2	5	10
Shrcr	1 696	0.345	0.140	0.043	0.335	0.815
Shrs	1 696	0.265	0.118	0.018	0.259	0.619
SHR	1 696	0.128	0.168	0.000	0.048	0.791
Panel B 按政治关联分组的 KZ 指数					
变量	PC	平均值	标准差	最小值	中位数	最大值
KZ	PC = 1	0.594	2.403	-14.80	0.831	8.242
	PC = 0	0.706	2.509	-8.898	1.069	17.527

在表 12 - 3 中，对总体样本的主要变量进行了描述性统计。在 Panel A 中，RDRatio 的平均值为 4.4%，表明我国中小板高新技术企业的 R&D 投资强度不足。KZ 指数的平均值为 0.655，最小值为 - 14.800，最大值为 17.527，说明我国中小板高新技术企业之间的融资约束程度仍然存在较大差异。PC 的平均值为 0.457，在 1 696 个样本中，政治关联样本有 775 个，非政治关联样本有 921 个。如 Panel B 所示，在衡量企业融资约束程度的 KZ 指数方面，政治关联企业与非政治关联企业之间存在明显差异，政治关联企业 KZ 指数的平均值、最小值、最大值及中位数均低于非政治关联企业，说明政治关联企业的融资约束程度整体低于非政治关联企业。

12.3.2 变量的相关性检验

在进行回归分析之前，先对各变量进行 Pearson 相关性检验（见表 12 - 4），结果发现各变量之间的相关系数均低于 0.50，说明变量间的多重共线性较弱。从相关性检验结果来看，企业 R&D 投资强度与融资约束显著负相关，初步表明融资约束抑制了企业的 R&D 投资强度。

表 12 - 4 各变量 Pearson 相关系数

变量	RDRatio	KZ	PC	Size	Age	Shrcr1	Shrs	SHR
RDRatio	1							
KZ	−0.101 ***	1						
PC	−0.131 ***	−0.023	1					
Size	−0.140 ***	0.149 ***	0.091 ***	1				
Age	0.097 ***	0.310 ***	−0.064 ***	0.232 ***	1			
Shrcr1	−0.133 ***	−0.107 ***	0.012	0.047 *	−0.211 ***	1		
Shrs	−0.004	−0.163 ***	−0.022	−0.019	−0.238 ***	−0.471 ***	1	
SHR	0.081 ***	−0.089 ***	0.020	−0.078 ***	−0.195 ***	0.035	0.084 ***	1

注：*** 、** 、* 分别表示在 1%、5%、10% 统计水平上显著。

12.3.3 实证结果及分析

企业融资约束、政治关联与 R&D 投资的回归分析结果如表 12 - 5 所示。

表 12 - 5 企业融资约束、政治关联与 R&D 投资的回归结果

变量	(1) 全样本	(2) 全样本	(3) 政治关联	(4) 非政治关联
KZ	−0.123 *** (−3.70)	−0.264 *** (−5.22)	−0.135 ** (−2.12)	−0.266 *** (−5.23)
PC		−0.896 *** (−5.28)		
KZ × PC		0.132 * (1.88)		
Size	−0.552 *** (−4.88)	−0.587 *** (−5.16)	−0.217 (−1.17)	−0.837 *** (−5.95)
Age	0.105 ** (2.49)	0.218 *** (5.10)	0.067 (1.05)	0.305 *** (5.35)
Shrcr1	−0.027 *** (−3.66)	−0.039 *** (−4.54)	−0.044 *** (−2.98)	−0.038 *** (−3.77)
Shrs	−0.026 *** (−3.18)	−0.025 *** (−3.05)	−0.041 *** (−3.32)	−0.016 (−1.46)

续表

变量	（1） 全样本	（2） 全样本	（3） 政治关联	（4） 非政治关联
SHR	0.969 ** (2.06)	1.999 *** (3.98)	1.219 ** (2.19)	2.666 *** (3.43)
cons	17.548 *** (7.44)	18.252 *** (7.70)	10.829 *** (2.90)	22.789 *** (7.48)
Year	控制	控制	控制	控制
Industry	控制	控制	控制	控制
N	1 696	1 696	775	921
adj. R^2	0.251	0.087	0.043	0.099

注：***、**、* 分别表示在 1%、5%、10% 统计水平上显著，下同。

如表 12-5 中列（1）所示，在全样本中融资约束对企业 R&D 投资强度的回归系数在 1% 的水平上显著为负（回归系数为 -0.123，t 值为 -3.70）。说明中小板高新技术上市公司 R&D 投资存在融资约束，即融资约束对企业研发投资具有明显的制约作用，企业面临的融资约束越强，企业 R&D 投资强度越低，从而验证了本章的假设 1。如表 12-5 中列（2）所示，企业融资约束（KZ 指数）与政治关联（PC）的交乘项的回归系数在 10% 的水平上显著为正（回归系数为0.132，t 值为 1.88）。如表 12-5 中列（3）和列（4）所示，在样本分组回归中，政治关联公司的融资约束与 R&D 投资强度在 5% 的水平上显著为负（回归系数为 -0.135，t 值为 -2.12），非政治关联企业的融资约束对 R&D 投资强度回归系数绝对值更大，而且显著性水平提高到 1%（回归系数为 -0.266，t 值为 -5.23）。上述结果均表明，企业建立政治关联的行为缓解了融资约束对企业 R&D 投资的消极影响，从而验证了本章的假设 2。对此可能的解释是，企业建立起的政治关联能够给企业带来大量的资源，增加资金供给方关于企业未来业绩的信息，降低资金供求双方的信息不对称程度，从某种在程度上缓解高新技术企业外部融资约束问题，这一结论与克瓦哈和勉（Khwaja & Mian，2005）、法西欧（Faccio，2007）的研究结果一致。

从各控制变量系数的符号的实证结果上看，企业规模（Size）与 R&D 投资强度（RDRatio）在 1% 水平上负相关，即随着企业规模的不断扩大，其 R&D 投资强度有所下降。企业年龄（Age）与 R&D 投资强度（RDRatio）显著正相关，说明相对于成长期和成熟期的企业，初创期的企业没有充足的资金用于大额的研发投资。另外，在企业股权结构方面，管理层持股比例的增加对企业 R&D 投资强度具有正向的促进作用；而股权集中度与股权制衡度的提高反而抑制了企业对 R&D 项目的投资，这与本研究的预期并不相符。

　　表 12 - 6 是分别对不同样本进行分组回归的结果：列（1）是政治关联的样本，列（2）和列（3）是按照政治关联的级别划分的中央及省级政治关联子样本和县市级政治关联子样本。如表 12 - 6 所示，县市级政治关联企业的融资约束与 R&D 投资强度在 1% 的水平上显著为负（回归系数为 - 0.200，t 值为 - 3.07），而中央及省级政治关联企业的融资约束对 R&D 投资强度的回归系数并不显著（回归系数为 - 0.078，t 值为 - 0.73）。这说明企业建立的政治关联的层级越高，越能缓解融资约束对于企业 R&D 投资强度的抑制作用，证明了假设 3，即相比于较低层级的政治关联，政治关联层级较高企业的融资约束对 R&D 投资的消极影响更弱。

表 12 - 6　　　　　　　　区分不同层级政治关联的分组回归结果

变量	(1) 政治关联	(2) 中央及省级政治关联	(3) 县市级政治关联
KZ	- 0.135 ** (- 2.12)	- 0.078 (- 0.73)	- 0.200 *** (- 3.07)
Size	- 0.217 (- 1.17)	- 0.467 (- 1.27)	- 0.165 (- 0.83)
Age	0.067 (1.05)	0.071 (0.70)	0.137 * (1.84)
Shrcr1	- 0.044 *** (- 2.98)	- 0.055 ** (- 2.23)	- 0.028 ** (- 2.53)
Shrs	- 0.041 *** (- 3.32)	- 0.030 (- 1.51)	- 0.047 *** (- 3.55)
SHR	1.219 ** (2.19)	1.728 * (1.65)	0.661 (1.03)
cons	10.829 *** (2.90)	16.510 ** (2.18)	8.813 ** (2.24)
Year	控制	控制	控制
Industry	控制	控制	控制
N	775	371	351
adj. R^2	0.043	0.037	0.085

12.3.4　稳健性检验

本章主要进行了如下稳健性检验：

1. KZ 指数的度量

本章以销售收入增长率（Growth）替代 Tobin's Q 衡量投资机会，如表 12 - 7 中列（1）所示，实证结果基本一致。

表 12 -7　　　　　　　　　稳健性检验的回归结果

变量	（1）	（2）	（3）	（4）
KZ	− 0. 355 *** (− 8. 66)	− 0. 358 *** (− 6. 34)	− 1. 438 *** (− 7. 638)	− 0. 125 *** (− 2. 82)
PC	− 0. 854 *** (− 5. 36)	− 0. 896 *** (− 4. 70)	− 4. 206 *** (− 6. 677)	− 0. 813 *** (− 5. 13)
KZ × PC	0. 153 *** (2. 59)	0. 170 ** (2. 05)	1. 613 *** (4. 208)	0. 133 * (1. 88)
Size	− 0. 358 *** (− 2. 99)	− 0. 526 *** (− 3. 95)	− 0. 185 (− 1. 084)	− 0. 649 *** (− 5. 67)
Age	0. 179 *** (4. 23)	0. 253 *** (5. 00)	0. 255 *** (3. 246)	0. 153 *** (3. 50)
Shrcr1	− 0. 044 *** (− 5. 15)	− 0. 041 *** (− 4. 27)	− 0. 077 *** (− 6. 778)	− 0. 036 *** (− 4. 14)
Shrs	− 0. 030 *** (− 3. 70)	− 0. 024 *** (− 2. 70)	− 0. 083 *** (− 5. 709)	− 0. 021 ** (− 2. 56)
SHR	1. 935 *** (4. 00)	2. 180 *** (3. 54)	1. 738 ** (2. 554)	1. 987 *** (3. 92)
cons	13. 737 *** (5. 61)	16. 726 *** (5. 97)	15. 177 *** (4. 303)	19. 410 *** (8. 13)
Year	控制	控制	控制	控制
Industry	控制	控制	控制	控制
N	1 696	1 286	1 688	1 688
adj. R^2	0. 117	0. 104		0. 083
Wald test			9. 58 ***	
城市固定效应			控制	

2. 可能的内生性问题

企业 R&D 投资往往需要持续的高投入，这会导致参与研发的企业很容易陷入融资约束的困境。参与研发的企业亟须有利的监管条件和政策性资源进而获得有效产权保护，因此企业进行 R&D 投资也会促使企业建立政治关联。政治关联、融资约束与企业 R&D 投资之间可能存在内生性问题，为此本章采用了三种方法解决内生性问题。

首先，本章将融资约束和政治关联等变量进行滞后一期处理后重新回归。研究表明，在控制了内生性问题后，本章的主要结论保持稳健，回归结果如表 12-7 中列（2）所示。

其次，费斯曼和斯文森（Fisman & Svensson，2007）将企业所在城市、所在行业的特征变量作为该企业内生变量的工具变量，本章借鉴这种方法，将企业所在城市、所处行业的政治关联作为企业政治关联的工具变量，将企业所在城市、所处行业的融资约束作为企业融资约束的工具变量。本章利用 IVTobit 方法，回归结果如表 12-7 中列（3）所示，与 OLS 回归的结论一致。

最后，路贝尔（Lewbel，1997）认为当没有其他数据可用时，可以将数据的简单函数——三次方，作为工具变量，以消除变量的测量误差。本章由此构建了政治关联和融资约束指标的工具变量（政治关联–政治关联的均值）的三次方和（融资约束–融资约束的均值）的三次方，并利用了 TSLS 的估计方法，回归结果如表 12-7 中列（4）所示，融资约束和政治关联交乘项的系数显著为正。

12.3.5 研究结论与建议

本章实证研究了融资约束、政治关联与企业 R&D 投资之间的相互关系和作用机制，得到了以下结论：首先，我国中小板高新技术上市公司 R&D 投资总体存在融资约束；其次，融资约束与政治关联的交乘项的系数为正，也就是说政治关联缓解了融资约束对企业 R&D 投资的消极影响；最后，将存在政治关联的样本分成中央及省级政治关联、县市级政治关联两个子样本后，发现在中央及省级政治关联的子样本中，融资约束对企业 R&D 投资的消极影响更弱。

党的十九大报告明确提出，"建立以企业为主体、市场为导向、产学研深度融合的技术创新体系的政策，加强对中小企业创新的支持"。但由于正式制度尚不完善，因此一些中小企业会通过寻求政治关联来缓解 R&D 投资的融资约束。但是通过政治关联实现的资金配置无法保证是合理的、高效的。如果企业滥用自己的政治关联优势，有可能会加剧中小企业的不正当竞争。

要从根源上解决中小板高新技术企业 R&D 投资的融资困境，亟须更有力、健全的正式制度保障。一方面，为中小企业发展创造适宜的宏观经济环境和获得资源的机会。进一步建立健全相关法律体系以加强对中小企业的产权保护尤其是对企业研发中知识产权的保护，在降低企业经营风险的基础上，提高资金供给方关于企业健康发展的良性预期。另一方面，把金融基础设施建设作为一项先导性、战略性、全局性的工作，坚持以市场化为导向推进金融体制改革，以使金融资源的分配更加合理有效。

第 *13* 章
高管增减持行为、市场效应与经济后果

13.1　研究背景与文献述评

13.1.1　研究背景

股权分置改革后我国资本市场顺势步入全流通时代。依据《上市公司股权分置改革管理办法》的要求"非流通股股份可以在股权分置改革方案实行的一年之后上市交易或转让；持股超过5%的原非流通股股东（大非），在限售期满后的一年内挂牌交易转出量不得超过原持股的5%，在两年内禁止超过10%，所有股权在年满三年后才能够自由交易买卖。"2006年证监会、国资委和财政部先后颁布法规，对于上市公司股权激励措施进行制度化和规范化。至此之后，我国上市公司的高管开始逐渐持有一定的该公司股份，同时开始对自己所持有的股份进行增减持等交易行为。

2008年，次贷危机的发生波及了整个金融市场，导致金融危机爆发，我国资本市场亦是难独善其身。同时，2008年更是大小非解禁的高峰年份，加之紧缩的货币政策，在2008年9月，股市较前一年的高点下跌了近70%，股市受挫严重。此时由于股权分置改革，使得上市公司高管解禁，他们开始频繁活跃在资本市场，成为资本市场的一个重要的信号源。所以同年我国政府发布了新规，允许持有公司股票30%以上的股东在2%以内任意增持时可以事后向证监会递交申请，掀起了国内一波内部人增持的热潮。

2009年，我国在深市确立了创业板，在一定程度上满足新兴行业的发展需求。但是由于存在发行价过高、市盈率高于正常市场水平和超募率高等，"三高"现象使得限售期满后即时就爆发了创业板高管减持狂潮。自此以后，高管增减持性行为的研究也就成为一个热点。

2015 年，是近年来中国股市一个令人印象深刻的动荡之年，从 1 月 5 日收盘指数 3 350 至 6 月 12 日 5 178，暴涨了 54.57%，但自此以后开始如过山车一般急速下跌，至 8 月 26 日沪指已跌至 2 927。而大股东和高管减持公司股票的市值创下新高，仅半年时间减持涉及的市值就已达到 5 073 亿元，较之 2014 年一整年的市值几近翻了一番。因此，证监会及时发布公告，禁止上市公司的大股东和高管 6 个月内在二级市场上减持本公司股票，以及国有控股的上市公司控股股东和董监高人员可以在二级市场上直接增持股票，不需事前向国资委申请，以此鼓励增持，稳定股市。

国家对于高管增减持行为的制度在不断规范和完善，这彰显了政府监管部门对于高管增减持行为的关注和重视，不断规范高管增减持行为，保护其他外部中小股东权益。根据《证券法》的规定，将持股比例超过 5% 的大股东和董监高人员界定为内部信息知情者，即公司内部人。大股东和高管在持股比例上存在明显差异，目标导向也不同。在增减持行为中，大股东的增减持行为更多是处于自身控制权的考虑，与公司发展状况变化的联系不紧密，而高管的增减持变动则能更多地起到信号传递的作用。本章立足于高管信息优势的视角，研究增减持行为发生后产生的相关经济后果。

所谓高管增减持行为，简单讲就是高管在二级市场买卖本人所持本公司股票的行为。但目前无论是学术研究还是相关法律法规对于高管增减持行为的概念界定依然没有一个通用的标准。但在实务中，高管增减持行为具体表现有三：一是高管亲自在二级市场进行股票增减持。其行为受有关规定的制约具有披露义务，即高管所持本公司股票的比例从发生变动之日起两个交易日内应当上报证监会和交易所，同时对外发布有关公告。二是高管的亲属代表高管进行股票增减持行为。高管亲属包括其父母、配偶、兄弟姐妹这三种。张俊生（2011）发现高管亲属代表高管进行的增减持行为次数远多于高管本人，且其增减持行为多发生在敏感期，偏向于短线交易。因此，高管可能存在利用其亲属的掩盖身份帮助其完成增减持的行为，并借此规避政策的限制。三是高管及其实际控制人进行增减持行为。实际控制人在二级市场上进行股份增减持行为，这主要是"金字塔"结构的普遍存在所导致的控制权的争夺，但同时为规避交易管制，也可能通过间接对子公司的增减持，以避免相关信息披露和法律法规的限制。

基于此，本章将高管增减持行为确定为上述表现的第一种——高管本人在二级市场直接进行增减持的行为。因为此种标准相关数据易获得且真实性高，而后两种标准的范围过大，数据获取难度大，且存在很大的隐蔽性和不确定性。

此外，高管增减持行为发生原因在 2007 年《上市公司董监高所持本公司股份及变动规则》中包括大宗交易、竞价交易、二级市场买卖、分红送转、公司增发新股时老股东配售、新股申购、股权激励实施及其他。本文的高管增减持性行为的原因中仅包括竞价交易和二级市场买卖，其他方式获得或减少的股份要么不能反映高管增减持的真实目的，要么是高管被动增减持行为。

13.1.2　文献评述

1. 高管增减持行为的动机

对于高管增减持行为动机的研究一般从经济和政治两方面展开。经济动机研究主要是基于信号传递理论、信息不对称理论、市场择时理论和委托代理理论来进行分析的，认为高管增减持主要是为了利用市场对公司的价值错估以获取超额收益或满足、现金流信号传递、流动性需求。而政治动机研究主要是从上市公司与政府之间的寻租关系以及政府和上市公司博弈的视角进行的，认为高管增减持行为是为了获得政府的支持，以寻求更好的发展。

（1）高管增减持行为经济动机——价值错估。在高管增减持行为动机探究的文献中，价值错估是最具代表性的研究结论之一，具体表现为公司高管判断公司实际价值被低估（高估）时，会进行增（减）持以从中获利。从时间跨度上来看，可以分为短期的市场择时交易和长期的未来业绩判断。高管作为理性经济人，其增持或减持行为存在投机获利的动机，即高管会利用信息优势来实现自身利益最大化。

市场择时理论认为牛市普遍存在股价被高估的现象，熊市存在股价被低估的现象，理性的高管会利用牛市增发股票进行融资，利用熊市进行回购。利用市场估值开展投机获利行为存在理论上的可能性。彭曼（Penman，1982）研究发现内部人交易中有运用内部信息优势和对外披露时机来实现套利的情形。迈尔斯和梅吉拉夫（Myers & Majluf，1984）研究显示有的公司高管利用信息优势在公司尚未披露信息时买卖公司股票以获取收益。登纳特（Dennert，1991）研究发现内部人拥有准确度高且成本低的信息，他们还可利用已知消息预测未来发展趋势，从而利用股票价格的错估进行套利。曾庆生（2008）发现上市公司的内部人出售所持有的本公司股票时存在着精准的时机把控，内部人拥有的内部信息数量与套利比例成正比。朱荼芬等（2011）实证分析发现大股东增减持时存在着精准的时机选择能力，这表示了大股东在增减持行为中运用了有利的内部信息。姜英兵等（2013）发现大股东增持行为具有明显的择时现象，大股东增持的择时能力受其持股性质、增持比例、公司近期的股票走势和未来成长性的影响。姚颐等（2016）发现创业板上市公司的内部人减持并非主要依据对未来绩效的判断，更多的是依据股价估值泡沫化程度。刘亭立和陈晨（2012）认为我国股市中高管减持行为主要是短期套现。

现有文献研究中，对于高管增减持行为动机的分析也存在预计公司未来绩效不良及时抛售避免损失，或看好公司前景追加投资的情况。皮萨尔斯基（Piotroski，2004）实证发现，高管增持与公司未来绩效存在显著相关性，增持与市净率正相关。张光荣等（2006）的研究也得出了上市公司的绩效与大股东增持存在正向关系的结论。刘亭立和陈晨（2012）通过研究均认为高管减持一个重要动因在于对公司未来缺乏信心。

虽然公司高管利用信息优势来评估价值，但根据塞伊洪（Seyhun，1986）信息层级假说，不同级别的高管对上市公司的了解程度不同，这会导致价值估计的偏差。莱维纳等（Ravina et al.，2006）发现独立董事获取的超额收益少于其他高管。刘亚莉等（2010）实证得出控股股东因减持公司股票获取的超额收益显著高于其他内部人。张俊生和曾亚敏（2011）发现董事长或总经理级别的高管其亲属在股票交易中相比其他级别的高管亲属能获得更多的收益。由此可见，内部人中由于信息层级的制约，高管在估计公司价值以获取超额收益时是存在差异的。

高管增减持行为中价值错估存在短期和长期现象，但现有的研究多是集中于短期的市场择时交易研究，缺少高管增减持行为动机与公司长期绩效判断的研究。这可能会导致中小股东的短期行为，加剧资本市场震荡。未来的研究应该拓宽事件窗口，探索高管增减持行为的长期效用函数，把重点放到对公司未来战略方向调整的影响上。

（2）高管增减持行为经济动机——现金流信号传递。现金流信号传递动机基于有效市场理论，在股价未能充分反映公司价值的情况下，高管可以通过增持向市场发出明确信号，从而引导现金流入。和外部投资者相比，高管通常能更准确地利用信息优势做出正确估值。当公司股价大幅低于正常值时，基于信号传递理论，高管有动机通过增持行为来引导公司股价回归正常。格雷戈里（Gregory，1994），黑里尔和马歇尔（Hillier & Marshall，2002）都发现内部人短期的增持行为会得到市场积极回应，引导股价上涨。方天亮（2010）发现上市公司大股东增持股份会向市场发出公司股价被低估的信号。近年来，我国股市频频出现"兜底式增持"[①]，以此向市场传达对本公司股票的看好和护盘决心这一信号，引导股价上涨，引入现金流。

（3）高管增减持行为经济动机——流动性需求。有些文献表明高管减持不一定会引起市场的迅速反应，这与内部人交易普遍存在超额收益的研究相矛盾。因

---

①　"兜底式增持"是指上市公司 A 股股价下跌以后，上市公司大股东鼓励公司员工增持本公司股票，并保证承担所有亏损的行为。

此，有研究者认为高管减持行为可能存在着流动性需求，即出于某一时机对资金的需要而出让股份。鲁桂华（2007）认为高管减持行为之所有存在流动性动机主要是源于资本市场的不完美性。王汀汀（2009）认为，内部人减持股票的规模与公告效应呈正相关，因此存在内部人出售股票的流动性需求动机。

（4）高管增减持行为经济动机——其他。还有文献认为宏观经济政策和市场趋势等因素也会影响增减持行为。比如紧缩性货币政策下，融资成本的增加也会对促进高管减持行为产生作用。楼瑛等（2008）实证分析得出大股东减持与公司财务绩效存在相关关系，与市场趋势也有这相关关系。此外，在针对大股东增减持行为的研究中，还存在控制权调整，通过增持或减持来加强或削弱对公司的影响，以达到隧道效应或激励效应。杨召（2012）实证分析得出，高管和大股东的动机是有差异的，大股东增持是为了保持股权稳定，而高管增持则体现了对公司未来发展的看好。

（5）高管增减持行为政治动机。政治动机一般多存在于具有政治关联或期望取得政府支持的公司中。政府可能会通过财政补贴等手段支持公司发展，同时又为实现其政治目标而促使公司承担一部分社会责任。公司出于发展需要也会配合政府。凯姆和泽丝曼尔（Keim & Zeithaml，1986）的研究发现，公司内部人为了巩固自己的地位，会主动参与政治活动，以配合政府政策。沈艺峰等（2011）实证研究发现内部人股票增持行为的动机中政治动机居于主导地位。杜小青（2014）以2008年金融危机为背景的研究发现高管增持具有政治目的性。萨皮恩泽尔（Sapienza，2004）发现国有控股上市公司的股东普遍具有较强的政治动机。对于民营公司而言，其本身缺乏国有公司所特有的政治关联，为获得国家支持也会大力响应政府政策，帮助政府完成其政治目标以维护自身利益。

2. 高管增减持行为的市场效应

国外的发达资本市场对于减持行为有严格的监管措施，违反规定要付出非常大的代价，所以减持行为较少，研究文献也仅在内部人交易中涉及。塞伊洪（Seyhun，1986）对内部人增持行为进行探究，得出内部人在二级市场增持股票能引导市场对此积极反应，对公司股价有积极的影响的结论。弗里德里希和格雷戈里（Friederich & Gregory，2002）的研究发现，内部人增持行为发生后，市场在一段时间内公司股价会获得正的超额收益。兰库尼肖科和李（Lakonishok & Lee，2001）以1975～1995年20年间美国三大交易所的数据为样本，对内部人增持和减持行为所产生的市场效应进行研究，发现资本市场对内部人增持或减持公告产生的反应并不明显。杰恩等（Jeng et al.，2003）实证研究发现内部人增持行为能够取得明显的超额收益，而减持行为却没有取得预期超额收益。由此可见，上市公司高管减持股票产生的市场效应不明显，增持股票能够获得积极的市场反应。

国内大多数增减持方面的研究是针对大股东，而关于高管增减持行为多是针对在创业板出现的高管套现问题。所以，在数据选择上主要有两种方向，一是中小板和创业板，二是所有 A 股上市公司。洪登永和俞红梅（2009）以沪深两市的高管增减持行为为样本，指出高管增持行为会带来明显的市场正向回应，减持则导致明显的消极市场回应。吴育辉和吴世农（2010）研究表明，减持事件发生后的 30 个交易日出现显著的负累计超常收益。曹晓丽和刘锐均（2012）研究创业板高管对解禁股的减持行为现象发现，减持事件发生后的一周内，股价显著下降。顾煜和程丹（2013）发现，凡是有高管减持行为的创业板上市公司都会存在导致公司股价下跌的情况。由此可见，国内市场对于高管的减持行为是很敏感的，普遍认为市场对于高管减持会给予一个显著的负面回应。造成国内外研究结论差异的原因可能在于国内的监管体系不够完善，市场有效性较低，导致外部投资者对于高管传递的信号更加关注。

关于公司高管增持行为方面，国内研究普遍认为增持会给市场带来积极反应。姜仁荣（2010）以 2008 年我国 A 股市场中有大股东增持行为的公司为实证样本，分析得出资本市场对增持行为有明显的正向反应，对股价产生积极的影响。李俊峰等（2011）分析得出我国上市公司增持信息公告后可在短期内对公司股票价格产生利好刺激的结论。于海林（2012）采用 2006～2009 年这四年中出现过高管增持行为的上市公司的财务数据，发现资本市场对高管增持行为反应积极。从上述文献可以看出，国内外关于增持行为的研究，无论是内部人、大股东还是高管，都会得到市场的正面反应，使得公司股价实现短期内的上涨，获得超额收益。

国内外有关高管增持引起的市场效应的研究结论基本一致，即认为高管增持会引起资本市场的正面效应。而高管减持行为由于国内外监管体系的完善程度不一，其结论存在差别。西方发达的资本市场对于高管减持行为的反应并不明显，但中国股市成立时间相对较短，相关的监管制度还在不断地完善当中。为此，高管减持行为的发生常被外部投资者认为是一个负面的信号，导致股票被抛售，引发股价下跌。

3. 高管增减持行为与公司绩效

由于高管增减持行为直接表现为高管所持本公司股票比例的变动，所以对高管增减持行为发生后公司绩效的变动趋势也就表现为高管持股比例的不同对公司绩效影响的研究。

（1）高管持股比例与公司绩效呈线性相关性。根据信息不对称理论和利益趋同理论，高管持股可以有效缓解代理问题，高管增减持行为代表了高管对于公司未来发展趋势的判断，即使是出于套利目的，也能说明市场对上市公司估值存在误差，以此引导资源的更好配置，所以高管持股比例和公司绩效二者间存在相关关系。国外方面，伯利和米恩斯（Berle & Means，1932）认为高管持有一定数量的股票可以达到利益趋同的目的，公司高管持股与绩效存在正相关关系，从而对公司价值产生正面的推动效果。詹森和麦克林（Jensen & Meckling，1976）认为高管持股可以有效缓解代理问题，对于公司绩效产生正面影响。因为在高管持股比例增加的过程中，高管与控股股东间的利益关联就会更加紧密，若高管损害公司利益，自身也要承担相应损失，所以，高管与股东的利益摩擦会被削弱，代理问题得到缓解。詹森和墨菲（Jensen & Murphy，1990）表明，高管持股能够解决高管与大股东所存在的代理矛盾，高管持股有利于公司绩效的提升，因此他们的结论同样支持了二者存在正相关的观点。约翰逊等（Johnson et al.，2000）得出随着高管持股比例的增加会缓解高管与所有者间摩擦的结论。高管"掏空"公司同样会损害自身的利益，因此，高管持股会使高管与控股股东之间的共同利益增多，二者存在相同的发展目标。国内学者也对此进行了研究，张维迎（1999）研究发现，可以通过高管持股来减轻公司代理问题，由此提高公司绩效。刘国亮等（2000）采用 ROA、ROE 等财务指标对高管持股和公司绩效做出实证分析，从其结果来看高管持股比例与公司绩效正相关。于东智（2003）运用若干财务指标检验高管持股与公司绩效的关系，结果显示二者存在显著的正相关关系。总而言之，持正相关关系的学者，大多是依据利益趋同理论，高管持股能够削弱公司代理矛盾，从而缓解冲突，提高公司价值。

然而，也有部分研究者发现高管持股与公司绩效的正相关关系无法解释大股东和高管侵占中小股东利益的现象。有关学者就提出了高管持股与公司绩效呈负相关关系的观点，认为高管持股比例越高，就越有可能利用自身的控制权优势将自身利益进行转移，从而导致公司绩效下降甚至破产。范和汪（Fan & Wong，2002）的研究显示高管增持与公司绩效负向相关，这可能是因为在股权集中度相对较高的公司中，高管可以利用内部信息来谋求自身利益，如在职消费、公款买卖等，因此，高管持股比例越高，高管就越有动力不去披露或尽可能少地披露一些私有信息，进而导致公司绩效下滑。莱诺斯（Lennox，2005）从审计质量的角度来检验高管持股对公司绩效产生的影响，结果发现高管持股比例增加会影响公司绩效的提高。菲德拉穆等（Fidrmuc et al.，2006）对比英美市场得出高管减持能够减少代理成本，提高公司价值。

（2）高管持股比例与公司绩效呈非线性相关性。持有非线性相关性观点的学者认为，高管持股与公司绩效的关系受到高管持股比例的影响。持股比例变动大小会引起不同的市场关注度，同时增减持行为动机不同，其持股变动比例也存在差异。斯图尔兹（Stulz，1988）研究表明高管持股与公司绩效具有倒"U"型关系，具体而言在高管持股比例达到一定数量时，高管对公司的控制力就会增强，高管因管理不善被更换的风险则大大降低，对高管的监管难度增大，高管完全有能力使公司决策更符合自身利益，以致有可能会牺牲公司绩效。麦康奈尔和瑟韦斯（McConell & Servaes，1990）发现高管持股与 Tobin's Q 具有倒"U"型关系，当高管持股比例接近总股数一半的时候，高管持股比例与公司价值之间的关系会发生变化。莫克（Morck，1988）检验则得到高管持股与公司绩效呈"N"型关系的结果。陈树文等（2006）实证研究 IT 行业的上市公司，发现公司高管持股与公司绩效之间存在非线性关系。韩亮亮等（2004）认为高管持股对公司绩效的影响有着区间效应，两者间具有明显非线性相关关系，在高管持股比例较低时，高管持股不能提高公司绩效，随着持股比例的增加，两者呈现正相关关系，高管持股超过公司股票总数的四分之一后，又呈负相关关系。夏纪军等（2008）以2001～2005 年中国上市公司的财务数据进行实证研究，证明了高股权集中度的上市公司实行股权激励效果低于低股权集中度的公司。此研究结果也表明高管持股与公司绩效二者间呈现出区间效应。

（3）高管持股比例与公司绩效无显著相关性。有部分学者认为高管与公司绩效之间的相关关系不具有稳健性。得出此观点的学者多是采用处于市场制度调整时期的数据进行实证分析，市场制度不完善，监管制度不全面，外部噪音对数据结果可能会造成较大干扰。德姆塞茨和勒恩（Demsetz & Lehn，1985）以 1980 年美国上市公司的数据入手，检验得出高管持股与公司绩效无显著相关性结论。马丁和帕克（Martin & Parker，1997）的超产权理论表明，公司绩效主要是与市场竞争有关，与高管持股无直接关系。魏刚（2000）从 1998 年沪深上市公司的年度财务报表相关数据入手，以净资产收益率（ROE）为主要指标，检验发现高管持股与公司绩效二者间无显著相关性，因为我国上市公司高管持股比例普遍不高，高管持股大多不作为股权激励的工具，仅仅是公司一项福利手段。李增泉（2001）对 1998 年我国上市公司的年度财务报表相关数据进行回归检验，实证发现高管持股与公司绩效无相关性。

（4）文献评述。本章对高管增减持行为动机进行文献梳理，总结发现高管增减持行为共有的动机主要包括价值错估和政治动机。而就减持行为而言其动机还包括流动性需求和一些特殊原因，但这多是发生在大股东的减持行为上，出于资金问题的减持套现，或是可能涉及资产整合、控制权易主等动机对于公司的影响是偏于短期的，但影响的机制多有不同，比如出于资产整合的目的减持反而会成为股价上涨、公司绩效提升的发动机。对于增持行为其动机还有现金信号传递、控制权争夺以及为保证增发等募资行为而刺激股价，而这其中高管增持动机更多是为了现金信号传递和基于对公司内部信息的运用进行套利，控制权和募资更多是大股东增持的出发点。

　　高管增减持行为产生的经济后果中，市场效应的研究结论较为统一，但是在高管持股与公司绩效的研究中存在差异，主要是由于动机不同，导致经济后果存在差异。从短期来看，高管增减持行为的动机不明确，但作为一个重要信号肯定会对市场产生刺激作用；从长期来看，随着时间推移，高管增减持行为动机逐渐显现，不同的动机对公司绩效会产生不同的影响。同时，样本数据和政策变动也会对实证结果产生不同影响。通过对高管增减持行为公司绩效的关系分析，可以判断高管与外部投资者的目标函数是否一致，即是否会使公司未来绩效得以提升。这不仅能够评价高管能力，也能有助于完善公司治理结构，规范资本市场的秩序。

13.2　高管增减持行为与市场反应

13.2.1　高管增减持行为基本面分析

　　2012～2016 年沪深两市 A 股上市公司高管增减持行为相关数据，如表 13－1、表 13－2 所示。

表 13－1　　　　　　　　　沪深 A 股 2012～2016 年高管增持行为

增持	2012 年	2013 年	2014 年	2015 年	2016 年
增持数（个）	1 311	943	891	4 658	1 594
涉及公司数（家）	229	173	187	850	410
涉及高管数（位）	723	534	562	2 793	916
市值（亿元）	16.64	12.33	32.98	135.54	69.51

資料来源：国泰安（CSMAR）数据库。

表 13－2　　　　　　　　　沪深 A 股 2012～2016 年高管减持行为

减持	2012 年	2013 年	2014 年	2015 年	2016 年
减持数（个）	1 858	3 607	3 873	3 156	2 562
涉及公司数（家）	354	543	639	694	649
涉及高管数（位）	826	1 615	1 929	1 809	1 546
市值（亿元）	35.29	81.06	90.44	150.44	80.04

資料来源：国泰安（CSMAR）数据库。

从表 13 - 1 中可以看出高管增持行为在近五年的波动情况,2012 ~ 2014 年间波动较小,2014 年较之前两年虽然增持数减少了,但涉及的资金数却增加了,说明高管增持比例有所提高。而 2015 年较之前一年波动极大,增持数、增持涉及到的公司和高管数、增持市值几乎都是上一年的 5 倍左右。2016 年又是一个较大幅度的回落,各方面的绝对值大约为上一年的一半左右,但依然高于 2012 ~ 2014 年。从变动市值角度来看,2012 ~ 2013 年平均每位高管的增持市值均为 230 万元左右,每家上市公司的增持市值均在 720 万元左右。而到 2014 年每位高管增持均值提高到了 617 万元,每家上市公司增持市值也是剧增到 1 763 万元。2015 年虽然高管增持频繁,但平均每位高管增持市值却降到了 485 万元,每家上市公司增持市值也变为 1 594 万元。在 2016 年又是一次拉升,平均每位高管增持市值达到 758 万元的峰值,每家上市公司增持市值也是上升到 1 695 万元。由此可见,虽然 2015 年增持行为数量多,涉及面广,但平均增持市值并不是很高。造成这一现象与政策干预,和股价大幅下跌有关。

由表 13 - 2 可以发现高管减持行为较之增持行为则要更加稳定,除 2013 年较之 2012 年有一个较大的提升以外,在 2013 ~ 2015 年间,高管减持行为数、涉及的公司和高管数几近相似。只有在 2015 年高管减持市值提升较大,较上一年增长了 66%。2016 年则有所回落,减持行为数较 2015 年降低了 18.8%,与 2013 年接近。就减持的市值看,除了 2015 年外,其他 4 年平均每位高管减持市值约为 465 万元左右,2015 年平均每位高管减持所涉及的市值接近其他年份的两倍,达到 831 万元。2012 年平均每家公司减持涉及市值为 996 万元,2013 年和 2014 年则突破了千万大关,达到 1 450 万元左右,2015 年则打破两千万元,达到 2 167 万元的最大值,2016 年则下降到 1 233 万元。总的来看,在这五年间,除了 2015 年高管增持行为数量比高管减持行为多以外,其他四年均不如减持行为多。此外高管减持行为中涉及的公司和高管,以及变动的市值都远多于高管增持行为,平均每位高管减持涉及的市值略高于增持,平均每位高管一年中有接近两次的增减持行为。

按照不同板块可以更加清楚地看出高管增减行为的差异性(如表 13 - 3、表 13 - 4、图 13 - 1、图 13 - 2 所示)。

表 13 - 3　　　　　　　　基于板块分类的上市公司高管增持行为

	2012 年	2013 年	2014 年	2015 年	2016 年
增持数	1 311	943	891	4 658	1 594
市值(亿元)	16.64	12.33	32.98	13.55	69.51

续表

		2012 年	2013 年	2014 年	2015 年	2016 年
主板	增持数	716	632	543	1 852	764
	涉及公司（家）	106	82	106	306	158
	涉及高管（位）	453	358	368	1 277	428
	市值（亿元）	7.53	6.81	22.73	37.91	21.90
创业板	增持数	141	84	133	1 071	339
	涉及公司（家）	37	29	28	207	113
	涉及高管（位）	66	48	69	553	207
	市值（亿元）	1.66	1.84	3.80	38.19	16.70
中小板	增持数	454	227	215	1 735	491
	涉及公司（家）	86	62	53	337	139
	涉及高管（位）	205	129	134	992	286
	市值（亿元）	7.45	3.68	6.45	59.44	30.92

表 13 – 4 　　　　　　　　基于板块分类的上市公司高管减持行为

		2012 年	2013 年	2014 年	2015 年	2016 年
	减持数	1 858	3 607	3 873	3 156	2 562
	市值（亿元）	35.29	81.06	90.44	150.44	80.04
主板	减持数	345	648	855	924	669
	涉及公司（家）	81	120	169	219	174
	涉及高管（位）	182	330	497	605	391
	市值（亿元）	9.39	14.29	23.85	32.15	29.58
创业板	减持数	541	1 374	1 294	844	895
	涉及公司（家）	103	179	192	193	209
	涉及高管（位）	228	560	597	451	532
	市值（亿元）	6.02	26.67	25.37	56.58	21.94
中小板	减持数	972	1 585	1 724	1 388	998
	涉及公司（家）	170	244	278	282	266
	涉及高管（位）	421	736	854	771	633
	市值（亿元）	19.87	40.10	41.22	61.71	28.52

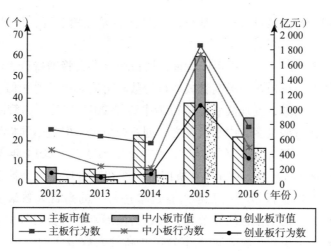

图 13 - 1　按板块分类高管增持行为数与市值对比

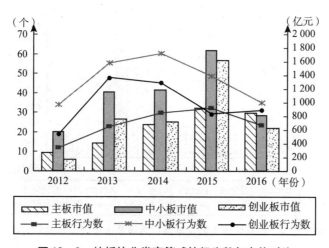

图 13 - 2　按板块分类高管减持行为数与市值对比

从表 13 - 3 和表 13 - 4，结合图 13 - 1 和图 13 - 2 中可以看出，高管增减持行为在不同板块所表现出来的情况的差异还是不小的。就高管增持行为来看，在不同的市场中，主板市场上市公司高管增持数量最多，中小板市场次之，创业板市场最少。不同板块虽然高管增持行为数量有差异，但在五年间变动的趋势几近相同，在 2012 ~ 2014 年表现较为平稳，到 2015 年有一次巨大的拉升，2016 年回落，但依然略高于前 3 年。就高管减持行为来看，各个板块的差异较大，中小板的高管减持行为在三个板块中是次数最多的且先上升后下降，在 2014 年达到峰值。创业板的高管减持行为数量居中，但变化趋势明显不同于其他两个板块，在 2013 年达到减持最大值后就处于下降趋势，直到 2016 年才略有回升。而主板上市公司高管减持行为数量最少，变化趋势虽然也是先增后降，但是在2015年达到峰值。

从图13-3和图13-4中可以发现，按板块分类高管增持行为涉及上市公司和高管对比情况与按板块分类高管减持行为数与市值对比情况相似。在高管增持行为涉及上市公司中，发现高管增持行为中除了2015年外，高管减持涉及到的上市公司中主板市场最多，中小板次之，创业板最少。但是不同板块的变动趋势是一致的，都是先降后升，在2013年有轻微下减少后，2014年保持平稳，在2015年剧烈上涨以后，在2016年有所回落。而在高管增持行为涉及到的高管人数的情况中，发现主板市场在五年内有过增持行为的高管人数最多，中小板次之，创业板最少。而三个板块涉及高管人数的发展走势与公司数相似。在减持行为中，发现在三大板块中涉及的上市公司和高管人数最多的是中小板，除2015年以外，创业板中高管减持行为多于主板，高管人数也多于主板市场。

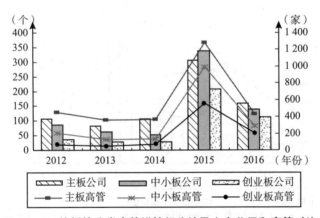

图13-3　按板块分类高管增持行为涉及上市公司和高管对比

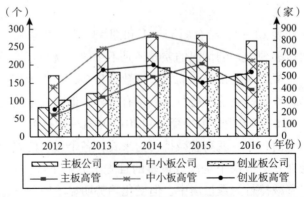

图13-4　按板块分类高管减持行为涉及上市公司和高管对比

　　为更清晰地显示高管增减持行为变动趋势，对高管增减持行为发生的月份进行归纳整理，如图 13 - 5 所示。

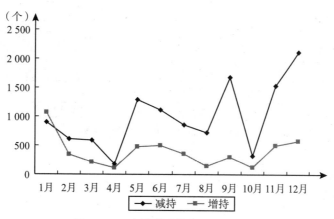

图 13 - 5　高管增减持行为月度分布

　　从图 13 - 5 中可以看出，高管增持行为的波动趋势相近，在 1 月、5 月、9 月和 12 月均出现一个高峰期，在 4 月和 10 月均出现低值。对于这一现象的解释如下：在 11 月、12 月和来年 1 月高管增减持行为旺盛，这可能是这一时间段公司年报尚未对外披露，但已接近年尾或年初，高管作为信息优势掌握者对公司本年度绩效时能够做出较为准确的评定，基于对公司绩效的判定做出的增减持行为；对于减持而言，也可能是高管和大股东为在年底满足流动性需要，通过减持行为缓解流动性危机。在 5 月和 6 月份以及 9 月份出现高峰这可能是基于公司半年报和季报披露之前的又一次信息优势的利用。而 4 月和 10 月出现低谷，一方面是财报披露月，另一方面是出于新一季度初期，股市调整波动。

13.2.2　股市趋势分析（2012 ~ 2017 年）

　　高管增减持行为受股市变动影响很大，因此，本章对 2012 ~ 2017 年的股市行情走势进行梳理与分析（见图 13 - 6、图 13 - 7）。

　　从图 13 - 6 可以清晰看出 2012 年至 2014 上半年我国股市走向平稳，虽股市行情低迷，但起伏不大，从 2014 年下半年开始至 2015 年可以看出我国股市开始剧烈震荡，牛市形成但渐趋失控，股灾出现熊市取代牛市。2015 年上半年沪指从 3 049 点上冲到 5 178 点，下半年下跌至 2 850 点。2016 年股市整体稳健，波动较小。

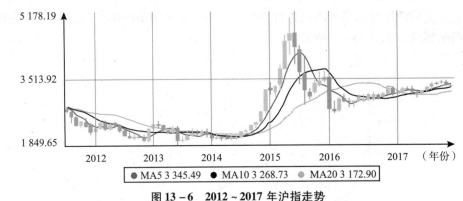

图 13 - 6　2012 ~ 2017 年沪指走势

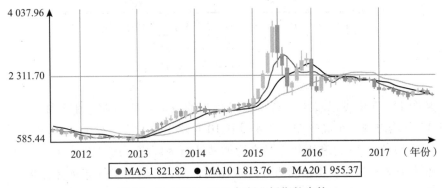

图 13 - 7　2012 ~ 2017 年创业板指数走势

　　造成 2015 年股市大起大落的原因，首先是政策引导，国家为缓解市场间接融资的债务危机，对于直接融资有诸多期盼。在 2013 年十八届三中全会的文件中指出"提高直接融资比重"，并与 2014 年 5 月初出台《国务院关于进一步促进资本市场健康发展的若干意见》加以落实，自此以后股价开始上涨。其次是上市公司并购重组频频，金融监管在金融创新的名义下几近丧失，一时间中国股市的杠杆率急升。而过高的杠杆也是导致熊市出现的重要导火索，2015 年 6 月股市二级市场开始去杠杆，股价上涨优势一旦丧失，随之就是股市大跌。市场恐慌加剧，减持频频再次触发股市暴跌。

　　这一波股价的疯狂拉升也给上市公司高管减持行为创造了一个很好的时机，如此便可解释为什么上市公司高管在 2015 年减持市值达到高峰。为应对"股灾"，2015 年 7 月 8 日证监会、国资委、财政部、中央汇金公司等纷纷发文鼓励增持，同时并规定或承诺不减持。这也就使得 2015 年高管增持行为猛增，同时 2015 年下半年几乎没有出现高管减持行为的原因。

　　本章研究发现 2012 ~ 2017 年我国股市走向对于高管增减持行为有一定影响，

2012 年股市年初向先有小幅上升后到年底一直下降，从图 13 - 6 可以看出下跌趋势是多于上涨趋势的，因此 2012 年高管增持行为显著多于减持，说明市场在利用增持行为救市。从图 13 - 6、图 13 - 7 可以看出，2013 年主板市场一片黯淡，但值得投资者兴奋的一点就是创业板行情大好，股市一路上扬。因此，结合增减持现状，便不难理解 2013 年起高管减持数量骤增且主要体现在创业板与中小板块上市公司上。2014 年从 7 月开始，股市如同被注入强心针一般，行情稳步好转。自 11 月开始股市行情直线拉升，市场人气暴涨，资本市场活跃账户创几年来新高，至年末，A 股指数涨幅令全球瞩目。这也解释了 2014 年高管减持数量创下近 5 年新高，同时增持数量最低的现象。2015 年正如上述"股灾"之年，增减持行为受政策约束，难以反映市场趋势。2016 年之后股市除去年初的千股跌停的熔断机制外，股市行情基本平稳，且受到 2015 年增持公告承诺半年之内不减持的影响，增减持数量都有所下降。

13.3　研　究　设　计

13.3.1　基本假设

目前我国上市公司中，高管作为公司经营决策的重要参与人，掌握着上市公司的经营权和公司内部信息，是上市公司重要的内部人。根据有效市场理论，目前我国的资本市场尚处于一个弱式有效的市场环境中，股票价格仅能反映历史信息。因此，外部投资者、上市公司的股东们与公司高管是存在一种信息不对等的状态的。而上市公司的高管作为信息优势的掌握方和公司重要决策的制定者，他们的交易行为颇受外界关注。一方面，上市公司高管出于自利性动机，会利用所掌握的经营状况、财务绩效等翔实信息去判断市场价值与公司实际价值的契合度，进而做出交易行为以使得自己获得超额收益；另一方面，我国资本市场中的投资者存在较为明显的羊群效应，高管在市场中会充当"领头羊"的角色，引导投资行为。因此，高管增减持行为所产生的经济后果得到普遍的关注。本章将经济后果按时间跨度区分为衡量短期股价变动的市场效应和反映长期公司发展前景的财务绩效。

就高管增持行为来看，真金白银的买入行为就表明了看好公司发展的决心，这对于市场而言无疑是一个重大的利好消息。这既可能是高管低价买入的谋利行为，也可能是为引导投资者信心的刻意之举。李俊峰等（2011）认为在我国资本市场中增持公告事件窗口内有显著为正的市场效应。闻岳春等（2016）以创业板为样本也得出相同结论。由此可见不管出于何种动机，高管增持行为都会向市场传递一种利好的信号。这也是为什么我国在股市低迷的时候常会选用高管增持作为振奋股市的法宝。而高管的减持行为被视作一种"撤资"，更多地表现出了高管的对于上市公司发展不看好，这会引起流通股股东对上市公司用脚投票。这可能出于高管认为当前股价被高估，高价抛售以减持获利的目的，也可能是出于流动性需求，满足公司短期融资问题的动机。但这些动机的背后无一不反映出公司目前状况并非理想，存在发展障碍。唐红珍等（2014）、曹晓丽（2012）等都证明了高管减持通常意义上讲会向市场传递利空信号，并且在此信号的引导之下，市场投资者会消极看待该上市公司的发展，因此上市公司在减持行为发生后会出现显著为负的收益。基于此，本章提出研究假设1、假设2：

H1：高管增持行为会向市场传递利好信号，引起市场积极的反应。

H2：高管减持行为会向市场传递利空信号，引起市场消极的反应。

高管作为信息优势掌握者通过资金投入的买入行为，表明高管与上市公司之间的利益链条紧密，根据利益趋同理论高管增持行为使得高管与公司利益更加趋向一致，这一方面可以使公司代理成本下降，同时也是一种激励高管的方式，使高管更具主人翁精神，提升公司绩效。而且从高管增持行为数据中发现高管增持行为多发生在年尾或年初，而正常的年报和半年报通常是在年初或是下半年才会对外披露，这说明了高管能够提前对公司绩效做出预判，所以如果高管此时做出增持行为的决定，那么公司未来绩效提升是很可能发生的。与此同时，高管不同程度的增持对于公司绩效的影响也是不同的，韩亮亮（2004）研究发现高管持股比例对于公司绩效的影响是存在区间效应的。因此，本章基于利益趋同效应和壕沟防守效应认为不同比例的增持行为对于公司绩效应该也是有不同影响，高管增持行为能够使得公司绩效有提升，但是当高管增持比例过大时，这不仅仅表示高管对于公司的信任，更多的可能会透露出高管的"野心"，可能会发生控制权争夺问题，同时在我国上市公司"两职合一"现象极为普遍，大股东兼任高管，此时高管增持比例过大，就意味着上市公司股权集中度过高，壕沟防守效应应运而生，公司绩效自然也会受到影响。基于此，本章提出研究假设3：

H3：高管增持行为发生后，高管增持比例与公司绩效变动呈倒"U"型关系。

之前所述的高管减持动机中有流动性需求动机，但是较之规模大实力更雄厚的主板上市公司而言，这更符合创业板和中小板上市公司。而且通过坚持满足流动需求这本身也反映出公司发展中遇到资金问题，对公司未来发展不利。同时结合以往文献的研究结果，发现现有研究高管减持行为对创业板上市公司绩效的影响，往往会得出高管减持更多的出于高管个人利益，是一种预判了公司未来绩效后作出的减持套现的结论。这也就说明了基于流动性需求动机减持行为是占少数的，且对于公司绩效的影响并不明显。高管减持行为动机更可能是市场价值错估后的逢高抛售，或是对公司未来态度消极。就股价而言，在高管所持股份中，一半以上的为原始股或是从股权激励中获得的低价股，如果该股份上市流通在符合条件以后减持，将会使得高管获得大量财富；就对公司态度而言，高管减持会削弱高管与公司之间的关系，影响高管的积极性，也会影响外界对于上市公司的信心。而这些都会对公司绩效产生不利影响。因此，本章提出研究假设4：

H4：高管减持行为发生后，减持比例与公司绩效呈负相关。

13.3.2　变量选择和模型构建

1. 变量选择

本章的因变量为经济后果，而且将其用市场效应和公司财务绩效加以衡量。其中对于市场效应本章借鉴已有文献中常用的方法，即通过事件研究法，确定确定窗口及对比窗口。对于财务绩效，在梳理以往文献时发现，在衡量公司财务绩效时国内学者常用的三种计量方式：

（1）净资产收益率或总资产净利率。魏立群（2002）、夏纪军（2011）、冯根福（2012）等都是使用这两个指标进行衡量，但是用该指标衡量公司绩效时重点在于公司盈利能力的分析，不能体现上市公司的发展和营运能力。

（2）托宾 Q 值（Tobin's Q = 市值/资本重置成本）。宋增基（2005）、姜英兵（2013）等使用托宾 Q 来衡量。用该指标衡量财务风险时需要用到上市公司的市场价值，这一指标在国外成熟资本市场较为常用。但在中国的市场环境下，市场有效性较低，对于市值的衡量存在较大的偏误，因此也不适用于衡量财务绩效。

（3）主成分分析法得到综合指标，就是多项财务指标通过主成分分析的方法得到的综合指标。林丽贞（2009）、王建文（2012）均是采用此方法衡量。用此方法可以全面兼顾绩效的方方面面，且财务指标数据易得。

基于上述分析，本章采用主成分分析法得到综合指标来衡量财务绩效。在衡量公司绩效时，从盈利能力、发展能力、营运能力、偿债能力和股东获利能力这五方面选取了18个财务指标力求能够充分反映公司财务绩效。具体指标如表13－5所示。

表 13 – 5 主成分分析法确定的财务指标

指标类型	名称	计算公式	代码
偿债能力	流动比率	流动资产/流动负债	X_1
	速动比率	速动资产/流动负债	X_2
	资产负债率	负债合计/资产总计	X_3
		经营活动产生的现金流量净额/流动负债	X_4
盈利能力	资产报酬率	（利润总额＋财务费用）/平均资产总额	X_5
	总资产收益率	净利润/总资产平均余额	X_6
	净资产收益率	净利润/股东权益平均余额	X_7
	营业毛利率	（营业收入－营业成本）/营业收入	X_8
		扣除非经常性损益加权平均净资产收益率	X_9
营运能力	应收账款周转率	营业收入/应收账款平均占用额	X_{10}
	存货周转率	营业成本/存货平均占用额	X_{11}
	总资产周转率	营业收入/平均资产总额	X_{12}
发展能力	营业收入增长率	（营业收入本期金额－营业收入上年同期期末值）/（营业收入上年同期期末值）	X_{13}
	总资产增长率	（资产总计本期期末值－资产总计上年同期期末值）/（资产总计上年同期期末值）	X_{14}
	净利润增长率	（净利润本年本期金额－净利润上年同期金额）/（净利润上年同期金额）	X_{15}
股东获利能力	每股收益	（净利润－优先股股利）/流通在外普通股加权平均数	X_{16}
	每股净资产	所有者权益合计期末值/流通在外普通股加权平均数	X_{17}
		扣除非经常性损益后的基本收益率	X_{18}

　　本章对高管增减持行为的衡量，借鉴于海林（2012）、刘亭立（2016）用高管所持股票变动数除以流通总股数来表示高管股权变动比例，又使用增持比例的平方项来更加准确地反映高管增持行为对于财务绩效的影响趋势。

　　在控制变量的选取上，本章参照以往文献，对公司规模、股权制衡度、独立董事比例、股权集中度等进行控制。公司规模越大，自然就会对上市公司产生规模效应，而这会影响公司绩效，因此有必要进行控制。另外，由于上市公司的股权结构和治理结构会对高管行为有一定的约束，同时也会影响财务绩效，因此借鉴陈德萍（2011）对于公司股权制衡度和股权集中度的定义，同时添加独立董事的比例这一变量，来衡量上市公司中股东对于高管行为的监督效能（见表 13 – 6）。

多变量定义如表 13 - 6 所示。

表 13 - 6　　　　　　　　　　变量名称及变量定义

变量分类	变量名称	变量符号	变量定义及计算
因变量	财务绩效	F	公司综合财务指标
自变量	高管股权增持变动比例	Increase	（高管增持股票的变动股数/流通股总股数）* 100
	高管增持对绩效影响	Increase^2	[（高管增持股票的变动股数/流通股总股数）* 100]^2
	高管股权减持变动比例	Reduction	（高管减持股票的变动股数/流通股总股数）* 100
控制变量	公司规模	Size	总资产的自然对数
	股权制衡度	Balance	第2到第5大股东持股比例之和/第一大股东持股比例
	独立董事比例	IDscale	独立董事人数/董事会人数
	股权集中度	Top1	第一大股东持股比例

2. 模型构建

本章的实证部分分为两部分进行，其一为高管增减持行为的市场效应；其二为高管增减持行为发生后公司绩效的变动。因此本章模型也分为两部分：

在第一部分中，本章采用事件研究法构建模型，具体内容如下：

事件研究法是通过对比分析某一事件发生前后一段时间内某一变量是否会发生变动，以此来反映这一事件的影响。那么，在本章中以高管增减持行为界定为事件。如果高管增持行为的确会向市场发出利好信号，那么高管增持行为发生时及发生后，公司的股价会被拉升，进而产生正向的超额收益率。如果高管减持行为会向市场发出利空信号，那么高管减持行为发生时及发生后，公司的股价会受影响出现下跌，进而产生负向的超额收益率。简而言之，就是通过对超额收益率的数值及方向的分析，来衡量高管增减持行为的影响。具体步骤如下：

（1）确定事件日和事件窗。本章的事件日确定为高管发生增减持行为的日子，这主要是基于虽然证监会在 2007 年规定上市公司高管所持本公司的股份发生变动时应自事实发生日起两个交易日内向上市公司报告并且由上市公司在证券交易所网站进行公告，但是在实际的经营活动中，依然有一些上市公司未按规定及时公告，甚至是在接受证监会调查以后才被动进行补充公告。这样的因素会导致高管增减持行为对于市场效应影响出现偏差，因此本章没有选择公告日作为事件日。图 13 - 8 为事件研究窗口示意图，T = 0 表示事件发生日。

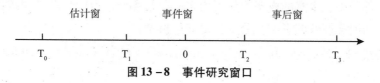

图 13 - 8　事件研究窗口

由于本章是为了研究市场效应，所以一般事件窗长度较短，目前国内学者在研究市场效应时，对于事件窗口确定时没有统一的定论，现有的研究中有将事件窗定义多为事件日前后的 10 天、15 天或 20 天。因此，本章在确定事件窗时考虑到事件发生前后宏观股票走势的变动，为尽可能将存在异常收益的天数涵盖其中，最终决定将事件窗口确定为 $[-15, 15]$，即 $T_1 = -15$ 日，$T_2 = 15$ 日。

对于估计窗口的长度确定一般常规为 $100 \sim 200$ 个交易日，因为如果估计窗口太短就会影响到参数估计的准确度，如果太长则可能会受到其他事件的叠加影响导致结果出现扭曲。因此，本章将估计窗口的长度确定为事件窗前 100 个交易日，即 $[-100, -16]$ 为估计窗，$T_0 = -100$。

（2）确定正常收益率模型。为确定高管增减持行为发生后的市场效应，首先就要确定正常收益率。正常收益率是指在没有发生事件的情况下，所得到的正常预期收益率，并且通过将正常收益率与实际收益率之间的差值来确定此事件发生导致的异常收益。

正常收益率的估计模型中，常用的有三种模型，包括市场模型、市场调整模型、均值调整模型，本章选择使用市场模型来对正常收益率进行测算。

市场模型是建立在证券收益与市场收益间存在稳定的线性关系的假设基础上的。其具体模型表现为：

$$R_{it} = \alpha_i + \beta_i R_{mt} + \varepsilon_{it} \quad \text{其中：} Var[\varepsilon_{it}] = \sigma^2_{\varepsilon_{it}}, \ E[\varepsilon_{it}] = 0$$

在这一模型中，R_{it} 和 R_{mt} 是在 t 时刻，证券 i 和市场组合的实际收益率；ε_{it} 是回归残差，其均值为 0，方差为 $\sigma^2_{\varepsilon_{it}}$；$\alpha_i$ 和 β_i 是模型的参数。

通过 OLS 回归，得到参数 α_i 和 β_i 的估计值 $\hat{\alpha}_i$ 和 $\hat{\beta}_i$，进而便可以计算得到正常的收益率为：

$$\hat{R}_{it} = \hat{\alpha}_i + \hat{\beta}_i R_{mt}$$

正常收益率计算出来以后，实际收益率与正常收益率的差值就是异常收益率（AR），即：

$$AR_{it} = R_{it} - \hat{R}_{it} = R_{it} - \hat{\alpha}_i - \hat{\beta}_i R_{mt}$$

在得到异常收益率 AR_{it} 后，就可以计算得出累计异常收益率（CAR），公式如下：

$$CAR_i(\tau_1, \tau_2) = \sum_{t=\tau_1}^{\tau_2} AR_{it}$$

第二部分中，本章的模型构建采用多元回归模型，为检验高管增减持行为对于上市公司财务绩效的影响，分别作出如下模型：

增持组：$F = \alpha_0 + \alpha_1 Increase + \alpha_2 Increase^2 + \beta_n \sum ControlVariables + \varepsilon$

$$\tag{13.1}$$

减持组：　　　$F = \alpha_0 + \alpha_1 Reduction + \beta_n \sum ControlVariables + \varepsilon$　　　（13.2）

13.3.3　样本选择和数据来源

本章选取沪深两市 2013~2016 年发生高管增减持行为的全部 A 股上市公司为样本。基于研究目的，对所选取的原始样本按照以下原则进行处理：

（1）剔除金融行业的上市公司。由于该行业的特殊性，会计准则不同于其他企业，相关的财务指标不具有可比性。（2）剔除 ST、＊ST、PT 等上市公司。由于其财务状况异常，不足反映一般性现象。（3）剔除 B 股或 H 股上市公司。由于其所在市场监管制度和市场环境与 A 股不同，对于同时在 A 股和 B 股或 A 股和 H 股同时上市的公司其市场表现会有较大差异。（4）剔除大宗交易、分红送转、公司增发新股时老股东配售、新股申购、股权激励实施及其他方式进行的持股变动。同时剔除高管家属等非高管本人的样本。由于本章研究的是高管本人在二级市场的增减持行为与公司绩效的关系。（5）剔除上市不满一年的公司和数据不完整的上市公司。由于刚上市的公司为稳定住市场，其财务数据的准确度不够高。（6）剔除一年中持股变动有增有减的上市公司，同时剔除一年内持股变动小于 1 000 股的上市公司。由于一年内有增有减难以界定其作用机制，且持股变动较小难以产生影响。

经过上述筛选，共得到 2 655 个有效样本数据，2013~2016 年的样本数分别为 584 家、672 家、706 家和 693 家（原始样本数据来源于国泰安数据库，部分缺失的数据由手工收集整理）。

为便于实证检验，将研究样本分为两组，减持组和增持组。具体情况如表 13 - 7 所示。

表 13 - 7　　　　　　　　　　　**样本分布情况**　　　　　　　　　　单位：家

按年份分类							
减持组				增持组			
2013 年	2014 年	2015 年	2016 年	2013 年	2014 年	2015 年	2016 年
474	519	318	502	109	153	388	256
按板块分类				减持组		增持组	
主板	沪市			150		164	
	深市			59		114	
中小板				308		154	
创业板				228		80	

续表

按行业分类	减持组	增持组
A 农、林、牧、渔业	5	9
B 采矿业	4	7
C 制造业	488	362
D 电力、热力、燃气及水生产和供应业	13	9
E 建筑业	20	8
F 批发和零售业	45	38
G 交通运输、仓储和邮政业	12	9
H 住宿和餐饮业	2	2
I 信息传输、软件和信息技术服务业	67	20
K 房地产业	24	22
L 租赁和商务服务业	9	5
M 科学研究和技术服务业	6	2
N 水利、环境和公共设施管理业	7	5
P 教育	5	1
Q 卫生和社会工作	14	1
R 文化、体育和娱乐业	22	7
S 综合	2	5
附注：本分类依据中国证监会行业分类指引 2012 版		

从表 13 - 7 中不难发现，从板块分布而言，高管减持行为多集中在中小板和创业板上市公司，高管增持行为则是主板上市公司居多；从行业分布而言，发生高管增减持行为的上市公司均集中于制造业与批发和零售业，这也符合我国行业分布情况；此外，上市公司中属于信息传输、软件和信息技术服务业也多高管减持行为，房地产业的上市公司则更易出现高管增持行为。这一现象可能是由于信息传输、软件和信息技术服务业属于我国新兴行业，多在创业板市场上市，无论是创业板存在的"三高"问题，还是公司规模较小和成立时间短导致制度规章不健全，高管更加年轻（孙海法，2006）等公司特征和高管特征，都会导致高管减持行为的增加。

13.4 实 证 检 验

13.4.1 市场效应检验

1. 高管增持行为结果检验

采用事件研究法对高管增减持行为发生日前后 15 天的异常收益率（AR）和累计异常收益率（CAR）进行详细检验，如表 13 - 8、图 13 - 9 所示。

表 13 - 8 　　[- 15，15] 事件窗内高管增持行为的异常收益率和累计异常收益率

dif	AR	T - AR	P - AR	CAR	T - CAR	P - CAR
- 15	- 0.10%	- 0.5956	0.5517	- 0.10%	- 0.5956	0.5517
- 14	0.08%	- 1.1138	0.2658	- 0.02%	- 0.8534	0.3938
- 13	0.06%	- 3.7061 ***	0.0002	0.04%	- 1.8362 *	0.0668
- 12	0.15%	- 2.0390 *	0.0419	0.19%	- 1.7731 *	0.0767
- 11	0.12%	- 3.0526 **	0.0024	0.31%	- 2.0438 **	0.0414
- 10	0.06%	- 3.7443 ***	0.0002	0.37%	- 2.3059 **	0.0215
- 9	- 0.17%	- 5.8727 ***	0.0000	0.20%	- 2.8833 ***	0.0041
- 8	- 0.05%	- 6.4171 ***	0.0000	0.15%	- 3.2134 ***	0.0014
- 7	0.20%	- 5.8298 ***	0.0000	0.35%	- 3.6573 ***	0.0003
- 6	0.17%	- 6.5220 ***	0.0000	0.52%	- 3.6620 ***	0.0003
- 5	- 0.14%	- 6.0180 ***	0.0000	0.38%	- 3.6345 ***	0.0003
- 4	- 0.09%	- 6.9161 ***	0.0000	0.29%	- 3.7482 ***	0.0002
- 3	- 0.15%	- 6.3777 ***	0.0000	0.14%	- 4.0694 ***	0.0001
- 2	- 0.18%	- 4.0791 ***	0.0001	- 0.04%	- 3.8727 ***	0.0001
- 1	- 0.02%	0.0889	0.9292	- 0.06%	- 3.3324 ***	0.0009
0	- 0.07%	- 0.3137	0.7538	- 0.13%	- 3.2769 ***	0.0011
1	0.26%	3.1499 **	0.0017	0.13%	- 3.2537 ***	0.0012
2	0.33%	3.2316 **	0.0013	0.46%	- 2.8896 ***	0.0040
3	0.17%	4.1946 ***	0.0000	0.63%	- 2.6769 ***	0.0076
4	0.24%	1.3085	0.1912	0.87%	- 2.4357 **	0.0152

续表

dif	AR	T – AR	P – AR	CAR	T – CAR	P – CAR
5	0.03%	– 0.1861	0.8524	0.90%	– 2.5456 **	0.0112
6	0.16%	2.1894 **	0.0290	1.06%	– 2.3921 **	0.0171
7	0.08%	0.4754	0.6347	1.14%	– 2.2609 **	0.0241
8	– 0.01%	– 0.0914	0.9272	1.13%	– 2.3342 **	0.0199
9	– 0.04%	– 0.2751	0.7833	1.09%	– 2.2326 **	0.0260
10	0.13%	1.5501	0.1217	1.22%	– 2.1687 **	0.0305
11	0.17%	– 1.7094 *	0.0879	1.39%	– 2.0492 **	0.0409
12	0.12%	– 3.3514 ***	0.0009	1.51%	– 2.1474 **	0.0322
13	– 0.09%	– 1.9748	0.0488	1.42%	– 1.9641 **	0.0500
14	0.00%	0.0176	0.9860	1.42%	– 2.0583 **	0.0400
15	0.11%	0.7060	0.4805	1.53%	– 2.0056 **	0.0454

注：*** 、** 、* 分别表示在1%、5%和10%的显著水平显著。

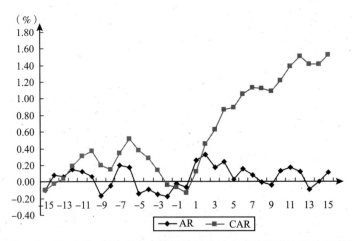

图 13 – 9　［–15，15］事件窗内高管增持行为的异常收益率和累计异常收益率

从表 13 – 8、图 13 – 9 中可知，在增持组中，累计异常收益率在高管增持行为前后经历了先降后升"U"型趋势，且累计异常收益率在［–13，15］的事件窗口内均通过显著性检验。这说明上市公司高管增持行为引起了正向的市场效应，这印证了假设 1 是成立的。

本章把发生高管增持行为前的 15 天时间界定为增持前期，后 15 天界定为增持后期，在此基础上对高管增持行为发生前后异常收益率和累计异常收益率的变动做出如下详细描述：

在增持前期有 7 天异常收益率都是负值，且在第 -15 天至第 -10 天，可以看出异常收益率的波动幅度较小，表现基本平稳；从第 -9 天开始就开始出现一些较大幅度的变动，在第 -7 天和第 -6 天出现了前 15 天中异常收益率的最大值 0.2% 和次大值 0.17%；在第 -5 天至第 0 天连续 6 天均为负值；累计异常收益率在前 15 天的变动趋势也是波动不断，直至第 -6 天开始至增持行为发生当天表现出明显的下降趋势。在增持后期有 3 天异常收益率为负值，其余天数均为正值，这也使得累计异常收益率在高管增持行为发生之后呈现上升的趋势；在第 1~4 天，异常收益率的值较大，分别达到了 0.26%、0.33%、0.17%、0.24%，这也使得累计异常收益率迅速实现拉升。从显著性水平来看从第 -13 天起，累计异常收益率便通过了显著性检验，并且随着距离增持发生日的接近显著水平在不断提升。

出现上述现象可能的原因是：前期连续多天的异常收益率为负值表明了股票市场低迷状态，下行压力大，股价明显被低估，因此，高管可能出于诸如减缓公司股价下行压力、趁机抄底抑或是响应国家政策等动机来增持本公司股票。但在增持行为发生后，异常收益率变为正值，并且在之后的 4 天内异常收益率为较大，并在增持行为发生后第 2 天达到最大值 0.33%，这说明了高管增持行为的公告效应是存在的，因为高管往往会在增持行为发出日起两日内会对外公告，这时市场才会积极对这一行为作出反应，恰好对应增持行为后 4 天的时间点。这反映出市场对于高管的增持行为的关注度还是很高的，市场认可高管增持行为所传递出的利好信息的。

2. 高管减持行为结果检验

结合图 13 -10、表 13 -9，研究发现累计异常收益率在高管减持行为前后经历了先升后降倒"U"型趋势，且累计异常收益率在 [-4，15] 的事件窗口内均通过显著性检验。这说明上市公司高管减持行为引起了负向的市场效应，这印证了假设 2 是成立的。

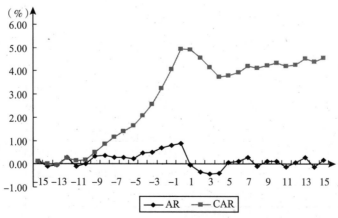

图 13 -10　[-15，15] 事件窗内高管减持行为的异常收益率和累计异常收益率

表 13 – 9 　　[– 15，15] 事件窗内高管减持行为的异常收益率和累计异常收益率

dif	AR	T – AR	P – AR	CAR	T – CAR	P – CAR
– 15	0.13%	2.0462 **	0.0413	0.13%	2.0462 **	0.0413
– 14	– 0.11%	– 0.6724	0.5016	0.02%	0.7304	0.4655
– 13	– 0.06%	0.4048	0.6858	– 0.04%	0.6448	0.5194
– 12	0.29%	1.8097 *	0.0710	0.25%	0.9047	0.3661
– 11	– 0.10%	– 0.6304	0.5288	0.15%	0.5872	0.5573
– 10	0.01%	0.0804	0.9359	0.16%	0.4927	0.6225
– 9	0.33%	2.3980 **	0.0169	0.49%	0.7296	0.4660
– 8	0.37%	3.7532 ***	0.0002	0.86%	1.1142	0.2658
– 7	0.28%	2.7739 ***	0.0058	1.14%	1.3274	0.1850
– 6	0.27%	2.2371 **	0.0257	1.41%	1.4915	0.1365
– 5	0.22%	2.4212 **	0.0158	1.63%	1.5038	0.1333
– 4	0.46%	4.5755 ***	0.0000	2.09%	1.8131 *	0.0704
– 3	0.49%	2.9093 ***	0.0038	2.58%	1.8768 *	0.0612
– 2	0.68%	3.8115 ***	0.0002	3.26%	1.9096 *	0.0568
– 1	0.81%	5.0524 ***	0.0000	4.07%	2.1083 **	0.0355
0	0.87%	9.8561 ***	0.0000	4.94%	2.4954 **	0.0129
1	– 0.04%	1.4246	0.1549	4.90%	2.7322 ***	0.0065
2	– 0.34%	0.2212	0.8250	4.56%	2.5512 **	0.0110
3	– 0.42%	1.7731 *	0.0768	4.14%	2.4042 **	0.0166
4	– 0.40%	2.1913 **	0.0289	3.74%	2.3271 **	0.0204
5	0.05%	0.3050	0.7605	3.79%	2.3644 **	0.0185
6	0.13%	1.6214	0.1056	3.92%	2.2144 **	0.0273
7	0.28%	1.5581	0.1199	4.20%	2.2457 **	0.0252
8	– 0.09%	3.4014 ***	0.0007	4.11%	2.3460 **	0.0194
9	0.12%	2.5631 **	0.0107	4.23%	2.1905 **	0.0290
10	0.11%	1.6550 *	0.0986	4.34%	2.1671 **	0.0307
11	– 0.13%	1.8813 *	0.0605	4.21%	2.1801 **	0.0297
12	0.06%	1.4519	0.1472	4.27%	2.2215 **	0.0268
13	0.27%	1.4299	0.1534	4.54%	2.0925 **	0.0369
14	– 0.14%	0.7248	0.4690	4.40%	2.0003 **	0.0460
15	0.17%	1.3028	0.1933	4.57%	1.8599 *	0.0635

　　针对高管减持行为发生前后异常收益率和累计异常收益率的变动分析可知：在高管减持前期有 3 天异常收益率为负值，剩余 12 天均为正值，其中第 −15 天到第 −9 天，异常收益率波动平稳，从第 −8 天开始出现了较大的涨幅，并随着减持日到来异常收益率在不断增加，直至减持当日异常收益率达到最大值 0.87%，这也就使得累计异常收益率在前期表现出一个平稳的上升趋势。在减持后期，有 7 天时间异常收益率为负值，其中第 1 天至第 4 天为连续负值，并且随着时间推移异常收益率的绝对值越来越大，在第 3 天达到高值 −0.42%，但是之后的 11 天异常收益率依然处于波动，但明显正值天数多于负值天数。在这一作用下，累计异常收益率自减持日开始就出现了下降趋势，这也就使得累计异常收益率在减持行为发生前后构成了倒"U"型走势，可是从第 5 天开始，累计异常收益率波动平稳，甚至出现上升趋势。

　　出现上述现象可能的原因是：前期连续多天的异常收益率为正值表明了股票市场状态良好，股价不断上涨，此时基于高管减持动机分析，高管很有可能借价格被高估之际减持套现以满足私利或是满足流动性需要。但在减持行为发生后，异常收益率变为负值，并且在之后的 4 天内异常收益率较大，并在减持行为发生后第 3 天达到最大值。这说明了市场对于高管减持行为的反应还是极为敏感的，从减持日至公告日之间股价下跌明显，表明市场对于高管减持行为反应消极。但在 5 天之后，股价表现稳定甚至隐隐上升，这可能是由于高管减持行为时多属于市场活跃期，此时股市交易量往往多于常日，投资者投资情绪旺盛，市场对于减持行为的包容程度是在不断地增加的，甚至很多高管基于投资者情绪故意减持，以增加投资者投资欲望，产生投资紧迫感（邹琳，2016），所以导致在减持后股价依然有隐约上升之势。

3. "股灾之年"高管增减持行为市场效应特别分析

　　（1）高管增持行为市场效应。综上分析，高管增减持行为确实会在短期内引起股价的波动。正如前所述，高管增持会引起资本市场的正面效应，高管减持行为的发生常被外部投资者认为是一个负面的信号，导致股票被抛售，引发股价下跌。但是本章的样本数据中包括了 2015 年这样一个特殊年份，上半年股市行情猛增，下半年却一落千丈，这样一个牛市熊市交替出现的年份给高管增减持行为的市场反应研究增加了更多的可能。因此，针对 2015 年这样一个特殊年份单独进行了一次检验，以使得研究结论更加客观。2015 年 6 月 12 日为股市熊牛市的分界线，因此将 2015 年 1 月 1 日至 6 月 12 日划定为牛市，将 6 月 13 日至 12 月 31 日划为熊市。鉴于 2015 年股市行情特殊，股市波动频繁，因此将事件窗加以缩小，以使得结果更加真实，将其调整至 [−10，10] 进行检验，检验结果如表 13 −10、图 13 −11 所示。

表 13 - 10　2015 年［-10，10］事件窗内高管增持行为的异常收益率和累计异常收益率

dif	AR	CAR
-10	-0.64%	-0.64%
-9	-0.97%	-1.61%
-8	-1.11%	-2.72%
-7	-0.96%	-3.68%
-6	-1.17%	-4.85%
-5	-1.17%	-6.02%
-4	-1.41%	-7.43%
-3	-1.25%	-8.68%
-2	-0.85%	-9.53%
-1	0.02%	-9.51%
0	-0.07%	-9.58%
1	0.61%	-8.97%
2	0.63%	-8.34%
3	0.77%	-7.57%
4	0.24%	-7.33%
5	-0.03%	-7.36%
6	0.36%	-7.00%
7	0.08%	-6.92%
8	-0.01%	-6.93%
9	-0.04%	-6.98%
10	0.23%	-6.74%

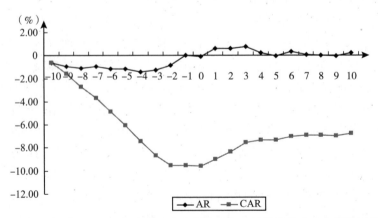

图 13 - 11　2015 年［-10，10］事件窗内高管增持行为的异常收益率和累计异常收益率

从表 13 - 10、图 13 - 11 中可以看出，熊市期间累计异常收益率在高管增持行为前后也呈先降后升的"U"型趋势，这说明上市公司高管增持行为即使在熊市也引起了正向的市场效应，进一步印证了假设 1 是成立的。

在熊市期间，高管增持前期异常收益率一直为负，表明股价在不断下跌，在连续多天的叠加之下异常累计收益率绝对值在增持当日达到最大值，在高管增持后期，异常收益率明显回升，使得累计异常收益率在高管增持之后有了明显的上扬。但值得注意的一点就是高管增持以后累计异常收益率一直为负值。杜小青（2014）、刘振斌（2012）等对于高管增持行为的市场反应的研究中均得出高管增持行为发生以后，累计异常收益率为上升的正值的结论，这说明在熊市环境下，市场虽然对于高管增持行为的利好信号会有正向的反应，但较之往常程度削弱较多，对于股价来说依然是杯水车薪，难以改变股市低迷的状态，稳定市场的效果并不明显，仅仅只是现象级，并不能常态化，不能扭转颓势。

（2）高管减持行为市场效应。2015 年事件窗口期高管减持行为异常收益率和累计异常收益率如表 13 - 11、图 13 - 12 所示。

表 13 - 11　　　　2015 年 [-10, 10] 事件窗内高管减持行为的异常
收益率和累计异常收益率

dif	AR	CAR
-10	0.01%	0.01%
-9	0.43%	0.45%
-8	0.67%	1.12%
-7	0.48%	1.60%
-6	0.37%	1.97%
-5	0.42%	2.39%
-4	0.76%	3.15%
-3	0.49%	3.64%
-2	0.65%	4.29%
-1	0.91%	5.20%
0	1.83%	7.03%
1	0.24%	7.28%
2	0.04%	7.31%
3	0.32%	7.63%
4	0.40%	8.04%

续表

dif	AR	CAR
5	0.05%	8.09%
6	0.30%	8.39%
7	0.29%	8.67%
8	0.59%	9.27%
9	0.48%	9.75%
10	0.31%	10.06%

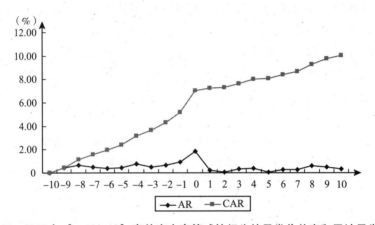

图 13 - 12　2015 年［-10，10］事件窗内高管减持行为的异常收益率和累计异常收益率

　　结合表 13 - 11、图 13 - 12，在减持组中，研究发现在发生高管减持第 - 10 天至第 - 1 天异常收益率均为正值，在第 - 10 天至第 - 5 天异常收益率的波动幅度较小，趋势比较平稳，这说明此时市场关于样本公司并没有做出特别关注。从第 - 5 日起至在减持行为发生当日异常收益率开始变大，在减持当天异常收益率达到最大值 1.87%。这就说明了在牛市的环境下，上市公司在减持行为发生前公司股价一路上涨，上市公司高管出于低买高卖的动机，借此市场环境高价出售所持股票以获得超额收益。在高管减持行为发生以后，异常收益率依然为正值，但波动幅度极为平稳，只是较之减持行为发生前股价上涨幅度变小，也表明了在牛市高管减持并不会导致市场消极反映，仅仅只会影响股价上涨速度，整体上涨趋势并不会改变。

　　对于累计异常收益率，在高管减持行为前后并没有出现以往研究中明显的倒"U"型趋势，反而是一直上升的走势。这说明上市公司高管减持行为在牛市下基本并不会影响上市公司股价走势，反而上市公司的股价走势良好。之所以会出现与以往研究不同的结论，主要原因有二：一是在牛市环境下，股价变动频繁，此时股市交易多趋于短线，即股票买卖行为普遍，因此市场对于高管减持行为消化得很快。且此时整个股票市场都处于大热状态，资本极度活跃，此时高管减持行为恰好给了一个相对低价的时机，因此短时期内就会被饱和的市场所消化。二是基于投资者情绪。在牛市下投资者投资情绪高涨，这一信号不仅不会降低投资者热情，反而还刺激了投资者参与的积极性，因为高管减持获得的高额收益极易诱导投资者作出不理性的投资。

上述分析可知，高管增持行为会引起市场积极的反应，高管减持行为会引起市场消极的反应。同时，本章对于 2015 年的特殊情况做出单独检验，发现高管增持行为在熊市也依然会有正向市场反应，但高管减持在牛市环境中负面的市场反应不甚明显。与此同时，研究还发现无论在何种情况下，高管增减持行为发生日累计异常收益均为最大值，这说明了高管增减持行为具有精准择时性。

13.4.2　实证检验

1. 主成分分析

本章在进行主成分分析时，首先采用 KMO 检验及巴特利特球度检验对样本公司发生增减持行为当年的 18 项财务指标 X_1、X_2、X_3……X_{18} 做出检验。由于篇幅限制，本章只显示 2015 年的主成分检验结果，如表 13 – 12、表 13 – 13 所示。

表 13 – 12　　　　　　　　　　　KMO 和 Bartlett 的检验

取样足够度的 Kaiser-Meyer-Olkin 度量		0.783
Bartlett 的球形度检验	近似卡方	7 502.944
	df	190
	Sig.	0.000

表 13 – 13　　　　　　　　　　　因子解释的总方差

成分	初始特征值			提取平方和载入		
	合计	方差（%）	累积（%）	合计	方差（%）	累积（%）
X_1	6.282	29.915	29.915	6.282	29.915	29.915
X_2	3.332	15.865	45.779	3.332	15.865	45.779
X_3	2.304	10.973	56.752	2.304	10.973	56.752
X_4	1.767	8.414	65.166	1.767	8.414	65.166

续表

成分	初始特征值			提取平方和载入		
	合计	方差（%）	累积（%）	合计	方差（%）	累积（%）
X_5	1.462	6.960	72.126	1.462	6.960	72.126
X_6	1.050	5.001	77.127	1.050	5.001	77.127
X_7	0.831	3.957	81.084			
……						

本章 2015 年样本的 KMO 值为 0.783，其他年份的 KMO 值分别为 0.721、0.758、0.733，通常大于 0.7 就被认为是适合使用因子分析的，而且 sig 双尾是 0.000，这说明了本章的样本是适合使用因子分析法的。

从表 13 - 13 中可以看出，因子分析法提取出了六个主要成分，累计贡献率达到 77.127%，可以代表原来指标 4/5 以上的信息。

2. 描述性统计

根据表 13 - 14 显示的各个变量描述性统计结果，综合财务绩效 F 的均值近乎为零，这反映出了样本上市公司的绩效一般；增持比例均值为 0.2%，这可以看出高管增持比例并不大，减持比例平均 0.3%，较之增持比例偏大，这说明近年高管增减持行为中减持的规模更大，但这对于公司股权结构并不能构成较大影响。在控制变量中，第一大股东持股比例增持组的均值为 33%、减持组为 31%，增持组股权制衡度在 66%，减持组为 77%，从中可以看出样本公司的股权集中度较高，而独立董事比例均值增减持组均在 36% 左右，反映了样本上市公司董事会中 1/3 的是独立董事，这也符合国家的规定。规模来看增减持组差别不大，几近相似。另外，进一步比较可以看出在减持组中股权制衡度是高于增持组的，这反映减持组的上市公司的股权集中度相较增持组更加分散一些。除此之外其他各个变量相差并不是很大，这说明了样本公司之间还是具有一定的相似性。

表 13 - 14 样本公司变量描述性统计

增持组	极小值	极大值	均值	标准差
F	-0.859653	1.106421	0.000000	0.471223
Increase	0.000082	2.536018	0.215517	0.457359
$Increase^2$	0.000000	6.431387	0.253376	0.880774
Top1	6.410000	79.380000	33.557000	14.632720
Balance	0.005669	3.075980	0.668520	0.653988

续表

增持组	极小值	极大值	均值	标准差
IDscale	0.307692	0.555556	0.364639	0.044300
size	20.089462	26.954553	22.883085	1.516068
减持组	极小值	极大值	均值	标准差
F	-2.029284	1.801681	0.000000	0.522555
Reduction	0.000128	5.056793	0.326309	0.620932
Top1	4.960000	81.850000	31.691000	13.906270
Balance	0.016877	3.614953	0.774338	0.600570
IDscale	0.250000	0.714286	0.374789	0.059425
size	17.756891	25.388724	21.625172	0.964943

3. 回归分析

本章在上述实证模型的基础上，运用 SPSS 21.0 对 2013～2016 年发生高管增减持行为的样本公司进行回归分析，回归结果如表 13－15 和表 13－16 所示。

表 13－15　　　　　　　　　　高管增持回归结果

模型		B	t	Sig.
(Constant)		-1.798	-4.819 ***	0.000
自变量	Increase	0.190	2.219 **	0.027
	$Increase^2$	-0.041	-1.509 *	0.091
控制变量	size	0.068	4.352 ***	0.000
	Top1	0.009	4.781 ***	0.000
	IDscale	-0.311	-0.855	0.34
	Balance	0.146	3.718 ***	0.000
Adj. R^2		0.218		
F-statistic		8.672		
Sig—F-statistic		0.000		
D. W		1.805		

表 13 - 16　　　　　　　　　　　　　　　减持回归结果

模型		B	t	Sig.
（Constant）		0.639	2.040 **	0.042
自变量	Reduction	− 0.016	− 0.731	0.465
控制变量	size	− 0.036	− 2.641 ***	0.008
	Top1	0.006	4.411 ***	0.000
	IDscale	− 0.328	− 1.123	0.261
	Balance	0.164	5.122 ***	0.000
Adj. R^2		0.166		
F-statistic		8.076		
Sig—F-statistic		0.000		
D. W		1.859		

从表 13 - 15、表 3 - 16 反映的高管增持、减持行为的模型回归结果上看，调整后的 R^2 分别为 0.218 和 0.166，这说明了自变量与因变量之间的拟合效果较好，模型中自变量能够较好地解释因变量；F 值分别为 8.672 和 8.076，F 检验的 P 值为 0.000，说明模型的显著效果较好，具有统计学意义；D. W 值分别为 1.805、1.859，在 1.5 ~ 2.5 之间，表明回归模型不存在显著的自相关。

从表 13 - 15 回归结果中各变量参数值来看，高管增持系数为 0.190，此外高管增持平方系数为 − 0.041，并且分别通过 5% 和 10% 的显著性水平检验，准确地描绘出了随着高管增持比例的增加，公司绩效在随后会呈倒"U"形走势，这就印证了假设 3 是成立的。这是因为高管增持股票一方面缓解了代理冲突，更加主动地为提高公司绩效作出努力，另一方面高管可能凭借其对公司绩效的预判做出投资决定。但与此同时，基于对现状的分析发现，目前我国上市公司股权集中度较高，且两职合一现象普遍，因此当高管增持比例较大时，利益趋同效应就会转变为壕沟防守效应，反而不利于公司绩效的提升。

从控制变量的检验结果看，在发生高管增持行为的上市公司中规模与公司绩效成正比，第一大股东持股比例与公司绩效也成正比，股权制衡度与公司绩效成正比，且此三项控制变量均通过 1% 水平的显著性检验。这三项研究结论与陈德萍（2011）的研究结论相一致。另外，独董比例的系数为 0.146，但与公司绩效关系并未通过显著性检验，这反映出了我国独立董事没有发挥出其应有的作用，也印证了"花瓶董事"的这一形容。

从表 13 - 16 反映的高管减持行为实证结果来看，高管减持系数为 − 0.016，这反映了高管减持对于公司绩效有负向影响，但没有通过显著性测试，且对应的 P 值较高，这说明假设 4 与事实不相符合，即高管减持行为不会对公司绩效产生影响。对于这一结论做出如下分析：首先，从减持动机来看，我国上市公司高管所持股份更多是原始股或股权激励获得的，较之市场价格来说其股份获得成本极低，这对于高管而言是一笔巨大的财富，因此高管减持套利的动机很强；其次，从减持时机选择，之前的研究表明高管减持具有明显的择时现象，也就是说高管能够预估股价与公司实际价值的差异，进而做出减持计划，这也再次印证了高管减持套利的动机；再次，从减持比例上看，依据描述性统计的结果，我国上市公司高管减持比例较低，然而，根据朱茶芬（2011）的实证研究结果，高管减持比例要达到一定程度才能对公司绩效产生影响，显然目前高管减持比例过低，这也从侧面上印证了之前已有的研究结论。最后，从减持样本公司来看，超过 2/3 的为中小板或创业板上市公司，主板上市公司占比重较低，中小板和创业板上市公司较之主板公司规模小、公司更加年轻，且中小板市场和创业板市场具有明显的高估值（张裕加，2013）。因此，基于上述分析，研究认为高管减持行为更多的是基于高管自身利益，虽然基于信号传递理论，这一减持信号会对公司产生不利影响，但就长期而言这一信号显然只是暂时性的。加之我国市场监管对于高管减持的约束虽然逐年加强，但依然存在漏洞，导致高管减持行为更多的仅仅就是为了套利，只会对公司短期股价造成消极影响。

就控制变量而言，公司规模与上市公司绩效之间是存在负相关关系的，这与增持组的结论刚好相反。对于此现象的可能解释是主板上市公司规模普遍较大，中小板和创业板上市公司规模相对较小，发生高管减持行为的上市公司大多存在市场价值被高估的情形，随着高管减持行为的发生，会使得日渐拉升的股价开始走低，这对一直以来表现较为稳定的主板上市公司来说，高管减持造成股价下跌对投资人更具有迷惑性，会影响公司形象，造成公司绩效受挫；而对中小板和创业板上市公司来说，高管减持行为发生较为频繁，投资人对这一行为的包容度较高，因此对公司绩效的影响也较小。股权制衡度和第一大股东持股比例与上市公司绩效呈正相关关系，独董比例与公司绩效无显著性关系，这与增持组的结果相一致。

13.4.3　研究结论

自从股权分置改革以后，尤其是创业板市场成立之后，我国上市公司高管增减持行为已属普遍，学术界对这一行为的研究也多集中于这一行为是否能够作为反映公司绩效的有效信号。本章从现实的资本市场环境出发，研究高管增减持行为发生后的经济后果。本章选取 2013～2016 年间沪深两市 A 股上市公司中发生过高管增减持行为的上市公司为研究样本。首先利用事件研究法，考察这 4 年高管增减持行为的市场效应；然后进一步对 2015 年这一特殊年份做了单独的实证检验，以增加研究结论的现实性；之后对这 4 年间发生高管增减持行为的公司通过多元回归，研究高管增减持行为发生后公司绩效的变动。本章研究结论如下：

运用事件研究法对沪深两市 A 股上市公司高管增减持行为事件发生前后市场反应进行检验和分析，验证了假设 1 和假设 2。结论为：第一，高管的减持行为会向市场发出利空信号，导致市场反应消极。第二，高管增持行为作为一个利好信号能够缓解上市公司的下行压力，市场对此做出积极响应。第三，在牛市中，高管减持行为的市场反应发生变化，仅仅对股价上涨速度有所削减，但股价整体上涨趋势并未受到影响。这就是说在牛市大环境下，高管减持不会对股价造成负面影响；而在熊市中高管增持也会引起市场积极反应，但股价依然是下跌趋势，仅仅只是下跌幅度缩小，这就说明了以增持作为积极救市措施对于低迷的股市依然是远水解不了近渴，不能从根本上颠覆股价下行的状态，仅仅只是有所缓解而已。

对高管增减持行为发生后上市公司绩效变动进行检验，用主成分分析的方法来衡量上市公司的综合绩效，回归结果验证了假设 3，同时假设 4 没有通过显著性检验。由此得出以下结论：第一，高管增持行为发生后，增持比例与公司绩效的变动趋势呈倒"U"型，随着高管增持比例的增加，对公司绩效的正向影响愈加明显，但是当增持比例超过一定限度时，会随着增持比例的增加而对公司绩效产生负面影响。这也印证了委托代理理论中利益趋同效应和壕沟防守效应会随着高管增持比例不同应运而生，进而导致了公司绩效的不同变动方向。第二，高管减持行为对于上市公司的绩效的负向效应没有通过显著性检验，这就说明了高管减持行为更多的就是为了满足私人利益的短期市场行为，是基于短时的股价高估做出的决策，并不会影响公司绩效未来走向。这说明了高管减持行为出现时，一般代表着公司价值被高估。

第*14*章
股权激励、产权性质与非效率投资

14.1 研究背景与文献述评

14.1.1 研究背景

改革开放以来，我国经济一直保持着较快的增长，现已成为世界第二大经济体。投资作为拉动我国经济增长的三驾马车之一，是实现企业价值的重要途径，也是企业成长的主动力，而有效率的投资能够给企业带来现金流量的增长，增加企业的价值，同时能够拉动国民经济的增长。然而，近年来，我国上市公司整体都出现了盲目选择投资项目或是资金利用率不高的情况，使得公司的投资不再富有效率。所有者与经营者之间的利益冲突是影响上市公司投资效率的重要原因之一，对于管理者来说，其利益目标往往是自身利益最大化而不是企业价值最大化，并且管理者希望控制较多资源，建设"企业帝国"，在这样的理念下，管理者会为了扩大企业规模而选择 NPV < 0 的投资项目，造成过度投资（Jensen，1986）。

信息对于经理人进行投资决策是至关重要的，经理人就是通过收集到的数据信息来对投资项目进行分析，以此来判定项目是否可行，但是股东对于这部分信息却知道的很少，一些股东知道的信息也是从经理人那里间接获得的，这就给了经理人进行一些有损企业利益的活动的机会，有时候会放弃一些 NPV > 0 的项目，也就造成了投资不足（Lambert，1986）。投资不足往往会影响企业资源的合理配置，使企业错失好的机会，有甚者更会影响整个资本市场的资源有效配置，而过度投资给企业带来的最直接的影响就是浪费企业资源。无论是投资不足还是过度投资都会阻碍企业价值最大化目标的实现。因而，有效解决非效率投资问题紧迫而必要。

　　激励是缓解所有者和经营者之间委托代理问题的主要方法，因而管理层就需要一套有效的激励机制来解决所有者和经营者之间的委托代理问题，股权激励是以授予管理层股权为基础的长期激励计划，能够实现所有者和经营者利益趋同，缓解上市公司委托代理问题，并且高管持股有利于有效减少其在公司决策中的短视行为，促使其重视创新和公司的长期发展，从而增加公司价值（Palia，Liehtenberg，1999）。股权激励作为一种激励机制，在国外得到了广泛的应用。20世纪50年代美国的一些公司就开始采用股权激励，并在随后的几十年间发展迅速，到20世纪末，美国前1 000强的公司中，实施股票期权的公司占了90%，并且股票期权在高管薪酬中所占的比重也大大提升，像通用、可口可乐等大型公司高管的期权收益甚至占据了他们总收入的95%以上。

　　20世纪末我国开始引入股权激励，但是在很长一段时间里大多数企业都对股权激励不了解，并且国家也没有相关方面的明确法规，直到2005年底，证监会正式颁布了《上市公司股权激励管理办法（试行）》，自此我国股权激励有了规范化的指导，并且在接下来的几年中关于上市公司境内外股权激励的实施规章、相关具体问题通知也相继出台，这些法规的出台让股权激励的实施更具规范性，明确的法规也为上市公司股权激励计划的开展提供了更加明确的指导，党的十八届三中全会中提出了关于"优化上市公司投资者回报机制"的决定，为了更好地落实这个决定，2016年7月13日，证监会正式发布了《上市公司股权激励管理办法》，进一步完善了股权激励的相关法律法规体系，因而也为上市公司的股权激励提供了更好的指导，为股权激励的蓬勃发展奠定了基础。

　　股权激励计划的初衷就是为了实现股东和经理人的利益趋同，有效地解决委托代理问题。若是股权激励计划设计恰当，并且得以有效地实施，就能够对上市公司的非效率投资起到显著的抑制作用，从而提高企业的投资效率，进而增加企业价值。但是，我国企业在实施股权激励计划时，也出现了一系列像行权条件过低、股权激励变成股权福利、实施效果不明显等问题。而且我国的传统行业和国有控股行业会受到更多的国家政策和机制的约束，这些企业往往规模较大，监管机构较为复杂，企业的非效率投资相对于其他行业更加严重，迫切需要有效的激励机制。但是虽然有高需求，企业却考虑到股权激励的实施难度大，实施效果不易控制等问题，导致股权激励在我国的发展并不尽如人意。现阶段，随着人们对于股权激励的重视和了解程度不断加深，相关政策体系的不断完善，股权激励发展迅速，但是股权激励在我国的实施是否能够真正地解决委托代理问题，有效抑制企业的非效率投资，还需要经过实践检验。

14.1.2　概念界定

1. 非效率投资

投资是指特定经济主体为了在未来可预见的时期内获得收益或是资金增值，在一定时期内向一定领域投放足够数额的资金或实物的货币等价物的经济行为。而有效率的投资不仅能提高企业绩效并且能够很好地实现企业的价值增值。根据传统的财务理论，在满足"充分信息"和"绝对理性"两大经典假设的前提下，企业在进行投资决策时，应该放弃净现值为负的投资项目，以此来实现有效率的投资。然而，若是管理层在进行投资决策时，更多地考虑自身的私人利益，而不是以股东价值最大化为目标（Jensen，1986），放弃净现值非负的投资项目，或者是投资净现值为负的项目，由此就会造成非效率投资①。

过度投资是指管理层在进行投资决策时，与股东的目标不一致，为了实现自身建设"企业帝国"的梦想，控制更多资源为自身谋取利益或者是通过在职消费实现个人利益等，将企业的闲置资金投资于净现值为负的项目中，由此导致企业的投资超出自身的运营能力，也使得企业面临更大的风险，间接损害了股东和债权人的利益。

投资不足则是指因为考虑到个人成本要高于自身所获得的利益，或是因为信息不对称等原因引起融资成本提高，投资决策者主动或被动放弃净现值非负的项目，由此会使得企业丧失投资机会，使企业资源不能得到合理配置，影响企业的价值增值，进而损害股东的利益。

2. 股权激励

根据 2016 年 5 月 4 日中国证券监督管理委员会颁布的《上市公司股权激励管理办法》对股权激励的定义，股权激励是指上市公司以本公司股票为标的，对其董事、高级管理人员及其他员工进行的长期性激励。激励对象可以包括上市公司的董事、高级管理人员、核心技术人员或者核心业务人员，以及公司认为应当激励的对公司经营业绩和未来发展有直接影响的其他员工。

《上市公司股权激励管理办法》中对股权激励的主要方式——限制性股票和股票期权激励给出了明确的概念界定和股权激励计划制定的规则。

（1）限制性股票。根据《上市公司股权激励管理办法》规定，限制性股票是指激励对象按照股权激励计划规定的条件，获得的转让等部分权利受到限制的

---

①　Jensen，M. C. Agency Costs of Free Cash Flow，Corporate Finance，and Takeovers ［J］. *American Economic Review*，1986，76（2）：pp. 323 – 329.

本公司股票。高管取得限制性股票，一般不需要付出额外的资金或是只付出少量的资金，但是高管在获得限制性股票后，不能立即在二级市场上或是通过其他途径转让限制性股票，这段时间被称为禁售期。设置禁售期的原因，一是能够防止高管帮助公司造假上市；二是能够避免高管恶意套现引起的股价波动；三是促使管理层更关注公司的长远目标，防止出现意外的变动。禁售期不得短于 12 个月，一般是 3 年以上。

限制性股票激励计划一般要规定激励对象在公司的最低服务年限或是公司绩效达到某个标准方可行权，若是绩效指标没有达到，或是激励对象离职，公司有权收回授予的股票。

（2）股票期权。《上市公司股权激励管理办法》中所指股票期权是指上市公司授予激励对象在未来一定期限内以预先确定的条件购买本公司一定数量股份的权利。持有股票期权的激励对象有一定的权利，但是不必承担义务。激励对象获得股票期权的日期为授予日，授予日后，股票期权有一个等待期，等待期时间的确定一般是由企业综合考虑企业的业绩和激励对象任职时间后确定的，并且不得短于 12 个月。等待期的设定，也是为了给激励对象一个更长期的激励，减少他们的机会主义行为。等待期以后，股票期权就进入可行权日，可行权日通常为 3~5 年，甚至更久。股票期权的持有者一般会选择分期行权，不同企业根据自己的业绩状况还会设置匀速行权和加速行权。

14.1.3 文献综述

投资是企业一项重要的财务行为，是实现企业价值增长的重要手段。而投资效率问题一直以来都被国内外学者关注，股权激励作为缓解委托代理问题的激励机制也受到了国内外学者的广泛关注。现今国内外许多学者通过不同角度对非效率投资和股权激励进行了研究，本章主要从非效率投资、股权激励的不同研究视角出发，对相关的国内外文献进行梳理评述。

1. 非效率投资文献综述

传统财务理论认为，若是满足"充分信息"和"绝对理性"这两个假设，企业在进行投资决策时，就应该放弃 NPV<0 的投资项目。但是现实世界中，这两个条件是难以满足的。"委托代理理论"和"风险偏好"理论告诉人们，管理者在进行投资决策时不可能绝对理性，而"信息不对称"强调委托双方掌握信息的不同状况，否定了充分信息的存在。现实中的资本市场无法满足假设条件，也就是说传统财务理论定义的有效率的投资不可能满足，因此形成了非效率投资。

（1）国外文献综述。在现代企业中，委托代理关系主要包括股东与经营者之间的委托代理关系，股东和债权人之间的代理关系，大股东和小股东之间的代理关系。不同的委托代理关系，会有不同方面的委托代理问题，从而造成非效率投资。詹森（Jensen，1993）认为，经营者一般都有建造"企业帝国"的野心，他们的目的是为了不断扩大企业规模，因而他们就需要控制利用企业资源，但是这种利用有时候并不是有效率的，在这种带有盲目性的扩张行动中，经营者在选择投资项目时也会带有盲目性，有时候会投资一些 NPV < 0 的项目，造成过度投资。安加瓦和萨姆维克（Aggarwal & Samwick，2006）认为，经营者在投资新项目的同时，也会给自身带来更大的压力。因为他们需要承担更多的责任，同时新项目若是有所需求他们还需要进一步提高自身的能力，这对于经营者来说都意味着私人成本的增加。当经营者认为私人成本过高时，即使投资项目的净现值为正，经营者也会选择放弃，因此造成投资不足。兹欧米斯（Tzioumis，2008）通过对连续实施股权激励的上市公司实施股权激励的动机进行研究来印证委托代理理论，并且用管理者持股作为股权激励的代理变量。研究发现，高管持有本公司的股份与高管人员离职率呈负相关关系。詹森和麦克林（Jensen & Meckling，1976）研究发现，管理者在进行投资决策前，往往会分析各方利益的归属，高风险的项目往往收益也较高，若是高风险的投资项目成功，股东将会获得很高的收益，债权人却不会从中获益，但若是项目失败，债权人将会与股东共同承担风险，这就导致了一些负债比例较高的公司，其管理层会有动机去投资一些 NPV < 0 的。因为这种情况的存在，债权人会采取一系列的措施对企业的投资决策进行监管，有效的监管会使管理者在投资决策时考虑高负债带来的高预期报酬率，因此负债的增加会缓解上市公司的过度投资。

拉·波特等（La Porta et al.，2000）发现，当企业所有权过度集中时，控股股东一般拥有绝对控制权，因而为了谋求自身的利益，他们有机会来选择收益低或是风险过高的投资项目，进而侵害了小股东的利益。约翰逊等（Johnson et al.，2000）认为，若是以金字塔的结构来描述企业股权结构，大股东一般处于金字塔的顶端，并且可以利用这种优势来谋取控制权收益，这就有可能造成一些负净现值的投资，即过度投资。

兰伯特（Lambert，1986）认为，股东与经营者之间存在信息不对称的情况，管理者通过自身掌握的信息来进行投资决策，但是股东对这部分信息却知之甚少，这就给了管理者放弃净现值为正的投资项目的机会，造成投资不足。迈尔斯和梅吉拉夫（Myer & Majluf，1984）认为，管理者与外部投资人之间往往存在信息不对称的问题，由此引发的逆向选择会增加企业的外部融资成本，考虑到成本的增加，管理层就会放弃一些 NPV > 0 的投资项目，造成投资不足。杨（Yong，2012）将自由现金流与信息不对称问题结合考察企业的投资效率问题，研究发现，在信息不对称的情况下，有高现金流预期的公司在新股发行时因为采取平均估值策略会产生更强的现金流约束，并且公司会考虑到投资收益的时滞性，更容易发生过度投资。

布兰查德等（Blanchard et al.，1993）也认为掌握大量现金流会增加企业经营者资金利用上的盲目性，因而会造成过度投资。理查森（Richardson，2006）在前人研究的基础上，通过投资模型残差衡量过度投资，研究发现自由现金流充足的企业更易出现过度投资的行为。伊斯坎达尔—达塔等（Iskandar-Datta et al.，2013）研究发现，若是上市公司拥有超额的自由现金流；那么，管理层在进行投资决策时，往往会通过增加投资的方式来消耗自由现金流；若是管理层进行投资时的目的是为了消耗自由现金流，那么投资决策往往带有盲目性，往往会造成过度投资，若是公司的公司治理水平较弱，这种现象会更加严重。

罗尔（Roll，1986）首次将管理者过度自信纳入公司金融的研究领域，提出了管理者"自以为是"假说，他认为正是因为管理者的这种心理，导致他们在进行投资决策时会倾向于高估投资收益，尤其是在并购项目当中往往会高估并购收益，然后根据自身盲目的判断引起一些浪费企业资源的并购活动。马尔门迪尔和泰特（Malmendier & Tate，2005）利用管理者持股这一指标作为管理者过度自信的代理变量，研究管理者过度自信、投资和现金流三者之间的关系。他们以《福布斯》杂志上500强公司数据作为样本，研究发现，管理者过度自信会显著影响投资和现金流之间的关系，并且过度自信程度越高，投资和现金流之间会越敏感。

（2）国内文献综述。从公司治理角度出发，方红星、金玉娜（2013）首先将非效率投资区分为了意愿性非效率投资和操作性非效率投资，然后分析了非效率投资产生的原因，并在此基础上研究了公司治理、内部控制、非效率投资这三者的关系，研究证明公司治理对意愿性非效率投资有很好的抑制作用，而内部控制则能够抑制操作性非效率投资。陈运森、谢德仁（2011）实证研究了独立董事与公司投资效率的关系，研究表明投资效率与独立董事网络中心度有关，并且网络中心度越高，独立董事能够更好地发挥其治理作用，因而公司的投资效率也就越高。在此基础上，他又进一步将非效率投资划分为过度投资和投资不足，研究发现，网络中心度高的独立董事有助于缓解过度投资和投资不足。

从债务融资角度出发，童盼、陆正飞（2005）发现上市公司的投资规模与其负债率呈显著的负相关关系，即负债比率越高投资规模会越小，并且两者的这种关系受到负债来源的影响。黄乾富、沈红波（2009）通过实证研究发现负债融资会显著抑制制造业上市公司的过度投资，并且这种效果与负债融资的期限长短有关，短期负债对过度投资的抑制作用要强于长期负债。黄珺、黄妮（2012）以我国房地产行业上市公司作为研究样本，发现商业信用能够显著抑制过度投资而银行贷款的作用不明显。

从自由现金流角度出发，徐晓东、张天西（2009）实证检验了上市公司自由现金流与非效率投资的关系，并且发现若是上市公司本身有着正的现金流，那么自由现金流越多，企业过度投资的情况也会越严重，而若是企业本身的自由现金流就为负，那么企业的资本越是匮乏，投资不足的情况就越严重。王彦超（2009）研究发现自由现金流与过度投资的关系同时又受到企业融资约束的影响，若是企业受到融资约束且自由现金流丰富，那么其过度投资状况也就越严重。张会丽、陆正飞（2012）研究发现若是公司总体所持现金水平一定时，母子公司间的现金分布越分散，子公司所持现金比率越高，集团的过度投资情况越严重。

从管理者过度自信角度出发，姜付秀等（2009）认为管理者过度自信会增大企业的经营风险，同时会增加企业过度投资的状况，有甚者会使企业陷入财务困境。张敏等（2011）认为，与西方国家相比，我国企业的经营管理者普遍表现出过度自信，并且研究发现，若是企业的自由现金流充足，企业过度投资的程度与管理者过度自信的程度呈正相关的关系。沈克慧（2013）选取 2001~2004 年期间境内所有非金融上市公司为样本，实证分析了管理者过度自信与企业过度投资之间的相互作用，并且证明了管理者过度自信与企业的过度投资有显著的正相关关系。

2. 股权激励文献综述

（1）国外文献综述。伊特纳等（Ittner et al.，2003）认为，实施股权激励的公司能够吸引更多有才干的经营者，从而提高公司经营团队的质量，有利于公司未来的发展。奥伊尔等（Oyer et al.，2005）与其持有相同的观点，同样认为实施股权激励能够使企业吸纳有才干的经营者，同时也能够挽留公司原有的富有才干的经营者。

对于股权激励的效果，学者们针对不同的方面展开了研究，但是研究结果却并不相同，一些学者实证证明了股权激励能够提高企业的绩效，但也有一些学者持不同观点。帕利亚和利希滕贝格（Palia & Liehtenberg，1999）的研究认为，高管持股有利于有效减少其在公司决策中的短视行为，并提高其工作积极性和创造力，从而实现公司的长远发展。梅赫兰（Mehran，1995）以制造业上市公司的数据为样本，研究发现高管持股能够显著提高公司的绩效，具体表现在能够提高公司的净资产收益率和托宾 Q。而别布丘克和弗兰德（Bebchuk & Fried，2003）研究了高管薪酬在缓解委托代理问题上所起到的作用，他们认为股票期权本身是代理问题的一部分，其激励作用并不明显。科尼特等（Cornett et al.，2008）在考虑盈余管理的前提下，实证检验了公司治理与绩效的关系，研究发现盈余管理在股权激励与公司绩效的关系中起到一种负的调节作用。

（2）国内文献综述。从股权激励实施动机角度出发，吕长江、张海平（2011）研究发现公司出于充分利用人力资本、完善公司治理机制的角度选择股权激励，但也有的管理者为了谋取自身的福利选择股权激励，上市公司选择股权激励的实施动机错综复杂。邵帅等（2014）通过比较上海家化由国有控股转为民营上市公司过程中五套股权激励方案的设计，发现国有企业和民营企业的股权激励计划的设计动机有着显著的差异，国有企业的股权激励计划的设计会受到来自于政府的较多约束，往往会存在激励不足的现象，相比之下，民营企业在方案制定上更加自主，更加能够根据企业自身的情况来制定相关的计划，由此方案设计更加合理。陈艳艳（2015）认为股权激励的实施动机有三种解释理论，分别是激励员工、吸引和留住员工、融资约束。

从股权激励契约设计出发，吕长江等（2011）认为股权激励的实施效果与股权激励计划设计的合理性有密切的关系，其中激励条件和激励的有限期都能够显著影响股权激励的实施效果。黄虹等（2014）基于契约结构理论，构建了以关键契约要素的选取与科学设计为前提的股权激励契约的合理性框架。同时，他们以昆明制药的限制性股票激励方案为例，考虑到股权激励契约结构的内生性，发现"回购＋动态考核"是该公司股权激励计划的关键。

从股权激励方式出发，李曜（2008）从权利义务、估值、会计、税收等多角度对股票期权和限制性股票进行了比较分析，发现上市公司在选择股权激励的方式时，更倾向于选择股票期权，同时，证券市场对股票期权的反应比限制性股票的反应明显。而限制性股票却要优于股票期权，因此鼓励上市公司多选择限制性股票的激励方式。肖淑芳、石琦等（2016）指出中国上市公司在选择股权激励方式时没有充分考虑不同激励方式的基本特点，也没有依据不同的激励对象做出不同的选择。他们发现对于高管的股权激励倾向于限制性股票激励，而对于核心员工的激励则倾向于股票期权，而上市公司在选择股权激励方式时存在机会主义行为。

从股权激励实施效果出发，高雷、宋顺林（2007）考虑到高管持股比例和其持股的市场价值，检验了高管持股对上市公司绩效的关系。研究发现，高管持股比例和市场价值都与公司绩效呈正相关的关系。孙堂港（2009）研究发现股权激励中授予激励对象的股权比例与公司绩效之间并不是线性关系，而是具有区间性。肖淑芳等（2009）对实施股权激励计划的上市公司前后的样本进行了配比研究，发现公告日前后上市公司的可操纵应计利润会发生显著的变化，公告日之前会增加，而公告日之后则会显著减少。何凡（2010）以 A 股市场实施股权激励的上市公司作为研究样本，发现股权激励与盈余管理呈显著的正相关关系，并且这种关系受到股权激励模式和股权激励计划的行权时间的影响。激励模式与绩效的相关程度越高，其盈余管理的水平也就越高，而股权激励的时间长度则与盈余管理的水平呈负相关的关系。

3. 股权激励对非效率投资影响的文献综述

（1）国外文献综述。科尔和拉克尔（Core & Larcker，2002）认为选择投资项目时的理性程度与管理者持有的上市公司的股份有关，管理者所持股份越高，相应地在选择投资项目时能够表现得更加理性。根据自利行为的描述，管理者在进行投资决策时会充分估计投资项目的风险和报酬，因为项目的收益直接关系到管理者自身所能获得的收益，在力求企业价值最大化的同时实现自身利益的最大化。安德尔加森（Andergassen，2008）提出股权激励的主要方式就是限制性股票和股票期权，并且指出，无论是限制性股票还是股票期权都能优化职工的薪酬体系，激发管理层的工作积极性，缓解股东和管理层之间的委托代理问题。布蒙斯里等（Boumosleh et al.，2012）研究发现企业的投资风险与经理的薪酬结构相关，管理层持有股票期权能够提高公司的投资效率，但是若是外部董事持有股票期权则会增加企业的经营风险。本米勒赫等（Benmelech E et al.，2010）认为以股票作为管理层的薪酬，能够使管理层分享企业的剩余价值，由此能够使他们得以更加努力地工作，但是会使他们刻意隐瞒企业的负面消息，接受 NPV < 0 的投资项目。管理层的这种做法可能后导致公司的股价被资本自市场高估，有甚者会有崩溃的危险。

（2）国内文献综述。王艳等（2005）认为股权激励能够抑制上市公司的过度投资，股权激励存在最优的股权比例，并通过构建模型分析了这个股权比例。罗富碧等（2008）研究了高管人员股权激励与投资决策的相互作用，发现对高管人员实施股权激励能够显著促进公司的投资，但他们只是总体研究了非效率投资并没有对过度投资和投资不足进行区分。吕长江、张海平（2011）选取了实施股权激励计划的上市公司作为研究样本，以此来研究股权激励计划的实施对上市公司投资行为的影响。他们发现，股权激励计划会显著抑制上市公司的过度投资行为，与此同时也能够缓解投资不足问题。罗付岩、沈中华（2013）综合考察了股权激励、所有权结构、代理成本与投资效率之间的关系，发现股权激励计划的实施能够显著抑制上市公司的投资不足，并且这种效果在非国有企业中更加明显。并且，在非国有企业中，代理成本的中介效应表现得更加显著，而在国有企业中代理成本却没有表现出明显的中介效应。徐倩（2014）将环境不确定性纳入考察范围中，发现环境不确定性会显著降低企业的投资效率，造成过度投资或是投资不足，但是股权激励计划的实施却能对这种非效率投资起到显著的抑制作用。汪健等（2013）研究发现，实施股权激励计划的中小板制造业上市公司更容易出现非效率投资的行为，股权激励计划并没有使代理成本降低。

4. 文献述评

通过对国内外学者现有研究成果梳理发现，对股权激励的研究主要集中在股权激励的实施动因、模式设计等方面，对于股权激励的实施效果，学者们更多是关注其对公司绩效的影响，有关股权激励对非效率投资影响的文献相对较少，特别是关于不同股权激励方式对非效率投资影响的文献更是匮乏，并且现有关于股权激励对非效率投资影响的研究并没有一致的结论，造成结论不一致的原因有二：一是股权激励在我国起步较晚，可供研究的数据有限，实证研究结果存在失准；二是许多学者采用管理者持股比例作为股权激励的代理变量，但是管理者持股并不都是通过股权激励获得的，因而不能很好地检验股权激励的实施效果。随着股权激励数据的日渐丰富，相关研究也有待进一步丰富。

14.2　研　究　设　计

14.2.1　基本假设

现代企业所有权和经营权相分离，由此产生所有者与管理者之间的委托代理关系，进而在信息不对称的情况下，所有者与管理者的利益冲突最终导致了委托代理问题。而委托代理问题是造成非效率投资的一个重要原因，表现之一是管理者的机会主义行为。管理者在进行投资决策时，会更多地考虑私人收益而不是企业的价值增值。在私人收益的驱动下，管理者会盲目扩大企业规模，投资于一些 $NPV < 0$ 的项目，造成过度投资。委托代理问题的另一表现是管理者在进行投资决策时，因为考虑到私人成本而忽视股东利益，放弃能够使企业价值增值的机会。詹森和麦克林（Jensen and Meckling, 1976）认为管理者存在私人成本，管理者通过自身努力带来的经营所得只有一部分是归属于自己，管理者会因此偷懒，放弃一些净现值为正的项目，造成投资不足。而股权激励的实施能够有效地解决委托代理问题。安德尔加森（Andergassen, 2008）认为企业可以通过授予管理层股票或是股票期权来优化薪酬体系，并指出两种方式都能够激励管理层更加努力地工作，并且能够有效地减轻管理层和股东之间的冲突。实施股权激励后，高效率的投资能够使企业获得高投资收益，管理层获得激励收益，这部分收益会超过管理层在过度投资过程中获得的私人收益，由此减少过度投资。同时，管理层能够正确衡量激励收益和投资新项目的私人成本，合理利用企业的资源，提高投资效率。基于此，本章提出研究假设1：

H1（a）：股权激励能有效抑制上市公司的过度投资。

H1（b）：股权激励能有效抑制上市公司的投资不足。

股票期权和限制性股票是当前上市公司主要的股权激励方式。根据 2016 年最新《上市公司股权激励管理办法》中的相关规定：限制性股票是指激励对象按照股权激励计划规定的条件，获得的转让等部分权利受到限制的本公司股票；股票期权是指上市公司授予激励对象在未来一定期限内以预先确定的条件购买本公司一定数量股份的权利。但是两种方式有很多不同。第一就是其设定的等待期、行权期、行权价格、相关限制条款等不同。公司在授予激励对象股票期权后，一般存在等待期，等待期以后激励对象才可以行权，并有一定的行权期，而且股票期权的限制条件也一般是在授予环节和行权环节。然而，限制性股票没有等待期，而是在管理层取得限制性股票后有一段禁售期，禁售期内不得出售股票，禁售期过后并且满足条件时才可以出售，并且限制性股票的限制条件一般在出售环节。第二是两者的权利义务不同。股票期权的权利和义务并不对等，持有者只有行权获利的权利，却并不承担义务。而限制性股票的权利和义务是对等的，股票价格的高低直接关系到持有者的收益。股价降低时激励收益的减少实际是对限制性股票持有者的一种惩罚。第三是两者收益不同，管理层持有股票期权所获收益为未来股票价格与行权价的差额。限制性股票则是解锁后的股价与购买价的差额，而限制性股票的购买价要低于股票期权的行权价格。由此可知，限制性股票的激励力度要强于股票期权，基于此，本章提出研究假设 2：

H2：限制性股票对非效率投资的抑制作用强于股票期权。

在我国特殊的制度背景下，国有上市公司普遍存在所有者缺位、内部人控制等问题，因此，在国有上市公司中，委托代理问题也相对严重。国有上市公司的经营者一般由政府任命，并且薪酬较稳定，因而股权激励所带来的激励效益对经营者的吸引力并不强烈。除此之外，政府对于国有上市公司股权激励的监管也相对严格，审批程序较为复杂，因而制约了国有上市公司股权激励的及时性。而非国有上市公司股权激励方案的审批程序相对简单，从而保证了股权激励的及时性。此外 2008 年国家出台的《关于规范国有控股上市公司实施股权激励制度有关问题的通知》、2010 年出台的《国有控股上市公司（境内）实施股权激励办理指引》中，针对股权激励应遵循的原则、激励对象、权益授予数量等都给出了规定，并且设定了股权激励中授予股权和全年薪酬的比例限制，增加了国有上市公司股权激励的限制条款，在一定程度上影响了股权激励在国有上市公司中的实施效果。关于非国有上市公司的限制则相对较少，因而其实施效果更好。徐一民等（2012）研究发现，股权激励对于企业非效率投资正的影响关系在非国有控股企业中显著，而在国有控股企业中不显著。基于此，本章提出研究假设 3：

H3：股权激励对非国有上市公司非效率投资的抑制作用比国有上市公司显著。

14.2.2 变量定义与模型构建

上市公司的非效率投资可以划分为过度投资和投资不足，本章在衡量非效率投资时借鉴理查森（Richardson，2006）的投资度量模型，以及吕长江和张海平（2011）的模型①。根据理查森的研究，首先通过模型来估算出企业预期的投资水平，然后将模型的残差作为企业非效率投资的代理变量。

根据本章的研究假设，将所使用的变量符号及说明汇总，如表 14 – 1 所示。

表 14 – 1 　　　　　　　　　　变量名称及变量定义

变量类型	变量名称	变量符号	变量定义
被解释变量	过度投资	Overinvest	正残差
	投资不足	Underinest	负残差
解释变量	股权激励	Incent	实施股权激励取 1；否则取 0
	期权激励	Option	实施期权激励取 1；否则取 0
	股票激励	Stock	实施股票激励去 1，否则取 0
控制变量	公司规模	Size	公司年末总资产的对数
	资产负债率	Lev	负债总额/资产总额
	现金状况	Cash	经营现金净流量/年初总资产
	总资产报酬率	Roa	息税前利润/平均总资产
	成长机会	TobinQ	股票市值/总资产
	股票回报率	Return	股票年度收益总额/年投资额
	股权集中度	Shrhfd5	前五大股东持股比例的平方和
	年度	Year	属于该年度为 1，否则为 0
	行业	Industry	按照证监会的行业划分标准，设置行业虚拟变量

---

① $\text{Inv\_N}_{i,t} = \beta_0 + \beta_1 \text{Inv\_N}_{i,t-1} + \beta_2 \text{Lev}_{i,t-1} + \beta_3 \text{Size}_{i,t-1} + \beta_4 \text{Age}_{i,t-1} + \beta_5 \text{Return}_{i,t-1} + \beta_6 \text{Cash}_{i,t-1}$
$+ \beta_7 \text{Growth}_{i,t-1} + \sum \text{Year} + \sum \text{Industry} + \varepsilon_{i,t-1}$

Inv_N（新增投资）= Inv_T – Inv_M

Inv_T（总投资）= 购建固定资产、无形资产等其他长期资产支付的现金 + 取得子公司及其他营业单位支付的现金净额 – 处置固定资产、无形资产和其他长期资产收回的现金净额 – 处置子公司及其他营业单位收到的现金净额

Inv_M = 固定资产折旧 + 无形资产摊销 + 长期待摊费用摊销

为验证假设 1 和假设 3，构建多元回归模型进行检验，模型如下：

$$Overinvest = \beta_0 + \beta_1 Incent + \beta_2 Size + \beta_3 Lev + \beta_4 Cash_+ \beta_5 Roa + \beta_6 TobinQ$$
$$+ \beta_7 Return + \beta_8 ShrhfdZ5 + \beta_9 Year + \beta_{10} Industry + \varepsilon \qquad (14-1)$$

$$Underinvest = \beta_0 + \beta_1 Incent + \beta_2 Size + \beta_3 Lev + \beta_4 Cash_+ \beta_5 Roa + \beta_6 TobinQ$$
$$+ \beta_7 Return + \beta_8 ShrhfdZ5 + \beta_9 Year + \beta_{10} Industry + \varepsilon \qquad (14-2)$$

为验证假设 2，以期权激励和股票激励为自变量构建多元回归模型，模型如下：

$$Overinvest = \beta_0 + \beta_1 Option/Stock + \beta_2 Size + \beta_3 Lev + \beta_4 Cash_+ \beta_5 Roa + \beta_6 TobinQ$$
$$+ \beta_7 Return + \beta_8 ShrhfdZ5 + \beta_9 Year + \beta_{10} Industry + \varepsilon \qquad (14-3)$$

$$Underinvest = \beta_0 + \beta_1 Option/Stock + \beta_2 Size + \beta_3 Lev + \beta_4 Cash_+ \beta_5 Roa + \beta_6 TobinQ$$
$$+ \beta_7 Return + \beta_8 ShrhfdZ5 + \beta_9 Year + \beta_{10} Industry + \varepsilon \qquad (14-4)$$

14.2.3　样本选择与数据来源

本章选取 2011～2015 年沪、深两市全部 A 股上市公司作为原始样本，并根据以下原则进行剔除：（1）剔除金融类企业，因为金融企业的行业特征与其他行业具有较大差异；（2）剔除 ST、＊ST 公司，因为此类公司数据的有效性和可比性相对较低；（3）剔除异常和财务数据披露不全的公司。

同时，为保证回归结果的准确性，降低异常值的影响，对相关数据进行了上下 1% 的缩尾处理（Winsorize），最终得到 6 031 个观测值（2011 年 1 357 个观测值，2012 年 1 196 个观测值，2013 年 1 123 个观测，2014 年 1 141 个观测值，2015 年 1 219 个观测值）。本章所使用的数据均来自 wind 数据库和国泰安数据库。本章运用 Excel 和 SPSS 20.0 进行统计分析。

14.3　实　证　检　验

14.3.1　描述性统计

1. 股权激励方式描述性统计

表 14 - 2 列示了实施股权激励的上市公司股权激励方式选择的统计结果。

表 14 - 2 股权激励描述性统计

年份	股权激励实施家数（家）	限制性股票激励（家）	股票占比（%）	股票期权激励（家）	期权占比（%）
2011	100	21	21.00	47	47.00
2012	133	39	29.32	78	58.65
2013	208	99	47.60	106	50.96
2014	279	141	50.54	135	48.39
2015	412	285	69.17	124	30.10

由表 14 - 2 可知，实施股权激励的上市公司 2011 ~ 2015 年分别为 100 家、133 家、208 家、279 家、412 家，由此可以看出，实施股权激励的上市公司逐年增加，年均增长超过 40%。并且上市公司对限制性股票激励的重视程度在逐渐提高，上市公司对于股权激励方式的选择近年来出现了很大的变化，2011 年限制性股票占 21.00%，股票期权激励占 47.00%，到 2015 年限制性股票占 69.17%，期权激励占 30.10%。造成这种趋势的原因主要有：（1）限制性股票激励虽然要求购股者一次性付清资金，但是其在定价上有更高的灵活性，并且底价较低，可选择的价格空间比股票期权更大。（2）随着国家关于股权激励中个人所得税问题的相关法律规定的进一步完善，股票激励的个人所得税优势更加明显。（3）股票激励在确认成本费用时不必考虑时间价值，对公司来说更有优势，并且股票激励对管理层的激励力度比期权激励更强。

2. 多元回归模型主要变量统计分析

表 14 - 3 列示了多元回归模型中主要变量的描述性统计结果。

表 14 - 3 主要变量描述性统计

变量名称	变量符号	平均值	标准差	最小值	最大值	观测值
新增投资额	Inv_N	0.082125	0.10490	-0.26786	2.50306	6 031
过度投资	Overinvest	0.07140	0.11352	0.00001	2.46188	2 510
投资不足	Underinvest	-0.04067	0.03529	-0.59721	-0.00002	3 521
股权激励	Incent	0.15	0.361	0	1	6 031
股票激励	Stock	0.03	0.181	0	1	6 031
期权激励	Option	0.03	0.157	0	1	6 031
公司规模	Size	15.64340	0.58996	7.30793	21.38118	6 031
资产负债率	Lev	0.47240	0.335666	0.00708	0.99579	6 031

续表

变量名称	变量符号	平均值	标准差	最小值	最大值	观测值
现金状况	Cash	0.03309	0.11318	-3.22399	3.64826	6 031
总资产报酬率	Roa	0.04055	0.06459	-1.29153	1.20681	6 031
成长机会	TobinQ	2.04462	2.11963	0.06463	23.27392	6 031
股票回报率	Return	0.23646	0.61705	-0.64281	9.89358	6 031
股权集中度	Shrhfd5	0.16932	0.61705	0.00055	0.79374	6 031

由表 14-3 可知，在全部观测值中，有 2 510 个过度投资观测值，3 521 个投资不足观测值，分别占全部样本的 41.62%、58.38%。这说明我国上市公司投资不足现象较过度投资更为严重；并且上市公司过度投资的最大值为 2.46，均值为 0.07，而投资不足的最大值为 -0.59，均值为 -0.04，可知各上市公司的非效率投资问题差距较大。造成这一现象的主要原因：一是上市公司的自由现金流不足和盈利能力的下降，并且各公司的自由现金流和盈利能力水平差距较大；二是大部分上市公司，尤其是上市时间较长的上市公司，将企业的资金过多地进行金融资产投资，而这种高风险的投资往往会限制企业的可持续发展。

在本章样本数据中，有 15% 的公司实施了股权激励，占总样本的比例较低，样本标准差为 0.361，样本间的差异很大。这表明目前股权激励发展不成熟，上市公司选择股权激励的仍然是少数。造成这一现象的主要原因：一方面是我国股权激励起步较晚，相关的法律政策并不完善，实施进程相对落后。另一方面在于，股权激励实施过程中出现了如激励时限短，解锁套现现象严重；行权价格过低，使得股权激励成为高管快速造富的利器；行权条件过宽等问题，这些问题的存在直接影响股权激励的实施效果。

14.3.2　回归分析

1. 股权激励与非效率投资

本章通过模型（1）和模型（2）来检验股权激励对上市公司过度投资和投资不足的影响，回归结果如表 14-4 所示。

表 14 – 4   股权激励与非效率投资回归结果

变量	过度投资		投资不足	
	系数	T 值	系数	T 值
Incent	− 0. 018	− 2. 922 ***	0. 007	4. 254 ***
Size	− 0. 008	− 1. 757 *	0. 012	9. 479 ***
Lev	0. 008	1. 069	0. 007	2. 534 **
Cash	0. 016	0. 787	0. 005	0. 668
Roa	0. 030	0. 620	0. 006	0. 595
TobinQ	0. 001	0. 498	− 0. 001	− 3. 158 ***
Return	0. 017	3. 924 ***	− 0. 001	− 1. 483
Shrhfd5	0. 008	0. 387	− 0. 020	− 3. 972 ***
Constant	0. 144	3. 180 ***	− 0. 154	− 13. 343 ***
Industry	Control		Control	
Year	Control		Control	
F 值	4. 137		29. 257	
调整 R^2	0. 01		0. 062	

注：*** 为在 1% 水平上显著，** 为在 5% 水平上显著，* 为在 10% 水平上显著。

由表 14 – 4 回归结果可以看出，股权激励与上市公司过度投资在 1% 的显著性水平上呈负相关关系，与上市公司投资不足在 1% 的显著性水平上呈正相关关系，这说明股权激励的实施能够显著抑制上市公司的过度投资和投资不足。股权激励实施的主要目的是为了解决股东与管理层的委托代理问题。股权激励能够实现管理层与股东的利益趋同，管理层会通过高效率的投资以实现公司更大的价值增值，提升公司股价，并实现自身的激励收益。管理层从公司价值最大化出发，追求私人收益的动机下降，因此管理层在进行投资决策时就会尽量避免 NPV < 0 的项目。同时，股权激励会使管理层正确衡量激励收益与私人成本的大小，从而抑制管理层的投资不足，由此验证了假设 1。

2. 不同股权激励方式与非效率投资

本章通过模型（3）和模型（4）来检验不同股权激励方式对过度投资和投资不足的影响，回归结果如表 14 – 5 所示。

表 14 – 5　　　　　　　　　股票期权、限制性股票与非效率投资

变量	过度投资				投资不足			
	系数	T 值	系数	T 值	系数	T 值	系数	T 值
Option	− 0. 001	− 0. 071			0. 003	− 0. 783		
Stock			− 0. 017	− 1. 671 *			0. 011	3. 164 ***
Size	− 0. 006	− 1. 393	− 0. 009	− 1. 870 *	0. 013	10. 652 ***	0. 011	9. 465 ***
Lev	0. 006	0. 986	0. 008	1. 086	0. 007	2. 794 ***	0. 008	2. 920 ***
Cash	0. 018	0. 883	0. 019	0. 944	0. 005	0. 809	0. 004	0. 765
Roa	0. 015	0. 301	0. 021	0. 429	0. 008	0. 826	0. 008	0. 828
TobinQ	0. 001	0. 562	0. 001	0. 231	− 0. 001	− 2. 380 **	− 0. 001	− 2. 477 **
Return	0. 016	3. 674 ***	0. 017	3. 611 ***	− 0. 002	− 1. 657 *	− 0. 001	− 1. 054
Shrhfd5	0. 008	0. 385	0. 013	0. 652	− 0. 022	− 4. 351 ***	− 0. 001	− 2. 818 ***
Constant	0. 125	2. 795 ***	0. 159	3. 202 ***	− 0. 167	− 14. 575 ***	− 0. 148	− 13. 367 ***
Industry	Control		Control		Control		Control	
Year	Control		Control		Control		Control	
调整 R^2	0. 007		0. 007		0. 061		0. 059	
F 值	3. 005		3. 099		25. 652		27. 847	

注：*** 为在 1% 水平上显著，** 为在 5% 水平上显著，* 为在 10% 水平上显著。

由表 14 – 5 可知，限制性股票激励与过度投资在 10% 的显著性水平上呈负相关关系，与投资不足在 1% 的显著性水平上呈正相关关系；股票期权与过度投资呈负相关关系，与投资不足呈正相关关系，但都不显著。由此可以看出，股票激励的效果要优于期权激励。造成这一现象的原因主要有两点：一是因为限制性股票对于管理层来说权利和义务对等，管理层获得的激励收益直接取决于股价，若是股价降低，管理层获得的收益也会减少。而期权持有者则不必担心这个问题，若是股价降低，管理层可以选择不行权，保证了自己的利益，因此期权的激励力度会低于股票激励。二是两者收益构成不同。期权的激励收益来自股价高于行权价的部分，而股票的激励收益源于股价高于授予价格的部分。根据相关规定，股票期权的行权价格不低于计划草案公布时的股票市价，限制性股票的授予价格则是计划草案公布时股票市场价格的折价，因此限制性股票的激励收益要高于股票期权。因此，股票激励对管理层的吸引力更大，相应的激励力度更强。由此验证了假设 2。

3. 不同股权性质下股权激励与非效率投资

为了检验不同股权性质的上市公司股权激励对非效率投资的影响，本章将样

本数据分为国有上市公司组和非国有上市公司组，运用模型（1）和模型（2）进行回归，回归结果如表14-6所示。

表14-6 不同股权性质下股权激励非效率投资

变量	过度投资				投资不足			
	国有上市公司		非国有上市公司		国有上市公司		非国有上市公司	
	系数	T值	系数	T值	系数	T值	系数	T值
Incent	-0.010	-0.740	-0.032	-3.644***	0.002	0.392	0.012	6.028***
Size	-0.008	-1.424	-0.004	-0.384	0.009	4.711***	0.008	3.914***
Lev	0.007	0.559	0.012	1.205	-0.002	-0.383	0.010	2.908***
Cash	0.146	4.790***	-0.028	-0.974	0.007	0.584	-0.001	-0.083
Roa	-0.046	-0.700	0.047	0.597	-0.007	-0.598	0.053	3.059***
TobinQ	-0.004	-1.669*	-0.001	0.009	-0.003	-3.218***	-0.002	-4.383***
Return	0.004	0.683	0.024	3.673***	0.003	1.460	0.001	-0.345
Shrhfd5	0.056	2.490**	-0.040	-1.068	-0.029	-4.054***	-0.013	-1.681*
Constant	0.127	2.328**	0.119	1.286**	-0.110	-6.226***	-0.126	-6.458***
Industry	Control		Control		Control		Control	
Year	Control		Control		Control		Control	
调整 R^2	0.022		0.020		0.039		0.087	
F值	4.153		4.030		9.026		20.935	

注：***为在1%水平上显著，**为在5%水平上显著，*为在10%水平上显著。

由表14-6可知，在国有上市公司组，股权激励与过度投资呈负相关关系，与投资不足呈正相关关系，但结果都不显著。而在非国有上市公司组，股权激励在1%的显著性水平上与过度投资呈负相关关系，与投资不足呈正相关关系。这说明与国有上市公司相比，股权激励对非效率投资的抑制作用在非国有上市公司中更加显著。造成这一问题的主要是原因有两点：（1）股权激励的监管复杂性不同，国有上市公司的股权激励方案只有获得国资委、财政部、证监会的认可后才能执行，程序的复杂往往拖延了股权激励实施的进程。而非国有上市公司监管结构比较单一，股权激励方案只要经过证监会批准就能实施，保证了股权激励的及时性，能够更好地发挥股权激励的实施效果。（2）国有上市公司在激励程度上受到严格的政策限制，股权激励的设计也偏向于福利型，限制了管理层通过主观努力获得的激励收益，导致投资不足。相反，非国有上市公司的股权激励方案的设计受限少，设计更为合理，能够更好地发挥股权激励的作用，使激励效果实现最大化。由此验证了假设 3。

14.3.3　稳健性检验

本章参考徐倩（2014）的做法，重新计算公司的非效率投资①。然后根据模型（1）和模型（2）进行回归，回归结果如表 14 – 7 所示。

表 14 – 7　　　　　　　　股权激励与非效率投资回归结果

变量	过度投资		投资不足	
	系数	T 值	系数	T 值
Incent	– 0.011	– 1.769 *	0.030	20.551 ***
Size	– 0.004	– 0.864	0.009	5.550 ***
Lev	0.008	1.140	– 0.008	– 1.084
Cash	0.029	1.473	– 0.002	– 0.283
Roa	0.021	0.435	0.016	1.073
TobinQ	0.001	0.927	– 0.009	– 0.423
Return	0.019	4.439 ***	– 0.002	– 1.773 *
Shrhfd5	– 0.003	– 0.152	– 0.006	– 1.071
Constant	0.107	2.346 **	– 0.153	– 10.532 ***
Industry	Control		Control	
Year	Control		Control	
F 值	4.867		81.772	
调整 R^2	0.012		0.345	

注：*** 为在 1% 水平上显著，** 为在 5% 水平上显著，* 为在 10% 水平上显著。

从表 14 – 7 可知，股权激励与上市公司过度投资在 10% 的显著性水平上负相关，与投资不足在 1% 的显著性水平上正相关。该回归结果与表 14 – 4 的回归结果基本一致，由此验证了结果的稳健性。

---

①　基于资产负债表计算公司的新增投资。用公司固定资产、在建工程、工程物资、无形资产、开发支出、商誉等净额的和作为公司的投资额，减去公司上一年度的投资额作为本年度的新增投资额。

14.3.4　研究结论与建议

本章选取了 2011～2015 年沪、深全部 A 股上市公司作为研究样本，实证检验了股权激励对上市公司非效率投资的影响，以及限制性股票和股票期权对上市公司非效率投资影响的差异。同时，考虑到国有上市公司特殊的性质，进一步检验了国有和非国有上市公司股权激励对于非效率投资的影响。得到结论如下：股权激励能够有效地抑制上市公司的过度投资和投资不足，提高上市公司的投资效率；限制性股票激励对于非效率投资的抑制作用要强于股票期权激励；并且股权激励对于非国有上市公司非效率投资的抑制作用比国有上市公司更显著。

通过研究结论可以看出，股权激励的实施对上市公司的非效率投资能够起到抑制作用，但是股权激励在国有上市公司中的实施效果却不理想。为此提出以下建议：

第一，根据公司实际情况制定股权激励计划，选择恰当的激励方式，发挥股权激励的最佳效果。由本章研究结论可知，限制性股票的激励力度要强于股票期权，因此企业在制定股权激励方案时，若是股票激励条件成立，应该优先选择股票激励，提高激励效果。此外，方案执行过程中更要严格按照规定程序、把握好原则，切莫将激励变为福利。

第二，上市公司要严格遵循股权激励相关办法，根据规定制定有效的股权激励方案。2016 年 5 月 4 日中国证券监督管理委员会审议通过《上市公司股权激励管理办法》，新办法就股权激励的行权对象、行权条件、股票来源、信息披露、监管管理等都有了更加明确的规定，并就方案执行过程中的一些问题给出了指导意见。随着新办法的出台，公司更应严格制度、规范程序，真正发挥股权激励的有效作用。

第三，改革与完善国有上市公司管理人员任用制，加快薪酬机制的市场化。国有上市公司应不断完善管理层的绩效考核机制，制定明确的考核办法和考核计划；加快薪酬机制市场化的进程，使薪酬体系设计更加多元化，支付制度更加透明化。

第*15*章
混合所有制、国有资本与治理效率

15.1 研究背景

15.1.1 国企改革历史回顾

党的十一届三中全会以来，中国进行了以经济建设为中心的系列改革。1978年确定以经济建设为中心，解决以党代政、以政代企问题。1984年党的十二届三中全会提出了"公有制基础上的有计划的商品经济"理论，从意识形态上解决了计划等同社会主义、商品经济与计划经济不相容的问题。首次明确提出市场经济体制改革目标的是1992年党的十四大，认为转换国企经营机制是改革中心环节。1993年党的十四届三中全会通过了《关于建立社会主义市场经济体制若干问题的决定》，进一步勾画了市场经济体制基本框架，明确了建立现代企业制度的目标和步骤，并于1994年试点并逐步推广。

1997年9月召开的党的第十五次全国代表大会再次强调"搞好国有企业改革，对建立社会主义市场经济体制和巩固社会主义制度，具有极为重要的意义"，"建立现代企业制度是国有企业改革的方向"，并提出"要按照产权清晰、权责明确、政企分开、管理科学的要求，对国有大中型企业实行规范的公司制改革，使企业成为适应市场的法人实体和竞争主体"。同时，党的十五大还提出了到20世纪末，即2000年年底，绝大多数国有大中型企业初步建立起现代企业制度的改革目标。

1999年9月，党的十五届四中全会通过了《中共中央关于国有企业改革和发展若干重大问题的决定》。再次强调，要建立现代企业制度，实现产权清晰、权责明确、政企分开、管理科学，健全决策、执行和监督体系，使企业成为自主经营、自负盈亏的法人实体和市场主体。并强调在建立现代企业制度过程中，要继续推进政企分开，积极探索国有资产管理的有效形式，对国有大中型企业实行规范的公司制改革，面向市场着力转换企业经营机制。

党的十八大，特别是十八届三中全会以后，国有企业改革进入了一个顶层设计、全面深化的新阶段。党的十八大报告提出的要"深化国有企业改革，完善各类国有资产管理体制，推动国有资本更多投向关系国家安全和国民经济命脉的重要行业和关键领域，不断增强国有经济活力、控制力、影响力"，从整体上对新时期国有企业改革提出了要求。党的十八届三中全会通过的《中共中央关于全面深化改革若干重大问题的决定》又从完善产权保护制度，积极发展混合所有制经济，推动国有企业完善现代企业制度等方面对深化国有企业改革进行了全面部署。根据"三中"全会精神，2015年8月24日，中共中央国务院下发了《关于深化国有企业改革的指导意见》，这是新时期指导和推进国有企业改革的纲领性文件。《指导意见》共分8章30条，从改革的总体要求到分类推进国有企业改革、完善现代企业制度、完善国有资产管理体制、发展混合所有制经济、强化监督防止国有资产流失、加强和改进党对国有企业的领导、为国有企业改革创造良好环境条件等方面，全面提出了新时期国有企业改革的目标任务和重大举措。

经过40年的不懈努力，我国国有企业改革从扩大企业自主权到建立现代企业制度，再到全面深化和完善，取得了重大的进展和成就。一方面通过改革国有企业自身发生了脱胎换骨的变化，仅以公司制改革中的上市公司改革为例，从1986年9月上海"飞乐音响"实现柜台交易流通（1984年"小飞乐"首发时，其总股本仅1万股，每股面值50元，共筹集资金50万元）成为新中国资本市场第一股后，到2018年12月18日，中国深圳证券交易所和上海证券交易所上市公司已达到3 583家，总市值449 322.69亿元，其中流通市值365 278.34亿元。① 另一方面，随着国有企业改革的逐步深入，特别是转换企业经营机制，落实企业经营自主权等，大大推动了各项宏观经济体制的改革，如计划管理体制由指令性计划到指导性计划，再到市场调节的变化；价格体制由政府定价到价格双轨制，再到市场定价的转变；财政体制由统收统支到利税分开，再到公共财政体制的建立等，无不是在企业改革不断深入的推动下实现的，这也充分证明了党中央把企业改革作为整个经济体制改革中心环节的正确性。

15.1.2　国企改革现状与问题

党的十八届三中全会明确提出混合所有制是基本经济制度的重要实现形式，要积极发展混合所有制经济，通过国有资本、集体资本、非公有资本等交叉持

---

① 资料来源：根据中国证券监督管理委员会网站数据计算整理。

股、相互融合，实现各种所有制资本取长补短、共同发展。国企混合所有制改革的思路是紧紧围绕市场在国有资本配置中起决定性作用，通过管资产向管资本的转变，实现国有企业产权制度改革和国有经济布局调整的统一，增强国有经济活力、控制力和影响力，促进各种所有制经济共同发展。在宏观层面，通过发展混合所有制，积极发挥市场在国有资本配置中的决定性作用，推动国有资本更多投向关系国家安全和国民经济命脉的重要行业和关键领域，实现国有资本高效、有序配置。与发达市场经济国家相比，我国国有资本布局，除了自然垄断、公共产品和外部性强的领域外，一些单纯依靠市场机制不能得到快速发展或者被大的国际竞争对手压制的主导产业，以及一些现有法规和监管难以保障国家政策目标实现的重要领域，应该有国有资本进入并使国有资本发挥主导或引领作用。如果市场机制已比较完善、产业已达到一定地位且运作趋于成熟，政府就应减少在这些产业的投资，国有资本需要逐渐退出；当涉及特定产出的法规和监管逐渐完善时，就可以减少或者不依靠产权控制保证企业服务于国家的政策目标，从而实现国有资本"有进有退""进退有序"。在微观层面，过去的国有企业改革虽然先后明确了"以公司制改造为抓手，建立现代企业制度和现代法人治理结构""国有企业股权多元化以及上市"等改革目标，但由于种种客观和主观的原因，国有企业政企不分、行政介入和治理机制不完善等多种问题仍未得到较好解决。通过发展混合所有制，旨在引入具有行权能力的资本，优化国有企业的股权结构，推动国有企业完善现代企业制度，建立和完善法人治理结构和机制，提升国有企业效率。

　　总的来说，本轮国企混合所有制改革是在全面深化国有资产管理改革的背景下推进的，将混合所有制作为基本经济制度的重要实现形式，是全面系统深入的改革，根本目的是要增强国有经济活力、控制力和影响力，实现各种所有制经济共同发展，即"国民共进"。

　　2013 年 11 月十八届三中全会提出积极发展混合所有制经济以来，混合所有制已成为国有企业全面深化改革的突破口。2013 年 12 月以来，各地陆续出台了本地国资国企改革方案，其中国企混合所有制改革均成为国企改革的重要内容。2014 年 7 月，国务院国资委公布了中央企业 4 项改革方案，将中国医药和中国建材两家中央企业作为混合所有制改革试点。在实践层面，已有一些国有企业对混合所有制改革进行了积极探索，出台了一些改革方案。但是，与混合所有制表面火热不同的是，混合所有制的实质推进仍显得相对滞后。国企混合所有制改革是一项系统全面的改革，需要做好"顶层设计"，统一规划、整体考虑、稳步推进。由于国有企业进行混合所有制改革既有国际贸易谈判的外在压力（如国际服务贸易协定谈判，TISA；跨大西洋贸易与投资伙伴关系谈判，TTIP 等），又有探寻中国经济发展的内生动力，改革涉及面广，力度大，没有可以借鉴的经验，因此，政府相关部门对国企混合所有制改革比较谨慎，国家层面的国企混合所订制改革方案还没出台。当前，对国企混合所有制改革的问题主要集中在以下三个方面：

（1）国企混合所有制的范围和程度问题。我国国有企业数量多、涉及的行业广，对于混合所有制混合的范围和程度，目前还没有一个统一的认识。哪些行业、哪些领域、哪些国有企业可以进行混合所有制改革，哪些不能进行混合所有制改革，目前还没有明确和具有可操作性的目录与标准。另外，关于国有资本和非国有资本的混合程度，哪些国有资本需要控股，哪些非国有资本可以控股，混合所有制企业中国有股持股比例，都处在讨论和研究阶段。

（2）国企混合所有制改革的具体途径问题。我国国有企业情况千差万别，既有涉足行业比较单一的地方国有企业，也有涉足行业众多的大型央企，国有企业的规模也相差很大，实现改革目标的路径也就可能千差万别。另外，国企在发展混合所有制过程中如何守住红线，如何防止国有资产流失，也是一个焦点问题。

（3）国企混合所有制公司的运行问题。国企混合所有制改革的重要目的之一就是转换机制，混合所有制企业不是传统国有企业。对混合所有制企业的监管、混合所有制企业的法人治理以及混合所有制企业党组织的作用等问题，需要进一步研究与探索。

15.2　基本概念与文献述评

15.2.1　混合所有制经济的理论解释

1. 混合所有制经济

混合所有制是指由各种不同所有制经济，按照一定原则，实行联合生产或经营的所有制形式。混合所有制是从所有制角度提出的，是从资产占有方式角度来看待的。

混合所有制经济是指财产权由属性各异的所有者共同掌握的经济形式。从宏观层次来讲，混合所有制经济是指一个国家或地区所有制结构的非单一性，即在所有制结构中，既有国有、集体等公有制经济，也有个体、私营、外资等非公有制经济，还包括拥有国有和集体成分的合资、合作经济。从微观视角而言，混合所有制经济是指两种及两种以上性质各异的所有制企业通过资本联合或互相参股等方式形成的企业发展模式，主要表现为由公有资本（国有资本和集体资本）与非公有制资本（民营资本和外国资本）共同参股组建而成的新型企业形式。

2. 混合所有制经济的形成机理

公有制经济和非公有制经济在经营决策、收入分配和融资等方面存在机制上的摩擦，这种摩擦会导致一系列经济参数的扭曲。市场化改革的趋势要求机制上的统一，这就决定了不同所有制经济寻求联合的内在要求。改革初期，各种所有制形式之间基本上是孤立地并存，每一种所有制对应着国民经济的一块，各板块之间相互封闭。国家也根据不同的板块制定差别性的经济政策和管理条例。但生产要素流动的本性注定会冲击板块之间的壁垒。我国的混合所有制就是在各所有制追求优势互补的动机支配下形成的。其形成途径有：组建跨所有制的、由多元投资主体形成的公司和企业集团；不同所有制企业相互参股；公有制企业出售部分股权或吸收职工入股，等等。

混合所有制经济的性质由其控股主体的所有制形式来决定，不能笼统地说混合所有制是公有制还是私有制。从资产运营的角度分析，混合所有制已突破了公有制和私有制的界限，因为无论资本来源是公有的还是私有的，都已融合为企业的法人财产。在现代公司制企业中，各利益主体通过治理结构形成一种混合的、复杂的产权安排。

3. 混合所有制改革方向与路径

混合所有制是国有企业改革的基本方向，国有企业的混合所有制改革绝不仅仅是产权的简单混合，更主要的是治理机制的规范。其中，产权制度改革是基础，只有建立了与现代企业制度相适应的产权制度，才能够完善企业的治理结构。

国有企业产权制度改革主要有整体上市、民营企业参股、国有企业并购和员工持股四条基本路径，国家应在充分考虑不同路径的适用条件和绩效差异的基础上，稳步推进混合所有制改革：一是将整体上市作为混合所有制改革的首选路径；二是"国退民进"与"国进民退"相结合，在母公司层面更多采取整体上市、民营企业参股的方式，而在子（孙）公司层面可以更多采用国有企业并购的方式，实现不同层面的混合所有制；三是平稳有序地推进员工持股计划。

从混合所有制改革的意义和定位变化来看，混合所有制改革对我国推动经济后续改革具有顶层设计的引领作用。不同于公司组织制度的变革，混合所有制改革是对我国所有制结构的重新定位。所有制结构重新定位后，投融资体制变革、产业管制放松、工商等企业管理体制变革等经济后续改革阻力将大为减少。混合所有制改革通过拓展民企发展空间、刺激民间投资发展、增强国际社会话语权，有望推动经济再上台阶。在资本市场上，混合所有制改革将推动股份分散化发展，从而带来更多的市场投资机会。

混合所有制改革的核心是市场化，从根本上讲，是引入其他所有制资本参与国有企业产权制度的改革和治理机制的完善。其中，产权制度改革是基础，只有建立了与现代企业制度相适应的产权制度，才能够完善企业的治理机制。党的十八届三中全会以后，新一轮国有企业改革加快推进。2014 年下半年以来，国资委在中央企业启动了"改组国有资本投资公司""发展混合所有制经济""董事会行使高级管理人员选聘、业绩考核和薪酬管理职权""派驻纪检组"四项改革试点；各省市也纷纷公布国有企业改革方案。事实上，国有企业改革有多条路径可以选择，但归结来看，作为其基础的产权制度改革主要有四条基本路径。

（1）整体上市。整体上市是企业资产证券化的过程，使企业资产得以在证券市场上进行交易，因此可以成为混合所有制改革的重要途径。2014年8月25日，中信泰富对外宣布，已经完成了对中信股份100%股权的收购，并正式更名为中信股份，更名后的中信股份正式在香港开始股票交易。至此，中信集团完成了历时多年的整体上市历程。在上市后的几个月中，新中信成功引入了境内外共27家机构投资者，总认购金额达532.7亿港元，投资者包括社保基金等11家国有大型机构，主权财富基金淡马锡和卡塔尔投资局等13家境外机构，以及腾讯、泛海、雅戈尔等国内民营企业。上市后，中信股份的公众持股比例约为22%。中信集团的整体上市之路源于2008年，但经历了多年一直没有能够成功实施，其根本原因在于国有企业上市政策的不明朗。目前，在混合所有制改革的大背景下中信集团成功实现整体上市，可能会成为新一轮国有企业改革的新样本。

目前来看，已经有许多国有企业实现了整体上市，具体方式各种各样，但归总来看，基本模式主要有五种：

①母公司整体上市模式，是指母公司作为上市主体，在重组、剥离、处置不良资产或部分非主营业务后的所有资产、业务、人员都进入拟上市公司，不留存续企业。

②资产一次性整体上市模式，是指国有企业改制时母公司全部资产一次性进入拟设立的公司整体上市，不留其他存续企业，但母公司作为拟上市公司的国有股权持有人被保留而不再从事任何生产经营活动，实际上成为一个空壳。

③主业资产整体上市模式，是指国有企业改制重组设立拟上市公司时将主营业务及其资产以及与主业的生产经营相关的资产全部投入拟上市公司而整体上市，使拟上市主体具有完整的供产销系统、产业链和独立面向市场的能力，同时将非主业资产和业务留在母公司并改制成相应的存续企业。

④多元业务分别上市模式，是指涉足多个行业或业务板块的国有企业，尤其是实行多元化综合经营的大型、特大型国有企业集团，采取分别上市的方法进行改制上市，并保留相应存续企业。

⑤借壳整体上市模式，是指非上市国有企业通过证券市场购买一家已上市公司一定比例的股权取得上市地位，然后通过"反向收购"的方式注入自己有关业务及资产，从而实现间接上市。

（2）民营企业参股。民营企业参股主要是指民营企业通过购买国有企业部分或全部资产，成为国有企业的所有者或者股东，参与国有企业重组。参股国有企业是民营企业追求自身利益最大化的主动行为。民营企业之所以愿意参股国有企业，是因为国有企业有着很多独特的优势，民营企业通过与国有企业的融合发展，能够利用这些优势，从而弥补自身发展中面临的短板，发挥协同效应，提高企业竞争力。具体来看，国有企业的独特优势主要体现在三个方面：①从产业分布上看，国有企业往往分布在垄断行业或关系国计民生的重要行业当中，民营企业在进入这些行业时往往面临着"玻璃门""弹簧门""旋转门"等问题，相比之下，国有企业往往更容易占据这些行业，并赚取高额利润。②从技术水平上看，很多国有企业具有很强的技术力量和储备，代表了中国产业技术的最高水平，这些技术资源的市场化能够为企业带来持久的收益。③从政治资源来看，国有企业往往享有民营企业难以企及的关系资源，这种资源在融资、项目审批、对外公关等方面能够发挥重要作用。

然而，很多民营企业在参股国有企业时，同样也有很多的顾虑，从而影响民营企业参股国有企业，主要表现在以下三个方面：①资产专用性的风险。由于存在资产专用性，民营资本对国有企业的投资很大部分会变成"沉没成本"，这部分成本难以转用于其他用途，因此会增加民营资本参与国有资本重组的风险。②担心企业经营权旁落。民营资本在入股国有企业时，往往希望对企业的经营活动具有一定的发言权和决策权，而不愿意仅仅作为股东参与分配红利。然而，由于国有企业规模大、议价能力强，民营企业参与国有资本重组往往只能是充当配角，这将大大影响民营企业参股国有企业的积极性。③"柠檬市场"困境。"柠檬市场"是指信息不对称的市场，即在市场中，产品的卖方对产品的质量拥有比买方更多的信息，从而导致逆向选择，使劣等品逐渐取代优等品占领市场。在国有企业改革中，民营企业就面临着"柠檬市场"的困境，担心国有企业现在拿出来的项目不但不是效益较好的，而且还可能背负着债务、冗员等方面的包袱，以至于不敢进行投资。

（3）国有企业并购。国有企业并购是指国有企业作为主并方，主动并购民营企业，并通过增资换股、联合重组、合作上市等方式保留民营资本一定比例的股权，从而实现产权的多元化。通过国有企业并购实现产权多元化这种模式，过去被广泛应用于国有企业子公司层面的改革。例如，国资委选定的 6 家改革试点企业之一的中国建筑材料集团有限公司（简称中国建材集团）就采取了这种模式，2007 年开始对数量众多的中小民营企业进行大规模联合重组。南方水泥经过 6 年的时间重组了 300 多家企业，其中 97.68% 是民营企业；目前，中国建材集团仍然持有南方水泥 80% 的股份，而上海赛泽等民营企业持股约占 14.85%。参照组建南方水泥的经验，2009 年中国建材集团又与民营企业辽源金刚水泥（集团）有限公司各持股 45%，引入弘毅投资产业基金持股 10%，共同成立北方水泥有限公司；目前，中国建材集团持股北方水泥 70% 的股份，辽源金刚水泥等民营企业持股 30%。中国建材集团通过对水泥行业进行联合重组，不仅规范了行业秩序，而且实现了企业的混合所有制结构。

（4）员工持股。员工持股是现代公司制企业以公司股权为利益载体，借助企业价值追求与员工个人利益协调互动的机制，谋求极大地激发员工的主动性和创造力的一种全新的激励方式。通过这种激励方式，将企业部分股权转移到员工手中，在企业和员工之间结成一种产权纽带关系，形成包括国家股、法人股、其他社会公众股和员工持股的多元股权结构。员工持股已经被西方国家实践证明是行之有效的激励方式，国有大型企业的管理层持股也是混合所有制改革的大势所趋。但由于各种舆论等方面的压力，在我国国有企业中，员工持股，尤其是管理层持股饱受争议，而且在国家的法规、政策层面也经历了放开、收紧、松动的反复，因此大部分国有企业在实施员工持股计划时都十分谨慎，生怕触碰"红线"。《中共中央关于全面深化改革若干重大问题的决定》指出："允许混合所有制经济实行企业员工持股，形成资本所有者和劳动者利益共同体。"总体来看，国有企业实施员工持股计划，包括大型国有企业的管理层持股，是符合国家政策方向的，但在持股主体上和操作模式上存在一定的限制。对大型国有企业而言，只能在国有资产监督管理机构同意的前提下，在增资扩股时对符合条件的人员进行股权转让。

15.2.2 文献述评

所有制结构改革实施以来，大量非公有制企业以及国有企业普遍实行股份化改造，根据国资委有关统计数据，混合所有制改革有序推进，上市公司已经成为中央企业运营立体。截至 2018 年底，中企资产的 65%、营业收入的 61%、利润总额来源的 88% 都在上市公司。从混改来看，2018 年央企和地方企业又新增 2 880 户混合所有制企业。① 另据中国企业联合会数据，我国 500 强企业中，80% 的企业属于混合所有制企业。

在研究混合所有制改革的相关文献中，对于发展混合所有制的优势意见比较统一，认为其不仅打破了单一所有制融资难问题，还能降低企业扩张所带来的经营风险，以及优化市场资源配置（马俊清，1995）。在混合所有制经济下，民间资本与国有资本各有使命，只要能够各负其责就会很大程度上提高企业的经营业绩，改善治理效率。通过混合所有制改革，民间资本获取企业经营收益、价值增值，甚至可以控制国有独资或国有控股企业，减少了竞争对手，解决了民间资本

---

① 根据国资委网站有关数据整理。

投资机会少的问题，扩大了市场份额；对于国有资本来说，优化了公司治理结构，引进了民间资本持有者的新技术等无形资产，提升国有资本的经营绩效（厉以宁，2014）。目前对于混合所有制经济存在意义的研究不仅限于理论，相关的实证研究也很多，多数实证结果证明了国有股权比例与企业绩效呈较弱的负相关关系（闵乐，2015；张崴，2016），这说明适当降低国有股权，引入民间资本是提高企业绩效的一个有效途径。

虽然混合所有制经济的改革适应了我国国情，有利于我国经济的发展，但从其实施情况来看面临着许多问题和困难。主要集中在两个方面：首先是由于企业文化差异和财务理念不同，文化融合不到位，导致矛盾难以协调，出现不同性质产权"融合难"问题。只有文化相融合才能使国有资本与非国有资本真正"混"起来（叶根英，2014），国有企业存在官僚作风，而民营企业则存在家长作风（黄速建，2014），由此，在现实经济下排斥混合所有制情况较为普遍，民营企业对无控制权的情况不感兴趣，而国有企业则担心国有资产流失（刘奇洪，2014）。国有企业因行业开放性及非公资本技术创新不足和逐利性强而排斥接纳非公资本（张强，2014）。其次是由于不同性质产权的价值取向不同，对于混合所有制企业的控制权归属问题，成为各方产权关注的焦点。混合所有制企业中，要认真考虑话语权的分配问题，以此打破一股独大现象，在混合所有制企业中存在股权结构不明确现象，缺乏明确的资本进出机制（杨红英和童蕾，2014）。目前，政府干预仍存在，公司治理有待提高，行政化垄断体制未真正打破（张继德和赵亚楠，2014）。这两方面的问题，给混合所有制企业的发展造成了极大的牵制，相关解决措施集中在宏观的投资体制上，要界定政府投资与管理的边界、继续推进融资方式改革，在监管体制上进一步厘清委托代理关系、完善资本预算制度、完善国有资本审计制度、完善国有资本问责制度（耿建新和崔宏，2005）。在微观层面上，建议科学任命管理层、注意发挥监事会和独立董事的监督作用、完善薪酬制度建设（徐传谌和惠澎，2009）。

发展混合所有制企业目标之一就是提高国有资本的运营效率，目前国外在此方面的研究多是通过混合所有制企业与单一所有制企业的对比分析两者的差异。国内的相关研究则主要针对国有资本在混合所有制企业的最优占比方面进行，央企发展混合所有制改革的新思路在于分类设计好国有持股比例（马宏兵，2016）。其中多数学者认为要针对不同领域的具体特征来确定混合所有制企业的国有资本最优占比，具体而言，明确适合混合所有制经济发展的范围（高明华等，2014），将混合所有制企业按其股权结构分为公益性企业、功能性企业和竞争性企业，国有资本在上述三类企业中占比依次减少（杨红英和童蕾，2015，李军和肖金成，2015）。

通过梳理文献可知，大多数学者都认同混合所有制改革对发展我国今后经济的重要性和现实性，但目前对发展混合所有制企业尚有一些难题亟待解决。例如，国有资本控股的混合所有制企业如何做到不侵害中小股东的利益，国有资本参股的混合所有制企业如何防止国有资本流失的风险，混合所有制改革是否真的可以在实践中优化国有资本的运营绩效，等等。为此，本章通过我国规模以上工业企业中不同所有制性质企业数据比较，分析目前混合所有制企业发展中存在的问题，剖析其成因，进而提出相应的政策建议。

15.3　工业企业国有资本运营与效益评析[①]

为了更加全面客观地了解国有资本运营现状，本章以我国规模以上工业企业为研究样本，从不同类型工业企业发展的基本状况、财务绩效及社会责任三方面，对比分析混合所有制企业发展中的优势和不足，给予混合所有制企业改革以经验支持。

15.3.1　不同类型工业企业发展基本状况分析

1. 不同所有制工业企业规模分析

我国不同所有制工业企业基本规模数据比较如表 15-1、图 15-1 所示。

表 15-1　　　　　　　　　不同所有制工业企业基本规模对比

项目		2010 年	2011 年	2012 年	2013 年	2014 年	2015 年	2016 年	2017 年
国有企业	单位数（万个）	1.972	1.3648	1.3262	1.0696	0.9675	0.9125	0.804	0.728
	资产　资产总额（万亿元）	12.998	14.260	15.749	14.473	14.930	16.213	16.344	17.163
	平均规模（亿元/个）	6.590	10.448	11.875	13.532	15.432	17.768	20.318	23.573
	主营业务收入　收入总额（万亿元）	9.491	11.301	12.233	10.857	10.607	9.866	9.353	9.758
	平均规模（亿元/个）	4.812	8.281	9.224	10.151	10.964	10.812	11.627	13.402
	利润　利润总额（万亿元）	0.606	0.658	0.644	0.547	0.492	0.324	0.409	0.522
	平均规模（亿元/个）	0.307	0.482	0.486	0.512	0.508	0.355	0.509	0.717

---

① 本节数据无特殊说明的，均为根据国家统计年鉴相关数据计算整理。

续表

项目			2010 年	2011 年	2012 年	2013 年	2014 年	2015 年	2016 年	2017 年
混合所有制企业	单位数（万个）		9.613	8.126	9.146	10.223	10.817	11.368	11.587	11.188
	资产	资产总额（万亿元）	20.610	25.391	29.878	36.635	41.563	45.090	49.380	51.569
		平均规模（亿元/个）	2.144	3.125	3.267	3.584	3.842	3.966	4.262	4.610
	主营业务收入	收入总额（万亿元）	21.490	28.118	31.814	36.860	40.170	40.465	43.482	43.339
		平均规模（亿元/个）	2.236	3.460	3.478	3.606	3.714	3.559	3.753	3.875
	利润	利润总额（万亿元）	1.797	2.253	2.275	2.558	2.497	2.404	2.688	3.019
		平均规模（亿元/个）	0.187	0.277	0.249	0.250	0.231	0.222	0.232	0.270
民营企业	单位数（万个）		26.297	17.348	18.214	19.952	20.487	20.758	20.513	20.613
	资产	资产总额（万亿元）	10.825	11.730	13.984	17.100	19.369	20.812	21.589	21.859
		平均规模（亿元/个）	0.412	0.676	0.768	0.857	0.945	1.002	1.052	1.060
	主营业务收入	收入总额（万亿元）	19.471	23.136	26.688	31.853	34.663	35.935	35.457	38.025
		平均规模（亿元/个）	0.740	1.334	1.465	1.597	1.692	1.731	1.854	1.720
	利润	利润总额（万亿元）	1.400	1.679	1.875	2.153	2.169	2.233	2.335	2.109
		平均规模（亿元/个）	0.053	0.097	0.103	0.108	0.106	0.108	0.114	0.102
合计	单位数（万个）		37.882	26.8388	28.6862	31.3142	32.2715	33.0385	32.904	32.775
	资产总额（万亿元）		44.433	51.381	59.610	68.209	75.862	82.210	87.312	90.591
	主营业务收入总额（万亿元）		50.901	62.553	70.734	79.570	85.440	86.416	90.861	88.554
	利润总额（万亿元）		3.803	4.590	4.794	5.258	5.158	5.028	5.432	5.650

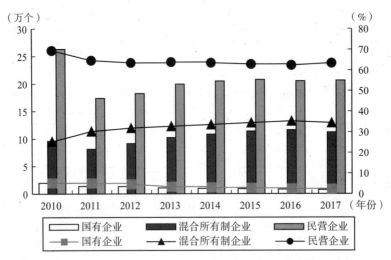

图 15 - 1   不同类型规模以上工业企业单位数及占比情况对比

表 15 - 1 和图 15 - 1 数据显示，民营企业数量明显高于混合所有制企业和国有企业。从占比情况来看，混合所有制企业总体上处于稳步递增状态，2017 年末比例已达所有规模以上工业企业的 34% 以上。而国有企业自 2012 年以后占比均呈下降趋势，民营企业 2014 年后基本保持稳定。这说明混合所有制改革近年来卓有成效，越来越多的民营企业和国有企业都参与到混合所有制改革的进程中。2011 年混合所有制企业和民营企业单位数都出现了明显地减少，造成这种现象的主要原因在于我国宏观经济政策的调整。为缓解 2008 年国际金融危机对我国经济发展的影响，政府实行以"积极的财政政策"为主，辅之以稳健的货币政策，投入 4 万亿元全力刺激经济，由此产生了很强的短期刺激效应，但自 2011 年起，前期的宏观经济刺激效应递减。同时，2011 年是我国"十二五"开局之年，中国经济在经历了金融危机的大规模调整刺激后进入了从高速增长向中高速增长的转型期，工业作为经济增长的主要驱动力，近年来在一定程度上呈现增速放缓、结构趋新的特征。所以，民营企业和混合所有制企业因此受到较大的冲击，致使 2011 年出现了明显的下降趋势。

2. 不同类型所有制工业企业资产分析

结合表 15 - 1 和图 15 - 2 的数据分析可知，近 8 年间各类工业企业的资产总额中，混合所有制企业最高，且一直处于增长趋势，增幅较大。截至 2017 年底混合所有制企业的总资产是民营企业的 2 倍多，是国有企业的 3 倍。从占比情况上看，截至 2017 年底，规模以上工业企业中混合所有制企业的资产总额已占内资企业资产总额的一半以上，国有企业资产所占比重已不足 20%。就企业平均资产规模而言，国有企业规模最大（平均超过 23 亿元），混合所有制企业和民营企业与之相比差距较大。

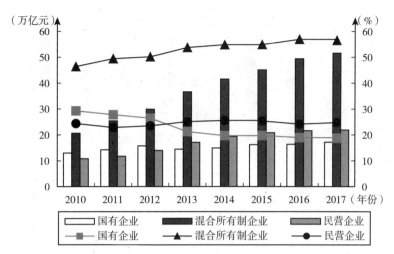

图 15 – 2 不同类型规模以上工业企业资产及占比情况对比

3. 不同所有制工业企业收入与利润分析

根据表 15 – 1 和图 15 – 3、图 15 – 4 数据显示，近 8 年来混合所有制企业收入总额和利润总额均高于民营企业，而国有企业收入总额近 8 年基本保持稳定。但随着混合所有制企业和民营企业的快速发展，国有企业与其他两种所有制工业企业的收入总额差距越来越大。就占比情况分析，混合所有制企业无论是收入还是利润均在三类企业中占比最高，这说明混合所有制企业对我国经济发展具有重要的推动作用。在企业平均收入和利润规模中，国有企业最高，民营企业最低，这意味着民营企业虽然在总量上比国有企业具有极大优势，但就单个企业而言，其平均获利贡献能力低于国有企业和混合所有制企业，而限制民营企业发展的主要原因在于民营企业融资困难，企业规模小、信用程度低，导致民营企业的竞争能力较弱。

通过三种不同类型工业企业基本面分析可以看出，混合所有制企业的单位规模虽不及国有企业，但明显要大于民营企业。混合所有制企业在资产规模、收入和利润总额方面遥遥领先，并且其总资产增长率、收入增长率在三种所有制工业企业中均为最高，近年来数量还在不断增加。而超过 60% 的民营企业其拥有的资产约占全部企业资产的 24% 左右。就企业平均资产规模来看，民营企业远远低于其他两类企业。同时，研究发现，民营企业以 24%% 左右的资产总额创造的收入和利润与拥有 50% 以上资产总额的混合所有制企业相当。这也说明在混合所有制发展的进程中，资源利用效率低的问题仍然存在，虽然较之国有企业情

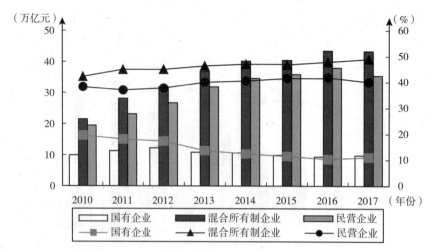

图 15 - 3　不同类型规模以上工业企业收入及占比情况

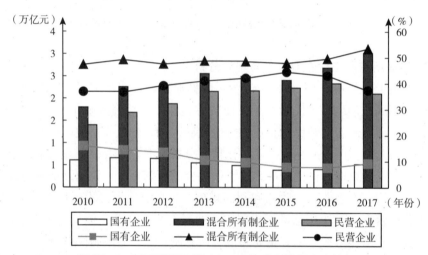

图 15 - 4　不同类型规模以上工业企业利润及占比情况

况有了很大程度的提高，但与民营企业相比还存在一定差距，因此，民间资本注入对混合所有制企业绩效的提升作用有待于进一步加强。另外，我国民营企业发展中，近年来出现了增速放缓的势头，其主要原因是受资产规模小的限制，其风险承受能力相对于其他两种所有制企业明显较低，且民营企业所处的行业竞争压力一般较大，没有强大的资金支持很容易会被淘汰。国有企业无论是单位数还是收入、利润总额都出现了不同程度的下降趋势，总量和占比也远不及其他两类企业。因此，国有企业改革的成果不能仅仅以"混合的数量"为唯一评判标准，更应该注重"混合的质量"与"混合的效果"。

15.3.2　不同类型工业企业财务效益分析

为了进一步全面反映我国不同所有制工业企业效益的发展现状，为混合所有制改革提供经验支持，本章选用能够反映企业整体财务效益的指标体系来评价不同类型工业企业的财务绩效。

1. 偿债能力分析

偿债能力反映了企业到期承担财务风险的能力以及还本付息的保证程度。本章选取了流动比率、速动比率和资产负债率三个指标，相关数据如表 15 - 2 和图 15 - 5、图 15 - 6、图 15 - 7 所示。

表 15 - 2　　　　　　　　　　偿债能力财务指标对比

项目		2010 年	2011 年	2012 年	2013 年	2014 年	2015 年	2016 年
流动比率	国有企业	0.9226	0.8796	0.8762	0.8685	0.8491	0.8458	0.8184
	混合所有制企业	1.0495	1.0915	1.0812	1.0527	1.0403	1.0422	1.0619
	民营企业	1.1218	1.1547	1.1581	1.1601	1.1795	1.1867	1.1969
速动比率	国有企业	0.6937	0.6626	0.6677	0.6613	0.6477	0.6565	0.6384
	混合所有制企业	0.7763	0.8171	0.8146	0.7987	0.7947	0.8127	0.8359
	民营企业	0.8499	0.8772	0.8848	0.8887	0.9060	0.9154	0.9196
资产负债率	国有企业	0.6015	0.6055	0.6126	0.6177	0.6119	0.6048	0.5956
	混合所有制企业	0.5894	0.5884	0.5886	0.5927	0.5937	0.5824	0.5745
	民营企业	0.5569	0.5551	0.5535	0.5525	0.5448	0.5236	0.5128

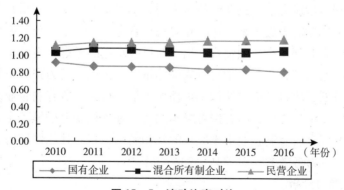

图 15 - 5　流动比率对比

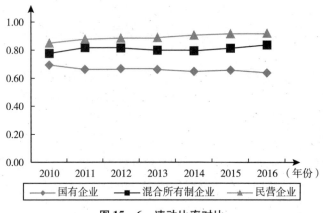

图 15 – 6　速动比率对比

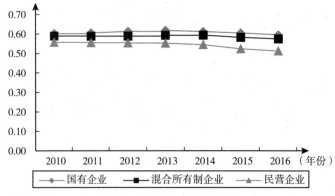

图 15 – 7　资产负债率对比

图 15 – 5 和图 15 – 6 反映了各类企业短期偿债能力对比，图 15 – 7 则反映了企业的长期偿债能力。从发展趋势上看，三项财务指标近年来态势较稳定。其中民营企业短期偿债能力强但长期偿债能力弱；国有企业则与此相反；混合所有制企业的长短期偿债能力近年来均保持相对稳定状态。导致这一现象的原因可能在于，我国民营企业规模小，融资难，出于对风险承担的考虑，更倾向于内部融资和权益融资。而国有企业，由于自身规模体量大，抗风险能力强，负债的信用违约风险相对较低，所以其资本结构中负债比重最高。混合所有制企业的偿债能力相对稳定，主要是一方面因为有国有资本加持，某种程度上缓解了企业融资难问题。另一方面混合所有制企业由于股权的互相制衡，相对其他性质的企业运营决策更加谨慎，其财务效益相对较高。

2. 运营能力分析

运营能力反应企业资产配置组合对于财务目标实现作用的大小，较高的运营能力能够提高企业财务绩效。本章选取应收账款周转率、存货周转率和总资产周转率进行分析，相关数据如表 15 - 3 和图 15 - 8、图 15 - 9 所示。

表 15 - 3　　　　　　　　　营运能力财务指标对比

	项目	2010 年	2011 年	2012 年	2013 年	2014 年	2015 年	2016 年
应收账款周转率	国有企业	16. 515	17. 479	16. 565	13. 508	13. 411	12. 099	11. 4710
	混合所有制企业	14. 099	14. 547	12. 833	11. 856	10. 850	8. 492	9. 1090
	民营企业	15. 404	15. 929	16. 071	15. 583	14. 414	13. 468	13. 3427
总资产周转率	国有企业	0. 814	0. 829	0. 815	0. 719	0. 722	0. 634	1. 0022
	混合所有制企业	1. 143	1. 223	1. 151	1. 108	1. 027	0. 829	0. 9196
	民营企业	2. 018	2. 051	2. 076	2. 049	1. 901	1. 789	1. 7936

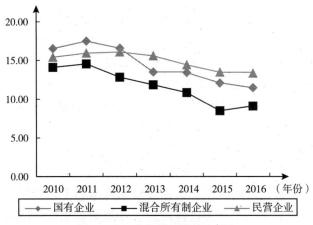

图 15 - 8　应收账款周转率对比

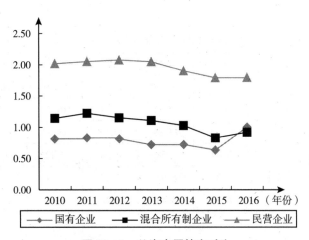

图 15 - 9　总资产周转率对比

表 15 - 3 和图 15 - 8、图 15 - 9 反映了三种类型企业运营能力情况的差别。从应收账款周转率来看，三类企业差异较小，混合所有制企业较之其他两类企业数值略微偏低。总资产周转率的差异明显，民营企业总资产周转率最高，混合所有制企业的临界值点为"1"，虽然较国有企业有所提升，但与民营企业相比处于明显的劣势地位，这反映了民营企业的整体运营能力较强。出现这一现象的主要原因是民营企业规模小、融资难，出于对资金不足的考虑，一般企业会采取严格的信用政策，重视销售回款的管理，致使其应收账款周转率水平较高。更为重要的是民营企业的控股股东出于对自身利益和风险控制的考量，对于企业的资产配置、运营效率更加关注，且在抑制管理层道德风险和提高企业绩效方面比国有企业控股股东更加投入。

混合所有制企业的运营能力存在欠缺，其原因可能包括两方面：首先是公司治理结构上混合所有制企业规模较大，管理难度远高于民营企业，再加上混合所有制改革虽然引导国资委"管资本"，使之以股东角色出场，但角色转换需要时间，所以企业的治理结构难以在短时间内得到调整和完善，行政引导和干预依然存在，国有企业"效率低"的弊端依然难以根除。其次是混合所有制企业多处于发展初期，民营资本与国有资本的利益取向尚难达成一致，容易产生各性质产权融合矛盾问题。企业结构调整和产权融合这两个难题牵制着企业资本运营效率的进一步提高。

3. 盈利能力分析

盈利能力反映出企业所创造的效益水平，是企业一定时期生产经营的综合体现，也是实现可持续发展的保证。本章选取销售净利率、销售毛利率、总资产收益率和净资产收益率四个指标进行评价，相关数据如表 15 - 4 和图 15 - 10、图 15 - 11、图 15 - 12、图 15 - 13 所示。

表 15 - 4 　　　　　　　　　　盈利能力财务指标对比　　　　　　　　　单位：%

	项目	2010 年	2011 年	2012 年	2013 年	2014 年	2015 年
销售毛利率	国有企业	16.23	16.35	15.66	14.91	14.52	14.33
	混合所有制企业	17.80	17.23	16.90	16.70	16.13	15.86
	民营企业	14.71	14.88	14.78	13.98	13.23	13.28
销售净利率	国有企业	5.09	4.78	4.28	4.12	3.62	2.87
	混合所有制企业	7.26	6.93	6.17	6.01	5.36	5.09
	民营企业	6.36	6.43	6.22	6.01	5.54	5.53

续表

项目		2010 年	2011 年	2012 年	2013 年	2014 年	2015 年
总资产收益率	国有企业	4.14	3.96	3.49	2.96	2.61	1.82
	混合所有制企业	8.29	8.47	7.11	6.66	5.51	4.75
	民营企业	12.84	13.20	12.91	12.31	10.53	9.88
净资产收益率	国有企业	10.38	10.04	9.02	7.75	6.73	4.59
	混合所有制企业	20.20	20.59	17.28	16.34	13.55	11.50
	民营企业	28.98	29.67	28.90	27.51	23.14	21.23

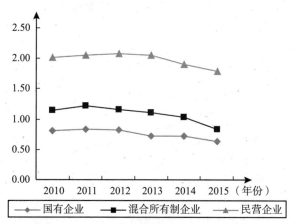

图 15 – 10   销售毛利率对比

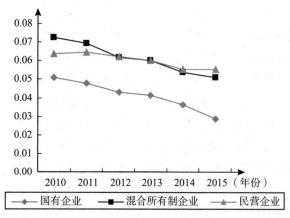

图 15 – 11   销售净利率对比

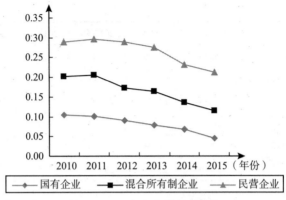

图 15 - 12 净资产收益率对比

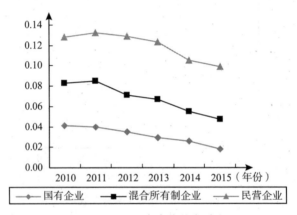

图 15 - 13 总资产收益率对比

从图 15 - 10 和图 15 - 11 数据可知，混合所有制企业的销售毛利率和销售净利率在三类所有制企业中均为最高，这意味着混合所有制企业的销售获利能力最强，市场广阔，盈利空间大。而就图 15 - 12、图 15 - 13 中的净资产收益率或总资产收益率而言，民营企业最高，国有企业最低，这说明民营企业的资产配置与使用效率水平比较高。混合所有制企业尽管销售获利能力较强，但其资源利用效率能力偏低，可能的原因是混合所有制企业规模大，实力雄厚，具有价格和成本的竞争优势，但在资产配置与使用方面存在短板。因此，优化资源配置效率是今后混合所有制改革重点之一。

4. 成长能力分析

从不同类型所有制企业的成长性角度而言，在资产增长率方面，混合所有制企业资产 2017 年比 2010 年增长了 1.5 倍，年平均增长接近 19%。民营企业资产增长了 1 倍，年平均增长约为 12.5%。而国有企业资产年平均增长率仅为 4%，且自 2013 年连续 2 年下降。收入增长率方面，近 8 年最高的是混合所有制企业收入实现翻番，年平均增长 12.7%，且近 8 年收入增长率呈递增状态；民营企业 8 年间增长了 95%，但增长速度呈现逐年递减态势；国有企业收入除 2010~2012 年实现连续 2 年增长外，自 2013 年起连续 4 年收入出现负增长，直到 2017 年才转为正增长。由此可知，混合所有制企业的成长能力最强，这跟国家大力扶持密不可分；民营企业的成长性有所削弱，可能的原因是民营企业的产业转型致使其增长势头稍有减缓。虽然增长速度虽不及混合所有制企业，但考虑到民营企业的发展动力主要源于自我积累这一特征，间接验证了其整体运营效率高这一优势；国有工业企业成长性较差的主要原因在于国有企业"混改"后，单纯的国有企业数量大幅减少。近年来政府为提高国有资本运营效率，大力推动国有企业积极参与混合所有制改革，将大量国有企业转型为混合所有制企业，未转型的国有企业也多为涉及国计民生的垄断性产业，导致国有企业资产增长速度较之非国有企业存在较大差距。

15.3.3   不同类型工业企业的社会责任分析

根据利益相关者理论，积极承担社会责任的企业，其财务绩效也会有相应的提升。且国有资本全民所有的特性也要求其必须要承担社会责任。为了反映各类工业企业的社会责任承担情况，本章选用就业人口和缴纳所得税加以比较，具体如表 15-5、图 15-14、表 15-6 和图 15-15 所示。

表 15-5   不同类型工业企业就业人口对比

项目		2010 年	2011 年	2012 年	2013 年	2014 年	2015 年	2016 年	2017 年
国有企业	人数（万人）	7 113	7 307	7 428	6 931	6 849	6 689	6 623	6 470
	占比（%）	33.11	30.34	28.74	23.71	21.47	20.36	18.58	18.72
混合所有制企业	人数（万人）	3 829	4 638	5 218	7 923	8 191	8 299	8 309	8 303
	占比（%）	17.83	19.26	20.19	27.10	25.67	25.26	23.31	24.02
民营企业	人数（万人）	10 538	12 139	13 200	14 384	16 866	17 869	20 710	19 797
	占比（%）	49.06	50.40	51.07	49.20	52.86	54.38	58.11	57.27
合计（万人）		21 480	24 084	25 846	29 238	31 906	32 857	35 642	34 570

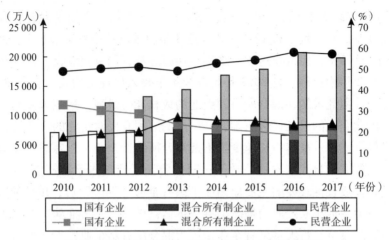

图 15 - 14　不同类型企业就业人数及占比情况对比

　　根据表 15 - 5 和图 15 - 14 的城镇内资企业就业人口统计数据显示，在民营企业和混合所有制企业就业的人数越来越多，而国有企业就业人数则呈递减态势。民营企业近几年来吸纳的劳动力在这三类企业中占比最高，2013 年前国有企业解决的就业人口远高于混合所有制企业，在 2013 年混合所有制企业比重增加，超越国有企业，在三类企业中居第二位，而国有企业占比最低。结合表 15 - 1 和图 15 - 14 关于三类企业的单位数和规模的分析可知，虽然民营企业数量多规模小，但在解决城镇人口就业方面成为主力。不过，近年来由于劳动力成本大幅提高，对民营企业扩大规模和转型升级带来不小的压力。

　　混合所有制企业在解决就业方面，虽然接纳的就业人口数不及民营企业的多，但八年间就业人口增长了 116.89%，而民营企业就业增长率为 87.9%，混合所有制企业的就业增长率明显高于民营企业，这说明了混合所有制企业的发展速度之快，相信未来在解决就业这一问题上，混合所有制的作用将会日益凸显。而在缴纳所得税方面，混合所有制企业占内资规模以上工业企业总纳税额的 50%，对国家财政支持力度大。总的来看，混合所有制改革一方面促进企业提高绩效，增加了财政税收收入，另一方面随着企业的发展会吸纳更多优秀的人员，帮助解决社会就业问题。

表 15 - 6　　　　　　　　　　　　不同类型工业企业所得税缴纳对比

项目		2010 年	2011 年	2012 年	2013 年	2014 年
国有企业	所得税（亿元）	1 007.18	1 178.47	1 201.97	995.29	1 078.59
	占比（%）	20.18	19.22	18.59	14.57	15.40

续表

项目		2010 年	2011 年	2012 年	2013 年	2014 年
混合所有制企业	所得税（亿元）	2 372.72	3 046.75	3 106.54	3 439.99	3 449.16
	占比（%）	47.55	49.69	48.05	50.36	49.24
民营企业	所得税（亿元）	1 610.45	1 906.2	2 156.8	2 395.44	2 477.44
	占比（%）	32.27	31.09	33.36	35.07	35.37
合计（亿元）		4 990.35	6 131.42	6 465.31	6 830.72	7 005.19

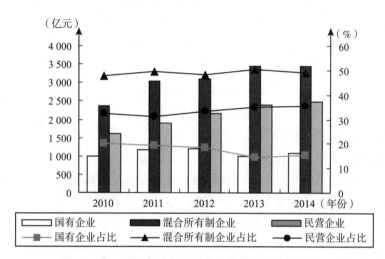

图 15－15　不同类型企业缴纳所得税及占比情况对比

根据表 15－6 和图 15－15 不同类型工业企业上缴企业所得税统计数据可知，混合所有制企业每年上缴的企业所得税在所有类型的企业中遥遥领先，5 年间均占到 47.5% 以上，说明混合所有制企业成为工业企业中贡献财政税收的主要来源。民营企业最近 5 年间缴纳的所得税总额由 2010 年的 1 500 亿元提升至 2014 年的 2 500 亿元，呈现出逐年递增趋势，说明民营企业在解决众多城镇就业人员的同时，也为增加财政收入做出重大贡献。与其他两种所有制相比，国有企业的上缴企业所得税总额最低，且自 2012 年起出现了小幅的下行趋势，这说明国有企业在税收贡献方面显然不如混合所有制企业和民营企业。

15.3.4　政策建议

1. 深化企业产权结构改革，构建均衡权力体系

为了实现政企分开的目的，国有企业通过股份改制等形式实施混合所有制改革，而现阶段的改革可能会涉及对各方利益关系的重新调整，难免会存在国有资本与非国有资本利益冲突的情况。混合所有制改革进程中，新鲜的非国有资本注资到国有企业的障碍之一就是国有企业存在的产权结构不明晰、权力制衡体系不完善等问题。虽然近年来混合所有制改革力度加强，但国有企业体制内的官僚作风根深蒂固，这与民营企业的企业经营理念长期以来都是大相径庭，因此要深化产权制度改革、强化国有资本管理。

通过混合所有制改革，使国有企业建立起多样化的产权经营结构和多层次的资产管理制度，形成相互制约、动态平衡的运行体系。一方面，与国有股东形成制衡关系为依据，引入非国有资本，并且合理配置非国有资本的比例；另一方面，激发高级管理人员持股的积极性，鼓励员工投资持股，从而打破国企权利独断的垄断和官僚机制。在企业管理人员选聘方面，国资部门要尽量减少行政干预，引入竞争上岗体系、实行职业经理人招聘制度。

2. 完善公司治理结构，扩大经营自主权

完善的公司治理结构能提高公司的运营效率、降低潜在风险，是有效解决财务管理问题的重要抓手。国有企业的非国有股东参股具有较高的改革动力和参与度，能够推动企业改善管理体制和经营机制，作为混合所有制企业内部的监督者，能够缓解国有企业固有的"一股独大"、监事独立董事"花瓶"化等问题。与此同时，国有企业通过引入民营企业的经营理念，使其与国有企业文化相互交融、相互碰撞，实现以少量国有资本带动国民经济发展，从而改善国有企业治理结构、提高国有企业活力。

非国有资本的出资人是否能主动地参与到混合所有制改革中的关键在于参与改革后其自身的权利能否得到全面有效的保障，所以经营、考核的自主权至关重要。在现行的管理体制中，国有控股混合所有制按照国资委制定的一套指标进行企业绩效考核，有严重的政府导向，不利于业绩提升，损害了其他非国有资本中小股东的利益。为了给予非国有经济更广阔的发展空间，应该弱化政府对混合所有制企业企业经营管理的干预程度，保证企业运营不偏离利益最大化的目标，从而带动国有经济的优势与活力。

为了确保公司治理结构从形式、内容到与实际效果的一致性，除了在企业《章程》中需要明确界定不同治理层次之间的责任、权力和义务外，还必须建立科学有效的股东会、董事会、经营层与监事会之间的授权体系，在微观层面上形成所有权、决策权、管理权和监督权相互牵制的治理机制。因此，在公司设立时就要严格规范治理结构，明细权力责任，并根据各企业实际制定《公司章程》，同时逐步建立科学有效的四个层面的授权体系。

在完善的公司治理体系前提下，应该在筹资、投资、经营活动方面扩大决策和控制权，给企业自身更大的自主权。针对企业可持续发展有重大意义的战略决策，为了改善董事会决策的质量和效率，提高战略决策的科学性和民主性，同时有效地制约高管层的短期化行为，企业应该成立战略投资委员会。随着决策和控制权的下放，董事会通过适当授权可以解决当前决策难、层层报批、不决策不担责等问题。随着决策和控制权的下放，企业经营业绩可自行考核，使得混合所有制企业中中小股东的利益能够得到保障，投资者能够获得满意回报。

3. 建立新型财务管理模式，完善风险防控体系

企业应该根据自身特点建立新型的财务管理模式，即"全面、分级、集中"的财务管理体系。全面是指建立起以企业为主体的全面预算管理制度。混合所有制改革使国有企业中资本结构更加多元、复杂，出于协调合并企业业务、资金、资源的需要，为了实现资源的有效运作，要求企业进一步强化预算管理。分级是指分级管理、分级考核。通过对财务管理和管理考核的分级化处理，真正实现责任到人，增强监督管理的实施力度。集中是指将企业的资金调度、会计核算和财务决策等事项进行集中管理。通过以上三个"集中"，不仅能够提高企业资金管理效率，还加快了财务管理信息向高管层反馈的速度，从而提高企业抵御和防范风险的能力。

国有企业为了实现混合所有制改革，一般通过兼并、重组等方式进行，这要求企业在财务担保和投资等活动的过程中加紧控制和监督，规避资金短缺等财务风险；调整、优化资本结构，将企业财务风险降低至合理范围内。树立以现金流量为基础的财务管理理念，建立并实施有效的财务预警制度，重视对资金收支的控制以及对长期财务指标监控，使企业有效规避经营风险，获得可持续发展。

参 考 文 献

中文部分

［1］鲍家友：《大股东控制、控制权私人收益与投资风险》，载于《经济研究导刊》2006 年第 6 期。

［2］柴斌锋：《中国民营上市公司 R&D 投资与资本结构、规模之间关系的实证研究》，载于《科学学与科学技术管理》2011 年第 1 期。

［3］程承坪、焦方辉：《现阶段推进混合所有制经济发展的难点及措施》，载于《经济纵横》2015 年第 1 期。

［4］陈东、董也琳：《中国混合所有制经济生产率测度及变动趋势研究》，载于《经济与管理研究》2014 年第 6 期。

［5］陈德萍、陈永圣：《股权集中度、股权制衡度与公司绩效关系研究》，载于《会计研究》2011 年第 1 期。

［6］陈国宏、郭弢：《我国 FDI、知识产权保护与自主创新能力关系实证研究》，载于《中国工业经济》2008 年第 4 期。

［7］沈克慧：《管理者过度自信与上市公司过度投资》，载于《企业经济》2013 年第 10 期。

［8］陈树文、刘念贫：《上市高新技术公司高管人员持股与公司绩效关系实证》，载于《科学与管理》2006 年第 2 期。

［9］程晓月：《利益相关者理论与企业社会责任浅析——基于"山水集团"股东角力案例分析》，载于《国际商务财务财会》2016 年第 6 期。

［10］陈英梅、邓同钰、张彩虹：《企业信息披露、外部市场环境与商业信用》，载于《会计与经济研究》2014 年第 6 期。

［11］陈运森、谢德仁：《网络位置、独立董事治理与投资效率》，载于《管理世界》2011 年第 7 期。

［12］陈艳艳：《员工股权激励的实施动机与经济后果研究》，载于《管理评论》2015 年第 9 期。

［13］邓建平、曾勇：《上市公司家族控制与股利决策研究》，载于《管理世界》2005 年第 7 期。

［14］邓建平、曾勇：《政治关联能改善民营企业的经营绩效吗》，载于《中国工业经济》2009 年第 2 期。

［15］邓新明、叶珍：《转型期政治关联层级对企业多元化战略的影响——从行业与地域两个维度的实证分析》，载于《产经评论》2015 年第 5 期。

［16］杜兴强、雷宇、郭剑花：《政治联系、政治联系方式与民营上市公司的会计稳健性》，载于《中国工业经济》2009 年第 7 期。

［17］冯根福、温军：《中国上市公司治理与企业技术创新关系的实证分析》，载于《中国工业经济》2008 年第 7 期。

［18］方红星、金玉娜：《公司治理、内部控制与非效率投资：理论分析与经验证》，载于《会计研究》2013 年第 7 期。

［19］冯天丽、井润田：《制度环境与私营企业家政治联系意愿的实证研究》，载于《管理世界》2009 年第 8 期。

［20］冯旭南、李心愉：《终极所有权和控制权的分离：来自中国上市公司的证据》，载于《经济科学》2009 年第 2 期。

［21］耿建新、崔宏：《国有资本监管理论与实务创新》，载于《财经科学》2005 年第 2 期。

［22］高雷、宋顺林：《高管人员持股与企业绩效——基于上市公司 2000 ~ 2004 年面板数据的经验证据》，载于《财经研究》2007 年第 3 期。

［23］高路易、高伟彦、张春霖：《国企分红：分多少？分给谁?》，载于《中国投资》2006 年第 4 期。

［24］谷祺、邓德强、路倩：《现金流权与控制权分离下的公司价值——基于我国家族上市公司的实证研究》，载于《会计研究》2006 年第 4 期。

［25］葛扬：《市场机制作用下国企改革、民企转型与混合所有制经济的发展》，载于《经济纵横》2015 年第 10 期。

［26］洪登永、俞红梅：《高管交易行为、信息不对称与公司治理》，载于《财经理论与实践》2009 年第 9 期。

［27］何凡：《股权激励制度与盈余管理程度：基于中国上市公司的经验证据》，载于《中南财经政法大学学报》2010 年第 2 期。

［28］黄虹、张鸣、柳琳：《"回购+动态考核"限制性股票激励契约模式研究——基于昆明制药股权激励方案的讨论》，载于《会计研究》2014 年第 2 期。

［29］韩亮亮、李凯、宋力：《高管持股与公司价值——基于利益趋同效应与壕沟防守效应的经验研究》，载于《南开管理评论》2004 年第 4 期。

［30］韩亮亮、李凯：《民营上市公司终极股东控制与资本结构决策》，载于《管理科学》2007 年第 5 期。

[31] 黄乾富、沈红波：《债务来源、债务期限结构与现金流的过度投资——基于中国制造业上市公司的实证证据》，载于《金融研究》2009 年第 9 期。

[32] 黄群慧、黄速建：《论新时期全面深化国有经济改革重大任务》，载于《中国工业经济》2014 年第 9 期。

[33] 黄群慧：《新时期如何积极发展混合所有制经济》，载于《行政管理改革》2013 年第 12 期。

[34] 黄群慧、余菁：《新时期的新思路：国有企业分类改革与治理》，载于《中国工业经济》2013 年第 11 期。

[35] 黄少安、张岗：《中国上市公司股权融资偏好分析》，载于《经济研究》2001 年第 11 期。

[36] 黄珺、黄妮：《过度投资、债务结构与治理效应》，载于《会计研究》2012 年第 9 期。

[37] 黄速建：《中国国有企业混合所有制改革研究》，载于《经济管理》2014 年第 7 期。

[38] 胡旭阳：《民营企业的政治关联及其经济效应分析》，载于《经济理论与经济管理》2010 年第 2 期。

[39] 胡旭阳：《民营企业家的政治身份与民营企业的融资便利——以浙江省民营百强企业为例》，载于《管理世界》2006 年第 5 期。

[40] 胡旭阳、史晋川：《民营企业的政治资源与民营企业多元化投资——以中国民营企业 500 强为例》，载于《中国工业经济》2008 年第 4 期。

[41] 郝云宏、汪茜：《混合所有制企业股权制衡机制研究——基于"鄂武商控制权之争"的案例解析》，载于《中国工业经济》2015 年第 3 期。

[42] 郝颖、刘星、林朝南：《大股东控制下的资本投资与利益攫取研究》，载于《南开管理评论》2009 年第 2 期。

[43] 胡奕明、谢诗蕾：《银行监督效应与贷款定价——来自上市公司的一项经验研究》，载于《管理世界》2005 年第 5 期。

[44] 黄艺翔、姚铮：《风险投资对上市公司研发投入的影响——基于政府专项研发补助的视角》，载于《科学学研究》2015 年第 5 期。

[45] 姜付秀、张敏、陆正飞：《管理者过度自信、企业扩张与财务困境》，载于《经济研究》2009 年第 1 期。

[46] 解维敏、方红星：《金融发展、融资约束与企业研发投入》，载于《金融研究》2011 年第 5 期。

[47] 姜英兵、张晓丽：《上市公司大股东增持的市场时机选择能力及其影响因素研究》，载于《经济管理》2013 年第 12 期。

［48］吕长江、韩慧博：《上市公司资本结构特点的实证分析》，载于《南开管理评论》2001 年第 5 期。

［49］吕长江、严明珠、郑慧莲：《为什么上市公司选择股权激励计划》，载于《会计研究》2011 年第 1 期。

［50］吕长江、张海平：《股权激励计划对公司投资行为的影响》，载于《管理世界》2011 年第 11 期。

［51］罗党论、刘晓龙：《政治关系、进入壁垒与企业绩效——来自中国民营上市公司的经验证据》，载于《管理世界》2009 年第 5 期。

［52］罗党论、唐清泉：《金字塔结构、所有制中小股东利益保护——来自中国上市公司的经验数据》，载于《财经研究》2008 年第 9 期。

［53］罗党论、甄丽明：《民营控制、政治关系与企业融资约束——基于中国民营上市公司的经验证据》，载于《金融研究》2008 年第 2 期。

［54］罗党论、唐清泉：《中国民营上市公司制度环境与绩效问题研究》，载于《经济研究》2009 年第 2 期。

［55］罗富碧、冉茂盛、杜家廷：《高管人员股权激励与投资决策关系的实证研究》，载于《会计研究》2008 年第 7 期。

［56］罗付岩、沈中华：《股权激励、代理成本与企业投资效率》，载于《财贸研究》2013 年第 2 期。

［57］刘国亮、王加胜：《上市公司股权结构、激励制度及绩效的实证研究》，载于《经济理论与经济管理》2000 年第 9 期。

［58］刘国运、吴小蒙、蒋涛：《产权性质、债务融资与会计稳健性——来自中国上市公司的经验数据》，载于《会计研究》2010 年第 1 期。

［59］李广子、刘力：《上市公司民营化绩效：基于政治观点的检验》，载于《世界经济》2010 年第 11 期。

［60］李后建：《市场化、腐败与企业家精神》，载于《经济科学》2013 年第 1 期。

［61］李俊峰、王汀汀、张太原：《上市公司大股东增持公告效应及动机分析》，载于《中国社会科学》2011 年第 7 期。

［62］李军、肖金成：《混合所有制企业中的国有资本管理》，载于《经济研究参考》2015 年第 3 期。

［63］刘芳佳、孙霈、刘乃全：《终极产权论、股权结构及公司绩效》，载于《经济研究》2003 年第 4 期。

［64］李涛：《混合所有制公司中的国有股权：论国有股减持的理论基础》，载于《经济研究》2002 年第 8 期。

[65] 李维安、李慧聪、郝臣：《高管减持与公司治理对创业板公司成长的影响机制研究》，载于《管理科学》2013 年第 4 期。

[66] 刘伟、刘星：《高管持股对企业 R&D 支出的影响研究——来自 2002～2004 年 A 股上市公司的经验证据》，载于《科学学与科学技术管理》2007 年第 10 期。

[67] 刘星、魏锋、詹宇：《我国上市公司融资顺序的实证研究》，载于《会计研究》2004 年第 6 期。

[68] 卢馨、郑阳飞、李建明：《融资约束对企业 R&D 投资的影响研究——来自中国高新技术上市公司的经验证据》，载于《会计研究》2013 年第 5 期。

[69] 刘运国、刘雯：《我国上市公司的高管任期与 R&D 支出》，载于《管理世界》2007 年第 1 期。

[70] 刘运国、吴小云：《终极控制人、金字塔控制与控股股东的"掏空"行为研究》，载于《管理学报》2009 年第 6 期。

[71] 刘亚莉、李静静：《大股东减持、股权转让溢价与控制权私利》，载于《经济问题探索》2010 年第 7 期。

[72] 林有志、张雅芬：《信息透明度与企业经营绩效的关系》，载于《会计研究》2007 年第 9 期。

[73] 陆正飞、叶廖涛：《中国上市公司股权融资偏好解析偏好股权融资就是缘于融资成本低吗?》，载于《经济研究》2004 年第 4 期。

[74] 陆正飞、祝继高、孙便霞：《盈余管理、会计信息与银行债务契约》，载于《管理世界》2008 年第 3 期。

[75] 刘朝晖：《外部套利、市场反应与控股股东的非效率投资决策》，载于《世界经济》2002 年第 7 期。

[76] 李志军、王善平：《货币政策、信息披露质量与公司债务融资》，载于《会计研究》2011 年第 10 期。

[77] 李增泉：《激励机制与公司绩效——一项基于上市公司的实证研究》，载于《会计研究》2001 年第 1 期。

[78] 李增泉、余谦、王晓坤：《掏空、支持与并购重组——来自我国上市公司的经验证据》，载于《经济研究》2005 年第 1 期。

[79] 闵乐：《混合所有制经济中国有资本的比例探析——不同所有制资本的优势与弱势》，载于《现代经济探讨》2015 年第 9 期。

[80] 宁宇新、柯大钢：《控制权转移和资产重组：掏空抑或支持——来自中国资本市场的经验证据》，载于《中国会计评论》2006 年第 2 期。

[81] 潘越、戴亦一、李财喜：《政治关联与财务困境公司的政府补助——

来自中国 ST 公司的经验证据》，载于《南开管理评论》2009 年第 5 期。

[82] 潘越、戴亦一、吴超鹏、刘建亮：《社会资本、政治关系与公司投资决策》，载于《经济研究》2009 年第 11 期。

[83] 任海云：《股权结构与企业 R&D 投入关系的实证研究——基于 A 股制造业上市公司的数据分析》，载于《中国软科学》2010 年第 5 期。

[84] 苏启林、朱文：《上市公司家族控制与企业价值》，载于《经济研究》2003 年第 7 期。

[85] 宋淑琴：《信息披露质量与债务治理效应——基于银行贷款和债券的对比分析》，载于《财经问题研究》2013 年第 3 期。

[86] 邵帅、周涛、吕长江：《股权性质与股权激励设计动机——上海家化案例分析》，载于《会计研究》2014 年第 10 期。

[87] 孙堂港：《股权激励与上市公司绩效的实证研究》，载于《产业经济研究》2009 年第 3 期。

[88] 宋小保、刘星：《控股股东机会主义与非效率投资》，载于《管理学报》2007 年第 6 期。

[89] 孙小丽：《信贷配给下的中国货币政策信贷传导机制优化》，载于《管理科学》2005 年第 3 期。

[90] 童盼、陆正飞：《负债融资、负债来源与企业投资行为》，载于《经济研究》2005 年第 5 期。

[91] 童有好：《发展混合所有制经济应着重解决六个问题》，载于《经济纵横》2014 年第 8 期。

[92] 文芳：《产权性质、债务来源与企业 R&D 投资——来自中国上市公司的经验证据》，载于《财经论丛》2010 年第 3 期。

[93] 魏刚：《高级管理层激励与上市公司经营绩效》，载于《经济研究》2000 年第 3 期。

[94] 汪健、卢煜、朱兆珍：《股权激励导致过度投资吗？——来自中小板制造业上市公司的经验证据》，载于《审计与经济研究》2013 年第 5 期。

[95] 温军、冯根福、刘志勇：《异质债务、企业规模与 R&D 投入》，载于《金融研究》2011 年第 1 期。

[96] 王鹏、周黎安：《控股股东的控制权、所有权与公司绩效：基于中国上市公司的证据》，载于《金融研究》2006 年第 2 期。

[97] 汪平、邹颖、兰京：《异质股东的资本成本差异研究——兼论混合所有制改革的财务基础》，载于《中国工业经济》2015 年第 9 期。

[98] 王汀汀：《减持：流动性需要还是信号发送——基于中信证券的案例

分析》，载于《经济管理》2009 年第 7 期。

[99] 吴文锋、吴冲锋、刘晓薇：《中国民营上市公司高管的政府背景与公司价值》，载于《经济研究》2008 年第 7 期。

[100] 汪炜、蒋高峰：《信息披露、透明度与资本成本》，载于《经济研究》2004 年第 4 期。

[101] 卫兴华、何召鹏：《从理论和实践的结合上弄清和搞好混合所有制经济》，载于《经济理论与经济管理》2015 年第 1 期。

[102] 闻岳春、李峻屹：《创业板大股东和高管增持的市场效应研究》，载于《金融理论与实践》2016 年第 5 期。

[103] 王彦超：《融资约束、现金持有与过度投资》，载于《金融研究》2009 年第 7 期。

[104] 吴育辉、吴世农：《股票减持过程中的大股东掏空行为研究》，载于《中国工业经济》2010 年第 5 期。

[105] 王艳、孙培源、杨忠直：《经理层过度投资与股权激励的契约模型研究》，载于《中国会计评论》2005 年第 2 期。

[106] 王英英、潘爱玲：《控股股东对企业投资行为的影响机理分析》，载于《经济与管理研究》2008 年第 9 期。

[107] 魏志华、曾爱民、李博：《金融生态环境与企业融资约束——基于中国上市公司的实证研究》，载于《会计研究》2014 年第 5 期。

[108] 王正位、朱武祥：《股票市场融资管制与公司最优资本结构》，载于《管理世界》2011 年第 2 期。

[109] 徐传谌、惠澎：《国有资本运营制度创新的动力与逻辑基础研究》，载于《经济纵横》2009 年第 5 期

[110] 夏纪军、张晏：《控制权与激励的冲突——兼对股权激励有效性的实证分析》，载于《经济研究》2008 年第 3 期。

[111] 谢家智、刘思亚、李后建：《政治关联、融资约束与企业研发投入》，载于《财经研究》2014 年第 8 期。

[112] 谢玲芳、朱晓明：《股权结构、控股方式与企业价值——中国民营上市公司的实证分析》，载于《上海交通大学学报》2005 年第 10 期。

[113] 徐倩：《不确定性、股权激励与非效率投资》，载于《会计研究》2014 年第 3 期。

[114] 肖淑芳、石琦、王婷等：《上市公司股权激励方式选择偏好——基于激励对象视角的研究》，载于《会计研究》2016 年第 6 期。

[115] 肖淑芳、张晨宇、张超等：《股权激励计划公告前的盈余管理：来自

中国上市公司的经验证据》，载于《南开管理评论》2009 年第 12 期。

[116] 徐晓东、张天西：《公司治理、自由现金流与非效率投资》，载于《财经研究》2009 年第 10 期。

[117] 徐玉德、李挺伟、洪金明：《制度环境、信息披露质量与银行债务融资约束——来自深市 A 股上市公司的经验证据》，载于《财贸经济》2011 年第 5 期。

[118] 肖作平：《公司治理结构对资本结构选择的影响——来自中国上市公司的证据》，载于《经济评论》2005 年第 1 期。

[119] 肖作平：《所有权和控制权的分离度，政府干预与资本结构选择——来自中国上市公司的实证证据》，载于《南开管理评论》2010 年第 5 期。

[120] 于东智：《董事会、公司治理与绩效：对中国上市公司的经验分析》，载于《中国社会科学》2003 年第 6 期。

[121] 于富生、张敏：《信息披露质量与债务成本——来自中国证券市场的经验证据》，载于《审计与经济研究》2007 年第 9 期。

[122] 于海林：《上市公司高管增减持行为研究》，载于《中国注册会计师》2012 年第 9 期。

[123] 杨红英、童露：《论混合所有制改革下的国有企业公司治理》，载于《宏观经济研究》2015 年第 1 期。

[124] 余菁：《国有企业公司治理问题研究：目标、治理与绩效》，经济管理出版社 2009 年版。

[125] 余明桂、回雅甫、潘红波：《政治联系、寻租与地方政府财政补贴有效性》，载于《经济研究》2010 年第 3 期。

[126] 余明桂、潘红波：《政治关系、制度环境与民营企业银行贷款》，载于《管理世界》2008 年第 8 期。

[127] 杨其静、杨继东：《政治联系、市场力量与工资差异——基于政府补贴的视角》，载于《中国人民大学学报》2010 年第 2 期。

[128] 约瑟夫·熊彼特：《经济发展理论：对于利润、资本、信贷、利息和经济周期的考察》，商务印书馆 2009 年版。

[129] 于蔚、汪淼军、金祥荣：《政治关联和融资约束：信息效应与资源效应》，载于《经济研究》2012 年第 9 期。

[130] 杨星、田高良、司毅：《所有权性质、企业政治关联与定向增发——基于我国上市公司的实证分析》，载于《南开管理评论》2016 年第 1 期。

[131] 叶勇、胡培、黄登仕：《中国上市公司终极控制权及其与东亚、西欧上市公司的比较分析》，载于《南开管理评论》2005 年第 3 期。

［132］叶勇、胡培、何伟：《上市公司终极控制权，股权结构及公司绩效》，载于《管理科学》2005 年第 4 期。

［133］姚颐、赵梅、冯艳华：《内部股东减持套现的信号传递》，载于《财务研究》2016 年第 5 期。

［134］易志高、潘子成、茅宁等：《策略性媒体披露与财富转移——来自公司高管减持期间的证据》，载于《经济研究》2017 年第 4 期。

［135］杨之曙、彭倩：《中国上市公司收益透明度实证研究》，载于《会计研究》2004 年第 11 期。

［136］杨召：《上市公司内部人增持行为的实证研究》，载于《生产力研究》2012 年第 11 期。

［137］杨克志、索玲玲、段然：《新一轮国企混合所有制改革的思路、现状与路径展望》，载于《财务与会计》2015 年第 6 期。

［138］朱茶芬、李志文、陈超：《A 股市场上大股东减持的时机选择与市场反应研究》，载于《浙江大学学报》2011 年第 6 期。

［139］张纯、吕伟：《信息披露、市场关注与融资约束》，载于《会计研究》2007 年第 11 期。

［140］张光荣、曾勇：《大股东的支撑行为与隧道行为——基于托普软件的案例研究》，载于《管理世界》2006 年第 7 期。

［141］赵洪江、陈学华、夏晖：《公司自主创新投入与治理结构特征实证研究》，载于《中国软科学》2008 年第 7 期。

［142］张会丽、陆正飞：《现金分布、公司治理与过度投资——基于我国上市公司及其子公司的现金持有状况的考察》，载于《管理世界》2012 年第 3 期。

［143］张杰、芦哲、郑文平、陈志远：《融资约束、融资渠道与企业 R&D 投入》，载于《世界经济》2012 年第 10 期。

［144］张俊生、曾亚敏：《上市公司内部人亲属股票交易行为研究》，载于《金融研究》2011 年第 3 期。

［145］张敏、于富生、张胜：《基于管理者过度自信的企业投资异化研究综述》，载于《财贸研究》2009 年第 5 期。

［146］曾庆生：《公司内部人具有交易时机的选择能力吗？——来自中国上市公司内部人卖出股票的证据》，载于《金融研究》2008 年第 10 期。

［147］曾颖、陆正飞：《信息披露质量与经济研究股权融资成本》，载于《经济研究》2006 年第 2 期。

［148］张宗新、杨飞、袁庆海：《上市公司信息披露质量提升能否改进公司绩效？——基于 2002～2005 年深市上市公司的经验证据》，载于《会计研究》

2007 年第 10 期。

[149] 张涛:《终极控股股东对民营上市公司融资结构影响研究》,载于《宏观经济研究》2016 年第 8 期。

[150] 张涛:《混合所有制改革、国有资本与治理效率》,载于《宏观经济研究》2017 年第 10 期。

[151] 张涛、邵群:《高管增减持行为动机与经济后果文献评述》,载于《财务研究》2017 年第 6 期。

[152] 张涛、徐婷:《融资约束、政治关联与中小企业 R&D 投资》,载于《财务研究》2018 年第 5 期。

[153] 张涛:《财务研究——西方理论与中国实践》,经济科学出版社 2014 年版。

英文部分

[1] Aggarwal, R. K. & Samwick, A. A. Executive Compensation, Strategic Competition, and Relative Performance Evaluation: Theory and Evidence. *The Journal of Finance*, 1999, 54 (6): pp. 1999 – 2043.

[2] Aggarwal, R. K., Samwick, A. Why Do Managers Diversify Their Firms? Ageney Reconsidered [J]. *The Journal of Finance*, 2003 (58): pp. 71 – 118.

[3] Aggarwal, R., Samwick, A. Empire Builders and Shirkers: Investment Firm Performance and Managerial Incentives [J]. *Journal of Corporate Finance*, 2006 (12): pp. 305 – 360.

[4] Akerlof, G. A. The Market for "Lemons": Quality, Uncertainty, and the Market Mechanism. *Quarterly Journal of Economics*, 1970, 84, pp. 488 – 500.

[5] Andergassen R. High-powered Incentives and Fraudulent Behavior: Stock-based Versus Stock Option-based Compensation [J]. *Economics Letters*, 2008, 101 (2): pp. 122 – 125.

[6] Andrei Shleirer, The Role of Banks in Establishing a Community of Firms in Russia. Financial Academy, 1997.

[7] Banker, D. R., Rong Huang, Natarajan, R. Equity Incentives and Long-term Value Created by SG&A Expenditue [J]. *Contemporary Accounting Research*, 2011.

[8] Banz, R. W. The Relationship between Return and Market Value of Common Stocks. Journal of Financial Economics, 1981, 9 (1): pp. 3 – 18.

[9] Barclay, Holderness. Private Benefits from Control of Public Corporations [J]. *Journal of Financial Economics*, 1989 (2): pp. 371 – 395.

［10］Barclay, M. J. , Holderness, C. G. and Sheehan, D. P. , Dividends and Corporate Shareholders. *Journal of Social Science Electronic Publishing*, Vol. 22, No. 4, 2004.

［11］Barker V. L. , Mueller G. C.. CEO Characteristics and Firm R&D Spending ［J］. *Management Science*, 2002, 48（6）: pp. 782 – 801.

［12］Basu, S. S. Investment Performance of Common Stocks in Relation to Their Price-Earnings Ratios: A Test of the Efficient Market Hypothesis. *The Journal of Finance*, 1977, 32（3）: pp. 663 – 682.

［13］Bebchuk L A, Fried J M. Executive Compensation as an Agency Problem ［J］. *Journal of Economic Perspectives*, 2003, 17（3）: pp. 71 – 92.

［14］Benmelech E, Kandel E, Veronesi P. Stock – based Compensation and CEO（Dis）Incentives ［J］. *Quarterly Journal of Economics*, 2010, 125（4）: pp. 1769 – 1820.

［15］Berle, A. A. , Means, G. C. *The Modern Corporation and Private Property* ［M］. New York: Macmillan, 1932.

［16］Berie, Means. The Modern Corporation and Private Property ［J］. *Journal of New York*, 1932: pp. 206 – 238.

［17］Bharath S. T. , Sunder J. , Sunder S. V. Accounting Quality and Lev Contracting ［J］. *The Accounting Review*, 2008, 83（1）: pp. 1 – 28.

［18］Bhattacharya, S. Imperfect Information, Dividend Policy, and "The Bird in the Hand" Fallacy ［J］. *Bell Journal of Economics*, 1979, 10（1）: pp. 259 – 270.

［19］Bhattacharya U. , Daouk H, Welker W.. The World Price of Earnings Opacity ［J］. *The Accounting Review*, 2003, 78（2）: pp. 641 – 678.

［20］Blanchard, Olivier J. , Lopez-de-Silane, Florencio. What do Firms do with Cash Windfalls? ［J］. National Bureau of Economic Research, NBER Working Papers, 1993（4）: pp. 42 – 58.

［21］Bond S, Harhoff D, Reenen J V. Investment, R&D and Financial Constraints in Britain and Germany ［J］. *Annales Déconomie Et De Statistique*, 2003, 79/80（79/80）: pp. 433 – 460.

［22］Botosan C. A. Disclosure Level and the Cost of Equality Capital ［J］. *The Accounting Review*, 1997（3）: pp. 323 – 349.

［23］Boschen, J. F. , & Smith, K. J. You Can Pay Me Now and You Can Pay Me Later: The Dynamic Response of Executive Compensation to Firm Performance. Journal Of Business, 1995, 68（4）: pp. 577 – 608.

［24］ Boubakri and Cosset, The Financial and Operating Performance of Newly Privatized Firms: Evidence from Developing Countries. *Journal of Finance*, June 1998: pp. 1081 – 1110.

［25］ Boubakri, N. , Cosset, J. and Guedhami, O. , Postprivatization Corporate Governance: The Role of Ownership Structure and Investor Protection. *Journal of Financial Economics*, Vol. 76, No. 2, 2005.

［26］ Boubakri, N. , Guedhami, O. , Mishra, D. , et al. Political Connections and the Cost of Equity Capital ［J］. *Journal of Corporate Finance*, 2012, 18 (3): pp. 541 – 559.

［27］ Boubakri, N. , Saffar, W. , Boutchkova, M. . Politically Connected Firms: an International Event Study ［J］. *Social Science Electronic Publishing*, 2009.

［28］ Boumosleh, A. , Director Stock. Firm Investment Decisions, Dividend Policy, and Options ［J］. *Journal of Applied Business Research*, 2012 (28): pp. 753 – 776.

［29］ Browne Caryne. The Best Ways to Finance Your Business Black Enterprise ［J］. *Journal of New York*, 1993: pp. 67 – 217.

［30］ Brown J. R. , S. M. Fazzari, B. C. Petersen. Financing Innovation and Growth: Cash Flow, External Equity, and the 1990s R&D boom. *The Journal of Finance*, 2009, 64 (1): pp. 151 – 185.

［31］ Brown, Petersen. Public Entrants, Public Equity Finance and Creative Destruction ［J］. *Journal of Banking & Finance*, 2010, 34, 5: pp. 1077 – 1088.

［32］ Bushman R. , Smith A. . Transparency, Financial Accounting Information and Corporate Governance ［J］. *Economic Policy Review*, 2003, 9 (4): pp. 65 – 87.

［33］ Carsten Sprenger, Shareholder Disagreement, Investment and ownership Structure ［J］. Working Paper, 2007 (8): pp. 61 – 69.

［34］ Charumilind C, Kali R, Wiwattanakantang Y. Connected Lending: Thailand before the Financial Crisis ［J］. *Social Science Electronic Publishing*, 2002, 79 (1): pp. 181 – 218.

［35］ Cheng A. , Collins D. , Huang H. . Shareholder Rights, Financial Disclosure and the Cost of Equity Capital ［J］. SSRN Working Paper, 2005 (27): pp. 175 – 204.

［36］ Cheng C. S. A. , Collins D. , Huang H. H. . Shareholder Rights, Financial Disclosure and the Cost of Equity Capital ［J］. *Review of Quantitative Finance & Accounting*, 2006, 27 (2): pp. 175 – 204.

［37］ Cheng, M. , Lin, B. and Wei, M. How does the Relationship between Multiple Large Shareholders Affect Corporate Valuations? Evidence from China. *Journal of Economics & Business*, Vol. 70, C, 2013.

[38] Chen H. L. , Huang Y. S.. Employee Stock Ownership and Corporate R&D Expenditures: Evidence from Taiwan's Information-technology Industry [J]. *Asia Pacific Journal of Management*, 2006, 23 (3): pp. 369 – 384.

[39] Claessens. S. and L. Laeven. Financial Development, Property Right and Growth. *Journal of Finance*, 2003, 58 (6): pp. 2401 – 2436.

[40] Claessens, S. , et al. , The Separation of Ownership and Control in East Asian Corporations [J]. *Journal of Financial Economics*, 2000 (7): pp. 81 – 112.

[41] Claessens, S. , Feijen, E. , Laeven, L. , Political Connections and Preferential Access to Finance: The Role of Campaign Contributions [J]. *Journal of Financial Economics*, 2007, 88 (3): pp. 554 – 580.

[42] Claessens S, Laeven L. Financial Development, Property Rights, and Growth [J]. *Journal of Finance*, 2003, 58 (6): pp. 2401 – 2436.

[43] Core J E, Larcker D F. Performance Consequences of Mandatory Increases in Executive Stock Ownership [J]. *Journal of Financial Economics*, 2002, 64 (3): pp. 317 – 340.

[44] Cornett, M. M. , Marcus, A. J. , Tehranian, H.. Corporate Governance, and Pay for Performance: the Impact of Earnings Management [J]. *Journal of Financial Economics*, 2008 (87): pp. 357 – 373.

[45] A. Demirguc-Kunt and V. Maksimovic. Law, Finance and Firm Growth. *Journal of Finance*, 1998, 53 (6): pp. 2107 – 2137.

[46] Demsetz, H. and Lehn, K. The Structure of Corporate Ownership: Causes and Consequences [J]. *Journal of Political Economy*, 1985, 93: pp. 1155 – 1177.

[47] Diamond, D. W.. Debt Maturity Structure and Liquidity Risk [J]. *The Quarterly Journal of Economic*, 1991, 106 (3): pp. 341 – 368.

[48] Dong J. and Gou Y. N.. Corporate Governance Structure, Managerial Discretion, and the R&D Investment in China [J]. *International Review of Economics & Finance*, 2010, 19 (2): pp. 180 – 188.

[49] Dyck A. , Zingales L.. Private Benefits of Control: An International Comparison [J]. *The Journal of Finance*, 2004 (4): pp. 537 – 600.

[50] Edward I. Altman, A Further Empirical Investigation of the Bankruptcy Cost Question [J]. *Journal of Finance*, September 1984.

[51] E. Fama and M. Jensen. Agency Problems and Residual Claims [J]. *Journal of law and Economics*, 1983 (26).

［52］ Estrin, S. , Hanousek, J. , Kočenda E and Svejnar, J. , The Effects of Privatization and Ownership in Transition Economies ［J］. *Journal of Economic Literature*, Vol. 47, No. 3, 2009.

［53］ Faccio, M. , Lang, P. and Young, L. , Dividends and Expropriation ［J］. *American Economic Review*, Vol. 65, No. 3, 2002.

［54］ Faccio, M. . Politically Connected Firms ［J］. *Social Science Electronic Publishing*, 2006, 96 (1): pp. 369 – 386.

［55］ Faccio, M. . The Characteristics of Politically Connected Firms ［J］. 2007, 96 (1): 369 – 386 (18).

［56］ Fama, E. F. Efficient Capital Markets: A Review of Theory and Empirical Work ［J］. *Journal of Finance*, 1970, 25 (2): pp. 383 – 417.

［57］ Fama, E. F. , The Behavior of Stock Market Prices ［J］. *Tournal of Business*, January 1965: pp. 34 – 105.

［58］ Forsythe, R. , Palfrey, T. R. & Plott, C. R. Asset Valuation in an Experimentalarket ［J］. *Econometrica*, 1982, 50 (3), pp. 537 – 567.

［59］ Fan, J. P. H. , Wong, T. J. . Corporate Ownership Structure and Information of Accounting Earnings in East Asia ［J］. *Journal of Accounting and Economics*, 2002, (2): pp. 401 – 425.

［60］ Fan, J. , Wong, T. J. and Zhang, T. , Institutions and Organizational Structure: The Case of State-Owned Corporate Pyramids ［J］. *Journal of Law Economics & Organization*, Vol. 29, No. 6, 2013.

［61］ Fidrmuc, J. P. , Goergen, M. , Renneboog, L. , Inside Trading, New Release, and Ownership Concentration ［J］. *The Journal of Finance*, 2006, 61 (1): pp. 2931 – 2973.

［62］ Fischer, S. , Goerg, S. and Hamann, H. , A Survey of Corporate Governance ［J］. *Review of Law & Economics*, 2015, 53 (3).

［63］ Fishman, A. , Rob, R. . The Size of Firms and R&D Investment ［J］. *International Economic Review*, 1999, 40 (4): pp. 915 – 931.

［64］ Francis, B. B. , Hasan, I. , Sun X. . Political Connections and the Process of going Public: Evidence from China ［J］. *Journal of International Money & Finance*, 2009, 28 (4): pp. 696 – 719.

［65］ Francis, J. , Lafond, R. , Olsson, P. , et al. . The Market Pricing of Accrual Quality Forthcoming ［J］. *Journal of Accounting and Economics*, 2005, 39: pp. 295 – 327.

[66] Francis, J. R. , Khurana, I. K. and Pereira, R. . Disclosure Incentives and Effects on Cost of Capital Around the World [J]. *The Accounting Review*, 2005, 80 (4): pp. 1125 – 1162.

[67] Francis, J. , Smith, A. . Agency Costs and Innovation some Empirical Evidence [J]. *Journal of Accounting & Economics*, 1995, 19 (2 –3): pp. 383 – 409.

[68] French, K. R. Stock Returns and the Weekend Effect [J]. *Journal of Financial Economics*, 1980, 8 (1), pp. 55 – 69.

[69] Friedman, E. , Johnson, S. and Mitton, T. . Tunneling and propping [J]. Unpublished Manuscript, Massachusetts Institute of Technology, Cambridge, MA, 2000.

[70] Friedman, Johnson, Mitton. Propping and Tunneling [J]. *Journal of Comparative Economics*, 2003 (4): pp. 732 – 741.

[71] Garcia-Teruel, P. J. , Martinez-Solano, P. , Sanchez-Ballesta, J. P. . Accruals Quality and Lev Maturity Structure [J]. *Abacus*, 2010, 46 (2): pp. 188 – 210.

[72] Gibbons, M. R. & Hess, P. Day of the Week Effects and Asset Returns [J]. *Journal of Business*, 1981, 54 (4), pp. 579 – 596.

[73] Gilson, S. C. Bankruptcy, Boards, Banks and Blockholders: Evidence on Changes in Corporate Ownership and Control When Firms Default [J]. *Journal of Financial Economics*, 1990, 27 (2), pp. 355 – 387.

[74] Graham, J. , Li, S. , Qiu, J. P. . Corporate Misreporting and Bank Loan Contracting [J]. *Journal of Financial Economics*, 2008, 89: pp. 44 – 61.

[75] Gregory, A. , Matatko, J. , Tonks, I. , Purkis R. . UK Directors Trading: The Impact of Dealings in Smaller Firms [J]. *The Economic Journal*, 1994, 104 (422): pp. 37 – 53.

[76] Grossman, S. J. . On the Efficiency of Competitive Stock Markets Where Trades Have Diverse Information [J]. *Journal of Finance*, 1976, 31 (2): pp. 573 – 585.

[77] Grossman, S. J. & Stiglitz, J. E. . Information and Competitive Price Systems [J]. *American Economic Review*, 1976, 66 (2): pp. 246 – 253.

[78] Gul, F. , Legal Protection, Corporate Governance and Information Asymmetry in Emerging Financial Markets. *Social Science Electronic Publishing*, 2002.

[79] Hall, B. H. . Investment and Research and Development at the Firm Level:, Does the Source of Financing Matter? [J]. Nber Working Papers, 1992.

[80] Hall, B. H. , Mairesse, J. , Mohnen P. Measuring the Returns to R&D [J]. *Ssrn Electronic Journal*, 2010, 2 (1): pp. 1033 – 1082.

[81] Hall, B. H.. The Financing of Research and Development [J]. *Oxford Review of Economic Policy*, 2002, 18 (1): pp. 35 –51.

[82] Hall, B. J. & Liebman, J. B.. Are CEOs Really Paid Like Bureaucrats? [J]. *Quarterly Journal of Economics*, 1998, 113 (3): pp. 653 –691.

[83] Hall, Mulkay, J. M. B., Bronwyn H.. Firm Level Investment and R&D in France and the United States: A Comparison [J]. *Economics Papers*, 2001: pp. 229 –273.

[84] Hambrick, D. C., Mason, P. A.. Upper Echelons: the Organization as a Reflection of Its Top Managers [J]. *Academy of Management Review*, 1984, 9 (2): pp. 193 –206.

[85] Handa, P. and Liim, S.. Arbitrage Pricing with Estimation Risk [J]. *Journal of Financial and Quantitative Analysis*, 1993, 28 (1): pp. 81 –100.

[86] Harhoff, D.. Are There Financing Constraints for R&D and Investment in German Manufacturing Firms? [J]. *Annales Déconomie Et De Statistique*, 1996, 49/50 (49/50): pp. 421 –456.

[87] Harris, Miltonarid Artur Raviv. Corporate Governance: Voting Rights and Majority Rules [J]. *Journal of Financial Economics*, 1988 (20): pp. 203 –23.

[88] Healy, P. M., Hutton, A. P. and Palepu K. G.. Stock Performance and Intermediation Changes Surrounding in Cretases in Disclosure [J]. *Contemporary Accounting Research*, 1999, 16 (3): pp. 485 –520.

[89] Hillier, D. and Marshall, A. P.. The Market Evaluation of Information in irectors Trades [J]. *Journal of Business Finance and Accounting*, 2002, (29): pp. 77 –110.

[90] Himmelberg, C. P., Petersen, B. C.. R&D and Internal Finance: A Panel Study of Small Firms in High-Tech Industries. [J]. *Working Paper*, 1994, 76 (76): pp. 38 –51.

[91] Himmelberg, C. P., Petersen, B. C.. R&D and Internal Finance: A Panel Study of Small Firms in High-Tech Industries. [J]. *Review of Economics & Statistics*, 1991, 76 (76): pp. 38 –51.

[92] Holderness, C. G., Sheehan, D. P.. The Role of Majority Shareholders in Publicly Held Corporations: An exploratory analysis [J]. *Journal of Financial Economics*, 1988, 20 (1 –2): pp. 317 –346.

[93] Houston, J. F., Jiang, L. and Lin, C.. Political Connections and the Cost of Borrowing [R]. *SSRN Working Paker*, 2011.

[94] Iskandar-Datta, M. E., Yonghong. Investor Protection and Corporate Cash Holdings around the World: New Evidence [J]. *Review of Quantitative Finance and*

Accounting, 2013, (4): pp. 1 - 29.

[95] Ittner, Christopher, D., Lambert, Richard, A., Larcker, David, F. The Structure and Performance Consequences of Equity Grants to Employees of New Economy Firms [J]. *Journal of Accounting and Economics*, 2003 (34): pp. 89 - 127.

[96] Jeng, L. A., Metrick, A. and Zeckhauser, R.. Estimating the Returns to Insider Trading: A Performance - Evaluation Perspective [J]. *The Review of Economics and Statistics*, 2003, 85 (2): pp. 453 - 471.

[97] Jensen, M. C.. Agency Costs of Free Cash Flow, Corporate Finance, and Takeovers [J]. *American Economic Review*, 1986, 76 (2): pp. 323 - 329.

[98] Jensen, M. C. & Meckling, W. H.. Theory of the Firm: Managerial Behavior, Agency Costs. 1976.

[99] Jensen, M. C. & Murphy, K. J.. Performance Pay and Top-Management Incentives [J]. *Journal of Political Economy*, 1990, 98 (2): pp. 225 - 264.

[100] Jensen, M. C.. The Modern Industrial Revolution, Exit and the Failure of Internal Control Systems [J]. *Journal of Finance*, 1993, 48 (3): pp. 831 - 880.

[101] Jensen, M. C., W. H. Meckling. Theory of the Firm: Managerial Behavior, Agency Costs and Ownership Structure [J]. *Journal of Financial Economics*, 1976, 3 (4): pp. 305 - 360.

[102] Jensen, M., Murphy, K.. Performance Pay and Top-Management Incentives [J]. *Journal of Political Economy*, 1990, 98: pp. 225 - 264.

[103] Jia, G., L I, Ownership Structure, Multiple Large Shareholders and Firm Value——Based on Endogeneity of Ownership Structure [J]. *Soft Science*, 2008.

[104] Johnson, Marilyn, F., Kasznik, Ron, Nelson, Karen, K.. Shareholder Wealth Effects of the Private Securities Litigation Reform Act of 1995 [J]. *Review of Accounting Studies*, 2000 (5): pp. 217 - 230.

[105] Johnson, S., La Portal, LoPez-de-Silanes, F., et al.. Tunneling [J]. *The American Economic Review*, 2000, 90 (2): pp. 22 - 27.

[106] Johnson, S., Mitton, T.. Cronyism and Capital Controls: Evidence from Malaysia [J]. *Social Science Electronic Publishing*, 2003, 67 (2): pp. 351 - 382.

[107] Kamien, M. I. and Schwartz, N. L.. Self-Financing of an R&D Project [J]. *American Economic Review*, 1976, 68 (3): pp. 252 - 261.

[108] Keim G. and Zeithaml, C.. Corporate Political Strategies and Legislative Decision Making: A Review and Contingency Approach [J]. *Academy of Management Review*, 1986, 11: pp. 828 - 843.

［109］ Khwaja, A. I. , Mian, A. . Do Lenders Favor Politically Connected Firms? Rent Provision in an Emerging Financial Market ［J］. *Quarterly Journal of Economics*, 2005, 120 (4): pp. 1371 – 1411.

［110］ Kimo, R. E. . Verrecchia. Market Liquidity and Volume around Earnings Announcements ［J］. *Journal of Accounting and Economics*, 1994, 17 (1): pp. 41 –67.

［111］ Lakonishok, J. and Lee, I. . Are Insider Trades Informative ［J］. *Review of Financial Studies*, 2001, 14 (1): pp. 79 – 110.

［112］ Lambert. Richard A. Executive Effort and Selection of Risky Projects ［J］. *Rand Journal of Economics*, 1986 (17): pp. 77 – 88.

［113］ Lang, M. and Lundholm, R. . Corporate Disclosure Policy and Analyst Behavior ［J］. *The Accounting Review*, 1996, 71 (4): pp. 467 – 493.

［114］ La Portal, Lopez-de-Silanes, Shleifer, et al. . Investor Protection and Corporate Valuation ［J］. *Journal of Finance*, 2002 (57): pp. 1147 – 1170.

［115］ La Portal, R. F. Lopez-de-Silanes, Andrei Shleifer and Robert Vishny. Law and Finance ［J］. *Journal of Political Economy*, 1999 (106): pp. 1113 – 1155.

［116］ La Porta, R. , Lopez-de-Silanes, F. , Shleifer, A. and Vishny, R. , Investor Protection and Corporate Valuation ［J］. *Journal of Finance*, 2000, 106 (1).

［117］ La Porta, R. , Lopez-de-Silanes, F. , Shleifer, A. Investor Protection and Corporate Governance ［J］. *Journal of Financial Economics*, 2000 (58): pp. 3 – 28.

［118］ La Porta, R. , Lopez-de-Silanes, F. , Shleifer, A. and Vishny, R. , Law and Finance ［J］. *Journal of Political Economy*, 1998, 106 (6).

［119］ Lenkey, S. L. . Advance Disclosure of Insider Trading ［J］. *Review of Financial Studies*, 2016, 27 (8): pp. 2504 – 2537.

［120］ Liddle B. T. . Privatization Decision and Civil Engineering Projects ［J］. *Journal of Management*, 1997, 13 (3): pp. 73 – 78.

［121］ Lins, K. V. . Equity Ownership and Firm Value in Emerging Markets ［J］. *Journal of Financial and Quantitative Analysis*, 2003, 38 (1): pp. 159 – 184.

［122］ Long, W. and Ravenscraft, D. . LBOs, Debt and R&D Intensity ［J］. *Strategic Management Journal*, 1993, 14: pp. 119 – 135.

［123］ Loughran, T. & Ritter, J. R. . The New Issues Puzzle ［J］. *Journal of Finance*, 1995, 50 (1): pp. 23 – 51.

［124］ Malmendier, U. , Tate, G. . Does Overconfidence Affects Corporate Investment? CEO Overconfidence Measures Revisited ［J］. *European Financial Management*, 2005, 11 (5): pp. 649 – 659.

[125] Mazumdar, S. C. and Sengupta P.. Disclosure and the Loan Spread on Private Lev [J]. *Financial Analyst Journal*, 2005 (3): pp. 83 –96.

[126] Mcconell, J. and Servaes, H. Additional Evidence on Equity Ownership and Corporate Value [J]. *Journal of Financial Economics*, 1990, (27): pp. 595 –654.

[127] McLaughlin, R. M. , & Mehran, H.. Regulation and the Market for Corporate Control: Hostile Tender Offers for Electric and Gas Utilities [J]. *Journal of Regulatory Economics*, 1995, 8 (2): pp. 181 –204.

[128] Mehran. Executive Compensation Structure Ownership And Firm Performance [J]. *Journal of Financial*, 1995 (5): pp. 24 –33.

[129] Modigliani, Miller and Franeo, M. , The Cost of Capital, Corporation Finance and the Theory of Investment [J]. *Journal of American Economic Review*, 1958, 48 (3).

[130] Morck, R. and Shleifer, A. and Vishny, R.. Management Ownership and Market Valuation: An Empirical Analysis [J]. *Journal of Financial Economics*, 1988, 20: pp. 293 –315.

[131] Wu, J. , Tu, R.. CEO Stock Option Pay and R&D Spending: a Behavioral Agency Explanation [J]. *Journal of Business Research*, 2007, 60 (5): pp. 482 –492.

[132] K. J. Murphy. Incentives, Learning and Compensation: A Theoretical and Empirical Investigation of Managerial Labor Contracts [J]. *The Rand Journal of Economics*, 1986, 17, pp. 59 –76.

[133] Hallock, K. J. and Murphy, K. J. et al.. The Economics of Executive Compensation, Vol. I and II, Edward Elgar, Cheltenham, UK. 1999.

[134] Myers, S. C. and Majluf, N. S.. Corporate Financing and Investment Decisions when Firms have Information that Investors do not Have [J]. *Journal of Financial Economics*, 1984, 13 (2): pp. 187 –221.

[135] Myers, Stewart C.. Determinants of Corporate Borrowing [J]. *Journal of Financial Economics*, 1977 (5): pp. 147 –175.

[136] Newman, K. L.. Organizational Transformation during Institutional Upheaval [J]. *Academy of Management Review*, 2000, 25 (3).

[137] O. Hart, Corporation Governance: Some Theory and Implication [J]. *The Economic Journal*, 1995, 105.

[138] Okamuro, H. , Zhang, J. X.. Ownership Structure and R&D Investment of Japanese Start-Up Firms [J]. *Cei Working Paper*, 2006.

[139] Oyer, Paul, Schaefer, Scott. Why do Some Firms Give Stock Options to

All Employees?: An Empirical Examination of Alternative Theories [J]. *Journal of Financial Economics*, 2005 (76): pp. 99 – 133.

[140] Pajuste, A. and Maury, B. , Multiple Large Shareholders and Firm Value [J]. *Journal of Banking & Finance*, 2005, 29 (7).

[141] Palia, D. , Lichtenberg, F.. Managerial Ownership and Firm Performance: a Reexamination Using Productivity Measurement [J]. *Journal of Corporate Finance*, 1999 (5): pp. 323 – 339.

[142] Pearce, D. K. & Roley, V.. The Reaction of Stock Prices to Unanticipated Changes in Money: A Note [J]. *Journal of Finance*, 1983, 38 (4), pp. 1323 – 1333.

[143] Penman, S. H.. Insider Trading and the Dissemination of Firms' Forecast Information [J]. *The Journal of Business*, 1982, 55 (4): pp. 479 – 503.

[144] Pesaran, M. & Timmermann, A.. Predictability of Stock Returns: Robustness and Economic Significance [J]. *Journal of Finance*, 1995, 50 (4), pp. 1201 – 1228.

[145] Piotroski, D. H.. What Determines Corporate Transparence [J]. *Journal of Accounting*, 2004, (11): pp. 213 – 219.

[146] Ravina, E. and Sapienza, P.. What do Independent Directors Know? Evidence from Their Trading [R]. NBER Working Paper, 2006.

[147] Reinganum, M. , A Misspecation of Capital Asset Pricing: EmPirical Anomalies Based on Eaming Yields and Market Values, *Journal of Financial Economics*, 1981, 9, pp. 19 – 64.

[148] Richardson, S.. Over-Investment of Free Cash Flow [J]. *Review of Accounting Studies*, 2006, 11 (3): pp. 159 – 189.

[149] Riyanto, Y. E. and Toolsema, L. A.. Tunneling and Propping: A Justification for Pyramidal Owner ship [R]. IDEAS Working Paper, 2003 (1): pp. 15 – 29.

[150] Roll, R.. The Hubris Hypothesis of Corporate Takeovers [J]. *Journal of Business*, 1986 (59): pp. 197 – 216.

[151] Roman Frydman, Transition to a Private Property Regime in the Czech Republic and Hungary. Economies in Transition: Comparing Asia and Eastern Europe, 1997: pp. 41 – 101.

[152] Rosenberg, B. , Reid, K. & Lanstein, R.. Persuasive Evidence of Market Inefficiency [J]. *Journal of Portfolio Management*, 1985, 11 (3), pp. 9 – 16.

[153] Ryan, H. E. and Wiggins R. A.. The Interactions between R&D Investment

Decisions and Compensation Policy ［J］. *Financial Management*, 2002, 31 （1）: pp. 5 –29.

［154］ Ryan, H. E. and Wiggins, R. A.. Who is in Whose Pocket? Director Compensation, Board Independence, and Barriers to Effective Monitoring ［J］. *Journal of Financial Economics*, 2004, 73 （3）: pp. 497 –524.

［155］ Sapienza P.. The Effects of Government Ownership on Bank Lending ［J］. *Journal of Financial Economics*, 2004, 72 （2）: pp. 357 –384.

［156］ Scholes, M. S.. The Market for Securities: Substitution Versus Price Pressure and the Effects of Information on Share Prices ［J］. *Journal of Business*, 1972, 45 （2）: pp. 179 –211.

［157］ Seifert, B., Gonenc, H.. Pecking Order Behavior in Emerging Market ［J］. *Journal of International Financial Management and Accounting*, 2010, 21 （1）: pp. 1 –31.

［158］ Sengupta, P.. Corporate Disclosure Quality and the Cost of Lew ［J］. *Accounting Review*, 1998, 73 （4）: pp. 459 –474.

［159］ Serdar, D.. Politicians and Banks: Political Influences on Government-owned Banks in Emerging Markets ［J］. *Journal of Financial Economics*, 2005, 77 （2）: pp. 453 –479.

［160］ Seyhun, H. N.. Insiders' Profits, Costs of Trading, and Market Efficiency ［J］. *Journal of Financial Economics*, 1986, 16 （2）: pp. 189 –212.

［161］ Shleifer, A. and Vishny, R. A., Survey of Corporate Governance ［J］. *Journal of Finance*, 1997, 52 （2）.

［162］ Shleifer, A. & Vishny, R. W.. Management Entrenchment: The Case of Manager-Specific Investments ［J］. *Journal of Financial Economics*, 1989, 25 （1）, pp. 123 –139.

［163］ Spengupta, P.. Corporate Disclosure Quality and the Cost of Debt ［J］. *The Accounting Review*, 1998, 73 （4）: pp. 459 –474.

［164］ Stulz, R.. Managerial Control of Voting Rights: Financial Policies and the Market for Corporate Control ［J］. *Journal of Financial Economies*, 1988 （20）: pp. 25 –54.

［165］ Stulz, R. M., Managerial Control of Voting Rights: Financial Policies and the Market for Corporate Control ［J］. *Journal of Financial Economies*, 1988, 20 （6）.

［166］ Tehranian, H. & Waegelein, J. F.. Market Reaction to Short-term Executive Compensation Plan Adoption ［J］. *Journal of Accounting And Economics*, 1985, 7

（1 - 3），pp. 131 - 144.

［167］Tim C. Opler，Controlling Financial Distress Costs in LBO's ［J］. *Financial Management*，Autumn 1993.

［168］Tinic，S. M. & West，R. R.. Marketability of Common Stocks in Canada and the U. S. A. ：A Comparison of Agent versus Dealer Dominated Markets ［J］. *Journal of Finance*，1974，29（3），pp. 729 - 746.

［169］Tribo，J. A.，Berrone，P. and Surroca，J.. Do the Type and Number of Blockholders Influence R&D Investments? New Evidence from Spain ［J］. *Corporate Governance An International Review*，2007，15（5）：pp. 828 - 842.

［170］Tzioumis，K.. Why do Firms Adopt CEO Stock Options? Evidence from the United States ［J］. *Journal of Economic Behavior and Organization*，2008，68：pp. 100 - 111.

［171］Urzúa，M.. Investor Protection and Corporate Governance ［J］. *Social Science Electronic Publishing*，2015，58（2）.

［172］Welker，M.. Disclosure Policy，Information Asymmetry and Liquidity in Equity Markets Contemporary ［J］. *Journal of Accounting Research*，1995，11（2）：pp. 801 - 827.

［173］Yong，J.. Deterministic Time-inconsistent Optimal Control Problems-an Essentially Cooperative Approach ［J］. *Acta Mathematicae Applicatae Sinica*，*English Series*，2012，28（1）：pp. 1 - 30.

［174］Zahra，S. A.，Neubaum，D. O. and Huse，M.. Entrepreneurship in Medium-size Companies：Exploring the Effects of Ownership and Governance Systems ［J］. *Journal of Management*，2000，26（5）：pp. 947 - 976.

后　记

2014 年末，自己完成了学术专著《财务研究——西方理论与中国实践》的写作。转眼间 5 年过去了，面对书桌上微微泛黄的书卷，心中在思考，这本书的特点是什么？它的价值体现在何处？

《财务研究——西方理论与中国实践》一书写作的初衷是梳理西方市场经济国家经典的财务理论，并在此基础上探讨中国财务的实践问题。但是成稿后发现该书并没有真正深入研究中国改革开放以来市场经济环境条件下的企业财务问题，而主要是对西方财务理论的总结，为此深感遗憾。中国经济改革开放过去40 年了，市场经济体制全面确立，企业面临的外部环境和内部条件发生了巨大变化。面对这一切，作为市场主体的企业如何应对？中国企业的财务应该向何处走？等等。我不停地在思考、在学习，吸收借鉴其他学者的相关研究成果，把着眼点放在对中国企业财务问题的研究上。弹指 5 年过去了，新的书稿基本完成，坐在书房翻阅着书桌上有些杂乱的期刊、书籍，不经意间瞥了一眼台历，时间停留在 2019 年 4 月，农历己亥年的春天已经降临，时间过得真快啊。

2018 年是中国改革开放 40 周年。1978 年 5 月，一篇名为《实践是检验真理的唯一标准》的特约评论员文章一经刊发，顿时掀起了席卷中国的真理标准大讨论，成为那个撬动改革开放的哲学杠杆。短短六千字，激荡四十年。

2018 年 12 月 18 日，庆祝改革开放 40 周年大会在人民大会堂举行。40 年，相对于人类发展的历史长河，弹指一挥间；40 年，相对于一个五千年悠久历史的文明古国，沧海一声笑；40 年，相对于中华民族的百年强国梦想，亦并不长久。每一点一滴成就的取得，都具有历史性的意义；每一个步伐的迈出，都是一个新的跨越。改革开放 40 年，是不同于任何一个历史时期的 40 年。或许站在已经拥有的角度去看待它，往往会觉得这一切很自然、很平常、本该如此。然而当我们的目光穿越时光的隧道，回放曾经走过的每一步，用心感知其间的坎坷与艰难，就必定为一个民族的艰难成长而唏嘘莫名，必定为我们祖国的巨大进步而倍感骄傲和自豪。

1978 年伴随改革的号角，我首次参加高考，有幸赶上改革开放的步伐。40 年过去了，如今，我已早过知命、临近耳顺之年。教学上聚积了丰富的经验、科学研究上也小有成就，时常被人称为"知名学者"，尽管获得若干诸如"山东省教学名师""山东省有突出贡献的中青年专家""山东省优秀研究生指导教师"之类的称号，但从不敢以此自居。本人一直信奉认真教书、坦荡做人的原则，虔诚、专注地讲好每一堂课，扎实、谨慎地做好科学研究。授课之余，写作已经成为一种习惯，并时常翻阅书架上大量的文献书籍。夜深人静时，自己在灯下敲打着键盘，字符在有节奏的打字声中跳跃着，文字在不断地堆积，最终变为散发着油墨香味的书稿，记录着自己走过的人生之路。

本书从构思到腹稿、再到成稿历经 5 个春秋，近 2 000 个日夜。窗前花开花落，春去秋来，寒暑交替。掩稿回首，写作中的艰辛与喜悦令人难以忘怀，感慨万千。

西方财务理论与中国财务实践如何融合是本书写作的主题，同时也是一个难点。中国市场经济发展的不平衡、资本市场信息的失灵、证券市场估价机制的不完备、企业法人治理结构的缺陷、"内部人"控制行为、管理层财务决策的主观性、利润分配机制的随机性，等等，都给研究增加不小的难度。面对浩瀚如烟的文献资料，我不敢有半点懈怠，唯恐书中的观点与论证出现差错。为此，我集中精力，用心整理各种资料，仔细斟酌每一个关键词语，力求检验结论的正确性。撰写过程中，使我接触到大量经济学、管理学的前沿理论，同时也深感自身知识的欠缺。这种感觉促使我自始至终以一种虔诚的心态面对写作，直至书稿完成，心中仍然忐忑不安。

济南的春天是短暂的，短得让人来不及喘息，天空也不如秋天湛蓝，但是春意味着生命、充满了希望。"吹面不寒杨柳风"，不错，尽管外面的温度还有些低，但已经挡不住春的脚步，路边的柳枝已染满绿色，迎春花、桃花已经怒放，风里带着些泥土的气息，混着青草味儿，还有迎春花的香，都在微微润湿的空气里酝酿……这一切都扬溢着春的气息。

生活在这个被泉水泡大的城市中是多么惬意、多么自在。沏上一壶用山泉水浸泡的清茶或者冲一杯散发着浓香的咖啡，看着即将付梓的书稿，任思绪在历史长河中自由荡漾，让心灵在无限的空间自由飞翔。

中国财务实践领域就像"百慕大"，充满各种难解之谜：譬如"控制权争夺""资本结构调整""股利政策制定"等，但同时又吸引众多"探险者"纷至沓来。尽管自己在财务领域已经耕耘多年，也积累了一些心得，但面对既熟悉又陌生的财务学，依然在不停地探索。

感谢中国财经出版传媒集团副总经理吕萍女士、经济科学出版社财经分社社长于海汛先生长期以来对本人的支持和帮助，为了本书的顺利出版，她（他）花费大量精力和宝贵的时间对本书提出许多指导性意见，最终使本书呈现在读者面前。

特别感谢我的妻子侯庆春女士，她是一位典型的东方女性，吃苦耐劳，默默地承担了全部家务，解除我的后顾之忧，才使我把全部精力倾注于教学和学术研究，没有她的无私奉献和辛勤劳动，我要想取得今天的成就是不可能的。

本书献给我亲爱的父亲——他是一位平凡的中学教师，一生教书育人，为人慈祥和蔼、与世无争。在我眼中父亲才华横溢：文学知晓古今，音乐中西贯通，绘画丹青妙笔。父亲是我成长的引路人，是我一生中最钦佩、敬仰的人。

2019 年时逢新中国成立 70 周年，特把本书献给我深爱的、伟大的祖国。

张　涛

2019 年春天写于泉城金鸡岭下